edition lichtland

Stadtplatz 4, 94078 Freyung
Deutschland

Umschlaggestaltung:
Marion Musenbichler und Edith Döringer
Fotos: © by fotolia.com

1. Auflage 2014

ISBN: 978-3-942509-38-1
www.lichtland.eu

Marion Musenbichler

ÄNIGMATA

Vom Raum hinter den Dingen der Welt.

Lichtland

Gewidmet den Lebewesen dieser Welt,
denn durch sie alle winkt Gott uns zu.

Was besagt der Raum hinter den Dingen der Welt? Was ist dieser Raum und was hat es damit auf sich? Der Raum, der hier gemeint ist, ist nicht der Raum zwischen Himmel und Erde, also kein Raum, der die Entfernung zwischen zwei Dingen darstellt und ist. Es ist auch nicht der Lebensraum, in dem wir uns bewegen und Objekte erscheinen, kommen und gehen. Es ist *der eine Raum, formlose Fülle die namenlos ist.* Es ist der Raum der Leere, den wir so lange als Raum bezeichnen, bis wir uns als dieser erfahren. Dieses „Hineinfallen" ist der Moment, in dem du entdeckst, dass es das, was du bisher als real empfunden hast, niemals gegeben hat. Es ist eine zeitlose und formlose Dimension der Leere, die göttlichen Ursprungs ist.

Inhalt

Die irdische Schwere: Im Schatten der Welt

Im Wandel des Erwachens: Der Wahrheit auf der Spur

Wenn Lügen enden: Erwachen in Gott

Die irdische Schwere: Im Schatten der Welt

Von einer, die auszog, dem Glück zu begegnen

Die Koffer waren fertig gepackt. Noch einmal kontrolliert, ob ich ja nichts vergessen hatte. Die Notizen, die ich mir fein säuberlich in ein kleines Heftchen geschrieben hatte, beinhalteten zu guter Letzt die genaue Adresse und Telefonnummer meines Reiseziels. Meine Augen schweiften erleichtert über das Geschriebene, bevor ich das Büchlein in die Jackentasche steckte. Ich ging noch rasch zum Fenster, um zu sehen, ob das Taxi bereits vorgefahren war. Während ich den Vorhang zur Seite schob, erblickte ich meinen kleinen Lieblingsblumentopf, der sich wie üblich ganz geschickt hinter dem Vorhang versteckt hatte. Gerade deshalb vergaß ich ihn des Öfteren zu tränken. Er möge es mir verzeihen.

Es hatte zu regnen begonnen. Grau in grau hingen die Wolken am Himmel. Die Sonne fand einen Weg, um noch einen letzten flüchtigen Strahl zu verschenken. Ein Gewitter zog auf, die Bergfront ließ es in ihrer dunklen Umhüllung erahnen. Ein Taxi kam die Straße entlang gefahren, bog aber zwei Häuserblocks weiter ab. Ein flüchtiger Blick auf die Uhr verriet, dass es langsam an der Zeit war. Ach ja, das Buch, das mir Gabi geschenkt hatte, darf ich auf keinen Fall vergessen! Ob ich zum Lesen überhaupt Zeit finden würde? Während ich mir meinen Lieblingspulli überzog, bemerkte ich wieder einmal, dass es in der Wohnung viel zu warm war. Schnell packte ich den Blumentopf, schaute noch kurz in den Spiegel, wobei ich mir an diesem Tag schon unzählige Male das Haar zurechtgerichtet hatte. Ich schnappte mir den Koffer, die Reisetasche, meine Handtasche und nahm die Jacke unter den Arm. Während ich die Treppen hinablief, um meine geliebte Pflanze zur Nachbarin zu bringen, pfiff mir ein eisiger Wind um die Nase. Ein Mann hatte den Hauseingang betreten und beförderte das unliebsame Wetter ein Stück mit ins Treppenhaus. Ich grüßte kurz und stellte mein Gepäck ab. Es grenzte fast an Akrobatik, doch den Blumenstock vorher abzugeben und die Treppen zweimal auf und ab zu laufen? Nein, das kam natürlich nicht in Frage! Die Kälte bewegte mich doch noch dazu, die Stiege wieder hochzulaufen und anstatt der Jacke den gefütterten und wohlig weichen Mantel mitzunehmen. Sicher ist sicher!

Eilig warf ich die Jacke vor die Garderobe und zog mir den warmen Mantel über. Tschüss Wohnung, mach's gut! Bald bin ich wieder zurück. Dieser Gedanke zauberte ein Lächeln in mein Gesicht. Der Mann, der in der Zwischenzeit damit beschäftigt war, seinen automatischen Schirm zu bändigen, lächelte freundlich zurück. Sein sichtbar überraschter Gesichtsausdruck ließ darauf schließen, dass er davon überzeugt war, dass das Lächeln ihm gegolten hatte. Hoffentlich habe ich nichts vergessen! Zeit zum Nachdenken und Suchen hatte ich ja sowieso keine mehr. So vertraute ich auf meine Gründlichkeit. Mit dem Kofferpacken hatte ich sicherheitshalber ja schon eine Woche vorher begonnen. Nach und nach hatte sich immer wieder etwas dazugesellt. Dass die Reise komplett anders verlaufen würde als geplant, konnte ich zu diesem Zeitpunkt noch nicht ahnen, und dass sie mein Leben grundlegend verändern würde, schon gar nicht.

In der Zwischenzeit war mein Taxi eingetroffen. Der Taxifahrer war etwas nass geworden, als er mein Gepäck im Kofferraum verstaute. Er brummte vor sich hin und es war nicht zu übersehen, dass ihm scheinbar etwas über die Leber gelaufen war. Was soll's? Wieso zerbreche ich mir schon wieder den Kopf? Ich hatte mir doch vorgenommen, nicht mehr so viel zu denken! Ich stieg ins Taxi und atmete tief durch. „Zum Bahnhof bitte“, sagte ich höflich und richtete mir wieder die Haare zurecht. In diesem Moment bemerkte ich erneut, wie wichtig mir doch mein Äußeres war. Wie sehr mir doch daran lag, gut auszusehen. Es ging mir selbst auf die Nerven. Welch verschiedensten Gewohnheiten ich doch ausgeliefert war! Wie anstrengend das Menschsein sein konnte und wie oberflächlich ich die Dinge oft wahrnahm. Grundsätzlich wollte ich ganz anders sein und sah mich selbst immer in einem besseren

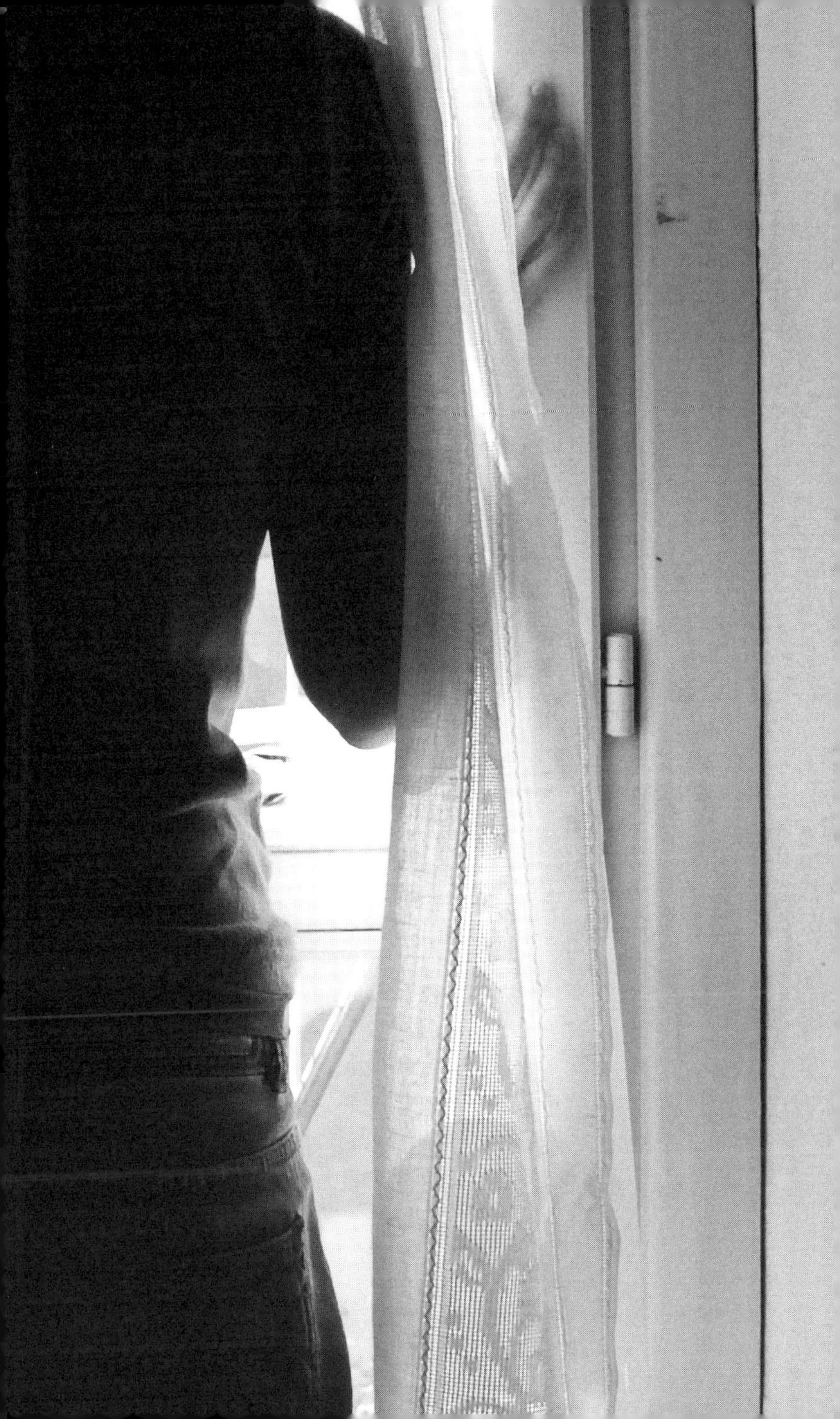

Licht. Natürlich wollte ich mir vieles nicht eingestehen und dazu fehlte mir auch die Erkenntnis. Kann der Fahrer denn nicht ein bisschen schneller fahren? Und schon wieder war ich in einem Gedankenstrom gefangen, wobei ich doch fest entschlossen war, mich nicht immer wieder in diesen Details zu verlieren.

Der Bahnhofskiosk wirkte unscheinbar und war nichts Besonderes. Für einen großen, menschenüberladenen Bahnhof war er doch etwas altmodisch. Er brüstete sich stets mit einer langen Warteschlange und erweckte somit das Interesse vieler Reisenden. Brav reihte ich mich ein. Wie es sich gehörte. Ich erinnerte mich an eine Londonreise, die ich vor ein paar Jahren gewonnen hatte. Eine Woche lang verbrachte ich mit meiner Freundin in dieser interessanten und vielschichtigen Stadt. Die disziplinierten Warteschlangen erstaunten und faszinierten uns. Ob im Einkaufszentrum oder auf der Rolltreppe der U-Bahn, Disziplin muss gelernt sein!

Vor mir warben ein Mann und eine Frau um die Gunst eines Schinkenbrötchens, welches wohl das letzte seiner Herkunft war. Mit allen Mitteln redeten beide gleichzeitig auf die Verkäuferin ein und versuchten sie davon zu überzeugen, dass nur sie dafür als Käufer in Frage kommen würden. Die Frau hatte wohl damit gerechnet, dass der Mann ihr das Brötchen überlassen würde. Dem war nicht so. Wäre sie um zwanzig Jahre jünger gewesen, hätte sie vielleicht bessere Chancen gehabt.

Die Menschenansammlung hinter mir hatte sich vervielfacht. Voller Ungeduld drängelten sich die Wartenden in Richtung Futterstelle und schoben sich gegenseitig ein Stückchen voran. Ein Phänomen! Überall wo viele Menschen stehen bleiben, versammelt sich in kürzester Zeit ein kleiner Menschenauflauf. Ich erinnerte mich, als ich als Kind mit meiner Mutter zum Einkaufen war, sie mitten auf einer Brücke stehen blieb und mit dem Zeigefinger Richtung Wasser deutete. Es dauerte nicht lange, bis sich einige neugierige Spaziergänger um uns herum versammelten. Wir schauten beide eine Zeit lang sehr interessiert auf die gleiche Stelle, wo nichts Außergewöhnliches zu sehen war. Nach ein paar Minuten lösten wir uns aus der Menschentraube, die hoffnungsvoll ins Wasser starrte, um etwas Spannendes zu entdecken.

„Schinkenbrötchen sind aus!" Der forsche Ton der Verkäuferin riss mich aus meinen Gedanken. „Geben Sie mir bitte zwei mit Käse und ein Mineralwasser zum Mitnehmen." Während ich in meiner Tasche nach meinem Portmonee kramte, war ich richtig stolz auf mich, dass ich keine Bemerkung wegen des Schinkens gemacht hatte. Ich war schon seit Jahren Vegetarier. Musste ja nun auch nicht ein jeder wissen. Früher rechtfertigte ich mich oft: „Nein danke, ich esse kein Fleisch, ich streichle Tiere lieber." Irgendwann habe ich es aufgegeben. Erstens hat es niemanden interessiert und zweitens hatte ich selbst lange genug Fleisch gegessen und mir nicht das Geringste dabei gedacht. Ich wusste es nicht besser. Es war normal. So war ich aufgewachsen. Nie hatte ich nur einen Moment überlegt, warum ich es nicht tun sollte oder was schlecht daran sein könnte. Eines der vielen Dinge im Leben, die man nicht in Frage stellt. Warum eigentlich nicht? Die Macht der Gewohnheit oder einfach nur Unbewusstheit? Vernebelung, Blindheit, Tiefschlaf – ja alle drei Nomina treffen ganz gut auf die Mehrheit der Menschen zu und ich war da keine Ausnahme. Dass Tiere genauso fühlen wie Menschen und Menschen ursprünglich eine Verdauung haben, die auf eine pflanzliche Ernährung ausgerichtet ist, hatte ich lange nicht gewusst. Oder besser gesagt, ich hatte mir nie wirklich Gedanken darüber gemacht. Ich war einfach zu sehr mit mir selbst beschäftigt, um grundlegenden Dingen des Lebens Raum zu geben. Nur selten hielt ich inne und hinterfragte etwas oder erlaubte mir, tiefer zu spüren. Lieber dachte ich den ganzen lieben langen Tag sinnlos vor mich hin und verstrickte mich im Analysieren und Hintersinnen und reizte dabei jeden noch so unwichtigen und absurden Gedanken bis aufs Äußerste aus.

Genau dieses tiefe Spürenwollen bewegte mich dazu, nun diese Reise zu diesem Ashram zu machen. Es schien eine Art Minikloster zu sein, eine Lebensgemeinschaft von Gleichgesinnten, die jedoch keinen bestimmten oder richtungsweisenden Glauben vertreten. Die Menschen, die diese Einrichtung ins Leben gerufen hatten, schienen weltoffen zu sein und alle Rassen und Religionen waren willkommen. Das hatte mich zutiefst berührt und mir den Anstoß gegeben, mich auf dieses Experiment einzulassen. Die Sehnsucht zu stillen, dort Stille zu erfahren, war mein sehnlichster Wunsch. Dieses Brennen in meinem Herzen entsprang einer Quelle, deren Ruf ich mich nicht mehr entziehen konnte. Auch wenn ich nicht genau wusste, warum ich das tat und keine Erklärung dafür hatte, irgendetwas zog mich dort hin. Ruhe, Tiefe und Leichtigkeit zu erfahren, war ein vordergründiges Verlangen und diesem Drang wollte ich nun endlich Einzug gewähren. Auch wenn ich nicht annähernd erahnen konnte, was Freiheit oder frei sein wohl wirklich bedeutete, eines stand fest: Das wollte ich sein.

„Entschuldigen Sie, ist da noch ein Platz frei?“, fragte ich höflich. Eine ältere Dame nickte mir zu, und nachdem ich mein Gepäck verstaut hatte, ließ ich mich mit einem kleinen erleichterten Seufzer am Fensterplatz nieder. Warum fragte man eigentlich ständig diese absurde Ist-da-noch-frei-Frage, wenn die Plätze doch immer frei sind? Man sieht doch, dass dort keiner sitzt! Warum setzt man sich nicht einfach hin und sagt: „Schön, mit Ihnen zu reisen“? Ich beobachtete die Dame mir gegenüber und überlegte, was sie wohl dazu sagen würde.

Menschen erschrecken oft, wenn man zu freundlich ist oder zu vertraut wirkt. Dann halten sie vor lauter Angst ihre Taschen fest, als würde man ihnen etwas wegnehmen wollen. In meiner Erinnerung tauchte diese Frau auf, die ich vor dem Bioladen fragte, ob ich ihr dabei behilflich sein sollte, ihre Einkaufstaschen zu tragen. Sie schaute mich erstaunt an und außer einem „Warum?“ kam nicht viel über ihre Lippen. Schon verrückt, diese Welt! Dieses Misstrauen und diese Eigenbrötlerei. Jeder Mensch tut so, als ginge es nur um ihn. Als wäre ein jeder Mensch als einzelnes Individuum ganz alleine auf dieser Welt. Waren wir nicht alle in der Illusion des Lebens gefangen? Illusion, ja genau, das war das richtige Wort. Das hatte ich einmal in einem Buch gelesen. Das Leben sei eine Täuschung, eine Einbildung, ja, eine Farce, in der es nur darum ginge, zu erkennen, dass es ein Leben, so wie wir es wahrnehmen, gar nicht gäbe.

Ich kramte nach meinem Handy. Dort hatte ich diesen Spruch verewigt. *Damit du die Möglichkeit hast, dein Selbst zu erfahren und zu erkennen, existiert die Welt. Einen anderen Grund für dein Dasein gibt es nicht.* Diesem eigenartigen Satz gelang es, so tief in mich vorzudringen, dass mein Körper von einem starken Kribbeln durchströmt wurde. So stark wie in diesem Moment hatte ich es zuvor noch nie gespürt. Kaum hatte ich es festgestellt, war es auch schon wieder weg, dieses wunderbare freie Gefühl. Als ich diese Worte das erste Mal gelesen hatte, hatten sie mich wider Erwarten weder erschrocken noch schockiert und auch nicht zum Nachdenken animiert. Im Gegenteil, ein angenehmes Wohlgefühl nistete sich umgehend ein und erweckte ganz sanft etwas Weites in mir. Ich empfand diese Aussage als eine Erleichterung, obwohl sie grundsätzlich etwas Verwirrendes und Undurchsichtiges an sich hatte. Sie klang so einfach, dass sie sich direkt in meinem Herzen niederließ.

Einfach?! Absolut unlogisch, aber selbstverständlich und klar! Warum konnte mir das klar sein? Keine Ahnung! Es war doch ein kompletter Widerspruch zu meiner Denkweise. Ein absoluter Gegensatz zur ganzen Welt und im Prinzip waren diese Sätze noch trüber als unklar! Ja, im Prinzip … aber in meinem Herzen? Dieser Satz vermittelte ein unbestimmtes Gefühl von … ja, von was eigentlich? Begründen konnte ich den Inhalt nicht wirklich, als ich ihn zum allerersten Mal gelesen hatte, geschweige denn die Bedeutung des Satzes in seiner gesamten Tragweite erfassen. Das war mir auch jetzt noch nicht möglich, aber ich konnte mir gut vorstellen, dass alles Sichtbare eine Täuschung sein könnte. Ich hatte mir diese Informationen nach und nach angelesen und dabei blieb es vorerst auch: bei einem angelernten Wissen mit vagen Vermutungen. Mit sehr, sehr vagen Vermutungen! Was nutzte mir dieses Wissen, wenn ich es nur in meinem Kopf

TAXI

HAUPT

BAHNHOF

spazieren trug und nicht umsetzen konnte? Gute Frage! Es stellte sich hier aber erst gar nicht die Frage, wie ich es umsetzen könnte, sondern in erster Linie ging es erst einmal darum, überhaupt wahrzunehmen, was ich denn überhaupt umsetzen sollte. Da war nichts Greifbares, keine Anleitung und keine Lösung. Fernab der Idee und von Vorstellungen war da *nichts.* Wie setzt man bitte *nichts,* das sich einfach nur gut anfühlt, um?

Es wurde immer verwirrender und es galt etwas zu entschleiern. Da war aber kein Etwas und auch kein Schleier, den ich zur Seite schieben konnte. Da war eben *nichts!* Dieses Gefühl von *Nichts* war aber so weit, so umfassend und so erfüllend, dass es nicht *nichts* sein konnte, auch wenn es nur für Sekunden anwesend war. Es fühlte sich eher wie das Gegenteil von *nichts* an, nur wie konnte *alles* nichts sein? Wenn mein Verstand nicht mehr folgen konnte, tat er diese tiefgehenden Fragen einfach als Unsinn ab. Er wusste genau, wie er es immer wieder schaffen konnte, mir meine spärlich gesäten Lichtblicke zu verdunkeln. In letzter Zeit vermehrten sich diese eigenartigen Denkvorgänge, die ich eher als Impulse wahrnahm. Sie animierten mich dazu, in ungeahnte Tiefen vorzudringen. Das konnten doch keine Hirngespinste sein!

Viele Menschen beklagen sich über ihre scheinbare Einsamkeit, aber wie viele von ihnen wollen mit dem anderen wirklich etwas zu tun haben? Wer oder was ist das genau, was sich einsam fühlt? Warum stellt sich denn keiner diese Frage? Sind wir, unsere Gefühle und unsere Gedanken wirklich Realität oder glauben wir nur, unsere Gefühle und Gedanken zu sein? Fragen über Fragen, die sich niemand stellt. Ich stellte sie mir ja auch nicht. Mein Denken war eher ein Nachdenken über etwas, als ein sich selbst Hinterfragen. Hätte ich mir bis dato tatsächlich solch eine tiefgehende Frage gestellt, wäre wahrscheinlich auch nichts passiert, außer dass ich mir eine Frage gestellt hätte. Es fehlte mir wohl die nötige Reife, um hinter die Fassade zu schauen. Vielleicht war es auch einfacher, sich zu fragen, was man morgen kochen könnte oder welche Schuhe man anziehen sollte. Vielleicht sollte man bei diesen alltäglichen Unwichtigkeiten bleiben, ansonsten könnte man ja etwas entdecken, was man gar nicht entdecken wollte. Es könnte ja unbequem werden und das gut sortierte, zusammengebastelte Weltbild auf den Kopf stellen. Gewohnheiten müssten weichen und Sicherheit wäre vielleicht nur noch ein Wort und würde an Substanz verlieren. Was weiß Gott müsste noch alles verabschiedet werden?

So saß ich in einem Zug und urteilte über die Menschheit, die gefangen in ihrer Illusion nicht den Mut hatte, ihren Ursprung zu ergründen und ihre Existenz zu hinterfragen. Und was war mit mir? Wahrscheinlich wollte ich wieder einmal etwas Besonderes sein. Ein Ablenkungsmanöver, um nicht auf mich selbst zurückgeworfen zu werden? Wie praktisch! Ja, es war wesentlich einfacher, den anderen zu bemängeln, als bei mir zu bleiben, das musste ich gestehen. Eine nicht besonders rühmliche, aber sehr hilfreiche Taktik, um weiterhin auf der Oberfläche herumzuirren! Sehr lobenswert!

Toll! Und wo war nun der Unterschied zwischen mir und dem Rest der Welt? Welch unbehagliches Gefühl von Hochmut schlich sich da ein, mir herauszunehmen, als vermeintlich Wissender den Unwissenden zu verurteilen? Was wusste ich schon? Und wenn ich scheinbar mehr wusste, was half es mir? Ein paar Bücher und Seminare schienen noch keinen Yogi aus mir gemacht zu haben. Ein *sanyasi,* das innere Bild eines Entsagenden inmitten des Himalaja-Plateaus, streichelte kurz meine Seele, bevor es umgehend von einem Bild einer verwirrten und unwissenden Madita abgelöst wurde. Eine Mischung von Münchhausen, einem Schildbürger und Rumpelstilzchen, in welcher das letztere Bild erstrahlte, entsprach schon eher meiner momentanen Wahrhaftigkeit. Scheinheiligkeit war wohl das bessere Wort dafür. Ein Gefühl der Traurigkeit schlich sich ein. Mein ganzes Wissen, welches ich eisern zusammengetragen hatte, schien mir überhaupt nichts zu nutzen!

Während die Landschaft an mir vorbeizog und die ältere Dame sich in einen Roman vertiefte, hinterfragte ich also die Oberflächlichkeit der Menschen, um nicht zuletzt festzustellen, dass nur ein sehr oberflächlicher Mensch die Oberflächlichkeit der anderen feststellen konnte. Das war nicht sehr aufbauend! Ich sah mich selbst als etwas Rastloses, das zwar versuchte etwas anderes zu sein, aber außer vielen gescheiten Sätzen nicht viel auf Lager hatte. Gedanken nötigten mich den ganzen Tag über, mich mit ihnen auseinanderzusetzen, sodass meine gefühlsmäßige Wahrnehmung erst gar keine Chance hatte, durch diese Schwere hindurchzudringen. Es gab so unendlich viele Faktoren, die mich dabei bremsten, wacher zu sein, aber wenn ich genau hinsah, bremste ich mich doch immer nur selbst. Ich war in meiner Haut gefangen wie ein wildes Tier in einer Falle, welches nur darauf wartete, sich endlich loszureißen. Nur war Gewalt der richtige Weg? Nein, bestimmt nicht! Geduld kam dem schon näher, doch die war noch nie meine Stärke. Und wie konnte ich meine alten Verhaltens- und Sichtweisen ablegen? Es war, als ob ein jeder Versuch, mich meiner inneren Stimme zu erinnern und zu nähern, bereits im Keim erstickte. Der Verstand hatte immer das letzte Wort und drängte sich stets vor. Er war eindeutig der Stärkere. Ja, er war stets der Sieger, wenn es um Durchsetzungsvermögen ging.

Ich nutzte die Zugfahrt, um mein unerwünschtes Denken in Schuss zu halten, obwohl ich ja eigentlich das Gegenteil vorhatte. Eigentlich ja! Denken schien tatsächlich eine meiner Lieblingsbeschäftigungen zu sein! Als ob diese mühsame Denkerei nicht schon Strafe genug gewesen wäre! Nein! Nun kam auch noch unerwünschte Traurigkeit hinzu, weil ich mich für mein Denken verurteilte. Herrschaftszeiten! Es reichte! Ich bemängelte, dass ich zu schwach war, dem Denken die Stirn zu bieten und es einfach zu ignorieren. Ich belächelte mich und warf mir vor, keine Disziplin und keine Geduld zu haben, um mich über mein Denken hinwegzusetzen. Abgesehen davon verurteilte ich mich in meinem Leben für so ziemlich alles. Ich gestattete mir nicht, traurig zu sein. Erlaubte mir das Bewerten nicht, schämte mich für meine Gefühle und hasste meine Gedanken.

„Ist das Wort Eigenliebe für irgendeinen Menschen auf der Welt mehr als nur ein Wort?“ Diese Frage rutschte mir in meiner Aufgelöstheit etwas unbeherrscht und ganz leise über die Lippen. „Entschuldigen Sie, haben Sie etwas gesagt?“, entgegnete die Dame mir gegenüber. „Nein, öhm, wie bitte? Ach so, nein, ich sprach wohl mit mir selbst! Entschuldigen Sie, ich war wohl in Gedanken.“ Die Dame nickte lächelnd und war sofort wieder in ihr Romanheft vertieft, von dem sie sich nur ungern abgewendet hatte. Wahrscheinlich freute sie sich darüber, einen wesentlich jüngeren Menschen dabei ertappt zu haben, Selbstgespräche zu führen. Es sind ja meist die älteren Menschen, die sich das angewöhnen. Und da waren sie auch schon wieder, diese sinnlosen Meinungen.

Ich fragte mich wirklich sehr ernsthaft, wo diese ständigen Gedanken herkamen? Mein Kopf allerdings ließ sich von dieser Frage nicht groß beeindrucken. Unglaublich diese Maschine! Auch wenn es jeder vermutet, denkt doch keiner darüber nach, welches Ausmaß Gedanken haben können. Ich empfand sie in diesem Moment als gefährliche Waffe. Gedanken sind wie ein Sprengstoff, der immer wieder hochgeht und Dinge steuert und vernichtet, ohne dass wir uns dieser verheerenden Wirkung nur annähernd bewusst sind. Mein Verstand befahl, teilte ein und wachte über mein Leben. Er legte fest, was ich kann und was ich nicht kann. Woher nahm er diese Dreistigkeit? Wie kann das Denken wissen, wie es sein soll? Wie ich sein soll? Wie überhaupt irgendetwas richtig oder falsch sein kann? Ist das Denken an und für sich nicht ausschließlich als Hilfsmittel gedacht, um auf der Erde zurechtzukommen? Woher nimmt sich diese herrschende Kraft bloß das Recht, aus seiner ursprünglichen Denkaufgabe in ein Nachdenken abzuschweifen und sich den ganzen Tag über einzunisten und Unruhe zu stiften?! Und was trug ich dazu bei? Konnte ich es überhaupt steuern? Auf alle Fälle ließ ich mich von der Meinung meines Kopfes ganz schön einschüchtern. Ich versuchte zu entsprechen und zu gefallen. Madita darf dies nicht und Madita darf das nicht. Diese Lieblosigkeit musste ja irgendwelche Folgen nach sich ziehen! In diesem Moment wurde mir meine Anhaftung, Unwissenheit und Unklarheit sehr klar gespiegelt und ich fühlte mich hilflos und klein. Die wenigen Erkenntnisse, die ich bis jetzt hatte, blieben bisher wohl ungelebt.

Jede scheinbare, ungelebte Erkenntnis, kann keine wahre Erkenntnis sein, sondern ist lediglich eine erneute Möglichkeit, sich weiterhin von der Wahrheit zu entfernen! Dieser Satz flammte in mir auf, als hätte jemand in mir, zu mir gesprochen und so schnell er sich zeigte, so schnell war er auch schon wieder verschwunden. Irgendetwas gab mir Kraft und ließ Besonnenheit einkehren. Ganz plötzlich und spontan. Die Traurigkeit wich einem Gefühl der Gelassenheit. Ich konnte es nicht einordnen, denn es war weder etwas passiert noch hatte ich etwas getan. Eigenartig! Ich fühlte Dankbarkeit in meinem Herzen und trotzdem hatte ich so meine Befürchtungen. Vielleicht hatte sich lediglich eine weiße Tischdecke über einen maroden, stark verschmutzten Tisch gelegt, der jetzt in neuem Glanz erstrahlte? Im falschen Glanz natürlich! Künstlich und vom Wesentlichen ablenkend. Es war sicher nur ein vorgetäuschter Moment von Glückseligkeit, und auch wenn ich wusste, dass es nicht so bleiben würde, es fühlte sich verdammt gut an, wenn auch nur vorübergehend. Tischdecke! Das war das Stichwort. Was passte zu einer Tischdecke wohl besser als ein Käsebrötchen?

„Kaffee für die Damen?“ Ein kleiner, gut genährter Mann öffnete das Abteil und steckte seinen runden Kopf durch die Öffnung. Er schob einen Wagen vor sich her, der in jeder Kurve eine Eigendynamik zu entwickeln schien. Nicht zu seinem Wohlwollen. Der Mann war offensichtlich damit beschäftigt, den Wagen festzuhalten und dabei mit der Kaffeekanne zu jonglieren. Sein Bauch kam ihm zugute, denn der konnte verhindern, dass sich der Wagen selbstständig machte. Unzählige Schweinebraten und Bratwürste mussten dazu beigetragen haben, diese nicht ganz unnütze Wegfahrsperre anzuzüchten. Das verriet sein Gesicht, das viele rote Flecken aufzuweisen hatte. Diesen Hinweis hatte ich von einem flüchtigen Bekannten bekommen. Er war Ernährungswissenschaftler und in der Forschung tätig. „Hochrote fleckige Gesichter weisen auf überhäuften Fleischkonsum hin!“, so seine Worte. Ich konnte mir das Schmunzeln nicht verkneifen. Die ältere Dame kramte in ihren Taschen und suchte verzweifelt nach ein paar Cent, die ihr fehlten, um den Kaffee zu bezahlen. Der Rotkopfindiander stellte auf stur und die Frau suchte weiter.

Eine Mittvierzigerin drängte mit ihrem ebenfalls gut ernährten Kind und voll bepackten Plastiktüten in das Abteil. Einen Moment lang war der Servierwagen der Gefahr ausgesetzt, führerlos zu werden, da der Bub von circa sieben Jahren sehr unkontrolliert mit seinen Gliedmaßen umging. Im ersten Moment schien es, als wäre er hyperaktiv oder etwas zappelig. Doch der Kopfhörer verriet, dass diese nicht gerade graziösen Bewegungen einer Melodie zuzuordnen waren.

Ein Scheich bewegte sich suchenden Blickes mit vier verhüllten Gestalten auf das Abteil zu. Einen zugfahrenden Scheich habe ich auch noch nie gesehen! Das war ein gefundenes Fressen für meinen Denkapparat. Das scheint ja ein armer Scheich zu sein! Dass der Bub sich in der Zwischenzeit sein Revier mit Süßigkeiten, einer Miniaturbrigade von Kunststoffsoldaten, Batman und Spielkonsole abgesteckt hatte, war nicht zu übersehen. Er witterte die scheinbare Gefahr, dass sich der Mann mit seinem gesamten Harem hier niederlassen wollte. Vielleicht ist der Bub doch etwas jünger als vermutet? Mit sieben Jahren müsste er doch mindestens bis sechs zählen können? Es passten ja nicht mehr als drei Personen in das Abteil. Der Bub grinste frech in Richtung Kopftuchinvasion, die bereits von einer stattlichen Plastikartillerie erwartet wurde. Die gefährlich aussehenden Figuren blieben seltsamerweise unentdeckt. Niemand ließ sich davon beeindrucken. Als ich den Jungen so betrachtete, stellte ich fest, dass er nicht sehr mutig wirkte. Welch blöder Gedanke! Wie kann man denn jemandem Mut ansehen? Wie, das wusste ich auch nicht so ganz genau, aber Mut sah sicher nicht so aus. Eben anders! Sind meine Gedanken jetzt schlichtweg Bewertungen, die keiner braucht, oder ist es reine Bösartigkeit? Meine Feststellungen fielen recht hart aus und spiegelten mir meine eigene Härte wider. Davon wollte ich jetzt aber nichts hören, denn es machte mir mehr Spaß an anderen rumzunörgeln, als mich selbst schuldig zu sprechen.

„Eine Tasse Tee“, erwiderte ich kurze Zeit später, als der Kellner des Speisewagens mich fragte, was es denn sein dürfte. Meine Blicke wanderten durch das Fenster und begleiteten die Landschaft, die sich mit ihrer Schönheit einen Weg in mein Herz bahnte, sich aufdrängte und in allen Feinheiten in mich überging, um ihre Pracht in allen Facetten zu offenbaren. Eigenartig, da saß ich nun in einem Zug und hatte das Gefühl, dass sich die Umgebung an mir vorbeibewegen würde und dabei bewegte sich der Zug, in dem ich mich befand. Meine Sinne versuchten mich aber vom Gegenteil zu überzeugen.

War da überhaupt etwas, das sich bewegte? Da war er wieder, dieser Impuls, der mich nicht mehr losließ, seit ich auf ihn gestoßen war. Was war denn nur so faszinierend an der scheinbaren Realität oder Nicht-Realität, dass sich dieser Gedanke nun schon wieder in den Mittelpunkt drängte? Natürlich konnte es nur die Frage sein, was denn wirklich Realität war. Wo war sie und wo konnte man sie finden? Wie konnte man ausfindig machen, was denn nun wirklich war? Eigentlich war es unlogisch und verwirrend, dass unser Leben eine Illusion sein sollte. Eigentlich ja! Und uneigentlich? Dieses blöde Wort schlich sich immer wieder in meinen Wortschatz ein und deutete darauf hin, dass mein Verstand wieder einmal etwas in Frage stellte. Für einen Moment lang fühlte ich wieder diese sonderbare Ruhe, die mir eine Verbundenheit mit allem, was ist, vermittelte, doch das Denken schlug erbarmungslos zu und verdrängte alle zart erwachenden Impulse unsanft und rücksichtslos aus seinem Revier. *Wenn alles nicht wirklich ist, bewegte sich weder der Zug noch ich, dann entspringt alles nur einer Vorstellung und wäre somit eine*

Sinnestäuschung. Wo dieser Satz herkam, vermochte ich nicht einzuordnen. Meinem normalen Denken konnte er allerdings nicht entsprungen sein, soviel stand fest!

Vielleicht war der Grund meiner Lebensumstände und der daraus resultierenden Unzufriedenheit derjenige, dass ich immer alles verstehen wollte. Mir war klar, dass mein Kopf mich mit seiner Eigendynamik fest im Griff hatte, aber ich spürte auch den Schmerz einer Begrenzung. Als würde alles, was sich entfalten wollte, in meinem Denken stecken bleiben. Als könnte sich nichts verwirklichen. Als würde mich jeder Gedanke, dem ich Raum gab, zu einem Stillstand verurteilen. Wie ein verstopftes Sieb, durch das einfach nichts mehr durchsickern konnte. Eine Schranke, die das Passieren unmöglich machte und ein Gefühl von Gelähmtsein vermittelte. War man der Lebenssituation, den Gefühlen und den Gedanken nun wirklich ausgeliefert oder gab es einen Weg, das alles zu steuern? Und vor allem: Wie konnte ich meinem unaufhaltsamen Gedankenstrom entkommen? Es denken doch alle Menschen den ganzen lieben Tag lang. Gab es denn eine Möglichkeit, endlose Denkschleifen umzuleiten? Was ich schon alles versucht hatte und immer wieder übermannte mich diese schwere Last von Grübeleien und des Nachvollziehenwollens. Wie hieß es so schön: Gedanken kommen und gehen. Bei mir schienen aber alle Gedanken, die kamen, zu bleiben.

Ich genoss die wunderbare Gegend, die so täuschend echt und anmutig an mir vorbeizog. Der Zug glitt wie eine sich geschmeidig bewegende Schlange im Eiltempo voran. Vorbei an kleinen Hügeln, Seen und Wäldern, untermalt von einer atemberaubenden Weitsicht. Die Sonne hatte sich wieder durchgesetzt und herrschte mit einer selbstverständlichen Helligkeit über diesen Abschnitt ihres Erdreviers. Die vielen schmucken Häuschen, die sich mit ihren wunderbaren, kleinen Vorgärten brüsteten, vermittelten eine unberührte Idylle, die zum Träumen verführte. Gärten und Lauben, kleine Parkanlagen und Sitzplätze, die mit Rosensträuchern und Efeuranken etwas Verwunschenes und Geheimnisvolles an sich hatten. Und plötzlich sah ich ihn. Es musste noch bis vor Kurzem geregnet haben. Beim genaueren Hinsehen wurde nun auch ein leichter Nieselregen sichtbar. Diese Stimmung hatte den Anschein, als würde der Himmel angesichts der Schönheit der Erde weinen. Der Ablauf der Bilder ließ eine Stimmung von zarter Unberührtheit entstehen. Er war da. Mein Gefährte und Begleiter: der Regenbogen!

Wie immer strahlte er in seiner ganzen Farbenvielfalt und erzählte von der ewigen Freiheit und vom geheimnisvollen Frieden. Diese Besonderheit wirkte so unaufdringlich und selbstverständlich, dass mir der Atem stockte. Jedes Mal wenn ich einen Regenbogen sah, jubelte mein Herz. Wo auch immer das herkam, in diesem Moment wusste ich, alles hatte seine Richtigkeit. Ja, ich war überzeugt von seinem Zauber und von seiner Kraft. Ich war dem Weinen nahe. Es war kein Schmerz. Es war ungeahnte Freude, die in tiefe Dankbarkeit zu münden schien. Doch auch der Regenbogen schaffte es nicht, mir eine Träne zu entlocken. Wahrscheinlich wusste er genauso wie ich, dass ein befreiendes Weinen in diesem Moment noch nicht möglich war.

Der Regenbogen war wie ein Symbol, das mich schon seit langer Zeit begleitete. Ob musikalisch, bildlich oder in der Natur. Immer wenn ein Regenbogen meinen Weg kreuzte, geschah etwas Besonderes, etwas Einzigartiges, ja etwas Außergewöhnliches. Es war ein Zeichen, ein Wink, der mir etwas mitteilen wollte: Alles ist gut! Alles ist gut, so wie es ist und dein Weg ist behütet, beschützt und geführt. Ich bin überzeugt, dass der Regenbogen sinnbildlich zwei Welten verbindet, dass wir durch unsere Begrenzung nur eine davon wirklich wahrnehmen können und dass wahres Glück in dieser Welt, in der wir leben, nicht beheimatet ist. Der Regenbogen weiß, wo der Eingang ins Glück zu finden ist. Er will eine Verbindung schaffen zu den Herzen der Welt. Ich dachte an die Parabel von *Anne Steinwart,* in der ein Brückenbauer einem Kind von seinem Traum der etwas anderen Brücken erzählt: „In meinem Leben baue ich Brücken. Doch in meinen Träumen, baue ich ganz andere Brücken“, sagte der

Brückenbauer zu dem kleinen Kind. Mit großen Augen sah es ihn an und fragte, was er damit wohl meine. „Ich möchte eine Brücke bauen von der Gegenwart in die Zukunft. Ich möchte eine Brücke bauen von einem zum anderen Menschen, von der Dunkelheit in das Licht, von der Traurigkeit zur Freude. Ich möchte eine Brücke bauen von der Zeit in die Ewigkeit, über alles Vergängliche hinweg“, entgegnete der Brückenbauer. Das Kind sah ihn fragend an und verstand nicht ganz. Es nahm ein Blatt Papier und malte einen bunten Regenbogen.

Ich hatte diese Zeilen schon hunderte Male gelesen und immer wieder berührten sie mich zutiefst. Der Kellner kam auf mich zu und fragte mich, ob ich noch einen Wunsch hätte. In Gedanken versunken nahm ich ihn nur so nebenbei wahr und verneinte. Ich empfand seine Frage als sehr unangenehm, als würde er sich in meine intimsten Gefühlswelten einmischen. Sollte ich nicht froh sein, wenn mich jemand aus diesem Wahn des kontinuierlichen Hintersinnens befreite? Die mögliche Ablenkung war wohl fehlgeschlagen. Viel zu fest klammerte ich mich an mein Denken, als wäre es unentbehrlich.

Diese Überzeugung, dass der Regenbogen ein Botschafter sein musste, hatte ich schon als Kind. Damals hatte man mich ausgelacht. Ich fand ihn einfach nur schön, doch leider konnte man ihn ja nicht stundenlang betrachten. Man konnte ihn weder erzwingen noch herbeiwünschen, geschweige denn festhalten. Der Regenbogen fügte sich seiner unspektakulären Erscheinung, die wir als spektakulär wahrnahmen. Wie ist es überhaupt möglich, dass ein Mensch einen Regenbogen betrachtet und dabei nichts verspürt? Was hat die Menschheit so unendlich blind und stumm gemacht? Diese taube Ignoranz kann doch nicht der Realität entsprechen? Solche oder ähnliche Gedanken überfielen mich oft und sie stimmten mich traurig und wehmütig. Sie bewegten mich dazu, noch mehr nachzudenken. Hat nicht ein jedes Lebewesen ein Anrecht auf Leichtigkeit, Erfüllung und Frieden? Ich schüttelte den Kopf, als wollte ich das Denken loswerden und konzentrierte mich auf den Blick aus dem Fenster. Dabei war ich wieder einmal damit beschäftigt, meine Haare zu ordnen. Ein Ablenkungsmanöver. Kaum zu glauben, Verlegenheit machte sich breit. Vor wem? Vor meinem Denken? Vor mir selbst? Egal, mein Denken sah keineswegs einen Anlass, kurz innezuhalten. Im Gegenteil, es hatte sofort weitere Überlegungen parat. Erstaunlich, diese Flut an Gedanken! Zum Glück bestehen Gedanken nicht aus Wasser, ich wäre in diesen Massen schon längst untergegangen. Trunken vor Glück wäre doch sicher besser, als in Gedanken zu ertrinken! Enorm, welchen Gedankensprüngen man so ausgeliefert war und doch merkte man gar nicht so wirklich, dass man pausenlos in der Scheinwelt des Denkens verharrte.

Zur Natur hatte ich eine enge Verbindung, das war nicht immer so. Je älter ich wurde, umso intensiver erlebte ich diese Schauspiele, Geschenke und Bilder, die Mutter Natur uns bereitstellte und das ständig, überall und noch dazu kostenfrei. Der Blick aus dem Fenster sagte mir, dass Menschen, die in der Natur wohnten, privilegiert sein mussten. In unserer Stadt? So zu wohnen? Unvorstellbar!

Ich schlürfte meinen Tee, blätterte etwas in einer Zeitschrift und beobachtete die Menschen in all ihren Arten. Mir gegenüber saß eine amerikanische Familie. Man konnte das optisch zwar nicht erkennen, aber der Slang der englischen Sprache blieb mir nicht verborgen. Japaner oder Chinesen konnte ich noch nie wirklich auseinanderhalten. Eine Gruppe dieser Abstammung kicherte am ersten Tisch des Speisewagens vor sich hin. Sie unterhielten sich mit Händen und Füßen. Die Gespräche wirkten sehr lebendig. Der Kontrast dazu war ein sich anschweigendes Pärchen, das sich scheinbar nichts mehr zu sagen hatte. Vier Jugendliche, wobei einer davon eine dunkle Hautfarbe hatte, fanden es ziemlich cool, das Bier aus der Flasche zu trinken. Ich hatte mich in diesem Alter, mit einer Zigarette in der Hand, auch so richtig erwachsen gefühlt. Lässig wollte ich rüberkommen und der ganzen Welt zeigen, wie toll ich war. Mir fiel aber nicht auf, dass es keiner so wirklich erkennen konnte. Plötzlich war das Rauchen nicht mehr so cool, als mich meine Mutter, mit knapp fünfzehn Jahren, auf offener Straße mit einer Zigarette in der Hand erwischte. Sie klopfte mir nur kurz auf die Schulter und sagte: „Und sonst geht es dir gut?“ Ich nickte ziemlich locker, um mich vor meiner Clique nicht zu blamieren. Unerwarteterweise blieb sie nicht stehen, sondern ging einfach weiter. Das traf mich noch mehr, als wenn sie mit mir geschimpft hätte. Am liebsten wäre ich im Erdboden versunken, so peinlich war die Situation. Ein Stich mitten ins Herz signalisierte, dass mein Herz mit meinem Verhalten meiner Mutter gegenüber überhaupt nicht konform ging. Es gelang mir nicht annähernd, den rebellierenden Aufschrei zu ignorieren, denn hier waren meine Emotionen stärker. Das Wort Coolness hatte spätestens an dieser Stelle seine Wirkungskraft gänzlich verloren. Die Achterbahnloopings meiner Empfindungen zeigten auf, dass mir Rückgrat fehlte. Schlussendlich bewegte mich mein Inneres dazu, ihr hinterherzulaufen. Geplant war das nicht, doch ich konnte gar nicht anders. Ich wartete nur kurz ab, um meine Weichheit zu vertuschen, denn ich wollte doch immer die Starke sein. Mein Herz schaffte es diesmal, sich über den Verstand zu stellen. Ein stotterndes und weinerliches „Es tut mir leid!“ war ich ihr schuldig.

Ich glaube, dass solche Situationen zum pubertierenden Teenager einfach dazugehören, um Grenzen auszutesten. Auch wenn es noch so bescheuert war, dieses Alter hatte auch viele Sonnenseiten an sich, die unbewusst wesentlich tiefer gingen, als die unendlich aneinandergereihten, nicht mehr enden wollenden Tiefschlag-Erfahrungen. Von einfältigen, unbesonnenen und draufgängerischen Reaktionen, bis hin zu leichtgläubigen, naiven und aufmüpfigen Aktionen, waren hier so ziemlich alle Gefühlsereignisse vertreten, die man so erleben konnte. Erleben musste, um auf das Leben vorbereitet zu werden. Auch wenn ich noch so oft vor einem Abgrund stand, litt ich dennoch erstaunlich lange an einer unübertrefflichen Selbstüberschätzung. Ich musste alles ausprobieren, nichts war vor mir sicher. Unrecht hatte ich natürlich nie und deshalb fand ich mich sehr oft einfach nur umwerfend. Meine Eltern fanden das auch, nur die hat mein Benehmen auf eine ganz andere Art und Weise umgeworfen.

Wenn ich so zurückdenke, kommt mir vieles nicht nur fremd, sondern irgendwie schemenhaft vor. Vielleicht spürte ich schon damals unbewusst, dass das Leben nur ein Spielplatz ist. Ein vorübergehendes Schauspiel, in dem ich sehen wollte, wie weit ich gehen konnte. Ich muss zugeben, es war keine meiner Glanzrollen und auch nicht oscarverdächtig, aber es sollte wohl so sein. Auch wenn ich schon sehr früh flügge geworden bin und nach meinen ersten Flugversuchen des Öfteren etwas unsanft landete, mein liebevoll behütetes Nest wird wohl immer das kostbarste Geschenk des Lebens bleiben. Meine wunderbare Kindheit ermöglichte, trotz der von mir künstlich erzeugten Pleiten und Pannen, eine Veranlagung hervorzukehren, die es erlaubte, tiefer zu gehen und intensiver zu spüren, ohne zuvor erst noch einen durchlebten Chaos-Horror-Trennungs-Streitgespräch-Elternhaus-Seelenmüll abtragen zu müssen. Frei von Ängsten, Nöten, Schmerzen und Leid ist ein unbefleckter Weg, mit wesentlich mehr Leichtigkeit und Durchhaltevermögen zu meistern, als wenn man erst noch traumatische und einschneidende Erfahrungen verdauen muss, die wohl dauerhaft und tief im Seelengedächtnis verankert bleiben.

Den einzigen Streit, den ich zu Hause so am Rande mitbekommen habe, war kein Streit im herkömmlichen Sinn. Meine Mama hatte bei einer Einkaufsfahrt mit dem Auto eine unfreiwillige, aber sehr intensive Begegnung mit der Mauer der Hofeinfahrt. Mein Vater schrie kurz und heftig drauflos, beruhigte sich aber schnell wieder, da die Freude an der Gewissheit, dass meiner Mama nichts passiert war, wohl überwog. Frei von massiven Kindheitsprägungen lebt es sich in späteren Jahren sicher einfacher. Gottlob, welch wundersamer Segen. Tiefe Dankbarkeit schlich sich ein und legte sich sanft über mein Herz und verbreitete ein angenehmes Wärmegefühl in meiner Brust.

Ohne nähere Zusammenhänge verloren sich meine gedanklichen Abschweifungen flatterhaft und sprunghaft, bis in kleinste

Details in meiner Kindheit. So, jetzt ist aber fertig mit Ausflügen in die Vergangenheit! Ich möchte zur Abwechslung einmal hier sein und den Moment leben, ohne ständig abzuschweifen! Muss ich mich jetzt schon selbst ermahnen, um aus der künstlich erzeugten Gedankenwelt heimzukehren? Mein Blick richtete sich immer noch auf den dunkelhäutigen Jungen. Flüchtig trafen sich unsere Blicke und ich stellte fest, dass ich ihn, ohne es zu bemerken, wohl die ganze Zeit angestarrt haben musste. Er sah richtig frech aus mit seiner ausgefallenen Frisur, die sich in alle Richtungen streckte. Bei Mädchen in seinem Alter kam er sicher ausgezeichnet an, das konnte ich mir gut vorstellen. Ich konnte noch nie verstehen, warum die Herkunft eines Menschen so wichtig sein sollte. Wie kann man einen Menschen bloß an seinem Glaubensbekenntnis oder an seiner Rasse messen? *Alle sind anders und doch sind sie gleich!* In mir brannte immer schon der Wunsch, es noch erleben zu dürfen, dass unter allen Lebewesen eine Art Gleichheit herrscht. Dass Menschen zu einer Großfamilie mutieren, sich mit Respekt, Achtung, Fürsorge und Liebe begegnen. Ein bedingungsloser Umgang miteinander, der den anderen, ja, alles, was ist, als Teil eines großen Ganzen sehen kann. Zu fühlen: Alles ist eins!

Ein schöner Traum, der wohl auch einer bleiben wird. In Gedanken schwelgend winkte ich dem Kellner, um zu zahlen. Während ich nach meinem Portmonee kramte, kam das Buch von Gabi zum Vorschein, welches ich fast zu Hause vergessen hatte. Meine Freundin wollte mich damit überraschen und ich hatte ihr versprochen, es erst am Ziel meiner Reise zu öffnen. Doch wo ist das Ziel? Gibt es so etwas überhaupt, und wenn ja, woran kann man es erkennen? Von einer Neugier gepackt, riss ich das Geschenk ungeduldig auf. Dabei musste ich wieder an meine Mama denken. Wenn die das jetzt sehen könnte! Sie löste das Geschenkpapier jedes Mal fein säuberlich vom Geschenk und strich es stets glatt, um es so lange immer wieder zu verwenden, bis die unzähligen Knitterfalten selbst nach dem Papierkorb schrien. Als Kind fand ich das komisch, denn ich riss das Papier immer schon so auf, dass es, außer zum Anheizen des Ofens, für nichts mehr zu gebrauchen war.

Die Reise ans Ende des Regenbogens las ich den Titel des Buches, welcher mich auf eine seltene Art und Weise berührte. Schon wieder ein Regenbogen! Ich musste lächeln, denn Gabi wusste natürlich von diesem kleinen Geheimnis meiner Lieblingsbrücke zwischen zwei Welten und hatte ein gutes Händchen, wenn es darum ging, meinen Geschmack zu treffen.

Als ich in das Abteil zurückkehrte, suchte mein Blick verzweifelt nach meinen Sachen. Die allerdings schienen verschwunden zu sein. Das Abteil war voller Fahrgäste, die ich alle noch nie zuvor gesehen hatte. Moment mal! Halt. Stopp! Ich zwang mich innezuhalten und überlegte kurz. Mein Gepäck muss doch noch da sein! Ich hatte es ja auf der rechten Fensterseite oberhalb auf die Ablage gestellt. Ein etwas mulmiges Gefühl schlich sich ein, doch mein Verstand ließ mich vermuten, dass ich scheinbar nicht dort war, wo ich zuvor mein Gepäck verstaut hatte. Mit einem verlegenen „Entschuldigung!" schloss ich die Schiebetüre hastig zu und ging den Gang entlang, bis ich endlich die ältere Dame erblickte, die noch immer sehr zufrieden in ihrem Romanheft schmökerte. Sie war so sehr darin vertieft, dass sie mich gar nicht wahrnahm. Die Mutter, das Kind und Batman hatten das Abteil bereits verlassen.

Laut meiner Uhrzeit war es noch eine gute halbe Stunde bis zum Ziel. Es wunderte mich, dass meine Uhr diese Woche noch gar nicht stehen geblieben war. Ich hatte mich schon daran gewöhnt, dass sie ab und zu mal pausierte. Entspannt setzte ich mich an meinen Platz und richtete mir die Haare, ohne dabei mein Gegenüber aus den Augen zu lassen. „Der weiße Kittel der Liebe." Der Titel dieses Arztromans zog meine ganze Aufmerksamkeit auf sich. Toller Titel! Der Inhalt des Buches hatte die ältere Dame unweigerlich in seinen Bann gezogen und ihrem Gesichtsausdruck nach zu schließen, hatte sie darin bereits die Hauptrolle übernommen. Ihre Augen waren feucht und voller

Spannung. Eine Träne hatte es geschafft, sich den Weg in die Freiheit zu bahnen. Konnte ein solcher Kitschroman wirklich befreiend sein oder suhlte sich die Dame nur in einem tief schlummernden Weltenschmerz?

Meine Emotionalebene machte all den empordrängenden, spöttischen Gedanken einen gewaltigen Strich durch die Rechnung. Diese bösartigen Denkgeschwülste standen bereits in den Startlöchern und warteten nur darauf, aus ihrem Hinterhalt schonungslos über mich herzufallen, um sich unbarmherzig über das Verhalten der älteren Dame auszulassen. Der in mir hochsteigende Impuls von Mitgefühl hatte die in Lauerstellung positionierten, schadenfrohen Gedanken durchschaut und behielt diesmal die Oberhand. Ich war froh, dass sich das Gefühl gegen das dreiste Gedankenkonstrukt durchsetzen konnte. Für einen Moment lang war es weder lächerlich noch komisch. Es war ... Ja, was war es denn nun?

Rührend? Berührend? Ja, das war der passende Ausdruck! Dieses ungenierte und hemmungslose Zulassen von Gefühlen, dem sich mein Gegenüber hingab, war das, was mich so sehr berührte und doch war es mir peinlich. Warum? Und warum mir?

Ich war scheinbar nicht in der Lage, uneingeschränkt zu meinen Gefühlen zu stehen, weiblich zu sein, meine Femininität walten zu lassen und Weichheit zu leben. Irgendetwas hatte mich hart gemacht und so sensitiv ich auch war und empfinden konnte, da war etwas, was hochsteigende Emotionen stets abwürgte, bevor sie sich befreiend von mir lösen konnten. Jetzt spürte ich auch wieder diesen Kloß im Hals. Der tauchte immer dann auf, wenn ich etwas runterschluckte und mich ablenkte, mich kalt über eine Situation hinwegsetzte und völlig unbeirrt zur Tagesordnung überging, anstatt meinen Emotionen Ausdruck zu verleihen. Ein kreativer Mix aus Gefühlen, die aus mir hervorbrechen wollten, und Gedanken, die sich herrschsüchtig in den Vordergrund drängten, erzeugte einen Machtkampf, der durch ein leises Schluchzen abrupt gestoppt wurde.

Sie wird jetzt doch nicht weinen? Angestrengt versuchte ich meinen Blick etwas über den Blattrand ihres Romans hinaus zu richten, um mir Gewissheit zu verschaffen. Vielleicht hätten viele andere Menschen ihr Verhalten bloß belächelt. Wahrscheinlich hätte es mich auch nicht so sehr bewegt, wenn ich nicht selbst immer wieder mit diesem leidigen Thema des Nicht-weinen-Könnens konfrontiert worden wäre. Melancholie machte sich breit. Sehr breit sogar. Ein grausames Gefühl von Traurigkeit kroch in mir hoch. Wie gerne hätte ich meinen Gefühlen nachgegeben, doch Tränen blieben wieder mal aus. Bilder von früher drängten sich auf und es fiel mir wie Schuppen von den Augen. Als hätte jemand auf eine Replay-Taste gedrückt, so bahnten sich Bruchstücke meiner Vergangenheit ihren Weg in die Gegenwart. Und das mit Erfolg.

Ein kleiner und unbekannter Ort mitten in Deutschland. Als Kind war ich dort in einem dieser Ferienlager gewesen. Da fiel mir ein, es musste ja in der Nähe von diesem Ashram gewesen sein. Wie seltsam das Leben doch Dinge wiederholte, ähnlich gestaltete, zusammenführte oder wieder ineinanderfließen ließ! Ich musste um die zwölf Jahre alt gewesen sein. Meine Eltern wollten mir eine Freude damit bereiten. Ich hatte es mir doch so sehr gewünscht. Das erste Mal von zu Hause weg war aber scheinbar doch etwas zu viel für mich. Ich weinte, weinte und weinte. Ich weinte mir die Augen aus dem Kopf. Zwei Wochen lang. Für mich vergingen diese Wochen im Zeitlupentempo und ich befürchtete, mein Elternhaus wohl nie mehr wieder zu sehen. Warum ich das Ferienlager nicht vorzeitig abgebrochen habe? Keine Ahnung. Heimweh alleine kann es wohl nicht gewesen sein. Alt genug war ich ja, so müsste man zumindest meinen. Ja, ich gebe zu, ein Mamakind gewesen zu sein, doch da musste irgendetwas vorgefallen sein, an das ich mich einfach nicht erinnern konnte. Es war an dem Tag, wo ich an einem Maisfeld entlang lief, doch der Gedanke daran verursachte nur ein schwarzes Loch. Da war nichts. Und doch musste da etwas passiert sein, das ich wohl gut verdrängt hatte. Es waren die schrecklichsten vierzehn Tage in meinem Leben. Und wie sehr ich mich auch anstrengte, irgendwann habe ich es aufgegeben, mich daran erinnern zu wollen.

Meine Mama spürte wohl immer, dass da irgendetwas war, doch so sehr sie sich auch Mühe gab, dem auf die Schliche zu kommen, ich wehrte stets ab. Als hätte jemand ein Stück meiner Erinnerung einfach aus meinem Gedankengut herausgeschnitten. Es ist wie ausgelöscht. Weg! Nicht da! Einfach verschwunden! Seit diesem Zeitpunkt habe ich nicht mehr geweint. Wenn ich traurig bin, bin ich eben traurig. Ich lebe es auf eine andere Art und Weise als Menschen, die weinen. Es kommen keine Tränen. Warum auch immer, ich habe mich daran gewöhnt, auch wenn ein inneres Drängen mich immer wieder ermahnt, dass die versteckte Leiche nicht ewig im Keller liegen bleiben kann. Ich spürte, dass sich in mir etwas aufgestaut hatte und nicht wegfließen konnte. Diese Spannung ließ mich nicht wirklich zur Ruhe kommen und hielt mich immer in einer rastlosen Bewegung gefangen. Dieser Stau würde sich eines Tages wie eine Explosion entladen, das war so sicher wie das Amen im Gebet. Ich wartete auf diesen Moment, in dem ich Frieden mit mir selbst schließen würde. Ich kramte kurzerhand noch einmal das Buch von Gabi hervor und schlug es auf. „Falls dir die Stille doch zu langweilig werden sollte. Alles Liebe, Gabi."

„Zugestiegen?" Der Schaffner blickte fragend ins Abteil und sein staunender, neugieriger Blick richtete sich auf das tränenbehaftete Gesicht der älteren Frau, welches aber nur kurz sein Interesse wecken konnte. Unsere Fahrkarten hatte er ja bereits gesehen. Schnell war er wieder verschwunden, nicht ohne mir einen prüfenden Blick zuzuwerfen. Wieso hat er mich denn jetzt so komisch und vorwurfsvoll angesehen? Der hat doch nicht wirklich geglaubt, dass das Heulen der Frau etwas mit mir zu tun haben könnte?

„Er hat sie verlassen!", seufzte die ältere Dame wiederholt und schüttelte dabei voller Unverständnis immer und immer wieder den Kopf. Und ich verlasse Sie jetzt auch, kam es mir in den Sinn. Die Dame erhob ihren Kopf und putzte sich die Nase. „Ach, Sie steigen schon aus?“ Schon ist gut! Sie tat ja gerade so, als ob wir Freundschaft geschlossen hätten. Ein tiefgehendes Gespräch hatte sich ja nicht wirklich entwickelt. Ältere Menschen erschienen mir oft seltsam. Wieweit sich in dieser Feststellung lediglich meine Eigenart widerspiegeln könnte, hatte ich nicht in Erwägung gezogen. „Auf Wiedersehen, ich wünsche Ihnen noch eine gute Reise!“ Aus mit Erinnerungsschwelgereien und Vergangenheitsfloskeln. Die Zugfahrt war beendet. Und mein Hintersinnen?

Krankhafte Gedankenherde

Der Bahnhof war ja richtig süß. So überschaubar und klein. Es schien hier schon etwas ruhiger zu sein, als es bei mir zu Hause war. Gott sei Dank, einmal raus aus der Stadt und rein in ein kleines altertümliches Städtchen. Es besaß nicht einmal ein Zehntel der Einwohnerzahl meiner Geburtsstadt. Die Hilfsbereitschaft der Passanten unterschied sich aber nicht groß von denen, die bei uns zu Hause herumliefen. Hatte man mehrere Gepäckstücke zu tragen, half doch ein jeder gerne! Doch immer nur mit seinen Augen! So schleppte ich mein Gepäck die Stiegen bis zur Eingangshalle hinunter und wunderte mich darüber, was ich da bloß alles eingepackt hatte. Ich setzte mich auf eine Bank und griff in der Manteltasche nach meinem Büchlein, in dem ich mir die Adresse von diesem Ashram notiert hatte. Mir wurde ganz heiß. Es versetzte mir einen Stich in meiner Brust und ich schluckte einmal leer. Manteltasche war wohl das falsche Stichwort gewesen. Das Büchlein befand sich in der Jackentasche! O Mann! Musste das jetzt sein? Meine Schusseligkeit wurde wieder einmal bestraft. Die Jacke lag vor der Garderobe am Boden. Das war eindeutig nicht die passende Stelle. Wie komme ich jetzt in diesen Ashram? Durchatmen! Ruhig bleiben. Überlegen.

Anrufen. Ja, anrufen. Genau, das war die rettende Idee. Ich rufe Mama an und sage ihr, sie soll schnell in meine Wohnung gehen und mir Adresse und Telefonnummer durchgeben. Diese Gedanken machten mir Mut. Doch ein weiteres Mal beglückte mich ein unangenehmer Hitzeschub, der wie ein ängstlicher Schauer durch meinen Körper jagte und im Kopf angekommen den Ausgang nicht mehr finden konnte. Meine Eltern waren doch über das verlängerte Wochenende weggefahren. Und jetzt? Ich rufe Gabi an! Nein, das ging auch nicht. Die hatte ja keinen Schlüssel. Mir wurde langsam etwas mulmig zumute. Ich wollte doch der Nachbarin noch den Schlüssel geben, um meine Pflanze zu gießen. Dann hatte ich mich aber doch dazu entschlossen, ihr die Pflanze in Obhut zu geben. Ich wollte! Wie blöd! Ein *Hätte ich doch nur* brachte mich jetzt auch nicht weiter!

Ein Blick nach draußen verriet, dass es wieder zu regnen begonnen hatte. Auch das noch! Die Stimmung spiegelte sich im Außen. Das passt ja wieder einmal hervorragend! Das Wetter richtete sich oft nach meiner Stimmung. Meine Mutter sagte immer, das sei Einbildung oder Zufall. Mit dieser Ansicht war ich aber nie einverstanden. So etwas wie Zufälle gibt es nicht, davon war ich überzeugt. Aber vielleicht hat der Himmel diesmal einfach nur Mitleid mit mir? Sehr komisch, meine Gedanken! Das war überhaupt nicht der Moment, um Witze zu reißen. Welch eigenartiger Galgenhumor!

Die wenigsten Menschen hatten einen Schirm dabei. Es sah komisch aus, wie sie sich so ins Trockene retteten. Ist das der richtige Augenblick, sich über andere lustig zu machen? War im Moment nicht eher ich die Witzfigur des Geschehens? Mein Gehirn suchte verzweifelt nach einer Lösung des Problems. Wie hieß diese Adresse noch mal? Ich versuchte mich krampfhaft zu erinnern. Wie war doch noch schnell dieser Straßenname? Ich wäre auch für eine langsame Antwort dankbar gewesen, doch beide Varianten blieben aus. Mein Denknetzwerk kramte verzweifelt nach Erinnerungen. Jetzt, wo ich den Verstand gebraucht hätte, war er futsch. Das ärgerte mich nun doch ein wenig. Ja, genau! So hieß die Straße! Eine vage Erinnerung tauchte auf. Oder doch nicht? Nein, es war nichts wirklich Verwertbares. Aber hatte ich mir nicht eine Eselsbrücke gebaut? Nach längerem Überlegen konnte ich weder die Straße noch die Brücke finden. Das darf doch nicht wahr sein! Jetzt hatte ich doch allen Ernstes die Eselsbrücke vergessen. Noch einmal flammte eine undurchsichtige Erinnerung auf und schon war sie wieder weg. Es sollte einfach nicht sein! Der Straßenname hatte doch irgendetwas mit einem Baum oder einem Blatt zu tun. Oder Blatt und Baum?

Eichblattstraße! Nein! Elbenblattstraße? Elbe ist doch kein Baum. Erlenblattstraße! Oder doch vielleicht Eibenblattweg? Nein! Wie hieß noch mal diese gottverdammte Straße? Langsam wurde ich ungeduldig. Jetzt hab ich's! Eschenweg! Genau! Oder doch anders?

Nein, so wird das nichts! Hmmmmmh. Ich überlegte konzentriert. Eichblatt … Eich … Verdammt noch mal, es hatte doch irgendetwas mit einem Baum zu tun! Eichenallee! Nein, es klang irgendwie anders.

Alle Joker verbraten und anrufen kannst du auch keinen! Diesen Gedanken konnte ich jetzt am Allerwenigsten gebrauchen! Das intelligente Oberstübchen musste doch eine Eigendynamik besitzen und nur im entfernten Sinne mit mir etwas zu tun haben, denn ich würde mich doch jetzt nicht auch noch über mich selbst lustig machen! Was waren meine Gedanken und wo kamen sie her?

Ich ärgerte mich, dass ich doch den Mantel angezogen hatte. Der Mann im Treppenhaus war schuld. Hätte er nicht das Haus betreten, hätte ich die Jacke sehr wahrscheinlich angelassen! Lieber friere ich auf dem Weg in den Ashram, als kein Dach über dem Kopf zu haben! Ich war sichtlich gereizt. Wenigstens hatte sich ein Schuldiger gefunden!

Achtsamkeit! Ich ermahnte mich selbst. Mit mehr Achtsamkeit wäre mir das nicht passiert! Welch toller Gedanke. Und vor allem so hilfreich! Es geschieht dir recht! Vorher mitdenken, anstatt später nachdenken! Manchmal hatte ich das Gefühl, meine Gedanken unterhielten sich mit irgendjemandem, der mit mir nichts zu tun hatte. Und genau solch ein Moment war genau jetzt.

Die Leiterin des Ashrams hatte mir bei unserem letzten Telefonat noch die Liniennummer der Busverbindung durchgeben wollen, doch dazu war sie nicht gekommen. Ich hatte sie dankend unterbrochen, verneint und ihr versichert, dass ich die nicht brauchen würde. Ich würde doch lieber mit dem Taxi fahren, war meine Antwort gewesen. Ich redete gern. Gern und viel. Frau Manneder konnte mir ihren Vorschlag nicht schmackhaft machen. Der prallte bei mir ab, wie so vieles, was ich nicht hören wollte. Ich hatte schließlich und endlich ja meinen eigenen Kopf.

Leider, musste ich zu meinem Bedauern feststellen. Welche Einsicht! Die kam aber etwas zu spät. Meine Wahl war ja das Taxi gewesen. Gute Entscheidung. Gratulation! Ich kann es mir ja leisten, das teure Taxi zu nehmen. Meine Bequemlichkeit wurde scheinbar wirklich bestraft.

Nun gut, was ich zumindest wusste, war, dass die Innenstadt vom Ashram aus in zirka fünfzehn Minuten mit dem Bus zu erreichen war und dass die Leiterin Frau Manneder hieß. Also nahm ich mir vor, erst mal in das Zentrum zu gehen und zu versuchen den Weg zu erfragen. Irgendjemand würde diese Einrichtung wohl kennen! Das redete ich mir zumindest ein, denn wirklich überzeugt war ich davon nicht. So gut wie gar nicht! Aber der Gedanke gab mir Mut, Hoffnung und Kraft. Und die Hoffnung stirbt bekanntlich zuletzt. Ich vertraue jetzt einfach darauf! Wie mutig! Was bleibt mir denn schon anderes übrig? Ashram ist ja ein sehr geläufiges Wort. Wenn also keiner der Passanten das Wort kannte, war die Chance, dass jemand die Einrichtung kannte, so zirka null Prozent. Ich schüttelte diese Gedanken schleunigst ab und sperrte mein Gepäck in eine der Aufbewahrungsboxen. Das könnte ich ja später noch holen. Vielleicht würde ein Reisebüro Auskunft geben können? Auch wenn sie diesen Ashram nicht im Programm hatten, müssten sie ihn doch zumindest kennen! In so einem kleinen Ort dürfte das ja kein Problem sein. Da kennt ja schließlich jeder jeden! Ich klammerte mich an diesen Gedanken wie an einen Strohhalm, denn ich spürte unbewusst, dass die krampfhafte und unsichere Lösungssuche nichts Gutes zu bedeuten hatte. Ich fragte am Schalter nach dem nächsten Reisebüro. Umso mehr freute ich mich über die Auskunft, dass ich Richtung Fußgängerzone, gleich drei Straßen weiter, eines finden würde.

Langsam wurde es dunkel. Die Dämmerung legte sich wie ein Schlafanzug über das Städtchen und verlieh ihm eine wohlige, märchenhafte Stimmung. Bei diesem Anblick vergaß ich für einen Augenblick die missliche Situation, in der ich mich befand. Die Luft war klar und rein. Zum Glück hatte ich meinen Schirm dabei, denn der Regen wollte seinen Schauer nicht völlig beenden. Auch hier hatte es keinen Schnee und das mitten im Januar.

Es war unangenehm frisch, aber nicht so kalt, wie man es aus Kinderzeiten gewohnt war. Das rege Treiben auf den Straßen ließ darauf schließen, dass die Menschen Feierabend hatten. Autos und Menschen eilten die Straßen entlang und verkörperten einen Ausdruck an Erleichterung, den Tag hinter sich gebracht zu haben. Ein leichter Anflug von Müdigkeit überkam mich, den ich aber ignorierte. Es waren ja nur zehn Minuten bis zum Zentrum. Die Frage, die ich mir immer wieder stellte, war, wie ich es nun anstellen würde, meine Bleibe aufzuspüren. Nach der Straße konnte ich ja nicht gut fragen. „Entschuldigung, ich suche einen Ashram. Den Straßennamen habe ich vergessen, aber es hat etwas mit Baum oder Blatt zu tun.“ Die denken doch, ich bin bescheuert! Ein Ashram in Deutschland. Wie sich das wohl für jemanden anhört, der sich nicht für Spiritualität interessiert?

Ein leichter Schmerz an der Schulter holte mich fast wortwörtlich auf den Boden der Tatsachen zurück. Ein scheinbar Betrunkener schaffte es beinahe, mich zu Boden zu stürzen. Ich konnte mich gerade noch vor dem Hinfallen retten. Die Handtasche hatte ich fallen lassen, bevor meine Hände mit ein paar schwingenden Bewegungen das Gleichgewicht wieder herstellen konnten. Erleichtert atmete ich auf und war froh, nicht in die Pfütze gefallen zu sein. Gerade als ich mich umdrehen wollte, um nach dieser unliebsamen Begegnung zu sehen, spürte ich, wie mich dieser Trunkenbold am Fuß zog und verzweifelt versuchte, sich daran hochzuhangeln. Instinktiv versuchte ich ihn abzuschütteln, um zu vermeiden, letztendlich noch selbst hinzufallen. „Lassen Sie mich!“, entschlüpfte es mir zaghaft. Meine Stimme zitterte. Während ich meinen Fuß losriss, gab ich ihm einen leichten Kinnhaken mit meinem Stiefel. Dem Gesichtsausdruck nach zu schließen, hatte ihm das gar nicht gefallen, aber wenigstens hatte er mich jetzt losgelassen. Ein neunzig Kilo schwerer Mann, der mich als Aufstehhilfe benutzt? Was soll denn das?!

„Du dumme Kuh, kannst du nicht aufpassen!", schrie er mir entgegen. „Jetzt trittst du auch noch nach mir. Undankbare Göre. Na warte, dir werde ich's zeigen!" Erschrocken blickte ich ihm in seine dumpfen Augen, die auf ein düsteres Seelenleben rückschließen ließen. Der Blick war kalt, verbittert und jegliche Zukunftsperspektiven schienen verblasst zu sein.

Ein markerschütternder, ohrenbetörender Knall durchfuhr alle meine Zellen wie ein Blitz, der in mich einschlagen würde. Wie in Trance drehte ich mich um und sah ein paar Straßen weiter etwas in sich zusammenstürzen. Wie in Zeitlupe flogen ein paar Bretter durch die Luft. Es war, als hätte ein Filmemacher einen Zeitraffer in mein momentanes Lebensstück eingebaut. Ein seltsames, noch nie da gewesenes Empfinden veränderte meine Wahrnehmung. Alles schien weit weg zu sein, als hätte man die Situation in Watte gepackt. Irgendetwas schien den Moment zu verfälschen. Dieser Moment wurde von einem Gefühl begleitet, das mir Angst machte. Unabhängig von diesem Einsturz hinter mir hatte ich das Bild einer Frau vor Augen, die in ihrem eigenen Blut am Boden lag. Nur kurz sah ich wie gelähmt dieser Frau ins Gesicht und schon war er wieder weg, dieser mir scheinbar nicht ganz fremde und sehr kurze, prägnante Einblick. Ich konnte es nicht zuordnen und ich merkte, dass Tränen wieder einmal erfolglos versuchten, sich ihren Weg in die Freiheit zu erkämpfen. Die Quelle blieb aber erneut versiegt. Ich schluckte kurz und spürte diesen Kloß im Hals, in dem sich viele unterdrückte Emotionen zu bündeln schienen. Es war eine Art Sammelbecken, welches, aus welchem Grund auch immer, nicht bereit dazu war, sich zu entleeren. Und das breitete sich ganz klar in meinem Hals aus, wo Unerwünschtes zielsicher abgewürgt wurde und erbarmungslos ertrank. Wo kommt bloß dieses Bild her? Diese Frau? Das viele Blut? Hatte es vielleicht etwas mit dem Ferienlager zu tun? Eine vage Vermutung, die so schnell wie sie gekommen war, auch wieder verschwand. Ich bemerkte schnell, dass ich im vermuteten Zusammenhang keinerlei Erinnerung aufgreifen konnte.

Das Gejammer und Gegröle des am Boden liegenden Betrunkenen stoppte alle weiteren Gedanken, die damit beschäftigt waren, das Gesehene einzuordnen oder sich in Vergleichen zu verlieren. Sie kamen erst gar nicht dazu, sich mit dem Bild zu identifizieren. Ihre ganze Aufmerksamkeit galt nun wieder der ungünstigen Situation, in der ich mich immer noch befand. Der Betrunkene schien in seinem Delirium diesen Krach überhaupt nicht bemerkt zu haben. Er lallte wirres Zeug und hatte eine Alkoholfahne, die man wohl bis zum Bahnhof riechen konnte. Doch er hatte Glück im Unglück. Er hatte sich nur die Hand etwas gestoßen und schien ein wenig aus der Nase zu bluten. Ansonsten hatte es nicht den Anschein, als ob er sich weitere Verletzungen zugezogen hätte.

„Was starrst du mich so an, du dummes Ding? Hilf mir lieber auf, als mir dabei zuzusehen, wie ich hier hilflos rum liege!" Ich bewegte mich kein bisschen. Wie versteinert erfassten mich seine Augen ein weiteres Mal. Sie wirkten so bedrohlich und stumpf. Sein unkontrolliertes Schnaufen und seine ordinäre Ausdrucksweise signalisierten Gefahr. „Na warte …!"

Er wälzte sich wie ein Walross unzählige Male am Boden hin und her, wobei sich seine Lage kein bisschen veränderte. Mit seinen mindestens drei Promille war es ihm unmöglich, ohne fremde Hilfe aufzustehen. Irgendetwas hinderte mich daran, ihm die Hand zu reichen. Diese Gefühle der Bedrohung und Angst intensivierten sich und hatten einen dankbaren Nährboden gefunden, auf dem sie sich wunderbar ausbreiten konnten. Leichtes Spiel für meine Schattenwelt, die mich lähmte und mich voll unter Kontrolle hatte. Kein Lichtblick konnte die momentane Finsternis erhellen. Sogar meine Gedanken hatten sich elegant aus dem Staub gemacht. Jetzt, wo ich mein Denken gut hätte gebrauchen können, war es wieder einmal abwesend. Es hatte sich einfach verflüchtigt. Dieser Moment war wie ein kleiner Schock, der sich in mir einnistete und Sekunden zur Ewigkeit verdammte. Ich hatte das Gefühl, ins Leere zu starren. Obwohl ich diese von Alkohol gezeichnete Kreatur abscheulich fand, weglaufen war unmöglich. Sirenen, die dröhnend erschallten, gaben den ganzen Umständen noch den letzten Feinschliff, der eine Weltuntergangsstimmung zum Ausdruck brachte. Und da war sie wieder, die Erinnerung an den Unfall meiner Mutter. Sofort eliminierte ich dieses Bild aus meinem Kopf. Gehupe und Martinshorn ertönten durchdringend und grell, doch die Situation mit diesem Trunkenbold verdrängte diese Unruhe in ein Abseits, das es sehr weit weg erschienen ließ. Alles war unwirklich und schien die Stabilität meiner ach so verletzlichen Seelenwelt zu gefährden.

Eine Berührung an meinem Arm versetzte mir den nächsten Schreck. Ich zuckte zusammen. „Kann ich Ihnen helfen, mein Fräulein?" Ein junger Mann mit wachen Augen und warmem Blick blieb neben mir stehen. Erleichterung stellte sich ein und mein ganzer Körper löste sich aus seiner Starrheit. „Du Vollidiot. Mir sollst du helfen. Du willst sie ja nur anbaggern. Du Versager!", tobte der sich noch immer wälzende Rohling. „Lassen Sie ihn. Die Polizei wird sich darum kümmern!" Er deutete auf ein Rudel Uniformierte, das auf uns zusteuerte. Ich erschrak und es dauerte ein Weilchen, bis ich realisierte, dass die Polizisten aus einem anderen Grund so aufgebracht durch die Gegend rannten. Bis auf einen Beamten eilten alle an uns vorüber. Der junge Mann hob meine Tasche auf und gab sie mir in die Hand. „Alles in Ordnung, Fräulein?" „Ja", flüsterte ich leise. „Es geht schon." Mir war zum Heulen zumute. Natürlich war das nicht möglich. Höchstens Regentropfen waren imstande, ein künstliches Weinen zu simulieren. Diese wenigen Augenblicke hatten mir wieder einmal gezeigt, wie verletzbar ich doch war und wie schnell sich diese Disharmonie in mir einschleichen konnte. „Alles in Ordnung?" Der gleiche Satz noch einmal, nur diesmal von einem Polizisten. „Es geht schon", murmelte ich. Der nette Mann, der mir die Tasche aufgehoben hatte, verabschiedete sich kurzerhand mit den Worten: „Machen Sie es gut. Ich muss weiter!", und schon war er verschwunden. Ich ging in die entgegengesetzte Richtung und wusste gar nicht, wohin ich überhaupt sollte. In diesem

Warum rechtfertige ich mich immer wieder? Es ist doch komplett egal, was ich von der Kirche halte und was diese Frau von mir hält. Bei mir zu bleiben war noch nie meine Stärke. Ich konnte ja schlecht sagen: Sorry, aber das interessiert mich nicht. Ich brauche lediglich Ihre Unterstützung für mein Problem.

„Das haben Sie falsch verstanden!", fuhr ich fort. „Es hat nichts mit Glauben zu tun. Vielleicht habe ich mich auch falsch ausgedrückt. Ein Ashram ist eine Art Lebensgemeinschaft, angelehnt an die östliche Philosophie."

„Ach, jetzt dämmert es mir. Sagen Sie, haben das nicht die Inder erfunden?", sagte sie in einem so infantilen Ton, als wollte sie mich veräppeln. Gleichzeitig klang es aber so unglaublich ernsthaft, dass man spürte: Diese Frage war ihr voller Ernst. Dieser Satz hörte sich einfach nur doof an und schmerzte bis auf die Knochen. Wer soll denn so etwas *erfinden?*

Heute war wohl ein besonderer Tag. Ich nickte nur kurz und war schon dabei das Geschäft zu verlassen. Ich spürte, hier würde ich wohl nicht weiterkommen. „Wissen Sie, ich liebe die indische Küche!", ergänzte sie, nachdem sie keine Antwort auf ihre Frage bekommen hatte. Ich ignorierte diesen Satz. „Frau Manneder heißt die Leiterin dieser Gemeinschaft und ..." Sie unterbrach mich und lachte plötzlich über das ganze Gesicht. Sie schlug die Hände über den Kopf zusammen und klatschte anschließend mehrmals freudig in die Hände. Ein Bild für Götter. Es sah albern aus. „Welch ein Zufall, nein wie lustig!", jubelte sie. In mir stieg Freude auf. Ein Lichtblick nahte. Sie kennt die Leiterin des Ashrams! Volltreffer! Diese Susanne hat mir der Himmel geschickt. Die ist eigentlich ganz nett!

„Ja, Sie kennen Frau Manneder?", rief ich erfreut. „Das ist ja klasse! Welch eine Fügung!", fuhr ich fort, ohne ihre Antwort abzuwarten. Ich atmete durch und eine riesengroße Last schien sich von mir zu lösen. All der Stress der letzten Stunde verabschiedete sich mit einem Schlag. Auf meine Intuition kann ich mich eben verlassen. Mit einem „Nein!" unterbrach sie meine freudigen

Bäckerei
von
W. Borgolte

Fior Frutta
Fior Frutta
SPECIALITA

OUTLET
D&G
D&G
NDUIOSO

Gedanken. Was? Wie bitte? Hat sie gerade *Nein* gesagt? Ich sank in mir zusammen und ahnte nichts Gutes.

„Frau Manneder? Nein, die kenne ich nicht! Aber ich hatte einmal einen Mann, der hieß Eder. Peter Eder! „Na!“, sagte sie. „Sie wissen schon!“, und dabei strahlte sie erwartungsvoll über das ganze Gesicht. „Was sollte ich wissen?“, fragte ich etwas verdutzt. „Na, der mit dem Pumuckl. Der vom Fernsehen, der hieß doch ebenfalls so, finden Sie das nicht auch lustig? Mann-Eder, Mann … Eder …“, lachte sie und betonte dabei jedes einzelne Wort des zusammengesetzten Namens, während ihr Lachen in ein stoßweises Gegacker überging. Während sie sich immer noch amüsierte und die schlaue Kombination als große Tageseinlage verbuchte, war in mir Ratlosigkeit eingekehrt. Was soll man dazu noch sagen? Geschweige denn denken! „Danke noch mal, ich muss dann wieder.“ Schleunigst verließ ich das Geschäft, ohne auf eine Antwort zu warten. Um ehrlich zu sein, ohne eine Antwort zu wollen.

Ich atmete tief durch. Was war denn das jetzt? Tolle Intuition! Wirklich ganz, ganz toll! Und so hilfreich! Und wo übernachte ich jetzt?

Es hatte zu regnen aufgehört. Das war zur Abwechslung ja einmal ein gutes Zeichen. Ein paar Menschen eilten noch die Straßen auf und ab. Einige Geschäfte, an denen ich vorbei spazierte, hatten soeben geschlossen. Es war Viertel nach sechs, bestätigte mir der Blick auf die Uhr, die die Fassade des Nebengeschäftes zierte. Auch meine Uhr hatte noch nicht aufgegeben und schien mindestens so lange wie ich durchzuhalten. Diese sonderbare Gelassenheit, die ich trotz meiner etwas verfänglichen Situation empfand, ließ mich staunen. Gab es denn einen Grund dafür, mich so gut zu fühlen? Mir fiel keiner ein.

Als ich die nächste Querstraße rechts abbog, zuckte ich zusammen. Heute schienen unliebsame Zwischenfälle wohl auf der Tagesordnung zu stehen. Vor mir saß ein Bettler auf einem Pappkarton. Vor sich eine Mütze liegend, in der sich, wenn er die

Münzen nicht selbst hineingelegt hatte, schon so einiges angesammelt hatte. Der Bettler sah irgendwie gar nicht wie ein Bettler aus. Er hatte die Augen geschlossen und schien zu meditieren. Ein meditierender Bettler also! Na, das hatte mir noch gefehlt!

Mein Zusammenzucken galt aber dem Korb, der neben ihm lag und den ich mit meinen Zehenspitzen einen etwas unsanften Ruck verpasste. Darin lag ein großer, schwarzer Hund, der sich scheinbar nicht daran gestört hatte. Er hatte einen weißen Fleck am Kopf und einen an der Seite. Auch die Schwanzspitze war weiß und beim schnellen Hinsehen sah es so aus, als ob ihm ein Stück davon fehlen würde. Der Bettler und sein Hund ignorierten mich vollständig. Muss er den Hundekorb aber auch genau hier an dieser unübersichtlichen Stelle platzieren! Warum setzt er sich mit ihm nicht gleich mitten auf die Straße? Meine Gedanken sprudelten gleich so über. Ich hätte den Hund oder mich ja verletzen können. Ein Ansatz von Zorn streifte mein Gemüt, schaffte es aber nicht, sich gänzlich einzunisten. So stand ich nun in kurzem Abstand zu den beiden und war irgendwie froh, dass ich nicht auch noch einen Anschiss bekommen hatte. Man weiß ja nie, wie ein Bettler reagiert. Was wäre wohl passiert, wenn ich den Hund ungewollt getreten hätte?

Mit einer Sprache, die auch bei Babys oft zum Einsatz kommt, bückte ich mich nach dem Hund und redete schonungslos auf ihn ein. Dabei sah ich, dass er nur drei Beine hatte. Dort wo das Bein fehlte, war ein blaues Tuch herumgewickelt. Ich musste schlucken. Das, was ich vorher in Bezug auf den Schwanz des Hundes gedacht hatte, hatte nun eine völlig neue Bedeutung bekommen.

Der Hund fühlte sich nicht im Geringsten von mir angesprochen und bewegte sich kein bisschen. Natürlich überkam mich sofort ein riesengroßes Mitleid. Der Bettler war mir egal. Der Hund hingegen tat mir wirklich leid. „Was bist du denn für ein süßer Hund!“, wiederholte ich immer und immer wieder. „Du kannst ganz normal mit ihm sprechen, dann versteht er dich auch“, sagte der Mann plötzlich und schien aus seiner Tiefenentspannung erwacht zu sein. Das war mir unangenehm. Etwas unschlüssig sah ich den Bettler an. „Entschuldigung, das ist so eine schlechte Angewohnheit von mir!“ Entschuldigung, das ist so eine schlechte Angewohnheit von mir! Und schon wieder befand ich mich mitten im Rechtfertigen und für was entschuldigte ich mich überhaupt? Warum konnte ich nicht einfach meinen Mund halten und meine Antwort lediglich auf die Frage beziehen?

Als der Mann gähnte, kamen wunderschöne Zähne zum Vorschein. Mit ein bisschen Fantasie konnte man sich den Mann gewaschen, mit geschnittenen und gekämmten Haaren sehr gut zurechtrichten. „Na, du“, sagte ich mit ganz normaler Stimme und wandte mich weiterhin dem Hund zu. Und siehe da, er bewegte seinen Kopf in meine Richtung und wedelte mit dem Schwanz. „Darf ich ihn streicheln?“, fragte ich zaghaft. „Wenn du möchtest und keine Angst hast. Er tut dir nichts“, versicherte mir dieser Mann. Ich und Angst? Vor einem Hund?! Ich war entrüstet!

Ich streichelte dem Hund über den Kopf, tätschelte seinen Hintern und kraulte ihn schlussendlich am Bauch. Sofort drehte er sich zur Seite, ging umgehend in eine Rückenlage über und genoss sichtlich die Streicheleinheiten. Meine Hände wollten sich gar nicht mehr von ihm lösen. Auch ich genoss es, vielleicht noch mehr als der Hund. Sein süßes Gesicht animierte mich zu hemmungslosen Streichelattacken. Während ich ihm über das warme Fell strich und dabei seinen Herzschlag berührte, sah ich, dass der Bettler vor seiner Mütze ein Schild platziert hatte. Darauf stand: *Für Hundefutter.* Es war mein Hochmut, der mich nach kurzem Überlegen dazu bewegte, in meine Tasche zu greifen und ihm satte zwanzig Euro zu geben. Ich dachte, dass es mir ja nicht wehtat, und wenn ich dem Hund etwas Guten tun konnte? Ich dachte eben wieder einmal zu viel! War es denn wirklich eine Herzensentscheidung? Der Zwanzig-Euro-Schein landete in der Mütze des Bettlers. Er hatte die Augen aber bereits wieder geschlossen und schien zu meditieren. Ein Bettler, der meditiert? Wie eigenartig!

Natürlich wollte ich gut dastehen und mein Ego sonnte sich schon jetzt in einem gnädigen Dankeschön. Die gütige Kaiserin und der Untertan. Was für ein Gedanke! Was für ein Einfall. Einfall muss wohl von einfältig kommen. Ja, und mein Verstand war es. Einfältig, ahnungslos und naiv! Es zeichneten sich Bilder ab, die nun wirklich zu weit gingen. Ich saß auf einem Thron und unter mir kniete der Bettler und bedankte sich bei mir. Die Hände hatte er gefaltet. Er betete mich an und gab dabei preisende und verehrende Reime von sich, deren Sprache ich nicht verstehen konnte. Ich bin doch kein Tyrann! Eher wurde ich von meinem Denken tyrannisiert, als umgekehrt. Aber was sollte ich denn tun, ich kann doch nichts für meine Gedanken und Bilder. Sie waren einfach da! Woher sie auch immer kamen, sie hefteten wie Kletten an mir und erschwerten mir das Leben. Ich war über mich selbst erschrocken. Es war mir fast peinlich, solche Gedanken zu haben. Mein Herz pochte ganz schnell und ein unangenehmer, beißender Schauer stieg in mir empor.

Sind Gedanken überhaupt wirklich? Existieren sie? Und wo kommen sie her? Diese Fragen hatten es in sich. Es waren diesmal keine herkömmlichen Fragen. Es waren wieder diese Impulse, die diese ganz eigenartigen Fragen in den Raum stellten. Und wo kommen diese seltsamen Impuls-Fragen plötzlich wieder her? Mein Verstand würde sich ja selbst sicher nicht in Frage stellen!

Die Einfachheit dieser Fragen besaß etwas nicht Fassbares, ja eine Tiefe, die mir ungewöhnlich und fremd erschien. Gleichzeitig war da aber eine Vertrautheit in meiner Herzgegend, die mir eine gewisse Leichtigkeit vermittelte. Wie war das möglich? Diese Fragen um die Existenz der Gedanken erzeugten eine sonderbare Stille. Ich muss zugeben, sie klangen wirklich sehr eigen, diese sehr ungewöhnlichen Fragen, aber sie schienen mein Interesse immer mehr und mehr zu erwecken. Mein bis vor Kurzem noch schlafendes Herz schien vielleicht doch bald aufzuwachen! Gut, ganz munter war ich wohl noch lange nicht, aber vielleicht befand ich mich in einer Aufwachphase.

Immer noch kniete der Bettler vor meinem Thron. Es reicht! Diese Vorstellung ist einfach absurd! Ich wollte diese Bilder abschütteln, denn sie entsprachen nicht meinem Naturell. Mein neu erworbenes Wohlgefühl wurde von diesen unerwünschten, sich rücksichtslos einschleichenden Bildern restlos vertrieben und löste Unbehagen in mir aus. Der Bettler schien immer noch in einer tiefen Stille zu verweilen. Er wirkte anders als vorher, so in sich gekehrt. Vielleicht nahm ich ihn auch anders wahr. Wie auch immer, es war ein eigenartiger Augenblick, für den ich keine Worte fand. Sein Äußeres sah etwas gammelig aus und seine Kleidung hatte schon seit geraumer Zeit keine Waschmaschine mehr gesehen. Er wirkte aber überhaupt nicht unglücklich. Für meinen Verstand war das natürlich eine Katastrophe. Es passte nicht in sein vorgegebenes Konzept. Er konnte es nicht einordnen und fand keine Antwort auf diese eigenartige Kombination eines scheinbar glücklichen Bettlers.

Es stellte sich eine weitere grundlegende Frage in mir. Warum hatte ich ihm nicht einen Euro gegeben? Zwanzig Euro, wie großzügig! Glaubte ich, etwas Besseres zu sein? Glaubte ich, dass diese Geste mich zu etwas Besonderem kürte? Das setzte dem Ganzen nun die Krone auf! Ich wollte einfach nur großzügig sein! Aber das beantwortete die Fragen nicht. Wer in dir wollte denn gut dastehen? Wer wollte denn großzügig sein und warum? Aus welchem Impuls heraus hast du so reagiert? War es spontan oder berechnend?

Jetzt mochte ich diese eigenartigen Fragen doch nicht mehr. Sie drangen so tief in mich vor und berührten einen Raum, der jenseits des Denkens für Aufruhr sorgte. Ich fühlte mich diesen bescheuerten Fragen hilflos ausgeliefert und war nicht bereit, mich weiterhin diesem Schwachsinn hinzugeben. Alles, was ich nicht kontrollieren konnte, schien mir Angst zu machen. Das Denken benutzte mich, das war mir klar. Aber vielleicht benutzte ich es ja auch? Vielleicht war das Denken ja auch ein Schutz, um nicht hinter meine Oberflächlichkeit sehen zu müssen? Ich befand mich wahrscheinlich freiwillig in dieser selbst errichteten Niststation von Vorwänden. Es war ja bequem, vermittelte das Gefühl von Sicherheit und brachte alte Gewohnheiten nicht durcheinander. Ähnliche Gedanken hatten mich auch schon im Zug überfallen, nur dort waren sie nicht so unangenehm. Nun aber empfand ich diese Gedanken als einzigen Vorwurf, der sich gegen mich richtete. Tiefer zu gehen, als man es gewohnt war, könnte nicht nur ungemütlich werden, sondern das war es jetzt auch. Doch ich blockte ab, denn die Antworten auf all diese Fragen wollte ich nun wirklich nicht hören. Das stand fest!

Elegant wimmelte ich diese Gedanken ab und widmete mich wieder der Situation. Würde er sich bedanken, wollte ich so tun, als wäre es für mich selbstverständlich! Alltäglich! Eine kleine Geste. Nichts Besonderes eben. Beweggrund und Motiv meiner momentanen Handlungsweise waren beim ersten Hinblicken vielleicht nicht offensichtlich, doch einem spontanen Impuls entsprangen sie garantiert nicht, das war mir klar. Hochmut kommt immer noch vor dem Fall!

Der Bettler hatte seine Augen geöffnet. Er blickte zuerst mich an und dann schaute er auf seine Mütze. Er nahm den Zwanzig-Euro-Schein aus der Mütze heraus und drückte ihn mir wieder in die Hand. „Entweder du kaufst Hundefutter für Gloria oder du wechselst es in Münzen um. Das nehme ich auf alle Fälle nicht." Der Ton hatte es in sich. Er hatte etwas Zurechtweisendes und Schroffes an sich, aber es klang klar und konsequent. Damit hatte ich allerdings nicht gerechnet. Entrüstet starrte ich ihn an und brachte kein Wort über die Lippen. Ich schluckte. Meinen Gesichtsausdruck hätte man jetzt fotografieren sollen. Ich befand mich in einem dieser wenigen Augenblicke, in denen ich sprachlos war. Am liebsten wäre ich im Erdboden versunken. Natürlich kam der Einsatz des Oberfeldwebels zügig. Er ließ nicht auf sich warten und begann mich zu verteidigen. Na, der traut sich was! Sitzt hier auf der Straße und will auch noch wählerisch sein! Was denkt er denn eigentlich, wer er ist? Mein Zorn wurde von einer tiefen Verletztheit eskortiert. Dieses Duett schien sich trotz seiner Verschiedenheit hervorragend zu ergänzen. Es fühlte sich nicht gerade so prickelnd an.

„Dann eben nicht!", trotzte ich schnell, undeutlich und leise. Es wurde überhört. Keine Reaktion. Das störte mich noch mehr und brachte mein Fass zum Überlaufen. Der Bettler hatte mir gerade eine Lektion erteilt, die ich in diesem Moment natürlich nicht erkannte. Ich war außer mir vor Wut und zutiefst verletzt. Ich fühlte mich zurückgewiesen und meine Empfindung vermittelte mir, etwas falsch gemacht zu haben.

Wenn ich im Recht gewesen wäre, müsste ich ja nicht so ein unendlich schlechtes Gewissen haben. Ich wusste, dass die Ignoranz meines Egos hier wieder zugeschlagen hatte und dass ich etwas getan hatte, was aufgrund seiner Beweggründe nicht ganz okay war. Dieses Gefühl missachtete ich aber einfach. Der Trotz hatte sich durchgesetzt. Ich steckte rasch das Geld wieder ein und ohne ein weiteres Wort ging ich, ohne mich dabei umzudrehen, schnellen Schrittes weiter. Wäre ich imstande gewesen zu weinen, wären sicher zahlreiche Tränen geflossen. Mein Gesicht aber blieb trocken. Ich schluckte ein paar Mal mehr und schon schien sich mein Kloß im Hals ein Stück mehr verhärtet zu haben. In diesem Moment war mir alles egal, nur eine Form des Gekränktseins nagte an mir. Ob ich es nun wollte oder nicht. Das war wohl wirklich nicht mein Tag.

Die Kirchenglocken läuteten den Tag aus. Es musste sieben Uhr sein. Meine Uhr bestätigte es mir. Einen konsequenten, immer wieder auftauchenden Lärmpegel hatte ich heute wohl auch als Verbündeten. Es läutete genau siebenmal. Dieser Tag war wie ein Läuterungsprozess. Mir fiel auf, dass ich mir schon verdächtig lange nicht mehr durch das Haar gestrichen hatte, als ich mich an einem vorbeigehenden Schaufenster spiegelte. Ich hatte doch glatt mein Äußeres vergessen. Ja, richtig vernachlässigt, würde ich sagen. Ich hatte es schlichtweg vergessen. Das ist gut! Ein gezwungenes Grinsen konnte ich mir bei dieser Feststellung noch entlocken, aber das war auch schon alles. Das Gebimmel verstummte, als ich kurz stehen blieb und mich fragte, ob ich nun links oder rechts gehen sollte. Gute Frage! Ich war mitten im Abenteuer. Ganz großes Kino! Es war wie im Film. Spannend und bewegt, außergewöhnlich und intensiv, nur das Happy End fehlte noch! Zurück konnte und wollte ich nicht. Ich nehme es einfach, wie es kommt, und vertraue meinem Bauchgefühl! Naja, wenn ich an die intuitive Eingabe mit der Konditorei denke, kann es ja nur noch Steigerungen geben. Ich musste über mich selbst lachen, auch wenn es nicht ganz ungezwungen vonstattenging. Trotz des bisherigen nicht so reibungslosen Ablaufs meiner Reise, war ich wieder unbekümmert und frohen Mutes, denn auch das Ereignis mit dem Bettler hatte ich elegant unter den Tisch gekehrt. Ich wunderte mich, dass so viele außergewöhnliche Zwischenfälle nur an einem einzigen Tag passieren können.

Soll ich Mama anrufen? Ich überlegte kurz und entschloss mich, es doch nicht zu tun. Was sollte ich ihr denn sagen? Ihr vielleicht meinen tollen Tag in allen Einzelheiten schildern? Nein, sie würde sich nur Sorgen machen. Nein, sie würde der Schlag treffen! Ein „Danke, ich bin gut angekommen, es geht mir gut und alles ist bestens!" wäre gelogen. Also ließ ich es sein. Bei dem Blick auf mein Handy erübrigte sich die Frage von selbst, denn der Akku war leer.

Es war empfindlich kühl geworden und in der Magengegend stellte sich ein leichtes Knurren ein. Da es ja keine Zufälle gibt, und davon war ich noch immer zu hundert Prozent überzeugt, können es ja nur Aneinanderreihungen von Abläufen sein, die auf alle Fälle genau so sein sollten, wie sie sind. Wenn mir der Betrunkene vielleicht sogar das Leben gerettet hatte, war heute ja ein Tag zum Feiern und zur Freude! Obwohl, der Jubel wurde aufgrund der verschiedensten Erlebnisse des Tages etwas eingedämmt. So richtig wollte er sich nicht zeigen, dieser Jubel. Er blieb eher dezent im Hintergrund und zeigte sich, zumindest zwischendurch, als friedvolle Gelassenheit. Diese eigenartige Ruhe hielt zwar nicht andauernd an, aber sie schaffte es, sich immer wieder durchzusetzen. Ein Wechselbad der Gefühle steuerte mich wie ein unbesetztes Boot zwischen Zorn und Freude hin und her, manövrierte mich aus einer Angst in eine tiefe Verwunderung hinein und beförderte mich von einem Hoch ins nächste Tief. Ich war mir ziemlich sicher, dass Gefühlsschwankungen von Schwangeren hier nicht mithalten konnten.

Schwanger! Dieses Stichwort fehlte mir gerade noch. Ich hatte Kinder gern, aber ein eigenes Kind? Nein, das konnte ich mir nicht vorstellen! Diesen Gedanken fand ich doch sehr blöd, denn wenn ich ein Kind hätte, würde ich es doch über alles lieben. Ich musste an meinen Neffen Daniel denken. Ich fand ihn echt süß. Der Sohn meines Bruders war echt klasse! Er mochte mich mindestens genauso sehr wie ich ihn. Mit ihm war es immer so ein harmonisches Zusammensein, wie man es sich kaum vorstellen konnte. Für andere Kinder hatte ich nur wenig Nerven, doch Daniel war eben Daniel. Warum? Keine Ahnung. Er war eben etwas Besonderes. Von meinem Bruder schien er das wohl nicht zu haben. Unerwartet übernahmen meine Gefühle nun wieder das Ruder, die sich in tiefer Dankbarkeit für den Betrunkenen vor dem Bahnhof aussprachen. Ein ehrliches *Danke* schien leise in mir zu erschallen. Ich war etwas verwundert, aber ich glaubte, es richtig gehört zu haben.

Ich hatte also eine weitere Chance bekommen, im Rennen zu bleiben. Das war mir inzwischen klar, doch war ich mir dessen auch wirklich bewusst? Es sollte in meinem Leben nicht so lahm, so inhaltslos und so peripher weitergehen. Nein! Es sollte sich von diesem Tag an alles grundlegend ändern. Der Startschuss dazu war gefallen. Dass ich vor der Abfahrt noch schnell meine Jacke gegen den Mantel ausgetauscht hatte, musste ja auch einen Grund haben. Ich grübelte vor mich hin. Nur welchen? Ein Blick gen Himmel versicherte mir auch ohne Regenbogen, der da oben wird es schon wissen.

So! Gehe ich jetzt nach links oder nach rechts? Diese Frage stellte sich nun definitiv. *Lass eine Münze entscheiden.* Wie bitte? Was war denn das nun wieder für eine Idee? Welch ein Hirngespinst? Welche Verrücktheit? Wusste mein Verstand nichts Besseres zu tun? Wo nahm er wohl immer wieder diese ausgefallenen Ideen her? Vielleicht war das aber auch gar nicht mein Verstand! Vielleicht war das eine tiefer gehende Stimme, die gar nicht meinem Denken entsprang? Vielleicht war es die, die auch für diese eigenwilligen Fragen verantwortlich war.

Wirf eine Münze! Wie bitte? Was hatte ich da gedacht? Warum sollte ich denn jetzt eine Münze werfen? *Kopf geht nach rechts, Zahl geht nach links.* Wer geht wohin? Meine Gedankengänge, oder was auch immer das war, waren so konträr, konfus und sprunghaft, dass ich oft Mühe hatte, ihnen zu folgen. Ich kramte in meiner Tasche und wurde auch sofort fündig. Mit einer 50-Cent-Münze bewaffnet stellte ich mich aufrecht hin und warf diese in die Luft. Eine unsichtbare Kraft schien es zu verhindern, dass ich die Münze wieder auffing und sie landete umgehend auf dem Boden. Um es genauer zu formulieren: Die Münze war in der Gosse gelandet. Dort wo ich heute übernachten werde! Ein ungutes Gefühl in meiner Brust durchzuckte meinen ganzen Körper, der einen leichten Anflug von Ängstlichkeit signalisierte.

Zu meiner Verwunderung sah ich die Münze den Asphalt entlang rollen und ... Gespannt wartete ich auf die bevorstehende Entscheidung. Die aber blieb aus, denn die Münze fiel weder nach links noch nach rechts. Das passte ja wieder hervorragend! Typisch! Es hatte auch nicht den Anschein, als ob sie sich noch hinlegen würde. Sie blieb einfach aufrecht stehen. Auch ein „Bitte, bitte, liebe Münze, lass dich doch umfallen!“ konnte hier nichts bewirken. Kerzengerade lehnte sie an einem Pfeiler. Na so was? Ich kratze mich am Kopf und ging auf die Münze zu. Als ich sie aufheben wollte, fühlte ich, dass ich diesem Hinweis auf den Grund gehen sollte. Nur was für ein Hinweis sollte das sein? Jetzt hatte ich sie mit dem Fuß berührt und sie präsentierte sich mir mit der Zahlenseite nach oben. Sollte ich nun nach links gehen? Nein, das galt nicht, schließlich war sie ja nicht von selbst umgefallen. Ich hob sie auf und blickte nach links und nach rechts. Der Blick schweifte kurz gerade aus. Wieder sah ich die Münze an, wobei mein Magen ein wiederholtes, nicht überhörbares Knurren von sich gab. Kombiniere. Die Münze blieb aufrecht stehen, also sollte ich gerade ausgehen. Ich erhob meinen Kopf und sah auf die Straßenseite gegenüber. Also sollte ich wohl diese

Richtung einschlagen. Das war vielleicht logisch, aber sicher nicht intuitiv. Geradeaus würde ich in die Hausmauer laufen. Weit würde ich also nicht kommen.

Ich steckte die Münze wieder in die Tasche. Dabei stieß ich auf das Käsebrötchen. Der Hunger, den ich schon länger haben musste, entfaltete sich nun in vollen Zügen. Viel hatte ich ja heute noch nicht gegessen. So verzehrte ich nun, an einer Litfaßsäule lehnend, mein letztes Brötchen, das besonders gut schmeckte. Mit den Gewürzgurken gehen sie aber immer sehr sparsam um. Leider hatte ich das immer zu bemängeln, denn Gurken waren einfach köstlich. Durch die Majonäse war das einst knackige Brötchen zu einem sämigen Weichleibchen mutiert, wie man es vom Schnellimbiss kannte. Ich schlang es hastig hinunter. Kauen musste ich ja nicht mehr so ausgiebig und mit dem Mineralwasser schwemmte ich den restlichen Teil endgültig hinunter. Zufriedenheit stellte sich ein. Schon komisch, welch umfangreichen Einfluss Nahrung doch auf meinen Gemütszustand hatte. Hätte ich jetzt noch etwas zu Essen gehabt, hätte ich das auch noch verputzt. Wahrscheinlich wäre mir dann wieder schlecht geworden. Weil ich so gerne aß, aß ich immer zu viel. Kann Essen wirklich Zufriedenheit auslösen oder ist das auch nur Einbildung? Ein Trugschluss vielleicht? Kann vorübergehende Zufriedenheit wirklich Zufriedenheit sein? Diese eigenartigen und schwindelerregenden Fragen gingen wieder auf mich los. Ich wollte dem jetzt aber keine weitere Achtsamkeit schenken, denn mein Interesse galt voll und ganz dem Haus gegenüber. *Büchereck* stand über einem Schaufenster geschrieben und es schien noch geöffnet zu sein. Der Schriftzug war sehr schlicht gehalten und wirkte doch etwas altmodisch. Licht drang durch die Fensterscheiben und ein kleiner Wühltisch vor dem Eingang gab den letzten hilfreichen Hinweis: Da musste noch jemand da sein.

Also überquerte ich die Straße, die sich in der Zwischenzeit von einer sehr verlassenen Seite zeigte. Gottverlassen, fiel mir dazu ein. Wer hat wohl dieses Wort kreiert? Ist Gott nicht in allem? Kann Gott überhaupt irgendwo nicht sein? Und würde

Gott sich selbst als Gott bezeichnen oder gaben erst wir ihm diesen Namen, um ihn einzuordnen?

Braucht er denn unsere Benennung, die unweigerlich immer mit einem Glauben verknüpft ist, und ist Glaube nicht nur etwas künstlich Erzeugtes? Interessante Fragen und äußerst tiefsinnige Erkundigungen drängelten sich unaufhörlich in den Vordergrund und schrien nach Beachtung.

Irgendetwas faszinierte mich an diesem *Büchereck*. Mein Blick klammerte sich magisch an diesem Objekt der Begierde fest, als würde er aus vollen Zügen einem besonderen Ereignis frönen. Das Geschäft sah zwar alt und verwahrlost aus, aber es übte eine enorme Anziehung auf mich aus. Es hatte wohl mehrere Schaufenster und zu meinem Erstaunen saß rechts neben dem Eingang eine Katze auf Büchern und war damit beschäftigt, ihr Fell zu putzen. Sie leckte sich die Pfote und schien neugierigen Passanten gegenüber völlig uninteressiert zu sein. Die Auslagen waren nach hinten hin teilweise offen und hinter den mächtigen Vorhängen ließen sich die Innenräume erahnen. Ich war sehr gespannt, was mich hier wohl erwarten würde. Ich konnte es ja nicht wissen, doch war ich voller Ungeduld und Glückseligkeit. Meine Hände schwitzten und ich vernahm eine leichte Nervosität. Ich summte vor mich hin. Vivaldis Gloria. Das tat ich immer, wenn ich unsicher oder hocherfreut war. Wie nannte der Bettler seinen Hund? Gloria! Welch schöner Name!

In einer anderen Welt

Fast wäre ich den Treppenabsatz hinuntergefallen, als ich den Laden betrat. Die Konzentration auf ein kleines Holzschild mit der Aufschrift *OPEN* und schummriges Licht ließen mich die zwei Stufen übersehen. Eine Glocke, die über dem Eingang vor sich hin bimmelte, erinnerte mich an einen typischen Krämerladen. Wie eine Mutter, die darum bemüht war, ihr schlafendes Kind nicht zu wecken, schlich ich die Regale entlang. Hier schien die Zeit stehen geblieben zu sein. Wie eigenartig! Es war etwas muffig in diesem Laden. Ich sah Bücher, Bücher und nochmals Bücher. Der Laden sah von außen so klein aus, da die Schaufensterfläche sehr spärlich ausfiel. Der Innenraum wirkte sehr groß und überall waren Verwinkelungen, Durchgänge und gewölbeartige Elemente, die etwas Geheimnisvolles in sich trugen. Große Leuchter hingen an der Decke, die mit wunderschönen Stuckrosetten ausgestattet war und diese schlichten und eleganten Riesen verbreiteten ein angenehm zurückhaltendes Licht. Die Regale waren bis unter die Decke mit Büchern gefüllt, und wenn man so hoch sah, konnte einem schon schwindelig werden. Der Raum war mit überdimensionalen Teppichen ausgelegt, rechts stand ein antikes Pult und auf der anderen Seite, genau gegenüber, ein Tisch mit einem Sessel. Ich war überwältigt von der Großzügigkeit und Höhe der Räumlichkeiten und vor allem über die Anzahl der Bücher. Das mussten tausende und abertausende sein und darunter war sicher so mancher Schatz verborgen. Diese Atmosphäre erinnerte mich an ein Märchen. Vielleicht war ich auch in der Vergangenheit gelandet. Wer weiß?! Blödsinn! Meine Fantasie schien wieder einmal mit mir durchzugehen.

„Hallo, ist da wer?“, rief ich mit verdeckter Stimme, aber sehr bestimmt, um mich selbst etwas zu beruhigen. Hui Buh, das Schlossgespenst, fiel mir als Erstes ein. Diese Geschichten hatte ich als Kind immer gehört, aber nie wirklich gemocht. Auf alle Fälle waren sie besser als der Struwwelpeter. Diese Geschichten ließen mich nächtelang nicht einschlafen. Der Hans-Guck-indie-Luft, das Mädchen mit dem brennenden Zündholz und der Suppenkasper, der seine Suppe nicht essen wollte. Dem einen schnitt man die Finger ab, der andere wurde erschossen und das Mädchen verbrannte lichterloh! Wie man sich solche Geschichten nur ausdenken kann?! Ein wahres Gruselkabinett für Kinder! Und diese Räumlichkeiten wären der passende Rahmen dazu. Wenn ich allerdings genauer hinsah, fehlten nur noch Spinnennetze an den Wänden und ein Hausdiener, dann würde sich hier auch Graf Dracula recht wohlfühlen. Meine Fantasie schien wieder einmal mit mir durchzugehen und übertrieb bis ins Unendliche. Dieser Ort hatte etwas Mystisches, aber sicher nichts Gruseliges an sich. Im Gegenteil, er ließ einen die Welt da draußen vergessen. Ja, ja, die Welt! Weiß ich überhaupt, was die Welt ist? Welchen Beweis gibt es denn dafür, dass sie überhaupt existiert?

Nein, das darf doch nicht wahr sein! Jetzt gingen diese Fragen schon wieder los! Eine eigenartige Vermutung schlich sich in mir ein. Je näher ich diesem Laden im Laufe des Tages gekommen war, umso intensiver wurde diese Eigentümlichkeit an Fragereien. Oder bildete ich mir das vielleicht doch alles nur ein? Im Zug war es ja noch recht harmlos, aber jetzt schien das richtig überhandzunehmen. Ja, es schien richtig modern zu werden! Modern!? Welch unpassendes Wort für diesen Ort!

Ich hatte tatsächlich das Gefühl, diese innere, fremde, aber doch seltsam vertraute Stimme in diesem Geschäft noch deutlicher und klarer wahrzunehmen. Sie ähnelte zwar meinen Gedanken, musste aber einen anderen Ursprung haben. Wie oft hatte ich das nun schon festgestellt? Einmal? Zweimal? Noch öfter? Woher sollte mein Verstand denn so plötzlich diese geistreichen Ansätze haben?

Der Laden hatte mit einem üblichen Geschäft nicht viel gemeinsam. Meine Vergleiche waren echt absurd. Wie sollte ein ganz normales Geschäft denn bitte schön aussehen? Eine eigene Welt tat sich mir auf und ich konnte sie nicht einordnen. Mein Verstand suchte nach Vergleichen, konnte aber keine finden.

50
EURO
CENT

BUCH
Les Merveilles
126

E R E C
Parmenides
Lehrgedicht
Le livre
OE
RMANDIE

OPEN

„Hallo, ist da wer?", wiederholte ich zaghaft und räusperte mich, um auf mich aufmerksam zu machen. Dabei betrat ich einen Nebenraum, der sich hinter einem dicken, lichtundurchlässigen, weinroten Vorhang verbarg. Vorsichtig zog ich ihn zur Seite. Brokat nannte man das früher, das kannte ich noch aus Omas Zeiten. Während sich meine Hände unsicher am Vorhang festklammerten und ein weiteres „Ist da wer?" meine Lippen verließ, erblickte ich einen älteren Mann, mit etwas längeren Haaren. Er wirkte sehr gepflegt, trug einen dunklen Anzug und seine dichte Haarpracht war sehr auffällig für den europäischen Raum. Da war es schon wieder! Dieses maßregelnde Vergleichen. Wie sind denn Haare im europäischen Raum? Europäischer Raum!? Welch bescheuerte Umschreibung. Wo nimmt mein Denken bloß immer wieder diese lächerlichen Vergleiche her? Vorwurfsvoll runzelte ich die Stirn. Was war denn mein Denken? War das ich? Und wenn nein, was war es dann? Diese Gedankengänge waren äußerst dubios und sehr, sehr eigenartig.

Mhhhh, kein Zopf, das ist gut. Dafür waren die Haare auch nicht lang genug. Zöpfe bei Männern konnte ich nicht ausstehen. Der Mann stand hinter einem Tisch und sortierte Bücher in eines der mächtigen Regale, die mit jeder Großbibliothek mithalten konnten. „Guten Tag, können Sie mir vielleicht weiterhelfen?" Als ich mich ihm näherte, sah ich vor mir auf einem großen Pult ein paar Zeitschriften liegen. Einige der Aufschriften, unter anderem *Hare Krisna,* konnte ich erkennen. Ja, „Haare" sehe ich auch zur Genüge! Meinen albernen Vergleich fand ich komisch. Wie kann man nur so viele Haare haben? Ich bemühte mich, ernst zu sein, denn komisch war die Situation nun wirklich nicht.

Der Mann drehte sich um und sah mich mit einem alles durchdringenden Blick an. Ohne dabei etwas zu sagen, tauchte er tief in meine Augen ein und ich hatte das Gefühl, er würde meiner Seele schauen. Dieser Blickkontakt war etwas Befremdendes und doch sehr vertraut. Sein Röntgenblick erfasste mich nicht als Mensch. So hatte ich zumindest das Gefühl. Wohin ging sein Blick und in was drang er vor? Was war denn außer meiner menschlichen

Hülle da, das realisiert werden konnte? Konnte er wirklich mein Innerstes erfassen? Aufkommende Fragen verblassten umgehend, als wären sie nie da gewesen. Was auch immer in diesen Augenblicken passierte, es war etwas noch nie da Gewesenes, das alle Erklärungen zunichtemachte. Diese klare Tiefe verunsicherte meine gekünstelte Selbstsicherheit, die ich mir im Laufe der Jahre sehr sorgfältig zurechtgelegt hatte. Auch wenn meine Miene sehr oft aufgesetzt war, meine schauspielerischen Fähigkeiten hatte nur selten jemand durchschaut. Besser gesagt, noch nie jemand durchschaut und das war mir immer sehr hilfreich gewesen.

Nun stand ich vor einem Mann, der mein ganzes Wesen innerhalb von ein paar Sekunden bis auf den Ursprung ergründet haben soll? Aber das war doch unmöglich! Warum sagt er denn nichts? Was ging hier vor? Ich stand jemandem gegenüber, ohne dabei nur ein Wort zu sprechen und das Einzige, was kommunizierte, waren die Augen oder das, was dahinter steckte. War das normal? Mir fehlten nicht nur die Worte, sondern auch die Gedanken hielten sich dezent im Hintergrund versteckt. Wie eine Artischocke schälte er mich ganz vorsichtig, Schicht für Schicht aus Überlagerungen und Umhüllungen heraus, um mich in meiner wahren Ursprünglichkeit zu erfassen. Masken fielen von mir ab und was auch immer er in mir, durch mich oder anstelle von mir sah, es hatte mit dem Diesseits, wie ich es kannte, sicher nicht das Geringste zu tun! Weder das, was er sah, noch das, als was er mich wahrnahm, konnte von dieser Welt sein. Meine unsichtbaren Wurzeln schienen für ihn sichtbar zu werden. Eigenartige Impulse durchströmten meinen Körper und ließen ein andersartiges, unerforschtes Fühlen, welches mir bis dato vorenthalten geblieben war, in den Vordergrund treten. Ich stellte fest, dass ich soeben ursprüngliches Terrain betreten haben musste. Dieses innere Wissen wurde durch mehrere Déjà-vus wachgerüttelt und fiel, vertraut und sehr sicher, in sich zurück. Ein einziger Blick hatte in mir Wahrnehmungen in Gang gesetzt, die mich verzauberten.

Das Gesicht dieses Mannes war sehr markant und wirkte überaus harmonisch. Wie Wellen durchzogen mich die immer wieder aufflammenden Emotionsbäder und schmiegten sich harmonisch ineinander. Wärme durchdrang meinen Körper und für einen Moment lang dachte ich, so müssten früher Götter ausgesehen haben. Ich verwarf den Gedanken gleich wieder und durchbrach die Stille. Ich fragte ihn noch einmal, ob er mir vielleicht helfen könnte. Es verunsicherte mich, dass er mir erneut nicht antwortete. Umso interessanter war indessen das, was in mir hochkam, was sich in mir bewegte und auftat, seit ich ihm meine unbeantwortete Frage gestellt hatte. Sehr interessant! Welch eigentümliche Betrachtungsweise! Was keine Antwort wohl alles in Fahrt bringen kann! Konnte keine Antwort auf etwas nicht wesentlich intensiver sein, als eine Antwort zu bekommen? Diese Überlegung verblüffte mich und ließ mich staunen. Nichtsdestotrotz machte es mich etwas verlegen und vor allem war es sehr ungewohnt, wenn man auf eine Frage keine Antwort erhielt. Vielleicht hatte er sich ja erschrocken und ihm hat es die Sprache verschlagen?

Ich kam wieder einmal ins Grübeln. Erschrocken sah er allerdings nicht gerade aus. Er schien die Ruhe selbst und die Gelassenheit höchstpersönlich zu sein! Immer noch sah er mich an, mit einer selbstverständlichen Ruhe, die nicht nur angenehm war. Vielleicht kann er nicht sprechen? Armer Mann!

Quatsch! Er kann wahrscheinlich nicht deutsch! Scheint die Aushilfe zu sein. Nur wer stellt denn so eine Aushilfe ein? Eine Aushilfe, die kein Wort versteht? Na, zum Bücher sortieren muss man ja nicht sprechen können und der Laden machte nicht den Eindruck, als wäre er täglichen Kundenanstürmen ausgesetzt. Mein Blick schweifte durch den Raum und legte sich diese merkwürdigen Eindrücke zurecht. Es schien, dass einen nur der berühmte Zufall hierher führen würde oder sich jemand, so wie ich, hierher verirren konnte. Für einen Moment lang hatte ich sogar den Zufall wieder als einen lächerlichen Umstand abgetan, obwohl ich mir sicher war, dass es diesen nicht gab. Der Mann ging ein paar Schritte zur Seite, bückte sich und öffnete eine Schachtel. Es war nicht schwer zu erraten, dass dort wiederum Bücher zum Vorschein kommen mussten. Und ich hatte Recht! Er legte sie nach und nach liebevoll und sehr sorgfältig auf den Tisch. „Arbeiten Sie schon lange hier?“, fragte ich als Nächstes. Er missachtete mich weiterhin. Dabei schien aber nur ich mich von Sekunde zu Sekunde unwohler zu fühlen. Die Taktik, mir aus meiner Verlegenheit heraus einen Zugang zu ihm zu verschaffen und somit persönlicher zu wirken, ging nicht nur *nicht auf*, nein, sie blieb vollkommen unberücksichtigt. Keine Reaktion. Null. Zero. Er ignorierte mich vollständig! Er tat so, als wäre ich nicht hier. Für ihn war ich Luft. Armselig und unbeachtet stand ich nun hier und wusste nicht, wie ich weiter vorgehen sollte. Ungünstige Momente strichen an mir vorbei, als ob die Zeit stehen geblieben wäre. Ein Blick auf meine Uhr ließ mich den Atem anhalten. Sie war tatsächlich stehen geblieben. Nein, nicht die Zeit, meine Uhr natürlich. Punkt halb acht hatten die Zeiger einen Halt eingelegt. Wahrscheinlich hatte ich es so oft in Erwägung gezogen, dass ich schlussendlich sogar noch selbst dafür verantwortlich war. Ich hatte ja den ganzen Tag über immer wieder daran gedacht. Diese sonderbare Stille war sehr gewöhnungsbedürftig, denn auf Anhieb konnte man sich dieser ungewöhnlichen Situation, die eine weder angenehme noch unangenehme Leere vermittelte, nicht hingeben. Warum eigentlich nicht? Es war unbeschreiblich, es war, als ob hier nichts mehr anwesend wäre. Sogar der Verstand fiel immer wieder aus, wenn sich diese tiefen Gefühle zeigten. Da war nichts, weil in diesem Moment niemand mehr da war, der es wahrnehmen konnte. Ohne Gedanken und Gefühle konnte man vollkommen unbefangen sein, denn man war wohl in eine Dimension der Freiheit vorgedrungen. Ich war abwesend und doch war ich hier. Auch kann ich nicht sagen, wie lange ich da stand, als ob es mich nicht geben würde.

Wo kamen nur all diese eigenartigen Feststellungen her? Wie konnte ich denken, dass ich nicht anwesend war, wo ich doch nicht einmal wusste, was ich war? Wer oder was dachte mich? Es konnten keine normalen Gedanken sein, dafür war es zu emotional. Mich überkam eine wirklich sonderbare Wahrnehmung. Ich sah mich mit diesem Mann in diesem Laden stehen und es war, als würde ich die ganze Situation von außen betrachten. War es tatsächlich Mineralwasser, das ich vorhin getrunken hatte?

Komischerweise hatte ich weder Angst noch stellte ich es in Frage. Auch war ich nicht verwundert. Es war einfach so, wie es war. So stand ich also in diesem Raum, den ich mit einem Bücher sortierenden Mann teilte, der entweder nicht sprechen konnte, sprechen für unangebracht oder für unnötig hielt. Als sich dieses Bild der eigenen Beobachtung langsam verflüchtigte, stellte sich wieder die übliche Schwere ein, die mit dem gewohnten Lebensgefühl wohl unweigerlich verknüpft sein musste. Gab es das nicht auch ohne? Dieser behäbigen Trägheit war ich mir im Alltag gar nicht so bewusst gewesen. Wie sollte man sie auch bemerken, wenn man ja gar keinen Vergleich dazu hatte?! Mein Dasein war ja schon immer so lähmend und plump, wie ich es eben gewohnt war. Doch nun empfand ich diese starre Unbeweglichkeit viel beklemmender als zuvor und erdrückend zugleich. Der Verstand rückte wieder an die Front, doch er hatte Mühe einzuordnen, abzuwägen und zu vergleichen. Auch er schien etwas benebelt zu sein, seine vorübergehende Abwesenheit hatte ich aber als sehr angenehm empfunden. Was nun? Gehen wollte ich auch nicht. Wo sollte ich denn hin? Ich werde dieses Geschäft nicht verlassen, bevor ich nicht den letzten Trumpf ausgespielt habe und doch noch eine Antwort erhasche!

Ich beobachtete seine sorgfältige und liebevolle Art, mit den Büchern umzugehen. Jeder Möchtegern-Meditierende wäre auf diese hingebungsvolle Ausgeglichenheit und Ruhe, die den ganzen Raum mit zeitloser Ewigkeit erfüllten, neidisch gewesen. Jedes Buch schien heilig zu sein und wurde unendlicher Aufmerksamkeit zuteil. Jedes Werk wurde in seiner Einzigartigkeit gesegnet, denn die Art und Weise, wie dieser Mann die Bücher in den Händen hielt, sie ansah und sich ihnen widmete, glich einem Akt der Heiligung. Ich erschrak über meine Feststellungen. Woher diese Gedanken auch immer kamen, ich wollte mich nicht schon wieder fragen, wo sie denn herkommen würden. Es konnte mir ja egal sein. Sie fühlten sich einfach nur gut an und deshalb beschloss ich einfach, dass sie meinem ursprünglichen Dasein entspringen würden. Obwohl ich dieses ursprüngliche Dasein nicht kannte und auch nicht wirklich wusste, was das überhaupt sein soll, ließ ich es darauf beruhen.

Ich beobachtete ihn weiterhin, diesen seltsamen Mann, und bemerkte, wie mich seine unspektakuläre Handlung in einen Bann zog und sich etwas in mir an diesen inneren Frieden klammerte. Mein Verstand übernahm wieder das Regiment und stellte fest, dass dieser Mann fremdländische Züge hatte. Nun, ich würde sagen … Hmmmmh! Ich überlegte kurz. Sri Lanka? Nein, dafür war er doch etwas zu füllig! Auf den Malediven waren die Menschen alle schlank und sehr dünn, genauso wie in Sri Lanka. Ich war ja zwei Mal dort gewesen und deswegen wusste ich das ganz genau. Aber man konnte ihn ja nicht einfach als dick bezeichnen, wenn man ihn mit dürren Menschen verglich! Er war doch eher normal gebaut, korrigierte ich meinen Gedanken umgehend. Ich fühlte mich irgendwie beobachtet und hatte das Gefühl, dass sogar meine Gedanken durchschaut wurden. Wie schwachsinnig! Er kann nicht einmal sprechen! Und da soll er Gedanken lesen können?

Vielleicht war er aus Korea! Nein, dafür hatte er zu große, leuchtende Augen. Mein ehemaliger Geografielehrer wäre nicht unbedingt stolz auf mich gewesen. Der wäre aus allen Wolken gefallen. Was Indien wohl mit Korea am Hut hat? Es wäre ja fast so, als wenn man ein Wildschwein mit einem Pferd vergleichen würde. Jetzt hab ich's: Indien! Indien kam nicht gerade spontan, gefiel mir aber am besten. Ja genau! Er sieht aus wie ein Inder. Ein alter Inder. Na, so alt war er auch wieder nicht! Ein weiser Inder.

Indien ist ja fast wie Sri Lanka! War ich doch nicht so falsch gelegen. Aber Inder sind doch auch ganz dünn? Hier bei uns haben sie mehr zu essen und sind deshalb vielleicht nicht ganz so dürr wie in Indien. Die Antwort, die ich mir selbst gab, klang plausibel und stellte mich vorerst zufrieden. In der Zwischenzeit hatte er mir komplett den Rücken zugedreht, während er immer noch damit beschäftigt war, seine Regale zu sortierten. Auch nicht gerade höflich!

„Sorry, do you speak German?" fragte ich in meinem nicht gerade berühmten Schulenglisch. Es musste sich bescheuert anhören. Er schien mich nicht zu hören und sehen konnte er mich ja auch nicht, denn am Rücken hat man bekanntlich ja keine Augen. Unter Trumpf ausspielen versteht man wohl auch etwas anderes als mein tollpatschiges Herantasten. War wohl auch keine Herz-Ass, diese Frage! Der arme Mann schien wirklich taub zu sein und stumm noch dazu. Er wandte sich mir wieder zu und wirkte dabei so, als habe er Nachsicht mit mir. Aber warum er mit mir?

Empörung machte sich breit. Ich war wohl eher die, die mit ihm Mitgefühl haben müsste. Mein Ego reagierte und wiederum trat hier zum Vorschein, wie wichtig ich mich doch nahm. Als wäre ausschließlich ich der Mittelpunkt von allem Geschehen. Ich war erzürnt und mein Verstand tobte. So hatten wir nicht gewettet, mein Bürschchen! Ich brauchte kein Verständnis! Ich ganz sicher nicht! Für ihn aber schien sein Verhalten seine absolute Richtigkeit zu haben, denn er schien sich in seiner Haut sehr wohl zu fühlen.

„Do you understand me?", war mein nächster Versuch mich mitzuteilen. Er scheiterte, wie alle anderen Versuche zuvor. Na wenigstens sah er mich jetzt wieder an! Immerhin! Das war ja schon wenigstens etwas. Er schien wieder durch mich hindurchzusehen. Dieser alles durchdringende Blick war absolut einzigartig. Unbeschreiblich! Diese Augen sahen nicht aus dem Diesseits. Durchdringend ohne sich aufzudrängen, eine Mischung zwischen kindlicher Leichtigkeit, Güte und Verständnis. Die Intensität seiner Blicke löste eine weitere Lawine von Gefühlen in mir aus. Das Spiel begann wieder von vorne. Die Reihenfolge schien immer dieselbe zu sein: eine Frage, keine Antwort, Gefühlsschwankungen. Eine Frage, keine Antwort, Gefühlsschwankungen. Eine Frage, keine Antwort, Gefühlsschwankungen. Ich fühlte viele Dinge gleichzeitig und wiederum auch nichts. Es war etwas Besonderes, das meine Seele liebkoste und mein Herz berührte. Zu meiner Enttäuschung drehte er sich wieder um. Das war wohl so seine Art, sich von hinten zu zeigen.

„Gehst du noch zur Schule?", fragte er plötzlich. Diese Frage traf mich total unvorbereitet. Damit hatte ich jetzt überhaupt gar nicht gerechnet. Spontan kam sie ja nicht gerade! Nach meinen Fragen folgte nicht wie gewohnt eine Antwort, sondern ebenfalls eine Frage. Er kann sprechen! Er kann sprechen, Gott sei Dank! „Nein!", erwiderte ich entsetzt. In meinem Alter noch zur Schule? Sah ich so aus? Was für eine Frage! Ich müsste ja zwanzig Mal sitzen geblieben sein! „Warum fragen Sie?", entgegnete ich so höflich ich konnte. „Dein Englisch ist schlecht!" Er schmunzelte und widmete sich wieder seinem Bücherregal. Auch noch frech, diese Antwort! Ich war erstaunt über sein fließendes Deutsch. Er musste hier aufgewachsen sein. Hat er das jetzt ernst gemeint oder hatte er mich eben auf die Schippe genommen? Er hat mich bewusst auflaufen lassen, schoss es mir durch den Kopf. Quatsch, was ich mir alles einbilden konnte! „Sie denken zu viel, mein Fräulein!" Die elegante und weiche Form seiner Aussprache entschuldigte diese Aussage nicht wirklich.

Als ich nun endlich auf den Punkt kommen wollte, um nach dem Ashram zu fragen, wurde ich von der Katze abgelenkt, die eben noch im Schaufenster gesessen hatte. Geschmeidig und graziös sprang sie auf den vor mir stehenden Tisch und wartete nur darauf, in den Genuss meiner Streicheleinheiten zu kommen. Sie war sehr zutraulich und spürte sicher, dass ich Katzen besonders mochte. Sie schnupperte sehr interessiert an meiner Hand. Mein Gefühl sagte mir, dass sie wohl Gloria riechen würde. Ich musste an Max denken. Max war meine Katze, die ich so sehr geliebt hatte. Ich war acht Jahre alt gewesen, als sie von einem Auto überfahren worden war. Daran wollte ich aber jetzt nicht denken. Ich hatte lange Zeit damit zu kämpfen, den Tod von Max zu akzeptieren.

Wenn Katzen ins Spiel kommen, vergaß ich meist alles um mich herum. Diesmal war es die Frage nach dem Ashram, die mir ja schon auf der Zunge lag. Die Katze hatte sich in der Zwischenzeit auf den Tisch fallen lassen und gab sich meiner Zuwendung hin. Das Glöckchen der Eingangstüre bimmelte und deutete darauf hin, dass jemand den Laden betreten hatte. Die Katze schien das nicht zu stören. Den Mann erst recht nicht. Für ihn schienen alle Einflüsse von außen nebensächlich zu sein. Eigenartig oder einfach nur bewundernswert, das war hier die Frage. Schon gleich darauf stand hinter mir ein stämmiger Mann, der mir kurz zunickte und nach einem Buch über Sokrates fragte. Kaum hatte die Katze diesen Mann gesichtet, suchte sie schlagartig das Weite. Sie war erschrocken, als witterte sie Gefahr.

„Kommen Sie morgen wieder, Herr Mendrich, in der heutigen Lieferung war es nicht dabei." Der Mann nickte mir wieder zu, lächelte kurz den Inder an und weg war er. Ich verstand nicht, warum dieser Mann die Katze so erschreckt hatte. Obwohl stark gebaut, machte er einen sehr netten Eindruck. Sie schien ja nicht schüchtern zu sein. „Miezmiez, wo bist du denn?", rief ich und schon wieder kam sie angerannt und sprang wie gehabt auf den Tisch und ließ sich zur Seite fallen. Sie schnurrte in vollen Zügen, als hätte sie einen Motor angeworfen. Genau in dem Moment, als ich fragen wollte, warum die Katze wohl so plötzlich das Weite gesucht hatte, sagte der Mann: „Parmenides mag keine Menschen, die Tiere essen. Tiere spüren, wenn Menschen ihre Artgenossen auf ihrem Speiseplan haben. Parmenides ist diesbezüglich sehr feinfühlig. Er ist ein Meister seiner Art."

Er beantwortete mir meine Frage, bevor ich sie gestellt hatte. Welch eine praktische Fügung. „Die Tiere flüchten vor den Menschen, weil sie ihnen ausgeliefert sind und sie fühlen die Unbewusstheit und Unwissenheit, die Lieblosigkeit und Hartherzigkeit. Das macht ihnen Angst." Das hatte ich in dieser Form auch noch nie gehört. Der Mann war mir jetzt noch sympathischer als zuvor oder besser gesagt, wieder sympathisch geworden. Diese Selbstverständlichkeit in seiner Aussage hatte nichts Vorwurfsvolles oder Abwertendes in sich. Nein, tiefes Verständnis verlieh seiner Wortwahl eine elegante Leichtigkeit. Manfred Kybers *Land der Verheißung.* Ein Griff in das Regal und schon hielt er mir dieses Buch unter die Nase. Ich legte es zur Seite, ohne darin geblättert zu haben und nickte erstaunt. Er wusste wahrscheinlich zu jedem Thema einen Buchtitel. Dies sollte mich aber nicht wundern, denn außer Büchern sah ich nur Bücher, Bücher und noch mal Bücher. „Es wollte zu dir!“, fügte er noch hinzu. Ach ja, bis jetzt hatte ich mir meine Bücher immer selbst ausgesucht, dass aber ein Buch mich auswählen würde, das war mir neu. Welch spannender Ansatz!

Parmenides, welch wunderbarer Name! Ich fand den Namen echt toll. Welch seltener Name das doch war. Die Katze meiner Nachbarin, die im vierten Stock wohnte, hieß Angelika. Das fand ich schon etwas komisch. „Parmenides war ein Vorsokratiker, der die grundlegende Frage des Seins und Nichtseins durch die Botschaft der Göttin verkündete. Hier, sein einziges Werk, *Parmenides Lehrgedicht*“, sagte er, während er es mir entgegenstreckte. Ich nahm es in die Hand. „Aha“, entgegnete ich, während ich darin blätterte. Ich erinnerte mich daran, in der Schule einmal davon gehört zu haben. Wenn ich nur an diese Unterrichtsgegenstände dachte. Geschichte und Literatur waren nie meine Stärke.

„Auch nicht?“, fragte er lächelnd. Das war wohl eine Anspielung auf mein Englisch. Es verwunderte mich, dass er meine Gedankengänge ausführte. Zufall, schüttelte mein Denken sich ab. Nichts außer Zufälle! Nun musste es auch wieder Zufälle geben, wie sonst würde mein Verstand mit seiner Vermutung zurechtkommen wollen. Dieser Mann hatte nicht nur die Antworten auf meine Gedanken parat, er hatte auch das Buch, natürlich versehentlich, in der Hand. Welch ein alter Fuchs! Irgendwas schien mit ihm nicht zu stimmen.

„Denn der erste Weg der Untersuchung, von dem ich dich zurückhalte, ist jener. Ich halte dich aber auch zurück von dem Weg, über den die nichtwissenden Menschen irren, die Doppelköpfigen“, las ich in dem Buch. Ich verstand nur Bahnhof, schüttelte den Kopf und legte nun auch dieses Buch zur Seite. Doppelköpfige? Welch eigenartiger Begriff! Dieser Gedanke war meinem Gegenüber natürlich nicht entgangen. Er lächelte nur verständnisvoll und sagte: „Denn Machtlosigkeit lenkt in ihrer Brust den irrenden Verstand. Sie treiben dahin, gleichermaßen taub wie blind, verblüfft, Völkerschaften, die nicht zu urteilen verstehen.“ „Keine leichte Kost, dieses Buch“, entgegnete ich. „Es ist weder schwer noch ist es leicht. Der, der es verwehrt mit den Ohren zu hören, wird fühlen, was er nicht ist. Verhüllt bleibt es dem Suchenden, Was-Ist, denn das Was-Ist kann sich dort, wo das Was-Ist Nicht-Ist nicht offenbaren.“ „Hört sich gut an“, nickte ich eifrig, damit wollte ich natürlich meine spirituelle Ader ins Licht rücken. „Aber ich verstehe es nicht wirklich“, ergänzte ich. „Das ist gut.“ „Sagten Sie gut?“ Jetzt verstand ich gar nichts mehr. Was sollte daran gut sein, wenn ich es nicht verstehe? „Ich verstehe es auch nicht!“

Er lachte so herzhaft, dass sein ganzer Körper vibrierte. Es sah aus, als sei er gerade jetzt zum Leben erwacht. Als wäre er aus seiner ruhenden Anderswelt in die Materie hineingerutscht. „Diese Worte zu verstehen ist ein Ding der Unmöglichkeit, denn sie liegen jenseits des Verstandes. Sie wohnen dort, wo Denken nicht ist. Und es sind nicht die Worte, es ist die Essenz, die das Wort transportiert, denn auch das Wort ist nicht wirklich. Worte sind Brücken in eine Welt, die erst entdeckt werden muss. Und obwohl wir diese Lichtwelt sind, können wir sie niemals sein. Sie scheint uns fremd, weil wir unsere Aufmerksamkeit woanders hinlenken. Nur das innere Sehen kann die Wirklichkeit erahnen, dem Auge bleibt es für immer verwehrt. Doch wie kann uns unsere wahre Geburtsstätte überhaupt fremd sein? Ist es möglich, sich von dem zu entfernen, was unveränderlich ist?“ Na, das hörte sich ja schon etwas besser an. Ein paar Sätze zumindest. Obwohl, die Widersprüche waren ja schon der Hammer. Als einfach konnte ich den Gesamtumfang dieser Sätze allerdings nicht bezeichnen. Ich begriff nicht ganz, aber das sollte ich scheinbar auch nicht. Es war gut, es nicht verstehen zu müssen. Es beruhigte mich und gab mir Rückendeckung. Diese Sätze fühlten sich einfach nur gut an und dabei wollte ich es fürs Erste belassen. Ich war sehr beeindruckt von dieser unermesslichen Tiefe, die er vermittelte, obwohl ich mir das natürlich nicht anmerken ließ. Ich hatte wieder den Koffer mit meinen alten Mustern ausgepackt und war in das Kleid der Coolen, der über den Dingen Stehenden geschlüpft. Ich wusste aber nicht, was ich von dieser außergewöhnlichen Situation halten sollte. Es verwirrte mich. *Es ent-wirrt dich,* klang es in mir nach. Dann halt so! Heilloses Durcheinander!

Ob er bemerkt hat, dass ich auch sehr spirituell bin? Welch bescheuerte Frage! Mein Ego plusterte sich auf und wollte sich nun doch ins rechte Licht gerückt wissen. Wie armselig diese Egospielchen doch waren. Die eigene Person ständig in den Vordergrund zu stellen, immer glänzen zu wollen und sich einzubilden, etwas Besonderes zu sein, ist anstrengend und längst überholt. Muss man sich denn bis ans Ende seiner Tage immer wieder mit dem gleichen Schrott auseinandersetzen? Scheinbar ja! Hat man denn überhaupt eine andere Wahl?

Die Katze schmiegte sich immer noch an mich und schnurrte noch lauter als zuvor. Kein einziges dunkles Fleckchen zierte ihr Fell, sie war durch und durch weiß. So wie Wolken, die Wattebäusche ähneln und lautlos an uns vorüberziehen. „Das glaubt dein Auge zu sehen“, sagte er zu mir. Hatte ich was gefragt? Noch ein Zufall? Unmöglich! „Wie bitte?“, stammelte ich etwas verlegen. „Die Dunkelheit entspringt dem Hellen und der Schatten dem Licht. Somit ist Schatten Licht.“ Seine poetischen Worte hatten jetzt hoffentlich nicht wirklich einen Zusammenhang mit meinen Gedanken. Erstaunt sah ich ihn an, wie er mühelos und fein säuberlich jedes einzelne Buch liebevoll versorgte, nicht ohne es vorher ausführlich begutachtet zu haben. Die Worte sprudelten sehr zentriert aus ihm hervor, ohne dass er dabei nachdenken musste. Er sagte einfach, wie es ist, ohne dabei persönlich teilzuhaben. Ich grübelte. Es war seltsam. Äußerst seltsam sogar! Ich kniff mir in den Arm, um zu überprüfen, ob ich das wirklich alles erlebte. Ein leises „Autsch!", welches mir entschlüpfte, war der Beweis dafür, dass ich wach sein musste und nicht schlief. Was geschieht hier? Mein Denken schien an seine Grenzen gestoßen zu sein. Das kommt mir alles spanisch vor! „Eine Sprache, die du sprichst?" „Was?" „Na Spanisch!" Das darf doch nicht wahr sein! Wo war ich denn da nur hingeraten? „Wie kommen Sie darauf?", stotterte ich etwas verlegen. „In irgendeinem Schulfach außer Turnen und Singen wirst du wohl einigermaßen gut gewesen sein?" Ratlosigkeit und Verwunderung stellten sich ein. Mir fiel spontan nicht wirklich etwas ein und lügen wollte ich nicht. Ablenkung war hier die beste Strategie.

„Was meinten Sie vorhin mit: Schatten ist Licht?" „Ist Schatten dort, wo Sonne ist, oder dort, wo Sonne nicht ist?", fragte er mich. Bevor sich eine tiefe Wahrnehmung einstellen konnte, sprudelte es auch schon schnell und unüberlegt aus mir heraus: „Schatten ist natürlich dort, wo Sonne nicht ist!", brüstete sich mein Ego. Welch einfältige Frage, dachte ich mir insgeheim. „Aber muss es nicht zuvor Sonne geben, damit Schatten überhaupt entstehen kann? Kann Schatten ohne Sonne sein, und wenn die Sonne Schatten wirft, muss der Schatten nicht zuvor Licht sein, um daraus entstehen zu können? Und obwohl die Sonne den Schatten hervorbringt, hat sie ihn nie wirklich berührt. Wo ist der Beweis dafür, dass beides oder eines davon überhaupt existiert? Wo ist der Ursprung? Wo entsteht das, was wir sehen … und … sehen wir es wirklich? Vielleicht ist es gar nicht und es erscheint uns nur so?", fragte er mit einer Ruhe und Gelassenheit, als sei er ein leidenschaftlicher Koch, der über eines seiner kostbarsten und heiß begehrtesten Geheimrezepte sprach.

Hinter dieser Ruhe steckte eine geballte Kraft, etwas Einzigartiges, etwas Unbeschreibliches, etwas Faszinierendes, nicht Greifbares. Überwältigt von dieser Intensität an Wortgewalten, schlich sich Unbehagen in mich ein. Mein Verstand konnte darauf nicht antworten, da er komplett desorientiert war. An diesen

Zustand musste ich mich in der Gegenwart dieses Sonderlings wohl gewöhnen. Solche Fragen war mein Geist nicht gewohnt und er spürte, dass diese Fragen weit über seine Kragenweite hinausragten. Er wollte sich nicht unterordnen oder kleinbeigeben, um entblößt zu werden. Also entschloss er sich zur Abwehrmaßnahme, diese Fragen blöd zu finden! Dieser Gedanke aber war leicht zu durchschauen, denn dieser Rückzug glich dem Eingeständnis zu kapitulieren. Dieser Rückzug in die Bequemlichkeit war nicht gerade rühmlich. Ich schämte mich etwas dafür, denn im Grunde genommen hatte ich mir immer tiefgehende Fragen gewünscht. Ja, gerade die letzten Monate hatte mich ein unerklärlicher Drang immer wieder dazu aufgefordert, die Aufmerksamkeit mehr und mehr nach innen zu verlagern. Mein Vorhaben war es, den Dingen auf den Grund zu gehen und an der Existenz etwas zu schaben, um zu sehen, was darunter liegt und was Schritt für Schritt zum Vorschein kommen würde. Wollte ich das Leben nun wirklich tiefer ergründen oder weiterhin bequem auf der Oberfläche herumirren?

„Eigentlich bin ich hier, um Sie zu fragen, ob Sie hier in der Nähe einen Ashram kennen. Ich habe die Adresse zu Hause vergessen und weiß nicht, wohin ich jetzt muss. Er müsste so zirka fünfzehn Minuten Fahrzeit von hier entfernt liegen." „Und uneigentlich?", erwiderte er. Eine ungewöhnliche Antwort! Die hatte er mir abgeschaut! Ich stellte dieses *Eigentlich* doch andauernd in Frage. Doch war ich, als ich das letzte Mal dieses *Eigentlich* dachte, überhaupt schon in diesem Geschäft? Was soll's! Immerhin hatte ich wenigstens eine Antwort bekommen, auch wenn diese nicht im Geringsten meinen Vorstellungen entsprach. *Ungewöhnlich,* stellte ich noch einmal fest, bevor ein *Dreist* und ein *Unerhört* folgten. Seine Art mit mir umzugehen, ging mir auf die Nerven und war komplett neu für mich. Aber warum sollte sich an einem Tag wie diesem nun doch noch etwas Gewöhnliches ereignen?

„Gibt es außer der Adresse dieses Ashrams noch etwas, was du wissen möchtest?", fragte er mich. Dann hielt er kurz inne und schwieg. „Was suchst du und warum suchst du etwas, was dort nicht ist, wo Suche stattfindet?“, fuhr er sehr bestimmend und klar fort, ohne dabei anmaßend zu klingen. Mein Verstand suchte schon wieder verzweifelt nach einer Antwort, konnte aber beim besten Willen keine passende finden. Warum fühle ich mich in seiner Gegenwart plötzlich so schlecht? Was macht mich bloß so wütend? Ist es die eigenwillige Art der Fragen oder war in mir etwas aufgebrochen, das schmerzen musste, um ausheilen zu können? Und wo kamen nun schon wieder diese eigenartigen Überlegungen her? Ratlosigkeit stellte sich ein. Wie auch immer! Es griff auf mein Gemüt über und ließ mich schlussendlich hundeelend fühlen. Der Mann schaute mich etwas neckisch an. Sein Blick hatte etwas Spitzbübisches. Ich wurde das Gefühl nicht los, dass er sich mit mir amüsierte. Wahrscheinlich traf er kaum Menschen, die er auslachen konnte. Ich schien ja ein leichtes Opfer für ihn zu sein. Aber warum sollte er? Hatte er einen Grund dazu?

„Was willst du in diesem Ashram?“ Seine Frage klang keineswegs neugierig. „Stille erfahren“, entgegnete ich. „Haben die dort die Stille gepachtet?“, fragte er mich. Ich zuckte mit den Schultern. „Aha, Stille ist also dort! Interessant, interessant!“, fuhr er fort. Ich war wohl an einen Komiker geraten. Es ergab sich eine längere Pause, die man wohl Schweigen nennt. Ich wartete noch kurz und wollte den Raum schon klammheimlich verlassen, da sagte er: „Kenne ich nicht, diesen Ashram!“ Na, wenn das die Antwort auf die Frage nach dem Ashram war, kam diese ja so richtig spontan. Wenn der für alles so lange braucht? Beim Sortieren seiner Bücher war er ja auch nicht der Schnellste. Und wenn der langsamste Mensch der Welt seine Arbeit machen würde, wäre derjenige gewiss um einiges schneller als er! Die Hilflosigkeit meines Verstandes beförderte eine seltsame Bösartigkeit ans Tageslicht und ich bemerkte, dass, wenn der Verstand kein Futter mehr bekam, er so richtig ungemütlich werden konnte! Ich zuckte noch einmal mit den Schultern und war froh, dieses Irrenhaus endlich wieder verlassen zu können. Dass er mir wieder einmal den Rücken zudrehte, kam mir jetzt sehr gelegen. Also nichts wie weg!

„Aber ich weiß, wo die wahre Stille ist und dort befindet sich, meines Wissens, kein Ashram!“ Schnell kehrte ich um und tat so, als ob ich nie vorgehabt hätte, den Raum zu verlassen. Seine Worte klangen wie Musik in meinen Ohren und nun wollte ich doch hier bleiben, um ihm einige Details zu entlocken. Vielleicht wusste er wirklich, wie ich mich von meinen Gedanken befreien konnte, um endlich still zu sein und Frieden zu erfahren. Zum Glück stand er immer noch mit dem Rücken zu mir, so konnte mein Fluchtversuch unbemerkt bleiben.

„Du bist eine Träumerin. Du befindest dich in einem Traum, ohne es zu bemerken. Du hast keinen Einfluss darauf, wie dein Traum weitergehen wird. In dieser Scheinwelt gibt es kein Aufwachen. Das Aufwachen kann nur außerhalb des Traumes stattfinden. Die bloße Erkenntnis, dass das Leben nur ein Traum ist, reicht aus! Wozu etwas ändern wollen? Warum? Wofür? Wozu?“ Na, das setzte der Situation doch die Krone auf. Mir blieb vor lauter Schreck der Atem stehen. Diese frechen Unterstellungen muss ich mir doch wirklich nicht gefallen lassen! Ich fühlte mich in meiner Persönlichkeit angegriffen, natürlich ohne dabei zu spüren, dass mir nur meine Unwissenheit, Verwirrtheit und verschleierte Sichtweise reflektiert wurden. Verhärtungen und Unzulänglichkeiten fühlten sich aus der Reserve gelockt, wollten aber lieber in ihrem gut getarnten Versteck bleiben. Das war doch der Gipfel an Unverschämtheit, der mir hier begegnete! Meine Blicke wanderten Richtung Türe und am liebsten wäre ich hinausgerannt, doch irgendetwas hinderte mich daran, mich von der Stelle zu bewegen. „Du kannst den Raum verlassen. Du kannst beliebig oft den Raum wechseln. Was spielt es für eine Rolle, was dein Körper tut? Du bist ewig hier, du kannst ihm nicht entkommen! Gott ist überall! Er strahlt und wirkt durch dich … immer!“ Dies schien eine Andeutung auf meinen Fluchtversuch zu sein. Dieser Inder konnte mich doch tatsächlich in all meinen Zellen erfassen. Unglaublich! „Wache endlich aus deinem immer wiederkehrenden, schmerzvollen

Leidenszug der Irrtümer auf … und stirb! Stirb als das, was du nicht bist!“

Was sollte ich? Sterben? Was redet der für ein wirres Zeug daher? Hat der denn noch alle Tassen im Schrank? „Dein Ego soll gehen. Wenn es stirbt, bist du frei! Dazu musst du es nicht vernichten, sondern seine Falschheit, Hinterlist und seinen Schwindel durchschauen. Es sind nur Hirngespinste, ja Luftschlösser, nichts weiter als das. Erkenne es und du gebärst zu dem, was du bereits bist und immer schon warst.“ Ich atmete tief durch. Gott sei Dank! Er meinte das Ego und nicht mich! Und ich dachte schon …

Das Kätzchen schmiegte sich an meine Füße und diese wohltuende, anschmiegsame Nähe tat mir gut. Es gab mir die Kraft, um nicht gegen diese undurchsichtigen Äußerungen anzukämpfen. Dieser Schmusekater entlockte mir aber auch Traurigkeit, Wehmut und einen Hauch von Verzweiflung. Ich hatte aus meinem Koffer nun die Kleider ausgepackt, die sehr alte Muster besaßen. Grauenhafte, unmoderne, schäbige und längst überholte Modelle zeigten sich hier. Es waren Stoffkollektionen aus früheren Jahrhunderten, aus denen ich das Kleid der Coolness ungewollt gegen das Kleid der Zimperlichkeit eingetauscht hatte. Eine Welle von Sentimentalität brach über mich herein und der unschuldige, liebevolle Blick von Parmenides brachte das Fass zum Überlaufen. Mich überkam eine plötzliche Ohnmacht, die mich erstarren ließ und lähmte. So war der Tag aber nicht geplant! Welch blödsinniger Gedanke! Solche Momente sind ja niemals geplant oder erwünscht, sie kommen wie aus dem Nichts und entfalten sich. Mein Verstand schien ein eigenartiges Zwiegespräch zu führen, auf das ich keinerlei Einfluss hatte. Was blieb mir denn anderes übrig, außer es so hinzunehmen? Ich will doch so ein Gefühlschaos nicht freiwillig! Welchen Einfluss habe ich denn überhaupt auf das, was geschieht? Ich war über meine unerwünschten Gefühlsausbrüche ziemlich verärgert. Alte Wunden öffneten sich aufs Neue. Als ob jemand durch die Betätigung eines Startknopfes ein immer wiederkehrendes Programm aktiviert hatte, das hartnäckig an mir haftete und mich seit jeher zu verfolgen schien. Diese Bedrückung hielt nicht nur an, sondern wurde noch vehementer.

Ein Sessel, der so ganz alleine in einer Ecke stand, kam mir gelegen, und während ich mich dort niederließ, versuchte ich krampfhaft, meine Hilflosigkeit zu unterdrücken. Alles um mich herum entzog sich meiner Sinne. Die Katze wich nicht von meiner Seite und umschmeichelte meine Füße, als ob sie mir beistehen wollte. Nicht weinen zu können, begrüßte ich nun doch, denn das wäre mir peinlich gewesen. Die Sehnsucht nach Erleichterung aber, welche mir durch Tränen sicher zuteilgeworden wäre, schien so stark zu sein, wie niemals zuvor. Trotzdem war ich froh, es nicht hier und jetzt zu tun.

Die Erleichterung über diesen kleinen Defekt wich umgehend einer Gebärde, die mir absolut fremd war. Es überfiel mich nämlich ein Schluchzen, das umso entsetzlicher wirken musste. Bestürzt musste ich wohl oder übel feststellen, dass dies noch viel beschämender für mich war. Mein Körper wurde wie von unsichtbarer Hand durchgeschüttelt. Mein Verstand verglich währenddessen die Laute, die ich von mir gab, mit denen eines Esels und irgendwie gab es tatsächlich etwas einander Ähnelndes. Ich hatte die Kontrolle über mich verloren und keinen Einfluss auf meine körperlichen Ausbrüche. Ich konnte überhaupt gar nichts steuern. Konnte ich das jemals? Vielleicht waren das auch nur weitere Einbildungen? In diesem Moment stand fest, dass ich nichts beeinflussen konnte!

Das Leben ist bescheuert! In mir ging ein Donnerwetter ab. Das Leben wurde schuldig gesprochen. Wie eine Marionette ergab ich mich dem, das in diesem Moment die Fäden zog. Ein Entgegenwirken war unmöglich. Meine Nerven hatten mich in Stich gelassen. „Ich mag nicht mehr. Es reicht. Was für ein bescheuerter Tag!“, rutschte es mir heraus. Der ganze Tag schien Revue zu passieren. Ein betrunkener Retter, ein einstürzendes Baugerüst, ein glücklicher Bettler mit einem dreibeinigen Hund und ein Inder, der mit Büchern liiert war, in denen von Doppelköpfigen geschrieben stand. Das waren auch sicher keine alltäglichen Begegnungen, die man als normal bezeichnen konnte.

Nach einer Weile war das Schluchzen verschwunden. Es klang nicht langsam aus, sondern wie durch einen plötzlichen *Cut* setzte eine unverhoffte, zarte Ruhe ein. Ich blickte zu dem Regal, wo der Mann eben noch gestanden hatte. Ich sah niemanden mehr. Ich war zuvor so sehr damit beschäftigt, meinen Emotionen wieder Herr zu werden, dass ich ihn doch glatt aus den Augen verloren hatte. Mich der Situation einfach so hinzugeben, wäre durchaus natürlicher gewesen. Aber eben! Wie würde das denn aussehen! Das macht doch kein Bild! Aber wozu diese Fragen? Ich hatte doch keine Wahl? Ich hatte überhaupt keinen Einfluss auf mein Verhalten oder auf den Verlauf der Situation! Wie ernüchternd und blöde! Vor lauter *Ich, Ich, Ich* hatte ich nicht einmal bemerkt, dass der Mann den Raum verlassen hatte. Ich gab der neu erworbenen Ruhe nicht die geringste Chance zu bestehen. Ich ließ meinem Verstand wie immer den Vortritt, denn mein Denken stolzierte wie ein Matador in die Arena und durchbohrte die Ruhe erbarmungslos mit seiner Lanze. Diese festgefahrenen Abläufe, die mein Leben bestimmten, waren mir in diesem Moment aber nur teilweise bewusst. Immer wieder tauchte ich in jeden Gedanken ein und bauschte ihn auf. Immer und immer wieder wiederholte ich das Spiel. Und da musste ich mich noch eine einzige Sekunde darüber wundern, warum es so war, wie es war? Die Zuschauer in der Arena klatschten und tobten und das war die gebürtige Begrüßung für das Denken, das nun wieder im Mittelpunkt stand.

Einem Fremden meine Gefühle auf die Nase binden? Nein, das wollte ich nun wirklich nicht! Mitleid war nun das Allerletzte, was ich brauchen konnte. Die Befürchtung, dass er gleich mit einem Taschentuch auf mich zustürmen könnte, um mich zu trösten, ließ meinen Blick nun etwas zaghaft in alle Richtungen schweifen. Diese Überlegung fiel aber sofort wieder in sich zusammen, denn er blieb weiterhin verschollen.

Das glaube ich jetzt doch nicht? Der ist wirklich weg! Ich war richtig wütend und zornig. Verschiedenste Emotionen und Schimpfwörter drangen an die Oberfläche. Dieser Vollidiot, dieser Trödelhans, ... dieser Niemand! Ich schäumte vor Wut. Vollidiot, Trödelhans, Niemand wiederholte es sich immer und immer wieder in mir. Es war nicht gerade die elegante Art, aber ich konnte nicht anders. Ich genoss es, ihn zu beschimpfen. Es gab mir eine gewisse Befriedigung, mich so abzureagieren. Trottel, Depp, Vollidiot! Du Niemand, du Niemand, du Niemand! So, das musste raus. Was bildet er sich überhaupt ein! Wer glaubt er wohl zu sein? Lässt mich hier einfach zurück.

Ich wunderte mich nicht nur über meine Emotionen, sondern auch über meine Reaktion. Erst wollte ich, dass er mich nicht bemuttert und jetzt wurde ich sauer, weil er es nicht tat. Diese stark schwankenden Stimmungen, die mich immer wieder übermannten, waren nicht nur eigenartig, sondern überdurchschnittlich heftig und emotional. Am liebsten hätte ich dem Mann jedes seiner fein säuberlich geordneten Bücher um die Ohren geworfen, ihm einzelne Seiten aus seinen Büchern herausgerissen und sie genüsslich verbrannt! Jawoll! Diese Vorstellung tat gut und machte so richtig Spaß! Sie linderte meine Wut und ich fühlte Genugtuung. Abgesehen davon, dass ich das nicht wirklich tun würde oder könnte, war er nicht einmal da, um die Probe aufs Exempel zu machen. Es war immer schon so, dass sich meine Mitmenschen in den rigorosesten Momenten verflüchtigten. Warum sollte es diesmal auch anders sein?

Eine gewisse Müdigkeit legte sich über mich und eine sonderbare Stille kehrte ein. Ich schloss für einen Moment meine Augen. Die so genannte Ruhe nach dem Sturm könnte man sagen, mein Gefühlschaos glich ja fast orkanartigen Ausbrüchen. Es war schlagartig so still und friedlich an diesem Ort. Wenn dieser Buchhändler nicht bald wieder auftauchte, könnte ich leicht Gefahr laufen, hier und jetzt sitzend einzuschlafen. In dieser sonderbaren Stille drängten sich wieder Gedanken in den Vordergrund. Wurden die denn nie müde? Nein, scheinbar nicht!

Warum gab ich eigentlich immer den anderen die Schuld, wenn ich mich schlecht fühlte? Interessante Frage! Wie kam ich nur auf die absurde Idee, dass mir ein Mensch, das Leben, ja irgendwer oder irgendetwas schaden möchte? Zuerst war immer irgendetwas schuld an meinem Unwohlsein und danach machte ich mir Vorwürfe und suchte die Schuld bei mir. Ein tolles Programm, das sich da in mich eingeschlichen hatte. Warum gestattete ich mir nicht einfach so zu sein, wie ich war?

Ja, ja, das ist so ein Kreuz mit der Schuld. Meine Gedanken kreisten rastlos umher und schienen auch in diesem Moment keine Ruhe zu finden. Meine Augenlider waren schwer wie Blei und es war ein Unding, sie offen zu halten. Ich kniff meine Augen fest zusammen und nach einem unangenehmen Brennen beruhigte sich der Druck auf den Augen. Kaum hatten sich die Muskeln entspannt, war mein Kopf auch schon nach vorne gefallen. Das kannte ich von meiner Oma, die gerne mal im Sitzen eindöste. Ich blickte kurz hoch, um mich zu vergewissern, ob mich auch keiner beobachtet hatte, und verfiel schnell wieder in eine tiefe Entspannung. Zack! Und schon wieder war der Kopf nach vorne gekippt. Wie ärgerlich! Man konnte wirklich überhaupt gar nichts kontrollieren. Mein Kopf driftete noch mehrmals ab, bis ich meinen Körper in eine schlaffreundlichere Position gebracht hatte.

Bin ich zum Schlafen hergekommen? Wäre er jetzt da gewesen, hätte er mir sicher diese Frage gestellt. Davon war ich überzeugt. Das war wohl nicht der richtige Moment zum Schlafen. Aber ich hatte ja auch nicht darum gebeten, jetzt und hier einschlafen zu wollen. Mein Wille schien ja keinen zu interessieren.

Der Tag war echt blöd. Der Mantel ist schuld! Der Tag ist schuld und die Verkäuferin im Bäckerladen, diese Susanne, die kann ich auch nicht leiden. In mir faselte es wirres Zeug. Der Buchladen war so weit weggerückt und ich verfiel mehr und mehr in einen dämmrigen Zustand. Da tauchte wie aus dem Nichts eine Frau auf. Sie wirkte sehr freundlich und kam auf mich zu. Ich wollte sie fragen, wie sie denn heiße und was sie hier tun würde, doch es war mir nicht möglich zu sprechen. Unterdessen sah sie mich sehr eindrücklich an und dieser Blick verriet mir, dass sie mir etwas mitteilen wollte. Obwohl sie nicht sprach, vernahm ich in der Ferne eine Stimme, die wohl zu ihr gehörte, aber nicht aus ihrem Munde kam. Wie außergewöhnlich das alles war. Wachte oder schlief ich? Ich konnte es nicht mehr feststellen, denn ich schien eingenickt zu sein. Die Stimme vermischte sich mit lieblichen Klängen und formte sich zu einem Kristallgesang. Ich hatte dieses Wort noch nie gehört, aber es war da. *Kristallgesang,* welch wunderbares Wort! Was auch immer das war, es war einzigartig. Diese Stimme erzählte von der Liebe, obwohl kein einziges Wort zu hören war. Unversehens erklangen heilende Töne, die meinen scheinbar schwerelosen Körper in eine Schwingung der ganz besonderen Art versetzten. Die Augen der Frau funkelten wie Diamanten und immer noch sagte sie nichts. Ich war froh drum, denn jedes Wort hätte diese friedvolle Weihe zerstört. Nun drangen sanfte Töne zu mir, die mich Worte vernehmen ließen, die ich aber nicht wie üblicherweise mit meinem Gehör einordnen konnte. Ganz klar tat sich nun ein Reim auf, der sich mahnend und einlenkend, Mut machend und nachsichtig zugleich auf eine mir unbekannte und noch nie da gewesene Art zeigte, die ich weder zuordnen noch mit irgendetwas anderem vergleichen konnte.

Du fühlst dich einsam,
es geht dir nicht gut,
wer trägt die Schuld?
Ist es wirklich Mut,
wenn du den Finger erhebst,
ihn gegen mich richtest,
mich dafür verdammst
und mir Sachen andichtest?
Eines ist klar,
dein Urteil steht fest!

Du bist das Lamm
und du sonnst dich im Recht.
Dein Entschluss lässt dir keine andere Wahl,
dein Leben ist Leid,
es wird dir zur Qual.

Ob du nun keine Arbeit mehr hast,
oder dein Partner geht,
eines steht fest, die tragende Last,
ist immer der andere,
wie es dir passt.
Jemand.
Das Leben.
Einer ist schuld!
Du siehst das halt so
und ich habe Geduld.
Bewertungen zu vergeben,
ist dein ganzer Stolz.
Die Hand zu erheben,
viel härter als Holz.
Und wieder streckst du den Finger aus
und richtest ihn gegen mich.
So bist du,
ich sehe es,
lächle,
und lasse dich.

Die Krankheit, sie prägt dich,
keiner macht dich gesund,
ein Witz auch, warum nur?
Dir wird es zu bunt.
Die Pleite, sie quält dich,
und hält dich im Zaum,
wer hat denn nun Schuld dran,
da ist niemand im Raum?!

Und der Heiler, der hilft nicht,
es fehlt ihm die Sicht,
Gesundheit, dein Wille,
du schreist es hinaus.
und die Wirkung der Pille,
bleibt wieder mal aus.

Deine Misere, die bleibt,
sie hält hartnäckig an.
Freude, ein Fremdwort,
gefangen im Bann.
Deine Kräfte, sie schwinden,
du fühlst dich so leer,
Gefühle erblinden,
ziehen Kummer einher.
Und dein Finger zeigt wieder
auf die, die nichts können,
du verdammst sie und richtest,
weil sie dir Gesundheit nicht gönnen.

Sie können nicht heilen,
sie sind schuld, das ist klar,
austeilen, das kannst du,
fühlst dich als Star.

Man betrügt dich und
man versteht dich nicht,
du wirst nicht geliebt,
aus deiner Sicht.
Du bist traurig und hilflos,
keiner dich mag,
und das Leben ist sinnlos,
trostlos und fad.
Die Welt führt Kriege,
mordet Tiere, du kämpfst.

Die wahren Siege glaubst du zu erringen,
weil du das Dilemma eindämmst,
denn du weißt wer Schuld hat,
und wer gegen dich ist,
die Menschheit ist schlecht,
alles nur List.

Und der Finger ganz klar,
der erhebt sich gegen sie,
gegen die Menschen um dich,
denn sie begreifen dich nie.
Warum nur, warum, fragst du das Leben,
kann mir die Welt nicht endlich was geben?
Du fragst dich nicht einmal,
ob es an dir liegen könnte
und verwehrst dich dem Lichte.
Deine Augenblicke sind kahl,
denn ihnen fehlt Tiefe und Dichte.

Und nach Jahren trägst du
deine Mutter zu Grabe,
der Schmerz der sitzt tief,
du spürst eine Narbe
und du zeigst mit dem Finger
am Grabe dem Mann,
der im Auto gesessen
und nicht mehr ausweichen kann.
Verbitterung und Härte begleiteten dein Leben,
niemals ohne den Finger zu heben.
Und jetzt bitte ich dich,
für einen Moment
nicht die anderen zu betrachten,
sondern nur deine Hand zu beachten.
Mehr verlange ich nicht.

Versuch es nicht zu verstehen,
sag mir, was kannst du sehen?
Streck den Finger nun aus
und zeig' mal auf mich.

Du errötest in Scham
und ich flüstere dir leise
„ja genau“, denn ...

Es zeigen immer noch ...
... drei Finger auf dich.

Ich öffnete die Augen und war etwas belämmert. Ich sah mich um und hatte die Situation schnell wieder durchschaut. Das Gedicht war wie ein Mahnmal und schwebte wie Damokles' Schwert über mir. Doch die Gefahr, die ich vernahm, wurde von einer herzerweichenden und alles in sich bergenden Güte und einer unendlichen Sanftmut begleitet, die auch durch das Schwert nicht entweiht werden konnten.

Wie aus dem Nichts stand dieser Mann plötzlich vor mir und sah mich sehr einfühlsam an. Schnell setzte ich mich wieder ordentlich hin, so wie es sich eben gehört und blickte ihm dabei ins Gesicht. Insgeheim musste ich an diese Frau denken, die mir nicht aus einem Buch vorgelesen hatte, sondern mir etwas ganz anderes las, nämlich die Leviten. Vielleicht war es die Gelassenheit und Ruhe dieses Mannes, die mich vollkommen aus der Bahn warfen und meine Unruhe dadurch nur noch stärker hervorhoben. Er war und verkörperte alles das, was ich nicht war. Er strich mir flüchtig und sehr zurückhaltend die Haare aus dem Gesicht, wobei mein Blick wieder bei seinen Augen haften blieb. Wer in diese Augen sieht, sieht wahrlich in eine andere Welt! „Tränen des Glücks“, sagte er und drehte sich dabei kurz zur Seite, um mir Tee einzuschenken. Ich kam mir veräppelt vor. Vielleicht wusste er ja auch schon, dass ich nicht weinen konnte? Wer weiß? Ja, wenn es jemand wissen konnte, dann er! Nein, das ist ganz und gar unmöglich. Er ist schließlich und endlich kein Übermensch. Ich hingegen glich eher einem Häufchen Elend. Tränen des Leids wären schon eine Erlösung gewesen! Der Mann deutete auf das Tischchen schräg hinter mir: „So heißt der Tee. Tränen des Glücks. Es ist eine besondere Teemischung. Das Rezept habe ich von meinem Onkel aus Tiruvannamalai." „Aha", murmelte ich erleichtert, denn für einen Moment hatte ich wirklich gedacht, er wolle sich über mich lustig machen. Was bin ich aber auch immer schnell angerührt! Warum nehme ich immer alles so persönlich? Während ich die Tasse zu mir führte und langsam Schluck für Schluck trank, stellte sich wieder diese sonderbare Ruhe ein. Eigentlich mochte ich keinen Tee. Und uneigentlich?

Dieser Tee hatte wirklich etwas Besonderes. Ich konnte diesem Kräutergemisch etwas Feuriges und gleichzeitig sehr Beruhigendes abgewinnen. Er schmeckte wirklich hervorragend. Auf gar keinen Fall aber schmeckte er wie eine der Teesorten, die ich in meinem bisherigen Leben getrunken hatte. Immer wieder zwang ich mich dazu, den verschiedensten Teesorten etwas Angenehmes und Wohlschmeckendes abzugewinnen, doch alle meine Versuche schienen vergebens. Tee ist gesund und gesunde Dinge können nicht schmecken. So lautete einer meiner Lebensweisheiten. Doch eher Lebensdummheiten! Die Welt und vieles, das in ihr wohnte, schien vor meinen Meinungen, Einordnungen und Bewertungen nicht sicher zu sein. Das war wohl das Los der irdischen Gegebenheiten. Von dieser Seite aus hatte ich das noch nie betrachtet. Wie viele Perspektiven es doch gibt und in seinen Begrenzungen verhaftet, sieht man die Dinge stets, wie man sie sehen will, jedoch selten so, wie sie in Wahrheit waren. Vielleicht weil keiner weiß, was Wahrheit ist! Was ist Wahrheit denn? Worin kann ich sie erkennen? Kann man ihr begegnen und wie kann man wissen, was wirklich Wahrheit ist? Konditionierungen nennt man sie wohl, diese automatischen Reaktionen oder Vergleiche des Denkens. Auch darüber hatte ich einmal gelesen. *Wenn auf einen bestimmten Reiz eine Reaktion erfolgt, die dich in die Überzeugung drängt, dass du dies als Individuum, welches getrennt von der Gesamtheit existiert, erlebst, nennt man das Konditionierung.* Erschrocken sah ich mich um. Der Inder hatte nichts gesagt. Wo kamen diese Sätze her?

Mich konnte nichts mehr so leicht aus der Bahn werfen, denn der heutige Tag hatte das schon mehrmals geschafft. Wie gut ich meine Lage, den heutigen Tag und das Leben doch analysieren konnte. Dieses unnütze Einordnenwollen brachte mich nicht weiter, denn es waren immer wieder nur weitere solche Feststellungen, die wie ein Tropfen auf dem heißen Stein umgehend verdunsteten.

Was auch immer er in diesen Tee getan hat … alle Achtung! Auch ohne Tee musste er denken, dass ich wohl einen im Tee hatte. Meinen jämmerlichen Zustand hatte er sicherlich schon längst durchschaut. „Entschuldigen Sie, aber der heutige Tag …", ich stockte und musste kurz tief durchatmen „… war doch etwas zu viel für mich." Und schon wieder rechtfertigte ich mich. „Es muss dir nicht peinlich sein. Ich sehe niemanden, dem etwas peinlich sein könnte. Spielt es eine Rolle, was ein anderer über dich denkt? Es ist deine Eitelkeit, die dich so empfinden lässt. Erlöse dich von deinen Widerständen und gib dich frei. Beende diese Unliebsamkeiten und erlaube Madita, sich zu schämen, aber durchschaue, dass du nicht das sein kannst, was Scham empfindet. Erkenne, was du bist und alles Leid endet."

Es klang wie Musik in meinen Ohren. Ich schwelgte in seinen Worten, die mich umhüllend liebkosten und mir das Gefühl gaben, auf Wolken gebettet zu sein. Dieses Kleid, welches ich jetzt angezogen hatte, war nicht Teil meines bisherigen Gepäcks. Es fühlte sich verdammt gut an. Es war wie eine luftige, seidene, kostbare Robe, die mich in Zartheit kleidete und mit Verzierungen und Stickereien prahlte, ohne dabei aufdringlich zu wirken. Die Worte dieses Sonderlings legten sich wie Balsam über die aufgeplatzten, klaffenden Wunden, der sofort Linderung und Heilung versprach. Ich nickte ihm zu, ohne es wirklich verstanden zu haben. Die Essenz der Worte war jedenfalls tief in meinem Herzen versunken und wärmte es von innen. Halt! Ich zuckte erschrocken zusammen. Er hatte Madita gesagt! Dieser Gedanke rüttelte mich unsanft aus diesem friedvollen Moment. Mein Kopf rebellierte. Warum kennt er meinen Namen? Woher weiß er, wie ich heiße? Erschrocken und fragend blickte ich ihn an. Unbefangen erwiderte er meinen Blick. Die Antwort blieb aus. Da fiel mir meine Kette ein. Ich vermutete, dass er wohl die Namensgravur auf meinem Anhänger entdeckt hatte. Meine Hand glitt unweigerlich zu meinem Hals. Doch die Erleichterung blieb aus, denn sie griff ins Leere.

Auch wenn ich die Kette zu Hause vergessen hatte, ich wollte ihn jetzt nicht fragen. Ich hatte die Idee, das Pferd von hinten aufzusatteln. „Darf ich fragen, wie Sie heißen?“ „Ja“, sagte er. „Das darfst du.“ Antwort kam aber keine. Er beobachtete mich ziemlich genau. Es war kein Einordnen und glich auch nicht dem üblichen menschlichen Verhalten. Er sah mich so an, wie mich noch nie jemand zuvor angesehen hatte. Seine nicht alltägliche Wesensart war nicht eigenwillig. Nein! Er war schlicht und einfach nicht greifbar und entlockte mir neben meiner Ratlosigkeit einen stillen Lacher. In diesem Augenblick wusste ich nicht, ob ich mich über ihn amüsierte, mein Galgenhumor hochkam und mich selbst auslachte oder ob es daran lag, dass die Situation einfach so merkwürdig und verrückt war. Ich schämte mich für einige meiner vorherigen Gedanken und Beschimpfungen, die in diesem Ausnahmezustand kurzfristig das Ruder übernommen hatten. Dieser Mann war so, wie er war. Anders konnte man ihn gar nicht umschreiben.

Ich musste an die vorhin gedachten Schimpfworte denken: Trottel, Depp, Vollidiot und Niemand, die ich dem Mann gegenüber im Stillen geäußert hatte. *Trödelhans* war wohl noch eines der netteren, das hatte ich schon fast wieder vergessen. Ich zuckte zusammen. Wie gerne hätte ich diese Worte zurückgenommen. Und kaum daran gedacht, wiederholten sie sich unzählige Male und hallten wie ein Echo in mir nach. Ich wusste, dass sich in meiner Wahrnehmung ihm gegenüber etwas geändert hatte, doch mein krankhaftes Denken wiederholte diese Worte bis ins

Uferlose. Es war nicht zu stoppen. Je mehr ich versuchte, es zu ignorieren und sein zu lassen, umso primitiver und intensiver wurden meine Gedanken. In meiner Verzweiflung, mich nicht noch mehr zu blamieren, rief ich wahllos Wörter wie *lieb* und *nett, ich mag dich, hallo, juhu* und *du bist toll* dazwischen, um es krampfhaft aufzulockern. Heraus kam aber ein riesengroßes Durcheinander mit *Hallo Trottel, du bist toll, du Niemand, juhu, juhu Vollidiot, nett, nett, lieb.* Na, das war wohl auch nicht gelungen und gewiss keine sehr hilfreiche Idee. Mal ehrlich gesagt, sie war bescheuert.

Was mach ich bloß, wenn er mich darauf anspricht? Zuerst denkt mein Verstand diesen Müll und nun muss *ich* die Verantwortung dafür übernehmen! Warum eigentlich?! Was kann ich denn für meine Gedanken? Da ist doch keine Absicht dahinter! Gedanken sind einfach so da! Herrschaftszeiten noch einmal, das ist doch wirklich ein Kreuz mit dem Denken! Wieso kann man das nicht einfach irgendwo abstellen? Der letzte Gedanke gefiel mir. Trotzdem breitete sich Entrüstung aus und ich wusste nicht mehr, was ich war, was meine Gedanken waren, ob sie zu mir gehörten, oder ob sie mich manipulierten. Da noch durchzublicken war ein Ding der Unmöglichkeit. Diese suspekten Gedankenvorgänge, die wohl kein Mensch zu durchschauen vermochte, kamen in den Genuss meiner Verachtung und ich beschloss, in Zukunft auch im Denken etwas achtsamer zu sein. Es war ja offensichtlich, was dabei herauskam, wenn man den Gedanken freien Lauf ließ und das musste ja nun wirklich nicht sein.

Nach einer Weile stand der Mann auf, ging wieder zu seinem Platz und sortierte munter weiter, während er dabei ein fröhliches Lied trällerte. Als ob es im Leben nichts anderes zu tun gäbe. Also hatte er seine Arbeit für heute doch noch nicht beendet. Er musste ja von Büchern träumen? Vielleicht fühlte er sich dabei wohl. Den leeren Kartons nach zu schließen, sortierte er schon stundenlang, ja vielleicht schon tagelang. Alle Bücher standen in Reih und Glied und erzeugten auf den Millimeter genau eine Ebene. Jedes Lineal, ja, jeder Meterstab wäre hier überflüssig, denn geradliniger und genauer ging es nun wirklich nicht. Für wen er das wohl tut? Ich hatte nicht das Gefühl, dass viele Menschen den Laden hier kannten. „Haben Sie einen indischen Namen?“, fragte ich ihn. Ich ließ nicht locker! Ohne sich dabei von seiner scheinbar äußerst wichtigen Arbeit abzulenken, antwortete er kurz mit einem sonderbaren „Ist das wichtig?“. Dann drehte er sich kurz um, sah mich wieder mit diesem stechend scharfen Blick an und sprach: „Du trittst eine Reise an und nach ein paar Zwischenfällen scheint alles ganz anders zu sein. Und dir fällt nichts Besseres ein, als mich zu fragen: ‚Do you speak English? Kennen Sie einen Ashram und wie heißen Sie?‘“ Ich war baff. Schon wieder kam er mir so frech. Ich schmollte. Aber ich muss zugeben, ich war nicht mehr ganz so beleidigt wie vorhin. Er tat ja gerade so, als hätte ich vorgehabt, meinen Urlaub bei ihm zu verbringen! Dabei wäre ich sicher nicht freiwillig hierher gekommen! Ich müsste ja verrückt sein, so etwas zu planen. Aber nichtsdestotrotz stellte sich diese Seltenheit wieder ein: Ich war sprachlos. Still. Innerlich und äußerlich. Ruhe.

Nach einer kurzen Pause fügte er hinzu: „Namen spielen keine Rolle, nenne mich, wie du mich nennen möchtest. Ich bin nicht der, den du siehst. Auch bin ich nicht das, was eingeordnet oder erfasst werden kann. Ich bin jenseits von aller Wahrnehmung. Ich bin das, was in allem ist und in allem nicht ist und doch existiert das, was ich bin, ohne wirklich zu sein.“ Häh?! Was war das denn jetzt? Ein paar Sätze! Aber was für welche! Die hatten es ja wirklich in sich! Das ist hoffentlich auch etwas, was man nicht verstehen muss! War das jetzt irre oder einfach nur genial? Vielleicht auch etwas … fragwürdig vielleicht? Ich war perplex. Meine Persönlichkeit fühlte sich etwas in die Enge getrieben, und obwohl diese Antwort sehr sanft und befreiend in mir ankam, fühlte ich mich brüskiert.

Meine Person, mitsamt allem, was ich bisher zu sein geglaubt hatte, schien auf wackeligen Beinen zu stehen und ernsthaft ins Schwanken zu geraten. Seine Aussage stürzte mein Ego in ungeahnte Tiefen und dieser Fall überrumpelte mich derart, dass meine guten Vorsätze bezüglich Achtsamkeit wohl den Bach runter gingen. Das Harte und Trotzige in mir schaffte es wieder, das Sanfte zu übertrumpfen. Meine lichtvollen Seiten schienen vom Schattenhaften überwältigt zu werden und ich fühlte mich nicht gut dabei. Na warte, was du kannst, kann ich auch. Diese blöden Antworten! Wenn die nicht auf eine ebenso blöde Gegenfrage warteten!? Ich wollte das nicht denken und ich wusste, dass ich im Unrecht war, doch etwas in mir kam so richtig in Fahrt. Die lichtvollen Worte erreichten mich nur am Rande, denn die Entrüstung darüber, dass er mir nicht einmal eine normale Antwort geben konnte, machte mich wirklich zornig. Er schien jenseits von allen Vorstellungen angesiedelt zu sein. Und das passte mir nicht! Ganz und gar nicht! Musste er mir denn entsprechen? Hinweg mit dieser blöden Fragerei! Einem äußerst seltsamen Mitmenschen bin ich da begegnet. Diese Antworten sind ja wirklich nicht normal!

Es gelang mir nicht wirklich, mich meinem Zorn hinzugeben. Etwas in mir versuchte stets wieder einzulenken. Ich wusste überhaupt nichts mehr. Dieser Mann ohne Namen schien auf mein Ego keine Rücksicht zu nehmen. Keine Schmeicheleien und Umwerbungen. Stattdessen eine kalte Dusche nach der anderen. Aber kann eine kalte Dusche nicht auch erfrischend sein, wenn man sie nicht ablehnt? Das wollte ich nun wirklich nicht hören. Sein gescheites Daherreden war wirklich komplett daneben. Ja genau! Komplett daneben!

Irgendwie verstand ich mein Verhalten selbst nicht mehr. Was er sagte gefiel mir, weil es mir zutiefst aus der Seele sprach, aber irgendetwas in mir sträubte sich dagegen und wollte es einfach nicht hören. Es kam mir so vor, als würde ich knapp vor dem Verhungern ein Brot in mich reinstopfen und immer wieder „Ich will es nicht! Es schmeckt mir nicht!“ rufen. Diese Vorstellung machte mich wehmütig. In beiden Fällen gab es den rettenden Lichtblick. Das Brot war die letzte Rettung, ja. Aber sind es seine Worte auch? Wo ist denn der Unterschied zwischen geistiger und körperlicher Nahrung? Kann der Mensch denn nicht auf allen

Ebenen verhungern? Seine tragenden und liebenden, alles durchdringenden Worte würden so lange ohne Inhalt und leer bleiben, bis mich deren Fülle dort erreichte, wo sie auf fruchtbaren Boden stieß.

Was im Kopf ankommt, verkümmert, was aber das Herz ereilt, wird Blühen und Segen entfalten. Diese Stimme in mir versuchte immer wieder einzulenken, mich einzulullen und weichzukochen. Aber warum empfand ich alles so hart? Warum lehnte ich etwas ab, auf das ich insgeheim gewartet hatte? Wahrscheinlich, weil ich es nicht greifen konnte. Ich trat es mit Füßen, obwohl ich es am liebsten aufheben wollte, um es zu behüten. Nach diesen kurzen Einsichten kam jedoch wieder die Erbostheit über das Verhalten dieses Mannes zum Tragen. Meine verhärtenden Wurzeln erstickten die göttliche Wahrheit im Keim, die durch ihn hindurchströmte, um mich zu entwirren. Wie vom Teufel geritten waren meine bösartigen Gedanken nicht mehr zu halten. Ein wild gewordenes Pferd bäumte sich in mir auf, wollte sich um jeden Preis durchsetzen und nur noch galoppieren und laufen, um sich in die Freiheit zu retten. Ich wusste genau, Richtung Freiheit geht es in die andere Richtung. Doch es war bereits zu spät. Nachdem ich immer noch vergeblich auf eine Antwort wartete, hatte ein schnippisches „Wie möchten Sie denn heißen?“ bereits meine Lippen verlassen. Dabei nippte ich ziemlich siegessicher an meinem Tee. Mein Herz raste und schlug bis zum Hals. Umso verwunderlicher folgte ohne weitere Verzögerung eine Antwort. Er konnte spontan sein. Wenn ich vorher gewusst hätte, welche Antwort er parat hatte, wäre mir etwas weniger Spontaneität lieber gewesen.

„Na, wenn das so ist und ich mir einen Namen aussuchen kann, würde ich den Namen *Niemand* den anderen Benennungen doch vorziehen. Dieser Ausdruck ist doch noch der Neutralste von allen.“ Ich schluckte und erwartete Schlimmstes, während ich ihn mit erschrockenen und weit aufgerissenen Augen anstarrte. „Aber es ist schließlich egal, wie du mich nennst. Der Name bezeichnet nur die Hülle eines Menschen. Wie willst du das benennen, was ich wirklich bin?“

Ich hustete laut. Ich hatte mich an meinem Tee verschluckt. Die Tasse musste ich schnellstens abstellen, um mir nicht auch noch den Tee über meine Hose zu kippen. Ach du Sch…, diese Gedanken vorhin. Im Eifer des Gedankengefechts und des Gefühlschaos hatte ich bei meiner Fragestellung doch glatt die Möglichkeit seiner Wahrnehmungen außer Acht gelassen. Er konnte also tatsächlich Gedanken lesen. Auweia, und nun? Es musste ein Trick sein! Mit diesem Gedanken versuchte sich mein Verstand einen Rettungsanker zurechtzurichten. Er suchte krampfhaft nach einer Erklärung. Peinlich! Wie peinlich mir das war. Den ganzen Tag fühlte ich mich in meiner Haut nicht wohl, aber dieser Moment war wohl nicht mehr zu toppen. Nachdem ich es noch nicht geschafft hatte, meinen erschrockenen Blick von ihm abzuwenden, wurde ich mit purer Gelassenheit konfrontiert, die er nahezu unantastbar ausstrahlte. Jetzt erst wurde mir klar, dass jegliche Reaktion seinerseits ausgeblieben war. Warum wird er nicht wütend? Ich kratzte mich am Kopf und nippte verlegen am Tee. Aber auch das lieferte mir keine brauchbare Erklärung, weder eine unbrauchbare noch eine brauchbare! Warum werde ich jetzt wütend? Das war eigentlich sein Part. Er hatte die Rolle nicht übernommen, in die ich ihn bereits gesteckt hatte.

War ich jetzt so wütend, weil er nicht wütend wurde? Das ist doch lachhaft! Lag es wirklich daran, weil er meinen Vorstellungen nicht entsprach? Warum mussten Menschen denn meinen Vorstellungen entsprechen? Welch krankhafte Züge zogen mich in ihren Bann? Es fiel mir wie Schuppen von den Augen und eine Entsinnung trat ein. Ja, eine Entsinnung. Mir wurde jenseits meiner Sinne etwas sichtbar gemacht, das sofort wieder verblasste. Und schon war sie wieder weg, diese aufschlussreiche, befreiende Entdeckung des Tages. Es war eine Einsicht, die ich aber nicht fassen konnte. Es schien in mir stattgefunden zu haben und mich als Menschen komplett zu ignorieren. So etwas hatte ich auch noch nicht erlebt.

Warum wirft er mich nicht raus? Warum kann er nicht, wie jeder andere Mensch auch, ganz normale Antworten geben und ganz normal reagieren? Mein Verstand ließ es sich nicht entgehen, voller Neugier und etwas entrüstet weiterzuforschen. Er stocherte ohne Rücksicht auf Verluste in einem Bienennest umher, auch auf die Gefahr hin, jedes Unheil zu ertragen. Mein Blick war auf den Mann gerichtet, und als hätte er es gespürt, hatte er sich auch schon umgedreht. Aha, er reagierte also nicht auf ein Wort oder auf Erwartungen meinerseits, er reagierte erst dann, wenn jemand die ganze Aufmerksamkeit auf ihn richtete. Interessant zu wissen! Sein Blick könnte aber auch einfach so zu mir gewandert sein. Vielleicht reagierte er auf gar nichts und seine Blicke ergaben sich einfach so. Welch eigenartige Möglichkeit.

Ich hatte nicht gerade die elegantesten Umschreibungen für ihn ausgesucht, aber ihn schien auch das nicht im Geringsten zu stören. Er sah sehr fröhlich aus. Er ärgerte sich kein bisschen. Als wäre nichts geschehen, widmete er sich in tiefster Hingabe seinen Büchern. Eigenartig! Konnte man wirklich so gleichgültig sein? Oder war es vielleicht gelassene Neutralität, die so gut wie niemand lebte? Ich musste lachen! Ja, Niemand lebte sie!

„Warum sind Sie so …? Sie wirken so …“ Mir fehlten die Worte. „So … So … vollkommen.“ Genau, das war das passende Wort, … obwohl, ich empfand die Aussage schon etwas aufdringlich. „Das, was ich bin, kann nicht erklärt werden. Ich bin nicht mein Körper, nicht mein Denken. Ich bin das, worin sogar das *Ich-Bin* seine Existenz verliert. Alles-Ist-Eins, ohne dabei nur irgendetwas zu sein. Das ewig Seiende, das bist du. Du bist nicht das, was du zu sein glaubst. Wir sind ein und dasselbe. Erkenne, was du nicht bist.“ Er hatte die Augen geschlossen und sprach aus einer tiefen Entspanntheit, die noch gelassener wirkte als zuvor. Diese meditative Stille hatte nichts mit herkömmlicher Ruhe gemeinsam, im Gegenteil. Es war etwas Selbstverständliches und Natürliches, etwas Unergründbares, welches jeden Gedanken zum Schmelzen brachte. Wenigstens für den Moment und das war schon ein reger Fortschritt. Zumindest für mich.

„Ich bin jenseits dieses Lebens. Ich bin das, was das Sichtbare erzeugt und doch bin ich unberührt davon, nicht der Erzeuger. Ich bin der Zeuge des Erzeugers, des Erzeugtem und des Erzeugendem. Und obwohl ich dieser Zeuge bin, bezeuge ich nichts. Ich bin das, was es dem Zeugen überhaupt erst ermöglicht, Zeuge zu sein. Nie habe ich die Welt betreten, nie habe ich geatmet und nie werde ich dem Tod begegnen. Die unendliche Unberührtheit der Stille, die ich, ohne zu sein, bin, ist das, was grundlos ist. Nie wurde etwas erschaffen. Weder die Erde noch du noch ich noch sonst irgendwas! Etwas, was immer ist, wird immer sein. Ob es dazu eine Form, eine Gestalt oder einen Körper annimmt, ist nicht von Bedeutung und vollkommen unwesentlich. Die Form ermöglicht die Erfahrung der Seele und ist nur ihr vorübergehendes Kleid. Ein Hier und Dort, ein Vorher und ein Nachher, eine Erfahrung, eine Situation oder eine Vorstellung gibt es nur in deinem vorübergehenden Traum, den du Leben nennst. Durch deine Verwirrtheit entstehen diese Bilder und Ideen. Diese Einbildungen sind aber nur ein Blendwerk, denn diese Spiegelung des Bewusstseins ist ohne Bestand und hat keine eigenständige Existenz. Wie kann eine Spiegelung, die du bist, ein Schatten der Essenz sein, der du bist? Durch das Sein wird dein Körper hervorgebracht. Es kann aber nur das wirklich sein, was ewig ist. Das, was vergeht, kann also durch seinen ewigen Wandel nicht sein. Eine vorübergehende Erscheinung wie dein Körper, deine Gedanken und Gefühle haben keine Substanz. Sie kommen und gehen, also sind sie nicht. Erscheinen und Sein ist nicht ein und dasselbe. Sein ist. Kompromisslos. Ewig. Ewig ist einzig und allein die Lichtquelle der Stille. Das, was sich aber vorübergehend zeigt, wird verblassen, sobald *Es*, nämlich das, was du wirklich bist, durchschaut worden ist. *Realisiere deine Wirklichkeit!* Kein Wort kann den göttlichen Ursprung beschreiben, denn *das*, was du bist, ist die unbeschreibliche Lichtheit des ewigen Friedens.“

Er drehte sich wieder seinen Büchern zu und mit der gleichen Selbstverständlichkeit, mit der er gesprochen hatte, setzte er seine Beschäftigung fort. In seinen Bewegungen schwang diese unendliche Tiefe mit und sein Schweigen hatte dieselbe starke Wirkung, wie die immensen Lichtbrücken, die er vermochte aus Wörtern zu bauen. Er war der Brückenbauer! Ja, er war es, der die Sprache des Regenbogens sprach und in seinen Ursprung eintauchen konnte.

Ich stellte fest, dass er unabhängig von dem, was er tat oder nicht tat, stets diese heilsame Stille vermittelte. Die Sätze, seine erneute Stille und sein Dasein erhellten mein Gemüt und ich fühlte unendliche Ruhe. Diese Ruhe stellte sich aber nicht aufgrund einer künstlich herbeigeführten Situation ein. Es war also nichts Erzwungenes, sondern Ausdehnung pur, die aus sich selbst heraus wirkte. Es war so, als ob alles Vergängliche in mir anwesend wäre. Diese Einheit machte die scheinbare Trennung zunichte. Da war kein Gut und kein Schlecht: Es war! Ich fand mich in einem Raum von Geborgenheit wieder, wobei ich mich aber nicht geborgen fühlte. Nein. In diesem Moment war ich Geborgenheit. Ich fühlte nichts. Dieses *Nichts* fühlte sich nicht leer an, es war unendliche Fülle, die sich verwirklichte, ohne greifbar zu sein. Es war das größte Geschenk, das ich je erhalten hatte, ohne dabei etwas in den Händen zu halten. Er ließ mein wahres *Ich* an einer kosmischen Reise teilhaben, die mich in Gefilde emporhob, die segensreicher nicht sein konnten. Er hatte Recht. Keine Umschreibung hätte diesen immensen Gehalt nur annähernd vermitteln können. Da war absolut nichts. Nichts. Nichts und nochmals nichts! Reiner Segen, der alles offenbarte!

Er hatte sich einen Stuhl geholt und sich zu mir gesetzt. Welch ein Fortschritt! Wir schienen uns nun doch noch etwas näher zu kommen. Aber konnte man sich wirklich näher sein als eben zuvor? Mein Verstand machte sich unverzüglich daran, die Körperlichkeit zu hinterfragen und ich stellte fest, dass man sich jenseits körperlicher Empfindungen noch näher sein konnte. Seine Buchsortiererei hatte er für heute wohl endgültig an den

Nagel gehängt. Das fand ich sympathisch. Er saß mir jetzt gegenüber, den Oberkörper kerzengerade, die Hände auf seinen Oberschenkeln ruhend und sein Blick war wieder auf mich gerichtet. Zwischen Händen und Oberschenkeln hatte sich ein Buch eingeschlichen. Dass er mir vorher den Tee gereicht hatte, war wohl ein besonderer Moment gewesen, denn da hatte er kein Buch in den Händen gehalten. Er konnte wahrscheinlich nicht anders, als sich seinen Büchern zu widmen. Es schien einen Buchkomplex zu haben. Ein Buchfetischist. Er lachte laut auf. Er hatte wohl diesen Gedanken aufgeschnappt und amüsierte sich köstlich. Ich musste ebenfalls lachen. Weniger über seine Reaktion, sondern mehr über die Vorstellung, dass er Gedanken lesen konnte. So ganz wollte ich das immer noch nicht glauben. Wenn man sich via Gedanken austauschen könnte, wäre das eine Erklärung über seine Wortkargheit.

Bei mir mischten sich weitere Gedanken ein, die auf ein Neues sehr hartnäckig versuchten, die eingekehrte Ruhe zu verdrängen. Ich schenkte ihnen aber keine weitere Aufmerksamkeit und so wie sie gekommen waren, so verschwanden sie auch wieder. So spazierten einige Gedanken an mir vorbei, bis auch der letzte verblasste. Der Augenkontakt, den ich immer wieder mit ihm aufnahm, ließ mich in dieser Ruhe verweilen und so sahen wir uns wortlos an. Ich fand schnell Gefallen daran. Anfangs empfand ich es eigenartig, dann wurde es unangenehm, und nachdem meine ablehnende Haltung durchbrochen war, stellte sich Stille ein. Eine Stille, die ich so noch nie hatte erfahren dürfen. Diese Stille war nicht einfach nur wortlos. Diese Stille war tiefer. Diese Stille war mit Worten nicht zu fassen. Sie war jenseits der menschlichen Stille. Eine Herzensstille. Eine sonderbare, sehr intensive Stille. Mein Verstand wurde irgendwann ungeduldig. Er fühlte sich als Stiefkind und versuchte wieder die Herrschaft zu übernehmen. Immerhin war er ja für eine Zeit lang ins Abseits befördert worden. Und nun? Er bedrängte mich und diese Aufdringlichkeit fand ich jetzt wesentlich penetranter und unverschämter als sonst.

Irgendwie schien ich sensibler zu reagieren oder anders zu empfinden.

Was bildete sich der Verstand überhaupt ein? Was glaubt er, wer er ist? Er kann nur denken! Nichts anderes! Er hat eine vorgegebene Struktur. Er kann erinnern, vergleichen und mit Angelerntem prahlen, aber dann ist Feierabend. Und da stand für mich fest: Plötzlich aufkommende Gedanken waren gar nicht das Problem! Das Nachdenken war der störende Part, dem ich bis jetzt unendlich viel Platz eingeräumt hatte. Und das musste ja nun wirklich nicht sein.

Mein neues Hobby: Schauen und Schweigen. Wie originell! Parmenides sprang auf den Schoß des Mannes, um es sich dort gemütlich zu machen. Dabei war das Buch, welches auf diesem Schoß lag, ins Schwanken geraten und mit einer Ecke unsanft auf den Zehen gelandet, bevor es am Boden liegen blieb. So konnte sich das Buch wenigstens nicht verletzen! Dieser Gedanke amüsierte mich, aber ich fühlte mit ihm. Nein, nicht mit dem Buch, mit dem Mann. Mit *Niemand*! Es musste Schmerzen verursacht haben, davon war ich überzeugt. Es war ein dickes Buch und hatte einen festen Leineneinband. Er aber regte sich nicht. Mein Verdacht wurde bestätigt: Seine Harmonie konnte wohl durch nichts gestört werden und er schien auch gegen Schmerzen resistent zu sein. Seine ganze Aufmerksamkeit galt nach wie vor der Katze. Es war ein Genuss, den beiden zuzusehen, wie sie sich wortlos in inniger Vertrautheit miteinander austauschten.

Ein lautes Hupen drang von der Straße bis in den Laden vor und veranlasste Parmenides kurzerhand, sein gemütliches Plätzchen gegen eine neugierige Erkundungstour einzutauschen. Somit gab der Mann dem gefallenen Buch die Möglichkeit, Mittelpunkt des Geschehens zu werden. Diese Schlussfolgerung ging auf, denn nun bückte sich *Niemand* doch noch und sagte währenddessen kurz: „Oh!" Diese Reaktion kam zehn Minuten zu spät. Er sah mich an und sagte: „Man kann seinen Emotionen freien Lauf lassen, jedoch sollte man sich dadurch nicht von seinem momentanen Tun ablenken lassen. Man sollte sich in seinen Handlungen stets in Bedachtsamkeit und Ruhe üben." Seine Ausdrucksweise berührte und beeindruckte mich immer wieder aufs Neue. Ein Schmunzeln konnte ich nicht unterdrücken, denn ich hatte plötzlich ein Bild vor Augen, dass mir jemand auf offener Straße die Tasche entreißen würde und ich, nach einer Stunde, um Hilfe schreien würde. So viel Wahrheit auch in seiner Aussage stecken mochte, die humorvolle Seite dieses Beispiels schaffte es, diese Tiefe zu übertrumpfen.

Mit normalen Antworten, menschlichen Reaktionen und irdischen Gegebenheiten war hier wohl nicht zu rechnen. Langsam aber kam mir die Anwesenheit dieses Namenlosen sowie seine ganze Art und Erscheinung wirklicher und authentischer vor, als das gewohnte, profane Verhalten der Menschen da draußen, das stets gekünstelt, disharmonisch, verkrampft und schwerfällig war. Auch wenn an diesem undefinierbaren Menschen vieles sonderbar erschien, es wirkte aufrichtig und ernüchternd und wurde von dieser Leichtigkeit begleitet, die die irdische Schwere des Alltags verdunsten ließ. Diese Selbstverständlichkeit war einzigartig. Sie war weder menschlich noch von hier. Entweder begann ich meine Sinne zu verlieren oder die Welt dort draußen schien seit jeher kopfzustehen. Ich entschied mich für das Letztere und kam meinen Gedanken zuvor. Erleichterung stellte sich ein.

Mir war sehr warm geworden und so zog ich meinen Mantel aus. Es waren scheinbar keine Ansätze vorhanden, die mich zum Gehen bewegten. Ich hielt mich nun ja schon einige Zeit in diesem Geschäft auf und so stellte sich mir die Frage, warum ich mich erst jetzt meiner Garderobe entledigte. Ein Griff an meine Stirn gab mir die Gewissheit, kein Fieber zu haben und auch nicht zu fantasieren. Ich schlürfte an meiner Tasse und war rundum glücklich. Grund gab es keinen dazu, aber braucht es überhaupt einen Grund, um glücklich zu sein? Ich entschied mich, *Niemand* einen kurzen Einblick in mein Leben zu geben.

Unabhängig davon, ob er es auch hören wollte, schilderte ich ihm ein paar Ausschnitte meiner Lebenssituation. Er hörte mir gelassen zu, wobei er immer wieder mit dem Kopf nickte. Er war weder erstaunt noch schien er von meinen Erfahrungen, die ich als äußerst schlimm empfunden hatte, bewegt zu sein. Er war! Ich erwähnte auch kurz, dass ich schon seit meiner Kindheit nicht mehr weinen konnte. Auch das schien ihn weder zu berühren noch zu beeindrucken. Den heutigen Tag aber wollte ich bewusst nicht in meine Erzählung miteinbinden, denn diese Verwirrnisse und Missgeschicke wollte ich nicht noch einmal aufwärmen. Ich war froh, dass die Erinnerungen daran etwas abgekühlt waren und diese Eindrücke langsam verblassten. Es blieb also bei einer Kurzfassung meiner früheren Vergangenheit. Sein abschließendes „Aha!", gepaart mit seinem erstaunten Kopfschütteln, brachten ein tiefes Verständnis und eine neutrale Sichtweise zum Vorschein, die bei einem Durchschnittsmenschen wahrscheinlich in einem „Um Gottes willen", „Wie entsetzlich" oder „Ach du Arme" ausgeartet wäre. Er aber ließ sich davon nicht beirren und verweilte in sich ruhend. Seine unbefangene Anteilnahme war eher ein Zur-Kenntnis-Nehmen, frei von emotionalen Bindungen oder Widerständen, die sich aufbauen konnten. „So", sagte er plötzlich. „Jetzt hast du lange genug Vergangenheit erzeugt! Lass uns einfach wieder hier sein!" Ein paar Sätze mehr, die mich staunen ließen und bei mir auf weiteres Unverständnis trafen.

Vielleicht konnte er mir meine Verwunderung ansehen, die durch seine absolut urteilslose Haltung mir gegenüber entstanden war. Aber war sie wirklich so abwegig? Noch nie war ich einem Menschen begegnet, der diese Geruhsamkeit, diesen Gleichmut und diese allumfassende Umsicht verkörperte, ausstrahlte und war. Tranquillität nennt man diese Ruhe und Gelassenheit. Das Wort war mir in Erinnerung geblieben, nachdem ich bei einem Schulaufsatz im Wörterbuch nachschlagen musste. Wen wundert's, dass dieses Wort niemand kennt? Wer besitzt schon diese Eigenschaften? Außer meinem Gegenüber natürlich! Er musste meine grübelnde Verwunderung über ihn wohl bemerkt haben, denn er sagte: „Es geht niemals um das, was scheinbar geschieht. Das, was geschieht, ist nur ein Bild, das du als Teil deiner Suche ansiehst und als real einstufst. Du bist bereits das, was du suchst. Wenn du erkannt hast, dass du das Gesuchte bist, welche Bedeutung kann dann das Wort Suche noch haben? Erkenne, dass aus der Dualität heraus das Leben nur Leid sein kann. Wenn du dich gut fühlst, dann glaubst du nicht zu leiden. Doch nicht die persönliche Wahrnehmung von gut oder schlecht entscheidet über dein Leid! Nein! … Es ist die Unwissenheit! Leid entsteht durch Unwissenheit. Es geht darum, das Wissen zu erfahren, und zu entdecken, was du in Wahrheit bist und was du niemals sein kannst. Du lebst im Irrtum zu glauben, der Handelnde, der Täter zu sein. Du bist lediglich eine von unzähligen manifestierten Bewegungen, die im *Bewusstseinsraum* erscheinen. Das Einzige, was existiert, ist Geist, Totalität, da ist sonst nichts. Die *Ashtavakra-gita* vermittelt das Wissen vom Sein und Nichtsein auf einfachste Weise."

Einfachste Weise! Dass ich nicht lache! Für mein Denken waren diese zwei Worte lachhaft und grotesk zugleich. Meine spontane Wahrnehmung aber fand sie klasse. Was war es denn für uns Normalerdenbürger, wenn es für ihn einfach war? *Niemand* war aufgestanden und zog ein Buch aus dem Regal. Er hätte es auch mit verbundenen Augen gefunden. Natürlich war es das besagte Werk, welches ich auch umgehend in den Händen hielt. „Dieser Irrtum erzeugt Leid. Leid ist nicht, wenn du etwas als schlecht empfindest. Leid ist auch, wenn du dich über etwas freust. Das Leben ist Leiden!" Leid ist auch, wenn ich mich über etwas freue? Habe ich das richtig verstanden? Mein System lief heiß. Mein Verstand suchte nach einer Antwort. Mein Kopf strauchelte, denn es war kein Strohhalm in Sicht, an den er sich klammern konnte. Nach einer kurzen und ungewöhnlichen Denkpause hatte sich mein Kopf wieder etwas gefangen. Leide ich, wenn ich ein Geschenk bekomme? Also dann leide ich gerne! Blöde Argumente, die sich mein Verstand da zurechtlegte, doch ich konnte nicht folgen und somit war auch nichts anderes zu erwarten. Ich empfand die Aussagen von diesem Mann etwas heftig und sie blieben unverstanden.

Wenn alles tatsächlich auf einer unverständlichen, unsichtbaren Ebene abläuft, was nutzen mir dann überhaupt Botschaften und Wörter, die ich ja nur auf sichtbarer, hörbarer und greifbarer Ebene wahrnehmen kann? Fragen über Fragen. Doch in diesem *Freude-ist-Leid*-Satz hing ich so richtig fest. Damit wollte mein Verstand nun wirklich nicht konform gehen. Das wollte er ganz und gar nicht schlucken. Crazy! Verrückt! Ja, ich glaube, ich habe es mit einem Verrückten zu tun! Also dieser Satz zog einem ja wirklich die Schuhe aus. Gott sei Dank erlösten mich seine Worte aus meinem dunklen Labyrinth. „Jede Emotion kann nur von deiner Persönlichkeit wahrgenommen werden. Sie liegt jenseits deines wahren Seins. Wenn du dich also freust und nicht weißt, was du wirklich bist, was nutzt dir diese scheinbare Freude? Sie ist nur vorübergehend. Sie wird verblassen! … Und dann? Du wirst immer wieder nach Freude oder Glück streben wollen und das erzeugt Abhängigkeit. Du kannst wahre Freude nicht fühlen, denn *du bist Freude.* Warum sollte sich deine Hülle über etwas erfreuen, wenn dein Kern bereits Freude ist? Also würde es nicht eher Sinn machen, den Kern zu erforschen, anstatt die scheinbare Freude anzustreben? Wenn Freude das ist, was du in Wirklichkeit bist und sie einfach nur ist, wie kann sie dann von Ereignissen und Emotionen abhängig sein? Mit dem Glück ist es nicht anders. *Glück ist der Nachmieter der Suche.* Es ist nicht von dieser Welt. Erst wenn die Suche ausgezogen und somit beendet ist, entsteht Platz für die Wirklichkeit. Der Mensch vergisst auf seiner Suche, dass er Teil der Illusion ist und Glück außerhalb der Suche und des Suchenden verweilt. Objekt- oder situationsbezogenes Glück kann niemals wahres Glück sein. Das, was glaubt, glücklich zu sein, hat mit dem, was du tatsächlich bist, nicht das Geringste zu tun. Denn du bist das, was Glück ausmacht … was Glück ist. In sich und durch sich selbst! Jetzt und hier!“

Wow, welch Präzision an Wahrheit. Welch eine Perspektive. Es war kein Schönreden und kein Bekehren, es belebte die

Rückerinnerung an das eine Wahrhaftige. Erwachen und Einsicht klärten die Schwaden, die in den dunklen Gassen meiner Verworrenheit ausharrten, um Erlösung zu finden. *Diese Erahnung verspricht Vollendung, wenn die Bereitschaft sich in Hingabe zeigt. Hingabe an das, was du bist, nicht an das, was du zu sein glaubst.* Diese Worte erklangen in mir wie eine Sinfonie des Lichts und dieses zarte Liebeslied gab mir die Gewissheit, dass es anders nicht sein konnte. Es war, als ob es in mir weiter sprach. Als hätte jemand, von seinen Worten tief berührt, seine strahlenden Formulierungen fortgesetzt. Dieser jemand musste meine Seele sein. Das musste dieser Kern sein, dem dieser Mann schaute, wenn er mich ansah. Dieser Kern, der mir als Madita fremd war, der aber meinem unentdeckten, wahren Selbst entsprach, war meine Heimat, mein Zuhause, nach dem ich mich so sehr verzehrte. Diese inneren Regungen, die sich sehr klar ausdrückten, weckten Gleichheit in mir. Diese drückte sich aber wider Erwarten nicht in einer Bewunderung zu diesem Mann aus, sondern ließen mich in einer Einheit verschmelzen, die das Licht meiner Seele freigab, welches er reflektierte. Ein Urvertrauen an die Einheit stellte sich ein und erfüllte meine Zellen mit Frohsinn und Heiterkeit. Dies verführte mich allerdings wieder dazu, die Dinge etwas näher zu betrachten.

Ich wusste, dass noch eine lange Wanderung vor mir lag. Die kurzen und erfüllenden Momente würden nicht anhalten, sondern immer wieder in der Versenkung verschwinden, bis ich diese Trugbilder vollkommen durchschaut hatte. Wo nimmt die Menschheit bloß die Überzeugung her, dass ihr *gefühltes Glück* wahres Glück sein kann? Es gibt ja kaum einen Anlass dazu, ein Glücksgefühl in Frage zu stellen. Auf so einc Idee kommt doch niemand! *Niemand? Niemand!* Eines Tages würde man wohl das Leben und den Schmerz in Frage stellen, aber das Glück? Auch wenn es nicht wahres Glück war, sondern nur ein vorübergehendes Gefühl – wenn der Mensch dies als Höchstes ansah und nichts anderes kannte …

Diese Fragen drangen so tief vor, dass sie in diesem Moment überhaupt gar nicht so absurd waren, wie sie im ersten Moment klangen. Für den normal denkenden Menschen sind diese Fragen vielleicht abwegig, aber ist es nicht eher absurd, die Dinge so anzunehmen, wie sie zu sein scheinen, ohne sie nur ein einziges Mal hinterfragt zu haben? Wer schaut schon so genau hin und ergründet sich, Gedanken und Gefühle, wenn doch alles für selbstverständlich gehalten wird. Der Mensch geht doch davon aus, dass alle Gegebenheiten gegenständlich und real sind!

Nun gut, der Mensch kennt nur *seine* höchsten Gefühle und bezeichnet sie so, weil er nichts anderes kennt. Er hat ja keinen Vergleich. Woher soll er denn auch wissen, dass er nur ein Schatten seiner selbst ist?! Glück ist in Wirklichkeit also jenseits des Fühlens! Wir gehen aber davon aus, dass Glück ein Gefühl ist! Okay, man fühlt also etwas, das man als Glück bezeichnet, weil man noch nie die Idee hatte, dahinter zu schauen. Man lebt also in dem Irrglauben, dass das gefühlsmäßig Erfasste sowie die Empfindung selbst real seien. Alle Sinneswahrnehmungen erscheinen doch real!?

Ein überschwänglicher Gefühlsausbruch ist demnach keine tatsächliche Freude, es ist nur ein momentanes Empfinden, welches, wie alles was kommt und geht, keinen Bestand hat. Wie soll man da durchblicken? Das würde ja heißen, dass wir alles nur nach unserem persönlichen Geschmack benennen, ohne uns bewusst zu sein, was es wirklich ist? Ohne zu wissen, was der Ursprung des Benannten ist, da so etwas wie eine Persönlichkeit, die etwas wahrnehmen könnte, gar nicht existiert? Dass schlussendlich alles nicht wirklich existiert? Dann ist der Mensch lediglich die Projektion seiner wahren Identität?

Niemand hatte mein Hintersinnen der etwas anderen Art vollumfänglich durchschaut und genau gespürt, dass es diesmal nicht unter die Kategorie herkömmliches Nachdenken fiel, sondern viel transparenter war. Mit einem verständnisvollen Lächeln nickte er mir zu. Es war, als ob er meine Entdeckungsreise bejahte und mir ohne Absicht demonstrierte, dass alles seine

Richtigkeit hatte. Ich war etwas verunsichert, da ich ein Terrain betreten hatte, das mir wohl sehr bekannt sein musste. Aber doch war es noch sehr unwirklich und erschien mir sehr weit weg, ja fast unerreichbar zu sein. Es hörte sich gut an, etwas Wahrhaftiges zu sein, aber dieses Wissen auch zu verinnerlichen und sich als solches zu erkennen, war wohl ein Prozess, der noch Jahrzehnte lang oder unzählige Leben lang dauern würde. Seine Weisheiten schienen durch ihre gigantische Kraft einen Quantensprung einleiten zu können. Mein Gefühl sagte mir, dass ich Vertrauen haben konnte, endlich heimzukehren.

Mit friedvoller Stimme lenkte er ein: „Das, was du Glück nennst, ist ein künstlich erzeugter Zustand, den du durch Aneinanderreihungen von verschiedenen Umständen herbeigeführt hast. Alles, was auf der Ebene der Materie, egal in welcher Form, erscheint, ist aus deinem Blickwinkel gesehen eine Einbildung, die auftaucht und verblasst. Dort, wo du die Achtsamkeit hinlenkst, ist der Knotenpunkt, der zwischen Freude und Leid unterscheidet. In Wahrheit aber ist alles menschlich Wahrgenommene eine Fata Morgana. Ein Luftschloss ohne Fundament. Betrachte genau, wo diese Bilder, Gefühle und Gedanken herkommen, und wenn du den Ausgangspunkt kennst, *erfährt sich die Wahrheit durch dich*."

Es war wie eine Erinnerung, die noch sehr schwach war und mir doch sehr verschwommen und undurchsichtig begegnete, aber dennoch war Klarheit in mir. Sie fand nicht in meinem Kopf statt, sondern dort, wo das Denken verblasste. Es war eine Erinnerung fernab üblicher Feststellungen. Es war eine Bejahung in mir, ja, etwas schien durchlässiger zu sein. Wenn die scheinbare unreale Seite, die ich für real halte, nur eine Erscheinung ist, bin ich ja fernab von jeder Wirklichkeit. Also sind meine Probleme auf einer Ebene angesiedelt, die gar nicht existiert. Warum durchschaue ich also nicht, dass das vermeintliche Problem keine wirkliche Präsenz hat, anstatt es ständig lösen zu wollen? Es war sicher hilfreich, hinzuschauen, wo die Gedanken herkamen, die dieses Problem hochschaukelten und vertieften. Wo hatten diese

Dinge ihren Ursprung, die mich so beschäftigten? Genau das galt es zu erkennen. Warum zweifelt man das, was man sieht, denkt und fühlt in seinem Gehalt und seinem Bestehen nicht an? Was macht uns denn so sicher, dass wir uns keinen Moment erlauben innezuhalten, um endlich zu erkennen?

Wenn ich die Aufmerksamkeit auf den Ausgangspunkt einer Sache richte und nicht in der groben und scheinbaren, mir zurechtgerichteten Sichtweise ertrinke, ja, dann würde sich etwas ganz anderes zeigen! *Wenn ich denke, kann ich über die Gedanken nie hinauskommen und die Wahrheit ist dort, wo Gedanken nicht sind!* Ich fand es recht amüsant, dieses Geschwätz, welches in mir stattfand und mir doch das Gefühl gab, dass ich damit nicht das Geringste zu tun haben konnte. Hatte ich ja auch nicht! Ich war ja auch nicht das Madita-Ich, ich war das Nicht-Ich-Bildnis eines ewigen Raumes und das, was ich vernahm, entsprang dem, was bis dato unerkannt blieb.

Gespannt lauschte ich dem wahrheitsverkündenden, rettenden Schwall. *Dem Gedanken blindlings zu folgen, grenzt an Irrsinn, Starrsinn und Verantwortungslosigkeit.* Wie aber kommt man bitte auf die Idee, dass man das, was man jahrelang fälschlicherweise als real wahrgenommen hat, in seinen Strukturen erschüttert und daran mal heftig rüttelt, wenn sich nicht gerade die Möglichkeit auftut, nach so einem ereignisreichen Tag in einem Laden namens *Büchereck* zu landen? Indem man zum Beispiel seiner Intuition folgt! Da tat sich ein Bild in mir auf, worin mir Susanne freundlich zuwinkte. Hatte ich mich zuvor noch über ihre Dummheit geärgert, freute ich mich jetzt umso mehr, dass sie mir nicht weiterhelfen konnte. Hätte sie den Ashram gekannt, wäre ich sicher nicht hier gelandet.

„Alles, was geschieht, ist Gnade und reiner Segen. Immer und ewiglich, weil es nichts außer Segen gibt. Segen ist die Wurzel der Dimensionen des Lichts, und wie auch immer die Ableger und Äste auch wachsen mögen und nach welchen Richtungen sie sich auch immer strecken, dem Segen ist es egal, denn ihm sind die Wurzeln fremd. Nur der Verstand trennt Gott von der Erde, bezeichnet den

Segen als Wurzel und hält nach der Ursache Ausschau. Die Wirkung ist die Ursache, das Opfer ist der Täter und oben ist unten, so wie kalt nur warm sein kann. Jenseits unserer Sinne ist alles ein und dasselbe, denn es gibt nur eins, welches unteilbar ist. Schaue deinen Empfindungen und überprüfe, ob du diese auch wirklich bist!" Die Worte von *Niemand* sanken tief und umhüllten mich sanft, wie ein Nebel, der, ohne etwas zu verschleiern, nur ein Lichtbringer war. Der letzte Satz erinnerte mich an Shakespeares Hamlet: Sein oder Nichtsein, das ist hier die Frage! To be, or not to be, that is the question! Hey, mein Englisch konnte sich doch sehen lassen!

Diese Einsicht, der ich durch *Niemand* zuteil wurde, hatte es in sich. Sie war nicht absurd und doch erschien sie mir etwas suspekt. Warum konnte sie trotzdem so klar sein? Etwas ratlos war ich schon. Waren es nun zwei widersprüchliche Gefühle oder waren es zwei komplett andere Frequenzen, die hier wahrnahmen und erfassten? Vielleicht prallten hier Welten aufeinander, wobei eine die andere nicht kannte und die andere von der einen nichts wusste? Ich nahm die Dinge nicht mehr als Madita wahr, sondern sie flossen lediglich in mich über. Sie ließen Madita außen vor, schummelten sich still und leise an ihr vorbei und übergingen sie mit einer Selbstverständlichkeit, die zum Jubeln einlud. Es floss in mein Herz, mitten in meine Seele, ja über meine Seele hinaus, in eine mich hervorbringende und lenkende Lieblichkeit ein. Ich war mir gewiss, dass meine herkömmlichen Gefühle dort nicht beheimatet sein konnten, wo diese reine Wahrnehmung entsprang. Die Erforschung in mir ging unbescholten weiter. Der letzte Impuls hatte es mir besonders angetan. Warum hinterfragt man also nicht die Sichtweise, die Reaktion, die Gedanken und die Gefühle, die einen einfangen und einen in ein scheinbares Problem hineinmanövrieren, anstatt sich im Problem zu wälzen? Jeder Mensch war doch damit beschäftigt, seine Probleme lösen zu wollen.

„Der Mensch ist aus seinem Blickwinkel in Problemen gefangen und verhaftet, und so empfindet er es auch. Was also kann er tun?", sagte ich spontan und war sehr gespannt, was er wohl dazu sagen würde. „Das, was ich ohne Augen sehe, ist ein Feld voller Licht. Zeig mir den oder das, was sich als gefangen oder verhaftet betrachtet! Ich sehe keinen!“ antwortete er sehr gelassen. „Ja, der Mensch …“, schoss etwas unüberlegt aus mir heraus und kaum hatte ich es ausgesprochen, wurde mir klar, wieder ins Fettnäpfchen getreten zu sein.

„Bevor der Mensch damit beginnt, sein vermeintliches Problem lösen zu wollen, müsste er nicht vorher wissen, was er selbst ist?“ Seine Antworten entsprangen der Königsdisziplin der vollkommensten Wortwahl, die mir je zu Ohren gekommen war. Er reihte die Wörter mit einer Leichtigkeit aneinander und formte sie zu einem diamantenen Reigen, der sich in seiner Schönheit und Perfektion schaukelte, um mein Herz zu beschwingen.

„Kannst du eine Karottensuppe kochen, wenn du Karotten nicht kennst?“, fuhr er fort. Ich schaute etwas verdutzt. Auch ein tolles Beispiel, aber nicht ganz so elegant. Vielleicht musste er sich einem Rüpel wie mir doch etwas anpassen. Mein Ego wies mich in die Schranken und wollte mir wie schon so oft sagen, dass ich nichts wert sei. Vielleicht hatte er auch nur meine Gedanken wahrgenommen und zeigte mir auf, dass in jeder Ausdrucksform Vollendung wohnt.

„Es hört sich alles sehr einfach an, aber wie kann ich das jemals zur Gänze durchschauen?“, fragte ich ihn mit zaghafter Stimme, die ich dem Dämpfer meines Egos zu verdanken hatte. „Es braucht viel Mut und vor allem Geduld, um dahinter zu sehen und den Ursprung zu ergründen. Der Mensch will etwas ändern und glaubt, wenn er sein Problem analysiert, würde ihm sein Verstand die Lösung liefern. Die Lösung kann niemals dort sein, wo Nachdenken stattfindet oder wo sich der Mensch bewegt, wo er singt, hüpft und lacht. Warum? Warum erst nach einer Lösung suchen, wenn ein Problem gar nichts Wahrhaftiges ist? Wie willst du mit Hilfe deines Verstandes das erfassen, was ihn hervorbringt und erschaffen hat?“ Die Wörter entglitten ihm sachte und weich, als wäre er *das Eine*, das ein gesprochenes Wort zum Leben erweckt. Seine Sätze glichen einer Auferstehung. Welch eigenartiger Impuls! Aber in mir geschah tatsächlich etwas Großes, wenn auch ganz unspektakulär. Ich konnte es nicht einordnen, doch ich wusste um die erneuernde Weite. Und Gott sei Dank hatte es in mir endlich damit aufgehört, permanenten Widerstand zu leisten. Ich war dem Tag dankbar, mich hierher geführt zu haben.

„Der Mensch ist ein künstlicher Erzeuger einer scheinbaren Situation, die er aus seiner begrenzten Wahrnehmung zu einem Problem erklärt! Der Verstand besteht aus Konzepten, denen du vertraust. Du vertraust auf einen unwirklichen Ableger deiner Quelle, anstatt die Quelle selbst zu erforschen. Die Hilfestellungen, die du als erlösend empfindest, sind nur Strategien, die dich vorübergehend durchatmen lassen, dir kurzweilig ein Hochgefühl bescheren und dir für einen Moment lang Zufriedenheit vorgaukeln, dich aber in all ihrem Facettenreichtum immer nur von dir selbst ablenken. So entfernst du dich stets von dir als wahres Ich und gehst der Annahme, etwas gelöst oder verbessert zu haben. Warum verschwendest du also Zeit, um Strategien zu entwickeln, wenn diese dich lediglich davon ablenken, endlich deine Seele zu entdecken?“ Er hielt kurz inne und gab mir nun doch ein sehr einleuchtendes Beispiel: „Wenn du eine Arbeitsstelle in einer Bäckerei bekommst, und du frisierst den Kunden, die Brötchen kaufen wollen, die Haare, anstatt ihnen Brot zu verkaufen, wie lange glaubst du, würdest du diesen Job behalten können?“ Ich sah ihn fragend an. War es manchmal doch etwas eigenwillig, wie er sich auszudrücken vermochte. Er schien alle Sprachen zu beherrschen. Das Beispiel leuchtete ein und sogar ich konnte seinen Kern erfassen! Kann und darf ich das jetzt überhaupt verstehen? Und wenn ja, vielleicht erklärt er die Dinge, die grundsätzlich niemand verstehen konnte, ja wirklich so, dass sie auch logisch sein mussten? Zumindest einem so erschienen, damit der Verstand nicht Gefahr lief, sofort dagegenzusteuern? Ist das nun logisch? Nein. Unlogisch logisch!

„Vergeude den Alltag nicht mit scheinbaren Begebenheiten, welche dir dein Ego immer wieder aufs Neue auferlegen wird. Finde zuerst einmal heraus, was dein Ego ist, bevor du dich anderen Dingen zuwendest. Es gibt keinen Grund für dein Dasein! Warum also fragst du danach? Der einzige Grund ist die *Anwesenheit* und dieser scheinbare Grund ergibt sich ganz natürlich … ja ganz von selbst. *Sei einfach hier!* Um alles, was ist, erfahren zu können, bist du feinstofflich hier und grobstofflich erschienen. Das gilt es, zu verwirklichen! Ohne sich in der Erscheinung zu verstricken und ohne dabei etwas zu tun, lebt *Es* sich von selbst. Deine unsichtbare Anwesenheit, die du immer bist, warst und sein wirst, kümmert sich nicht um Täuschungen, sondern weiß um sich selbst, ohne dabei etwas wissen zu müssen. Du hast Werkzeuge wie zum Beispiel einen Körper oder dein Denken, ja, all deine Sinne, die es dir erst ermöglichen, durchschauen zu können. Durchschaue das, was du wirklich bist, und erkenne, dass du mit all den Sinnestäuschungen, irdischen Gegebenheiten und materiellen Strukturen nicht das Geringste zu tun haben kannst! Und wenn du denkst, du seiest dumm oder nichts wert, dann frage dich, wer das empfindet. Ob du das, was empfindet oder die Empfindung selbst überhaupt sein kannst.“

Aha, er hatte meine Gedanken wieder erfasst. Diese Feststellung hinderte das Gesprochene aber nicht daran, tief in mich einzudringen, denn es erreichte mich viel mehr als ein paar aneinandergereihte Wörter. Ich empfand es so wunderbar sanft, was mein Innerstes ereilte, dass ich trotz der starken Gefühlsschwankungen gar nicht genug davon bekommen konnte. Wenn ich aber doch keinen Einfluss auf meine Empfindungen, auf mein Wollen und meine Gedanken hatte? Seine Wahrheiten animierten mich zu Höchstleistungen, essenzielle Fragen zu kreieren. Er war meine Muse.

„Der vermeintliche freie Wille möchte eingreifen, weil er der Täuschung obliegt, es könnte dadurch anders oder besser werden. Dinge geschehen, weil sie geschehen. Sie brauchen kein Wollen, denn sie ergeben sich, weil sie sich ergeben. Ohne Grund geschieht etwas ohne deinen persönlichen Willen genauso, wie mit deinem Willen. Weil es so etwas wie einen persönlichen freien Willen nicht gibt! Nur weil du etwas als *deinen Willen* bezeichnest, heißt das noch lange nicht, dass dieses Eingebildete, Nichtexistente auch so funktioniert, wie du es gerne haben möchtest, oder wie du denkst, dass es funktionieren könnte. Du hast also keinen Einfluss darauf! Wozu also etwas wollen? Zur Kontrolle? Um zu manipulieren? Um das Leben so zu gestalten, wie dein Ego es haben will? Welch folgenschwerer Irrtum! Alle Sinnestäuschungen sind nur ein Schauspiel deines Selbst. Schaue hinter den eingebildeten Willen und befreie dich aus deinen Begrenzungen.

Du glaubst, entscheiden zu können? Was ist denn dieser Wille, der vorgibt, Entscheidungen fällen zu können? *Weiß der Wille denn, wer du bist?* Nein? Nun gut, er hat ja keine Ratio, die es ihm erlaubt, alles gedanklich fein säuberlich zu zerstückeln und dann wieder so zusammenzufügen, wie es ihm gefällt. Erfasse *Es* mit dem Herzen, um die Essenz der Wahrheit zu entdecken. Die Wahrheit kann nicht analysiert, berechnet oder erforscht werden. Die Wahrheit wohnt nicht im Denken. Sie kann von dir als Mensch einzig und alleine dann erfahren werden, wenn du dir deines Nicht-Menschseins bewusst geworden bist. Solange du aber über das Nachdenken nicht hinausragst, wirst du in deinem Leid verhaftet bleiben."

Ich überlegte kurz und erwiderte: „Ich nehme mal an, dass alle Menschen dieses Wissen in sich tragen oder besser gesagt, dieses Wissen sind", korrigierte ich mich schnell. Ich bin eine gute Schülerin! Eine sehr gute! Mein Ego badete sich in Stolz, auch auf die Gefahr hin, darin unterzugehen. „Dieses Wissen zu erfassen, erscheint mir recht schwierig", fuhr ich fort.

„Das Schwierige, von dem du hier sprichst, sind lediglich die Anstrengung und die Mühe, die der Mensch auf sich nimmt, um das Geheimnis des Universums zu finden. Das, was er sucht, ist aber nichts Fremdes und nicht etwas, was *erreicht* werden kann. Die Verworrenheit mag dich das so sehen lassen. Diese Verwirrtheit macht krank, erzeugt Leid, Schmerzen und Irrtümer. Alle Unstimmigkeiten sind also nur ein Beweis für deine Unwissenheit. Und hier geht es nicht um Intelligenz, sondern um das

Urwissen des Seins. Du bist bereits das heiß ersehnte Noch-nicht-Gefundene."

„Und wo nehme ich die Gewissheit her, das bereits zu sein?" Ich wollte zwar nichts mehr fragen, doch die Neugier quoll über. Er lächelte sehr verständnisvoll und sprach: „Wenn du den transzendierst, der diese Frage gestellt hat." Was für ein Satz. Er machte mich fast ohnmächtig und wirbelte wie ein Sandsturm orkanartig durch meine Seelengemächer. „Muss Mensch wissen, dass er Luft und Sonne braucht, um leben zu können? Geschieht es nicht ganz von selbst, so wie alles seinen Lauf nimmt?" Weitere Fragen, die ich mir während seiner Antworten so eifrig zusammengerichtet hatte, waren plötzlich wie ausradiert. Ich wusste, er hatte einen großen Radiergummi in petto und er war auch in der Lage, meinen Verstand zum Schweigen zu bringen. Warum machte er das denn nicht öfters? Tat er dabei etwas oder hatte es vielleicht etwas damit zu tun, dass sich durch die Profundität seiner Aussagen in mir etwas erhob und das Denken dadurch automatisch verblasste? Eigentlich wollte ich Tiefe oder Weite sagen. Profundität? Noch nie gehört! Hat er mir jetzt auch noch dieses eigenartige Wort in den Kopf gelegt? Keine Ahnung! Es wurde still.

Welch wunderbare Erleichterung, dass sich der Verstand für einen Moment lang zurücknahm. Das tat er aber sicher nicht freiwillig. Die Kraft, die aus *Niemands* Worten hervortrat, ließ das Denken einfach verstummen. Es lag einzig und alleine an meinen unendlichen Gedankengängen, die das Leben zur Tortur machten. Davon war ich überzeugt. Ich setzte mich ja mit jedem Gedanken auseinander. Fast jeder Mensch denkt über jeden seiner Gedanken nach. Wer tat das nicht? Und wer ging noch einen Schritt weiter und ergründete sie? Dem Ursprung der Gedanken auf den Grund zu gehen, war mir an diesem Tag doch zu mächtig. Ich glaube, ich war nicht mehr aufnahmefähig. Diese ganze Wahrheit musste sich erst einmal setzen und die Möglichkeit bekommen, verinnerlicht zu werden und tief in mich einzusickern. Es war schon eine geballte Kraft an Wortmunition, die auf mich eingerieselt war. Aber genau diese Fragen nach dem Ursprung waren es, die mich vorantrieben und mir verwehrten, es mir zu gemütlich zu machen und in eine altbekannte Bequemlichkeit zurückzufallen, die Stagnation bedeutete. Genau diese Fragen würden in ihrer Ursubstanz, in ihrer Entstehung selbst, unweigerlich in die Erfüllung führen. Aber nicht mehr heute!

„Wie wunderbar ist doch die Welt, wenn man sie so sieht, wie sie die Menschen nicht sehen." Und dabei deutete er auf das Buch, welches er mir als erstes in die Hand gedrückt hatte. Welch schöner Satz. Er konnte von ihm sein. War er wahrscheinlich auch, vielleicht wollte er mit dieser Geste nur bescheiden sein. Parmenides hatte sich mir wieder genähert und schmiegte sich an mein linkes Bein. Dann drängelte er sich zwischen beiden Beinen hindurch und schaffte es so, sich dabei selbst zu streicheln. Sein Blick vermittelte mir, mit allem in Einklang zu sein. Seine Grazie und Geschmeidigkeit waren einzigartig. Er entschloss sich, sich bei seinem Herrchen niederzulassen und erfreute sich an dessen liebkosenden Händen. Wie wenig es doch braucht, um den Menschen an seiner Basis zu berühren.

In mir flammten eigenartige Impulse auf, und obwohl sie keinen Zusammenhang ergaben, legten sie Fragmente frei. Wie bei einem Puzzlespiel, das sich wie von selbst zusammenfügte, ergänzten sich zeitlose, zentrale, verbindende Stücke und trafen fraglos und ganz natürlich aufeinander. Ein unsichtbares Band verknüpfte Eindrücke, die die Welt niemals berührten. Sie formten sich zu einer unendlichen Einheit, und Inspiration tat sich auf. Das Denken war abwesend, denn die geballte Kraft, die sich hinter den lichtvollen Worten dieses Mannes verbarg, hatte mich ergriffen und jegliche Gedanken in das Nichts zurück befördert. Ein inneres Sortieren brachte Unverfälschtes in Erfahrung, ließ das ewig Seiende aufflammen und stillte den Drang des Heimkehrenwollens, in dem der Ursprung verweilte. Der Seelenheimat wurden Bruchstücke der Ganzheit entlockt, die von Lichtblicken entzückt ein tiefes Verständnis jenseits des Denkens ermöglichten. Mein Körper wurde von einem sanften Kribbeln durchströmt, welches unbefangene Zartheit signalisierte. Dieses Gefühl konnte ansatzweise mit meiner ersten Verliebtheit verglichen werden, doch es versank nicht im rosa Schein, es wirkte eher ernüchternd. Diese Ernüchterung war purer Frieden, totale Freiheit und ein Freudentanz, der sich ohne Bewegung regte. In sich ruhend und anstrengungslos verweilte dieser unspektakulär in sich. Ich wollte dieses Gefühl auf keinen Fall in Vergleichen ersticken, um ihm nicht die Möglichkeit zu entziehen, sich frei entfalten zu können. Jede Feststellung und Erklärung wäre hier fehl am Platz gewesen, denn mein Herz hatte sich über den Verstand gestellt.

Beim genaueren Hinsehen fand ich diesen nicht von dieser Welt abstammenden Menschen bildschön. Warum war mir das nicht schon vorhin aufgefallen? Wie strahlend er doch war! Sein ganzer Körper hatte Charisma, seine Leberflecke zogen mich in den Bann und seine Statur verzauberte mich. Wenn er sich bewegte und dabei auch gar nicht besonders sportlich wirkte, es hatte etwas an sich. Seine plötzliche Ausstrahlung und Präsenz waren enorm, hatten aber nicht unbedingt etwas mit Attraktivität zu tun, wie ich sie bisher kannte. Ich sah mit dem Herzen, wie sonst konnte die kleine Narbe neben seinem rechten Ohr dieselbe Ausstrahlung haben wie alles andere, das zu ihm gehörte?

Anmut ist die Schönheit der Gestalt, die frei ist. Wo auch immer dieser Satz herkam, er passte zu ihm. Wenn Schönheit von innen kommt, dürfte man sich ihm nur noch mit Sonnenbrille nähern, um seine Strahlung ertragen zu können. Nun kam mir nur mehr Unfug in den Sinn und mein besonderer Hang zur Euphorie kam auch zum Vorschein. Mehr denn je und das so richtig! Mein Herumgealbere entlud sich in eine lächerliche Urkomik. Ich musste lachen und der innere Frieden wandelte sich in ausgelassenem Übermut und alles war nur noch witzig. Ich konnte mir das Lachen nicht verkneifen und verfiel in ein lautes Gelächter, über das ich sogar selbst etwas erschrak. Es war so ungezwungen und echt. Ich war so, wie ich war, und stand zu dem, was sich aus mir heraus zeigen wollte. Ich unterdrückte immer alles, doch hier gab es keinen Halt mehr. Auch *Niemand* lachte laut auf und ich hatte das Gefühl, dass er sich köstlich über meine Gedankengänge amüsierte. Er schien einen wunderbaren Humor zu haben. Gott sei Dank! Ich meinte dem Licht begegnet zu sein.

Es war wunderbar, diesem Bedürfnis nachzugeben, denn das Lachen wirkte äußert befreiend auf mich. Eine große Entspannung trat ein, die von unterschiedlichsten Gefühlen begleitet wurde. Mein Blick fiel auf das Buch, das er mir als letztes gegeben hatte. Das Buch, das leicht verständlich sein sollte. Na, wenn er das schon sagte! War doch alles selbstverständlich, was er von sich gab, dann musste das Buch ja ein Klacks sein. Ein Blick in das Buch ließ erkennen, dass es sich hier um die englische Ausgabe der *Ashtavakra-gita* handelte. Wieder stellte sich mein Lachen ein, welches unkontrolliert und stoßweise nach außen drang. „Gibt es das auch in Spanisch?“, fragte ich meinen weisen Inder schelmisch. Er klopfte sich mit beiden Händen auf seine Beine und erfrischte mit seinem herzhaften Lachen den ganzen Raum. Ihm dabei zuzusehen, machte die Situation noch witziger, wobei meine Alberei an sich schon ein Bild für Götter gewesen sein musste. Schon lange hatte ich nicht mehr so richtig gelacht. So intensiv und so ehrlich. Der Grund, warum diese Lachattacke so plötzlich über mich kam, war mir nicht ganz verständlich. Aber es war mir auch komplett egal. Ich brauchte keine Erklärungen für einen Moment der Befreiung und Hingabe. Er war ohne Feststellungen und Wertungen, er war so, wie es war. Der Raum war so transparent und klar, als würde er mein unpersönliches Befinden widerspiegeln. Es hatte sich einiges geklärt.

Die deutsche Ausgabe der *Ashtavakra-gita* ließ natürlich nicht lange auf sich warten. Nach einer Weile überkam mich die Neugier, mehr über diesen Menschen zu erfahren. Vielleicht war es auch ein tiefes Interesse und nicht nur oberflächliches Interesse. Dieser Mensch, dem ich eben erst begegnete und der in kürzester Zeit mein Innenleben durcheinanderwirbelte, war doch wahrlich etwas Unbeschreibliches. Er hatte mein über Jahre hinweg sorgfältig zurechtgerichtetes Fundament zum Einstürzen gebracht. In mir tobte ein Orkan, der sich aber nur setzte, um danach sofort wieder auszubrechen und Weiteres aufzuwirbeln. Dieser Sturm, den er entfacht hatte, würde sich wahrscheinlich nicht so schnell besänftigen lassen, doch ich war mir gewiss, dass eines Tages auch der kleinste Windhauch verblassen würde, wenn ich nur bereit dazu war, achtsamer und bedachter des Weges zu gehen. Es fiel mir nicht wirklich jemand ein, der mich nur annähernd so berührt hatte wie dieser wunderbare Mensch.

„Du wirst im Hotel ums Eck übernachten müssen. Ein kleines, aber sehr gemütliches Hotel. Die Zimmer dort sind recht nett. Es wird dir gefallen." Seine Worte entrissen mich den sanft erwachenden Empfindungen, wobei diese aber nicht ganz wichen. Und das war gut so. Er drehte sich um, lächelte mir zu und während er sich wieder seiner Lebensaufgabe, dem Büchersortieren, widmete, meinte er noch: „Aber still ist es dort nicht!", und schmunzelte vor sich hin. Ich nahm es nicht persönlich, doch die Momente, in denen ich das Gefühl hatte, dass weder ich noch *Niemand* anwesend waren und dass es sogar den Raum selbst nicht mehr gab, wichen der denkenden Schwere. „Das macht mir nichts!", entgegnete ich nüchtern und mit vorgetäuschter, erzwungener Lockerheit.

Wie konnte ich nur eine Sekunde glauben, dass er mir mein Schauspiel abnehmen würde? Ich musste mich wohl erst daran gewöhnen, einen Menschen vor mir zu haben, der meine Unaufrichtigkeiten entlarven konnte. Das macht mir nichts? Wie konnte ich das nur sagen? Welch dummer Satz! Ich konnte Lärm nicht ausstehen und ich war auf der Suche nach der Stille. Es war mir unangenehm, zu lügen, aber ich konnte nicht anders. „Ich bin Lärm gewöhnt!", musste mein Ego nun auch noch dranhängen. Hatte ich seine Worte doch persönlich genommen? Warum reagierte ich plötzlich so schnippisch und kalt? „Die Umstände passen sich immer deiner Gefühlswelt an. Ist es in dir laut, wird es auch im Außen so erscheinen." Wumm, das hatte gesessen! Auch wenn es keine Anspielung auf meine hartnäckige Gedankenflut sein sollte, ich hatte es auf alle Fälle so aufgefasst. Meinem ständigen Gedankenlärm nach müsste ich mindestens neben einem Flugplatz schlafen müssen. „Ich bin Straßenlärm gewöhnt!“, wiederholte ich lässig, obwohl ich mich wohler dabei gefühlt hätte, endlich meinen Mund zu halten. Etwas Hartes in mir begann sich mit der neu erworbenen oder wieder entdeckten Weichheit messen zu wollen. Das gefiel mir nicht, aber hatte ich eine Wahl?

„Die Straße hat nachts nicht viel Verkehr. Es ist eher die Kneipe darunter. Sie hat vierundzwanzig Stunden geöffnet“, sagte er in einem sehr liebevollen, ja, fast väterlichen Ton. Na, das kann ja heiter werden! „Wann schließen Sie denn Ihr Geschäft? Haben Sie keine Öffnungszeiten?“, lenkte ich ab. „Es ist unterschiedlich, je nachdem. Aber was interessiert es dich? Es ist jetzt ja offen!“ Ich ignorierte seine letzte Bemerkung vehement. „Hatten Sie heute schon viele Kunden?“ Diese Frage konnte ich mir nicht verkneifen, auch wenn es mich nicht das Geringste anging. „Drei“, sagte er mit einer seltenen Zufriedenheit, wobei ich nicht ansatzweise eine Enttäuschung erkennen konnte. „Ist ja nicht gerade viel!“, entschlüpfte es meinen Lippen. „Bist du wenig?“, entgegnete er. „Ich bin ja kein Kunde!“, antwortete ich etwas verlegen. „Aber du bist hier.“ Ich schwieg. Diese Antwort barg eine unendliche Tiefe in sich. Es war eine der Antworten, die mich eine Art Demut fühlen ließen, soweit ich das überhaupt empfinden konnte. Dieses Wort kannte ich bis dato nur vom Hörensagen. Ich sah mich um. Dabei stellte ich diese gemütliche Wohnzimmeratmosphäre fest, die den Raum zu etwas Besonderem machte. Parmenides lag in einem kuscheligen Körbchen. In dieser geschützten Nische musste er sich einfach wohlfühlen. Mein Blick schweifte weiter umher. Kasse sah ich keine. Wozu auch? Das war jetzt aber gemein. Durch einen schnellen Schwenk Richtung *Niemand* wollte ich mir Gewissheit verschaffen, nicht wieder ins Fettnäpfchen getreten zu sein. Das ist ja noch einmal gut gegangen! Er zeigte, wie auch sonst, keinerlei Regung. Immer noch glaubte ich, ihm etwas verbergen zu können. Entweder hatte er so getan, es nicht

„gehört“ zu haben, oder er hatte es tatsächlich „überhört“. Egal. Es war an der Zeit, schlafen zu gehen.

Bevor ich dazu kam, tschüss zu sagen, um den Raum endgültig zu verlassen, kam etwas in mir hoch. *Madita, willst du wirklich so gehen? Verabschiede dich mit weichem Herz und lass die Härte endlich hinter dir, indem du hinter ihre Fassade blickst! Dieser Tag ist ein Geschenk. Du musst nicht dankbar sein, denn da ist niemand, der das sein könnte. Du aber kannst dahinter sehen, indem du Dankbarkeit bist!* Dieser letzte Satz hatte es in sich. Ich schluckte und spürte wieder diesen Kloß im Hals, der zu einem überdimensionalen Klumpen herangereift war. Dieser Brocken nahm mir die Luft und löste eine Beklemmung aus, die Traurigkeit signalisierte. Ich war dem Weinen nahe, doch irgendetwas hinderte mich immer noch daran, meinen Emotionen freien Lauf zu lassen. Wahrscheinlich musste noch einiges passieren, damit ich eines Tages gezwungen wurde, über meinen Schatten zu springen. Verworrene Irritationen, die meiner verwundeten Seele immer wieder aufs Neue Narben zufügten, hatten mir scheinbar noch zu wenig Schmerz bereitet, um das Tor der Lichtheit durchbrechen zu können und den Siegeszug in meine Heimat anzutreten. Es hätten nun Tränen kommen müssen, denn ich fühlte, wie tiefe Erschütterung über mich selbst und mein Verhalten die Adern hochkroch und dass Weinen Einzug hielt. Doch knapp vor dem Ausbruch versickerte diese Quelle des Ausdrucks der Trauer ein weiteres Mal und meine Augen blieben trocken. Es einfach geschehen zu lassen, war wohl zu viel verlangt.

Von einer quälenden Bedrücktheit begleitet, überkam mich ein Anfall von Melancholie. Mein Verhalten ist unmöglich. Diese Reaktionen! Ich will sie nicht mehr haben! Und diese eigenwilligen und blöden Gedanken! Ich habe sie satt, so satt! Das gehört nicht zu mir! So will ich nicht sein! Mein Verhalten, meine Gewohnheiten und Strukturen machten mich wahnsinnig.

Die letzten Stunden waren beeindruckend. Nichtwissen begegnete Wissen. Wissen ließ mich erahnen. Ahnungen verzauberten und bewegten mich zutiefst. Gedanken kamen und gingen und Einsichten schwenkten irgendwann in Freude, Lachen und Leichtigkeit über. Dann wieder Härte und jetzt auch noch Zornausbrüche. War das noch normal? Wohl zu viel für einen einzigen Tag! Ist das angeboren, anerzogen oder sind meine Gene so programmiert? Wo kommt denn all dieser Schrott überhaupt her? Mein Denken beherrscht mich und macht mit mir, was es will! Zornentbrannt fluchte ich, was das Zeug hielt, wenn auch nur im Gedanken. Am liebsten hätte ich es hinausgeschrien, dass es die ganze Welt hören konnte. Ich war knapp davor, dass mir der Kragen endgültig platzte und von einem Tobsuchts- oder Wutanfall war ich nun wirklich nicht mehr weit entfernt. Hilf- und ratlos wandte ich mich *Niemand* zu und sagte: „Können Sie mir nicht dabei helfen, mein Denken loszuwerden?" Ich war etwas erschrocken über meine Direktheit. Diese klägliche Hilflosigkeit, die zwischen den Worten hervorblitzte, ließ ein tiefes Selbstmitleid vermuten.

„Wo ist denn dein Denken? Zeig es mir!", war seine Antwort. „Was? Wie? Was jetzt! Wie soll ich Ihnen denn mein Denken zeigen?" Wieder hatte er es geschafft, meinen Gesichtsausdruck recht albern aussehen zu lassen. „Wie soll ich etwas entfernen, was du nicht vorweisen kannst?" Seine Worte waren nun noch kraftvoller als zuvor und sehr, sehr deutlich. Deutlicher als mir lieb war, denn nun war mein Verstand komplett ausgestiegen. Da war nichts mehr. Null. Zero. Aus.

„Wenn du es findest, kannst du es mir ja beim nächsten Mal mitbringen. Dann werde ich es für dich beseitigen." Das hörte sich gut an, obwohl ich dem Ganzen ja sowieso schon lange nicht mehr folgen konnte. Er hatte sich umgedreht und sah mich mit seinen sanften Augen an. Sein Blick legte sich wie Balsam über mein aufgewühltes Seelenkleid und ließ mich in eine zarte und plötzliche Behaglichkeit fallen.

„Also dann, auf Wiedersehen, es hat mich sehr gefreut, Sie kennenzulernen", sagte ich etwas teilnahmslos. Diese Verabschiedung klang sehr plump und introvertiert. Warum sagte ich so etwas? Warum war ich so schroff? Wo war denn mein einfühlsamer Wortschatz hin verschwunden? Keine Ahnung! Schien sich wohl versteckt zu haben. Der Satz passte auf alle Fälle in diesem Moment überhaupt gar nicht zur Stimmung, es war eher eine oberflächliche Floskel, die man einfach so von sich gab.

Ich werde dem Ego auf den Grund gehen. Das hatte ich mir fest vorgenommen! Aber nicht mehr heute. Ich war doch etwas erschöpft von dieser außergewöhnlichen Reise. Obwohl sich eine spürbare Veränderung eingestellt hatte, konnte ich innerhalb von ein paar Stunden ja nicht alle meine Angewohnheiten einfach so zur Seite legen. Ich war wohl wieder etwas steif geworden und hatte das Gefühl, ich würde wie *Alice im Wunderland* in ein unangenehmes Dasein zurückkehren. „Danke", wiederholte ich noch einmal „Es war sehr eindrücklich", ergänzte ich schlicht und verabschiedete mich noch von Parmenides. Plötzlich wurde es empfindlich kühl im Raum. Ich vergewisserte mich, ob dieser Mann an seinem Platz stand oder ob er vielleicht nicht das Fenster geöffnet hatte. Es war auf einmal eiskalt geworden. Die Fenster waren geschlossen, er stand unberührt an seinem Platz und ich fror. Es hatte doch hoffentlich nichts mit meiner Kälte zu tun?

„Vergiss dein Käsebrötchen nicht zu essen!" „Das kann ich nicht mehr essen, weil ich es bereits gegessen habe", entgegnete ich erstaunt. Was der alles so von sich gibt?! „Schau an, schau an", sagte er belustigt. „Was meinten Sie?", fragte ich voller Neugier. „Wo kein Brötchen ist, kann auch keines gegessen werden. Wie wahr. Wie wahr! Das ist ja fast so wie mit den Gedanken", murmelte er nebenbei vor sich hin. Was für ein Schlitzohr! Hatte er das mit dem Brötchen nur wegen meiner vorigen Bitte geäußert? Mit dieser Aussage wurde mir einiges klar, denn die Erkenntnis kam von Herz zu Herz, ohne zuvor die Kontrollstelle im Kopf passiert zu haben. Ich musste zuerst herausfinden, was meine Gedanken waren und woher sie kamen und anschließend musste ich sie auf ihre Identität und Richtigkeit hin überprüfen. Wie sonst sollte ich sie beseitigen können? Er hatte einen guten Ansatz geliefert, aber zuerst musste ich der Sache wirklich auf den Grund gehen. Doch sein Vergleich stimmte mich fröhlich! Sehr fröhlich sogar. Ein weiterer Lichtblick in meiner schier endlosen Dunkelheit. Es scheint einen Umweg zu geben! Oder war es vielleicht eine Abkürzung? Jedenfalls gab es da etwas. Etwas, das mich hoffen ließ!

„Eine leichte Lektüre zum Einschlafen?" Ohne eine Antwort abzuwarten, griff er blindlings und zielsicher nach einem kleinen Büchlein. „Es wird dir gefallen!" Ich nickte dankbar. Der Vorhang, den ich zur Seite schob, symbolisierte die Rückkehr in die Schwere. Ich atmete tief durch. „Bis gleich!", sagte er freundlich, ohne dabei seine Bücher aus den Augen zu verlieren. Bis gleich? Ganz sicher nicht. Nur noch ins Bett!

Vor dem Laden atmete ich tief durch. Die Luft war rein und klar und machte meinen müden Körper wieder munter. Auf der Straßenseite gegenüber entdeckte ich die Leuchtreklame eines Restaurants. Daneben war ein großes Schaufenster, in dem sich die Querstraße spiegelte. Ich meinte darin das Schild des Hotels zu sehen. Mich wunderte es, dass ich das so gut erkennen konnte. Meine Augen waren ja nicht mehr die besten. Ein Taxi lud gerade einen Betrunkenen ein und nun war er war zu allem Übel auch noch hingefallen. Der schien ja schön einen über den Durst getrunken zu haben! Halb besoffen ist weggeschmissenes Geld, dürfte sein Tagesmotto gewesen sein. Kopfschüttelnd widmete ich mich umgehend wieder etwas Spannenderem, denn der Betrunkene interessierte mich nicht wirklich. Durch ein schmales Fenster beobachtete ich diesen bemerkenswerten Mann namens *Niemand* und fühlte mich dabei pudelwohl. Ein Mauervorsprung schützte mich vor dem Regen, der in der Zwischenzeit wieder zugelegt hatte. Kann das die Erfüllung sein, den ganzen Tag Bücher zu sortieren? Oder muss man das vielleicht sogar tun, um so glücklich zu sein? Ich glaube, er fühlt sich nicht glücklich, sondern er ist Glück!

Vielleicht saugte er die Schwingungen seiner Werke einfach so auf, während er sie in seinen Händen hielt! Vielleicht war es aber auch so, dass er diesen Büchern sogar noch etwas Besonderes verlieh, bevor er sie weiter verkaufte? Vielleicht verfügte er über Lichtcodes, die in all das einflossen, das er berührte und die erst entschlüsselt werden konnten, wenn man die notwendige Reife dazu hatte, die Wahrheit auch zu vertragen? Meine Fantasie war wohl wieder mit mir durchgegangen. Warum sollte gerade ich so einem Menschen begegnen?! Na klar! Er hatte bestimmt nur auf mich gewartet! Mein Verstand war wieder voll in seinem Element. Die Chance, vom Blitz getroffen zu werden, ist wahrscheinlich wesentlich höher, als dieser Unsinn, den ich mir zusammenreimte! Im Hintergrund ertönte ein Donner. Na, wenn das mal keine Ermahnung war!

Dass dieser *Niemand* besondere Fähigkeiten hatte, davon war ich ja überzeugt, aber diese Idee, dass er all seinen Büchern den passenden Endschliff verlieh, war doch etwas verrückt. Vielleicht kann er über das Wasser laufen, Berge versetzen oder … Ich überlegte kurz. Gedanken lesen? Auweia, wo war ich da bloß hingeraten?

Ich hatte mich in diesem Laden so wohl gefühlt, wie noch nie in meinem Leben zuvor und nebenbei hatte ich es sogar geschafft, meine brenzlige Situation zu vergessen, in der ich ja noch immer mittendrin steckte. Trotzdem, mein Verstand warnte mich, das nächste Mal doch besser einen großen Bogen um diesen Laden zu machen. Es ist nicht deine Welt! Irgendetwas stimmt mit diesem Mann nicht. Das wahre Leben ist dein Leben, wie du es kennst. Denk doch an die tollen Momente in deinem Leben. Und sogleich zogen die verschiedensten Ereignisse an mir vorbei, in denen ich mich sehr wohl gefühlt hatte. Der Verstand versuchte mir das alles schmackhaft zu machen, indem er sich sehr viel Mühe gab, das alles wieder in Erinnerung zu holen. Er grub längst vergessene Episoden aus, wobei ich mich wunderte, dass diese noch in meinem Zentralcomputer gespeichert waren. Diese Reise war schon eigenartig! Ein Blick auf das eben erhaltene Büchlein ließ mich erstarren. „Gesegnete Reise“, las ich laut und sprach es sehr bewusst und bedächtig aus. Es war so, als würde er meine Reise segnen. Dieser Verdacht fesselte mich, jagte mir eine Gänsehaut über den Körper und ließ mich Demut empfinden. Demut, welch ein Wort. Da war es ja wieder. Herzlich willkommen! Endlich durfte ich mich diesem Wort annähern. Ich war dankbar. Auch auf die Gefahr hin, dass dieses Herantasten gleich wieder verfliegen würde, es schob mich in Richtung Urvertrauen und es fühlte sich *gut* an. Auch wenn es etwas dauern würde, mich dieser Größe und Vollkommenheit zu nähern, ich war bereit, mich dem zu stellen. Kann kommen, was mag! Wolle, was komme! Dieser noch junge Anflug von Urvertrauen bestätigte mir: Diese Begegnung war einzigartig! So sollte es sein und Zweifel blieben aus.

Der Blick durch die angeschlagene Scheibe ließ mich Dankbarkeit fühlen. Wo auch immer sie jetzt herkam, sie war da. Ich bemerkte, dass mein Blick an diesem Mann wie an einem Magnet haften blieb, und es fiel mir schwer, mich abzuwenden. Ich stand sicher länger als eine viertel Stunde in der Kälte und beobachtete gefesselt seine Tätigkeit. Ich stellte ihn in Frage und gleichzeitig war ich fasziniert. Was war wohl bescheuerter? Stundenlang Bücher zu sortieren oder jemandem eine viertel Stunde dabei zuzusehen? Ob er weiß, dass ich ihn beobachte? Ich schämte mich für meine versteckte Neugier, doch auch diese kam wie aus dem Nichts und ließ sich nicht so einfach unterdrücken oder verabschieden. Sie war einfach da, wie vieles, das plötzlich über mich hereinbrach. Es waren regelrechte Attacken, denen man standhalten musste und das nicht zu gering. Der Regen war noch stärker geworden und wandelte sich umgehend in einen heftigen Schauer, der die Straße mit einer weißen Wand vom Gehsteig trennte. Mit einem heftigen Ruck löste ich mich von meiner Beobachtung und wollte mich zum Hotel aufmachen, da bemerkte ich, dass ich meinen Schirm im Laden vergessen hatte. Schnell eilte ich zurück und schnappte mir den Schirm, den ich am Türrahmen neben dem Sessel abgestellt hatte. Der Mann hatte sich natürlich nicht umgedreht, nur ein „Das hat aber lange gedauert. Also, bis übermorgen!“ von sich gegeben. Er wusste, dass ich ihn beobachtet hatte, denn er hatte ja auch schon vorhin gewusst, dass ich den Schirm vergessen würde.

Mantese, erfolgreiches Mitglied der
Funk- und Soulband Heartwave,
Verlassen eines Galaabends mit
Bereits mehrere
und operierten
Im Herzen der W

Alexandre Vialatte
VICTOR FONFREIDE
LA CATHÉDRALE DE CLERMONT
L'AUVERGNE

L'ILLUSION LIBÉRALE
LOUIS VEUILLOT
ANDRÉ MALRAUX
LES VOIX DU SILENCE

HOTEL

Und warum bis übermorgen? Übermorgen würde ich sicher nicht mehr hier sein. „Also dann tschüss!“, entglitt es mir flüchtig und schon war ich wieder vor dem Laden, aber nicht ohne noch einmal einen Blick durch das Fenster zu werfen.

Die Reise ans Ende des Regenbogens

Die Kneipe unter dem Hotel hatte noch geöffnet, so wie es mir *Niemand* bereits prophezeit hatte. *Die Prophezeiung von Niemand!* Ich war schon wieder zum Scherzen aufgelegt. Schon etwas eigen, diesem Menschen ausgerechnet in so einem Kaff zu begegnen. Kaff hin, Kaff her! Passieren kann in einer Weltmetropole sicher auch nicht mehr, als mir heute in diesem kleinen Städtchen widerfahren ist. Obwohl klein ist relativ. Ja, ich war in einer Großstadt aufgewachsen, aber gerade kam ich mir doch etwas hochnäsig vor. Ein Blick durch die großen Glasfronten der Kneipe schenkte mir die Gewissheit, dass es eine ruhige Nacht werden könnte. Bei diesem Hundewetter trieb es nicht viele Menschen nach draußen, außer die, die sich einsam fühlten und zu Hause niemanden hatten, der auf sie wartete. Oder die, die nach der Stille suchten!

Das kleine Foyer des Hotels wirkte sehr gemütlich und sauber. Nachdem ich der Dame, die die Zimmer vergab, in groben Zügen meine Misere erzählt hatte, schlug sie mir vor, mein Gepäck vom Bahnhof abholen zu lassen. Dieser Vorschlag war mir mehr als sympathisch, denn ich wollte ja nicht zu spät ins Bett. Ich erklärte ihr, dass ich normalerweise nur selten später als elf Uhr ins Bett ging und dass das heute eine Ausnahme sei, so spät schlafen zu gehen. Daraufhin sah sie mich sehr verwundert an. Ein kleines Mädchen mit zerzausten Locken huschte in einem rosa Schlafoverall vorbei und winkte mir zu. Als die Frau an der Rezeption das Kind entdeckte, ermahnte sie es, sofort auf sein Zimmer zu gehen. Dem Tonfall zufolge war sie die Mutter der Kleinen. Das Mädchen sprang noch ein paar Mal hin und her und schnitt dabei die eigenartigsten Grimassen. Sie brachte mich wirklich zum Lachen, denn in ihrem viel zu klein geratenen Riesenstrampler sah sie urkomisch aus. Dann lief sie plappernd die Treppe hinauf und verschwand hinter einem künstlichen Baum, der das Ende des Treppenaufgangs zierte. Zieren sollte. Plastikbäume fand ich eher gruselig.

Der Blick auf die Uhr des Aufenthaltsraums im zweiten Stock erklärte auch, warum mich die Frau an der Rezeption so eigenartig angesehen hatte. Es war neun Uhr. Die musste denken, ich sei bescheuert. Ich sah noch einmal auf meine Uhr. Die war genau um halb acht stehen geblieben, als ich dieses *Büchereck* betreten hatte. Das konnte doch nicht sein! Wie war das möglich? Ich habe doch bestimmt einige Stunden in diesem Laden verbracht. Als ich ihn betrat, schien nicht nur meine Uhr, sondern auch die Zeit stehen geblieben zu sein. Ich staunte nicht schlecht, denn mein Gefühl sagte mir, es müsste mindestens Mitternacht, wenn nicht um einiges später sein. Gab es so etwas wie ein Zeitfenster? Bisher kannte ich nur die Holzfenster, durch die ich zu Hause auf die Straße sehen konnte. Der heutige Tag glich einer Satire. Wie weit man ihn ernst nehmen sollte, war eine gute Frage. Vielleicht war es wirklich besser, alle Eindrücke im Raum stehen zu lassen und keine weiteren Gedanken mehr darüber zu verschwenden.

Zimmer Nummer fünf. Das passte. Diese Zahl hatte mir bisher immer nur Glück gebracht – das konnte nur ein gutes Omen sein. Das Zimmer wirkte sehr einladend, zudem war es sehr sauber und außerordentlich hübsch eingerichtet. Die schlichte Einrichtung war von verspielten kleinen Details geziert und das Muster des Überbettes erinnerte an Großmutters Zeiten. An der Wand hing ein kleines Bild, das auf der großen Wand doch etwas verloren aussah. Es war wie im *Büchereck*! Hier schien die Zeit wirklich stehen geblieben zu sein, oder lag das vielleicht an dem doch etwas kleinstädtischen Touch? Und schon wieder ertappte ich mich dabei, auf der Größe meines Reiseziels herumzureiten und meinen Missmut an ihm auszulassen. Welch gottverlassene Gegend! Ich erschrak über diesen Gedanken. Diese Bezeichnung passte nun wirklich nicht. War ich wohl eher in einen gottesgeladenen Raum eingetaucht!

Ich sah mich um. Die Fenster schienen doppelt verglast zu sein, denn es war ungewöhnlich ruhig in diesem Zimmer. Vielleicht lag es auch daran, dass es als letztes Zimmer am Gang und direkt unter dem Dach sehr günstige Voraussetzungen mit sich brachte. Als ich mich in dem kleinen gemütlichen Zimmer auf das kuschelige Bett legte, war meine Mattigkeit plötzlich verflogen.

Ich griff zu dem Büchlein von Niemand und konnte es kaum erwarten, es wieder in den Händen zu halten. Mein Herz klopfte mir bis zum Hals, es schien fast zu zerspringen. Ich war aufgeregt und strich dem kleinen Büchlein liebevoll über seinen Umschlag. „*Gesegnete Reise* heißt du also!" Jetzt unterhielt ich mich schon mit Büchern! So weit war es schon gekommen. Das Papier war ganz weich, fast wie Moosgummi und fühlte sich einfach nur gut an. Es war was Besonderes, das spürte ich. Hielt man es gegen das Licht, glitzerte es gülden und seine Vorderseite zierte ein liebevoll verschnörkeltes Ornament, welches ein verwunschenes Märchen oder ein tiefes Geheimnis in sich verbarg. Waren Märchen nicht immer Wahrheiten, die nur einfach verpackt wurden, damit sie Anklang fanden? Suchten die Märchen nach Menschen oder war es doch eher umgekehrt?

Auf der Innenseite las ich: *Die Sprache des Herzens, verpackt in Gottes Liebesgedanken, wird dich über eine sanfte Schwingung erreichen und kann nur über dein Zentrum, dein geöffnetes, mutiges Herz, zu dir fließen.* Diese Worte drangen tief in mich ein. Es war, als ob das Büchlein zu mir gesprochen hätte. Diese Einleitung war schön. Einfach nur schön. Ich blätterte noch etwas darin. Treibende Kräfte von ungestillter Sehnsucht und unendliche Neugier tasteten sich an den Inhalt heran. Etwas zaghaft, aber voller Vorfreude fiel mein Blick auf die Einleitung und das Büchlein sprach:

„Alles wird geschehen, wenn der Moment gekommen ist und du dich dazu entschließt, in dieser Welt du selbst zu sein, dein Licht zu leben und Gott in deinem Herzen wahrhaftig zu spüren. Nur das, was du für dich selbst anwendest, umsetzt und anderen vorlebst, ist von Bedeutung.

Merke: Das, was du als Schwierigkeiten oder Probleme bezeichnest, nenne ich Einweihungen. Einweihungen werden dir geschenkt, damit

5

du das Licht in dir erkennst und dich als Schöpfer zeigst, anstatt weiterhin als Mensch zu reagieren.

E*s geht nicht darum, das Menschliche aufzulösen, sondern darum, Platz für den göttlichen Ausdruck in dir zu schaffen, um aus dem Menschlichen heraus in die Göttlichkeit einzutauchen und darin zu verschmelzen.*

N*un, wie steht es um deine Entschlossenheit, Bereitschaft, Ernsthaftigkeit, Ausdauer und Vertrauenswürdigkeit, den Dienst und Willen Gottes zu verinnerlichen und zu leben? Spüre die Antwort, denn das ist es, was ich in jedem Einzelnen von euch bemesse. Egal wie deine Antwort auch immer lauten mag: Du bist und wirst unendlich geliebt.*"

Ach, da ergab sich also ein Amen. Welch wunderbare Idee! Das Wort *Danke* kam mir in den Sinn und stellte sich auf dieselbe Stufe, nämlich auf das oberste Treppchen, wo Amen beheimatet war. D für Demut, A für Achtsamkeit oder … ich musste schmunzeln, schlicht und ergreifend für Ashram. N für *Niemand*, K für Kraft und E für … endlich! Ja, das war das passende Wort, der krönende Abschluss. Endlich bewegt sich etwas in meinem Leben! Nun wollte ich das Denken aber schleunigst sein lassen, zumindest für heute, und diese einmaligen Worte, die Erfahrung mit *Niemand* und den Tagesverlauf einfach nur auf mich wirken lassen. Ich hatte die letzten Jahre nicht so viel erlebt wie an diesem heutigen Tag. Ich hatte das Gefühl, schon eine Woche von zu Hause weg zu sein. Nun war aber Ruhe angesagt. Keine weiteren Aufregungen. Keine weiteren Zwischenfälle. Keine Träume.

Halb schlaftrunken und etwas gerädert öffnete ich meine Augen. Mein Körper glühte und schmerzte. Das gab dem ersten berühmten morgendlichen Gedanken aber keinen Anlass dazu, sich von seinen täglichen Gewohnheiten abhalten zu lassen, nämlich umgehend dort fortzufahren, wo er gestern Abend aufgehört hatte. Es gab Ausnahmen, denn ab und zu war er noch damit beschäftigt, den Träumen hinterher zu hängen und sie in allen

Feinheiten noch mal durchzuspielen, bevor er sich endlich dazu durchrang, sie im Archiv abzulegen.

Die Erinnerung an die lieblichen Worte des Büchleins *Gesegnete Reise* ließen mich in eine Welt des Friedens eintauchen. Wie in einen Kokon gehüllt, fühlte sich mein etwas schwächelnder Körper eigenartigerweise sehr wohl. Als wäre ich für einen Moment lang aus meinem kränklichen Körper herausgetreten, um diese bleierne Schattenwelt des Alltags einfach hinter mir zu lassen. Die Kleidungsstücke der Leichtigkeit, in die ich nun geschlüpft war, waren kein gängiger und besonders vertrauter Bestandteil meines Gepäcks, denn die leichten Gewänder schienen mir bis zum heutigen Tag doch etwas fremd gewesen zu sein. Bilder zogen an mir vorbei und belebten Einblicke in eine andere Welt. Alles war so leicht, licht und unbeschwert. Ich fühlte mich nicht als Madita, sondern ich sah mich als etwas viel Erhabeneres, als mein körperliches Dasein es je sein könnte. Danach lösten sich die Bilder wieder auf und eine Transparenz von sachter Schwerelosigkeit ließ sich sanft gebettet in mir nieder.

Die körperliche Mitgenommenheit schaffte es schließlich, diese sanfte Wahrnehmung zu übertrumpfen und mich auf den Boden der irdischen Tatsachen zurückzuholen. Mit anderen Worten: Die Erde hatte mich wieder. Und das zu hundert Prozent. Meine Glieder schmerzten und auch mein Kopf fühlte sich, genau wie mein Körper, sehr warm an. Eine Grippe schien im Anmarsch zu sein. Hatte ich doch irgendwo einmal gelesen, eine Grippe sei *nur* ein Reinigungsprozess. Also kurz gesagt: etwas Wunderbares! Toll! Und, was half mir dieses Wissen? Ob Reinigungsprozess oder Grippe, mein ganzer Körper schmerzte und schien Heftiges auszubaden. Als ich mich langsam aufsetzte, wurde ich von einem unangenehmen Schwindel begleitet. Auch das noch! Mein Kopf schien Karussell zu fahren. Der Schwindel konnte allerdings auch vom vielen Denken kommen und musste ja nicht unbedingt mit dieser Grippe zu tun haben. Wie schön wäre es, wenn meine Körpertemperatur das Denken zum Schmelzen bringen könnte. Wohl zu schön, um wahr zu sein. Der Weg zum

Badezimmer gestaltete sich anstrengender, als ich dachte und die oberflächliche Katzenwäsche trug nicht wirklich zu meinem Wohlbefinden bei. So lag ich gleich wieder im Bett und war im Nu wieder eingeschlafen.

Ein Blick auf meinen Wecker verriet mir, dass es bereits kurz nach sechzehn Uhr war. Erstaunlicherweise fühlte ich mich sehr viel besser. Ich hatte einen heftigen Ausbruch meiner Krankheit erwartet und war sehr verwundert, dass mein Kopf sich wieder etwas abgekühlt hatte und die Gelenkschmerzen nur noch bescheiden an meinem Körper hafteten. Ein heftiger Schreck, der von einem unangenehmen Stich in der Herzgegend begleitet wurde, erinnerte mich etwas unsanft daran, dass sich Frau Manneder vom Ashram wohl um mich Sorgen machen könnte. Nur, was sollte ich tun? Ich konnte sie ja nicht anrufen. Mein Verstand sortierte rasch die momentanen Gegebenheiten. Frau Manneder hatte ja meine Handynummer. Sie würde sicher versuchen, mich zu erreichen, da ich bei ihr ja nicht angekommen war. Das leuchtete ein und beruhigte mein schlechtes Gewissen. Was nutzt mir diese Erkenntnis, wenn mein Akku leer ist! Welch ärgerliche Feststellung aber auch. So machte ich mich schnell daran, mein Handy aufzuladen. So, und nun? Warten, bis Frau Manneder anruft und etwas essen. Es meldete sich Hunger, wenn auch noch etwas zurückhaltend. So bestellte ich an der Rezeption eine Kleinigkeit und war froh, als man mir anbot, es auf das Zimmer bringen zu lassen. Umso verwunderter war ich, als ich das üppige Serviertablett sah, welches mir von einem jüngeren Mann gebracht wurde, der wohl der Sohn des Hauses zu sein schien. Ich stürzte mich auf das Essen und … es schmeckte vorzüglich.

Im Zimmer war es dunkel. Es regnete immer noch und ich musste das Licht einschalten, um eine etwas fröhlichere Stimmung zu erzeugen. Ein Blick zur Türe verriet mir, dass der junge Mann die Türe nicht richtig geschlossen hatte. Als ich mich daran machen wollte, dies zu tun, schlüpfte ein kleines Händchen durch die angelehnte Türe, worauf der Kopf des kleinen Mädchens von gestern Abend folgte. Es kicherte und rief kurz: „Hallo!“ Ein „Marie, was tust du da schon wieder, du sollst doch die Gäste nicht immer belästigen!“ veranlasste es dazu, sich wieder aus dem Staub zu machen. Ich schüttelte lachend den Kopf. Die fröhliche Ausgelassenheit des Mädchens erheiterte mein Gemüt. Marie, welch wunderschöner Name. Zauberhaft! Das Kind war so zierlich und hübsch, es erinnerte mich an eine Elfe. Ein kleines Elfchen, welches von den Erwachsenen wohl nicht immer verstanden wurde und vielleicht auch in seiner eigenen, behüteten Welt wohnte, in der es sicherlich aufregender, farbenprächtiger und angenehmer war als in diesem grau in grau des Erwachsenseins.

Ich kuschelte mich wieder ins Bett und fühlte mich nach dieser Stärkung wesentlich besser. Mit einem Glas Orangensaft und einer Karaffe Wasser an meiner Seite widmete ich mich nun wieder meiner neuen Lieblingsbeschäftigung, dem Lesen. Das Büchlein von *Niemand* wollte ich für spezielle Momente aufheben und das war mir in diesem Moment ehrlich gesagt zu hochtrabend und auch zu schwer. Muss Hochtrabendes nicht leicht sein? Vielleicht ist das Buch auch zu leicht für meine Schwere! Ich meinte natürlich nicht meine körperliche Schwere, sondern diese Dumpfheit der Persönlichkeit, die wohl energisch dagegen ankämpfte, ihren Stellenwert und ihren Rang einzubüßen. Wie auch immer. Ich wollte das Buch von Gabi lesen, denn der Regenbogen würde mir jetzt gut tun. Es war zwar nicht gerade bodenständig, … aber bunt. Und Farbe war das, was ich jetzt brauchen konnte und das bestätigte sogar mein Verstand.

Die Zusammenfassung auf der Rückseite des Regenbogenbuches klang interessant. Die Geschichte erzählte von einer jungen Frau, die sich in einer Buchhandlung dieses Buch kaufte. Und schon wieder musste ich an diesen Inder denken. Wie gern hätte ich dieses Buch bei ihm gekauft. *Die Reise ans Ende des Regenbogens.* Ja, diese Reisen hatten es in sich! Meine Reise, die *Gesegnete*

Reise und nun auch noch eine zum Regenbogen. Ob er dieses Buch auch gehabt hätte? Ich vermutete, dass seine Bücher alle noch mehr Tiefgang hatten und schwerer zu lesen waren als Gabis Geschenk. Und obwohl ich es nicht kannte, hatte ich so im Gefühl, dass dieses Buch meinen momentanen Lebensabschnitt besiegeln würde, um dann zu anderen Ufern vorzudringen. Und dort sah ich diesen Inder, mit all seinem Wissen und all seinen Büchern und dieses Regenbogenbuch war das Boot, das in seine Richtung fuhr. Es wollte mich auf etwas vorbereiten. Wo ich nur all diese Gedanken hernahm? Ich wunderte mich wieder über mich selbst. Ich betrachtete das Regenbogenbuch ganz genau. Es war ein schlankes Buch. Das war mir sehr sympathisch, denn dicke Bücher überforderten mich.

Ich stockte kurz, als ich sah, dass die Frau in diesem Buch auch Madita hieß. Für einen Moment lang fand ich das schon etwas lächerlich, denn diese Gemeinsamkeiten mit meiner Reise waren nun doch etwas zu viel. Wie konnte das sein? Ich musste lachen. Das ist typisch Gabi. Das ist sicher eines dieser Bücher, bei denen man verschiedene Angaben machen kann und diese werden dann in die bereits vorhandene Geschichte eingefügt. Ausgefallene Ideen hatte sie schon immer gehabt. Diese Fast-fertig-Bücher waren vom Inhalt her meist grottenschlecht, aber dieses Buch schien mir recht passabel zu sein. So lag ich nun auf diesem Bett, welches sich mit einem blumigen gemusterten Bettüberzug schmückte, und las in einem Buch, in welchem ich die Hauptfigur spielte. Wahrscheinlich tauchten auch noch mehr Menschen und vielleicht sogar Tiere auf, die mir im Leben etwas bedeuteten. Unweigerlich musste ich an Max denken. Wie das Leben so spielt! Mein Seufzer konnte mich aber nicht davon abhalten, wieder fröhlich zu sein, denn ich war gespannt, was mich erwartete. Noch mehr, als diese eingefügten Wiederholungen von Personen und Tieren, interessierte mich der Inhalt, denn ich wusste, nach diesem Buch würde sich in meinem Leben etwas verändern. Und schon ist sie wieder da, diese außergewöhnliche Überzeugung! Die scheint hartnäckig zu sein. Sehr eigenwillig! Mein zufriedenes Lächeln bestätigte mir, dass ich Recht haben musste und ich fühlte mich rund um wohl. Was auch immer passieren würde, ich war dazu bereit.

Diese Madita ging, so wie ich, auf eine Reise der besonderen Art. Meine Namensvetterin schlief während dem Lesen auf ihrem Balkon ein. Schnell blickte ich zum Fenster. Gott sei Dank, kein Balkon und zum Glück lag ich im Bett! Wenigstens hatten sich diese Übereinstimmungen schon mal erledigt! Nachdem sie eingeschlafen war, begab sie sich in ihrem Traum auf eine Reise. Also meine Reise war ja auch wie ein Traum, denn vieles erschien mir auch jetzt noch sehr fragwürdig. Aber konnte das Leben realer als ein Traum sein? Hatte ich das Leben bisher als Realität eingestuft, weil es meine Sinne als solche erfuhren? Vielleicht war Träumen und Wachen beides eine Illusion? Wenn ich träume, kann ich die Welt ja nicht wahrnehmen und trotzdem ist sie da. Ist diese eine Kraft, die in allem existiert, wirklich die eine Wirklichkeit? Diese Impuls-Fragen, wie ich sie nannte, forderten meine gesamte Aufmerksamkeit und wollten beachtet werden. Auch wenn ich nicht weiter darauf einging, sie konnten wirklich hartnäckig sein.

Meine Namensvetterin begegnete in ihrem Traum mehreren Engelswesen. Ein Engel namens Ariel war einer ihrer liebevollen Begleiter. Auch ich hatte einen ständigen Begleiter namens Ariel, dabei handelte es sich aber um ein Waschmittel. Ich konnte die Vorliebe meiner Namensvetterin für Engel sehr gut verstehen. Auch Gabi sprach viel über Engel, doch bei mir konnte sie kein Interesse wecken. Wenigstens blieben Engel von meinen Gedanken verschont.

Diese Madita hatte auch so ihre Problemchen. Der Partner war ihr davongelaufen. Ihr Job war mühsam. Die Beziehung zu ihren Eltern war auch nicht so prickelnd. Ihr Bruder war sehr erfolgreich und Mamas Liebling. Sie fühlte sich benachteiligt und ging deshalb auf Distanz, obwohl sie ihren Bruder mochte. Sie hatte nie dieselbe Liebe erfahren. Ein ganz normales Leben? Chaotisch eben! Es war ernüchternd, denn einmal mehr wurde mir klar, dass wohl wirklich jeder Mensch mit mühseligen Lebensabschnitten zu kämpfen hatte. Diese Madita ist mit ihrem Leben unzufrieden und fragt sich nach dem Sinn des Lebens. Das tat ich auch! Aber wer tut das nicht? Dieses Thema ist wohl ein alter Hut! Ein uralter sogar! Gott sei Dank schien der Inhalt dieses Buches von intelligenten Ratschlägen wie positivem Denken abzusehen. Darauf war man schon vor Jahrzehnten herumgeritten. Auch ich hatte mich einmal dafür interessiert, doch bald schon bemerkt, dass das nicht die Lösung sein konnte.

Es kam noch eine weitere Übereinstimmung zum Vorschein. Einzig und allein der Neffe Daniel meiner Namensvetterin schien ein sonniger Lichtblick in ihrem Leben zu sein! Hier stand tatsächlich *Daniel! Denn den liebte sie besonders,* las ich erstaunt. Er hieß gleich wie mein Neffe! Und sie hatte ja auch einen Bruder. Genau! Das gibt's ja nicht. Also doch ein Fast-fertig-Buch! Hab ich es doch gewusst!

Wie lang ich mich nun mit dieser Buchzusammenfassung aufgehalten hatte! Es nervte mich tierisch. Ewigkeiten opferte ich, um mich mit Details zu beschäftigen. Meinem Verstand folgte ich wie ein treu ergebener Diener, in jede Richtung, in die er sich austoben wollte. Ich erlaubte ihm alles, doch nun wollte ich keine Kompromisse mehr eingehen. Auch wenn einige Fragen nicht meinem ursprünglichen Denken entsprachen, ich wollte einfach nur lesen. Und sonst nichts! Ich verschlang die Seiten des Buches, denn nach der Einleitung, die Maditas derzeitiges Leben beschrieb, begann diese wunderbare Reise zum Ende des Regenbogens. Da waren Farbtöpfe am Beginn dieser Reise, aus denen der Regenbogen sich vollendend erhob. Für jede Farbe ein Töpfchen, wie es sich gehörte. Dieses Bild erinnerte mich an eines meiner Kinderbücher, welches ich besonders lieb gewonnen hatte. So fühlte sich eine Geschichte an, die es ermöglichte, dieser Welt zu entfliehen und den Alltag unbeschwert hinter sich zu lassen.

Bevor Madita auf dem gelben Pfad startete, war sie ihrer verstorbenen Großmutter begegnet, zu der sie einen sehr intensiven

Kontakt gehabt hatte, als diese noch lebte. Ihre Großmutter nannte sie immer Liebes und bei ihr klang es wunderbar. Bei allen anderen Lebensgefährten konnte sie diesen Ausdruck nicht leiden. Der gelbe Pfad war voller Erkenntnisse. Also tauchte sie in diese Traumwelt ein und Realität und Illusion verschwammen ineinander und man konnte nicht mehr feststellen, was nun Wirklichkeit war. Sie begegnete einer Frau namens Harmonie, die in einer sehr ärmlichen Kleidung am Wegesrand saß. Anschließend tauchte eine dunkle Gestalt namens Disharmonie auf, die ihr äußerst unangenehme Gefühlsschwankungen bereitete. Dieses disharmonische Etwas roch eigenartig. Ein Gestank, der einem in die Nase kroch und nicht mehr weichen wollte. Das Gesicht zeigte sich verzerrt und war voller Falten und Pusteln. Madita spürte immer wieder diese Angst und dieses unangenehme Gefühl wurde immer stärker. Beide Begegnungen erkannte sie anfangs nur als ihre Hülle, weil Madita sehr hart geworden war. Sie sah nur das Äußere, die schmutzigen Gewänder von Frau Harmonie und das Fratzenhafte von Herrn Disharmonie, weil sie es verlernt hatte, mit ihrem Herzen zu sehen. Weil sie sich nicht mehr daran erinnerte, wie es sich anfühlte, weich zu sein und über irdische Bilder und Gegebenheiten hinwegzusehen, um Erscheinungen in ihrem Kern zu erfassen. Sie hatte auch vergessen, hinter die Dinge zu sehen, ihr kristallenes Leuchten blieb verblasst und verstummt.

Dieses erste Kapitel stimmte mich nachdenklich. Sie war so wie ich! Was war bloß aus mir geworden? Ein trauriges undefinierbares Etwas. Eine funktionierende Hülle, die darauf reagierte, wenn man sie beim Namen rief. Ich gehorchte, war die liebenswerte Nette, der man stundenlang seine Probleme schildern konnte. Ich war praktisch und quadratisch gut, so wie *Ritter Sport*. Ich passte mich an, fügte mich in der Gesellschaft ein und bemühte mich, stets so zu sein, wie es von mir verlangt wurde. Ich wollte gefallen, gut angekommen, rang um jedes noch so kleine Fünkchen Lob, Anerkennung, Wertschätzung, Einverständnis, Zuneigung und Wohlwollen. Mein Leben war wirklich armselig und es konnte tatsächlich nicht Wirklichkeit sein, denn dafür war es zu mühsam. Das Wort Wirklichkeit trug eine Riesenportion Leichtigkeit in sich, mein Leben fühlte sich aber ganz anders an. Wo waren der innere Friede und die Freude an sich geblieben? Ich werde das Geheimnis entschlüsseln! Vielleicht nicht in diesem Buch, aber sicher mit *Niemands* Hilfe. Es hörte sich gut an, dass *Niemand* mir zur Klärung verhelfen würde. Fand ich echt komisch und interessant zugleich.

Irgendwie erhoffte ich, in diesem Buch eine Verbindung zu meinem Leben zu finden und ich erkannte viele Parallelen. Ich musste oft schlucken, denn Maditas Härte erinnerte mich an meine Strenge und Herzlosigkeit. Diese Rigorosität hatten wir wahrlich gemeinsam und dieser erkenntnisreiche Schmerz wandelte sich nicht, sondern blieb wie so vieles in meinem Hals hängen. Die Wand dieses Sammelbeckens müsste doch bald einbrechen! Wie lange es diesem Druck wohl noch standhalten würde? Das konnte allerdings noch dauern, denn eine Inversion meiner Person war wohl nicht so schnell zu erwarten. Es war weit und breit keine Befreiung in Sicht. Noch nicht! Ich versank im *Grünen Pfad*, dem zweiten Kapitel des Buches und vergaß für eine Zeit lang fast alles.

Madita war voller Ungeduld und konnte es kaum erwarten, den grünen Pfad zu beschreiten. Nach Stunden sah sie in der Ferne ein Häuschen stehen. Es war so klein, dass sie es nicht so richtig wahrnehmen konnte. Sie pfiff vor sich hin und genoss die grüne Umgebung. Es grünt so grün, wenn Spaniens Blüten blühen, ich glaub, jetzt hat sie's, ich glaub, jetzt hat sie's ... lalala ... Sie trällerte so vor sich hin und war voller Erwartungen, was sie in diesem Häuschen wohl erfahren durfte. My Fair Lady, dieses Musical hatte sie mit ihrer Schulklasse besucht und seit Stunden konnte sie nicht aufhören dieses Lied zu singen. Es grünt so grün ...

Hatte wohl etwas mit der Farbe zu tun. Sie schmunzelte über sich selbst und erinnerte sich dabei an Weihnachten. Die letzten Weihnachten waren auch grün gewesen. Es hatte seit Jahren nicht mehr so richtig geschneit. Sie hatte sich immer weiße Weihnachten gewünscht. Sie liebte es, wenn die Schneeflocken vom Himmel tanzten und dieser besinnlichen Zeit eine besondere Atmosphäre verliehen. Aber grüne Weihnachten waren nicht mit diesem satten Grün zu vergleichen, das sich hier darbot. Noch nie hatte sie ein Grün mit solch einer Intensität an Leuchtkraft, Glanz und Schönheit gesehen.

Mit jedem Schritt näherte sie sich ihrer nächsten Begegnung. Am Ziel fast angelangt, sah sie ein wunderschönes, gepflegtes Haus. Der Garten war mit Blumen jeglicher Farben übersät und die große Holztüre lud sie freundlich dazu ein, einzutreten. Sie klopfte vorsichtig an die Türe. „Herein", klang es von drinnen. Madita öffnete die Türe und war erstaunt, was sie da erblickte. Das Haus erschien von außen wesentlich kleiner. Es war alles in Holz gehalten und die wunderbare Einrichtung mit liebevollen Details war gemütlich und voller Vertrautheit. „Komm nur näher, Madita." Die Stimme kam aus dem großen Zimmer, das sich hinter dem kleinen Vorraum auf rechter Seite auftat. Madita betrat dieses Zimmer voller Erwartungen und erblickte einen Mann. Er saß auf einem Schaukelstuhl und rauchte gemütlich an seiner Pfeife. Das Alter war schwer einzuschätzen, aber er wirkte sehr jung und strahlte Zufriedenheit aus. Ein Gefühl von Liebe und Glück überkam Madita, als sie diesem Mann ins Gesicht blickte. Das Gesicht war voller Freude und vermittelte ihr endlose Ausgeglichenheit. „Madita, setze dich zu mir", sagte der Mann. Madita setzte sich neben ihn. Es überkam sie so ein sonderbares Gefühl, als ob sie ihm etwas aus ihrer Vergangenheit erzählen sollte. „Soll ich dir etwas erzählen, aus dem Land vor dem Regenbogen?", fragte sie ihn. Er lächelte. „Ich kenne dich, Madita, und weiß alles über dich, aber wenn du dir etwas von der Seele sprechen möchtest, kannst du das gerne tun. Aber möchtest du nicht vorher etwas essen?" „Nein danke, vielleicht etwas später. Wie kann ich dich ansprechen, wie heißt du?", wollte sie wissen. „Ich heiße Hoffnung", erwiderte er. Madita dachte bei sich, welch sonderbarer Name das doch sei. „Gefällt er dir nicht, Madita?" Madita wurde rot und es war ihr peinlich. Scheinbar konnte er ihre Gedanken lesen. „Nein", stotterte sie etwas verlegen, „gefällt mir gut, doch ich muss zugeben, er ist schon etwas sonderbar."

„Ich sage Hope zu dir, okay?" „Alles, was Du willst!" „Sag mir, Hope, woher kennst du Ariel?" „So gut, wie du ihn kennst, so gut kenne auch ich ihn." „Also weißt du ja, dass er derjenige war, der mich aus dem Alltag heraus zu dieser sonderbaren Reise bewegt hat." „Ja, Madita, das weiß ich." Er blickte ihr dabei tief in die Augen und es war, als würde er mit seinen Blicken ihre Seele streicheln. „Und ich liebe dich genauso wie er." „Wie könnt ihr nur alle so liebevoll sein?", fragte sie erstaunt. Ihr Herz füllte sich mit Wärme und war sichtlich berührt von dieser selbstlosen Liebe. „Die Antwort wirst du am Ende deiner Reise wissen oder sogar vorher, wenn du es zulässt. Also, was wolltest du mir erzählen?" Madita hatte ein flaues Gefühl im Magen und verspürte nun doch Hunger. „Ich möchte nun doch etwas essen. Ich habe plötzlich großen Appetit." Madita schloss kurz die Augen und blinzelte ein paar Mal. Sie verspürte etwas in ihrem Auge, das ihr Schmerzen bereitete. Sie rieb sich das Augenlid, und als sie die Augen wieder öffnete, war der Tisch reich gedeckt. Es sah nicht nur sehr einladend aus, es roch auch hervorragend. „Wie hast du denn das jetzt gemacht?" Neugierig starrte sie ihn an. „Lass es dir schmecken und greif zu", erwiderte er ihr und die Frage blieb unbeantwortet. Madita ließ sich das nicht zweimal sagen. Sie sprach ein kurzes Dankgebet, wie sie es von ihren Eltern gelernt hatte. Nun begann sie sich von rechts nach links durchzukosten und nahm von allem ein bisschen. In dieser netten Gesellschaft schmeckte es gleich doppelt so gut.

„Isst du nichts, Hope?" fragte Madita erstaunt. „Nein danke, ich esse nur selten. Aber wenn du es möchtest, esse ich mit dir eine Kleinigkeit mit." Was für eine Antwort, überlegte Madita. Wie konnte man nur so gut aussehen, ohne regelmäßig eine Mahlzeit zu sich zu nehmen? Madita wollte diesen Gedankengang am liebsten rückgängig machen. Doch zu spät. Hope schmunzelte und amüsierte sich über diesen Gedanken. „Danke für das Kompliment, ich nehme es dankbar an." Wie peinlich! Muss ich denn immer ins Fettnäpfchen treten? Madita fühlte sich gar nicht wohl dabei, aber normalerweise kann man ja auch nicht Gedanken lesen. Sie dachte an Monika, die ihr im Büro genau gegenüber saß. Könnte sie Gedanken lesen, auweia! Wie oft dachte sie, wie falsch und hinterlistig Monika sein konnte. Sie schaffte es immer

wieder, Streitigkeiten zwischen allen Kolleginnen im Büro zu entfachen. Mit ihren hundert Kilo sah sie aus wie eine Tonne. Sie trug dicke Brillen und hatte einen schulterlangen Pagenschnitt. Unförmig und ungepflegt sah sie aus und lachte so aufdringlich laut. Sie gackerte wie ein Huhn und kümmerte sich nicht darum, dass alle anderen mit lachten. Aber nicht weil sie es lustig fanden, sondern weil sich alle über ihr Lachen amüsierten. Madita bemerkte gar nicht, dass sie laut schmatzend den Nachtisch verzehrte.

„Schmeckt es dir, Madita?“ „Entschuldigung, Hope, ich habe nachgedacht!“ „Ich habe es gehört.“ „Hörst du, was ich denke?“ „Ich habe mich wohl falsch ausgedrückt, ich wollte sagen, ich habe es gefühlt!“ „Nun weißt du ja, was mich am meisten beschäftigt: Alles, was mit meiner Arbeit zu tun hat. Ich hasse meine Arbeit. Ich bin es leid, mich jeden Tag mit etwas abzumühen, was ich eigentlich gar nicht machen möchte.“ „Wieso machst du es dann?“, wollte er wissen. „Gute Frage. Ich muss ja irgendwie meinen Lebensunterhalt verdienen! Bleibt mir wohl nichts anderes übrig“, antwortete sie etwas ungehalten. „Madita, ja wenn du so darüber denkst, dann passt diese momentane Arbeit auch zu dir.“ „Du hast leicht reden. Du musst nicht arbeiten, um dein Geld zu verdienen.“ Er lächelte und sprach: „Ich würde auch nicht arbeiten, um damit nur mein Geld zu verdienen, wenn ich einer Arbeit nachgehen müsste.“ Madita erhob sich vom Sessel und drehte sich um. Es steckte viel Wahrheit hinter Hopes Aussage, aber trotzdem fühlte sie sich unverstanden. Sie schaute in den Spiegel, der dort an der Wand hing, und konnte ihr Spiegelbild nicht erkennen. Sie war darüber etwas verwundert. Doch im Moment war ihr das vollkommen gleichgültig. Sie wollte auch nicht fragen, weil sie die Erklärung sowieso nicht verstanden hätte. Sie senkte den Kopf. „In deiner Situation ist es einfach, Ratschläge zu geben. Für dich ist scheinbar alles einfach.“ Sie klang recht grob und forsch, diese Aussage. Madita ärgerte sich über die Emotionen, die sie in ihre Worte legte.

„Entschuldigung, Hope, ich wollte dich nicht beleidigen.“ „Du hast mich nicht beleidigt, aber es ist leicht, wenn man es leicht nimmt. Wenn du dich mit dem Leben identifizierst, kann es zur Tortur werden. Kennst du den Satz: Man sieht nur mit dem Herz gut?“ „Natürlich

kenne ich diesen Satz." Ihre Antwort war trotzig. Maditas Tonfall hatte nichts an seiner Forschheit eingebüßt und sie spürte genau, dass dieser Vulkan, der in ihr tobte, einem Ausbruch wohl bald nicht mehr standhalten konnte. Madita drehte sich wieder um. Der Tisch war abgeräumt und vor ihrem Sessel lag ein dickes Buch. Beim näheren Hinsehen hatte es den Anschein, als sei es ein Fotoalbum. Hope rauchte noch immer seine Pfeife. Gelassenheit und Zufriedenheit offenbarten sich immer noch durch seine gesamte Erscheinung. Madita setzte sich wieder hin und nahm das Buch in die Hand. „Was ist das für ein Buch? Sieht aus wie ein Fotoalbum. Gehört es dir?" fragte sie voller Neugier. „Nein, Madita. Es ist dein Buch. Dein Lebensbuch", antwortete er sehr liebevoll. Madita legte das Buch erschrocken zur Seite. „Wie bitte? Mein Lebensbuch? Was ist das? Was ist ein Lebensbuch?"

„Jeder hat ein Lebensbuch. Es zeigt dir deine Mithelfer auf und alle Seelen, die dich unterstützen, die für dich da sind und dich von ganzem Herzen lieben. Ein Lebensbuch deiner Seelengefährten." Hope drückte seine Worte mit solch einer Selbstverständlichkeit aus, als ob es das Normalste wäre, ein Lebensbuch zu haben. Ja, wahrscheinlich ist es auch normal, für dieses Land, aber hier ist ja vieles seltsam, dachte Madita. Sie hatte großen Respekt vor diesem Buch und betrachtete es mit großem Interesse, jedoch sicherheitshalber von einer gewissen Distanz aus. „Dazu braucht es kein Buch! Dazu braucht es nur eine Seite, wenn es sich um Menschen handelt, die mich lieben!", sagte Madita trotzig. Sie konnte sich diese Aussage nicht verkneifen. „Dein Herz sieht anders als dein Verstand, habe ich das nicht gerade zu dir gesagt?" Madita saß regungslos da, wobei sie das Buch nicht aus den Augen ließ. Mein Buch, mein Lebensbuch, mein Lebensbuch meiner Seelengefährten, klang es in ihr nach. „Sehr aufschlussreich!", sagte sie etwas erfreut, doch gleichzeitig auch etwas spitzzüngig. „Ja, das ist es", sagte Hope mit sanfter Stimme. „Aber um das herauszufinden, solltest du es aufblättern." Madita sah Hope entgeistert an. „Soll ich wirklich?" „Dafür bist du hier, Madita." Sie nahm das Buch in die Hand und schlug es vorsichtig auf. Auf der ersten Seite stand: Hoffnung. Hoffnung heißt das Buch also, stellte sie fest. Sie blätterte weiter und erschrak. Auf der ersten Seite waren Bilder von

Menschen, mit denen sie engeren Kontakt pflegte und gepflegt hatte. Schulfreundinnen wie Renate, Ilse, Gabi und noch einige mehr.

Ich ließ das Buch kurz auf meine Brust sinken. Ich konnte es kaum glauben. Schon bei dem Namen *Daniel* hatte ich nicht schlecht gestaunt. Jetzt aber wo ich auch noch *Gabi* las, gab es keinerlei Zweifel mehr, dass es sich hierbei um eines dieser Fast-fertig-Bücher handelte. Gabi hatte es natürlich nicht versäumt, sich selbst mit einzubringen. So fuhr ich fort und war gespannt, welche weiteren Verknüpfungen wohl noch auftauchen würden.

Madita sah auf das Bild von Ilse. Ilse, ihre Freundin. Sie schwelgte in Erinnerungen. Ilse war immer für sie da. Sie war eine eher unscheinbare Person. Das kam Madita gelegen, weil Madita immer die Führung übernehmen wollte. Ilse war so lange gut genug, solange Gabi keine Zeit für sie hatte. Irgendwie bösartig und ungerecht von mir, ging es Madita durch den Kopf. Ilse machte immer das, was andere wollten. Wie praktisch! Ilse hat immer zu ihr aufgesehen und sie bewundert. Madita genoss das in vollen Zügen. Irgendwann hat Ilse ihr ihren damaligen Freund Manfred abspenstig gemacht und Madita hatte sich zurückgezogen.

Gabi war etwas Besonderes. Gabi war eben Gabi. Sie hatte reiche Eltern und immer die teuersten Kleider an. Aber für Gabi war das normal. Sie war ein herzlicher Mensch und sie war ehrlich. Gabi war etwas Besonderes. Aber bei Gabi hatte sie nie dieses Gefühl wie bei Ilse, umschwärmt und emporgehoben zu werden. Gabi hatte nicht immer Zeit für Madita, weil sie jedes Wochenende mit den Eltern aufs Land fuhr. Sie hatte Pferde, spielte Tennis und nahm Gesangsunterricht. Gabi war einfach bewundernswert und bildhübsch. Für Madita war Gabi wie eine Schwester, bei ihr fühlte sie sich geborgen. Sie hatten sogar Blutsbruderschaft geschlossen, mit allem, was dazu gehört. Sie hatten sich mit einem Messer einen kleinen Schnitt in die Hand gemacht und ihre Wunden fest aneinander gepresst. Komplett unsinnig und überflüssig, aber seit diesem Moment fühlten sie sich noch tiefer miteinander verbunden.

Gabi unternahm auch viel mit Renate, wenn es ihre Zeit zuließ. Aber Madita mochte Renate nicht und Renate mochte Madita nicht. Renate wollte immer so sein wie Gabi und tat alles, um in ihrer Gunst zu sein. Sie war eingebildet und arrogant. Renate stritt mit Madita des Öfteren und erfand Lügengeschichten. Viele Freundinnen schenkten Renate Glauben. Außer Gabi, die immer an Madita glaubte und in jeder Situation zu ihr hielt.

Wie ich diese Renate hasse. Ich habe es bis heute nicht vergessen, was sie mir angetan hat, ging es Madita durch den Kopf. Renate hatte die Geldbörse aus Gabis Tasche entwendet und unter Maditas Pult gelegt. Keiner hat ihr geglaubt. Madita kämpfte mit ihren Tränen. „Ich wollte das mit Gabi klären. Sie hat die Wahrheit nie mehr erfahren, denn ein paar Tage später … Diese Worte verließen als ein schmerzhaftes, leises Flüstern Maditas Lippen. Sie spürte einen Kloß im Hals und musste schluckten. Sie holte tief Luft. Tränen liefen ihr über das Gesicht. „Und eine Woche später …“ Madita stockte. „Eine Woche später“, fuhr sie schweren Herzens fort, „kam Gabi bei einem Autounfall ums Leben.“ So jetzt war es raus und Maditas Herz klopfte wie wild. „Ich wollte ihr doch noch …“ Madita legte ihre Hände vors Gesicht und stammelte noch einmal: „Ich wollte ihr doch …“ „Madita, Gabi weiß, dass du es nicht warst. Sie hat es immer gewusst, dass du mit dieser Sache nichts zu tun haben konntest. Die Seele von Gabi hat dich geliebt, liebt dich und wird dich immer lieben.“ Bilder liefen vor Maditas Augen ab und sie sah den Tag, als ihr diese schreckliche Nachricht überbracht wurde. Es regnete in Strömen. Diese Weltuntergangsstimmung machte sich auch jetzt in ihr breit. Als sie es erfahren hatte, rannte sie in ihr Zimmer und warf sich auf ihr Bett. Sie hatte sich zwei Tage eingeschlossen und wollte niemanden sehen. Es war, als hätte man ihr ihre Schwester genommen. Immer wieder schrie sie aus lauter Zorn, wie ungerecht das doch wäre und warum Gott sie so bestrafen würde.

Madita legte das Buch aufgeschlagen auf den Tisch. Empört und mit schroffer Stimme sprach sie zu Hope: „Menschen, die mich lieben, hast du gesagt. Ich glaube dir kein Wort! Menschen, die mich lieben, stelle ich mir ein bisschen anders vor!“, schrie sie unkontrolliert, mit lauter

Stimme heraus. „Nein, Madita, ich sagte, Seelen, die dich lieben." „Und wo ist da der Unterschied? Den kannst du mir sicher auch erklären! Du weißt ja alles! Also dann sag es mir!", entgegnete Madita sehr barsch und unkontrolliert. Madita wurde ungeduldig und hatte ihre Emotionen gar nicht mehr unter Kontrolle. Sie klopfte mit ihren Fingern angespannt auf der Tischkante auf und war etwas irritiert von Hope, der immer noch die Ruhe in Person war und dabei genüsslich an seiner Pfeife zog.

„Madita, alle Seelen in diesem Buch sind deine Helfer. Sie lenken dich in eine gewisse Richtung oder weisen dich auf etwas hin. Sie haben einzig und alleine die Aufgabe, dir die Möglichkeit einzuräumen, dir selbst ein Stück näher zu rücken. Dich zu erkennen. Dich in ihnen zu entdecken. Und in Wahrheit existieren die anderen nicht getrennt von dir, sondern sie sind nur eine Spiegelung. Ihre Erscheinung erscheint in deinem Licht, das du in Wirklichkeit bist. Als Mensch kannst du das vielleicht noch nicht erkennen, aber so ist die Realität. Alles, was geschieht, geschieht einzig und allein aus Liebe, weil alles, was ist, Liebe ist." „Aha … und mich als Diebin hinstellen wollen, das ist Liebe? Du weißt ja gar nicht, was du sagst, Hope! Welchen Unsinn du da redest." Madita schüttelte uneinsichtig ihren Kopf und war außer sich vor Zorn. „Madita, kannst du die Wahrheit vertragen und bist du stark genug für eine Aufklärung?", sagte Hope einfühlsam und liebevoll. „Sicher bin ich das, ich bin doch nicht aus Zucker!"

Hopes ausgeglichener Tonfall ließ Madita noch mehr erzürnen. Diese alten Wunden, die nun aufbrachen, forderten eine persönliche Ablehnung nahezu heraus. Es war fast unmöglich, sich anders zu verhalten, denn die entzündeten Stellen mussten zuerst aufplatzen und ihre eitrige Täuschung und Unwissenheit ans Tageslicht befördern, bevor sie ausheilen konnten. „Madita, die Freundschaft zu Gabi wurde doch unterbrochen, als das mit der Geldtasche passiert ist, weil Gabis Eltern ihr verboten hatten, sich weiterhin mit dir zu treffen. Entspricht das auch deiner Sichtweise?" „Ja! Genau so war es und Renate ist schuld! Renate ist schuld, dass unsere Freundschaft aufgrund einer Intrige zerbrochen ist." Madita kämpfte mit den Tränen und ein tiefer Schmerz war an die Oberfläche geraten, der sich so richtig ausbreitete. „Madita, wenn das nicht passiert wäre und

Renate das nicht getan hätte, dann ..." Hope sah sie sehr einfühlsam an und wollte sie bei der Hand nehmen. Madita zog ruppig ihre Hand zurück und mit einem bestimmenden Ton sagte sie: „Ja, und was wäre dann?" Der Raum hüllte sich in Schweigen. Madita wurde ungeduldig und ihre Stimme wurde noch schroffer. „Ja, was wäre dann? Das würde mich jetzt wirklich interessieren!" Selbstgefällig verschränkte sie ihre Hände und wartete mit starrem Blick auf die Antwort von Hope. „Dann wärst du auch in diesem Auto bei Gabi gesessen."

Madita blickte in Hopes Gesicht. Sie war wie gelähmt von seiner Aussage und für einen Moment lang konnte sie sich nicht bewegen. Sie starrte Hope an und schwieg. Nach ein paar Minuten sprang sie auf und fiel Hope um den Hals. Sie schluchzte und fühlte grenzenlosen Schmerz. Sie drückte ihn und fühlte seine Nähe, die ihr Trost spendete und ihr versteinertes Herz wieder öffnete. Madita löste sich aus der Umarmung und setzte sich wieder auf ihren Sessel. Etwas benommen und mit einem schlechten Gewissen sagte sie: „Entschuldigung, Hope! Entschuldigung! Es tut mir so leid!"

Eine Zeit lang schwiegen beide vor sich hin. Madita gingen tausend Dinge durch den Kopf und sie fühlte immer noch diesen Schmerz. Plötzlich war der Hass für Renate verschwunden und Madita überkam eine tiefe Dankbarkeit. Die Dinge hatten eine überraschende, ganz neue Perspektive bekommen. Madita fühlte sich schuldig für ihr damaliges Verhalten und schämte sich dafür. Dein Herz sieht anders als dein Verstand, hallte es in ihr nach. Ich glaube, ich habe verstanden! In Gedanken versunken fiel ihr Ilse ein, die ihr Manfred ausgespannt hat. Sie waren ja nur ein Jahr zusammen gewesen, bis er mit seinen Eltern ins Ausland gegangen war. Vielleicht hatte Ilse ihr den Schmerz erspart, den sie bei der Trennung erfahren hätte, denn sie selbst hatte Manfred ja erst ein paar Tage gekannt.

„Ich glaube, ich lerne zu erkennen", sagte Madita etwas gehemmt. „Nein, du öffnest dich, um zu erkennen", erwiderte Hope. „Habe ich ja auch gemeint", schmunzelte Madita und irgendwie hatte sich in ihr eine Blockade gelöst. Sie fühlte sich erleichtert und war dankbar, hier sein zu dürfen. „Dafür bin ich hier. Es ist dein Weg. Der Weg bis ans Ende des

Regenbogens. Es ist ein wegloser Weg, dieser Weg, der als Weg erscheint, aber in Wahrheit gar kein Weg ist." Das klang etwas kompliziert, aber sehr lieblich und fein. Madita mochte diese Sprache und so gut es ging, versuchte sie sich anzuschließen.

„Der Pfad der Hoffnung. Du bist Hope, die Hoffnung. Durch dich die Wahrheit zu fühlen, um Begegnungen zu durchschauen und den Hintergrund zu erfahren. Das ist die Erkenntnis dieses weglosen Weges, wie du es so schön sagtest." Madita fand ihre Sätze nicht so kraftvoll und elegant, wie die von Hope es waren, aber sie hatte sich zumindest bemüht, ihr Herz sprechen zu lassen. „Ja, Madita, alles, was dir widerfährt, ebnet dir deinen Weg, wenn du es nicht übersiehst."

Madita nahm das Buch wieder in die Hand und war bereit für neue Erkenntnisse. Sie blätterte weiter und sah Gesichter, die sie von der Schule kannte, Bekannte und Freunde. Es gab auch Bilder von Menschen, die sie nicht kannte. Schließlich noch die Bilder ihrer Familie. Da waren ihre Mutter, ihr Vater, ihr Bruder und seine Kinder Detlef, Johannes und ... Madita bemerkte rasch, dass da jemand fehlte. „Und ..." Sie war etwas nervös und ins Stocken geraten. Ein mulmiges Gefühl stellte sich ein und sie rutschte angespannt auf ihrem Sessel hin und her. „Wo ist Daniel?", fuhr sie fragend fort. „Später, Madita." Tausend Gedanken schossen ihr durch den Kopf. Ihr Lieblingsneffe Daniel, den sie so sehr liebte, warum war da kein Foto?

Es waren doch alle, die sie kannte, abgebildet und genau der, an dem ihr am meisten lag, glänzte mit Abwesenheit. Wie konnte das sein? Sie blätterte weiter und war schließlich am Ende des Buches angelangt. Madita legte das Buch zur Seite. „Wieso sind da Bilder von Personen, die ich nicht kenne?" „Manche wirst du noch kennenlernen. Manche sind dir nicht begegnet, weil sich dein Leben ja verschieden gestalten kann. So verschieben sich manche Begegnungen und einige kommen nicht zustande."

Der gutaussehende Mann auf der vorletzten Seite war mir gleich aufgefallen, dachte Madita, und bei seinem Anblick wurde ihr warm ums Herz. Wer das wohl war? Hoffentlich ist das nicht einer von denen, die ich versäumt habe. Aber die vorletzte Seite könnte ja auch aussagen, dass diese Begegnung noch bevorsteht. Madita grübelte und kratzte sich dabei nachdenklich am Kopf. Zu ihrer Enttäuschung sah es so aus, als ob Hope ihre Gedanken diesmal ignorierte. Schweigen. Schweigen der Lämmer, dachte Madita. Wie im Film. Hope, ach bitte, spann mich doch nicht so auf die Folter. Wer ist denn nun dieser sympathische Mann? Lies doch meine Gedanken oder fühle sie. Wie du willst, aber sag irgendetwas, etwas. Es kam nichts. Außer einem undurchsichtigen Blick, der nicht das Geringste erahnen ließ, war da nichts. Rein gar nichts. Ach, Mann … Ein tiefes Seufzen half hier auch nicht weiter. Mensch … Mensch passte hier ja nicht unbedingt, denn mit einem Menschen hatte es Madita ja an dieser Stelle nicht zu tun. Hope genoss es förmlich, Madita zappeln zu lassen und beobachtete sie dabei, wie sie wieder einmal ungeduldig auf ihrem Sessel hin und her rutschte.

Madita, du wirst ihn noch kennenlernen, fühlte sie tief in sich, aber Hope hatte nichts gesagt. Er nickte ihr nur bestätigend zu und zauberte Madita somit ein Lächeln ins Gesicht. Sie strahlte förmlich und fühlte sich plötzlich pudelwohl in ihrer Haut. Natürlich konnte sie das nicht bei dem belassen. Sofort sprudelten Fragen über Fragen aus ihr heraus. Wann ich ihm wohl begegnen werde? Werden wir heiraten? Wie er wohl heißt? „Soll ich dir seine Telefonnummer geben?“, sagte Hope. „Ja, ja bitte“, schoss es eifrig hervor. Madita hielt inne. Sie merkte, dass Hope sie auf den Arm nehmen wollte. Ihr habt aber einen sonderbaren Humor in diesem Regenbogenland! „Ich weiß.“

„Madita, es ist spät, du solltest zu Bett gehen. Bist du gar nicht müde?“ „Doch, das bin ich.“ Sie wollte gerade aufstehen, da fiel ihr Daniel wieder ein. „Daniel, Hope! Was ist mit Daniel?“ „Nimm das Buch noch einmal zur Hand und blättere es noch einmal durch.“ Madita überlegte, wieso sie das machen sollte, sie hatte es doch Seite für Seite durchgeblättert und ihn nicht gesehen. „Hab ich etwas übersehen?“ „Nein, Madita, schlag es einfach noch einmal auf.“ Wieso sollte sie das Buch noch einmal aufschlagen, wenn sie ja nichts übersehen hatte? Aber in diesem komischen Land war alles möglich. Madita runzelte die Stirn und folgte der Anweisung von Hope und schlug das Buch ein weiteres Mal auf. Hoffnung stand immer noch auf der ersten Seite. Sie blätterte gespannt weiter. Auf der nächsten Seite waren da immer noch die Bilder von Renate, Ilse und … Ihr Atem stockte. Das war kaum zu

glauben. „Das gibt es doch gar nicht! Das kann doch nicht sein!" Madita rieb sich ihre müden Augen.

„Tatsächlich. Renate, Ilse und … DANIEL. Hope, Daniels Bild ist jetzt dort, wo Gabis Bild war!" „Soll ich dir das erklären?" Madita fiel es wie Schuppen von den Augen. Ihr Daniel, den sie so mochte. Ihr Daniel, den sie über alles liebte und der immer etwas Besonderes für sie gewesen war. Ihr Daniel, der auch verrückt nach ihr war und so an ihr hing. Ihre Gabi war jetzt … ihr Daniel! Madita fühlte die Antwort. Es brauchte keine Erklärungen mehr. Sie legte das Buch zur Seite. Ohne etwas zu sagen, erhob sie sich. Sie wollte jetzt nicht mehr darüber sprechen. Hope begleitete sie zu ihrem Zimmer. Da stand ein gemütliches Bett, das nur darauf wartete, benutzt zu werden. So sah es zumindest Madita.

Ein Mädchen namens Marie

Ein zaghaftes Klopfen holte mich in das Leben zurück. Welch ein Timing! Noch ein paar überleitende Worte und schon war das Kapitel zu Ende. Ich legte das Buch zur Seite und hörte genauer hin, da war aber nichts. Meine Gedanken waren bei Hope, der so wie *Niemand* Gedanken lesen konnte. Die Türklinke bewegte sich und ich hörte ein leises Husten. Ein Blick in den Gang verriet mir, dass es das elfenhafte Mädchen namens Marie sein musste, denn ich sah an der Treppe hinter der Mauer goldbraun gelockte Haare und die Spitzen ihrer Füßchen hervorschauen. Schüchtern blickte sie in meine Richtung. „Marie?", rief ich freudig, ohne mich dabei wiederzuerkennen, „Kommst du mich besuchen?" Auf dieses Stichwort schien sie gewartet zu haben. Jegliche Zurückhaltung schien verflogen zu sein. Das Mädchen rannte an mir vorbei und ehe ich mich versehen konnte, war sie auch schon auf mein Bett gesprungen und lachte voller Freude. „Was hast du denn da?", fragte ich sie, als ich ihren Walkman entdeckte. „Ach", sagte sie, „*Hanni und Nanni,* das sind meine Lieblingsgeschichten. Die hier kenne ich aber schon bald sehr gut auswendig! Und du? Stehst du tagsüber nicht auf?", fragte sie keck. „Am Tag schlafen nur Babys und alte Menschen", fügte sie entrüstet hinzu. „Und öffne mal das Fenster, hier riecht es komisch." Während ich das Fenster gehorsam kippte, entdeckte sie das Buch. „Was hast du für ein tolles Buch!", sagte sie mit staunenden, neugierigen Augen. „Ein Regenbogen", freute sie sich über die Abbildung. „Willst du mir daraus vorlesen?" Fragend hielt sie mir das Buch entgegen. Sie war echt quirlig, diese kleine Marie. Ein Engel auf Erden. Diese wunderbare Unbefangenheit ging mir sehr nahe und entlockte längst vergessene Gefühle in mir. Es gelang ihr scheinbar genau so schnell, wie dem weisen Buchhändler gestern, mich direkt zu berühren. Ohne Umwege und viel Drumherum traf auch sie mitten ins Herz.

„Oder willst du mir etwas anderes erzählen?", rettete sie mich aus meinen Gedanken, während sie das Buch immer noch in meine

Richtung hielt. Also setzte ich mich zu ihr und blätterte darin, ohne wirklich zum Lesen zu kommen, denn aus ihr sprudelte ein neugieriges „Wo kommst du her und was tust du hier?" hervor. „Hey, du willst aber alles genau wissen", lachte ich ihr zu und strich ihr dabei über ihre wunderschöne lockige Haarpracht. „Das sagt meine Mama auch immer", sagte sie etwas entrüstet. „Und dein Papa?" „Mein Papa sagt nichts dazu, denn der wohnt jetzt beim lieben Gott." Ich hielt kurz inne. Ihre Stimmung änderte sich bei dieser Aussage kein bisschen. „Bist du traurig darüber?" „Traurig? Nö, … früher … ein bisschen", stockte ihr Redefluss, „aber heute weiß ich ja, dass es ihm gut geht. Es gibt keinen schöneren Ort wie den Himmel!", freute sie sich zu sagen. „Woher weißt du denn das, Marie?" Sie kratzte sich am Kopf und bekräftigte, dass man das doch wissen müsste. „Warst du schon einmal dort?", fragte ich, um zu sehen, welch wunderbare Antwort sie wohl noch auf Lager hatte. „Ja, in meinen Träumen oder in meinen Gedanken. Ich denk mich einfach hin. Schau …" Sie zupfte mich am Oberarm, „du machst einfach so!", und kniff die Augen fest zusammen. Dann schüttelte sie den Kopf und öffnete wieder ihre Augen. „Aber so ganz echt, mit allem Drum und Dran, ich meine, mit meinem Körper und so, war ich natürlich noch nicht dort! Wenn ich einmal hingehe … und das wirst du bestimmt auch einmal …", sagte sie ganz energisch und klopfte mir dabei beruhigend auf die Schulter, „dann werde ich meinen Körper hier lassen. Den kann ich ja nicht mitnehmen. Aber das macht mir nichts aus, denn wenn ich in meinen Gedanken bei Papa bin, fühlt es sich ja auch gut an." „Ach ja", fügte sie noch hinzu, „und einen Himmel gibt es nicht wirklich, dem sagt man nur so, weil bis jetzt noch kein anderer Name dafür gefunden wurde." Sie schien zu wissen, wovon sie sprach.

„Wie würdest du den Himmel denn nennen? Weißt du denn schon einen anderen Namen?" „Nöööö", sagte sie perplex, „keinen anderen, den richtigen …", und stoppte abrupt ab. „Und wie lautet der richtige Name?" „Na, weißt du denn das selbst nicht mal?!", antwortete sie etwas verwundert und zog dabei ihre Augenbrauen hoch. Ich zuckte mit den Schultern und ohne meine Antwort abzuwarten, sagte sie ganz leise und etwas schüchtern: „Niemandsland!“ Und schon hatte sich in mir wieder eine Assoziation zu meinem Inder eingeschlichen. Der schien mich auch außerhalb meines Gedankenguts und meiner Gefühlswelt zu begleiten.

„Weißt du, so ein Körper kann auch sehr anstrengend sein!“, sagte sie altklug. „Wie meinst du das?“ „In vielen Dingen“, überlegte das engelhafte Mädchen ganz kurz. „Man muss ihn waschen.“ „Na, das ist allerdings ein Argument!“, lachte ich laut auf. „Und wenn es kalt ist, muss man ihn warm einpacken, damit er nicht krank wird … zum Beispiel“, fügte sie noch beschäftigt hinzu. Wie sie dieses *zum Beispiel* aussprach, hatte etwas sehr Witziges an sich. Sie ließ sich mit dem Oberkörper auf das Kopfkissen zurückfallen und seufzte dabei.

„Bist du vielleicht krank?“, fragte sie mitfühlend. „Ja, ein bisschen, aber es geht schon wieder. Wie kommst du denn darauf? Sehe ich etwa so aus?“ „Es geht so. Etwas weiß ist dein Gesicht schon!“ Sie musterte mich etwas genauer. „Oder, nein doch nicht.“ Schon freute ich mich, dass sie ihre Feststellung rückgängig machen würde, aber nein: „Doch eher grau würde ich sagen!“, fuhr sie unverzüglich fort. „Deiner Haut fehlt *auch* Sonne.“ Mit dieser Feststellung hatte sie allerdings Recht, denn an meinem Arbeitsplatz schien die Sonne doch eher weniger. Wie war jetzt aber dieses *auch* gemeint, das sie so hervorgehoben betont hatte?

„Anderseits … du bist ja kein Baby mehr und noch nicht so alt, also kannst du nur krank sein! Warum sonst liegst du freiwillig im Bett? Liegen ist langweilig!“ Dabei sprang sie mit einem Satz auf, lief ins Badezimmer und rief: „Fang mich, fang mich.“ Sie sprang und sang wirbelnd durch den Raum. Unglaublich, welche Lebensfreude sie ausstrahlte und in sich trug.

Ein höfliches und sehr vornehm klingendes „Entschuldige mich!“ ließ mich schmunzeln. „Du bist ja nicht ganz gesund heute“, sagte sie sehr ernst und wies sich dabei selbst zurecht, nicht ohne dabei mein Gesicht ein weiteres Mal etwas mitleidig in Augenschein zu nehmen. „Wir wollen uns doch lieber beide hinlegen. Auch wenn das nicht so viel Spaß macht. Lies mir halt was vor, das ist nicht so anstrengend, wie Fangen spielen." Und schon war sie wieder auf das Bett gesprungen, zog die Decke bis zum Kinn und winkte mit dem Buch. „Du hast es schon gemütlich hier!" Während ich mich zu ihr setzte, fragte ich sie, wie alt sie doch sei. „Nächsten Monat werde ich eine Hand ", sagte sie sehr freudig und bestimmt, „und einen Finger!", fügte sie noch hinzu. Dabei streckte sie ihre Hand aus und zählte langsam von eins bis fünf, wobei sie den Daumen zweimal verwendete und war sichtlich stolz, das schon so gut zu können. „Hey, du kannst ja schon sehr weit zählen", lobte ich sie in vollen Zügen. „Ja, sogar bis dorthin, wo ich doppelt so alt bin wie jetzt. Das hat mir mein Papa gelernt." „Aber ich dachte, der ist im Himmel?" „Ja und?", fügte sie voller Unverständnis hinzu, ohne näher darauf einzugehen. „Die Fünfzehn kann ich noch zusätzlich", ergänzte sie stolz. „Und was ist mit der Dreizehn und mit der Vierzehn?", fragte ich. Sie zuckte mit den Achseln, als ob sie mit diesen zwei Zahlen nichts am Hut hätte. „Warum gerade die Fünfzehn? Ist diese Zahl etwas Besonderes?", fragte ich neugierig. Sie strahlte über das ganze Gesicht, es war, als ob die Sonne aufgehen würde. „Mit fünfzehn bekomme ich ein Pferd!", sagte sie stolz. „Ich werde es aber nicht so viel reiten, denn das mögen Pferde nicht besonders." Dabei schaute sie mich gedankenversunken an. „Und ganz viel später werde ich ihm die Freiheit schenken!", sagte sie mit großer Entschlossenheit. Bei diesem Thema klang sie wieder sehr erwachsen. Es gelang ihr, in kürzester Zeit eine Vielfalt ihres Wesens zu präsentieren, was mich nur noch staunen ließ.

„Wie heißt du überhaupt?", fragte sie im gleichen Atemzug und sprang von einem Thema in das nächste über. Man musste gut aufpassen, um ihr auch folgen zu können, so ungestüm plapperte sie drauflos. „Madita. Ach ja, Entschuldigung, ich hatte mich dir nicht vorgestellt." „Das macht nichts", sagte Marie sehr verständnisvoll, „aber weißt du, Madita, es ist so", und ihr Tonfall erinnerte mich an den einer Lehrerin. „Man kann auch mit Dingen sprechen, die nicht so richtig sichtbar sind." Sie überlegte und spielte dabei mit ihren Locken, so nach dem Motto: Wie erkläre ich das nur einem begriffsstutzigen Erwachsenen am besten? Aha, jetzt war sie wieder bei ihrem Papa. Sie war wieder ein Thema zurückgesprungen und sagte sehr weise: „Auch wenn du es nicht verstehst, ich kann ja trotzdem mit Papa sprechen und er zeigt mir alles, was ich wissen möchte. Ich kann ihn auch sehen, wenn ich das möchte. Weißt du, Mama findet das blöd. Sie sagte immer, es sei Unsinn, was ich da rede." „Und was sagst du darauf?", fragte ich. „Eigentlich gar nichts." Sie atmete tief durch und stöhnte ein leises: „Irgendwann ist es einem zu dumm!

Weißt du, sie sieht nur die unwichtigen Dinge im Leben, wie zum Beispiel wenn ich meine Haare nicht gekämmt habe oder wie sie ihre Rechnungen bezahlen kann. Das mit Papa, das wird sie nie verstehen." Sie schüttelte eindringlich den Kopf. „Also muss ich mich auch gar nicht mehr anstrengen, es ihr beizubringen. Es tut mir aber leid", sagte sie mit etwas traurigem Blick. „Was tut dir leid?" „Ja, wenn sie traurig ist wegen Papa. Sie könnte doch einfach mit ihm reden, im Gedanken meine ich natürlich, oder wenigstens wissen, dass es ihm gut geht."

„Ja weißt du", nahm ich ihre Mutter in Schutz, „die Erwachsenen sind da oft etwas eigen und stur, Marie. Sie können nicht so mit dem Herzen sehen wie du. Fast alle Kinder können das, aber eines Tages wird es auch um sie immer dunkler und dann erkennen sie diese Dinge auch nicht mehr." Wie schnell man doch vergisst! „Das finde ich doof. Ich bleib lieber so wie jetzt!" Sie schloss die Augen und sagte ganz inbrünstig: „Ich wünsche mir, so zu bleiben … so, wie ein Kind ist. Ich will nicht erwachsen werden und so leiden müssen. Weißt du, die großen Menschen haben nur Kummer und sorgen sich ständig. Sie denken falsch!", stellte sie voller Überzeugung fest. „Und sie lügen! Sie versprechen Dinge, die sie nicht halten und sie sind selten gerecht. Ja, sehr oft unfair sogar. Und mit Tieren gehen sie blöd um. Sie sperren sie ein oder essen sie sogar. Diese ausgewachsenen Menschen sind arm. Zum Glück wachse ich noch eine Weile lang, bevor ich groß bin!", sagte sie mit der Befürchtung, dass ihr Wunsch, ein Kind zu bleiben, wohl doch nur ein Wunsch bleiben würde. Alles, was sie von sich gab, war sehr eindrücklich, klar und weise. Die Worte *eigentlich* und *trotzdem* schien es in ihrem Sprachschatz wohl nicht zu geben.

„Ja, du hast Recht, es ist eigenartig, je erwachsener die Menschen werden, umso größer werden auch ihre Probleme. Und es wird tatsächlich jeden Tag dunkler in ihnen und somit auch um sie herum, wenn sie sich nicht ernsthaft bemühen, nach ihrem Licht Ausschau zu halten. Und somit könnte ihnen das Wahre für alle Ewigkeiten verborgen bleiben. Die Dunkelheit bleibt an all denen haften, die sich nicht um ihr Licht kümmern." Ich war etwas verwundert über diese Sätze, die in absoluter Leichtigkeit einfach so da waren. Es hörte sich zwar toll an, aber ich gab hier etwas von mir, das ich selbst nicht lebte. Auch wenn ich meine Worte als wertvoll empfand, waren diese wie der Inhalt von unzähligen Büchern, die ich gelesen hatte, nur leeres, ungelebtes Wissen und ein gescheites Daherreden ohne Substanz. Es war wohl Marie, die mich inspirierte und mich ein Stück an ihrer Wahrheit teilhaben ließ. „Duuuuu, kann ich dir was sagen?", fragte sie mich etwas zögerlich. „Ja sicher, wann immer du willst", versicherte ich ihr. „Also dann, nimm es nicht persönlich, aber was du eben gesagt hast, stimmt nicht ganz. Ewigkeit kann dir nämlich überhaupt gar nicht verborgen bleiben." Sie rümpfte kurz die Nase, bevor sie abschließend ein „Weil dir nicht etwas verborgen bleiben kann, was du bereits bist!" hinzufügte.

Mir fehlten die Worte und diese heilenden Sätze kamen in mir an. Wirklich in mir, denn mein Verstand war diesmal still, ruhig und leer geblieben. „Ich mag die Sonne!", sagte Marie plötzlich, während sie mich mit ihren großen, warmen Augen anstrahlte. „Sonne ist viiiiiiiiiiiiiiiiiiel Licht", alberte sie herum. Sie war so unbeschwert und lieblich, man musste sie einfach gern haben. Marie entzückte aber auch mit ihren tiefen Antworten, die ihr so spielerisch entglitten. Sie erinnerte mich an den weisen Inder. Dieser ging mir sowieso andauernd durch den Kopf. Er hatte seit gestern einen besonderen Platz in meinem Herzen und ich hatte das Gefühl, ihn schon sehr, sehr lange zu kennen.

„Kennst du den Mann vom Buchladen ums Eck?“, wollte ich von Marie wissen. „Du meinst meinen Freund, den Indianer.“ Dabei verzog sie das Gesicht und schnitt seltsame Grimassen. „Er sieht lustig aus und er ist toll. Einfach nur toll, der Indianer. Er ist einer von der seltenen Sorte!“ Welch eigentümlicher Satz. „Warum Indianer?“, wollte ich wissen. „Er hat mir seinen Namen nicht verraten, aber er mag Pferde. Und Indianer sind auch fast so weise wie er. Und da er so eigen ist und nicht so aussieht wie zum Beispiel mein Onkel, unser Nachbar Kurt oder mein Bruder, nenne ich ihn halt so. Ein normaler Name würde nun wirklich nicht zu ihm passen! Weißt du, man kann ihn einfach nicht beschreiben!“, sagte sie mit einer Bestimmtheit und Begeisterung. Ich nickte dazu bejahend mit dem Kopf. „Ja genau, er ist unbeschreiblich!“, sagte ich zu ihr und sie gab mir das Gefühl, ihn, so wie ich, auch etwas anders erlebt zu haben. „Wie sieht denn dein Onkel aus?“, fragte ich ganz interessiert. „Ganz normal eigentlich!“ Sie rümpfte wieder die Nase. „Er hat kurze Haare. Aber nur an der Seite vom Kopf und in der Nase. Die anderen sind ihm abhandengekommen.“ Na, das war ja nun mal eine sehr eindeutige Erklärung. „Aha!“, entgegnete ich schmunzelnd und ertappte mich in einer selten da gewesenen Ausgelassenheit.

„Wie nennst du ihn denn?“, wollte Marie nun von mir wissen und wartete wissbegierig auf eine Antwort. „Glatzkopfindianer vielleicht?“, sagte ich spontan. „Nein, ich meine den richtigen Indianer natürlich … nicht meinen Onkel!“ Sie verkniff sich ein lautes Gelächter. „Das wollte ich jetzt eigentlich nicht sagen“, entschuldigte ich mich bei ihr, „aber es hat jetzt wirklich mehr als gut gepasst, diese Kombination.“ „Mehr als gut? Auch kein Deutsch!“, konterte sie in einem schwer verständlichen Gemisch aus Wort- und Lachgesang, wobei sie ihr Lachen nicht mehr zurückhalten konnte. Wir schüttelten uns beide vor Lachen und Marie klatschte freudig in die Hände. „Sag jetzt aber nicht, du weißt es, denn normalerweise sagt er seinen Namen niemandem!“, sagte sie etwas entrüstet und konnte kaum abwarten, eine Antwort zu erhaschen.

Da war es wieder, das Wort, dieses *Niemand*, welches mich zu verfolgen schien. Ich wurde etwas verlegen, als ich mich wieder an diese Situation erinnerte, in der er diesen Namen ausgewählt hat. *Niemand* wollte ich jetzt aber nicht sagen. „Ich weiß nicht", stammelte ich vor mich hin. In mir flammte meine Namensvetterin auf und das wunderbare engelhafte Wesen namens Hope, der irgendwie meinem *Niemand* glich. „Ach … ja", sagte ich, „ich nenne ihn Hope!", und dabei wurde mir ganz warm ums Herz, „Hope?" wiederholte sie entrüstet. „Das ist ja kein Name!" „Hope ist englisch und bedeutet Hoffnung." „Hoffnung …", wiederholte die Kleine leise, „welch schöner Name!", schwärmte sie mit verzauberndem Blick. „Englisch kann ich auch!", sagte sie stolz. Dabei warf sie ihre gelockten Haare über die Schulter. „You and I", sagte sie einem sehr schwer verständlichen Englisch und dabei deutete sie mit dem Zeigefinger auf mich und auf sich selbst. „Toll, wie du Englisch sprichst!" Sie strahlte über das ganze Gesicht und freute sich über mein Kompliment. Viel besser war mein Englisch ja auch nicht gerade, woran mich der gestrige Tag nur zu gut erinnert hatte.

„Weißt du, Madita, der Indianer ist nicht so wie meine Mama." „Das will ich doch hoffen!", entgegnete ich, wobei ich mein Lachen wieder nicht zurückhalten konnte. „Der Indianer hat die Sonne im Herzen, bei meiner Mama ist es dunkel. Und alle anderen Bewandten sind auch voll finster innen drin." „Du meinst deine anderen Verwandten?" Sie nickte etwas teilnahmslos und hatte einen sehr mitfühlenden Ausdruck im Gesicht. „Aber du bist auch eher indianisch, mit etwas Sonne und so … du verstehst!" Ich fühlte mich sichtlich geehrt, auch wenn sich mein Ego etwas aufplusterte, aber Maries Worte waren die eines Meisters. Sie lächelte mir zu und legte ihren Kopf in meinen Schoß. Dabei entdeckte ich einen süßen silbernen Katzenanhänger, der an einem Lederband baumelnd ihren Hals zierte. Ich strich ihr durch ihre widerspenstigen Locken und hatte das Gefühl, ihr nicht das erste Mal begegnet zu sein. Diese Vertrautheit war schon etwas eigenartig. Und doch – es fühlte sich gut an.

Das Läuten meines Handys ließ die Hoffnung erwecken, meinem ursprünglichen Reiseziel etwas näher zu kommen. Komischerweise freute ich mich aber nicht besonders darüber, ehrlich gesagt, ich freute mich gar nicht. Frau Manneder hatte sich etwas Sorgen gemacht und fragte, wo ich denn stecken würde. Ich erklärte ihr kurz, was passiert war. Dann deutete ich Marie, mir einen Stift zu reichen und schrieb mir die Telefonnummer und die genaue Adresse auf: „Erlengrund 8", wiederholte ich laut. So hieß nun diese Straße mit der berühmten Baum-Eselsbrücke. Ach ja, genau, eines meiner Lieblingsbücher aus der Jugendzeit. *Ein Schatten fällt auf Erlengrund!* Da war es wieder! Nur blöd, wenn man die Eselsbrücke vergisst!

Marie beobachtete mich fasziniert und ließ mich keine Sekunden aus den Augen. Frau Manneder sagte mir, dass sich gestern überraschend drei unangemeldete Gäste für vier Nächte einquartiert hätten und ob es mir etwas ausmachen würde, noch drei Nächte im Hotel zu bleiben. Ich atmete auf. Das kam mir gelegen. Es war halt kein normales Hotel, dieser Ashram, wo man eine Reservierung fix buchen konnte. Die Flexibilität dieser Einrichtung imponierte mir und passte so überhaupt nicht in den klassischen Ablauf einer Urlaubsbuchung. Frau Manneder sei Dank!

„Wer war das?", fragte mich Marie ungestüm, als ich das Telefonat beendet hatte. „Das war Frau Manneder, die Leiterin des Ashrams, wo ich eigentlich Urlaub machen wollte. Ich hatte die Adresse verloren und deshalb bin ich hier gelandet." „Das freut mich!", fiel sie mir ins Wort. „Dass ich hier bin oder dass ich die Adresse verloren habe?" „Beides, sonst wärst du jetzt am Ascham." „Ashram, … im Ashram", betonte ich wiederholend. „Was ist Aschram, ähm, dieses Wort halt?" „Das ist ein Ort der Stille. So ähnlich wie eine Kirche." Eine bessere Erklärung war mir so schnell nicht eingefallen, obwohl die sehr unpassend war. „Stille ist aber nicht am Ascham. Ich habe immer Stille in mir. Er ist nur außen, der Lärm." „Wie meinst du das?", fragte ich das wunderbare Mädchen. „Marie ist laut, in mir ist es aber still. Ist es denn bei dir anders?“, fragte sie mit neugierigem Unverständnis. Wie konnte man mit knapp sechs Jahren solche Weisheiten von sich geben? „Ja“, sagte ich etwas nachdenklicher, „um mich und in mir ist es auch schon etwas dunkler geworden. Ich sehe die Dinge auch nicht mehr so hell. Sie erscheinen mir auch etwas anders als dir.“ „Sei nicht traurig, ich bin doch da und ich hab die Sonne. Es ist nie zu spät, um das Helle zu sehen. Du musst es halt wollen, das ist schon ganz stark vorausgesetzt.“ Sie grübelte kurz und sagte: „Aber die Stille ist auch nicht in der Kirche. Die Menschen gehen dorthin, weil sie den lieben Gott suchen. Sie kennen sich nicht aus, denn Gott ist nämlich überall, man braucht ihm ja bloß die Türe zu öffnen.“

„Und wie machst du das?“, fragte ich mit großem Interesse. „Still sein“, kicherte sie vor sich hin. „Damit meine ich aber nicht nur ohne reden und so“, ergänzte sie schnell und hielt kurz inne. „Was wäre das denn für ein Gott, wenn man ihn einfach so begreifen oder sehen könnte! Er ist ja keine Mogelpackung, sondern das wohl Größte überhaupt“, sagte sie ganz entrüstet. Dann nahm sie meine Hand und sagte zu mir: „Ich will dir helfen. Machen wir es zusammen. Schließ deine Augen, so wie ich!“ Wieder kniff sie ihre Augen fest zusammen, öffnete sie wieder und sagte: „Hast du es gesehen? So musst du das machen.“ Es sah lustig aus, aber weil sie sehr bemüht wirkte, bekam das Ganze etwas Erhabenes und es wirkte ernüchternd. „Und nun gib eine Hand dorthin, wo es pocht.“ Sie legte ihre Hand auf ihr Herz und war für ein paar Minuten mucksmäuschenstill. „Siehst du!“, plapperte sie wieder drauf los. „So einfach ist das! Du darfst dabei einfach nicht nachdenken, nichts fühlen und nichts hören.“ Aha, ja wenn es weiter nichts ist! Scheint ja wirklich sehr leicht zu sein! Also mit einem Satz gesagt: schier unmöglich für mich! Marie merkte wohl, dass ich diese Gabe etwas verloren oder vernachlässigt hatte und ließ sich wahrscheinlich nichts anmerken, um mir keine Blöße zu geben.

Sichtlich erleichtert sah sie mich mit ihren großen hellbraunen Augen an und fühlte sich verstanden. „Das kannst du aber überall machen. Du musst dich dabei auch nicht blind stellen. Du kannst es auch während dem Hüpfen und dem Singen tun." „Danke für den Tipp. Den werde ich mir mit Sicherheit merken!" „Ist schon gut. Tu es einfach immer!" Sie zwinkerte mir aufheiternd zu.

Draußen hörte man eine Stimme „Marie, Marie!" rufen. „Leider kannst du mir jetzt doch nicht mehr vorlesen. Es tut mir sehr leid, Madita, aber meine Mama wird immer etwas böse, wenn sie mich in den Zimmern der Gäste entdeckt. Lies dir halt selbst vor." Schnell verschwand sie durch die Türe, nicht ohne mir zuvor noch fröhlich zugewunken zu haben und weg war sie.

Ich lag noch eine lange Zeit einfach so da und blickte ins Leere. Ich wollte diese einzigartige Begegnung auf mich wirken lassen und sie klang nach. Ja, das tat sie! Meine Seele lachte und auch ich war froh, die Adresse vergessen zu haben, so wie Marie das gesagt hatte. Diese Begegnung war eine Bereicherung für mich und es war bereits die zweite Begegnung, für die ich so unendlich dankbar war. Kurzzeitig hatte ich sogar wieder das Gefühl, Tränen könnten sich in mein Leben mischen. Das geschah nicht, aber ich war zutiefst berührt, grundlos glücklich und trotz der leichten körperlichen Schwäche fühlte ich mich wohl, wie noch nie in meinem Leben zuvor. Demut. Da war es wieder, in Wort und Gefühl. Und wieder flammte es in mir auf: Was braucht es im Leben wirklich, um glücklich zu sein? Einen Indianer namens Hope und ein Mädchen, das eine Hand und einen Finger alt war!

Diese zwei liebevollen Begegnungen hatten mich aufgeweckt. Ein Wecker wäre praktisch! Ein Wecker, der einfach klingelt und dann ist man erwacht. Erwacht aus dem Leben! Tolle Idee! Ich stellte mir ein Uhrengeschäft vor: *Guten Tag, ich hätte gerne einen Wecker, der mich aus diesem Leben aufweckt! Haben Sie nicht? Schade!* Lebenstraum, wann gehst du vorüber? Nur eine Sekunde, ein Klingeln, ein einziger Augenblick würde ausreichen, um klarer sehen und erkennen zu können. Dieser Wecker konnte alles und jedes sein. Ein einziger Moment könnte die erlösende Erkenntnis offenbaren. Wenn alles göttlich ist, würde auch alles die Erlösung in sich tragen. Meine Ausschweifungen verblassten nach und nach und das Stichwort Wecker erinnerte mich daran, dass es bereits Abend geworden war. Es war an der Zeit, eine Kleinigkeit zu sich zu nehmen. Wie ich feststellen konnte, war es war bereits kurz nach sieben.

Es raschelte an der Türe. Marie hatte einen Teller mit Sandwiches in der Hand, gefüllt mit Salaten, verschiedensten Käsesorten, Tomaten und Gurken. Die Brote sahen echt lecker aus. Ein Becher Naturjoghurt war auch dabei, wobei ich Milchprodukten im Allgemeinen nichts abgewinnen konnte. „Danke, Marie, das ist aber lieb von dir. Ich hätte mir auch etwas bestellen können und du wirst lachen, das hatte ich gerade vor. Du warst aber schneller. Schneller als der Wirbelwind!“, schmückte ich den Satz reichhaltig aus. Mit ihr zu sprechen, beflügelte meinen Wortschatz wirklich.

„Weißt du, Mama ist in Vielem so teuer. Ich weiß nicht, was sie sich dabei denkt!“ Sie schüttelte den Kopf energisch und entschuldigte sich für ihre Mutter. Ich nickte verständnisvoll. „Ich habe Mama gesagt, ich habe heute besonders viel Hunger. Sie hat sich gefreut, denn sie sagt mir ja immer, dass ich mehr essen sollte. Aber Kranken tut das Essen besser als Kindern, habe ich mir gedacht. Wurst ist keine drauf auf den Broten, die musst du erst gar nicht suchen oder isst du etwa Kühe?“, fragte sie etwas misstrauisch. Sie war echt köstlich, diese Marie. „Nein, natürlich nicht!“, bestätigte ich umgehend „Mir sind sie am Bauernhof lieber, die Tiere. Lebendig natürlich!“ Sie nickte sichtlich erleichtert. „Den Joghurtbecher kannst du wieder mitnehmen, Marie, das ist nicht so ganz mein Geschmack.“ „Macht nichts“, entgegnete sie, „dann nimm es halt für die Haut. Meine Mama tut das auch immer. Ist gut für die Löcher im Gesicht.“ Wie war das jetzt? Löcher im Gesicht? Ich nickte artig und fasste mir dabei etwas verblüfft an die Wange. Marie eilte den Gang entlang und drehte sich noch kurz um: „Ach ja, und ein paar Scheiben Gurken sind auch nie verkehrt. Die findest du im Brot“, rief sie mit leiser Stimme sehr vorsichtig, um von ihrer Mutter nicht ertappt zu werden. Sie wisperte noch ein

„Bis morgen“ und schon war sie hinter dem Treppenaufgang verschwunden.

Nun, ich musste zugeben, dass meine Haut etwas grobporig war, aber dieser Ausdruck war ja wohl der Gipfel. Es lachte laut aus mir heraus und während ich mir noch einen Orangensaft aus dem Automaten am Gang holte, konnte ich das Lachen bis in mein Zimmer zurück nicht unter Kontrolle bringen. Diese Marie war wirklich ein Schlager! Ein Hit! Unverwechselbar.

Ein einzigartiger Tag neigte sich zu Ende und ich genoss diese gesunde und äußerst schmackhafte Mahlzeit, bevor ich ein ausführliches Bad nahm. *Bis übermorgen*, erinnerte ich mich an die Aussage von Hope, dem Indianer. *Indiana Jones*, huschte es mir durch den Kopf. Genau, das ist es! Wie dieser Film. Den mochte ich zwar nicht unbedingt, aber ja, der Name, der passte! Wir nennen ihn Jones. Ja, das ist der passende Name für *Niemand:* Mister Jones. Klang sehr geheimnisvoll und elegant zugleich. Ich werde das gleich morgen mit Marie besprechen. Sie wird begeistert sein. Also hat Mr. Jones entweder gewusst, dass ich heute krank sein oder dass ich erst morgen wieder zu ihm kommen würde. Ich vermutete beides. Mr. Jones war nicht von dieser Welt. Marie war ein Engel und ich war krank. Nun gut, ich musste mich mit meinen menschlichen Zügen wohl abfinden, aber diese meisterlichen Begegnungen schürten doch etwas Hoffnung in mir. Ich wollte noch ein paar Seiten im Regenbogenbuch lesen, doch mein sprunghafter Geist ließ es nicht zu. Immer wieder verlor er sich in Gedanken, wobei er an Mr. Jones und Marie besonderen Gefallen gefunden hatte. Zwischendurch wühlte er wahllos und unstrukturiert im großen Labyrinth der Erinnerungen, die längst ausgedient hatten. Diese Regenbogengeschichte war nicht so abgehoben wie das Buch, das über die Doppelköpfigen erzählte, und gehörte sicher nicht zu den Standardlektüren von Mr. Jones. Was er wohl dazu sagen würde? Obwohl, den Inhalt dieses Buches konnte man mit seinen Worten überhaupt gar nicht vergleichen. Es wäre ja gerade so, als ob man eine Drossel mit einem Flugsaurier vergleichen würde. Für Mr. Jones brauchte es keine Erklärungen. Er und das, was er von sich gab, waren einfach so, wie es war. Punkt! Kompromisslos und universell.

Ich ertappte mich dabei, ständig an Mr. Jones zu denken. Normalerweise dachte man an jemanden und dann spürte man etwas, wie zum Beispiel ein Kribbeln im Bauch. Bei Mr. Jones war es umgekehrt. Ich spürte zuerst eine innere Zartheit in mir aufflammen oder mein Herz schneller schlagen und dann dachte ich an ihn. Wie konnte es bloß umgekehrt sein? Ratlos sah ich ins Leere und mein Blick schweifte an die Zimmerdecke. Wie schön sie doch war. Hä? Sie war … wie? Was auch immer Mr. Jones an sich hatte, es schien ansteckend zu sein. War es nicht so, dass man den Menschen, der einen zutiefst berührte, am liebsten um sich haben wollte? Komischerweise vermisste ich ihn nicht, denn als ich das Geschäft verlassen hatte, war er tatsächlich bei mir geblieben. Er existierte *vor* meinen Gedanken. Und er war hier. Wie seltsam das war!

Dieses tiefe Empfinden war wirklich eine ganz neue Erfahrung für mich. Er lebte in mir und hatte einen großen Platz in meinem Herzen eingenommen. Und in meinem Denken. Und in meinem Fühlen. Ein neuer Untermieter! Diese Feststellung amüsierte mich. Es war wirklich erstaunlich, wie schnell er alle Etagen meines Daseins eingenommen hatte. Er bewohnte diese sehr zurückhaltend, aber mit einer großen Präsenz. Ich fühlte mich in dieser Vermieterrolle sehr wohl. Ein Ausziehen kam also nicht mehr in Frage, denn so einen Untermieter trifft man ja auch nicht alle Tage. Mietvertrag auf Lebzeiten! Diese belustigenden Gedanken waren einmal etwas anders, als das übliche Geschwätz in meinem Kopf. Vielleicht war ich auch in das Herz von Mr. Jones eingezogen? Wenn es einen Platz gibt, wo ich mit ziemlicher Sicherheit wohnen möchte, dann sollte es genau dieser Platz sein. Bei diesem Gedanken wurde mir ganz warm ums Herz und das bestätigte mir meine Frage mit Wohlwollen. Aber war ich dafür auch weich genug? Harte Menschen würden dort wohl keinen Platz finden! Meine

Gedanken trafen mich tief und mitten ins Herz. Da waren sie wieder, diese Impuls-Fragen. Ab jetzt wollte ich sie Seltsam-Fragen nennen. Warum ich ihnen diese Definierung überstülpte? Keine Ahnung! Vielleicht gab es mir das Gefühl, sie so besser unter Kontrolle zu haben.

Der grüne Pfad und Hope fielen mir wieder ein. Was für eine Geschichte! Es hatte tatsächlich immer wieder einige Parallelen zu mir und meinem Leben gegeben und auch an meinen Lieblingsneffen Daniel ließ ich mich gerne erinnern. Es war mir ziemlich egal, ob das nun ein Fast-fertig-Buch war oder auch nicht. Irgendwie spürte ich, dass ich schon bald aus diesen Geschichten herauswachsen würde. Ich wollte auf keinen Fall in alten Geschichten stecken bleiben, die keiner hören und ich nicht erleben wollte. Ich war bereit, zu anderen Ufern aufzubrechen. Ich wollte das Leben anders erfahren, neu für mich entdecken oder auf die andere Seite wechseln, sofern es die gab. Egal, es wird so kommen, wie es seine Richtigkeit hat! Nein, es wird so kommen, wie es kommt! Ja genau, das war der passende Satz. Und ich wusste, Mr. Jones war der begleitende Fährmann, um diese alten Bilder und Ideen, die stets an der Oberfläche hängen blieben, endlich hinter mir lassen zu können. Was hatte ich nicht alles ausprobiert. Von Reiki und Familienaufstellungen, bis hin zu Rückführungen und vieles mehr. Das komplette Programm! Von links nach rechts, von oben nach unten und querfeldein. Auch wenn ich alles nur am Rande streifte, ich spürte, dass ich durch diese ewige Sucherei etwas müde geworden war. Ausgelaugt durch unzählige, mühsame Versuche, mich und mein Leben ändern zu wollen, war ich nun wirklich bereit, der Wahrheit ins Gesicht zu sehen. Bis jetzt hatte ich meine scheinbaren Probleme stets umgeschichtet und dadurch hatten sie sich lediglich von einer Seite auf die andere verlagert. Deswegen meinte ich, dass sich kurzzeitig etwas geändert und dadurch verbessert hatte. Nur was wollte ich überhaupt ändern, wenn ich nicht einmal wusste, wer ich war?

Ich konnte meine Augen kaum noch offen halten, die Müdigkeit hatte mir den Kampf angesagt. Es war nun an der Zeit, sich dem Einschlafen zu widmen, auch ohne Poren verfeinernde Joghurt-Gurken-Maske. Ich schüttelte mit meinen Beinen die Decke noch einmal auf, kuschelte mich ins Bett und knipste das Licht aus. Unter der Türe des Zimmers war ein Spalt, der Licht auf dem Gang erkennen ließ. Ein kleiner Schatten huschte vorbei, ein leises Rascheln war zu hören und der Türschlitz verdunkelte sich für einen Augenblick. Ich schaltete das Licht noch einmal ein und sah ein Blatt Papier am Boden liegen. Es wird doch nicht eine Nachricht von Mr. Jones sein? Der hat mich sicher vermisst! Ganz sicher sogar, wo er doch heute niemanden zum Schweigen hatte! Von einem inneren Schmunzeln begleitet, drehte ich den Zettel um und mein ganzer Körper wurde von einem warmen Schauer durchflutet. So stand ich da und betrachtete die Botschaft. Ich konnte den Blick gar nicht abwenden, so tief wurde mein inneres Licht berührt, erfasst und zum Strahlen bewegt. Wer könnte es wohl anders gewesen sein, außer Marie! Das Blatt zeigte das wunderbarste Bild, das mein Herz je erreichte. Es war eine große, strahlende Sonne … mit einem Lächeln im Gesicht.

Jetzt war mir auch klar, was sie damit gemeint hatte, als sie sagte, „Deiner Haut fehlt *auch* Sonne." Sie meinte *auch* mein Herz. Ja, meinem Herzen fehlte so einiges, doch Maries Sonne hatte es zum Strahlen gebracht. Der Müdigkeitsanflug hatte sich wieder etwas verflüchtigt. Ja, Marie war ein Segen und wahre Inspiration. Wie gerne wollte ich immer schon schreiben, aber mit Zwang, Druck und Wollen bin ich dem noch kein Stückchen näher gerückt.

Gedichte hatten es mir besonders angetan. Ich kann mich noch gut erinnern, dass ich mich einmal zu Hause mit Papier und Stift auf das Bett setzte, um endlich Texte zu empfangen. Ich wartete und wartete auf die Worte, die zu mir strömen sollten, doch irgendwie schien das nicht zu klappen. Ich stellte mir das so vor, wie bei dem Buch *Gespräche mit Gott*. Wenn dieser Autor mit Gott sprechen konnte, dann werde ich wohl auch mit ihm sprechen können! So hatte ich mir das zumindest gedacht. Es kam aber nichts und mir hatte Gott scheinbar nichts zu sagen! Vielleicht hatte er in diesem Moment auch einfach keine Lust, ein weiteres Buch schreiben zu lassen. Als verlängerter Arm Gottes wusste man ja nie so richtig, was die höchste Macht mit einem vorhatte. Und wie sollte ich wissen, was von oben kam und was meinem irdischen Dasein entschlüpfte? Jeder Mensch tat sich sicherlich schwer, Gedanken und Gefühle einzuordnen und strikt auseinanderzuhalten. Mit Bestimmtheit zu wissen, ob nun der eiserne Wille oder das innere Bedürfnis das Zepter in der Hand hielt, bereitete wahrscheinlich nicht nur mir große Schwierigkeiten. Vielleicht war ich zu wenig einfühlsam und durch mein Wollen zu blockiert? Gott schwieg auf alle Fälle weiterhin und meine Blätter blieben leer. Das war jetzt genau zehn Jahre her.

Plötzlich veranlasste mich etwas, zu Zettel und Stift zu greifen. Ich vernahm keine Worte und hörte auch keinen Gott, der da sprach. Ich schrieb das auf, was war. Ohne zu denken, erfolgte es unverzüglich und spontan. Da war gar kein Raum für ein getrenntes Hören, Erfassen und Aufschreiben, sondern ich wurde geschrieben. Nach und nach reihten sich Wörter spielerisch aneinander. Das Ergebnis ließ nicht lange auf sich warten und es wurde ein recht stattliches Gedicht, das sich sehen lassen konnte. Aber war es wirklich ein Gedicht? Ich sah es prüfend an und wusste nicht, wie ich es bezeichnen sollte. Es war wohl eher ein Gleichnis oder eine kurze Geschichte. Eine sehr kurze, wohlgemerkt! Egal! Ich werde es Marie widmen und ihr vorlesen, sobald ich sie wiedersehe!

Die Geschichte war perfekt und zeigte sich von ihrer wunderschönsten Seite. In diesem Moment war mir klar, dass es außer meiner Person noch etwas geben musste, denn Madita hatte diese Worte nicht erdacht. Sie hatte zwar den Stift gehalten, aber die Sätze waren nicht ihrem Denken entsprungen, sondern kamen aus einer Quelle, die sich vor der Geburt eines Gedankens auftun musste. Ich glaubte ja, diese Madita zu sein, doch war ich das wirklich? Was war ich? Was waren meine Gedanken? Und was war vor meinen Gedanken? Gott? Licht? Ja, und wenn es denn so war, was half mir dieses Wissen, wenn ich es nicht fühlen konnte? Gott war nur ein Wort, nichts mehr als eine Vorstellung. Und was war Licht? Wie fühlte es sich an? War es nur eine Idee? Fragen über Fragen, die wohl niemand beantworten konnte. Niemand? Ja, *Niemand* konnte das bestimmt, doch ich musste die eine Realität für mich selbst entdecken. Auf herkömmlichem Weg ließen sich diese Fragen nicht beantworten, so viel stand fest. Ich musste es wohl erst in mir selbst entdecken!

Eine vage Vermutung erfüllte mich mit Weite und Ehrfurcht und ließ ganz sanft durchblicken, dass alles was ich mit meinen Sinnen wahrnahm, nur ein Schatten von einer gigantischen Kraft sein konnte, die meine Ursprünglichkeit war. Gerne hätte ich diesen Impuls festgehalten, doch im selben Moment wusste ich nicht mehr, was mir jetzt überhaupt bewusst geworden war, worin ich mich erkannte und was sich genau zeigte. Ich konnte es nicht greifen! Ein Ding der Unmöglichkeit! Es war ein Erfassen, welches mich als Mensch ausschloss. Es war tiefer als alle anderen Gefühle, die ich bisher kannte und doch berührte es mich als Person nicht. Welch eigenartige Momente strichen da andächtig an mir vorbei, als hätte es diese niemals gegeben. Berührt von diesem Augenblick, las ich die Zeilen noch einmal durch und war den Tränen nahe. Ja sogar sehr nahe, aber sehr nahe war noch nicht nahe genug! Sehr nahe konnte noch nicht der erlösende Segen sein.

Bevor ich einschlief, dachte ich noch einmal kurz an Mr. Jones. Ich erinnerte mich an seine Aussage, ich sollte ihm doch meinen Verstand zeigen, damit er ihn verabschieden könnte. Das war doch wohl ein Scherz gewesen. Den Verstand kann man doch nicht dingfest machen. Wie soll ich ihm meinen Verstand zeigen? Und wie will er etwas auslöschen, was ich nicht vorweisen kann? Aber warum kann ich es nicht zeigen?

Ich getraute es mich fast nicht zu denken. Es war absurd! Ja, ich hatte es schon einmal gedacht und Mr. Jones hatte es anklingen lassen, aber … Ganz zaghaft schlich eine Frage in mir hoch: *Vielleicht weil es Gedanken nicht wirklich gab?* Sie waren da, ohne wirklich da zu sein. Wie war das zu verstehen?

Dass man Gedanken nicht sehen kann, war mir natürlich klar, aber … Wie konnte das sein? Oder besser gesagt, wie konnten sie nicht sein? Ich wurde zum Innehalten verdonnert und vernahm wieder diese sonderbare Stille. Mit dieser Aussage hatte mich Mr. Jones voll erwischt, denn etwas, das keine eigene Substanz hat, kann man logischerweise auch nicht abschütteln. Was hatte ich da eben gedacht?

Etwas erschrocken wiederholte ich: Etwas, das keine eigene Substanz hat … Da war es wieder, dieses Davor. Dieses Davor war der Ursprung, und anders betrachtet, war es ebenfalls das Dahinter. War es nun davor oder dahinter? Ich befürchtete, beides. Es muss also eine Substanz geben, die alles erschafft und alles hervorbringt und somit alles Sichtbare für ungültig erklärt. Feststellungen halfen mir hier nicht weiter. Ich wusste, dass es verinnerlicht werden musste und dies nur durch eine direkte Erfahrung möglich war. Und Mr. Jones war der Schlüssel dazu. Das war mir klar.

Bisher hatte ich mich von meinem Denken steuern und mein Leben beherrschen lassen. Ich glaubte zwar noch immer, dass diese Gedanken meine Gedanken waren, doch wenn ich nicht Madita war und sie es war, die diese Gedanken wahrnahm, konnte ich sowieso nichts damit am Hut haben. Auch wenn ich nicht ganz durchblicken konnte, ich hatte es zumindest einmal in Frage gestellt. Eines stand fest: Alle Gedanken waren nur schattenhafte Gebilde! Ein Stempel donnerte auf die Gedanken herab: Fälschung! Zack. Betrug! Zack. Dieses Bild war eine regelrechte Wohltat. Abgestempelt als Täuschung. Durchschaut als Einbildung. Als Illusion entlarvt. Gedanken ade?

Die Gedanken blieben! Was nutzte mir dieses Wissen, wenn ich weiterhin frisch und fröhlich darauflos dachte und mich weiterhin in diesem Gedankenstrom verlor? Es schien ja alles, was ich bisher als real wahrgenommen hatte, eine Sinnestrübung zu sein. Letztlich war ich nun doch zu müde, um solche essenziellen Fragen zu durchleuchten. Obwohl das alles sehr undurchsichtig war und ich es nicht einordnen konnte, war da eine Klarheit, die sich einen Weg durch verdichtete Sphären bahnte und sich ohne meine Anwesenheit oder mein Zutun als innere Erkenntnis vollzog. Langsam löste sich meine Seele vom Körper und dieser bettete sich zur nächtlichen Ruhe. War ich nun das, was liegen blieb, oder das, was sich zurückzog? Alle Fragen verblassten und auch die Gedanken verloren sich im täglichen Rückzug des Einen. Mein Körper tauchte vom scheinbaren Wachzustand in den Schlafzustand ein, und obwohl die Welt um mich noch war, war da keiner mehr, der sie wahrnehmen konnte.

Als ich die Augen aufschlug, streichelten Sonnenstrahlen mein Gesicht. Keine Gliederschmerzen, kein Wehwehchen und kein warmer Kopf waren mehr zu spüren. Ich hatte tief und fest geschlafen und fühlte mich wie neugeboren. Wie ein Murmeltier, das nach seinem Winterschlaf in seinem weitläufig angelegten Bau den Frühlingsbeginn der tiefgründigen Almen und Weiden bestaunte, fieberte ich ohne erhöhte Körpertemperatur dem Tage entgegen. Ich streckte mich in alle Richtungen, so wie eine Katze, die sich rekelnd in ihre Morgengymnastik übte. Die gesamte Tierwelt offenbarte sich in meinen inneren Bildern. Das Bild einer einstigen Raupe, die sich aus ihrem Kokon gelöst hatte und dem Schmetterlingsdasein frönte, vermittelte den Eindruck von Schweben, Fliegen und Leichtigkeit. Ich fühlte mich frei wie ein Vogel. *Vögel pfeifen in einer Welt, die selbstzerstörerisch, krank und lieblos ist. Vielleicht haben sie Recht!*

Irgendetwas schien anders zu sein, an diesem wunderbaren Morgen. Der Ballast, den ich seit jeher mit mir umhertrug, fühlte sich plötzlich so leicht an. So leicht, als wäre er gänzlich verschwunden. Ein alter Koffer, gefüllt mit unendlichen Erfahrungen und Verletzungen, brachte plötzlich Kleider zum Vorschein, die sich luftig und federleicht anfühlten. Ein paar marode Kutten und alte, mit Löchern versehene Fetzen würden wohl schon noch zum Vorschein kommen, wenn ich den Koffer völlig auspacken würde. Doch tief unter den leichten Gewändern versteckt, störte mich dieser Gedanke jetzt nicht im Geringsten. Diese hartnäckigen Gefühle und Gedanken schienen Wiederholungstäter zu sein, in denen man sich immer wieder verstrickte und verhedderte. Den Koffer hatte ich im Laufe der Jahre immer wieder ausgepackt und bestaunt, war in tausende von Verkleidungen geschlüpft und hatte mich immer wieder damit beschäftigt und sie neu sortiert, ohne nur einen Moment innezuhalten und einer Eingebung zu folgen. Intuition war wohl ein Kleid, welches in meinem Koffer nicht vorhanden war. Vielleicht hatte ich das Gefühl, dieses kostbare Gewand würde mir nicht stehen? Vielleicht hatte ich aber auch nur das Gefühl, es nicht verdient zu haben. Nun war es an der Zeit, den Koffer, genau so, wie er war, einfach abzustellen und hinter mir zu lassen. Doch ihn abzustellen würde heißen, dass ich ihn zwar nicht mehr sehen könnte, er aber immer noch da wäre.

Mein momentanes Kleid der Leichtigkeit war sehr schön, aber es verdeckte wie alle Kleider mein wahres Dasein und verschleierte mein Naturell. Das Wort Verkleidung gefiel mir sehr gut, aber jedes Kleid, das mir übergestülpt wurde, war ein Bluff und täuschte etwas vor. Ja, es ließ mich einmal so und ein anderes Mal so erscheinen. Sicher war mir das helle Kleid lieber als das dunkle, aber Kleid blieb nun mal Kleid. Und was spielte es für eine Rolle, wie ich mich fühlte? War nicht jedes Gefühl unwirklich und jenseits meiner wahren Identität angesiedelt?

Wer kann schon durchschauen, was wirklich ist. Durchschauen, was hinter der Fassade steckt, gehörte bisher ja auch nicht zu meinen Freizeitbeschäftigungen. Warum also bemängelte ich es an der Welt, wenn ich doch selbst nur ein ignoranter Wiederholungstäter war, der sich von optischen Hüllen und Verpackungen einwickeln ließ?

Nach einer erfrischenden Morgentoilette hielt ich Ausschau nach Marie. Es war Montag und ich vermutete, dass sie wohl nicht hier sein würde. Ich frühstückte ausgiebig und führte auch kurz ein Gespräch mit der Dame des Hauses. Nachdem sie sich aufmerksam nach meinem Wohlergehen erkundigt hatte, entschuldigte sie sich für Marie und fragte mich, ob ich mich von ihr belästigt fühlen würde. „Belästigt?", erwiderte ich verwundert. „Im Gegenteil, Ihre Marie ist ein Geschenk!", schwärmte ich in den höchsten Tönen. Die Mutter nickte beschämt. „Ich habe sie ja nur kurz gesehen", fügte ich beiläufig hinzu. Ich wollte Marie auf gar keinen Fall in Bedrängnis bringen. Ihre Mutter schien sie sehr zu lieben, wirkte auf mich aber sehr ängstlich und verletzlich. Das Bild einer Henne tauchte in mir auf, die wie eine Glucke ihr Ei behütete, um es vor dem bösen Fuchs zu beschützen. Eine sehr liebevolle und gütige Mutter, die sich aber nicht bewusst war, dass die Schale auch zerbrechen konnte, wenn man zu lange auf dem Ei sitzen blieb. Aber ich konnte sie sehr gut verstehen. „Richten Sie Marie liebe Grüße von mir aus. Sie kann gerne bei mir vorbeischauen, wenn ich wieder da bin", ließ ich sie noch wissen, bevor ich das Hotel verließ. Es war ein besonderer Tag, denn ich würde Mr. Jones wieder sehen. Deshalb wollte ich das *Gesegnete Reise*-Büchlein noch kurz zu mir sprechen lassen. Ich kramte es aus meiner Tasche hervor, schlug es auf und landete auf Seite 24, auf der stand:

Sieh mich an: Das, was du siehst, bist du. Sieh den Bettler an: Das, was du siehst, bist du. Sieh den Grashalm an: Das, was du siehst, bist du. Was sonst soll das alles sein, außer sich selbst als du und mich? Sieh den Hirtenhund an: Das, was du siehst, bist du. Sieh an, alles, was du wahrnimmst, spiegelt lediglich dich, deine Kraft, dein Sein.

Ich musste an Gloria denken und hatte sofort den Impuls, ihr noch diese Tage Futter vorbeizubringen. Die Worte taten gut. Ich nahm mir vor, ganz spontan immer wieder ein paar Sätze daraus zu entnehmen, denn diese waren fruchtbare Worte für einen wachstumsfreudigen Tag. Dabei wollte ich es vorerst belassen.

Gefangene der Freiheit

Herrlich! Dieser Tag. Diese Aussicht. Diese Luft. Diese Ruhe. Da stand ich mitten im Tagesgeschehen an einer gut frequentierten und abgasreichen Straße, mit einer nicht allzu weit entfernten, Presslufthammer bestückten Baustelle, viele schöne graue Häuser um mich herum, und genoss den Moment. Eine Baustelle im Winter hatte ich auch noch nie gesehen. Nun gut, die Winter wurden ja immer milder und Maries Mutter hatte mir ja auch gesagt, dass es im Dezember nur zwei Tage mit Schneefall gegeben hatte. Eigenartig, diese Gegend. Ich erinnerte mich daran, dass ich mit meinem Neffen Daniel schon an manch kalten Wintertagen Schneeburgen gebaut und Schneemänner zum Leben erweckt hatte.

Wie herrlich dieser Tag war. Ich atmete tief ein und … musste husten. Meine Sonnenbrille schien rosa zu sein. Keinem Lärm, keinen Abgasen, keiner Baustelle und auch keinen anderen Unstimmigkeiten konnte es in diesem Moment gelingen, mir meine Zufriedenheit zu nehmen. Auf einem Berggipfel mit Rundumtalsicht hätte ich mich in diesem Augenblick nicht wohler fühlen können. Das war wieder der Beweis dafür, dass das Umfeld, der Ort, ja alles, was sich im Außen zeigte, keinen Einfluss auf die Stimmung haben musste, außer man ließ sich dazu verführen.

Das *Büchereck* hatte ja wirklich Schaufenster ohne Ende. Auch seitlich hatte es neben den großen vorderen Fronten noch eine kleinere Auslage, die wie ein Schrank aussah, in den man so irgendwie Bücher hineingestellt hatte. Schön war allerdings anders. Die drei unteren Reihen waren mit Büchern vollgestellt und darüber stand rechts ein einzelnes Buch, auf dem ein Anker abgebildet war. Als ich mir die Titel so ansah, dachte ich mir, dass dies wohl die Ecke für Otto-normal-Verbraucher sein müsste, denn die Schätze waren eher im Laden versteckt. Es kann ja nicht jeder Parmenides' Doppelköpfigen-Lektüre verstehen, die mich übrigens auch etwas verwirrte. Auch das Holz dieser Auslage hatte schon bessere Zeiten gesehen und war sehr verwittert. Eine Strafecke also. Na, wem's gefällt! Ich zuckte mit den Schultern und war schon wieder mitten in der Wertungsmaschinerie meines vorprogrammierten Denkschemas gefangen.

Als ich den Buchladen betrat, hörte ich Mr. Jones aus dem Nebenraum sagen: „Wo auch immer du deine Aufmerksamkeit hinlenkst, entscheidet zwischen Freude und Leid. Dort wo du hindenkst, ist der Knotenpunkt, der über dein Befinden entscheidet." Knoten! Das war passend. Ich räusperte mich und wurde ein weiteres Mal auf meinen Kloß im Hals aufmerksam gemacht. Ich wurde von Mr. Jones also dazu verführt, meine Aufmerksamkeit auf den Knoten zu lenken. Toll! Ich wusste, dass seine Worte für mich bestimmt waren und Mr. Jones keine Selbstgespräche führte. Er musste mich wohl schon durch das Fenster gesehen haben, denn er hatte meine Gedanken wieder einmal so ganz nebenbei ergänzt. Er macht das ja recht unauffällig! Aber langsam fällt es doch etwas auf!

Mein Mr. Jones trat hinter dem Vorhang hervor und sagte: „Schön, dass du da bist. Ich habe schon auf dich gewartet. Du scheinst wieder gesund zu sein." Ich nickte etwas verwundert. „Am besten, du hängst deinen Mantel dort auf und lässt uns gleich beginnen." Habe ich etwas versäumt? Was sollten wir bitteschön beginnen? Irgendwie fehlte mir jeglicher Zusammenhang zu dem, was jetzt kommen sollte. Im Gegensatz zu vorgestern war er heute sehr gesprächig und strahlte noch immer diese unendliche, ja fast unverschämte Ruhe und Gelassenheit aus. Wie konnte man nur so glücklich sein?

Während ich meinen Mantel auszog, sah ich die vielen Schachteln am Boden stehen. Er hatte wohl wieder eine neue Lieferung bekommen. Wann er wohl etwas davon verkaufen wird? Es blieben sicher mehr Bücher in den Regalen stehen, als über den Ladentisch gingen. Konnte er sich von seinen Büchern, die er so liebevoll hegte, überhaupt trennen? Wenn er aber täglich unzählige Bücher einräumt, müssten logischerweise auch unzählige davon verkauft werden. Diese Gedanken brachten mich ins Grübeln. Es war wohl sein Hobby, denn leben konnte man davon sicher nicht. Ich verband es mit einer Leidenschaft, die bei ihm in der Betitelung *gelebte Hingabe* wohl eine sehr gezielte Umschreibung fand. „Darf ich fragen, was wir vorhaben?" Meine Betonung lag auf *wir.* „Frag nicht so viel, fass an." Er kämpfte mit einer sehr großen Schachtel gegen die Erdanziehungskraft, die scheinbar auch er nicht auszuschalten vermochte. In letzter Sekunde stützte ich die Schachtel so ab, dass sie nicht auf den Boden fiel und wir trugen sie in einen anderen Raum. Wir transportierten einige Stühle in den Laden und stellten sie dort ab. „Bekommen Sie Besuch?", fragte ich voller Neugier. „Mit mehr Achtsamkeit würdest du nicht so viele Fragen stellen müssen." Er machte eine flüchtige Handbewegung Richtung Eingang. Er sagte dies in einem so ruhigen Tonfall, dass man seine Aussage *eigentlich* weder maßregelnd noch bewertend auffassen konnte. Doch warum hatte sich dann dieses Eigentlich schon wieder eingeschlichen?

Er drückte mit hundertprozentiger Sicherheit aus, was war. Er nannte die Dinge beim Namen. Ohne Umschweife, direkt und klar. Das dezente Im-Hintergrund-Halten seiner Person wirkte so unaufdringlich, dass man die Dinge, die er sagte, nahezu neutral auffassen müsste. Die Betonung liegt auf *müsste,* denn ich fühlte mich – und wie sollte es denn auch anders sein – natürlich persönlich angegriffen. Das Muli-Dasein hatte mich wieder. Wie ein störrischer Esel kam ich mir vor und ich fragte mich, was da gerade vor sich ging. Wo war denn das Gefühl des heutigen Morgens geblieben? Hatte ich mir diese Freude und dieses Glück vielleicht nur eingebildet, waren sie gar nicht wirklich? Ich konnte mir das nicht nur eingebildet haben! Wo ist es denn nun hin verschwunden, wenn ich es doch *scheinbar* hatte? Ich habe es nirgends geholt und nirgends abgeben, es kam und ging einfach so. Also war es auch etwas Eingebildetes. Fein! Das war nicht gerade aufbauend! Es war etwas Unbeständiges, also musste es auch hier ein Dahinter geben. Nur das Dahinter hat Bestand, aber warum geisterte ich denn andauernd im Raum vor diesem Dahinter herum? Da wollte ich doch gar nicht sein!

Ich ärgerte mich über mein Zimperliesendasein. Ob ich es aber nun wollte oder nicht, ich konnte sowieso nicht anders. Wo auch immer diese unnatürliche und verfälschte Reaktion herkam, sie war einfach da. Und obwohl die Ausdrucksweise von Mr. Jones eine etwas fremde, aber durchaus angenehmere Art des Kommunizierens war, als ich jemals zuvor erleben durfte, nutzte mir das momentane, etwas hilflos wirkende Schönreden nicht wirklich. Es blieb beim Denken und beim Wissen. Vom Umsetzen konnte weit und breit nicht die Rede sein. Dieser Versuch, mir einreden zu wollen, mich nicht betroffen fühlen zu *sollen,* scheiterte mit Bravour, denn mein Ego ging nicht damit konform und wollte überhaupt nichts davon wissen. Keine Chance dieses Wissen mit meinem Empfinden auf einen Nenner zu bringen. Alle Bemühungen waren umsonst, denn in diesem Moment gelang es mir so gut wie: überhaupt nicht! Wie nach einem Messerstich mitten ins Herz überkam mich ein innerer Aufschrei und traf mich hart. Ich wollte es nicht so empfinden, nur ... interessierte meine Empfindungen, was ich wollte? *Mit mehr Achtsamkeit würdest du nicht so viele Fragen stellen müssen.* Dieser Satz klang nach. Elf Worte und bereits Vergangenheit, aber genau diese bescheuerten elf Worte schafften es, einen mächtigen Zorn in mir zu entfachen. Der Tag hatte so gut begonnen! Eingebildet gut! Und nun?

Die Gewissheit, dass dieses Wissen nur in meinem Kopf stattfindet, war ernüchternd. Das Ego wollte um keinen Preis dem Gefühl klein beigeben und wehrte sich vehement dagegen, eingefangen und gezähmt zu werden. Meine intelligenten Selbstbelehrungen machten den Zorn nur noch schlimmer. Zwei Welten, Wissen-zu-entdecken-und-zu-leben und Wissen-nur-zu-wissen, prallten hier unsanft aufeinander. Madita, durchatmen! Einfach nur durchatmen! Verdammt noch mal, wie mir meine eigene Besserwisserei auf die Nerven geht! Was hilft mir ein Durchatmen? Es kotzt mich an. Es kotzt mich einfach alles an! So ein

Schmarrn! Was tue ich hier eigentlich? Und jetzt bitte kein Uneigentlich! Ja?!

Selbstgespräche schlichen sich wieder ein und vermittelten mir das Gefühl, unendlich kalt zu sein. Tränen hätten auch hier ganz gut gepasst, aber leider konnte ich mit diesen nicht aufwarten. Also übernahm das Denken wieder das Zepter und glaubte ein willkommener Ersatz für Tränen zu sein. Vergiss es einfach! Vergiss einfach, was Mr. Jones gesagt hat. Ignorieren! Einfach ignorieren! Ich atmete also tief durch und schon hatte ich den ganzen Kram hinuntergeschluckt. Und wo blieb es hängen? Im Hals! Ich musste dort schon längst einen Quadratkilometer großen Kropf haben. Ob man den auch schon sehen konnte? Zögerlich griff ich mir an den Hals.

Runterschlucken bedeutete nicht gleich, es aus der Welt zu schaffen. Wenn das nur so einfach wäre! Es war mir vollkommen klar, dass Mr. Jones nur mein Ego reflektierte und meine Reaktion mir lediglich meine Verwirrungen aufzeigte. Doch der Schmerz in der Brust tat so furchtbar weh und fühlte sich so verdammt echt an, es tat einfach nur weh!

Auf was hatte er denn mit seiner Hand gezeigt? Nun packte mich die Neugier und ich sah in diese Richtung, konnte aber nichts erkennen. Meine Neugier ließ mich die Eingangstüre ansteuern und nun entdeckte ich ein Plakat oder besser gesagt, einen etwas größeren Zettel im Schaufenster. Darauf stand das heutige Datum, *neunzehn Uhr, fünfter offener Austausch im engeren Kreis* und das war's auch schon. Ach nein, unten stand noch ganz klein geschrieben: *Lassen Sie Ihre Erwartungen zu Hause.* Na, wenn das nicht wieder ein Satz à la Mr. Jones ist. Ansonsten kein Anhaltspunkt! Kein Thema! Tja, man konnte damit nicht wirklich etwas anfangen. Was soll sich denn ein Fußgänger bloß denken, der das beim Vorbeigehen liest? Werbung ist das ja keine. Warum er das nicht anders anpreist oder interessanter gestaltet? Ich war richtig sauer! Na mir kann es ja egal sein! Selber schuld, wenn keiner kommt! In diesem Moment wünschte ich ihm sogar, dass keiner kommen würde. Meine Schattenseite hatte mich überwältigt und mich vollkommen in Besitz genommen. Die Silhouette der Schadenfreude lächelte mir verführerisch entgegen und wusste in ihrer zwielichten Absicht nur allzu gut zu glänzen. Es sah fast so aus, als hätte ich das gesamte Schadenfreudenkostüm angezogen, doch hatte ich den Verkleidungskoffer nicht vorhin abgestellt?

Das Glöckchen begleitete mich wieder in den Laden hinein, genauso wie es mich hinausbegleitet hatte. Es war ein angenehmes Läuten, doch in diesem Moment empfand ich es als doof, störend und viel zu laut.

„Madita, wo bleibst du!?", rief Mr. Jones. *Madita, wo bleibst du denn,* spottete ich ihm nach. Ich kam mir vor, als hätte ich eine neue Arbeitsstelle angenommen. Sklaventreiber! Meine Bösartigkeit hatte einen bitteren Beigeschmack bekommen und schabte an den Hüllen meines natürlichen Kerns. Doch tausend Schichten von Tapeten, die sich im Laufe der Zeit übereinandergelegt hatten, ließen sich nicht einfach so abkratzen, geschweige denn würden sie sich von selbst ablösen.

Fragen hätte er mich zumindest können! Ich helfe ja gern, wenn man mich fragt. Seine Selbstverständlichkeit kratzte an meiner Eitelkeit. Diese eigenartige Anspannung hielt an und der Versuch meiner Schattenseite, die gute Laune vom Podest zu stoßen, schien ihr in null Komma nichts gelungen zu sein. Was war nur mit mir los? Ich hatte mich doch so auf Mr. Jones gefreut! Was geschah nur mit mir? Irgendetwas, was ich bis jetzt unter die Fußmatte gekehrt hatte, kam in seiner Nähe wieder hervor. Doch da war keine Matte mehr da. Er hatte sie mir genommen. Keine Chance, den unliebsamen Schmutz unauffällig verschwinden zu lassen. Alles wurde offen gelegt und zeigte sich gut sichtbar, wenn auch unerwünscht.

„Hatte ich dir vorgestern nicht gesagt, du solltest mir deinen Verstand mitbringen, damit ich ihn dir entfernen kann?" Für einen Moment lang wurde es weicher, denn ich hatte das Gefühl, er würde mir ein kleines Geheimnis anvertrauen. Mir fiel wieder ein, dass er mich ja auf die Schippe genommen hatte und mir mit dieser Frage nur etwas aufzeigen wollte. Er nahm mich auf den Arm. Ja, er machte sich lustig über mich. So wie das Beispiel mit dem Käsebrötchen, das war ja auch so lustig gewesen. Dass ich nicht lache!

„Und? Hast du ihn nicht gefunden?“, fragte er schelmisch und lachte aus sich heraus, ohne den geringsten Versuch zu starten, seine Schadenfreude zu unterdrücken, die natürlich nur ich als solche empfand. „Nun gut, dann gibt es ja nichts für mich zu tun.“ Diese Selbstgefälligkeit war ja wohl eine Unverschämtheit. Ich sah es als reine Bösartigkeit, weil meine Blindheit nicht erkennen wollte, dass ich mich selbst in etwas hineinmanövrierte, das keine Eigenständigkeit hatte. Ich selbst formte Luft zu einer Geschwulst, für deren Entstehen ich aber versuchte Mr. Jones verantwortlich zu machen. „Kennst du den Unterschied zwischen Verstand und Ego?“ Ich zuckte belanglos mit den Schultern und schüttelte den Kopf. „Ich glaube nicht“, sagte ich etwas mürrisch, doch in der Hoffnung, er würde mir doch den Unterschied erklären. „Ich denke, du hast Recht, du kannst ihn nicht kennen, denn bei dir ist beides gleich stark. Wie lange willst du noch blindlings herumirren und aus dem Tiefschlaf heraus leben? Erwache endlich und schaue dem, was du wirklich bist. Willst du dich weiterhin dort suhlen, wo Leid ist? Beginne *hier* zu sein. *Jetzt!*“, sagte er mit einer energischen und sehr ernsthaften Stimme. „Es ist wie eine Krankheit, wie ein Geschwür, und bei dir ist es schon sehr weit fortgeschritten.“

Ich verstand nur Bahnhof. Ich wollte und konnte mich dem nicht öffnen und war knapp davor, zu explodieren. Obwohl er genau wissen musste, was in mir vorging, ignorierte er das gänzlich. Es schien ihn nicht ansatzweise zu interessieren. Stattdessen führte er mich vor das Schafott und ich ließ mich, nicht ganz so widerstandslos wie Marie Antoinette, vorführen. Ich erschrak. Wie kam ich jetzt auf den Vergleich mit dieser Französin? Ich erinnerte nur den Namen Marie und es war, als winke meine Marie mir wie eine strahlende Sonne zu und sagte: Madita sei nicht so hart zu dir. Wenn du jetzt nicht einlenkst, vergibst du dir eine Chance. Nutze sie! Jetzt!

Ein weiteres Mal war ich den Fast-Tränen nahe und mein Hals war wieder etwas dicker geworden, doch irgendetwas hielt mich weiterhin davon ab, meine harte Schale zu knacken. Auch Maries liebevolle Worte, die wohl am ehesten etwas bewirkt hätten, erreichten mich nicht. Es war, als würde jemand mit einem Messer in mir herumstochern und es löste etwas Tieferes, sehr Widersprüchliches aus, das mir in dieser Situation Halt gab. So sehr ich die Situation verabscheute, ergab sich eine Stärke, die mir unerklärlich war. Irgendetwas hinter diesem menschlichen Dilemma fühlte sich bekräftigt. Trat etwas hervor oder zog sich etwas zurück?

Dieses Dahinter war wieder da und auch diese Seltsam-Fragen. Das war ein gutes Zeichen, denn es entrückte mich meines Starrsinns und lenkte mich von meinem Denken ab. Es musste meine Seele sein, die da hervorblitzte, denn alle Zellen meiner irdischen Anwesenheit waren auf Mr. Jones nicht besonders gut zu sprechen.

Ich folgte Mr. Jones in einen weiteren Raum, der in einen Hinterhof führte. Dort waren noch mehrere Stühle gestapelt, deren Mr. Jones sich bereits angenommen hatte. So trugen wir noch ein paar Stühle in den Laden und verteilten sie. Dann setzte er sich auf einen Stuhl, der mitten im Laden stand und begann, mir Anweisungen zu geben. Madita mach dies und Madita mach das. Ich trug Schachteln, sortierte Bücher, beschrieb Preisschilder und bediente sogar einen Kunden, der aber nur ein Buch zurückbrachte. Ich wurde immer angespannter und ärgerte mich, dass er breit und bequem auf einem Stuhl saß und *seine* Arbeit koordinierte, ohne dabei nur einen einzigen Handgriff zu tun. Nachdem ich alles mit leichtem Widerwillen ausgeführt hatte, stand er plötzlich auf und sagte: „Du kannst gehen, ich brauche dich heute nicht mehr“, und verließ den Raum. „Bis dann!“, fügte er noch hinzu, als er bereits den Raum verlassen hatte. Ich kann also verschwinden, stellte ich störrisch fest. Und dieses *Bis dann* können Sie sich in die Haare schmieren! Mich sehen Sie hier nie wieder! Noch zwei Nächte und dann werde ich sowieso in den Ashram gehen!

Dieser Gedanke mit dem Ashram war sehr eigen, denn ich wollte da gar nicht mehr hin. Und es klang ja fast so, als würde ich ihn damit bestrafen wollen. Dass ich mich in diesem Moment aber selbst bestrafte, bemerkte ich natürlich nicht. Erbarmungslos fielen weitere Aggressionen über mich her und ich war ihnen vollkommen ausgeliefert. Wie ein Käfer, der auf dem Rücken lag und nicht mehr hochkam, strampelte ich nun von Wut und Ablehnung gezeichnet um mein Leben, um meine Würde und um … was weiß ich. Auf jeden Fall war dieser sich aufbäumende Widerstand wie ein Schlag ins Gesicht. Und dieses Gesicht hatte einen Namen! Gestatten: Ego.

Was ich nicht wusste, war, dass Mr. Jones mit diesen harmlosen Aussagen nur meine Persönlichkeit durchlichtete. Er räumte mir die Chance ein, an meinen Kern vorzustoßen. Es musste aber noch viel abfallen, bevor dieser Kern freigelegt werden konnte. Für den Bruchteil einer Sekunde erkannte ich, wie ich auf Worte reagierte, die auf der Bildfläche erschienen und sich zu meiner Realität formten. Es war enorm und er hatte Recht: Es ist krank! Doch diese Einsicht hielt nicht an. Ich oder das, was ich zu sein glaubte, wehrte sich vehement gegen … gegen alles! Auch wenn es keinen Bestand und keine Substanz hatte, diese schattenhaften Gebilde ließen sich nicht einfach so abschütteln oder durchschauen. Es schien ans Eingemachte zu gehen, denn ich fand Mr. Jones' Aussagen alles andere als harmlos. Wer war denn nun dieses *Ich,* welches sich so darüber aufregte, sich so sehr darin verstrickte und mit diesem Verhalten freiwilliges Leid erschuf?

Die Chance, das Spielchen des Egos zu durchschauen, mich von diesem zu befreien und die wahre Realität zu erkennen, um dadurch mehr Transparenz zu erlangen, blieb wieder einmal ungenutzt. Der zarte Versuch, meine Schattenwelt zu besänftigen, konnte sich nicht entfalten und scheiterte erbärmlich. Jede Mühe war umsonst, mein verdunkeltes Herz war noch nicht bereit der Wahrheit ins

Gesicht zu sehen. Ich sah lieber den maskenhaften Unwahrheiten, die mit Gefangenschaft lockten, in die ich freiwillig selbst eintrat. Schon verrückt, diese Welt!

Ich hatte noch nicht diese Tiefe, um das Dahinter in all seiner Weite erfassen zu können. Diese unsagbare Wut und das Gefühl, im Recht zu sein, leiteten eine Hilflosigkeit ein, die alles nur noch verschlimmerte. Ich schnappte zornig meinen Mantel und verließ das Geschäft. Welch Undank! Welch ein Armleuchter! Weichei!

Der Stolz des Egos tobte und stürzte wie ein Kartenhaus in sich zusammen. Nach kurzem Aufbäumen ließen sich die Restschatten wie Staubwolken nieder, bevor sie sich durch einen sonderbaren Schmerz, von einer inneren Qual begleitet, in ein neues Kleid hüllten. Dieses stumpfe, trotzige Kleid, in das ich nun geschlüpft war, fühlte sich schwer an. Ich wollte dieses Kleid aber irgendwie nicht mehr ausziehen und es auf Biegen und Brechen anbehalten. Irgendwie kam ich mir vor wie ein Kapitän. Sogar Ratten verlassen das sinkende Schiff! Ich nicht! Und auch wenn ich Gefahr lief, mit dem Kleid unterzugehen, ich hielt steif und stur an ihm fest.

Wutentbrannt und blind vor Zorn eilte ich ums Eck, wobei mir eine Schulter gegen die Oberschenkel lief. Ein leichter Schreck lichtete mein Chaos etwas … ein bisschen … ein wenig … geringfügig. Immerhin! „Marie!“, rief ich etwas verwirrt. Sie entlockte mir ein dezentes Lächeln, obwohl ich sie fast umgerannt hatte. „Wo hast du deine Augen, Madita!“ Sie schüttelte prüfend ihren Kopf. „Ja darfst du denn schon alleine auf die Straße gehen?“ „Nein, darf ich nicht, aber ich geh ja auf dem Gehsteig.“ Ja, diese Antwort war Marie. „Und zum Indianer darf ich ab und zu. Und sieh mal, da ist Mama.“ Marie deutete Richtung Hotel. Als ich in diese Richtung sah, winkte mir Maries Mutter kurz zu, bevor sie wieder im Haus verschwand. „Mir passiert schon nichts. Mama winkt, Papa begleitet mich, der Indianer hat seine vielen Augen überall, und wenn du mich nicht über den Haufen rennst“, sagte sie, „dann ist doch alles ganz passabel. Ich wollte gerade den

Indianer besuchen. Kommst du mit?“ Schon hatte sie mich an die Hand genommen und wollte mich weiter ziehen. Mit einem aufgesetzten Lächeln sagte ich ihr, dass ich da gerade herkomme. Sie ließ meine Hand wieder los. Ich konnte meine schlechte Laune nicht verbergen und Marie konnte ich sowieso nichts vormachen. Sie würde mich sofort durchschauen oder besser gesagt, sie hatte mich bereits durchschaut.

„Ist dir denn etwas durch die Leber gelaufen?“, fragte sie in einem ziemlich erwachsenen Ton. Die Formulierung ihrer Frage schaffte es, mich doch ein wenig aufzuheitern. Die Fragestellung war wirklich herrlich. Ich wollte sie aber nicht korrigieren. „Siehst du, ist alles halb so schlimm“, war ihre Reaktion auf mein Lächeln.

„Ich habe mich über Mr. Jones, ähm Hope, ähm, den Indianer geärgert!“, entgegnete ich ihr. „Gleich über so viele!?“, fragte sie erstaunt. Ich erzählte ihr kurz die Geschichte, wie es dazu kam, dass Hope, der ja eigentlich Indianer hieß, von mir nun zu Mr. Jones degradiert wurde. Schließlich sprudelte es aus mir heraus und ich erzählte ihr, dass ich Mr. Jones’ Verhalten mehr als daneben empfunden hatte. „Und deswegen bist du drüssig? Dann müsste ich ja jeden Tag so sein!“ „Wieso?“, fragte ich entsetzt. „Ist er zu dir jeden Tag so forsch und rau?“ „Nein!“, lachte sie. „Ich meinte natürlich meine Mama. Sie kommandiert mich ständig rum. Und ihre Kommandos kann man nun wirklich nicht mit den indianischen vergleichen! Sie hat die Sonne ja nicht so im Herzen, das hatte ich dir bereits gesagt.“

Marie kratzte sich etwas verlegen am Kinn und legte ihre Hand auf ihr Herz. „Der Indianer hat sie auch nicht im Herzen“, ergänzte sie in sehr leisem Ton. „Ach, nein?“, fragte ich sie verwundert und irgendwie freute ich mich sogar über diese Aussage. Sie zog mich am Arm, bis ich mit ihr auf einer Höhe war. „Er ist die Sonne!“, flüsterte sie in einem ehrfürchtigen Ton, als hätte sie mir eben das größte Geheimnis anvertraut, das es auf Erden gab. Diese Antwort hatte ich nicht wirklich erwartet. Sie hatte mich aber auch nicht überrascht, doch im Moment wollte ich das einfach nicht hören. Mein Ego fühlte sich gekränkt und spielte sich auf. Dieses aufgeblasene Etwas in mir hatte meine Sicht- und Denkweise sowie all meine Empfindungen mehr als getrübt. Obwohl ich mich für mein Verhalten schämte, für meine Gefühle und meine Gedanken konnte ich ja nichts.

„Ach ja, danke für die Sonne. Sie hat mir sehr viel Licht geschenkt!“, lenkte ich ab und strich ihr über den Kopf. Sie strahlte über das ganze Gesicht. „Dann verstehe ich aber nicht, wie du noch traurig sein kannst? Wenn du das Sonnenbild weglegst, musst du schon mit dem Herzen dabei bleiben! Da kann ich ja malen, wie ich will, wenn du es weglegst und sie wieder vergisst!“ Wie Recht sie doch hatte. „Mr. Jones hat mich ständig herumkommandiert. Zuerst hat er mich gar nicht gefragt, ob ich ihm überhaupt helfen möchte und dann hat er mich fortgeschickt“, sagte ich komplett entrüstet. Marie lachte laut auf, bückte dabei ihren Oberkörper nach vorne und sah dabei ziemlich lustig aus. „Das macht er mit allen so. Er testet deine Sonne!“ Ihr lautes Seufzen vermittelte mir ein: Ach Madita, eines Tages wirst auch du es verstehen! Ihr fragender Gesichtsausdruck erweckte den Eindruck, als würde sie sich darüber wundern, dass sie mir das erst erklären müsste. „Weißt du, entweder du machst etwas von ganzem Herzen, weil du es einfach so machst. Ich meine grundlos, du weißt schon“, nickte sie geschäftig. „Oder du machst es erst gar nicht!“ Ich schämte mich. Ich stand da und schüttete einem sechsjährigen Mädchen mein Herz aus und sie gab mir Antworten, die einfacher nicht sein konnten und unendlich viel Weisheit und Liebe in sich trugen. Ihr Ego war noch nicht so stark ausgeprägt, um ihr so wie mir im Wege zu stehen. Ob ich als Kind auch so war wie Marie? So einfach, so unkompliziert und so leicht? Wohl eher nicht!

„Weißt du, man muss die Dinge zwecks der Freude tun, aber nie für den andern und schon gar nicht, um dafür Schokolade oder so ein Zeugs zu bekommen. Du verstehst …“, sagte sie wieder in diesem ernsten, erwachsenen Ton. Für ihre kindliche Größe schien sie in einem viel zu kleinen Körper zu stecken und ihre Wortwahl war so unberührt und wonnig, es war unglaublich. Sie war wahrlich eine sehr weise, alte Seele, die mit ihrer Unbescholtenheit so nebenbei, ja fast zufällig in tiefste Abgründe vordrang und dort erhellende Fragmente entzündete. Ihre zerzausten Locken wiegten sich bei jeder Bewegung hin und her und schimmerten mit den spärlich gesäten Sonnenstrahlen um die Wette. „Diesen Test habe ich wohl nicht bestanden. Voll versäbelt würde ich sagen!", stellte ich etwas ernüchtert fest. Sie nickte bejahend und sagte mit sehr großer Bestimmtheit: „Durchgefallen!" Sie sah mich mit ihren großen leuchtenden Augen an und zwinkerte mir zu.

„Es gibt Schlimmeres", lenkte sie nachdenklich ein und irgendetwas schien sie zu beschäftigen. „Wie zum Beispiel?", fragte ich sie. „Sophie zu vergessen!" Sie verzog das Gesicht und ein Hauch von Traurigkeit nistete sich ein. „Wer ist Sophie?", erkundigte ich mich fürsorglich. „Sophie ist meine Puppe", entgegnete sie etwas aufgebracht. „Ich habe sie im Kindergarten einfach sitzen gelassen. Ich muss sie doch beschützen!", klagte sie mit ihrer zarten Stimme. „Weißt du, sie hat ab und zu etwas Angst, alleine zu schlafen!" Zutiefst bewegt fragte ich sie, ob wir die Puppe holen sollen. Sie zuckte mit den Schultern. „Weiß nicht. Vielleicht ist sie schon beim Indianer", lächelte sie mit einer erahnenden Vorfreude und drängte quirlig in Richtung Buchladen. „Ist Sophie vielleicht schon zu ihm gegangen?", fragte ich neckend, aber in einem sehr ernst gemeinten Tonfall. „Quatschkopf!", entgegnete sie. „Der Indianer geht jeden Tag in den Bio-Laden und kauft alles Frische, außer kaputte Tiere natürlich und da kommt er beim Kindergarten vorbei. Und wenn ich Sophie vergesse, holt er sie einfach ab. Wir haben das so vereinbart. Es ist sozusagen ein Abkommen zwischen ihm, mir und Sophie", sagte sie ehrwürdig. „Was für eine gute Idee! Es ist nett von ihm", sagte ich zu ihr. „Siehst du, er ist…" Sie schaute kurz nach oben, um das passende Wort zu suchen, welches ihr nicht einzufallen schien. „So … Ja, er ist … So!", nickte sie voller Überzeugung. „Und nicht, wie du glaubst!", betonte sie noch einmal ausdrücklich. „Doch wenn du beleidigt auf ihn sein willst, ist es nicht seine Schuld." Sie stützte beide Hände energisch in die Hüften. „Schließlich und endlich bist du ja die beleidigte Wurst. Er ist immer unbeleidigt", fügte sie noch hinzu und verstand es wirklich, es auf den Punkt zu bringen. Das hatte gesessen! Wusste Marie um ihre tiefen Wahrheiten, die sich zart und transparent wie Seifenblasen emporhoben, dem Himmel entgegen flogen und mir diesen näher brachten? Ihre Seifenblasen konnten trotz ihrer filigranen Transparenz unmöglich zerplatzen. Sie hatten eine natürliche Stärke, ohne dabei hart zu sein. Sie war wirklich ein Engel, diese Marie. Sanft, weich und liebevoll.

„Zu oft mag meine Mama nicht, wenn ich in das *Büchereck* gehe, aber Sophie vergesse ich einfach ein paar Mal mehr, dann fällt es nicht so auf." „Aha, so ist das also." „Oder", fuhr sie fort, „ich sage, dass ich Felix besuche und geh kurz zu ihm, und danach noch zum Indianer", sagte sie etwas beschämt. „Es bleibt unser Geheimnis, gell?" Ich nickte. Felix? Hatte sie soeben wirklich Felix gesagt? Mir wurde heiß und kalt zugleich. „Was für ein Geheimnis?", fragte ich sie so nebenbei. „Hast du mir denn irgendetwas erzählt?" Dabei schaute ich mit rollenden Augen nach oben, als ob ich von nichts wüsste. Sie lachte und zupfte mich dabei freudig am Arm.

„Aber Marie, sag mal, wer ist denn dieser Felix?", fragte ich sie nun sehr erwartungsvoll, denn das wollte ich jetzt wirklich wissen. „Warum fragst du?" „Weißt du, als du mir gestern die Sonne gebracht hast, habe ich noch etwas geschrieben", sagte ich mit etwas Stolz. „Als es fertig war, wusste ich, dass es für dich ist."

„Für mich?", entgegnete sie voller Freude und zappelte aufgeregt hin und her. „Ja, für dich! Und in dieser kurzen Geschichte geht es um eine Marie und um einen Felix!" „Nein, das ist jetzt aber nicht wahr! Oder? Echt?", sagte sie erstaunt. „Echt?", fragte sie noch einmal und schüttelte dabei entgeistert den Kopf. Ich nickte und war nicht weniger erstaunt als sie es war. „Weißt du", fuhr Marie fort, „Felix ist etwas anders wie normal. Er hatte einmal einen Unfall und seitdem ist er etwas langsamer." Mir lief ein Schauer über den Rücken, der mir ein Wechselbad an Gefühlen bescherte. Das konnte ich nicht glauben. Wie in Trance lauschte ich ihren Worten und hatte das Gefühl, etwas neben mir zu stehen. „Ich heitere ihn stets auf und erzähle ihm viele Geschichten. Ich glaube, dass er dann glücklich ist, obwohl, ich glaube Felix ist glücklicher als viele andere Kinder. Und wie viele Erwachsene sowieso, und ..."

„Halt, halt! Stopp!", unterbrach ich sie. „Genau darum geht es in dieser Geschichte!" Das haute mich vom Hocker. Der Ego-Pfau zog sich gänzlich zurück, denn der Gedanke an meine Geschichte ließ jegliche Härte schmelzen. Wie ein goldener Ball überrollte diese Emotion alle Schattengemächer, die kurz vorher noch wie Klumpen an mir hafteten.

„Soll ich sie dir vorlesen?" Eine blödere Frage hätte ich jetzt nicht stellen können. Welches Kind auf der ganzen Welt würde jetzt wohl nein sagen? Ohne zu antworten, zog sie mich in eine kleine Seitengasse, die in einen kleinen Hinterhof führte. Dort setzte sie sich auf einen kleinen Mauervorsprung und ließ ihre Füße hin und her baumeln. „Lies!", sagte sie ohne weitere Umschweife. Ich kramte den Zettel aus der Tasche hervor und dabei fiel mir mein Schlüssel auf den Boden. „Na, lies schon!", sagte sie ein weiteres Mal etwas ungeduldig. Als ich mich bücken wollte, um den Schlüssel aufzuheben, hörte ich ein drängelndes „Lass doch den albernen Schlüssel, den kannst du ja später noch aufheben." „Also gut!", entgegnete ich, entfaltete das Papier, setzte mich zu ihr auf die Mauer und begann zu lesen:

Es war einmal ein kleines Mädchen namens Marie.
Sie hatte einen Freund, der hieß Felix.
Felix war ein dummer Bub,
denn er konnte nicht so gut rechnen
und war auch nicht gut im Denken.
Deshalb nannte man ihn den blöden Felix.

Marie mochte den blöden Felix sehr,
denn obwohl er nicht schreiben und lesen konnte,
konnte er ganz viele andere Dinge,
wie zum Beispiel gut zuhören.
Alles, was Marie ihm erzählte,
glaubte er ihr immer sofort.

Das war nicht selbstverständlich,
die Erwachsenen nämlich sagten,
dass Marie sich Dinge einbilden würde.
Dass Marie viel zu viel Fantasie hätte,
den lieben langen Tag träumte
und in einer ganz fremden Welt leben würde.

Und Marie lebte in einer ganz eigenen Welt,
es war die Welt, die die Erwachsenen
nicht mehr sehen konnten,
weil sie schon zu groß waren
und vergessen hatten,
die Dinge so zu sehen, wie Marie sie sah.
Es war leider sehr dunkel geworden
um die Erwachsenen herum,
die Marie nicht verstehen konnten.

Marie und Felix spielten oft zusammen.
Felix hörte Marie immer nur zu,
weil er das am besten konnte.
Schreiben und lesen konnte er ja nicht, der Blöde,
aber Felix glaubte an all die Engel und Feen,
von denen Marie immer erzählte,
obwohl er sie nicht sehen konnte, wie Marie es tat.

„Neben mir sitzt eine Elfe“, sagte Marie zu Felix,
als sie im Wald gemeinsam spielten.
Der blöde Felix glaubte ihr, aber er konnte
die Elfe nicht sehen.
Dies machte ihn traurig. Er kämpfte mit
den Tränen und sagte:
„Ich bin wohl zu dumm, um eine Elfe zu sehen.“

Da nahm Marie Felix an der Hand, strich ihm durchs Haar
und sah ihm ganz tief in die Augen und sprach:

„Mein lieber Felix. Du musst nicht traurig sein.
Du glaubst so stark und fest daran,
dass Gott eine besondere Freude an dir hat.
Vielleicht lässt er dich deshalb noch nicht mehr sehen,
um an deinem Glauben weiterhin seine Freude zu haben."

Die Augen vom Blöden strahlten
und Felix war glücklich.

„Nein", sagte Marie plötzlich und Felix erschrak
für einen Moment.
Er dachte schon, Marie würde ihre Aussage
rückgängig machen.
„Nein!", fuhr Marie fort. „Wisse, ich glaube es nicht,
denn ich bin mir dieser Sache sehr, sehr sicher!"

Das Glück von Felix ist zwar nur das Glück eines Blöden,
doch was ist der, der das Glück nicht fühlen kann?

Marie sprang auf und juchzte und rief so laut sie nur konnte. Es folgte ein erstauntes „Hui, das hast du aber schön geschrieben!" und ein berührtes „Was soll ich sagen! Mir bleiben glatt die Wörter weg." Sie strahlte über das ganze Gesicht und ihre Freude wurde der ganzen Welt sichtbar gemacht. „So eine schöne Geschichte, Madita. Das ist das Allerschönste, was ich jemals gehört habe!" Sie tänzelte aufgedreht herum. „Noch nie hat für mich jemand etwas geschrieben! Es ist aber das Schönste, was für mich jemals geschrieben wurde!" „Dann ist es ja auch nicht schwer, das Schönste zu sein!", entgegnete ich ihr.

Sie lachte laut und hopste von einem Fuß auf den anderen. Dann setzte sie sich wieder zu mir. „Und es ist so wahr! Siehst du, mit der Sonne im Herzen kannst sogar du hinter die Dinge schauen!" Sogar ich! Das war nett! „Du wusstest ja sogar seinen Namen!", freute sie sich für mich. „Es ist nicht schwer, für so ein bezauberndes Wesen wie dich etwas zu schreiben!", lächelte ich

Marie zu. „Kannst du das bitte noch mal sagen?“, fragte sie mich. „Es ist nicht schwer, für so ein bezauberndes Wesen wie dich etwas zu schreiben!“, wiederholte ich noch einmal. „Nein, doch nicht diesen Satz! Die Geschichte meine ich natürlich!“, gab sie mir zu verstehen. „Das machst du absichtlich, gell? Mich so auf den Arm zu nehmen!“, lachte sie laut vor sich hin.

Ich verneinte und kaum hatte ich damit begonnen, den ersten Vers ein zweites Mal zu lesen, kullerten ihr Tränen über das Gesicht. Sie weinte so herzzerreißend, dass es einem ganz anders wurde. Am liebsten hätte ich mit ihr geheult. Sie weinte aus tiefster Seele, bekam ganz rote Bäckchen und hatte ein Lächeln im Gesicht. Sie weinte vor Freude und dieser freie und ungenierte Lauf an Emotionen ließ sie noch natürlicher und bezaubernder erstrahlen. Sie war unglaublich! Es war schön, jemanden weinen zu sehen und bei Marie war es fast so, als würde sie mir zeigen wollen, wie es denn geht.

„Warum weinst du denn nicht?“ unterbrach sie mich während dem Lesen. „Ich sehe doch, dass dir danach ist!“ Ich schwieg und reichte ihr ein Taschentuch. „Vielleicht sind dir die Tränen wo stecken geblieben?“, sagte sie allen Ernstes und blickte mich sehr nachdenklich an. Ich hielt kurz inne und schilderte ihr, dass ich es selber nicht wüsste und froh darum wäre, endlich wieder weinen zu können.

„Ich sage dir jetzt was“, sagte sie sehr ernst und putzte sich dabei die Nase. „Nein, ich verspreche dir etwas!“ Dabei nahm sie eine ihrer funkelnden Tränen auf ihren Finger, strich sie mir auf die Wange und sprach: „Ich verspreche dir, dass du nicht nach Hause fahren wirst, *ohne* zuvor geweint zu haben!“ Dieser Satz jagte mir einen Schauer durch den ganzen Körper. Noch nie hatte mich ein Kind so sehr berührt. „Ich weiß, dass ich mich auf dich verlassen kann!“, antwortete ich ihr. „Danke für deine Worte, meine liebe Marie.“ Sie klopfte mir verständnisvoll auf die Schulter und legte die Hand um meine Hüfte. Im Moment fühlte ich mich wie der dumme Felix und war froh, Marie begegnet zu sein.

„Lass uns zum Indianer gehen!“, rief Marie und sprang die Gasse entlang. „Der nächste Test wartet schon auf dich!“, scherzte sie aus der Ferne. Sie lachte mir zu, und als ich den Schlüssel aufheben wollte, wäre ich dabei fast hingefallen. „Wenn du jetzt auf dein Knie gefallen wärst, hättest du sicher geweint!“, rief sie mir zu. „Da dürftest du sogar Recht haben“, antwortete ich lachend. „Aber aufgrund körperlicher Schmerzen oder aus tiefstem inneren Schmerz zu weinen, sind doch zwei paar Schuhe“, sagte ich etwas belehrend. „Teils, teils. Weißt du, wenn du glaubst, aus seelischem Schmerz her zu weinen, ist es in Wahrheit Freude!“, sagte sie. „Der Schmerz weiß es nur nicht“, alberte sie und fügte noch ein „und du schon gar nicht!“ hinzu. „Danke, du bist aber sehr nett zu mir!“

Die Tragweite dieser Sätze konnte ich gar nicht vollumfänglich erfassen, denn über diese unglaubliche Weisheit müsste man wohl erst eine Stunde meditieren, um sie in allen Feinheiten aufspüren zu können. Zeit zum Hintersinnen blieb mir nicht, denn Marie zog mich eiligst in Richtung *Büchereck*. „Nimm einfach nichts ernst und um Himmels willen, tue dir den Gefallen und denk nicht immer so schwer und so viel!“ Ich bejahte und nickte ihr still und leise zu. „Und wenn ich dir einen Rat geben darf: Räum dein Oberstübchen am besten täglich auf und entferne doch endlich diesen Müll aus deinem Dachgeschoss! Es ist unhöflich, im Haus von Gott so einen Saustall zu machen! Welche Unordnung du doch in deinem Kopf immer hast!“, fügte Marie noch hinzu und lief lachend drauflos. Ihre Worte waren keine Ermahnung. Im Gegenteil. Man hätte es mir nicht deutlicher sagen können und durch Marie fand sich Gott doch in einer seiner lieblichsten Ausdrucksformen wieder.

„Ich glaube, du hast Recht“, lachte ich fröhlich zurück, „wir sollten uns beeilen, denn der nächste Sonnentest steht sicher schon in den Startlöchern“, gab ich Marie grinsend zu verstehen. „Gräm dich halt nicht! Nimm dir einfach vor, es das nächste Mal besser zu machen“, zwinkerte sie mir zu.

„Sophie hat dich schon vermisst“, rief Mr. Jones aus den hintersten Räumlichkeiten. „Siehst du!“, sagte Marie mit einem Strahlen im Gesicht und nickte mir fröhlich zu. „Seine Augen sind überall. Und er ist die Sonne!“ „Wohl war!“, murmelte ich. „Das ist er wohl“, gab ich klein bei. „Aber dem Schatten fällt es nicht immer einfach, die Sonne als seinen Ursprung anzusehen, ohne dabei ins Schwanken zu geraten“, hörte ich mich flüstern. Ich kratzte mich am Kopf und wunderte mich über diesen eigenwilligen Satz. Davon hatte es ja sicher noch mehr auf Lager.

„Hey du, du hast jetzt einen neuen Namen. Madita hat dich …“, sie stockte und zupfte mich am Ärmel „Wie nennst du ihn ganz neu?“ „Mr. Jones“, sagte ich leise und schämte mich etwas, weil Mr. Jones meine Egoprogramme und Trotzattacken sicherlich schon längst durchschaut hatte. „Mr. Jones“, wiederholte Marie geschäftig, „Madita wollte weglaufen. Hab sie gerade noch erwischt!“, fügte sie noch dazu. Mr. Jones lachte, streckte die Hände aus und Marie sprang ihm schwungvoll in die Arme. „Marie, mein Engel.“ Er schwang sie in die Höhe und die beiden schienen sich prächtig zu amüsieren. Ich stand da wie ein begossener Pudel und fühlte mich so ziemlich bescheuert. „Sei nicht so streng mit ihr“, sagte Marie zu Mr. Jones. „Weißt du, sie ist meine Freundin und bemüht sich ja um die Sonne … ganz, ganz stark sogar!“ Dabei juchzte und strahlte sie, grinste und strampelte mit ihren Beinchen und war so richtig Kind. Mein Herz strahlte. Ich sah etwas, was mich faszinierte, doch mein Verstand ließ mich wissen: Es bleibt ein Traum. So unbeschwert wirst du niemals sein, Madita. Niemals!

Mr. Jones’ unbefangener Blick richtete sich auf mich und er sagte: „Du bist nicht hier, damit deiner Persönlichkeit geschmeichelt wird. Höflichkeiten und nette Floskeleien haben hier nichts zu suchen. Wirkliche Realität und effektive Klarheit bringen dich an die Essenz deines Seins. Die Persönlichkeit zu transzendieren, sie zu entschleiern ist des Rätsels Lösung. Wie auch immer du diese Momente empfinden magst, sie sind ein wahres Geschenk. Sie sind Gnade.

Ja, da ist etwas, das sich auflehnt, was empfindet, was denkt und was reagiert, doch das hat mit dir nichts zu tun. Das, was reagiert, das bist du nicht! Der Ursprung der Gefühle ist der Brunnen der Erlösung. Gehe dahin zurück, erfrische dich dort, wo er entspringt und Gottes Türen werden sich öffnen."

Plötzlich wurde es um mich herum hell. Alles erschien in einem anderen Licht. Als ob sich mein Körper zurückzog und etwas zum Vorschein kam, das immer schon war und niemals vergeht. Alle Gedanken und Beklemmungen waren wieder verflogen. Ich spürte eine Ausdehnung in meinem Brustbereich, der mich ganz leicht durchatmen ließ. Wie eine Batterie wurde ich nun von Energien durchströmt und aufgeladen. Ich fühlte mich so leicht und so entspannt, so gelöst, so durchlässig und formlos. Keine Schwere und keine Bindung. Für einen Augenblick fühlte ich: Natürlichkeit. Es war eine Wahrnehmung, die sich fernab von Gefühlen zeigte. Das mit dem Brunnen hatte ich nicht so ganz verstanden. Und ehrlich gesagt, ich wollte nichts mehr wissen, es war mir egal!

Jetzt, wo alle Kümmernisse wichen und für einen kurzen Augenblick mein wahres Naturell freigelegt war, konnte ich die Botschaft erahnen. In diesem Moment wurde mir klar, Mr. Jones hatte mich tatsächlich nur auf meine Programme zurückgeworfen und in mir Vernarbungen aufgewirbelt, die meine Wahrnehmung stark begrenzten. Von vernebelten Schichten umgeben, lichtete sich ganz sanft ein Schleier, der von meinen Wurzeln erzählte. Die Vermutung um Täuschung und Illusionen schlich sich ja bereits zaghaft in mir ein, doch war es nicht zu filigran und zu zerbrechlich, um auch bestehen zu können? Konnte man etwas Ungreifbares jemals halten? Und gab es etwas, das man überhaupt halten konnte? Solange ich noch etwas festhalten wollte, würde ich immer wieder gegen eine Wand laufen. Frei zu sein bedeutet nicht, alle Aspekte des menschlichen Seins aufzugeben, sondern sie zu durchschauen.

Dankbarkeit wäre nun angebracht. Die Zeit des Schmollens sollte jetzt ruhen. Als ich Mr. Jones und Marie so beobachtete, wurde mir klar, wie lächerlich meine Emotionen und mein Verhalten doch waren. Das Ego und das Denken hatten sich wieder einmal als Diktatoren aufgespielt. Sie schafften es immer wieder, über mich zu herrschen. Schon anstrengend, diese Spielchen, doch wer war dieses Ego? Was wollte es von mir und wo kam es her? Es war mir klar, dass ich es nicht abschaffen konnte, doch ich nahm mir vor, in Zukunft achtsamer mit dem Augenblick umzugehen, um nicht mehr umgehend meinem Trotz zu verfallen. Und genau dieser Vorsatz war schon wieder so eine komische Idee. Warum stellte ich schon wieder Regeln auf? Sollte ich nicht allem mit Hingabe begegnen und endlich entschlüsseln, was dieser Trotz in Wahrheit überhaupt war? Wie soll ich denn so etwas wie Trotz loswerden, wenn ich nicht weiß, was Trotz eigentlich ist? War er das, für was ich ihn hielt oder versteckte sich hinter ihm etwas viel Tieferes, das den Trotz nur als vorgetäuschte Reibungsfläche erscheinen ließ, auf die ich immer wieder reinfiel? Diese Seltsam-Fragen waren schon fast so präsent, wie die üblichen Gedanken es waren. Das machte mir Mut, denn es hatte sich etwas verändert.

„Überprüfe alles auf seine Echtheit. Schaue dem Davor. Beobachte achtsam und klar, was ist und was nicht ist. Unterscheide zwischen Schein und Gewahrsein, zwischen Trug und dem Ursprung jeglicher Bewegung aller Nicht-Dinge dieser Welt. Gehe an den Ursprung der Quelle und das Leid endet“, sprach Mr. Jones und holte mich unverzüglich aus meinen Abschweifungen zurück. Seine Worte klangen wie eine Fremdsprache. Chinesisch würde ich wahrscheinlich genauso gut verstehen. Doch was er auch immer sagte, ich wusste, die Essenz lag nicht in seinen Aussagen, sondern hielt sich wie eine Geheimschrift hinter den Worten verborgen. Und um diese zu entschlüsseln, brauchte man viel Herz und wenig Kopf. Hirnlos würde es wohl am besten gehen!

Auch die lichtvollsten Sätze schafften es nicht immer, mein krankhaftes Hirn zum Schweigen zu bringen. Erwartete ich zu viel? Oder mangelte es mir an Ausdauer und Geduld? Ich war doch erst vor zwei Tagen in diese mir neue, aber nicht unbekannte Welt eingetaucht, was also erhoffte ich mir? War es nicht vielmehr ein Prozess des Reifens, als die Absicht eines eifrigen Egos, welches ein Ziel erreichen wollte, das es nur in seinen Vorstellungen gab?

Ziel! Ein Schlüsselwort. Mir fiel der Ashram wieder ein. Dort werde ich wohl nie ankommen! Das geplante Urlaubsziel war irgendwie in der Versenkung verschwunden. Ich empfand tiefes Vertrauen in eine Führung, die mich hierher gebracht hatte, um meinen Wurzeln endlich auf die Spur zu kommen. Würden mir doch nicht immer diese Aggressionen, dieser Zorn und diese Wut dazwischenfunken!

„Wozu zornig oder wütend sein?“, sagte Mr. Jones unerwartet und sah mich dabei sehr eindringlich an. „Spätestens dann, wenn du weißt, dass du die Situation, Objekte und Dinge sowie das Verhalten von Menschen selbst gesät und erschaffen hast, und es genau diese eine, alte und verbissene Reaktion ist, die dafür sorgt, dass diese Erfahrung hier ist, ja spätestens dann wird sich dein Bezug dazu ändern.“ Ich sah Mr. Jones etwas nachdenklich an. Trotz meines Denkens konnte ein leichtes inneres Verstehen stattfinden, welches mir Mut machte. Mut, um eines Tages keinen Reaktionen mehr ausgeliefert zu sein und eine gewisse Einsicht, dass es niemals anders sein konnte, als es gerade war.

„Madita, komm lass uns Mr. Jones dabei helfen, sein spiritistisches Treffen vorzubereiten“, sagte Marie in einem energischen Ton und sprang auf mich zu. Wo sie wohl dieses Wort jetzt wieder herhatte? Ich hatte keine Ahnung, aber so hieß dieses Treffen sicher nicht. Marie zog mich zu den Sesseln, delegierte mich in die erste Reihe, in der ich den ersten Sessel links außen einnahm. Komischerweise waren alle Sessel in Dreierreihen aufgestellt, obwohl links und rechts der Reihen noch mehr als genug Platz war, um die Reihen zu ergänzen. Anschließend stellte sich Marie mit grübelndem Blick vor mich hin. Sie überblickte den Raum und überlegte scheinbar sehr eifrig, was man bei der Einteilung der Plätze noch verbessern konnte. Dann nahm sie mich bei der Hand und führte mich zwei Sessel weiter. Somit saß ich immer noch in der ersten Reihe, aber diesmal rechts. Viel hatte sich ja nicht gerade verändert.

„Also, hier sitzt am besten du." Ich wusste weder, dass ich eingeladen war, noch wusste ich, warum ich genau hier sitzen sollte. Marie deutete auf einen Sessel aus Stahl, auf dem ich zuvor gesessen hatte. Wohlgemerkt musste man sagen, dass alle anderen Sessel aus Holz waren, aber alle waren anders. „Weißt du, dieser Sessel ist stabil und zerbricht nicht so leicht", war ihre unverbesserliche Bemerkung. „Genau deshalb sitzt hier die Dicke." Ziemlich angestrengt versuchte sie, die Übersicht über die noch nicht feststehende Sitzordnung zu bewahren. Ich sah sie fragend an. Wer war denn bitte die Dicke? Und warum wusste Marie, wer kommen würde? „Marie, ich verstehe nur Bahnhof. Kannst du mir bitte erklären, woher du weißt, wer an diesem Treffen teilnimmt?" „Weißt du, es kommen immer dieselben. Immer die gleichen. Sie suchen alle immer noch", sagte sie mit sehr ernster Miene und fügte ein „alle fünf!" hinzu. Der Betonung auf *immer noch* hatte sie einen recht amüsanten Unterton verpasst. „Wird wahrscheinlich noch eine Weile dauern." Sie verdrehte die Augen und zuckte mit ihren Schultern. „Was wird noch eine Weile dauern?", fragte ich interessiert. „Dass sie bemerken, dass es nichts zu finden gibt natürlich!", gab sie von sich. Sie wollte im Moment aber keine Fragen beantworten. Sie hatte alle Hände voll zu tun, ihre Aufgabe mit vollem Engagement durchzuführen.

„Der Platz passt gut für dich!", stellte sie fest. Das beruhigte mich wirklich. „Weißt du, warum?" Ohne eine Antwort abzuwarten, fuhr sie fort: „Damit du ganz sicher was sehen kannst, sitzt du besser nicht hinter der Dicken. Alfred ist groß und sitzt am besten bei dir, gleich daneben, also in der Mitte!" Somit waren ja schon mal drei Plätze vergeben. Das ging ja richtig zügig. „Das alte Ehepaar kann hinter der dicken Frau und Alfred sitzen, die sehen ja sowieso nicht mehr gut", überlegte sie laut weiter. Marie ist der letzte Schrei! Ich musste mich bemühen, ihren energischen Tatendrang nicht mit einem lauten

Lachen zu stören. Sie war eine reine Wohltat, erfrischend und sehr spektakulär.

„Darf ich dich kurz stören, Marie?“ „Kurz!“, bejahte sie nickend. „Warum stehen denn hier so viele Sessel, wenn immer nur fünf Menschen kommen?“ Ganz spontan fiel ihr keine Antwort ein und auch sie überlegte, wollte sich ihr Nachdenken aber nicht anmerken lassen. „Ach, weißt du, es könnte sich auch einmal jemand Neues dazuverirren.“ „Ach so. Das ist allerdings ein triftiger Grund!“

„Kommst du auch?“, fragte ich Marie. „*Eine* Frage wolltest du doch stellen!“, sagte sie forsch. „Entschuldigung! So kannst du dich ja nicht konzentrieren.“ „Also noch diese Frage, dann muss ich mir aber weitere Zuweisungen ausdenken.“ Sie setzte sich kurz neben mich. „Weißt du, um diese Zeit spreche ich immer mit Papa oder mit dem lieben Gott, aber ...“ „Was aber?“, wollte ich wissen. „Schon wieder eine Frage!“, seufzte sie. Ich bat noch einmal um Entschuldigung und verkniff mir einen Lacher. Sie fuhr fort: „... das ist ja dasselbe.“ Ihre Antwort ließ mich erstaunen. Marie verstand es immer wieder, mich zu berühren und zu verblüffen. Ich wollte sie in ihrer überaus wichtigen Aufgabe auf keinen Fall weiterhin stören. „Aber Mr. Jones schafft das schon allein“, sagte sie sicheren Wortes.

Mr. Jones betrat den Raum. Er schaute uns an und setzte sich wortlos nieder. Wahrscheinlich blickt er immer hinter die Fassade. Sein Blick schien teilnahmslos und desinteressiert zu sein. Ja, es mochte beim ersten Hinsehen vielleicht den Anschein erwecken, aber mein Gefühl sagte mir, er nahm die Dinge nicht so wahr, wie sie dem Rest der Welt erschienen. Marie rutschte etwas ungeduldig auf ihrem Stuhl hin und her und Mr. Jones sagte: „Das Interesse an den Täuschungen und die ewige Hinwendung an die Nicht-Realität lassen dich die Wahrheit übersehen. Deine Egopersönlichkeit kann nicht mit der Einheit verschmelzen, nur dein Christus-Bewusstsein ist dazu auserkoren. Wenn du durchschaut hast, dass das Leben nicht Wirklichkeit sein kann, wozu bedarf es denn einer Veränderung?“

Ja, da war er wieder, mein Mr. Jones. Ich schien mich nach diesen brillanten Aussagen und sehr liebevollen Sätzen richtig zu verzehren. Jedes Wort, das über seine Lippen kam, war wie eine Blume. Und so reihte er Blume für Blume aneinander, bis sich ein wunderschöner Blumenstrauß formte, der von jedem bewundert werden konnte. Das Einzigartige und Bewundernswerte daran: Er band ihn nicht für mich oder für eine bestimmte Person, um ihn dieser selbstgefällig zu überreichen … nein, seine Blumen sollten jedes Menschenherz erreichen und erfreuen, unaufdringlich und gleichzeitig alles durchdringend.

Mr. Jones blieb immer sehr unauffällig im Hintergrund und durch ihn drückte sich nur das aus, was gesehen oder erkannt werden sollte. Ihm war es sichtlich egal, wie es beim anderen ankommen würde, denn er war, wie er war. Nein, er war nicht so, wie er war. *Er war, ohne irgendwie zu sein.*

Viele Menschen würden seinen Blumenstrauß wohl eher mit einem Kaktus verwechseln. So wie ich vorhin. Ich fühlte seine feinfühlige Zartheit, die bei mir heute auch schon abgeprallt war und dafür war ich dankbar. Sehr dankbar! Nur so konnte ich meine Verhaftungen erkennen und meiner Unwissenheit begegnen. Wieder tauchte diese Demut auf und verzückte meine innerste Welt. Er war der Gärtner der Liebe. Ich musste lachen. In meinen Minutenanfall der Poesie drängte sich doch tatsächlich *Der weiße Kittel der Liebe* dazwischen. Der Roman der Dame aus dem Zug passte nicht unbedingt hier her, aber der Gedanke amüsierte.

„Marie“, sagte Mr. Jones und ließ mein Gedankennetz zusammenbrechen. „Es …“ Zu mehr kam er nicht. Marie sprang auf uns zu und sagte: „Jetzt nicht, wir haben lange genug getrödelt, ich muss noch einen Platz für den hageren, kränklichen Mann finden.“ „Es …“ Weiter kam Mr. Jones wiederum nicht. Meistens sagte er ja nichts, vor allem dann, wenn man darauf wartete. Jetzt aber, wo er etwas sagen wollte, kam er nicht dazu. Schade! „Gleich.

Ich hab's gleich", entgegnete Marie und sah angestrengt über die verschiedensten Sessel hinweg. „Der ganz Dünne, ich meine den Hageren, der etwas krank aussieht, sitzt hinter Madita, genau!" Ihre Beschreibungen klangen interessant. Die Muppets-Show war dagegen doch eher harmlos. „Und er war auch immer so blass! Sehr blass sogar!", flüsterte sie leise und schüttelte dabei etwas nachdenklich den Kopf. Sie überprüfte noch kurz ihren spontanen Entschluss: „Ja genau, so haben wir zwei Reihen mit gleich viel Personen. Das passt ganz genau und sehr gut." Sie strahlte über das ganze Gesicht und schilderte Mr. Jones in allen Details ihre gut durchdachte Sitzplatzeinteilung.

Na, in welche Runde war ich denn da geraten? Ein Ehepaar, das fast nichts mehr sah, eine Übergewichtige, die einen stählernen Sessel zugeteilt bekam, ein hagerer Kranker und ein Alfred, bei dem ich sofort an diese hässliche, sprechende Fernseh-Zeichentrickente mit der ätzenden Stimme denken musste! Da passte ich ja wirklich. Ganz genau und sehr gut, wie Marie es so schön formuliert hatte. Mir blieb wohl nichts erspart und mir schwante nichts Gutes. Der Gedanke an diesen Abend verlieh mir ein flaues Gefühl in meiner Bauchgegend. Wie ich solche Zusammenkünfte doch liebte! Nachdem Marie für die dicke Dame, Alfred, das Ehepaar, den hageren Mann und mich die geeignetsten Plätze gefunden hatte, lehnte sie sich entspannt zurück.

„Marie, was ich dir vorhin sagen wollte, es kommen noch drei Personen hinzu. Sie haben in einem Ashram hier in der Nähe übernachtet, sind heute Vormittag vorbeispaziert und haben sich spontan dazu entschieden, am Treffen teilzunehmen", sagte Mr. Jones zu Marie. „Und warum hast du mich über diese ganz neue Änderung nicht gleich informiert?", fragte sie etwas vorwurfsvoll. Wir sahen sie beide sehr erstaunt an und sie bemerkte offensichtlich, dass es Mr. Jones erfolglos versucht hatte. Schnell lenkte sie ein. „Siehst du, Madita", sagte sie stolz, „haben sich drei Personen dazuverirrt, das heißt, es gibt genug Sessel und …" Sie streckte ihre Fingerchen einen nach dem anderen in die Höhe und zählte eins, zwei … drei. „Es gibt drei Reihen!", sagte sie begeistert und stolz. Mr. Jones stimmte ihr nickend zu. „Sie sitzen ganz hinten, denn … sie sind die Allerletzten." Und wieder musste ich mir ein Lachen verkneifen, auch wenn Marie das natürlich auf keinen Fall so gemeint hatte, wie es mein Verstand interpretierte.

„Weißt du, auf Größe, Gewicht und gesundheitliche Eigenarten kann ich jetzt keine Rücksicht mehr nehmen." Sie klatschte in die Hände und freute sich, das Problem mit den Neuankömmlingen so schnell gelöst zu haben. Und diesmal war es wirklich sehr schnell koordiniert. Dass aber im Raum mindestens fünfzehn Menschen in einem Halbkreis nebeneinander sitzen konnten, blieb völlig unbeachtet. Marie hatte sich nun einmal für drei Reihen entschieden. Warum? Gute Frage!

„Gut gemacht, Marie, wirklich sehr gut!", fuhr ich der Kleinen lobend durch das Haar. Sie lehnte ihren Kopf an meine Schulter und war sehr zufrieden mit sich und der Welt. Eine ungewohnte Stille legte sich über den Raum und für einen Moment lang hatte ich das Gefühl, die Zeit wäre stehen geblieben. Wie ein *Cut* bei Dreharbeiten oder ein Standbild beim Fernsehen. Es war eine außergewöhnliche Stille, die etwas Berauschendes an sich hatte. Kein vorbeifahrendes Auto und kein Hupen konnte dieser sonderbaren Stille etwas anhaben, denn dieser Raum war die Stille selbst. Parmenides kam angelaufen und schmiegte sich an Marie. Seine Zuneigung wurde von ihr auch ausgiebig erwidert. „Weißt du", sagte sie, „dieses zuckersüße Gesicht ist nur Mittel zum Zweck", und dabei strich sie ihm liebevoll über den Kopf. „Gott hat sich schon etwas dabei gedacht, einer Katze so ein flauschiges Fell zu geben. Wer würde sich denn sonst um sie kümmern?" Bei diesen Worten tätschelte sie ihm wohlwollend das Hinterteil. Sie tat es fast so, wie ich es immer tat. Tun musste! Ich konnte gar nicht anders. Aber diese Sätze! Also Marie hatte wirklich eigenartige Sätze auf Lager. Und schon wieder war scheinbar nur ich es, die hier im Raum ihren Gedankenmüll ablud und sich Feststellungen hingab. Während ich beschloss, mich zukünftig nicht mehr wahllos meinem Denken hinzugeben, fiel mir ein, dass ich ja gar nicht die war, die schon wieder etwas plante. Wie seltsam das alles war.

Ich ließ meine Absichten sein. Mr. Jones *war.* Und Parmenides? Er gab sich Marie hin. Oder sich selbst? Ist es wirklich möglich, dass alles, was man für wahr hält, nichts anderes als eine Einbildung, ja eine Sinnestrübung ist? Auf jeden Fall verriet Parmenides' lautes Schnurren, dass ein Leben in Leichtigkeit möglich war.

„Ach ja!", rief Marie plötzlich. „Madita hat etwas für mich geschrieben." Mr. Jones richtete einen forschen Blick auf mich und ich war etwas peinlich berührt. „Lies es doch bitte noch einmal", bettelte Marie, wobei sie ihre Hände faltete und wieder eine urkomische Figur abgab. Dann setzte sie sich wieder hin und wartete ganz gespannt auf meinen großen Auftritt. Obwohl sich ein komisches Gefühl einschlich, interessierte es mich doch sehr, was Mr. Jones wohl dazu sagen würde. Ohne lange zu zögern, begann ich zu lesen und bemühte mich, es besonders gut zu machen. Mein Ego richtete sich auf und wollte Lob und Huldigung einfordern.

„Ist es nicht toll!", schwärmte Marie und sah dabei Mr. Jones an. Sein Blick veränderte sich nicht. Auch kam kein Wort über seine Lippen. Hallo Mr. Jones, haben Sie denn nicht zugehört? Ich versuchte via Gedanken mit ihm Kontakt aufzunehmen und ich fragte mich, warum er wohl nicht reagierte. Mr. Jones erhob sich und verließ den Raum. „Es hat ihm nicht gefallen", sagte ich zu Marie und eine leichte Enttäuschung machte sich breit. „Doch!", sagte sie, „Sehr gut sogar!"

Ich verstand wieder mal Bahnhof und mein Denken beugte sich der Situation. Es blieb still, bis mir plötzlich die drei Leute aus dem Ashram in den Sinn kamen, von denen Frau Manneder gesprochen hatte. Das waren sicher die drei Überraschungsgäste, von denen Frau Manneder gesprochen hatte. Frau Manneder sowie der dazugehörige *Ort der Stille* waren in der Zwischenzeit endgültig ins Abseits gerückt. Alle Pläne waren verschwunden. Dort wo ich die Stille erhoffte, war ich nie angekommen. Und dort wo ich sie nicht vermutete, war ich ihr begegnet. Eigenartig, wie das Leben so spielt. Pläne, welch sonderbares Wort. Ich wollte nichts mehr planen, das stand fest. Mein Gefühl sagte mir, dass ich nicht mehr in diesen Ashram wollte. Obwohl, wie konnte ich das denken? Ich wusste ja gar nicht, wie es dort war. Aber es war auch sicher nicht meine Lebensaufgabe, das unbedingt herauszufinden.

Obwohl Marie am Abend ja nicht da sein würde und auch keine Zettelchen verteilt hatte, stand die Sitzordnung fest. So verräumten wir alle nicht benötigten Sessel wieder. Bis auf einen, der mutterseelenallein die vierte Reihe bilden sollte. Als ich ihn wegnehmen wollte, sagte Mr. Jones, dass ich ihn ruhig stehen lassen könnte. Marie nickte und sagte: „Genau!" Keine Ahnung, was das jetzt wieder sollte. Die zwei schienen ein eingespieltes Team zu sein. Mr. Jones hatte als kleine Belohnung leckere Brötchen besorgt und wir ließen es uns schmecken. Wir, das waren Marie und ich. Mr. Jones aß nicht. Er war schon wieder mit seinen Büchern beschäftigt und dieser wunderbare Einklang in diesem Raum spiegelte sich in uns allen wider. Nachdem wir verköstigt waren, verabschiedete sich Marie von Mr. Jones und küsste ihn auf die Wange. Er nickte mir nur zu, ohne dabei etwas zu sagen. Das hieß wohl: „Dann bis um sieben." So hatte ich es zumindest im Gefühl.

Nachdem ich mit Marie in das Hotel zurückgekehrt war, machte ich mich noch etwas frisch und nahm ein Bad. Ich badete sehr gerne und war froh, ein Zimmer mit eigener Wanne zu haben. Purer Luxus, musste ich feststellen. Mir fiel ein, dass ich kein einziges Mal an zu Hause gedacht hatte, seit ich hier angekommen war. Und das hatte ich auch weiterhin nicht vor. Zum Trödeln war allerdings keine Zeit mehr, denn ich nahm mir vor, auf alle Fälle vor den anderen im *Büchereck* zu sein.

Im Wandel des Erwachens: Der Wahrheit auf der Spur

Heilsame Erkenntnisse

Als ich gegen halb sieben den Laden betrat, saß bereits ein älteres Ehepaar auf den Stühlen und schwieg vor sich hin. Es ärgerte mich ein bisschen, dass schon wer da war. Unter meinen Bedingungen fühlte ich mich immer am sichersten. Ich wollte doch die Erste sein! Dieses Ehepaar hatte mir einen Strich durch die Rechnung gemacht. „Guten Tag", sagte ich etwas zögerlich. Nachdem sie mich von oben bis unten gemustert hatten, sahen sie sich kurz schweigend an und nickten mir mit einem etwas kühl wirkenden Lächeln zu. Sie wirkten etwas introvertiert und schienen nicht von der Sorte Mensch zu sein, die sehr kontaktfreudig waren. Kurz nach mir betrat ein schmächtiger Mann den Raum. Er war sehr mager und verkörperte das Gegenteil von gesund. Er hatte ein sehr weißes, eingefallenes Gesicht und seine Augen waren ohne jeglichen Glanz. Es schien so, als habe er eine schmerzvolle, schwierige Zeit hinter sich, denn eine gewisse Erschöpfung und Kraftlosigkeit hatten sich wie eine zweite fahle Haut über sein Erscheinungsbild gelegt. Dies musste der hagere Mann sein, den Marie genau hinter mir platziert hatte. Er grüßte etwas schüchtern, aber sehr freundlich und setzte sich tatsächlich genau auf den von Marie ausgesuchten Platz. Das gibt es doch nicht! Ich war erstaunt, dass er diesen Platz eingenommen hatte. Und erst jetzt bemerkte ich, dass auch das Ehepaar genau auf den Plätzen saß, die ihnen, ohne ihr Wissen, zugedacht waren. Das war mir vorhin gar nicht aufgefallen. Soviel zum Thema Achtsamkeit!

So saßen alle drei Personen schön nebeneinander aufgereiht und schwiegen nun zu dritt, nachdem der hagere, kränkliche Mann das Ehepaar kurz begrüßt hatte. Mit gefalteten Händen, geschlossenen Augen und aufrechter Körperhaltung versank er in eine sonderbare Stille. Sein Ausdruck veränderte sich schlagartig und er strahlte plötzlich eine tiefe Gelassenheit und Ruhe aus, so dass ich zweimal hinsehen musste, um diese Veränderung auch wirklich glauben zu können. Seine Gesichtszüge wirkten weicher und mit Verwunderung bestaunte ich seine seltsame Verwandlung.

Nachdem ich mich nach Mr. Jones umgesehen hatte, ihn aber nicht finden konnte, legte ich meine Tasche auf den mir zugedachten Sessel. Dann stellte ich mich doch lieber ein bisschen abseits und blätterte verlegen in irgendeinem Buch, welches ich wahllos aus dem Regal gezogen hatte. Ich war überrascht, war es doch dasselbe Buch, das mir Mr. Jones am Tag unserer ersten Begegnung unter die Nase gehalten hatte. Es war das Buch, das zu mir wollte. Und es schien hartnäckig zu sein! Mr. Jones' Bücherwahn hatte mich also auch schon angesteckt. *Im Land der Verheißung* verlangte aber doch mehr als nur ein scheues Hineinsehen, denn die wenigen Sätze, die ich zu mir nahm, waren monumental. Diese Worte, die mich sehr tief berührten und bis in mein Innerstes vordrangen, wirbelten Emotionen in mir auf, die sich ganz langsam wieder ordneten. Ich hegte den Verdacht, dass jeder, der in diesem Laden den Griff ins Regal wagte, genau das passende Buch in seinen Händen halten würde.

Dieses Buch war nichts Abgehobenes, nein, es glänzte eher mit seiner natürlichen Einfachheit. Es musste also nicht immer gleich die Hardcore-Abteilung der Doppelköpfigenfraktion des *Lehrgedichts* von Parmenides sein! Das *Lehrgedicht*. Halleluja! Mir kamen wieder diese Sätze von Seiendem und Nichtseiendem in den Sinn und allein schon der Gedanke daran verwirrte mich. Ich schüttelte meinen Kopf und bemühte mich, bei der Sache zu bleiben.

Es war wahrscheinlich komplett egal, wo man gerade stand, das richtige Buch würde wohl immer auf seinen neuen Besitzer treffen. Ich war überzeugt davon, dass das Buch mich gefunden hatte und es auf keinen Fall umgekehrt sein konnte. Diese eigenartige Überzeugung entlockte mir ein verwegenes Lächeln und ich fühlte mich in dieser Vorstellung rundum wohl. Ein Blick zu dem Ehepaar und zu dem kränklichen Mann sollte mir bestätigen, dass sie noch anwesend waren. Einen Wortlaut konnte ich auch bei noch so angestrengtem Hinhören nicht vernehmen. Wie in einem Wachsfigurenkabinett saßen das Ehepaar und der hagere Mann regungslos und lautlos auf ihren für sie vorgesehenen Stühlen und präsentierten ihre wenig ansehnlichen Hüllen dem Lebensraum Erde. Diese sonderbare Leere, die sich über den Raum gelegt hatte, war nicht diese Art von Stille, wie ich sie vorher schon bei Mr. Jones wahrnehmen durfte. Es war anders! Nur konnte es wirklich anders sein? Vielleicht nahm ich es nur anders wahr, weil ich dem Moment nicht vorbehaltlos begegnete!?

Mr. Jones hatte bereits irgendetwas bewirkt, davon war ich überzeugt. Es lag sicher an diesem Ort, an Mr. Jones und an seiner unendlichen Weite, die sich unsichtbar die Ruhe der Herzen erschlich. War er ein Prophet, ein Lehrer oder ein Heiliger? Das, was sich hinter seiner Hülle verbarg, war wesentlich präsenter als seine körperliche Ausdrucksform. Ich vermochte es noch nicht ganz zu durchschauen, wieweit das Nichtgreifbare-Klare mit dem Irdisch-Greifbaren-Trüben zusammenspielte und woher all diese sonderbaren Feststellungen kamen.

Als ich mich von meinen Gedanken befreit hatte, bemerkte ich, dass sich mein Blick versehentlich an dem Ehepaar festgesetzt hatte. Ich hatte wohl wieder ein ungewolltes Luftschloss gebaut oder wie man in Österreich so schön sagt: Ins berühmte Narrenkastl geschaut. Das blieb nicht unbemerkt und wurde scheinbar als aufdringlich wahrgenommen, denn die Frau tuschelte dem Mann etwas ins Ohr, nicht ohne mich dabei vorwurfsvoll anzusehen. Mein Ego war erzürnt und reagierte. Also doch noch nicht ganz wertungsfrei, die gute Frau! Und die will spirituell sein? Sie sieht weder so aus noch verhält sie sich so. Das kann ja noch heiter werden! In welche Runde bin ich denn da bloß hineingeraten! Natürlich bemerkte ich nicht, dass ich mir selbst schaute und dass jedes scheinbare andere nur meiner Verwirrtheit entsprach. Ich zweifelte an meiner Entscheidung, zu diesem Treffen gekommen zu sein. Aber ich hatte es ja gar nicht entschlossen. Ich wurde beschlossen! Dieser Wortlaut passte zu Marie. Ja genau, das hätte sie gesagt!

Was sind das für eigenartige Menschen? Was spielt sich hier ab und was tue ich hier überhaupt? Warum frage ich mich ständig dasselbe? War nicht alles eigenartig? Alles, was es auf der Welt gab, hatte seine Eigenart. Ich befand mich andauernd in einer Zwickmühle oder in einer prekären Situation, seit ich von zu Hause weg war sowieso. Wenn ich jetzt alles in Frage stelle, wird es auch nicht besser! Ich bemängelte natürlich die rationalen Fragen, die Seltsam-Fragen hingegen, die wollte ich ausbauen und beibehalten, den anderen wollte ich kündigen. Ich richtete meine Aufmerksamkeit wieder auf das Buch, welches ich immer noch in den Händen hielt. Dort las ich über die Kette der Dinge, über die Zusammenspiele des Lebens, über die Liebe zu allen Mitgeschöpfen und allem Leben. Ein paar Sätze, kurz und knapp, von Wärme gesättigt und überwältigender Liebe durchtränkt. Sie streichelten meine Seele und vertrieben meine Zweifel unwiderruflich. Erstaunlicherweise geschah dies in Minutenschnelle, wobei eine schwindelerregende Weite unsichtbar hervortrat und mich verzaubernd berührte.

Ein schlanker Mann, der für seine Größe etwas mehr Gewicht hätte vertragen können, holte mich ganz schnell wieder auf den Boden der Tatsachen zurück. Das musste Alfred sein. Er wirkte sehr vital, schien aber leicht angespannt zu sein. Vielleicht hatte er einen stressigen Tag hinter sich. Sein Dreitagebart bestätigte mir die Vermutung, dass es in seinem Leben wohl etwas hektisch zugehen würde. In keiner Weise aber wirkte er ungepflegt. Eine etwas altmodische Brille ließ ihn intellektuell erscheinen. Ich fragte mich, ob er sich dessen bewusst war? Sein knochiger Körper steckte in einem Anzug, der sehr konservativ und sehr unmodern wirkte. Er schien mindestens zwanzig Jahre alt zu sein. Nein, nicht Alfred, der Anzug natürlich. Dieser schien mit ihm mitgewachsen zu sein. Er selbst dürfte so um die vierzig Jahre alt sein, und wenn man ihm blindlings Eigenschaften hätte zuweisen wollen, dann Korrektheit und Gutmütigkeit. Genau so sah er aus. Gutmütig und korrekt! Als er mich erblickte, kam er schnurstracks auf mich zu und begrüßte mich äußerst höflich. Für einen Moment lang fühlte ich mich in der

Zeit zurückversetzt. Diese steife Galantheit passte doch besser in ein früheres Jahrhundert. „Ich heiße Alfred, junges Fräulein. Es freut mich, Ihre Bekanntschaft zu machen“, sagte er sehr wohlerzogen. Jetzt fehlt nur noch, dass er meine Hand küsst und sich etwas tiefer verbeugt.

„Ich heiße Madita“, entgegnete ich sehr angetan. „Welch wunderschöner Name! Madita …“, wiederholte er behutsam und würdevoll. Noch nie wurde mein Name mit solcher Ehrfurcht und Besonnenheit ausgesprochen. Ich muss zugeben, ich fühlte mich geschmeichelt. Er erinnerte mich an mein Lieblingskinderhörspiel, den Trotzkopf. Die etwas altmodische Verfilmung dazu passte hervorragend zu Alfred. Wenn der wüsste! Ich lächelte etwas verlegen. Alfred war nicht trocken und fade. Er wirkte eher sehr überlegt und bedacht. Er strahlte eine tiefe Zufriedenheit aus, eine aufrichtige Freundlichkeit, die nichts Aufgesetztes oder Künstliches an sich hatte. Er wirkte sehr echt. „Dann dürfen wir Sie heute in unserer kleinen bescheidenen Runde begrüßen. Herzlich willkommen!“ Er lächelte mir nickend zu und gesellte sich zu der bereits vollständig besetzten zweiten Reihe. Die neugierige Frau hatte unsere Begrüßung wohl keine Sekunde aus den Augen gelassen. Sehr überschwänglich schüttelte sie Alfred die Hand, ohne mich dabei aus den Augen zu lassen. Bei ihr wirkte die Begrüßung alles andere als echt. Ich hatte das Gefühl, sie wollte mir damit nur zeigen, wie gut sie diesen Alfred doch kennen würde. Ihr alles durchdringender Blick schien mich alles andere als streicheln zu wollen. Ihn dagegen schien sie zu mögen.

Alfred begrüßte das Ehepaar und den hageren Mann nicht anders, als er auch mich begrüßt hatte und kam mit ihnen ins Gespräch. Obwohl er sehr groß war, setzte er sich genau vor das Ehepaar und wieder staunte ich nicht schlecht, denn auch Alfred hielt sich genau an Maditas Einteilung der Sitzplatzordnung. Keiner von ihnen konnte wissen, was Marie so sorgfältig geplant hatte und diese seltsam angeordneten Dreierreihen waren sicher nicht Standard. Wenn alle Teilnehmer immer gleich sitzen würden, hätte Marie ja nicht diese Einteilung vornehmen müssen. Wahrscheinlich hatte es auch überhaupt gar keine Bedeutung und ich dachte nur wieder einmal zu viel nach. Oder …?! Ich stoppte kurz. Oder Marie sitzt jetzt vielleicht in ihrem Bettchen und übt sich in Gedankenübertragung. Wie doof und töricht war das denn jetzt?! Meine Gedanken waren nicht nur absurd, sie waren tatsächlich krank! Sehr krank sogar! Ich war gespannt und wollte nun gut beobachten, wo sich die anderen wohl hinsetzen würden. Erneut richteten sich meine Augen auf das ältere Ehepaar und ich suchte die Antwort auf die Frage: Ob wohl alle spirituell Interessierten so auffällige Eigenarten besaßen?

Als eine dicke Dame in viel zu engem Kostüm den Laden betrat, gesellte sich Alfred umgehend zu ihr. Die Absätze ihrer viel zu hohen Pumps hatten einiges zu tragen und ergaben sich knirschend ihrem Los. Das ältere Ehepaar wollte sich weiterhin nichts entgehen lassen, denn ihr Blick blieb weiterhin auf Alfred gerichtet. Die dicke Dame und Alfred wirkten sehr vertraut und sie begrüßte ihn sehr herzlich. Er blieb im Gespräch eher zurückhaltend. Das Wort diskret, welches ich schon Ewigkeiten nicht mehr verwendet hatte, kam hier wieder zum Einsatz. Sie wirkte sehr dominant und Alfred schien in ein altes Fahrwasser zu schlittern, welches man wohl *Anpassung* oder *Entsprechenwollen* nannte. Sie war sicher nicht viel älter als er, wobei er aber wesentlich jünger wirkte. Obwohl ich nicht wusste, welches Verhältnis er zu seiner Mutter hatte, wurde ich das Gefühl nicht los, dass sie ihm unbewusst dieses Bild spiegelte. Vielleicht war es ihm nicht bewusst, aber die Bestimmtheit dieser dicken Dame saß ihm wie ein dunkler Schatten im Nacken. Es war wie eine Eingebung, die ich voller Überzeugung keinen Moment lang in Frage stellte. Und so wunderte ich mich über meine eigene Wahrnehmung, die zwar sehr konkret war, aber sich in Details verlor, die nicht unbedingt erwähnenswert waren.

Die dicke Dame redete auf Alfred ein und schien ihn mit ihren Worten zu erschlagen. Wenn sie lachte, sah man an ihren Augen, dass sie älter sein musste, als sie sich kleidete. Mit viel zu greller Schminke versuchte sie ihr Alter zu überdecken, was ihr aber nicht unbedingt gelang. Der rot leuchtende Lippenstift, ihr aufdringliches Lachen und ihre strähnige Frisur sahen eher lächerlich aus, anstatt elegant zu wirken. Ihre Absicht zeigte nicht den erwünschten Erfolg. Sie hatte wohl zu viel Haargel aufgetragen, das ihre Haare fettig wirken ließ. Es war kaum zu sehen, dass sie sich sehr viel Mühe mit ihrem Styling gegeben hatte. Der viel zu enge Rock hob die Fettwülste an Hüften, Oberschenkel und Bauch besonders hervor.

Der zuvorkommende Alfred kam fast gar nicht zu Wort. Er lächelte zwischendurch immer wieder höflich, tat sehr interessiert und nickte dabei mit dem Kopf. Sein herzhaftes, offenes und neugieriges Wesen wurde von ihrer Art sich zu geben gedämpft. Alfred schien ein Mensch zu sein, dem die höfliche Tugend noch nicht ganz abhandengekommen war. Die fortgeschrittene Uhrzeit kam ihm gelegen, denn mit einem Fingerzeig auf die Uhr schaffte er es, sich rasch von der dicken Dame zu lösen. Sie folgte ihm unauffällig, und nachdem sie das Ehepaar kurz begrüßt hatte, wälzte sie sich in die erste Reihe, um auf dem Sessel aus Stahl Platz zu nehmen. Das war die nächste Bestätigung der Sitzordnung. Maries Plan schien aufzugehen.

Diese Gesellschaft löste eigenartige Gefühle in mir aus und zog mich in einen Bann, in dem ich mich immer mehr verstrickte und allem und jedem meinen Stempel aufdrückte. Gnadenlos waren meine Urteile bereits gefällt. Meine Meinungen standen fest. Ob die Anwesenden mich auch seltsam fanden? Wahrscheinlich standen sie mir mit ihren Meinungen in nichts nach. Ich blätterte immer noch in diesem Buch, zwischenzeitlich doch eher etwas alibimäßig. Als Alfred mir zuwinkte, blieb mir nichts anderes übrig, als mich dazuzugesellen. Und so setzte ich mich auf den Sessel, den Marie für mich ausgesucht hatte.

Wäre nun doch noch ein größerer Menschenansturm gekommen, hätte mir meine Tasche diesen Platz gesichert! Wie lachhaft. Wie infantil! War es nicht albern, zu glauben, dass mehr Menschen als angekündigt kommen würden? Wer wünschte sich denn schon, hier zu sein?! Zwischen fragwürdigen Karikaturen zu sitzen, die nichts anderes zu tun hatten, als nach der Wahrheit zu suchen?! Ich erschrak über diese harten Gedankengänge und hatte keine Ahnung, wie die in meinen Kopf gekommen waren. Warum musste ich die Situation jetzt ins Lächerliche ziehen? Mein Ego glaubte wohl wieder einmal, etwas Besseres zu sein. Ich hatte es ja scheinbar nicht notwendig, mich der Wahrheit zu öffnen. Nein, ich doch nicht! Ich wusste ja schon alles! Auch wenn ich so gut wie keinen Plan hatte und mir der Durchblick fehlte, eines stand fest, mit diesen Gedanken hatte ich nichts zu tun!

Ich wurde aus meinen Gedanken befreit und fiel in das nächste Desaster, denn nun wollten auf einmal alle wissen, wie es dazu gekommen war, dass ich an diesem Treffen teilnehmen würde. Ich sah schon, ich war Frischfleisch. Zu meinem Glück betraten nun die letzten Personen den Raum, um den Kreis zu schließen. Das Aussehen der Rucksacktouristen entsprach ganz und gar dem typischen Tramperklischee. Aber warum waren es vier?

Nun betrat Mr. Jones den Raum, nickte uns allen freundlich zu und steuerte schnurstracks auf die Letzten zu, wie Marie sie nannte. Nachdem sie sich kurz ausgetauscht hatten, bat er sie Platz zu nehmen. Warum wusste er, dass vier Personen kommen würden, wenn sich nur drei angemeldet hatten? Eigenartig! Aber wusste er nicht alles? Er blieb mir wie immer ein Rätsel. Die Neuankömmlinge setzten sich aus zwei Männern und zwei Frauen zusammen. Eine Frau trug lange Gewänder. Ihre Kleidung erinnerte mich an Indien. Sie würde gut in ein Kloster oder einen Ashram passen. Bei diesem Gedanken ereilte mich eine Ahnung. Als sie mir die Hand schüttelte und ich mich vorstellte, war der Fall klar.

„Madita, das gibt es doch nicht!“, strahlte sie über das ganze Gesicht. „Hier bist du also gelandet.“ Sie wirkte sehr ausgeglichen und unterschied sich von den drei Rucksacktouristen wie die Nacht vom Tag. Die Stimme bestätigte mir umgehend, dass das nur Frau Manneder sein konnte. „Meine neuen Gäste haben mich überredet mitzukommen und da ich noch nie in diesem Laden war, aber immer schon her wollte, hat mich nun die Neugier gepackt“, sagte sie mit freundlicher Stimme. Ihr wärmender Blick entlockte mir eine ebensolche Wärme, die ich ihr mit Freude gepaart zurückgeben konnte.

Am meisten freute es mich, dass diese eher merkwürdige Runde nicht nur aus unbekannten Menschen bestand. Obwohl so bekannt war sie mir ja nun auch wieder nicht. Gerne wäre ich in meiner überspielten Unsicherheit neben ihr gesessen, aber für sie war ja sicher der einzelne Sessel in der letzten Reihe bestimmt. Frau Neugier, die weibliche Hälfte des Ehepaares, beobachtete uns sehr skeptisch und ihre Ohren schienen überall zu sein. Sie schien wirklich sehr neugierig zu sein. Aber war ich das nicht auch? Die dicke Dame lächelte mir verlegen zu, während Alfred fein säuberlich seine Brille reinigte. Zu weiteren Mitteilungen kam Frau Manneder nicht mehr, denn Mr. Jones bat nun alle Beteiligten noch einmal, ihren Platz einzunehmen. Und dies galt vor allem Frau Manneder, denn die hatte Mr. Jones' vorangegangene Bitte wegen mir völlig außer Acht gelassen. Mr. Jones' Stimme wirkte dennoch sehr gütig. So etwas wie Ungeduld oder Hast würde man wahrscheinlich auch bei längerem Suchen nicht bei ihm finden können.

Nun saßen alle richtig, nämlich an ihren zugeteilten Plätzen, von denen sie aber nicht die geringste Ahnung haben konnten. Oder saßen sie vielleicht immer so? Nein, sicher nicht, sonst hätte Marie ja nicht diesen Aufwand betrieben. Frau Manneder hatte sich kurzerhand ihren Sessel geschnappt und sich neben mich gesellt. Diese Handlung inspirierte alle weiteren Anwesenden dazu, sich mit ihren Stühlen so hinzusetzen, dass sich eine halbkreisähnliche Reihe ergab. Wahrscheinlich hatten alle Teilnehmer erst jetzt bemerkt, dass es doch mehr als eigenartig war, in einem Raum mit genügend Platz zu zehnt hintereinander in einer Viererreihe zu sitzen. Und über genau diese Merkwürdigkeit hatte ich mich bereits schon am Nachmittag mehrmals gewundert. Mr. Jones schien das nicht wirklich zu interessieren.

Aber wen interessiert schon eine Sitzordnung? Ist das wichtig? Wissenswert? Lebensnotwendig?

„Meine Lieben, schön, dass ihr gekommen seid. Diejenigen, die schon des Öfteren hier waren, wissen um den Ablauf des Abends. Wir erahnen gemeinsam das All-Eine, das ewig Seiende, die Vollkommenheit. Einblicke in die unendliche Ewigkeit gewähren eine erweiterte Sichtweise, mehr Klarheit und bereiten einen fruchtbaren Boden für mehr Achtsamkeit. Euch gewahr zu sein, was ihr in Wirklichkeit seid, bedarf einer geschärften Wahrnehmung und einer erweiterten Sicht, die sich nur ohne euer Zutun einstellen kann. Vorab möchte ich, dass ihr die Augen schließt und überprüft, welche Gefühle und Gedanken ihr ab dem Zeitpunkt des Betretens des Ladens in euch wahrgenommen habt. Wie seid ihr dem anderen begegnet? Welche Emotionen wurden freigesetzt? Wie waren eure Gedanken?"

Mr. Jones' Gesichtsausdruck wirkte sehr ernst. Diese Fragen entfachten in der ganzen Runde ein nicht hörbares, aber spürbares Knistern. Eine äußerst unangenehme Spannung, die sich wie ein sich nach Beute verzehrendes Spinnennetz über uns ausgebreitet hatte, wirkte ernüchternd und ließ uns künstlich erschaffene Verworrenheiten erkennen. Minutenlanges Schweigen stellte sich ein. Ach du meine Güte, ging es mir durch den Kopf. Meine Gedanken waren ja nicht besonders rühmlich!

„Ihr glaubt, anderen Menschen begegnet zu sein und habt sie eingeordnet, bewertet, verglichen und über sie gerichtet", fuhr er nun fort. „Diese Trennung, die entsteht, indem ihr Menschen und Dinge von euch unterscheidet, entspricht nicht der Einheit, die ihr in Wirklichkeit seid. Ihr sollt den anderen nicht lieben …" Dann verfiel er in eine absorbierende Stille, die mich mitzog und doch wunderte ich mich, was diese Aussage zu bedeuten hatte. Warum soll ich den anderen nicht lieben? Es heißt doch immer: Liebe deinen Nächsten. Warum …

Weiter kam ich nicht, denn ich hörte klar und deutlich ein aufforderndes *Pssssst! Sei still. Jetzt!* Erschrocken öffnete ich die Augen und sah nach vorne zu Mr. Jones. Er saß regungslos da. Ich war mir sicher, dass er zu mir gesprochen hatte, doch wie war das möglich? Sein alles durchdringender Blick ließ mich wissen, dass ich meine Augen wieder schließen sollte. „Ja, ihr könnt aus einer begrenzten und trennenden Sicht den anderen gar nicht lieben, denn Liebe entsteht aus der Einheit heraus. Liebe ist Einssein. Erkennt vielmehr, dass ihr der andere seid! Alles ist eins“, fügte er liebevoll hinzu und verstummte alsdann in einer friedvollen Haltung. Schnell schloss ich meine Augen, aber nicht ohne dabei einen leichten Anflug eines schlechten Gewissens zu verspüren.

„Und doch seid ihr weder das eine noch das andere. Wie wollt ihr etwas sein, was nicht ist!? Eure Körper existieren scheinbar getrennt voneinander, aber was sind diese Körper? Sind sie Realität? Können sie wirklich sein? Sind es nicht einfach nur schemenhafte, leere Hüllen, die eine Ausdrucksform einer unbeschreiblichen Kraft darstellen? Wie könnt ihr nur einen Moment glauben, eine Hülle zu sein?!“ Wacht auf, ihr Doppelköpfigen, fiel mir dazu nur ein, und jetzt wusste ich, was es mit diesem gewöhnungsbedürftigen Ausdruck auf sich hatte. Eine altbackene Umschreibung für Schlafwandler oder Traumtänzer.

„Ihr seid das, was eure Hüllen hervorbringen, aber niemals könnt ihr nur ein beliebiges und vergängliches Abbild der unerschöpflichen göttlichen Quelle selbst sein. Verschiedenste Körper und Umrisse, wie Menschen, Tiere, Pflanzen oder Steine erscheinen wie Bilder auf dieser Bewusstseinsebene, die du Erde nennst. Diese verschleierte und verfälschte Wahrnehmung dieser Irrbilder hält triebgesteuert an ihren Traumbildern fest, die sie zu ihrer Realität erklärt hat. Erkenne, dass du von nichts und niemandem getrennt existieren kannst. Lediglich deine Sinne halten dich in dieser Täuschung gefangen. Du bist nicht von dieser Welt! Die Welt ist in dir und du bist das, was es ermöglicht, so etwas wie eine Welt zu offenbaren. Nur weil du einen Körper fühlst und siehst, heißt das noch lange nicht, dass du auch der Körper bist. Das Gesehene ist nicht der Beweis für seine Existenz. Gesehenes kann niemals sein. Sein kann nur Unvergängliches und das ist das, was den Sehenden und das Gesehene hervorbringt. Die Welt ist in dir, denn du bist der Raum der Unendlichkeit, in dem sich die Bilder einer Welt offenbaren. Ja, du hast einen Körper, doch was ist das, was du bist? Entscheide zwischen Erscheinungen und dem Ursprung, das niemals dasselbe sein kann. Die Sonne ist auch nicht der Schatten. Obwohl er ohne sie nicht existieren kann, hat sie ihn niemals berührt. Wenn ich sage: Die Welt ist in dir, bedeutet das also nicht, sie ist in deinem Körper oder in deinem Herzen. Es bezieht sich also nicht auf dein irdisches Erscheinungsbild. Ich spreche von dir, von deinem wahren Selbst. Körper und Herz erscheinen in dir, in diesem *Bewusstseinsfeld*, sind also nicht das, was du bist. Du bist der ewige, atemlose Strahl, der niemals die Erde berührt hat. So etwas wie eine Welt gibt es nicht!“

Dieser gewichtige Satz hatte etwas so Natürliches, Einfaches und Aufrichtiges an sich, dass er alle Anwesenden in sich einhüllte. Für einen Moment lang wog uns diese unendliche Wahrheit auf ihren unendlich weiten Armen wie ein kleines Kind hin und her. Ein *Fühl dich umarmt* kristallisierte sich in klarer Verständlichkeit heraus.

„Und warum kannst du die Welt dann sehen, wenn sie gar nicht existiert?“, fuhr er fort. Das fragte er sicherlich, weil er es verstand, in unseren zwiespältigen Gesichtern zu lesen. „Weil du sie als eine Spiegelung der Quelle wahrnimmst und nicht als Quelle selbst. Nur deiner Spiegelung ist es möglich zu fühlen, zu handeln und zu denken. Deiner Quelle sind diese Vorgänge und Handlungen fremd. Und doch kann nur sie es ermöglichen, unterschiedlichste Bewusstseinsebenen zum Ausdruck zu bringen.“ Er sprach dieses tiefe Wissen aus und wahrscheinlich war ein jeder der hier Anwesenden in ein Fettnäpfchen getreten, wenn es um Werten und Urteile ging. Seine Sätze waren befreiend und fühlten sich teilweise aber auch sehr unangenehm an. Diese tiefgründigen Worte waren wohl eher für mein wirkliches *Ich* bestimmt, doch wie weit konnten sie überhaupt unverfälscht in meine Ursprünglichkeit vordringen? Da war doch dieses sehr aufdringliche und dominante Madita-Nicht-Ich, das sich ständig einmischte, vorschob und in den Vordergrund drängelte.

„Bevor du dir deines raumlosen *Ich-Seins* gewahr werden kannst, gilt es zu entdecken, was dieses *Ich* ist. Du sagst: Ich habe ein Problem … ich denke … ich glaube … Solltest du dich nicht auf den Weg machen, dieses *Ich*, von dem du da sprichst, zu erforschen, dir bewusst zu werden, von wem du da überhaupt sprichst? Was oder wer ist dieses Ich, über das du dich definierst? Es ist wie mit Gefühlen. Wenn du sagst: Ich habe Angst, dann frage dich, wer diese Angst empfindet. Du weißt nicht, wer dieses *Ich* ist, was Angst hat und in weiterer Folge weißt du auch nicht, was diese Angst ist. Du willst sie loswerden, weißt aber gar nicht, was du loswerden willst.

Oder du wünschst dir einen Partner oder ein Haus, weißt aber nicht, was das überhaupt ist. Welcher Mangel lässt diesen Wunsch entstehen? Du hast Bilder in deinem Kopf, wie diese Wünsche aussehen sollen, doch hinter jedem Ding, Leben, Gefühl und Gedanken steckt Essenzielles, was du auch Energie nennen kannst. Schaue dem Dahinter und erkenne den Ursprung der Dinge, so kann deine Angst weichen und Wünsche werden verblassen."

Er hatte den Nagel auf den Kopf getroffen. Dieser Impuls, dass es *hinter* mir, *hinter dem* was mich ausmachte und sich zeigte noch etwas anderes geben musste, hatte mich schon mehrmals gestreift, doch er konnte mich immer nur am Rande berühren. Ein Leben voller Schmerz und Leid, nein, das konnte ich nicht sein. Mag sein, dass Madita das so erlebte, doch wenn ich gar nicht diese Madita war?

Dieser Gedanke rüttelte mächtig an meinem Sicherheitsdenken und warf ein weiteres Mal alle bisherigen Vorstellungen über den Haufen. Diese Ernüchterung war ein brennender Schmerz, der eine plötzliche Traurigkeit nach sich zog. Diese Traurigkeit zeigte auf, wie sehr ich doch in diesen Mustern und Verhaltensformen gefangen war oder besser gesagt, wie weit ich mich immer wieder einengte und mir die Luft zum Atmen nahm. Weder das Leben noch die anderen hatten Schuld. Die Schuld konnte niemals in der Situation zu finden sein und genauso wenig konnten die Menschen an meinen Empfindungen Schuld haben. Wie unangenehm mir Begegnungen und Situationen auch waren, was auch immer mir widerfuhr, es konnte nur an *mir*, an meinem menschlichen Fehlverhalten liegen. Also an dem liegen … Ich überlegte kurz und stellte fest, dass es immer nur an dem liegen konnte, was ich nicht war und zu sein glaubte! Also konnte ich auch nicht Schuld an etwas haben. Welch eigenartige Feststellung.

Der, der feststellte, wahrnahm und einordnete – nämlich die Person, der Mensch, der Denker und der Fühlende waren das vermeintliche Problem. Das war aber nicht das Selbst, das wahr oder real ist! Sah ich den anderen, vernahm ich also eine Erscheinung, die nur durch meine Aufmerksamkeit die Möglichkeit hatte, sich auf diese Art und Weise zu zeigen. Und was war, wenn ich nicht hinsah? Mein Verstand konnte diese Albereien, die gleichzeitig zum Lachen und zum Weinen waren, einfach nicht sein lassen. Aha, so zeigt sich das Leben also! Und ich? Ich steh dahinter! Oder war es ein Vor-den-Dingen-Sein? Ich empfand es eher als ein: *So zeigt sich das Leben und ich steh daneben.* Nicht außen vor, sondern komplett daneben, nämlich neben der Spur. Und das reimte sich auch noch so gut!

Als ich durch die Runde blickte, glaubte ich eine tiefe Betroffenheit zu verspüren. Doch jeder versuchte diese elegant zu vertuschen, außer dem kränklich aussehenden Mann, der immer wieder zustimmend nickte. Er hatte Tränen in den Augen und wirkte sehr berührt. Seine spontane Ehrlichkeit war bemerkenswert. Kein anderer hatte den Mut zu seiner verschleierten Wahrnehmung zu stehen. Ich schon gar nicht! Und schon wieder stellte ich etwas fest! Und was tat ich? Stand ich dazu? Wer in mir hatte das festgestellt? Ist das Manipulation oder woher kommen diese Verirrungen und Trugschlüsse, wenn ich das doch gar nicht will oder geplant habe! Es geschieht doch automatisch! Zorn breitete sich aus. Mir wurde heiß und ich fühlte wieder diesen dicken, fetten Kloß im Hals, der bis ins Unendliche angeschwollen zu sein schien. Wie soll man denn auch unter Fremden zu seinen Gefühlen stehen? Autsch! Fremde! Die Anderen! Und weiterhin blieb ich in dieser Trennung gefangen und dem dualen Trugbild verfallen. Ich hatte wohl gar nichts verstanden. Und da es gar nichts zu verstehen gab, sondern nur zu erfassen, war auch diese Feststellung vollkommen daneben. Ich konnte es drehen und wenden, wie ich es wollte, irgendwo lag da der Hund begraben.

„Es ist niemand weiter oder weniger weit. Es gibt kein niederes oder höheres Bewusstsein. Außerhalb des Bewusstseinsfeldes existiert keine Welt, sie erscheint darin. Bewusstsein erfährt sich durch den Geist und ist das, was du *nicht* bist. Geist ist das, *was du wirklich bist.*

Wenn du den anderen als dumm bezeichnest, ist es nur deine eigene Unzulänglichkeit, die dir aufgezeigt, dass du der Illusion der Vielheit erlegen bist und dich als Individuum erlebst. Frage dich, *wer* dagegensteuert. Der andere ist niemals das Problem, sondern der Bezug, den du zum anderen nimmst, sowie die Verknüpfungen, die du zu Emotionen herstellst und als deine eigenen erlebst. Du begegnest Menschen, die dir nicht zusagen oder mit denen du nichts anfangen kannst. Erkenne deinen Widerstand. Dieser entsteht erst, wenn du dich auf etwas beziehst. Erst wenn du zu nichts und niemanden mehr einen persönlichen Bezug herstellst, bist du frei. Der andere ist nicht sein Erscheinungsbild, er ist die göttliche Quelle selbst, die *in* allem und *alles ist.* Das vermeintliche Problem ist, dass du dich bei allem womit du konfrontiert wirst, stets persönlich betroffen fühlst. *Du aber handelst nicht, es handelt durch dich!*

Wenn ich sage *Du wirst Einheit fühlen,* spreche ich unsichtbar zu deiner Seele, die aber das Werkzeug der Sinne benötigt, um erwachen zu können. *Erwachen ist die Genesung von einem begrenzten Zustand der Gegenwart in einen formfreien Ist-Zustand der Allgegenwart, wobei die Persönlichkeit abwesend ist.* Wenn ich also sage, *du* sollst etwas herstellen, hat das mit deiner körperlichen Ausdrucksform, für die du dich irrtümlicherweise hältst, nichts zu tun. Und so entstehen die Irrtümer des Auffassens. Ich spreche zu dir als Licht, du aber nimmst es als Schatten wahr, der die Wörter über das Hören filtert. Der Schatten kann Energien, die sich als Worte verkleidet haben, niemals frei und bedingungslos aufnehmen, denn seine Reaktionen sind Vergleiche, die er aus Erinnerungen formt, die ihn dann ein Urteil fällen lassen. Die Filtrierstation im Kopf ist gnadenlos, sinnlos und überflüssig. Wie soll diese schwere Maschine Licht erfassen können. Unmöglich!

Deine Reaktion kann also nicht verhindert werden, solange du das Ego nicht durchschaut hast. Erst wenn du verinnerlicht hast, dass das, was reagiert, keine Struktur hat und gar nicht wirklich existiert, wird es sich lichten. Solange du glaubst, das Dunkle zu sein und als dieses denkst, fühlst und handelst, wird dir dein wahres Wesen verborgen bleiben. Auch wenn es so aussieht, dass du es bist, der etwas tut, so kann es doch nie dein Wollen oder das Bewusstsein sein, die dich lenken. Nichts außer Totalität existiert. Bewusstsein erscheint nur darin!"

Diese Worte hatten es in sich und vermittelten mir ein Gefühl von Armseligkeit. Warum lebte ich in diesem Getrenntsein, welches dem zwiespältigen Land der Wertungen entsprang und was konnte ich tun? Hatte ich wirklich keinen Einfluss darauf, es zu ändern? Meine Vermutung tendierte zu einem eindeutigen *Nein* und meine Gemütsstimmung war auf ihrem Tiefpunkt angelangt.

„Das, was dir noch Mühe bereitet, sollte genau angesehen werden, denn jedes Menschenherz und alles Leben mit deinem Herzen zu *verstehen,* ist deine Aufgabe. Die Abläufe und Strukturen zu durchschauen und den Kern des Gegenübers zu erfassen, ist eine Klarsicht, die sich dann einstellen kann. Einfach so! *Sie ergibt sich wie alles, was ist, sich ergibt.* Alles entspringt der Quelle, um sich ihr anschließend zu ergeben. Eines Tages! Das Leben mit all seinen Lebewesen sind deine Lehrmeister, die dich immer wieder nur auf dich selbst zurückwerfen. Alles geschieht aus Liebe, damit du dich erkennen kannst. Ihr vergleicht Menschen mit anderen Menschen und Begegnungen mit anderen Begegnungen, bemerkt aber nicht, dass ihr euch dadurch der Freiheit verwehrt, den anderen frei und unbelastet zu entdecken. Eine Begegnung, in der das Objekt zuvor verglichen oder abgestempelt wird oder aufgrund vergangener Erinnerungen eingeordnet worden ist, ist kein momentanes Wahrnehmen. Eine unverfälschte Wahrnehmung hat nicht das Geringste mit diesen Bildern zu tun, die du dir bisher von Dingen gemacht hast. Der andere ist bereits so, wie du ihn gesehen hast, empfunden hast, es vermutest, wie du ihn zugeordnet hast, wie du ihn dir vorstellst oder sogar so, wie er nach anderen Erzählungen nach sein sollte. Nun ist derjenige so, wie du ihn siehst, kann sich also nie so zeigen, wie er ursprünglich ist! Du hast ihn mit deinen Sinnen festgenagelt, ihn aber nicht ohne diese erfahren können. Warum?

Weil du in Bildern, Gedanken, Vorstellungen und im Aussehen hängen bleibst, dir nicht erlaubst, unvoreingenommen dahinter zu sehen! Diese unbewussten Ablehnungen verstärken das persönliche Ich und nageln dich nur noch fester in deinem Muster der Verwirrtheit und Trugbilder fest, um dich weiterhin gefangen zu halten. Freiheit bedeutet, frei zu sein von Anhaftungen, Wünschen, Zielen, Situationen, Gedanken, Gefühlen, Meinungen und Wertungen. Frei zu sein von allem. Sich als Ungebundenheit zu erkennen. *Freiheit ist, Menschen fern vom Einordnenwollen wahrzunehmen, bis sich die Wahrnehmung als das reine Gewahrsam des Ewigen offenbart.* Ihr seid Lichtfelder, die sich einbilden, dieser irdische Schatten zu sein. Dankt dem Schatten, aber durchschaut ihn und erkennt, dass ihr sein Erzeuger seid. Ihr zeigt euch kurzfristig in einem irdischen Kleid. Warum? Um anwesend zu sein. Grundlos und absichtslos! Seid frei!“

Die Art und Weise, wie er diese Klarheit hinter den Dingen emporsteigen ließ, zeugte von einem sehr tiefen Wissen, welches seinem Verstand sicher niemals begegnet war. Die Knechtschaft seiner Gedanken schien er schon längst überwunden zu haben. „Die ewige Quelle bedarf keines Grundes, um zu sein, sie ist einfach. Anwesenheit bedeutet, ein ausübendes Organ der Gottheit zu sein, zu wirken, ohne dabei etwas zu tun oder zu sein. *Es* durch dich wirken zu lassen! *Es* stellt sich dar. Dich als Licht zu erkennen und zu erfahren, ist also keine Aufgabe oder eine Übung. *Es ist ein natürlicher Prozess, in dem sich nichts entwickelt, ein Rückfluss, in dem nichts fließt und eine Erweiterung ohne jegliches Werden.* Es ist ein Durchschauen und Durchlichten, das dir das Gewahrsein des wahren Ichs offenbart. Wohin willst du dich also entwickeln, wenn du dir nie wirklich fern warst? Nach links oder nach rechts? Nach oben oder nach unten? Du bist keine Dunkelkammer, in der Filme entwickelt werden. Du bist der gnadenvolle raumlose Lichtraum. Immer und ewig. Jetzt!"

Mr. Jones schmunzelte ein wenig und sein Humor tat gut. Er war heilsam und lockerte diese leichtfüßigen Wörter auf, die für den Kopf eine unsagbare Schwere demonstrierten. „Beende diese lächerlichen Einbildungen und Geschichten und habe den Mut, wirklich hinzusehen! Immer bist du deine Lichtheimat selbst, weil es nichts als diesen ewig sprudelnden Lichtquell geben kann. Vielleicht hast du ihn in deinen irdischen Belangen und Verstrickungen für einen Moment lang vergessen. Deshalb hast du dich aber nicht wirklich von ihm entfernt. Du kannst dich nicht von deinem Ursprung weg begeben, so wie ein als Polizist verkleideter Karnevalsnarr immer ein Narr bleiben wird. Ein Kostüm, eine Verkleidung, eine andere Hülle machen dich noch lange nicht zu einem Polizisten, der seine Strafzettel verteilen kann.

Es zeigt sich immer nur *das Eine*, wie die Kostümierung auch immer sein mag. *In welcher Form sich der Schatten darstellen mag, ist belanglos! Wahres Glück ist körperlos.* Möge sich die göttliche Quelle in einer für dein Empfinden noch so unangenehmen Situation als ärgerliches Ereignis, fragwürdige Begegnung oder schmerzliche und prägnante Erfahrung zeigen, es sind nur Darstellungen, *die sich vor die ursprüngliche Realität stellen.* Schieb die Wolken zur Seite und du wirst die Sonne sehen. Mach es genauso und weite den Vorhang! Schieb ihn beiseite, ohne ihn stundenlang anzusehen, dich über ihn zu ärgern oder sich in ihm zu verheddern. Deshalb wird er sich nicht ändern! Schieb Gedanken, Gefühle und Bilder einfach beiseite und schaue dem göttlichen Dahinter, welches stets hinter allem *in sich* ruht. Und plötzlich entdeckst du eine leere Vorhangstange. Und du stellst *nicht* fest, dass da nie etwas war, das du zur Seite schieben konntest, weil da niemand mehr ist, der das feststellen könnte. Es war bloß eines von unzähligen Trugbildern, denen du erlegen bist.

Unzählige, facettenreiche Momente schaffen es, dir etwas vorzugaukeln und lenken dich vom Licht ab, welches der Ausgangspunkt aller angeblichen Tatsachen, Fakten und Verhältnisse ist. Es ist nicht und niemals das, für was du es hältst. Es ist immer nur deine Wahrnehmung, die für die Form des Sehens, eines begrenzten Sehens, verantwortlich ist. Deine enge Sicht der Dinge prallt stets am äußeren Erscheinungsbild ab, bleibt dort stehen und stuft dieses als real ein, ohne dabei einen Schritt weiter zu gehen. Diese begrenzte Sichtweise verwehrt dir somit die Chance, deine Wahrnehmung mit Hingabe zu erweitern, um nach dem Ursprung der Dinge Ausschau zu halten und deren Essenz zu ergründen.

Sich gegen etwas zu wehren bedeutet, hart zu sein. Hart zu sein bedeutet, an der Härte zu zerbrechen, denn alles Harte wird am Licht zerschmettern. Die Weichheit hingegen entspricht der Hingabe an *Das*. Und alles ist *Das,* auch wenn deinen Sinnen *Das* im Moment noch verwehrt bleibt. *Das* ist jenseits der Sinne und kann nur durch innere Achtsamkeit und ein sich selbst gewahr sein erfasst werden. *Das* kostümiert sich deiner Gesinnung entsprechend. Erkenne, dass nur die Sinne dir diese ständigen und immer wiederkehrenden Streiche spielen und dass du in deinem jetzigen Bewusstseinsfeld als Mensch zwar die Sinne nutzen kannst, dass du aber nicht deine Sinne bist. Bleib also nicht in einer Erscheinung, im Verhalten eines Menschen oder in Begebenheiten stecken und gib dich nicht mit diesen Trugbildern zufrieden. Halte inne und schaue tiefer, schaue dem, was *Das* alles hervorbringt und wisse, wie auch immer etwas erscheinen mag und wie sehr es dich auch erschüttert: Es ist nicht die Realität und hat mit dir nichts zu tun! Gerade weil du deine Aufmerksamkeit stets nach außen wendest und dir deine Realität in Bildern erzeugst, mag die Quelle für dich sehr fremd und unnahbar geworden sein. Aber sie ist *Es*, das Dahinter von allem. *In allem. Durch alles.* Sie ist hier. Sie ist da! Sie ist *Das,* was du in Wirklichkeit bist! Beschwere dich nicht, sie nicht zu sehen, sondern öffne dein inneres Potenzial. Du bist nicht ein Teil des Ganzen, du bist das Ganze. Auch wenn du dich als Mensch vorübergehend als ein sichtbarer Teil des Ganzen präsentierst, kannst du doch nie dieser Ausdruck sein! Du segensreiches Licht, du bist stiller Frieden in sich."

Mr. Jones hatte mich mit diesen bekömmlichen, aber auch schwer verdaulichen Sätzen sehr berührt. Die Weite der Sätze musste sich erst unauffällig an meinem Verstand vorbei schleichen, um nicht Gefahr zu laufen, bei dieser Kontrollstelle hängen zu bleiben. Und viele von Mr. Jones' Worten kamen an, ohne sich ausweisen zu müssen. Direkt, unmissverständlich und rein. Es dauerte eine Weile, bis ich mich wieder gefangen hatte. Seine Liebkosungen sanken tief und meine Seele lachte auf. Es dauerte auch eine Weile, bis der Verstand wieder nachrückte. Es dauerte! Aber nicht lange! Ist es überhaupt möglich, seinem Umfeld ohne vorgeformte Meinungen, Einordnungen und Reaktionen zu begegnen? Da war sie wieder, diese Frage, die ich im Moment aber nur mit einem klaren *Nein* beantworten konnte, auch wenn ich um die Antwort nicht wusste. Ja, vielleicht war Mr. Jones in dieser glücklichen Lage, ich hingegen machte alle Menschen und Ereignisse dingfest. Ich ordnete sie ein, so wie es meinem eingebildeten Ego gerade mal passte und stülpte jeder Situation noch was über. Keiner war vor mir sicher, denn jeder bekam ein Gerüst verpasst, welches mir verwehrte, dem Leuchten hinter der Fassade zu schauen.

Mr. Jones' Worte waren wertvoller als alles Gold der Welt! Wer war er? Wenn es auch ihn nicht gab, wer sprach denn hier eigentlich? Konnte ein einzelner Mensch solche nektarreichen

Erkenntnisse von sich geben oder bewegte er lediglich den Mund auf und ab und ließ durch sich sprechen? Dieser Gedanke ließ Mr. Jones noch größer auf mich wirken und er erschien strahlender als je zuvor. Für einen Moment lang fühlte ich Mr. Jones als ein Lichtfeld, in dem ich zwar auch irgendwie anwesend war, doch konnte ich nicht einordnen, wieweit es meine Person oder meine Nicht-Person betraf. Hier fehlte mir die Feinfühligkeit, die durch die Schwere der Persönlichkeit noch überlagert wurde. Es war, als würde Gott durch ihn sprechen. Ich konnte keinen Laut mehr vernehmen und sah alles in einer geklärten Trübheit, die meine Augen nur mehr unwirklich und verschwommen wahrnehmen konnten.

Da war ein Umriss, eine Gestalt, die rhythmisch ihren Mund hin und her wog und sich in einer Art zeremoniellen Heiligung durch irdische Wörter ausdrückte, die auch ihr scheinbar fremd erschienen. Ich spürte, was es wohl mit dem Satz „Du bist nicht dein Körper“ auf sich hatte. Mr. Jones zeigte sich in einer Lichtpräsenz jenseits seines irdischen Vergehens.

Ich weiß, ich sollte mir nichts wünschen, doch ich wünschte mir in diesem Moment nichts mehr auf dieser Welt, als weinen zu können. Wenn die Sehnsucht einen heimruft und verordnet, sich hinzugeben, weich und feminin zu sein, dann gibt es nichts Schlimmeres, als in ungelebten Emotionen stecken zu bleiben. Die verrosteten schweren Türen zu entriegeln, endlich Emotionen zu leben und elastisch und weiblich zu sein. Bitte, bitte lieber Gott, lass mich doch weinen.

Das Gespräch vertiefte sich zusehends und langsam hatte ich das Gefühl, weit unter meinem Sessel zu sitzen. Meine Augen blieben allerdings trocken. Es war ein Versinken in eine Welt und ein Berührtsein, ohne sich eingeengt zu fühlen. Ein Sichmiteinbeziehen in etwas ganz Großes, das alle Suche verblassen ließ. Ich war mir gewiss, ein jedes Lebewesen würde sich danach sehnen, so erinnert zu werden. Von einer inneren Kraft getrieben schaute jeder Mensch diesem ihm angeblich unbekannten Raum. Wahrlich schaute man stets sich selbst, allerdings ohne es zu wissen, und was könnte uns vertrauter sein, als das, was uns erdacht hat?! Gottes Liebesgedanken und zärtliche Impulse, die prachtvolle Geschöpfe zum Ausdruck brachten, waren in all ihren Farben und Formen einzigartig. Ohne etwas zu wollen und ohne Ansprüche zu stellen, würde man eines Tages sowieso in diesen Sog hineingezogen werden, der einen nie mehr loslässt und einfach nur hält. Bis zu dem Tag, an dem sich die trügerischen und maskenhaften Momentaufnahmen und Umstände ein für alle Mal klärten, schienen aber noch viele Erfahrungen notwendig zu sein.

Einer aus der Rucksackgruppe stellte eine Frage. Er war der Erste in der Runde, der Mr. Jones unterbrach. Ich wusste nicht, ob es normal oder eher gang und gäbe war, Mr. Jones einfach nur sprechen zu lassen. Auch mir brannten lodernde Fragen auf der Zunge, die sich antwortverzehrend nach dem erlösenden Licht sehnten. Doch diese Fragen, die bei mir anklopften, waren keine ihrer herkömmlichen Art, denn ich konnte sie nicht in Worte fassen. Vielmehr war es ein Ausschauhalten einer sich erforschenden Sehnsucht, die den inneren Fokus zur tiefsten Quelle hin ausrichten wollte. Soweit ich das Ganze jetzt verinnerlicht hatte, schien jede mögliche Frage komplett überflüssig zu sein. Doch das Ego gab sich noch lange nicht zufrieden und würde sich weiterhin Fragen aufbürdend in seiner Schwere baden. Wie viele Jahre oder Jahrzehnte das wohl noch dauern würde, bis man sich des Egos gänzlich befreien konnte? Es ließ sich nicht so einfach abschütteln, das war mir klar. Sonnenklar! Schwindelerregende Gedanken, die ich sofort wieder aus meinem Dasein verbannte. Schließlich versank ich in einer wunderbaren Stille.

Weitere Fragen des Rucksacktouristen schwebten unangetastet an mir vorbei und auch Mr. Jones' Antworten streiften mich nur am Rande. Mit geschlossenen Augen war ich meinen Irrtümlichkeiten entrückt und schien jenseits der Welt zu verweilen. Ich vernahm ganz klar, dass ich mit allem, vor dem Madita Angst hatte, was sie befürchtete, wie sie sich sorgte und dachte, nichts zu tun haben konnte. Madita war mir fremd. Madita war mir für einen Moment lang entschlüpft. Oder ich ihr?

Weitere Erkenntnisse taten sich auf, wobei ich nicht eruieren konnte, was eigentlich erkannt wurde. Seltsam, denn diese Einblicke, die sich wohl jenseits meines Denkens und Fühlens abspielen mussten, waren einfach da. Es geschah! Es geschah, ohne dass ich etwa dazu beigetragen hatte und doch wusste ich nicht wirklich, was da passierte. Passierte überhaupt etwas oder war ich in etwas zurückgefallen, was ich immer schon war? Vielleicht hatte ich es geschafft, von der Leinwand des Lebens hervorzutreten und dem an die Materie gebundenen Gemälde zu entfliehen. Konnte man diesem immer wiederkehrenden Geburts- und Todeskreislauf in so kurzer Zeit überhaupt den Rücken kehren und alle Verblendungen durchschauen? Mr. Jones' Anwesenheit machte es möglich, die eingebildete Gefangenschaft im Raum-Zeit-Kontinuum zu löschen. Doch wie kann eine Einbildung gelöscht werden?

Widersprüchlichkeiten stapelten sich langsam aber sicher zu einem endlos hohen Berg, der schon fast den Himmel berühren musste, denn gleichzeitig zeigte sich ein weiterer Aspekt von Gefangenschaft, in dem ich wie einbetoniert festsaß, weil ich mich bisweilen so gut wie gar nicht um das Dahinter gekümmert hatte. Die illusionären Bilder hatten mich wohl allzu sehr in ihren Bann gezogen und sich darin perfektioniert, mir immer wieder zu schmeicheln, um nicht Gefahr zu laufen, meine Zuwendung zu verlieren. Und was war denn ein Ego ohne Aufmerksamkeit? Kein Ego mehr! Also musste es ja um seinen Stellenwert und sein Bestehen kämpfen, um seine Existenz gründlich zu verteidigen.

Am besten lasse ich meine Hülle da sitzen, wo sie als Madita im Moment ist und entferne *mich* unauffällig! Ein toller Gedanke und ein noch amüsanteres Bild. Ich stellte mir vor, dass nach diesem Abend ein Pappkarton auf meinem Platz sitzen bleiben würde, denn so etwas wie eine Madita hatte es niemals gegeben. Ich wollte meinen Körper am liebsten weit hinter mir lassen, diese schmerzerzeugende und Leid kreierende Habseligkeit, die sich von Furcht und Angst gebeutelt nur mühselig von einer Situation zur anderen hangelte. Mein Herz wusste, dass ich nicht dieses persönliche *Ich* sein konnte, das nun anstandslos einem alles überragenden *unpersönlichen Ich* zu weichen schien. Doch für wie lange? Für eine Sekunde? Es war doch eher ein Hundertstel davon! Immerhin! Es war, als würde ich meine Kostümierung ablegen, und selbst darüber erschrocken sein, dass sich dahinter ein leichter Lichtkörper verbarg.

Dieser Moment war sehr intensiv, brachte jedoch einen sehr unwirklichen Beigeschmack mit sich. Bedingungslose Liebe, ja, die wollte ich. Aber es fehlte mir an Mut, mich ihr vollumfänglich hinzugeben. Dieser Wunsch entsprang natürlich dem Ego. Was wäre, wenn das so sehr Erhoffte sich *hier und jetzt* ergeben würde? War ich denn wirklich bereit, mich dem zu stellen und vorbehaltlos gegenüberzutreten, oder waren all diese Einbildungen wie Ängste, Zweifel und Gewohnheiten doch noch zu stark, um endgültig auf den altbekannten, weglosen Pfad der Einsicht zurückzukehren? Pfad! Weg! Welch sonderbare Bezeichnungen das doch waren! Der Weg war gewiss nur dazu da, damit er transzendiert werden konnte, ein so genannter Erkenntnispfad. Das Leben als *meinen Weg* zu bezeichnen war wohl unwahr und absolut unkorrekt. Es stellte sich die grundlegende Frage: War ich wirklich bereit mein Menschsein aufzugeben? In diesem Moment wurde mir klar, dass es so etwas wie ein persönliches Leben niemals gegeben hatte und dass ich nur ein materieller Teil eines Wirkfeldes war, durch den sich Gottes absichtsloser Wille ausdrücken konnte. Er drückt sich durch mich aus und ich drückte mich davor! Na klasse! Das passte ja wieder! Das passt ganz genau und sehr gut, hätte Marie jetzt gesagt.

„Wenn mich an einem Menschen etwas stört, wie weiß ich dann, was er mir damit aufzeigen will? Wie ergründe ich die Ursache?“, sagte Frau Neugier sehr wissbegierig und entriss mich mit diesem Satz meines Gedankenstroms. „Es geht nicht darum, mit dem Verstand zu erkunden, was dir diese Sache sagen will.

Stelle nur fest, wer sich daran stört und du wirst erkennen, dass da niemand ist, den etwas stören könnte." Diese Antwort hatte gesessen. Die Frau schien auf eine eindeutige Antwort gehofft zu haben, doch Mr. Jones kaute nichts vor, sondern rückte nur zurecht. Ich fand seine Antwort klasse.

„Wozu herausfinden wollen, was dir eine Situation sagen will? Was würdest du mit einer Antwort denn anfangen können? Was willst du mit ihr tun? Du kannst nicht willentlich handeln, weil du keinen Einfluss darauf hast, was geschieht. Persönliche Tat? Was soll das sein? Dein Ego, deine Person und dein Körper sind völlig inkompetent, etwas tun zu können. Du als Mensch bist nicht imstande etwas zu planen, denn all deine irdischen Werkzeuge sind nur die Apparatur, die Gerätschaft, durch die dieser eine allerheiligste Antrieb wirkt."

„Aber was ist dann meine Reaktion oder eine Veränderung, die ich in Erwägung ziehe?", sagte die Frau. „Du denkst also, dass du handelst! Du bist also überzeugt davon, tätig zu sein! Du glaubst, verantwortlich für dein Handeln zu sein und du glaubst, etwas zu tun. Du glaubst wirklich, das zu sein, das handelt? *Tilge diese Irrtümer und sei frei.* Diese Einbildungen sind die wahre Problematik, welche ein Nicht-Erkennen nach sich ziehen und ein Erkennen somit verunmöglicht. Beobachte, was geschieht, ohne dich in eine Tätigkeit zu verstricken. Du hast dir diese Tätigkeit weder ausgesucht noch hast du einen Einfluss darauf. *Stets tust du nichts, denn du wirst getan.*" Die Frau sah ihn nur wortlos an und ihre Fragen schienen verstummt. Ob sie sich nun nicht mehr getraute, eine Frage zu stellen oder die Fragen wirklich gelöscht waren? Ich vermutete Ersteres.

„Die Ursache, warum Dinge sich ergeben oder Menschen sich dir gegenüber so oder so verhalten, ist immer dieselbe. Hinter allem, was ist, verbirgt sich Gott und du hast immer wieder eine weitere und *neue* Möglichkeit, ihn darin zu erkennen. Unzählige Male. Nutze die Chance und ergründe nicht das Verhalten eines Menschen oder die Begebenheit, *sieh dahinter und alles ist gut.* Dir als Person will eine Situation nichts sagen, weil du *und* die Situation, weil ihr beide nur ein Ergebnis schattenhafter Bewegungen seid. Das gesamte Leben mit Hilfe der inneren Wahrnehmung als Traum zu verstehen ist *relativ* einfach. Doch zu entdecken, dass du Teil dieses Traumes bist, erscheint wahrlich schwierig zu sein.

Schaue dem Licht ... es gibt sonst nichts zu tun! Du musst keine Sekunde überlegen, ob du den richtigen Weg eingeschlagen hast oder ob du etwas verändern musst. Veränderung wird geschehen, wenn sie notwendig ist.

Wasser kann nicht wie Wein schmecken, weil es wie du in seiner momentanen Struktur gefangen ist. Du aber kannst dich deinem Ursprung öffnen, da du das Werkzeug dazu hast. Indem du deine Sinne auf etwas lenkst, erzeugst du ein Bild, welches du zu deiner Wirklichkeit erklärst. Es ist eine wortwörtliche Einbildung, eine Interpretation oder eine Meinung über, zu, von etwas. Erst deine Gesinnung ruft den Trugschluss hervor. Induziert nicht weiterhin eure Anhaftung und Bindungen an das Objekt, indem ihr es zu eurer Wirklichkeit erklärt. Lasst eure Gedanken ziehen, denn nur sie verwehren euch die rettende Sicht.“ Mr. Jones hatte diese Frage doch sehr ausführlich unter die Lupe genommen und sie sehr liebevoll ausgeschmückt, um sich uns mit tiefen Einsichten zu nähern, die doch sehr wertvoll waren. Sein kurzes Innehalten sollte nicht ungenutzt bleiben, wie es sich gleich zeigte.

„Was sind denn meine Gedanken und wie komme ich an den Ursprung dieser?“, fragte die dicke Dame mit etwas errötetem Kopf und Unverständnis im Gepäck. „Ja, wahrlich kannst du als Mensch Gedanken haben. Sie tauchen auf und nisten sich erst dann in dir ein, nachdem du ihnen deine Aufmerksamkeit eingeräumt hast. Du aber bist nicht deine Gedanken!“, sagte Mr. Jones, wobei er seinen Blick auf die Fragestellerin richtete. „Hast du das Gefühl, ein Gedanke zu sein, der vor zwei Minuten aufgetaucht ist und nach einer Minute wieder verschwindet?“ Die dicke Dame schaute etwas irritiert. „Bist du ein Gedanke? Was hast du mit deinem Gedanken zu tun und wer will denn überhaupt wissen, woher der Gedanke kommt?“ Und da war sie wieder, diese außergewöhnlich spannende Frage.

Alfred, der neben mir saß, schaute seine Sitznachbarin an und war, so glaubte ich zumindest, sichtlich erleichtert, diese Frage nicht selbst gestellt zu haben. Man sah ihm aber an, dass er an der Antwort reges Interesse hatte. Wums, und schon hatte ich wieder jemandem meine Vorstellung übergestülpt. Diesmal traf es Alfred. Armer Alfred! In keiner Weise konnte ich erahnen, was er dachte, geschweige denn wissen, was in ihm vorging. Wo nahm ich nur diese Arroganz her, ihn einordnen zu wollen?

„Wir kommen gleich noch zu den Gedanken. Schließt bitte eure Augen und lasst uns Stille erfahren", sagte Mr. Jones äußerst milde und seine Worte berührten zutiefst. Wie er dieses *lasst uns Stille erfahren* aussprach, war der Gipfel aller Andacht. Wo nahm er nur diese unglaubliche Milde her? Wie konnte jedes Wort nur so voller Güte erstrahlen? Und wieder stellte ich fest, dass alle Worte, die seine Lippen verließen, der allerheiligste Ausdruck Gottes waren. „Diese weltliche Stille wird von Musik begleitet, die wahre Stille aber bleibt davon unberührt." Dann drückte er auf einen Knopf des CD-Spielers, welchen er hinter sich aufgebaut hatte. Vivaldi bereicherte und beschenkte mein Herz und erhob alle Herzen im Raum. Eine wunderbare Stille stellte sich ein. Die Melodie war das Boot, welches uns alle sanft und bedacht in eine Stille geleitete, die jeden Gedanken absorbierte. Alle meine Gedanken wichen einer Dimension von unendlicher Weitläufigkeit, der es spielerisch gelang, mich meiner menschlichen Sinne zu entledigen. Was sich wie von selbst einstellte, war wie ein kostbarer Schatz und Mr. Jones schien den Schlüssel in sich zu tragen. Wo die Wucht der Lieblosigkeit kein Fundament mehr ortete, da war Mr. Jones. Er ließ uns an seiner Lichtheit teilhaben und Leichtigkeit und Ruhe fanden spielerisch zueinander. Jetzt wusste ich ganz genau, dass diese wunderbaren Impulse, die ich wahrnehmen durfte, nicht meinem Denken entsprangen. Es war reine Poesie. Nach zirka fünfzehn Minuten endete die Musik und Mr. Jones bat uns, die Augen weiterhin geschlossen zu halten.

„Vergleiche berauben euch einer uneingeschränkten Wahrnehmung. Ihr verwehrt euch der unendlichen Weite, die ihr seid. Alle Trugbilder können nur ohne Vorbehalte beobachtet werden, wenn ihr erkennt, dass es *kein anderes* gibt. Ihr seid weder *das Eine* noch seid ihr *das Andere,* denn ihr seid das, was durch das Eine und das Andere wirkt, obwohl es nur *Eins* gibt, das dieses Trugbild der Spaltung erzeugt. Urteile und Vergleiche sind Bestandteile des dualen Lebens, in dem ihr euch manifestiert. Der Kopf stellt Vergleiche an. Ihr denkt, euer Denken und euer Körper zu sein. Wenn ihr nicht weiterhin glaubt, der zu sein, der Vergleiche anstellt, dann seid ihr frei. Unabgetrennt vom ewigen, göttlichen Strom seid ihr die Quelle selbst: uneingeschränkt und vorbehaltlos. Ihr seid das, das eure Materie erschaffen hat, das, welches das scheinbar andere hervorbringt und das, das Gefühle und Gedanken entstehen lässt: die universelle Quelle, das unendliche Gewahrsam selbst! Das, was euch als Mensch auffällt oder bewegt, weist nur darauf hin, dass es euch stört, weil ihr es aus der Persönlichkeitsebene heraus betrachtet. Dort eckt es an, dort rüttelt es wach. Somit seid ihr einem großen Blendwerk erlegen.

Verliert euch nicht in Details, indem ihr euch auf eine Verstandessuche begebt. Hier ist nichts, das verstanden werden muss oder verstanden werden kann. Ihr werdet nicht auf ein bestimmtes Problem, sondern auf eure Begrenztheit, Unwissenheit, Blindheit und Ignoranz hingewiesen. Empfangt dieses Geschenk, welches euch entwirrt und euch eurer Täuschung beraubt. Durch Ergründen seht ihr klarer, nie aber wird euer Nachdenken etwas bewirken. Alles das, was ihr bei einer Begegnung oder in einer Situation gefühlt und gedacht habt, ist lediglich eine Schau nach innen. Warum? Weil ihr der Raum seid, in dem sich Dinge darstellen. Ihr habt euch selbst geschaut und könnt somit erkennen und sehen, wie und als was ihr euch begegnet. Das, was euch am anderen missfällt, ist nicht euer Problem, welches ihr nun erkennen und lösen müsst. Nein, es bedeutet viel mehr Folgendes: Du bist nicht der, der etwas festgestellt hat. Das, was feststellt, ist das, was du nicht bist, nicht sein kannst und niemals sein wirst. Du hast dich noch nicht als *das*

Eine erfasst. Gott wohnt in deinem Herzen, atmet durch deinen Körper, handelt durch deine Taten und spricht durch deine Worte. *Er ist hier und überall, denn er ist allgegenwärtig. Das* kann nicht wirklich benannt werden. Spreche ich über das Höchste, über Gott, so kann es nicht das Höchste selbst sein, denn wie will eine Beschreibung seine Essenz erfassen? Es verweilt dort, wo Beschreibungen und Wörter verblassen. Wie also soll ich es dir näher bringen? *Es ist nur ein vager Hinweis, auf etwas gigantisches Großes, das du nur selbst in dir entdecken kannst.* Es ist eine Einladung Gott zu schauen."

Auch wenn man diese Worte nur seinem eigenen Empfinden entsprechend, also stets verfälscht aufnehmen konnte, sie schienen tief einzusickern und vermochten es, sogar ausgetrocknete Lichter-Samen zum Blühen zu erwecken. Die gottesgeladenen Wörter von Mr. Jones waren wirklich unbeschreiblich. Kaum vorstellbar, wie erst das Beschriebene selbst in all seiner Pracht sein würde? Vor mir tat sich ein strahlendes Leuchten auf, das sich zu einem Lichterkegel formte und in die Form eines gleichschenkeligen Kreuzes überging. Ich getraute mich gar nicht, es näher zu betrachten, denn ich vermutete, in diesem Licht zu verbrennen. Mit geschlossenen Augen gab ich mich der Licht bringenden Worte hin. „Es bleibt für die im Universum Erscheinenden für alle Ewigkeit unfassbar und unerklärlich, denn Gott hat die Welt nie berührt. Die Welt ist nicht *Das,* sondern sein Schatten. Warum also stellt ihr in Frage, *das Licht* zu sein?"

Mr. Jones' kurzes Innehalten konnte die Intensität der kraftvollen Worte weder stoppen noch ließen sie sich dadurch abschwächen oder entkräften. Sie wirkten nur noch stärker und füllten jede noch so kleine Lücke mit ihrer überdimensionalen Weisheit aus. Das, was durch Mr. Jones kam, war göttlich und unbeschreiblich. Jede Umschreibung würde diesen lichtvollen Enunziationen ihre Kraft nehmen, denn kein Wort der Welt würde sich dafür eignen. Doch die spaltende Sichtweise ließ nicht lange auf sich warten! Ein „Ja genau" und ein beklemmendes Seufzen gaben sich die Türklinke in die Hand. In mir brodelte es und die schattenhaften Geschwüre, die bereits tiefe Vernarbungen in mir erzeugt hatten, wirkten irgendwie hilflos bei dem Versuch, Oberhand zu behalten. Ganz so hilflos waren sie nicht, denn sie zogen alle Register und schienen ihr Spiel nahezu perfekt zu beherrschen.

Viele wunderbare Momente, die ich bereits erleben durfte, waren nur weitere Projektionen des Egos, wobei ich mir einredete, das Spiel durchschaut zu haben. Dass mit mir etwas Katz und Maus spielte, war mir jetzt klar. Alle Momente, in denen ich mich aufgehoben fühlte und dachte, etwas durchschaut zu haben, waren nichts anderes als weitere Einbildungen, die sich lediglich wunderbar angefühlt hatten. Ob angenehm oder unangenehm … Farce bleibt Farce! Wenn ich mich über mein neues und erweitertes Erfassen gefreut hatte, musste natürlich mein Ego im Spiel gewesen sein. Wer sonst? Das Ego benötige ich ja als Werkzeug für meinen Weg der Erkenntnis. Ein Glücksgefühl, worin man sich badete und dabei Ausdehnung verspürte, konnte das bereits eine Annäherung an das Allgegenwärtige sein? Nein! So ungern ich das auch feststellte, sich im wahren Lichte wiederzuentdecken, musste anders sein. Erhabener. Unausdenkbar. Unerklärlich und gigantisch zugleich, jedoch niemals fassbar!

Uralte Programme spielten hier ihren Trumpf aus und wollten mir weismachen, etwas begriffen oder erreicht zu haben. Das Ego ließ mich auflaufen und das machte mich diesmal nicht traurig, im Gegenteil, ich hatte es durchschaut. Durchschaut! Ja! Für einen Bruchteil einer Sekunde hatte es funktioniert! Und die auftauchende Freude darüber durchschaute ich ebenfalls als Einbildung und kostete diesen Triumph nicht aus, sondern ließ alles an mir abprallen, vorbeigehen und unberührt.

„Der göttlichen Quelle kannst du nicht begegnen, denn wenn du hoffst, ihr zu begegnen, ist es die Hoffnung, die dich davon trennt. Du selbst bist die Quelle, ohne dabei etwas zu sein! Das Einzige, das dich davon trennt, dich als das zu erkennen, was du bereits bist, ist ein Gedanke. Ein einziger Gedanke trennt dich von deiner Heimat und verwehrt dir zu Hause zu sein. Ihr könnt die Augen nun wieder öffnen“, sagte er sehr liebevoll und sah uns alle sehr eindringlich an. Mr. Jones' Worte klangen wieder einmal nach. In mir regte sich kein einziger Gedanke. Eine gewisse Leichtigkeit war spürbar, doch wahrscheinlich bekam jeder etwas aufgedeckt, was er wohl am liebsten gleich wieder zugedeckt hätte. Mr. Jones deckte Verborgenes auf, und obwohl in der Ferne Lichtpunkte aufblitzten, tat es weh und es brannte wie Feuer. Und das zu Recht! Denn plötzlich wurde ich mir meiner ständigen Verurteilungen bewusst. Ich will die dicke Dame jetzt nur noch Dame nennen oder ich werde sie nach dem Namen fragen. Ja genau, das werde ich tun. Mein Blick schweifte seitlich zu ihr ab und begutachtete ihr Gesicht. Ihr Lippenstift war gar nicht so grell, es gab sicher noch grässlicheren! Ein schlechtes Gewissen schlich sich ein und rief die eigenartigsten Gedanken hervor. Ein schroffes *Ruhe* ließ es in mir still werden. Erschrocken sah ich Mr. Jones an, konnte aber wieder nicht feststellen, dass er etwas gesagt hatte. Ich hätte schwören können, dass er dieses Wort ausgesprochen hatte. Die verdutzten Gesichter der anderen ließen darauf schließen, dass sich wohl in allen ein tiefer Wandel vollzog. Mr. Jones schien sich mit allen auf irgendeine Art und Weise auszutauschen.

„Das Universum braucht keine Menschen, die werten. Das Wort Universum kommt aus dem Lateinischen und bedeutet wortwörtlich übersetzt *universus* gesamt, von *unus* und *versus* in eins gekehrt. Die Gesamtheit aller Dinge und Objekte wird als Universum bezeichnet. Die Menschheit lebt diese Bedeutung nicht. Sie geht davon aus, dass sie selbst das einzige und wirklich Bestehende ist, weil sie alles Greifbare und Sichtbare als real und als etwas Eigenständiges definiert. Doch alles was sich manifestiert, obliegt einem ständigen Wandel und ist vorübergehend und vergänglich. *Manifestation ist ein vom menschlichen Wollen und Tun unabhängiger, in sich selbst erzeugender Prozess, der sich ergibt. Dieser dynamische Prozess ist nichts anderes als eine Möglichkeit, sich mit Hilfe des körperlichen Wesens als das körperlose Wesentliche zu erfahren.* Reine Anwesenheit wird nicht von den Sinnen, vom Wollen und von Absichten durchkreuzt.

Sie filtert das, was ist, ohne dabei zu denken und zu verfälschen und lässt sich vom göttlichen Gedanken leben. Gottes Sprache ist deine so genannte intuitive Wahrnehmung. Wenn die Kernsubstanz des Seins in all seiner Tiefe in dich eingedrungen ist, erübrigt sich alles das, was bisher wichtig war. Es lebt sich von selbst. Das Leben geschieht. Da ist niemand mehr, der Einfluss nehmen möchte oder seine Manipulationsspielchen betreibt, weil du deine Persönlichkeit transzendiert hast. Wenn du in dich lauschst, wird es still. Wenn die Stille nicht mehr von Gedanken und Gefühlen durchkreuzt wird, dann ist es wirklich still. Dieses *Stillsein* holt dich an deinen Kern zurück und ist die beste Antwort auf all deine Fragen, denn in dieser löst sich jede Frage auf. Alles verblasst! Was auch immer in deinem Leben geschieht, sich dir zeigt, sich auftut oder auch nicht, Gott beliebt sich genau so darzustellen. Also warum etwas hinterfragen oder ändern wollen? *So wie es jetzt ist, so soll es sein, ansonsten wäre es nicht so. Sollte es nicht so sein, sondern anders, dann wäre es auch anders.* Gib dich dem hin, was ist und Friede kehrt in dein Leben zurück. Wozu etwas in Frage stellen, wenn sich doch hinter allem die ewige Lichtheit verbirgt!

Ich kann dir nicht helfen und werde dir auch keinen Ratschlag für dein scheinbares Problem geben. Wie soll ich denn dem Fritz erklären, wie er sein Problem lösen kann, wenn es einzig und allein darum geht, dass dieser Fritz erkennt, dass er gar nicht dieser Fritz ist? Fritz wird mit dem ewigen Auf und Ab des dualen Lebensstroms immer weiter mit schwimmen und das Leben zeigt sich mal so oder so. Mal empfindet er das Leben lustig, weil ihm jemand einen Witz erzählt hat, und ein anderes Mal fühlt er sich verletzt, weil ihm jemand etwas gesagt hat, was er nicht hören wollte. Fritz wird immer diesen Schwankungen erliegen und ihnen ausgeliefert sein, solange er sich nicht als Nicht-Fritz erkannt hat."

Leichtes Gelächter erhellte den Raum. An Mr. Jones' Nasenspitze sah ich, dass das Kind in ihm hochkam. „Nicht-Fritz braucht keine Hilfe", fuhr er fort „und Fritz bekommt sie nicht. So ist das Leben." Ein erneutes Gelächter stellte sich ein und das animierte Mr. Jones zu weiteren Scherzen.

„Da fällt mir etwas Lustiges ein!", sagte er mit lachenden Zügen und seine glänzenden Augen verrieten, dass es nun albern werden würde. Er verstand es, die Menschen zu begeistern und in seinen kompromisslosen Bann zu ziehen.

„Treffen sich zwei Planeten, sagt die Venus zur Erde: ‚Du siehst aber gar nicht gut aus, bist du krank?' ‚Ja! ', entgegnete die Erde. ‚Es geht mir gar nicht gut!' ‚Was hast du denn?', fragte die Venus etwas besorgt. ‚Einen wirklich schlimmen Virus!', sagte die Erde. ‚Wie heißt denn dieser Virus?', wollte die Venus wissen. Daraufhin flüsterte die Erde ganz leise: ‚Menschen.' Da sagte die Venus mit tröstenden Worten: ‚Mach dir nichts draus, … auch das geht vorüber.'"

Sein Humor war echt köstlich. Alle amüsierten sich prächtig und die nicht ganz schlanke Dame klatschte heftig in die Hände. Mit einer besänftigenden aber liebevollen Handbewegung wollte er uns aufzeigen, dass es auch etwas stiller gehen würde und nicht gleich in einer Jahrmarktsstimmung ausarten müsste. Doch auch Mr. Jones hatte seine Freude an der Situation und lachte noch ein paar Mal laut auf, bevor er fortfuhr: „Erkenne deine wahre Beschaffenheit! Stell dir vor, dich stellt jemand als Autoverkäufer ein und du hast einen Monat Probezeit, um deine Verkaufskünste unter Beweis zu stellen. Du aber willst jedem Kunden nur Schuhe verkaufen. Was passiert?" Er lachte verschmitzt und ihm schien dieses Beispiel besonders zu gefallen. „Du verlierst deinen Job, weil es nicht deine Aufgabe war, Schuhe zu verkaufen! Dir aber hat der liebe Gott noch nicht gekündigt!", sagte Mr. Jones lachend. „Denn das, was du bist, wirst du immer bleiben! Also mach das, wozu du da bist und vergeude die Zeit nicht mit unwesentlichen Dingen, die keinerlei Bedeutung haben." Ich musste an das Beispiel denken, wo die Brötchenverkäuferin Haare wusch, anstatt Brot zu verkaufen. Mr. Jones hatte es am ersten Tag unserer Begegnung erwähnt. Es war ähnlich gewesen. Jetzt musste ich lachen. Wie konträr er doch sein konnte. Er war einfach alles! Einfach und alles!

„Du hast eine Aufgabe zu erfüllen, alles andere ist Nebensache. Deine Aufgabe ist es, herauszufinden, was du nicht bist, bevor du deine Lebensaufgabe erfüllen kannst. Du aber kümmerst dich nur um das, was du scheinbar bist und was du für die Belange deines Egos zu sein scheinst. Solange du das Drehbuch nicht änderst, werden deine chaotischen Zustände noch hartnäckiger und zäher, weil du dich hartnäckig und zäh verhältst. Also: Überprüfe den Urgrund, *das,* was hinter den Dingen steckt. Und wie auch immer sich das Leben zeigt, kümmere dich nicht darum! Dieser Persönlichkeitsvirus hat dein Leben krank gemacht, deshalb erforsche deine natürliche Wesenheit und alles ist gut!

Wenn es in deinem Haus brennt und du schnappst dir einen Kanister, auf dem Wasser geschrieben steht und du bemerkst, dass beim Hineinschütten der Flüssigkeit Stichflammen hochkommen, überprüfst du dann den Inhalt oder löschst du weiter, weil auf dem Kanister ein Schild mit der Aufschrift *Wasser* klebt? Was ich damit sagen möchte, der Inhalt ist nie offensichtlich, er verbirgt sich geschickt hinter deinen Verwirrnissen und sollte stets genauestens überprüft und durchleuchtet werden. Überprüfe die Dinge! Gehe ihnen auf den Grund! Und wenn du erkannt hast, dass dieser Kanister mit Benzin gefüllt ist, dann gehe noch weiter zurück und tauche noch tiefer in das Formlose ein. Du glaubst, etwas zu sehen und doch ist es nicht, ja, es kann gar nicht sein! Weder ist das, was du siehst, *das Eine* noch ist es *eins von vielen.* Ein kleines Beispiel: Ein Haus besteht aus unzähligen Bestandteilen und doch kann es weder das Haus noch seine Bestandteile sein. Wenn vor dir ein Haufen mit Ziegelsteinen, Fenstern, Türen und Kabeln liegt, kannst du das Haus nicht erkennen. Und wie will das fertiggestellte Haus seine Einzelteile sein! Was ist dieses Haus also wirklich? Gehe in den Ursprung und entdecke, dass es nur eine Quelle aller Dinge geben kann."

Diese irdischen und sehr menschlichen Wortfassungen taten gut. So brillant Mr. Jones' tiefgründigen Aussagen auch waren, kaum stellte sich der Verstand ein, verstrickte man sich in Widersprüchlichkeiten und konnte nicht mehr so richtig folgen. Neben wunderbaren Augenblicken drangen auch Momente durch, in denen man seine Auffassungsgabe in Frage stellte und das Gefühl hatte, ein minderbemittelter Depp zu sein. Die irdischen Prägungen waren wohl härter, als man glaubte.

Da fiel mir ein, die nicht ganz so dünne Dame hatte noch keine Antwort auf ihre Frage bekommen, wo denn Gedanken herkommen würden. Oder hatte ich es verschlafen? Mr. Jones antwortete doch auf eine ganz andere Art und Weise, aber vielleicht hatte er etwas gesagt, das eine Erahnung der Antwort in sich trug? Ich hatte es sicher überhört, denn die Tatsache, dass alles einer Quelle entsprang, half mir nicht wirklich weiter. Wie kam ich denn zu dieser Quelle? Man kann ja nicht einfach so hin spazieren. Wie soll ich denn wo hinkommen, wenn ich gar nicht weiß, was es ist und wo es sich befinden könnte? Diese Fragen spalteten mein Gemüt und ließen eine leichte Zerrissenheit durchsickern.

„Auch bin ich nicht hier, um dir Fragen so zu beantworten, wie du es gewohnt bist oder es dir erhoffst. Wir schauen gemeinsam dieser ewigen Stille und erahnen diese unendliche Vielfalt, die alles durchdringend erstrahlt. Mehr gibt es nicht zu tun." Mr. Jones hatte die irdischen Ausschweifungen hinter sich gelassen und war wieder absolut tiefschichtig und klar.

„Der Friede, welcher Glück, Freude, Liebe, Stille und Freiheit ist, nutzt die Plattform Leben, um sich zu verwirklichen und sich zu erfahren. Du hältst deine irdische Freude für wahre Freude. Woher weißt du, dass ein Moment, den du als Moment der Freude bezeichnest, auch wirklich Freude ist? Hast du schon mal dahinter geschaut? Bist du diesem Gefühl schon einmal auf den Grund gegangen? Hast du es mit deinem Herzen überprüft? Wenn nein, warum willst du dann immer wieder diese scheinbare Freude erreichen? Warum strebst du etwas an, von dem du gar nicht weißt, was es wirklich ist? Kaufst du im Leben auch immer die Katze im Sack, ohne es zuvor geprüft zu haben? Nein? Aber das Leben kann dich in all seinen Verkleidungen, mögen das Gefühle, Gedanken oder

Bilder sein, zum Narren halten. Trübe Geschichten, die dich da leben und ein undurchsichtiges Wirrwarr, von dem du dich da leben lässt! Gehe hinter das angebliche Gefühl der Freude und du wirst feststellen, dass da nichts ist. Freude *ist* und kann nicht nur ein paar Minuten andauern. Freude ist etwas Bestehendes und kann also niemals von äußeren Umstanden abhängig sein. Was ist es also, was du fühlst, was dein Körper, dein Ego und dein *Ich* da wahrnehmen? Das, worin du dich gut fühlst, will immer wieder erreicht werden und wird somit Mittelpunkt deiner Bestrebungen. So denkst du und handelst auch danach.

Ihr bemüht euch ständig Zustände hervorzurufen, zu kreieren und in euer Leben zu ziehen, die euch diese Gefühle bescheren sollen. Es ist anstrengend und bedarf vieler Kraft, euch immer um dasselbe zu bemühen. Glücksgefühle oder Traurigkeit sind künstlich erzeugte Emotionen, die auf unnatürlichem Wege herbeigeführt werden. Die wahre Freude aber ist etwas in sich selbst Bestehendes und bedarf keines Zutuns. Ihr glaubt einen dieser Begriffe wie Freude, Glück, Freiheit oder Zufriedenheit zumindest ansatzmäßig erlebt zu haben. Das, was ihr erlebt habt, ist jedoch nur die Empfindung einer Person, die etwas für gut erklärt hat. Göttliche Freude ist regungslosem Gewahrsam gleich und das verweilt *dort,* wo diese harten Strukturen nicht sind. Freude jenseits der persönlichen Freude ist Segen. *Segen ist ortsungebunden, formlos, körperunabhängig und frei!* Wahre Freude ist keine Emotion, sondern *das, was du bist!* Es ist nicht bloß ein kurzes *Hurra,* wobei sich das Ego in Freude wälzt. Es ist dein natürlicher und ursprünglicher zustandsloser Zustand, der jenseits deiner Person ruht. Also durchschaue den Schein! Ihr glaubt, Liebe sei ein Gefühl? Gefühle kommen und gehen. Glaubt ihr allen Ernstes, dass Liebe etwas Vergängliches sein kann?“ Betroffenes Schweigen erfüllte den Ort, über den sich der heilende Segen von Mr. Jones gelegt hatte. Seine Worte erklangen aus der Ferne und besänftigten mein aufgewühltes Herz. Seine unbescholtene Natürlichkeit hatte mich aus meiner scheinbaren Realität gerückt und mich für die wahre Realität etwas empfindsamer gemacht.

Ich war froh, dass ich das alles noch einmal hören durfte, denn vorgestern hatte ich nicht wirklich allem folgen können. Da hatte er mir das schon auf eine ähnliche Art und Weise anhand des Beispiels mit dem Glück näher gebracht. Versucht, näher zu bringen! Wie war ich dankbar, dass er das noch einmal so wunderbar aufzeigte, denn vieles war mir wieder abhandengekommen. Nun hatte ich wenigstens das Gefühl, es eindringlicher als zuvor erahnen zu können.

„Natürlich könnt ihr als Person Gefühle haben, sogar sehr tiefe. Das, was ihr aber wahrhaftig seid, ist das, was Gefühle hervorbringt, erzeugt und spürbar macht. Sie entstehen im Kern und haben somit auch keine eigene Realität. Wenn alles eins ist und es nur eine Quelle gibt, die alles ist, können die Berge, die Steine, die Pflanzen, die Tiere, die Luft, das Wasser, die Gedanken, die Gefühle und alle anderen Erscheinungen und Empfindungen auch nur daraus entstehen. Auch das Wort ‚Person' wird verkannt. Im dreizehnten Jahrhundert wurde es ins Deutsche übernommen. Die Ableitung des Wortes ‚persona' aus dem Lateinischen als ‚Maske', ‚Schauspieler', ‚Rolle' oder ‚Verkleiden' erfasst die Unwirklichkeit des Menschseins nahezu perfekt. Eine weitere Erklärung des Wortes Person lautet: *wodurch der Klang ertönt,* abgeleitet aus *per-sonare.* Es zeigt auf, dass der Klang der Schöpfung erst durch das Leben ausgedrückt werden kann. Es bleibt aber immer nur der Ausdruck der göttlichen Schöpfung, die niemals erschaffen wurde, sondern immer schon war, ohne wirklich sichtbar zu sein. Durchlichte die Person und was bleibt, ist Stille."

Seine Worte hatten eine transparente Festigkeit im allumfassenden Glanz des friedvollen Einklangs einer tiefen Erkenntnis. Es war mucksmäuschenstill im Raum. Hätte man eine Stecknadel fallen lassen, wäre ihr Aufprall vermutlich einer Erschütterung gleichgekommen. „Nur aus der persönlichen Sichtweise der Dualität, die mit Liebe nicht das Geringste zu tun haben kann, kann Trennung entstehen", ergänzte er weise, „denn dort, wo

Liebe ist, ist nichts außer Einheit, die *ohne zu sein* existiert. Du bist die Einheit selbst!"

Alles war so klar und doch wirkte alles so konturenlos und schemenhaft. Mr. Jones ließ einen in Anderswelten eintauchen, sofern es die geben konnte. Es dauerte ein Weilchen, bis sich meine Sinne wieder dem beschwerlichen Atemzug angepasst hatten. Der Übergang aus der Klarheit in das dunstige Welten-Dasein geschah ganz von selbst und der blumige Duft der Leichtigkeit verlor sich in der dornenreichen Selbsttäuschung. Mr. Jones Blick galt nicht unseren Gesichtern und Körpern. Nein, sein Blick verriet wieder diese Tiefe, die ich schon wiederholt erfahren durfte, wenn seine Blicke mich durchdrangen. Erst jetzt wusste ich wirklich um das Geschenk, ja um die Kostbarkeit, diesem Menschen begegnet zu sein. Entblößt saß ich da, ursprünglich und nackt … und da war nichts mehr, hinter dem ich mich verstecken konnte. Warum auch? Wozu! Ich brauchte kein Versteck mehr, denn es gab nichts, was sich verstecken konnte. Alles wurde offen gelegt und blieb nicht weiter in der Verborgenheit verschollen. Mr. Jones durchforstete unsere Energiefelder wie ein Vogel, der seine zusammengetragenen Gräser, Halme und Zweige zu einem wohlgeformten Nest modellierte. Und kaum war die Nestwärme da, dehnte sie sich als die universelle Einheit aus und transzendierte das Nest in sich. Das Nest diente als Stütze, als liebevolle Begleitung, die seine Notwendigkeit in der grenzenlosen Äonenwelt verlor. Es war ein In-Ordnung-Bringen, ein sanftes Zurechtrücken … ein leises Berühren, zart und ganz sachte. Nachdem es eine geraume Zeit sehr, sehr ruhig gewesen war, meldete sich die Dame, die ich bis vor Kurzem noch als dick bezeichnet hatte, zu Wort.

„Ich weiß, unsere Fragen mögen etwas einfältig erscheinen, aber dafür sind wir ja hier", ergänzte sie in einem sehr untertänigen Tonfall, um sich so ganz nebenbei für ihr Sosein zu entschuldigen. Was heißt hier *unsere* Fragen? Und wer sagte, dass wir hier waren, um Fragen zu stellen? Oder meinte sie sogar, wir waren hier, um einfältig zu sein? Na, das war ja wohl ein Ding! Und schon wieder ertappte ich mich im Maßregeln. Während ich mich nun selbst beschimpfte, erschallte wieder ein *Ruhe* und ich versank nicht nur in mir, sondern rutschte auch mit den Schultern etwas nach unten.

„Wie war das mit den Gedanken?“, fragte sie noch einmal. Sie war etwas ungeduldig und ihr Eifer drängte sie dazu, noch einmal nachzuhaken. Aha, hatte ich Mr. Jones' Antwort auf ihre Frage doch nicht versäumt. Alfred schien ihre Fragestellung etwas unangenehm, wenn nicht sogar peinlich zu sein. Was ich nicht alles über andere wusste!

Frau Manneder schien nur noch körperlich anwesend zu sein. Mit geschlossenen Augen ließ sie das Ganze auf sich wirken und hatte ein gottzufriedenes Lächeln im Gesicht. Mr. Jones reagierte nicht weiter auf diese Frage zu den Gedanken und ignorierte sie. Unverständnis breitete sich in der nicht ganz so schlanken Dame aus, doch sie fügte sich doch noch der Geduld, es wohl abwarten zu müssen. Warum er vorhin immer geantwortet hatte und jetzt nicht, war mir ein Rätsel. Nun gut, im Prinzip kannte ich mich sowieso hinten und vorne nicht aus, für was also versuchte ich jetzt auch noch das zu verstehen?! Jedenfalls war ich froh, dass ich die Frage nicht gestellt hatte. Obwohl, ich hatte ja schon Übung darin, keine Antworten zu bekommen.

„Heute wollen wir sehen, wie ernst es euch damit ist, dem Ursprung zu schauen. Daraus wird sich die Antwort ergeben, warum euer Leben so ist, wie es jetzt ist“, fuhr er fort. Parmenides hatte sich Mr. Jones zu Füßen gelegt und wachte sorgsam über das Geschehen. Für ihn schien dieser Abend nichts Besonderes zu sein. Er war es sicher gewohnt, sich mit Mr. Jones in der Wirklichkeit aufzuhalten. Er war einfach das, was er war, davon war ich überzeugt.

Einer der Rucksacktouristen hustete und gab sich anschließend einer unsicheren Handbewegung hin. Alfred kratzte sich am Ohr, der Mann von Frau Neugier strich sich immer wieder über die Brust und seine Frau kratzte sich am Knie. Die nicht ganz so schlanke Dame wippte mit ihren Füßen auf und ab und wechselte in regelmäßigen Abständen die Überkreuzung der Beine von links nach rechts und von rechts nach links. Durch sie wurde ich darauf aufmerksam, meine Beine aus der Überkreuzung zu lösen, denn das verursachte Krampfadern, rote Äderchen und war sehr schlecht für die Durchblutung. Man spürte, dass sich unsere Körper in diesen feinen Sphären doch etwas unwohl fühlten, wenn dem innewohnenden Ego immer und immer wieder das unangenehme Todesurteil zu Gemüte geführt wurde. Auch wenn der Wunsch, alle Begrenzungen zu überspringen, in meiner Brust pochte, die Angst vor dem immensen Licht schien gegenwärtig zu sein. Wie bescheuert dieses System Mensch doch war und wie kompliziert noch dazu!

Wir alle reagierten mit einer beklemmenden Unsicherheit, wenn wir Mr. Jones' Worte persönlich nahmen, anstatt sie einfach in uns einfließen zu lassen. Ich hatte mein persönliches Empfinden entlarvt, das half mir aber nicht wirklich. Und nun? Es ging ans Eingemachte und es war normal, dass sich das in unterschiedlichsten menschlichen Reaktionen zeigen musste. Dies war aber auch wieder nur meine Meinung, denn es ging um etwas ganz Unspektakuläres, um das Natürlichste überhaupt. Verfälscht wurde es nur durch unsere Begrenztheit. Ich sah meist nicht über den Tellerrand hinaus, musste ich mir nun einsichtig eingestehen.

„Ich frage dich, liebe Seele", Mr. Jones sah jeden Einzelnen nacheinander an, „bist du bereit, dich zu öffnen? Auch wenn da nichts ist, das sich öffnen könnte, ist es dein aufrichtiges Verlangen, dem Ruf deines Herzens zu folgen? Bist du bereit, Gott in dir zu entdecken?" Er hielt kurz inne. „Jede Vorstellung von Gott überfordert das Denken. Wenn ihr jedoch nicht im Wort stecken bleibt, sondern das, was sich dahinter verbirgt, mit eurem Herzen erfühlt, werdet ihr daraus das Wesentliche filtern." Seine Ausstrahlung war enorm. Konnte man so tief in sich versinken und dabei sichtbar bleiben? Dieser Gedanke störte mich zur

Abwechslung einmal gar nicht. Ich fand es auflockernd und sehr belustigend, mir vorzustellen, wie Mr. Jones vor unseren Augen verschwand.

„Ist es dein absichtsloser Wunsch, der dich ruft, um dich in Hingabe und Demut zu erkennen? Bist du bereit, deinen Ursprung zu erkunden, der Ursprung zu sein? Bist du bereit, jenseits vom Denken, jenseits vom Wollen und fernab aller Erwartungen aufzuerstehen?“ Das, was seine Stimme transportierte, war wie ein intimes, essenzielles Konzentrat, das sich sanft aus einer zaghaften Schwärmerei in das erfüllende Zentrum des Soseins emporhob. „Zutiefst bereit, ohne dabei etwas zu fordern? Einfach so. Ohne ein Darum, ohne ein Deshalb und ohne ein Deswegen?“ Nichts anderes als die geballte Kraft des göttlichen Willens stand hinter seinen Worten. Jetzt musste ich mich gar nicht mehr fragen, wo Worte entstanden, denn ich fühlte es wirklich. Doch was war, wenn mich jemand maßregelte oder beschimpfte? Wie sollte ich es dort erkennen können? Ich sah mich kurz um und stellte fest, dass diese lustige Truppe, inklusive mir, wohl auf einem anderen Planeten als Mr. Jones beheimatet war. Besser gesagt, wir ließen uns noch zu sehr von Bildern und Erscheinungen täuschen, die Mr. Jones längst hinter sich gelassen hatte. Ein düsterer und mühseliger Abschnitt einer Reise, den es hier zu überwinden gab, hatte sich vor mir aufgetan. So empfand ich es zumindest, auch wenn es weder eine Reise noch etwas anderes gab, das überwunden werden musste.

„Lieber Alfred, was würdest du sagen, wenn eine Fee auftauchen würde und dich fragte, welche Wünsche sie dir erfüllen könnte?“ Alfred zuckte etwas zusammen, denn mit dieser spontanen und sehr irdisch klingenden Frage hatte er wohl nicht gerechnet. Dementsprechend entgeistert sah er sich um … und schwieg. Das war sicher eine Fangfrage! „Du hast genau drei Minuten, danach wird die Fee wieder verschwunden sein.“ „Hm, ich wünsche mir meine Anwesenheit noch intensiver zu erfahren und Erfüllung in mir“, sagte er kurz angebunden, bevor er gleich wieder in seinem Schweigen versank. Vielleicht dachte er, dass wir ihn nicht so gut hören würden, wenn er etwas schneller sprach und sich in seiner Aussage knapphielt. Ich musste lachen, denn ich hatte Alfred durchschaut. Es war lustig, aber nur weil es mich nicht betraf. Das war gemein, denn Alfred war mir sehr, sehr sympathisch. „Und du liebe Kathrin?" Ach, Kathrin, hieß die nicht ganz so schlanke Dame also. „Wahrscheinlich sollte man keine Wünsche haben", sagte sie so, als ob sie bereits alles wissen würde. Dann aber lächelte sie verlegen und ergänzte: „Ich wünsche mir einen Lebenspartner, eine bessere finanzielle Lage, weniger Gewicht und einen weiteren Nebenjob, der mir Spaß macht. Meine Eltern sollten noch lange am Leben bleiben und eine neue Wohnung im Grünen wäre auch nicht schlecht." Sonst noch was?! Sie wusste, dass man sich nichts wünschen sollte? Dafür fiel ihr aber jede Menge dazu ein!

Meine unnützen Kommentare zeigten mir, wo ich stand, nämlich ebenfalls komplett daneben. Etwas an ihr störte mich! An ihr? Meine Vorstellungen und Unzulänglichkeiten machten Kathrin zu dem, was sie nicht war, und hielten mich in meiner Sichtweise gefangen. Das persönliche Werten mit den dazugehörigen Empfindungen war der eigentliche Störherd. Kathrin hatte mit meinen Verblendungen nichts zu tun. Ich empfand sie als einen von mir getrennten, fremden Teil und darin lag das Problem. Einzig und allein darin! Und diese Erkenntnis schmerzte. Madita sah Kathrin! Ich war aber nicht Madita. Ich war das eine Selbst. Meine wahre Essenz würde Kathrin nicht sehen und bewerten, sondern sich lediglich selbst erfassen, egal wie auch immer sich das scheinbare Gegenüber darstellen würde. Äußerlichkeiten würden keine Rolle mehr spielen. Ich war zwar ein göttliches Ich, glaubte aber ein persönliches Ich zu sein! Und jetzt?

Illusion-Madita stört sich an einer anderen Illusion, die es ebenfalls nicht gab. Mein Denken verstand sich nur allzu gut darin, alle Weisheiten, die es von Mr. Jones abgespeichert hatte, aufzufangen und gewaltig durch den Kakao zu ziehen. Für den Verstand waren alle diese Aussagen überhaupt nicht bestimmt und komplett ungeeignet, da er damit überhaupt nichts anfangen konnte. Er konnte nur das eingespeiste Futter verarbeiten und von links nach rechts schieben, vergleichen und erinnern. Das war es aber auch schon, was er in seinem lächerlichen, aber durchaus sehr hilfreichen Dasein leisten konnte. Mehr als armselig und mager! Worauf bildete er sich bloß so viel ein? Weil ich ihn mein Leben lenken ließ, obwohl er überhaupt keine Fähigkeit dazu hatte? Wo dieses Denken wohl noch hinführen würde! Ich wollte Madita anders haben und war drauf und dran, sie zu verachten, ohne zu bemerken, welches Programm ich da wieder aktiviert hatte. Da ich scheinbar mehr war als eine Madita, erlaubte ich dieser Madita für einen Moment lang genau so zu sein, wie sie in diesem Moment nun mal war. Sie konnte dieser Kathrin nichts abgewinnen. Na und? Bin ich diese Madita? Nein! Na eben!

Eine kurze Pause lockerte meine verkrampften Denkattacken. *Ist es möglich, dieser Körper zu sein?* Diese Frage tauchte unverhofft in mir auf. Während ich meinen Kopf senkte und meinen Körper betrachtete, gelang es mir innezuhalten und dabei gewährte ich einer befreienden Leichtigkeit Einzug. Gelang es mir oder geschah es einfach? Irgendwie hatte sich plötzlich etwas verändert. Die Fragen kamen nicht mehr aus meinem Denken, sondern ich *empfand* diese scheinbaren Fragen tief in mir, die sich als eine Art Rückblick und Einsicht entpuppten. Sie tauchten wie von selbst in mir auf. Ich fühlte lediglich ihren Kern. Die Sätze waren nicht als eine Kette vorhanden, die sich aus aneinandergereihten Wörtern ergab, sondern nur in einer Form eines tiefen Anschauens, welches ein tiefes Verstehen nach sich zog.
Wer empfindet diese Ablehnung zu Kathrin?
Nach dieser Frage kam nichts Schweres und Denkendes mehr in mir hoch. Da war nichts, was mich zum Nachdenken animierte. Das, was aufflammte, war bekömmlich und leicht.
Bin ich dieses Gefühl und was hat es mit mir zu tun?
Ich versank in eine Helligkeit, die nicht aus mir strahlte, sondern sich um mich herum, als das, was ich bin, als unendliche Weite,

als leerer Raum zu erkennen gab. Es war ein weiterer Impuls, der gefühllos und gedankenfrei war.
Wo entsteht diese Ablehnung?
Diese Frage ließ mich ein weiteres Stück tiefer sinken.
Wo kommt diese Ablehnung her?
Ein Hauch von Nichts zog mich in seinen Bann. Es war still.
Wo ist die Quelle?
Es wurde noch stiller, sanfter und weicher.
Wo ist der Ursprung?
...
Wo ist die Essenz?

Ich war wie ein See, dessen Oberfläche sich spiegelglatt und unbewegt zeigt. Ich kann nicht sagen, wie es sich anfühlte, denn dafür fehlen mir jegliche Worte. Es warf mich in einen Raum, der sich über meinen Körper hinaus in unendlicher Stille ausdehnte. In mir hatten sich lediglich ein paar lächerliche Nicht-Verstandesfragen aufgetan, die irgendetwas nach sich zogen! Und ich hatte mir diese Seltsam-Fragen gar nicht gestellt, sie mussten tatsächlich meinem *unpersönlichen Ich* entsprungen sein. Das war wohl der entscheidende Punkt. Es bewegte sich nichts. Es war still. Tatsächlich! Ohne Tatbestand und ohne Täter. Kein Gedanke! Auch keine Ruhe, denn die hätte ich fühlen müssen. Da war nichts, das sich nur irgendwie anfühlte ... Wie war das möglich?

War gegenteilig einmal vielleicht nichts passiert und diese Unbewegtheit hatte sich aus allen meinen ständigen Bewegungen hervorgehoben, weil sie meiner Natürlichkeit entsprach? Oder waren die Bewegungen versickert und ursprüngliche Unbewegtheit war das, was übrig blieb?

Nun bemerkte ich, dass diese Seltsam-Fragen, die mich erst seit dieser Reise unermüdlich verfolgten, ein wichtiger Anhaltspunkt sein mussten. Dieses *Hinter die Dinge schauen*, indem man *sie* hinterfragte, um *Es* darin zu erkennen, bekam eine völlig neue Bedeutung und ich vermutete mich dem zu nähern, was hinter den Dingen war. Es ging niemals um eine Antwort, es war eine

Art Rückwärtsgehen. Alles, was aus dem Nichts, das wir scheinbar waren, auf uns einwirkte, wurde in seiner Laufbahn, seiner Zu-uns-Bewegung, wieder rückwärts verfolgt. Diese Fragen entfachten auf einer unsichtbaren Ebene jenseits des Denkens ein Dahinterspüren, ja und genau das war es! Das Herz schaute dem Dahinter und nutzte die irdischen Mittel der Sprache. Genial! Das war einzigartig. Ich kam mir vor wie Columbus, der gerade Amerika entdeckt hatte. Aber ich hatte nicht Amerika, sondern das Nicht-Amerika entdeckt. Dieses Nicht-Amerika war noch viel größer und schöner und nicht so einfach zu finden wie ein Kontinent, den man sehen konnte. Mit einem Schiff Land zu sichten war doch Lullekram. Kinderei!

Ich war gut. Ich war klasse! Mein Ego hatte mich wieder! Diese Fragen hatten es in sich. Was genau begann ich erst jetzt annähernd zu erahnen? Es war wohl erst der Anfang vom Anfang und das war gleichzeitig der Anfang des Endes des Egos. Es war tatsächlich wie ein Rückwärtsgehen, besser gesagt, ein antwortfreies Rückwärtsbefragen, stellte ich erneut und sehr erfreut fest. Eine sehr tiefe Erkenntnis und schon war sie wieder weg. Ein geruhsames Empfinden stellte sich ein und tatsächlich glaubte ich, dieses scheue *Nichts* noch irgendwie zu vernehmen. Ich freute mich wie ein kleines Kind über den scheinbaren Erfolg, dass ich nach diesen egomanen Abschweifungen nun doch noch eine unsichtbare Antwort auf meine Rückwärtsfragen erhalten hatte. Diese Erkenntnis lockte das Ego aus seinem Versteck und ich fühlte Freude. Wer freut sich? Was in dir freut sich? Mein Verstand war es nun, der diese Fragen stellte und er fuhr mit einem gnadenlosen Zynismus über mich her. Er setzte alles daran, mich an meine Gefangenschaft zu erinnern und wollte mir meine Entdeckung wohl madig machen.

„Madita!“, sagte Mr. Jones. „Wie ist es mit deinen Wünschen?“ Ich sah Parmenides an und sagte: „Ich würde gerne mit Katzen sprechen und für immer hier bei Ihnen bleiben!“ Es kam spontan und ohne zu denken. Das *bei Ihnen* hätte ich mir wirklich sparen können. Wie sah das denn jetzt wieder aus! Es blieb mir ja keine Zeit zum Überlegen. Aber war das nicht gut so? Nein, war es nicht! Was Blöderes war mir wohl nicht eingefallen! Ich wollte das gar nicht sagen, aber irgendwie war ich woanders gewesen. Es war mir halt herausgerutscht und erst nachdem ich es ausgesprochen hatte, wurde ich mir meiner Worte bewusst.

Jeder Einzelne in der Runde hatte eifrig seine zahlreichen Wünsche aufgezählt, nur Frau Manneder, die nach mir an der Reihe war, hatte nur einen einzigen Wunsch auf Lager, nämlich, einen gesunden Körper zu haben. Sie hatte wohl auch noch das eine oder andere Wehwehchen, das heißt, die eine oder andere Unstimmigkeit, sonst hätte sie vielleicht doch eher *Erwachen* oder *Ankommen* gesagt. Hat sie aber nicht! Wenn es doch kein Ankommen und Erwachen gibt! Und auch keine Wünsche und schon gar keinen, der wünscht! Wie fest ich doch in diesem Spiel gefangen war. Lächerlich. Grotesk und lachhaft. Einfach schauderbar!

„Danke für eure menschliche Ehrlichkeit, auch wenn ihr bereits wisst, dass es keiner Wünsche bedarf. Das Ego zeigt nicht gerne seine Schwächen, vor allem dann nicht, wenn es bereits im Vorhinein weiß, dass die Antworten nur grottenschlecht sein können.“ Mr. Jones lachte laut auf und klopfte sich auf den Oberschenkel. Diese Geste schien bei ihm sehr beliebt zu sein. Alle schlossen sich mit großer Erleichterung seinem herzerfrischenden Lachen an, in der Hoffnung, nun doch nicht zu unnütze und unsinnige Wünsche von sich gegeben zu haben. „Gut, dass es nicht um den Inhalt eurer Antworten geht!“, ergänzte er schmunzeln. „Ihr werdet es sehen. Meine Lieben, ihr alle habt eure Wünsche verkündet …“ *Und das bringt euch nichts und keiner wird sie euch erfüllen!* Warum mir nur ständig so ein Blödsinn einfiel, konnte ich mir selbst nicht erklären. „… und es ist klar, dass ihr wisst, dass man keine Wünsche haben soll. Nur was nutzt euch dieses Wissen, wenn die Verlangen, die in euch schlummern, an die Oberfläche drängen und nach Verwirklichung schreien? *Nur gelebtes Wissen kann Unwissenheit durchlichten.*“

Alle nickten und jeder wusste nur zu gut um den unermüdlichen Kampf mit den schattenhaften Kumpanen, die sich in allen möglichen Formen aufdrängten. Im selbst auferlegten Kerker des Egos gefangen, wurden unermüdlich immer weitere Ziele, Absichten und Vorstellungen hervorgebracht. Diese hartnäckigen Egoprogramme und Denkgebilde hatten es wirklich in sich. „Gedanken sind da und sollten nicht verdrängt werden. Du kannst sie nicht beherrschen oder wegschicken. Aber du kannst sie durchschauen, um zu erfahren, was sie sind und was sie nicht sein können", sagte Mr. Jones sehr einfühlsam. Man sollte nichts dagegen tun? In mir tobte ein leichter Orkan, der Uneinsichtigkeit mit sich zog. Was für ein alberner und törichter Satz das doch war! Man kann gar nichts dagegen tun! Das war die Antwort!

„Weder gibt es einen persönlichen freien Willen noch geht es darum, unsere Bedürfnisse zu befriedigen. Die Menschheit benutzt das Gottes Geschenk Leben für etwas, wozu es nicht gemacht worden ist. Und doch ist es die einzige und notwendige Möglichkeit, sich in allem, durch alles und als alles erfahren zu können. Man könnte sagen, du bist deinem Gottesbündnis untreu geworden." Mr. Jones' Stimme war sehr bestimmend, dennoch sehr klar. Alle lauschten gespannt der universellen Sprache, die Verschleiertes aufdeckte und zur Sicht freigab. Zur Ein-Sicht. Seine Sätze verankerten sich in mir und weckten ein Mitgefühl der besonderen Art. Es war, als würde sich wieder etwas lichten und meine Atmung fühlte sich nach einem längeren Angespanntsein sehr befreit an. Etwas Traurigkeit, gepaart mit Wehmut und Hilflosigkeit, schlich sich erneut ein, und diese Emotionen lösten eine mir in der Zwischenzeit gut bekannte Betroffenheit aus. Neben einer vagen Erleichterung tauchte ein Satz mit unerwünschter Bitterkeit auf: *Es liegt noch ein langer Weg vor dir!* Wenn es aber doch kein Ziel gab? Man müsste den Weg anders bezeichnen!

„Dein Leben ist eine bisher ungenutzte Chance!", sagte Mr. Jones. „Du bist hier, damit du dich erkennst. Die Sinne und dein

Leben sind dir dafür gegeben worden. Es ist wie ein Vorhaben, welches du nicht einlöst, weil du es *vergessen* hast. Weil du dich *vergessen* hast! Weil du es *vergessen* hast, deiner wahren Bedeutung auf den Grund zu gehen.“ Das Wort *vergessen* hatte sich durch Mr. Jones zu einem speziellen Informationsträger entwickelt. Es trug eine ganz spezifische Energie in sich. Das Wort forderte ganz sanft, sehr einfühlsam und dennoch mit Nachdruck auf, beweglicher zu werden. Oder in eine Unbeweglichkeit zurück zu fallen? Konnte das ein und dasselbe sein, obwohl es komplett gegensätzlich klang? Ich vermutete, dass von jedem Einzelnen der hier Anwesenden jedes Wort komplett unterschiedlich gefiltert wurde und jeder für sich seine Botschaft empfing. Welch eigenartiger Gedanke!

„Wonach sucht ihr? Was wollt ihr erreichen? Beendet zuerst eure Geschichten und wisst, was ihr seid. Wie kann etwas, was nicht weiß, was es ist, Ansprüche stellen? Nur etwas, was sich noch nicht erkannt hat, wird Ansprüche stellen, denn das, was du wirklich bist, ist Ansprüchen fern und wird diesen in keiner Form begegnen. Euer Menschsein existiert nicht, es zeigt sich nur zeitweilig. Etwas, was nicht existiert, kann die Lösung nicht in sich finden, sondern nur der Wahrheit lauschen. Dass ihr in Wahrheit etwas anderes seid, als ihr irrtümlich vermutet, habe ich nun mehrmals erläutert. Doch eure Suche kann erst enden, wenn ihr diese Wahrheit nicht mehr in euren Köpfen spazieren tragt, sondern direkt erlebt! Begegnet dem All-Tag als etwas Heiliges. Seid achtsam und euch stets gewahr, was ihr seid. Aus dieser Gesinnung heraus werdet ihr erkennen, was in euch denkt, wer fühlt, wer trinkt, wer lacht und was sich ärgert. Ihr könnt nichts *falsch* machen. Tut, was getan werden muss und wenn eure Person auf etwas reagiert, dann ist das okay. Doch ihr seid nicht diese Person. Und auch nicht die Reaktion! Das ist alles, was es zu erkennen gibt. Alles, was ihr lebt, fühlt und handelt, ist absolut, weil es nicht anders sein kann, als es sich ergibt. Wenn ihr entdeckt, dass das, was denkt, fühlt und handelt nicht eurem wahren Dasein entspricht, entsteht immer mehr Abstand zu diesem persönlichen Ich. Lebt ein ganz normales Leben und legt eure gesamte Aufmerksamkeit in jedem Moment hinter die Dinge der Welt und seid euch dessen Ursprung gewahr.

Der Ursprung ist immer *nur* Gott, auch wenn seine Erscheinungsformen unterschiedlich aussehen und er nur schwer zu erkennen ist. Ihr müsst in eurem Leben nichts ändern und ihr müsst auch euch nicht ändern. Es ist die Sichtweise, die sich lichtet und aus einer begrenzten und dumpfen Auffassung zu einer klaren und weiten Wahrnehmung mutiert, die sich weit über den irdischen Raum hinaus entfaltet. *Es* ist der leuchtende, universelle Geist, der hinter eurer Fassade ewiglich leuchtet. Ihr aber ignoriert diese Form der Realität und haltet das duale Trugbild für wahr. Wie wollt ihr aus dieser Verwechslung heraus das Leben gestalten? *Ihr könnt das Leben nicht gestalten, es gestaltet euch!*

Der universelle Geist ist Realität, das Leben hingegen Täuschung. *Die universelle Liebe braucht das Leben nicht, aber das Leben braucht die Liebe.* Euer wahres Sein ist körperunabhängig. Für euch scheinen der Körper, das Leben und die dazugehörigen Wünsche der wichtigste Part zu sein und diese Verirrung lässt euch krampfhaft daran festhalten. Ihr könnt euch Liebe ohne das Leben nicht vorstellen, weil ihr glaubt, euer Leben sei das Einzige und Wichtigste. Auch wenn es nicht verstanden werden kann, Liebe hat mit Leben nichts zu tun. *Ein Leben kann zwar mit Liebe erfüllt werden, doch die wahre Liebe bleibt vom Leben unberührt.* Liebe ist mit oder ohne Leben … einfach hier! Liebe ist real! Leben ist unreal! Und doch ist alles eins. Liebe kann nur mit zahlreichen Widersprüchen erklärt werden, weil Liebe alles ist, in allem ist und durch alles fließt. Sie ist ein Widerspruch in sich selbst. Sie ist die Flugbahn eines Balles, sie ist der Bau eines Marders und sie ist das Licht und die Dunkelheit. Sie ist das Leuchten eines Glühwürmchens sowie das Summen einer Biene, und doch kann sie nicht nur ein Leuchten oder ein Summen sein, denn sie ist alles aus sich selbst heraus. Man hat euch eingeredet, dass ihr euch euer Leben gut einrichten sollt. Ja, ihr sollt es zu etwas bringen und das Beste daraus machen. So unter dem Motto:

Hauptsache mir geht es gut, bestreitet ihr den Alltag, der unbewusst oder bewusst auf diesem Leitsatz aufgebaut ist. Mit diesen Fehlwahrnehmungen werdet ihr die Suche niemals beenden und die Suche muss enden, bevor wahres Glück hervortreten kann."

Betroffenheit erfüllte den Raum, und obwohl Mr. Jones es absolut neutral an uns weitergab, stellte sich bei mir sofort ein schlechtes Gewissen ein. Ich bin wohl zu blöd, um es zu begreifen. Nein, da ist niemand, der es begreifen könnte. Wer war denn dieses *Ich?* Diese Selbstbefragung kam diesmal nicht so gut an. Vielleicht weil ich keine Pause dazwischen ließ? Weil ich es missverstanden hatte oder weil die vorangegangene Erkenntnis doch nichts weiter als eine Einbildung des Egos gewesen war? Ich verstand nur noch Bahnhof. Wenn es mich nicht gibt, gibt es auch keine Botschaften. Und Mr. Jones? War wohl auch eine Fata Morgana! Irgendwie brachten mich diese Gedanken zum Lachen. Warum hatte ich mich jemals über etwas geärgert, wenn doch alles nur in meiner Vorstellung existierte? Mir fehlte wohl der nötige Ernst. Wenn ich doch alles war, wie konnte mir dann überhaupt etwas fehlen?

„Ist die Suche Zeitverschwendung? Nein, denn nur die Suche über eure Persönlichkeit kann euch in die Ganzheit führen! Ein natürlicher Prozess, der einfach geschieht. Nur die Suche kann in die Nicht-Suche führen, auch wenn die Suche selbst gar nichts finden kann!" Ein natürlicher Prozess, hallte es in mir nach. Dieser Satz hatte wieder so etwas Erhabenes. Er vermittelte den natürlichen Ablauf der Welt, ohne Wissen zu erklären. Das Leben ist also ein Selbstläufer. Wie praktisch! Warum weiß das nur keiner?

„Deshalb habt ihr diese wunderbaren Ausstattungen des körperlichen Daseins bekommen, um es dafür zu nutzen. Es braucht sich niemand zu sorgen, denn Gott ist so groß, dass es unmöglich ist, ihn zu verfehlen. Es wird euch nicht gelingen, ihn nicht zu finden. *Wenn ihr euch nur endlich finden lassen würdet!* Da

Zeit nur ein künstlich erschaffenes Vehikel ist, ist es komplett egal, wann das geschieht. Es geschieht immer jetzt, denn ein Davor oder ein Danach hat es niemals gegeben. Zeiten wie Zukunft und Vergangenheit sind dem Glück fremd, denn Glück ist jetzt. Amen. Ja! Amen."

Dieses Amen war wie ein Sog, der mich wieder in diese besondere Stille hineinkatapultierte. Mr. Jones hob die Hand und machte kurz eine Bewegung, als würde er uns segnen. Ich entfernte mich noch tiefer in diesen Raum, der sich losgelöst vom Körper wie eine Zwischenstation zum Ausruhen anfühlte, um auf weitere Ausweitungen vorbereitet zu werden. Da war nichts und doch fühlte ich ein tiefes Vertrauen und gnadenvolle Leichtigkeit. In mir ertönte eine Stimme, die weder zu mir noch zu Mr. Jones gehörte, doch ich wusste, sie entsprang ein und derselben Quelle, der wir beide entsprangen. Es ließ Unteilbarkeit vermuten. *Kümmere dich nicht ständig um diese Einbildungen, die sich in deinem Kopf herumtreiben und niederlassen wollen. Sie sind wie ein flüchtiger Schatten eines fliegenden Vogels, der kommt und geht. Entledige dich der Fassade und kümmere dich um das Beständige, um das, was unveränderlich bleibt. Die Welt ist in dir, du lichter schöpferischer Strahl Gottes.*

Mr. Jones machte eine seiner weichen und runden Handbewegungen. Er gab das Eins-sein-mit-Gott auf eine sehr eindrückliche Art und Weise weiter und tauchte tief hinter den facettenreichen Wortbrücken ein, um es uns durch stetige Wiederholungen näher zu bringen und anschaulich zu vermitteln. Ja, er baute Brücken von seiner Helligkeit zu den Menschenherzen der Welt. Er war der Brückenbauer und Marie war das kleine Mädchen, welches das passende Bild dazu malte. Ich hatte das Gefühl, in diese Geschichte eingetaucht zu sein und ich wollte Teil dieser Geschichte bleiben, ohne ein Ende zu erleiden. Auch wenn es mir nicht zustand, Wünsche zu äußern, so hatte ich das Gefühl, meiner Erlösung ganz nahe zu sein. Meine Gedankengänge knüpften zaghaft an Mr. Jones' elegante Ausdrucksform an, doch so sehr ich mich auch bemühte, seine Sätze waren irgendwie anders.

„Also, wenn es so etwas wie einen Gott gibt …“, sodann pausierte er kurz, „… dann ist er viel mehr als ein Wort oder ein Bild, das ihr euch zurechtgelegt habt. Gott ist reines Gewahrsam, ohne sich dessen gewahr zu sein. Da ich ihm aber noch nicht begegnet bin, kann ich euch auch nichts weiter über ihn erzählen!“, hob er sehr humorvoll hervor. „Würde er eure Wünsche hören können, er würde sich doch sehr wundern!“ Alle sahen sich etwas erstaunt an und warteten gespannt darauf, was er dazu nun zu sagen hatte. „Also ich tausche die Fee von vorhin mal in Gott um und richte nicht nur eure, sondern alle Wünsche der Menschheit an ihn.“ Aha, das hatte er wohl mit Marie gemeinsam. Er sprang in seinen Themen auch wahllos hin und her. Man musste schon gut aufpassen, um ihm folgen zu können. „Die Menschheit wünscht sich dies und das und das und dies. Wünsche, Hoffnungen, Ziele, Absichten, Pläne und Erwartungen, wie sie unterschiedlicher nicht sein könnten. Und Gott hört hin, hört hin und hört hin. Nach langem In-sich-Gehen würde er laut auflachen, sich vielleicht auch an den Kopf greifen … wenn er denn einen hätte“, fügte er schmunzelnd hinzu, „und er würde sagen: ‚Was wünscht ihr euch denn alle so unwichtige Dinge, die weder real sind noch Bestand haben. Es ist ja nahezu lächerlich. Warum wünscht sich denn keiner, so zu sein, wie ich es bin?‘ Und alsdann würde Gott sich erneut wundern und sagen: ‚Ich bin alles und bringe alles hervor! Was ist das, was du willst? Was sind das für Geschichten, die du dir da wünschst? Heiße Luft und nicht mehr! Warum ich sie dir nicht erfülle, wo ich doch der liebe Gott bin? Das ist eine gute Frage, zwar nicht berechtigt, weil einfältig und dumm. Doch sehr simpel für mich. Warum ich Wünsche nicht erfülle, willst du wissen? Nun gut, ich werde es dir sagen. Weil ich das, was du dir wünschst, nicht kenne! Mit dem habe ich nichts zu tun!‘“ Mr. Jones’ heitere Ausdrucksweise ließ uns alle wieder in ein erfrischendes Lachen eintauchen. „‚Aber ich kenne dich!‘“, fuhr Mr. Jones fort. „„Und ich sehe, dass du dich nicht kennst. Soll ich dir von dir erzählen? Menschen kann ich keinen entdecken. Ich sehe nur mich! *Mich als dich.* Du bist das Licht meiner Lichtheit. Dein Strahlen erhellt den Raum, der du bist. Halte nicht nach Trugbildern Ausschau, sondern schaue mich. Die Innenschau wird die unerfüllten Wünsche klären und sie dir entsprechend präsentieren: als Seifenblasen in einer Welt voller Schein. Irdische Phänomene verblassen, denn du wirst eintreten in mein geistiges Himmelreich.'" Mr. Jones' Gesichtsausdruck nach konnte man erkennen, dass er sich wieder köstlich amüsierte. Sein Humor und diese verspielte Verschmitztheit traten zu Tage und machten ihn noch liebevoller, als er ohnehin schon war.

„Wenn ihr in der Wüste Durst habt – abgesehen davon, dass sie auch nur eine Erscheinung ist –", lächelte er schelmisch, „würdet ihr euch Wasser wünschen oder eine Fata Morgana, die euch Wasser nur vortäuscht?" Alle Anwesenden brachen in lautes Gelächter aus. Ich lachte mit, obwohl, wirklich komisch war es ja nicht. Es war eher traurig, wie starr, kompliziert und schwerfällig der Mensch war. Ja, es brauchte eine gesunde Portion Humor oder besser gesagt, doch etwas Galgenhumor, denn man lachte ja über sich selbst. Da war niemand, über den man lachen konnte und es war auch keiner da, der lachte. Mir war das Lachen bald vergangen. Irrsinnige Vorstellungen. Als sich das Gelächter wieder etwas beruhigt hatte, sagte Mr. Jones: „Spaß beiseite. Es gibt nur einen ‚Wunsch' und der ist: wahrhaftig zu sein! Dieser Wunsch bedarf einer hundertprozentigen Hingabe, das heißt, er muss euch vollumfänglich einnehmen, damit ihr euch nicht mehr dessen gewahr seid, sondern als das reine Gewahrsam hervortretet, indem ihr euch als dieses erkennt!" Das war ja wieder mal ein Satz. Diese Leichtigkeit war enorm. Wie konnte er diese immense Tiefe, die mit Worten gar nicht weitergegeben werden konnte, so federleicht auf der Zunge tragen?

„Jetzt sind da aber noch die anderen Wünsche!" Er seufzte. „Wozu? Warum? Wofür? Was wollt ihr euch als die eine Wirklichkeit noch wünschen, wenn sich durch euch alles ausdrückt und zeigt?!“ Wieder sah er durch jeden Einzelnen gezielt hindurch. „Erkenne endlich dein wahres Wesen, liebe Seele, liebes Licht. Du bist unvergänglich, rein und vollkommen.“ Mr. Jones durchdrang mit seinen Worten, seinem Blick und seiner Anwesenheit alle Zellen unseres Daseins. „*Es* wartet nur darauf, entdeckt zu werden. Jeder einzelne Wunsch hat immer nur ein paar Prozent und diese irdischen Wünsche haben keinen Platz auf der Ebene des Lichts. Sie gären im Sonnenlicht der Erde vor sich hin, bis in dein wahres zu Hause aber werden sie nie vordringen können. Zuviel wie viel Prozent zieht es dich in deine Einheit zurück? Wie stark ist der Drang jenseits des Wollens? Du kannst nicht irdische Dinge begehren, dies und das haben wollen und nebenbei ein bisschen *spirituell* sein. Der Mensch will die irdischen Forderungen und Ansprüche behalten und so ganz nebenbei erwachen. Wie soll das gehen? Welch begrenzte Denkweise hat sich hier eingeätzt in euer gespaltenes Leben? Es gibt auch kein entweder *Licht* oder *Begierde,* da Licht *ist* und Objekte der Begierde aus dem Lichte hervorgegangen sind. Das Wort *oder* ist eine weitere Irreführung. Es gibt kein *Oder. Entweder* und *Oder* wurden von der dualen Sichtweise geprägt. Es gibt nicht zwei, es gibt nur eins, obwohl die Zwei die Eins braucht, um entstehen zu können. Und wenn sie erscheint, hat sie bereits vergessen, dass sie es der Eins zu verdanken hat und ohne Eins nicht bestehen kann. Wenn du dich als Einheit erkennst und deine Aufmerksamkeit nicht weiter an Dinge verschwendest, wird sich irdisches Verlangen wie von selbst auflösen.

Das Leben ergibt sich aus deinem Selbst heraus. Aus etwas anderem heraus kann es sich auch nicht entwickeln, da es kein anderes gibt. Der natürliche, harmonische und göttliche Ablauf wird durch deine Vorstellungen und Wünsche unterbrochen. Also leg die Steine zur Seite, säubere den Bachlauf und das Ufer, damit der göttliche Fluss seinen Lauf nehmen kann. Danach wird es nur noch einen Strom für dich geben und Bachlauf, Ufer und Wasser werden dir keine Aufmerksamkeit mehr entlocken, weil sie einfach nur Teil der Quelle sind. Kümmere dich um das Wesentliche, ohne dabei etwas zu tun. Sei einfach hier. Jetzt!“ Mr. Jones legte eine kurze Pause ein und nahm einen Schluck Wasser. Dann fuhr er fort: „Wünsche werden erst verblassen, wenn du erkannt hast, dass die Dinge *nicht zu dir kommen,* sondern dass sie *von dir ausgehen.* Es sind die so genannten Samen, die etwas in dein Blickfeld ziehen und dir vorgaukeln das zu sein, als das sie dir erscheinen.“

Seine Schweigsamkeit von vorgestern war wie verflogen und er schien seinen Auftrag, den er hier zu erledigen hatte, wahrlich genau zu nehmen. „Ihr seid gleich erlöst“, witzelte er, „nicht vom Erdendasein, sondern von meinen Worten.“ Alles brach wieder in Gelächter aus und freute sich über die willkommene Abwechslung. Es entsprach ja nicht gerade dem Inhalt einer Tageszeitung, was er da so von sich gab. Danach wurde er wieder ernst. „Wie authentisch bist du also?“, fragte er in die Runde. Die Stimmung war wieder sehr diszipliniert und alle gaben sich dem Moment hin und sogen seine erlösenden Verkündigungen tief in sich ein. „Du sagst, du willst Licht sein und wünschst dir Gesundheit? Du sagst, du bist bereit, dem Ruf des Herzens zu folgen und willst einen neuen Job haben? Und du sagst, ja, ich gebe mich dem Einen hin, und du willst deine Eltern nicht verlieren? Was also willst du nun? Vollkommenheit oder ein irdisches Wunschkonzert? Willst du dies oder das? Oder willst du wirklich: *Das Eine!* Gott gibt es nur als Ganzes, weil er Untrennbares ist. Du kannst ihn also nicht teilen. Es gibt weder seinen Fuß noch seine Nase, es gibt ihn nur ganz. *Auch sein Ohr würde dir nichts nutzen, solange dein Ohr noch auf Worte reagiert. Und auch seine Augen wären nicht hilfreich für dich, solange du noch Leid siehst. Und sein Mund? Nein, auch der wäre sinnlos, solange dein Mund noch Menschen verletzt.*

Genau deine Wünsche sind es, die dich von Gott trennen. Ja, wahrlich kannst du dir viel wünschen, aber du hast keinen Einfluss auf den Ablauf der Dinge! Absolut keinen! Und wenn du das glaubst, dann entwirre den Irrtum. Befreie dich aus dem Netz der Verschleierung und erkenne.“ Dabei hob er wieder die Hand, die sich spielerisch, leicht auf und ab bewegte und etwas in mich einfließen ließ, was ich in Worten nicht beschreiben kann. Kein Schweben, kein Abheben, kein Glück, sondern einfach nur Stille. Ich schloss die Augen und ertappte mich dabei, diesen Moment festhalten zu wollen. Er war einzigartig. Aber es war kein Moment und auch kein Gefühl, es war das, was ich war.

„Warum also wünschst du dir etwas, wenn du die Dinge sowieso nicht beeinflussen kannst? Es ist krank! Diese Krankheit nennt man Unwissenheit. Es ist das fehlende Wissen, um das, was du bist. Das, was du bist, was du wahrlich bist, kann nichts wünschen, denn es ist frei von allem. *Es ist!*" Mr. Jones unterbrach seinen Redefluss und nahm eine andere Körperhaltung ein, die er bislang wohlgemerkt unverändert beibehalten hatte. „Wahrscheinlich habt ihr gut aufgepasst und euer Verstand hat eine Frage und die lautet: *Wenn ich mich einzig und alleine dem Wunsch widme, Licht zu sein, und mich diesem einen Wunsch hingebe, ist das nicht auch ein Wunsch, der meiner Persönlichkeit entspringt?*" Einige sahen ihn neugierig nickend an und guckten etwas beschämt, wahrscheinlich weil sie sich ertappt fühlten.

„Ist es dein absichtsloses und erwartungsfreies, innerstes Verlangen, dich wie eine Blume immerzu der Sonne zuzuwenden, dann transzendiert der Wunsch in sich selbst. Wenn dich nichts mehr davon ablenkt, in jedem Moment bewusst das nicht zu sein, was du jetzt zu sein glaubst, dann wird sich deine wahre Identität offenbaren. Dein Körper mag in dieser Welt erscheinen, doch du bist nicht von dieser Welt. Du bist das, was die Welt nicht ist: unvergängliche Ewigkeit. Bevor die Farce endgültig durchschaut ist, bedarf es natürlich noch einer Persönlichkeit und einer Hülle, um sich der All-Einheit zuzuwenden und in die ewige Heimat eingehen zu können." Die Sätze ertönten im lieblichen Klang und verstummten im Nichts. Ich wollte diesen Klängen ewig lauschen und ertappte mich schon beim nächsten Wunsch, nämlich immer in diesem Moment zu verweilen. „Lass das Kleid der Persönlichkeit abfallen und lichtvolle und strahlende Gewänder werden zum

Vorschein kommen, die du immer schon darunter getragen hast. Du Strahl aller Lichter, lege dein Leben in Gottes Hand und gib den Irrglauben auf, so etwas wie ein persönliches Leben zu haben. Du bist die unpersönliche Freude der Allgegenwart!", sagte er sehr liebevoll. Mr. Jones hielt inne und wies auf eine kurze Pause hin. Nun hatte er auch noch meinen Koffer mit den Kleidern miteinbezogen. Ich deklarierte es weder als seltsam noch als Zufall, denn mich über etwas zu wundern hatte ich spätestens jetzt endgültig aufgegeben.

Vorerst traute sich keiner eine Bewegung zu machen. Nebenbei waren alle etwas benebelt und abwesend, aber man spürte auch, dass der Bewegungsdrang der Menschen seinen Tribut forderte. Die meisten waren es sicher nicht gewohnt, so lange still zu sitzen und diesen Tiefen zu lauschen. Ich am allerwenigsten. Alle strahlten über das ganze Gesicht, nur Kathrin schaute verwirrt. Etwas schien an ihr zu nagen. Mr. Jones erhob sich und verließ den Raum. Parmenides, der die ganze Zeit nicht von seinen Füßen gewichen war, lief mit ihm.

Wasser war bereits gerichtet und ein paar kleine Häppchen wurden dazu gereicht. Es befand sich recht übersichtlich auf einem Tisch und fast alle versammelten sich darum. Frau Manneder hatte mir kurz zugelächelt und ging nach draußen, um frische Luft zu schnappen. Sie wollte alleine sein. Man sah, dass die Worte von Mr. Jones auch bei ihr in sehr tiefe Schichten vorgedrungen waren und in ihr eine dankbare Abnehmerin fanden. Das Ehepaar schwieg lächelnd vor sich hin. Kathrin hatte sich zu Alfred gesellt und verlor keine Zeit, ihn in ein Gespräch zu verwickeln. Die Rucksacktouristen wechselten nur wenige Worte untereinander und zogen sich einzeln zurück. Ich konnte das gut verstehen. Das Bedürfnis, mich jetzt angeregt zu unterhalten, war auch bei mir nicht vorhanden. Doch als ich mir ein Häppchen nahm, nutzte Alfred die Chance, mich anzusprechen. Er schien froh darüber zu sein, mich in das Gespräch mit Kathrin mit einbinden zu können. Sie hätte ihn wohl lieber für sich alleine gehabt, doch sie fügte sich der Situation.

Verhalten wich ich zwischendurch immer wieder ein paar Schritte zurück, ich wollte nicht stören. Ich spürte, dass Kathrin Alfred etwas sagen wollte, was nicht unbedingt für andere bestimmt war und so widmete ich mich sehr ausgedehnt und intensiv einem Krug Wasser, einem Glas und einem weiteren Häppchen mit Tomaten und Gurken. Ich bewegte mich in Zeitlupe und Kathrin schien die Chance zu nutzen. Sie hatte also freie Bahn.

„Sehr beeindruckend!", schwärmte sie. „Aber ich habe auch heute nicht allem folgen können, was Mr. Jones von sich gab", sagte sie zu Alfred. Alfred blickte sie sehr verständnisvoll an und schien bemerkt zu haben, dass Kathrin den Verdacht hegte, wohl die Einzige zu sein, die stellenweise im Dunkeln tappte. Er wusste so schnell keine Antwort und suchte fieberhaft nach etwas Brauchbarem, um die Situation wieder einzulenken. „Wissen Sie", fuhr Kathrin etwas bekümmert fort, „ich glaube, ich fühle das nicht so stark wie Sie oder die anderen." Sie wirkte sehr traurig und war wohl etwas enttäuscht über sich selbst. Irgendwie hatte ich das Gefühl, dass sich bei ihr doch einiges bewegt hat. Man sah es an ihren Gesichtszügen, die etwas entspannter wirkten. Ihr ganzer Ausdruck war in sich stimmiger, doch sie schien etwas hilflos und durcheinander zu sein. „Vielleicht bin ich einfach noch nicht reif genug, um diese Tiefen zu verinnerlichen", sagte sie etwas entmutigt. „Oder ich bin einfach nur zu blöd dazu!", rutschte ihr dann noch ungewollt über die Lippen. Erschrocken blickte sie zu Alfred, dem diese Worte natürlich nicht entgangen waren. „Aber meine Liebe. So können Sie das doch nicht sagen!", lenkte er sehr behutsam ein. Ich widmete mich immer noch meinem Freund, dem Wasserkrug, er stand im Mittelpunkt meiner Aufmerksamkeit. Das ältere Ehepaar hatte zwischenzeitig auch schon bemerkt, dass ich zu diesem Wasserkrug ein scheinbar sehr inniges Verhältnis aufgebaut hatte. Vielleicht fanden sie mich jetzt noch eigenartiger als zuvor oder sie hatten sich vorübergehend auch ihrer Meinungen entledigt, die sowieso nur ihre individuellen Sichtweisen spiegelten. Während ich ihnen, mit dem Wissen um die stets eigene Innenschau, freundlich zuprostete, schien Alfred endlich eine Antwort gefunden zu haben.

„Sehen Sie, meine Gute …“ Die Spannung stieg und um ja nichts zu versäumen, hörte ich angestrengt hin. „Sie müssen nicht traurig sein“, sagte er mit einem sehr beruhigenden Tonfall. Sie sah ihn verwundert an und erfreute sich seiner unendlichen Sanftheit. „Sie glauben doch ganz stark und fest daran!?“, sagte er in einem sehr bestimmenden Ton. Sie nickte bejahend. „Ich würde sagen, weil Sie so stark daran glauben, hat Gott ein besonderes Amüsement an Ihnen und er hat an Ihrem wunderbaren Glauben sicher Gefallen gefunden. Vielleicht lässt er Sie deshalb noch nicht mehr fühlen, um sich am vergnügten Entzücken über Ihren wunderbaren Glauben weiterhin erfreuen zu können.“ Das gibt's doch nicht! Ich glaubte, nicht richtig zu hören! Wo hatte er denn plötzlich den Inhalt meiner Geschichte hergenommen, die ich Marie gewidmet hatte? Ich war baff! Mein Denken streikte und ich war wirklich perplex.

Kathrins Augen wurden immer größer und strahlten. Ich glaube fast, so etwas Nettes hatte noch nie jemand zu ihr gesagt. Obwohl, es war doch schon sehr schmalzig, wie er es formuliert hatte und es war vielleicht auch nicht ganz so ehrlich, aber es konnte in diesem Moment nicht treffender ausgedrückt werden. Alfred war der rettende Anker, nach dem sie sich begierig streckte und er hatte ihr Halt und Boden gegeben. Und das mit meinen Worten! Oder hatte ich sie von ihm? Gab es irgendwo ein Feld, wo man sich einklinken konnte, um Informationen abzurufen, die jedem uneingeschränkt zur Verfügung standen? Ich war ratlos.

Am liebsten wäre Kathrin ihm um den Hals gefallen. Glücklicherweise tat sie das nicht und übte sich in Zurückhaltung. Alfred hatte Glück! „Ich muss mich doch noch korrigieren“, sagte Alfred sich räuspernd. „Wissen Sie, Kathrin“, sagte er hüstelnd. Ich schaute erschrocken dem Geschehen, denn er würde jetzt wohl nicht auch noch … „Ich glaube es nicht, sondern ich bin mir dieser Sache sehr, sehr sicher!“, fügte er einfühlsam hinzu.

Ja, er hat! Er hat es tatsächlich noch hinzugefügt. Das Ende *meiner* Geschichte. Es gab doch kein *Mein* und kein *Dein*! Es war etwas, was inhaltlich wohl jedem zur Verfügung stand, der sich diesen Informationen unbefangen öffnen konnte. Ob er von meinem Gedicht … ähm … von unserer gemeinsamen Wortwahl wusste? Blödsinn! Wie sollte er!

Alfred war durch und durch ein Gentleman der alten Schule. Er involvierte mich wieder unauffällig und fast nebenbei in das Gespräch, so konnte ich mich nun endlich vom Wasserkrug lösen. Es sollte ja auch noch andere Freuden in diesem Leben geben. Wir wechselten kurz ein paar Worte und Kathrin war so nett und so lieb, ihr wahres Wesen schien offen zu liegen. Zum Vorschein kam etwas Zierliches und Zerbrechliches. Sozusagen das Kontrastprogramm zu ihrer äußeren Erscheinungsform. Was sich unter einer Hülle so alles verstecken konnte?! Diese Feststellung war dumm, denn darunter war ja immer dasselbe. Obwohl Gott die seltsamsten und unterschiedlichsten Kleider spazieren trug, blieb er unveränderlich das, was wir sind. Mal war es Haut, dann war es Pelz, mal waren es Federn oder auch Rinde. Meine Gedanken wurden wirklich immer eigenartiger. Woran das wohl lag?

Während ich Kathrin musterte, wurde mir bewusst, dass ich sie die ganze Zeit über als diese körperliche Erscheinung wahrgenommen hatte. Mr. Jones' Worte fielen mir wie Schuppen von den Augen. Ich fragte mich, warum ich Kathrin so ablehnend gegenübergetreten war? Und ich wollte sie nicht bemängeln, sondern mein Verhalten neutral erforschen, ohne zuletzt noch mich selbst schuldig zu sprechen. Welche Eigenheiten durfte ich jetzt integrieren? Was lehnte ich an mir ab, was mir durch Kathrin aufgezeigt wurde?

Diese Gedankengänge machten überhaupt keinen Spaß. Alles blieb plötzlich an mir hängen. Sehr ernüchternd, diese Fragen! Und vollkommen wertlos dazu! Kathrin strahlte wirklich. Vielleicht war es auch ein bisschen ihr Ego, aber sie fühlte sich sichtlich wohl und was gibt es Schöneres, als einen Menschen, der sich wohlfühlt?

Alfreds Antwort war wirklich sehr einfallsreich und speziell. Alfreds Antwort! Ja, dieser Gedanke war wirklich eine Pointe für sich! Mein Ego beharrte auf die Ich-hab-es-zuerst-entdeckt-Etikette und deklarierte Maries Geschichte gnadenlos als sein Eigentum. Ich wunderte mich noch darüber, denn das Ego hatte damit nicht viel am Hut, die Worte entsprangen ja sicher einer höheren Quelle. Ich musste wohl erst verdauen, dass ich dasselbe kurz davor niedergeschrieben hatte. Es schien eine spezielle Verbindung zwischen mir und diesem Alfred zu geben, oder bildete ich mir das nur ein?

Warum stellte ich mir immer noch diese Frage? War es wichtig? Das Netz der Gedanken übte eine enorme Anziehung auf mich aus. Meine Versuche, mich daraus zu lösen, blieben allerdings nur wenig erfolgreich. Alfreds Art der Formulierung schien genauso wie der gesamte Inhalt *meines* Textes auch nicht von dieser Welt zu sein. Ich hatte mit einer sehr spirituellen, tiefgehenden Antwort gerechnet, aber ganz und gar nicht mit einer solchen, die ich zu aller Verwunderung auch noch kannte. Seine … meine … unsere Sätze lenkten ein, beschwichtigten und waren so einfach gestrickt, dass man sich darin aufgehoben fühlen musste. Kathrin stand in der Kälte und Alfred verstand es wirklich, sie in eine warme Decke zu wickeln und sie darin behutsam einzuhüllen. Und es war doch auch ein bisschen meine Decke. Ich konnte es einfach nicht lassen!

Plötzlich war es eiskalt geworden. Es zog! Ich sah mich um, konnte aber nichts Außergewöhnliches erkennen. Keiner war zur Türe herein gekommen und auch alle Fenster waren geschlossen. Komisch! Ich konnte mir das doch nicht einbilden. Eigenartigerweise ließ sich keiner der Anwesenden etwas anmerken. Ich erinnerte mich an vorgestern, als ich das erste Mal hier im Laden war und mich auf den Weg zum Hotel aufmachte. Da war es ähnlich! Eine frische Brise wehte durch den Raum, als hätte jemand urplötzlich alle Fenster aufgerissen. Eigenartig! Was das wohl wieder war?

Mr. Jones hatte sich, wohlgemerkt gemeinsam mit Parmenides, wieder eingefunden. Alle setzten sich wieder an ihren Platz und die Sitzung ging weiter.

„Ich hoffe, ihr versteht nicht, was ich euch sage, denn dann wären meine Worte umsonst. Auch ich verstehe kein Wort." Dabei lächelte er sanft. „Und bitte versucht erst gar nicht, es verstehen zu wollen!", fuhr er fort. „Lasst die Essenz, den Klang der Worte tief in euch einsickern und alles andere geschieht von selbst. Ein empfindsames Herz wird die Wahrheit verstehen." Kathrin warf Alfred einen erlösenden Blick zu. Nun durfte sie den letzten Zweifel über sich selbst wohl endgültig verworfen haben. Zumindest vorübergehend!

Es geschieht von selbst, hallte es in mir nach … von selbst! Irgendwie berührte mich der Satz ganz besonders. Ich überlegte. Das heißt also, dass es nicht irgendwie geschieht, wie ich diesen Spruch bislang immer verstanden hatte. Das Geschehen geht *vom Selbst* aus! Das war's! Es geschieht aus der einen Quelle heraus! Hast du das Dahinter entdeckt, dann geschieht es einfach. Und wenn ich es nicht entdecke? Geschieht es auch! Aber niemals wird etwas durch meinen Willen geschehen, sondern immer durch den höchsten absichtslosen göttlichen Plan. Weil es nur eine Quelle gibt! Logisch! Es konnte sich nicht oft genug in mir wiederholen, denn jedes Mal sank es tiefer und wurde noch klarer. Die Einsicht lichtete die Schleier, die sich wie staubige Hüllen über meine innere Linse gelegt hatten. Würden die Dinge durch meinen Willen geschehen, müsste es ja *Es geschieht von Ego* heißen. Ich musste lachen.

Aha, der plötzliche Durchzug war beendet und es war wieder angenehm warm. Ich sah mich wieder um. Außer mir schien keiner etwas bemerkt zu haben. Vielleicht war ich der einzige *Mensch* in der Runde? Litt ich schon unter Wahnvorstellungen? Eine Einbildung mehr konnte nicht so schlimm sein, wenn doch schon das

Leben selbst, mit all seinen Abdrücken, Eindrücken und Gegebenheiten, nichts weiter als eine Einbildung war.

„Es geschieht von selbst. Von eurem Selbst aus. Und doch geschieht nichts im leeren Raum der Fülle. Leben ist ein anstrengendes Verstellen eurer Natürlichkeit und zeugt von gekünstelter Unnatürlichkeit. Eure natürliche Wesenheit aber ist das, was ihr euch ersehnt. Das, was ihr wahrlich seid, mag euch sehr fern erscheinen, aber es ist euch näher als euer Atem, denn der hat seine Existenz nur in der Welt. Ihr sucht dort, wo *Das* nicht ist und gebt auf, bevor ihr *Das* entdecken könnt. Deshalb hat auch die Forschung noch nichts entdeckt, weil sie auf der rationalen Ebene mit der Suche aufgehört hat, bevor sie überhaupt in tiefere Schichten vordringen konnte. Ein Suchender wird *Das* nie finden, weil ein Suchender auf der Ebene angesiedelt ist, wo *Das* nicht ist. Es gibt nichts Sichtbares, Greifbares oder Erklärbares zu entdecken. Es legt sich strukturlos und ungestaltet frei, wenn ihr weiter und tiefer eintaucht, als das Atmen sich erhebt, die Erde sich dreht und das Menschsein beheimatet ist. *Die Wiege des Denkens* ist die Lösung all eurer Fragen, vermeintlicher Probleme und scheinbaren Leids." Aha, da war wieder dieses Nicht-Geheimnis um das Denken. Das war wohl auch die Antwort auf Kathrins Frage, die bisher unbeantwortet blieb. Doch was konnte man mit dieser Antwort schon anfangen? Vielleicht bewirkte sie auf einer unsichtbaren Ebene mehr, als es einer herkömmlichen Antwort je möglich war. Ein Blick zu Kathrin verriet, dass sie es scheinbar nicht mitbekommen hatte. Ja, *scheinbar* war das richtige Wort. Warum musste ich andauernd meinen Senf dazugeben? Meine ständigen Kommentare waren wirklich fehl am Platz. Langsam kam ich mir dabei ziemlich blöd vor. Und schon wieder ärgerte ich mich über mein Verhalten. Nachdem ich den anderen bemängelt hatte, war ich nun selbst an der Reihe. Ein altbekannter Ablauf, der sich hier eingenistet hatte. Meine Gewohnheiten waren haarsträubend. Diese Zwangsbeglückung meiner Gedanken konnte die Welt nicht gebrauchen und in diesem

Moment wurde mir zum ersten Mal klar, wenn alle Menschen der Welt so ein Tohuwabohu in ihrem Kopf hatten, dann musste sich wohl niemand darüber wundern, dass die Welt so war, wie sie war. Zerstörerisch, verwirrt, hart und kalt. Luftverpestung und Umweltverschmutzung pur!

Meine Gedanken richteten sich stets gegen leere und inhaltslose Bilder, die ich zu meinem realen Gegenüber erklärte. Der tägliche sinnlose Kampf, der in meinem Kopf vorging, war enorm. Eine tief greifende Einsicht, welche ein Schamgefühl mit leichtem Erröten nach sich zog, vermochte es aber auch nicht, die selbstzerstörerischen Mächte zu stoppen. Es war an der Zeit, den ersten Schritt zu wagen und ernsthaft zu beginnen, dahinter zu sehen. Demut würde helfen, doch die war im Moment abwesend und zu kaufen gab es die leider nicht.

„Wir möchten etwas näher auf den Tod eingehen." Kathrin wurde rot im Gesicht. Ich erinnerte mich an den Moment, als sie ihre Wünsche geäußert und das Leben ihrer Eltern angesprochen hatte. Jetzt kam doch noch eines ihrer Anliegen zur Sprache. „Warum soll etwas enden, was nie wirklich begonnen hat?! Immer bist du das Eine, Ewige, Seiende." Seine Sätze verließen in erhabenem Lichte Mr. Jones' Lippen und befreiten uns ein Stück von unseren Sorgen, Ängsten und Anhaftungen, die uns wie Ketten an die Erde fesselten. Mr. Jones verstand es, das Thema äußerst geschickt anzugehen und erläuterte es mit einer so liebevollen Tiefe, dass Kathrins erneutes Unverständnis umgehend verschwinden musste. „Ist es denn nicht der natürliche Wandel, dem alles obliegt? Ist es denn nicht die Natur der dualen Welt, dass sie kommt und geht, dass der Körper weicht und Sichtbares ändert? Der Wunsch, dass ein geliebter Mensch uns niemals verlassen sollte, ist menschlich." Ich sah zu Kathrin und stellte fest, dass sie bei diesem Satz tief durchatmete. Als wäre eine große Last von ihr gefallen. „Vielmehr aber ist es reiner Egoismus. Trauer gibt es nur aus der Sicht des *persönlichen Ichs,* des Egos, der Illusion." Oja, nun hatte sich Kathrins Gesichtsausdruck aber schlagartig verändert. „Deshalb ist das Ego aber nicht schlecht. Das Ego, welches mit der Persönlichkeit verknüpft die Täuschung entlarven kann, führt uns durch Enttäuschungen hindurch, die uns an das unerkannte und ungelebte Ufer geleiten, sofern wir uns dafür öffnen und unseren Verhärtungen entschlüpfen. Und wahrlich bist du bereits dort, weil du immer und ewig hier bist. Und vielmehr als *das Dort* bist du das Ufer selbst. Hier und jetzt.

Erkenne, dass du nichts außer diese eine Gottheit sein kannst, weil alles, was erscheint, aus dem einen königlichen, göttlichen Stoff geformt ist. Weil Gott sich als sich selbst in dem Raum erfährt, in dem du im Moment angesiedelt bist. Seine Essenz ist das Erhabene, das Königliche. Du aber glaubst, der Bettler zu sein. Dieses Kleid, das du trägst und was der Mensch Körper nennt, kann ohne königlichen Ursprung nicht existieren. Löse dich aus dem eingeschränkten Umfeld und erkenne es als fälschliche Identifikation, die du nur mit deinen Sinnen so siehst. Wirklich ist nur das *All-Eine,* das jenseits der Sinne ist. Nutze die Sinne, um dein Dasein mit Schärfe zu klären. Lass alles hinter dir und widme dein Leben dem eigentlichen *Sinn,* der keine Absicht in sich trägt, völlig grundlos und erwartungsfrei ist. *Wisse: Nichts hat einen Grund, außer man gibt ihm einen!* Deine Anwesenheit ist der grundlose Zweck deines Hierseins. Du bist ‚anwesend', obwohl du abwesend bist. Übergib das Alltägliche deiner ursprünglichen Kraft und lass das Leben geschehen. Nie hast du etwas getan, denn das, was du tust, ist das, was geschieht!"

Mr. Jones schloss kurz seine Augen. Ein tiefes meditatives Kraftfeld hatte sich aufgetan und sein lichtes Netz umwob mich sanft. Mir fiel der Bettler mit Gloria ein. Und es flammte auch noch kurz mein Kleiderschrank mit all den ungebetenen Verkleidungen in mir auf. Schlussendlich versickerten die Bilder in der Unendlichkeit der Unendlichkeit. Der Raum des Ladens füllte sich mit Andacht. Es war wie ein in sich geschlossenes Energiefeld, das sich auftat, aber nichts ausschloss, sondern in seinen kraftvollen Raum der Vorbehaltlosigkeit wie selbstverständlich alles miteinbezog. Es war ein Durchatmen des erwachenden Herzens, das alle Worte wie ein trockener Schwamm dankbar aufsaugte, um sich der längst vergessenen Wahrheiten anzunähern, nach der es sich so sehr verzehrte. Hoffnungslosigkeit wich dem altbekannten Heiligtum, das hervorgehoben wurde, um im vollumfänglichen Glanze zu erstrahlen. Das Zurückgewonnene entschärfte stabile Verwurzelungen, die ihren Nährboden dort fanden, wo sich bisher kein Sonnenstrahl hin verirrt hatte und noch kein Licht vorgedrungen war. Seelische Verkrampfungen, die hartnäckig an wunden Stellen hafteten und durch persönliche Reaktionen immer wieder aufs Neue aufgerissen wurden, lockerten sich. Das, was Mr. Jones nicht war, bescherte uns die lang ersehnte Ruhe.

„Es kommt nichts und geht nichts, es erscheint nur dort angeblich etwas, wo Leben sich zeigt. Als Mittel zum Zweck erscheinen wir vorübergehend. Alles Sichtbare, Fühlbare und Gedachte hat keine Substanz, keine wirkliche Existenz, kein eigenständiges Bestehen. Du bist formlos und unendlich. Aus göttlicher Sicht existiert Materie nicht, denn da ist nur ein Raum, der weder leer noch Fülle ist. Die Hülle fällt weg und es entsetzt uns zutiefst. Wussten wir nicht schon seit Anbeginn unseres Erdendaseins, dass alles einem immerwährenden Vergehen unterliegt? Obwohl wir in unserer Begrenzung an Dingen anhaften, wissen wir auch um den irdischen Tod. Wenn wir aber wissen, dass bei einem sogenannten Tod nichts sterben kann, weil das, was scheinbar stirbt, nur eine einem Wandel obliegende, vorübergehende Erscheinung ist, können Fehlsichten ausheilen. Der Tod ist nicht schmerzvoll, doch du hältst an einer gegenteiligen Vorstellung fest. Woher willst du das wissen? Hat er es dir vielleicht erzählt? Woher weißt du, dass der Tod als Ereignis schmerzvoll ist? Schmerzvoll ist deine Anhaftung, deine vernebelte Wahrnehmung dazu. Der Tod ist neutral und kann nichts dafür, dass du ihn nicht durchschaust und nicht als das erkennst, was er wirklich ist. Eine Notwendigkeit der dualen Täuschung. Erst wenn du dich ihm hingibst und ihn durchschaust, kannst du alle Ängste hinter dir lassen. Wenn du nicht weißt, was Tod ist, wie kannst du dann Angst vor ihm haben? Hier sind wiederum deine

Konditionierungen am Werk. Deine Vorstellungen, Bilder und Ideen. Sich dem Tod hinzugeben, bedeutet nicht, ihn auch zu wollen. Jedes Lebewesen lebt gerne, mögen die Umstände noch so verworren sein. Doch im Tod das Blendwerk und den Ursprung zu erkennen, ist eine gigantische Erfahrung, die unmittelbar Heiligung und tiefes Erwachen einleitet."

Betroffenheit und Erleichterung vermischten sich zu einer Stille der besonderen Art. Das Thema Tod hatte wohl einen bitteren Beigeschmack für alle hier Anwesenden.

„Gibt es ein Leben nach dem Tod?", Mr. Jones fragte in die Runde. Die meisten Anwesenden nickten und Kathrin murmelte leise: „Ja, das gibt es natürlich!"„Eine dumme Frage!", sagte Mr. Jones und alle sahen ihn etwas verwundert an. „Lautet die einzige, wahre und wirkliche Frage nicht, ob es ein Leben vor dem Tod gibt?" Alle, inklusive mir, waren erstaunt über diese eigenartige Fragestellung. Bewegung und Bewegtheit stellten sich unter uns ein, Parmenides putzte sich den Hintern und alle warteten gespannt auf das, was noch kommen würde. Es wurde etwas aufgewirbelt, was sich nicht setzen würde, solange Mr. Jones schwieg. Ich klebte an seinen Lippen und an seiner Seele und bemühte mich tief konzentriert, ihn auch in diesem Moment mit meinem Herzen zu verstehen.

„Ja, ein Leben vor dem Tod gibt es … aus der Sichtweise des Menschen", sagte er mit einer sehr eigenwilligen Betonung auf dem letzten Teil des Satzes. Und wieder musste ich zu Kathrin sehen, die sich mit einem wohlwollenden Nicken über ihre richtige Antwort freute. Seinen eigenartigen Unterton hatte sie wohl ignoriert. Ich vermutete, dass die Katze noch nicht aus dem Sack war. „Für die Seele, für das Licht aber", ergänzte Mr. Jones sehr bestimmt, „gibt es weder ein Davor noch ein Danach. Kein Heute und kein Morgen. Also gibt es auch kein Leben vor dem Tod. *Wie soll es so etwas wie Tod geben, wenn Leben nicht ist?*" Ein weiterer Blick zu Kathrin entdeckte nun eine Kathrin, die über ihre inzwischen falsche Antwort etwas in sich zusammengesackt war und so tat, als hätte sie nie etwas von sich gegeben. Ich konnte sie gut verstehen.

„Doch gibt es auch hier keine richtige und falsche Antwort, denn es gibt viele Wahrheiten, die immer nur der individuellen Sichtweise entsprechen“, fügte Mr. Jones hinzu. Und nun spürte ich eine Madita, die sich mit Anmaßung und Wichtigtuerei über eine scheinbar richtige und eine scheinbar falsche Frage ausließ, weil sie meinte, es wohl wieder besser wissen zu müssen. Hochmut kommt bekanntlich vor dem Fall! Ich fühlte mich schlecht. Und das geschah mir recht!

„Wenn du die Sonne aufgehen siehst, ist das deine Wahrheit. An einem anderen Ort ist der Regen die Wahrheit. Wenn ein Vogel in den Bergen aus seinem Ei schlüpft, ist das seine Wahrheit. Und wenn ein Kind genüsslich an seinem Eis schleckt, ist das auch seine Wahrheit. Somit gibt es niemals ein Richtig und Falsch, denn *die Perspektive des Einzelnen entscheidet, was er zu seiner Realität erklärt* und worauf er seine Aufmerksamkeit richtet. Und wiederum stimmt es, dass es nur eine Wahrheit gibt, aus der alle andere Wahrheiten überhaupt erst entstehen können, doch wenn ein Mensch stumpfsinnig in seinem dunklem Dasein verharrt, wie willst du ihm vom Licht erzählen? Er kann es nicht wahrnehmen, also wird es in diesem Moment auch nicht seine Wahrheit sein. Er ist zwar immer die eine Wahrheit, weil es nichts anderes als die ursprüngliche Realität gibt, aber er kann sie nicht erkennen. *Wir gehen durch alle möglichen Wahrheiten hindurch und jede einzelne scheinbare Wahrheit geleitet uns sicher an den Ort, wo die letzte Wahrheit wohnt. Die Seele wird sich als alles und in allem erfahren, um alles zu sein.*“

Mr. Jones’ Worte hallten wieder einmal sehr intensiv nach. Er hatte mich wieder an der richtigen Stelle erwischt und mich auf meinen Hochmut gestoßen. Das konnte er. Ja, darin war er wahrlich ein Meister! Alles war, wie es war, und konnte auf meine Bewertungen sehr gut verzichten. Bisher war ich ja stets gut im Recht behalten und meine Ansichten waren natürlich immer wahrer als die der anderen. Diese Egospielchen hatten es in sich.

Um was ging es denn wirklich, wenn man Menschen begegnete oder mit Situationen konfrontiert wurde? War wirklich alles nur dazu da, um meine Unzulänglichkeit zu reflektieren, wie es Mr. Jones so schön ausgedrückt hatte? Eine zwischenmenschliche Begegnung fühlte ich in diesem Moment wie folgt: *Ich sage dir meine dämmrige Wahrheit und du sagst mir deine undurchsichtige. Und dann werden wir so lange aneinanderstoßen, bis wir eines Tages beide um die eine Wahrheit wissen, aus der unsere trüben Wahrheiten entstanden sind.*

Ein wunderbares Wissen tat sich auf. Ich hatte kaum Zeit, es auf mich wirken zu lassen, denn mit tiefer Sorgfalt gab ich mich immer mehr den Worten meines Meisters hin. Wie hatte ich ihn jetzt genannt? Wo auch immer jetzt auch dieses Wort herkam, ich wollte es gar nicht wissen.

„Leben ist etwas, was kommt und geht", fuhr er fort. „Und nach dem Tod fließt das Licht einfach zurück. Warum also diese ewigen Fragen um Karma, Leben und Tod? Wann kümmerst du dich endlich um das, was ist? Hier ist! Jetzt! Diese unendlichen Geschichten können jetzt enden. *Wen interessiert es, ob es ein Davor oder Danach gibt, wenn das Dazwischen, das Leben selbst gar nicht das ist, für das du es hältst?* Wenn ihr nicht einmal wisst, was euer Leben ist und was ihr seid, was kümmern euch dann all diese Dinge? Bevor ihr Fragen stellt, wäre es sinnvoll zu wissen, was ihr auf keinen Fall sein könnt!"

Nach diesen sehr ernst klingenden Worten zauberte sich ein kleines Lächeln in Mr. Jones Gesicht. Aha, jetzt kam wieder was. Er hatte wieder diesen besonders leichtsinnigen Ausdruck im Gesicht. „Wenn ich keine Kuh sehe, will ich dann wissen, welche Farbe sie denn hat?" Lautes Gelächter erfüllte den Raum. „Überlegt ihr, was ihr zum Dessert essen sollt, wenn ihr gar keine Hauptspeise zu euch genommen habt?" Er lachte kurz auf und sagte in einem etwas schwer verständlichen Lachgerede: „Wer will schon ewig leben? In einem verschrumpelten Körper ewig geistig jung sein? Immer im selben Körper vor sich hin zu leben, ist das erstrebenswert? Ist es das, was ihr wirklich wollt?" Er lachte und sagte lauthals und in einer noch etwas unverständlicheren Aussprache als zuvor: „Das wäre ja langweilig! Was sollte ich denn hier den ganzen Tag tun? Bücher sortieren? Wie lange denn noch?“, witzelte er. Seine Alberei war köstlich und ihn so lustig zu sehen, machte wirklich Spaß. „Dazu fällt mir noch etwas ein!“, juchzte er vor sich hin und klopfte sich wieder aufs Knie. Kathrin schrie laut auf, denn nicht nur sein ausgelassener Humor, sondern auch seine Gesten waren unterhaltsam und sahen irre komisch aus. Er schien auch bei ihr ins Schwarze getroffen zu haben. Alle hatten Tränen in den Augen, außer mir, denn ich konnte auch nach mehrfachen Lachausbrüchen keine Träne orten. Das Ehepaar gackerte vor sich hin und einer der Rucksacktouristen grunzte wie ein … na ja, sagen wir einmal, er gab eigenartige Laute von sich. Die vielen verschiedenen Geräusche brachten eine eigenartige Mischung ans Tageslicht. Diese spezielle Leichtigkeit und Losgelöstheit, die dadurch entstand, schaffte es, die Stimmung noch mehr und mehr hochzuschaukeln. „Nun gut“, lenkte Mr. Jones mit einer besänftigenden Handbewegung ein, „nur noch ein kleiner Witz.“ Er bemühte sich wirklich, ernst zu werden, doch es gelang ihm nicht wirklich. „‚Angeklagter‘“, fuhr er fort. „‚Sie stehen hier vor Gericht, weil Sie eine undefinierbare Flüssigkeit als Lebenselixier verkauft haben. Sind Sie in dieser Hinsicht schon vorbestraft?‘ ‚Ja‘, antwortete dieser. ‚Einmal 1754 und einmal 1899!‘“

Wunderbare Heiterkeit strömte durch all unsere Zellen und vermittelte uns diese sanfte Zartheit, die wohl hinter allen Dingen stecken musste, auf eine ganz besondere Art und Weise. Ich konnte wieder einmal meine Blicke nicht von ihm abwenden und inspizierte Mr. Jones nun ganz genau. Obwohl er nicht seine Hülle war, wurde diese immer wieder zum Höhepunkt meiner Betrachtung. In seinen Augen spiegelten sich trotz seiner humorvollen Ausschweifungen unendliche Güte und Milde. Diese Warmherzigkeit versicherte, alles ist gut. Da war niemand, der uns für unsere Dumpfheit verurteilte, denn seine Nachsicht versprach Großes. Er sah hinter die Dinge und er sah uns als

Keim. Der Spross aber, der zum sichtbaren Unkraut herangewachsen war, blieb unangetastet. Es war, als ob er *nur* unsere Energiefelder wahrnahm. *Nur* ist gut! Es ist wohl die absoluteste Form des Wahrnehmens, direkt und unmittelbar wahrzunehmen, ohne sich von einer vorgelagerten irdischen Darstellung beeindrucken zu lassen. Es waren ja stets Überlagerungen im Bewusstsein, so Mr. Jones. Wie sehr hatte ich mir doch gewünscht, dass er mein Unkraut einfach entfernen würde. Und auch wenn er es gekonnt hätte, wusste ich, dass kein abrupter Eingriff etwas an meinem Leben hätte ändern können. Er konnte ja nicht meine Erfahrungen leben! Nur ich allein war Herr meiner Dinge, sofern ich endlich erkannt hatte, dass dieser Herr der Dinge nicht Madita, sondern das unpersönliche Ich als das Dahinter war. Es war meine Aufgabe, immer wieder nach dieser Wahrheit Ausschau zu halten und es war anmaßend, solch fordernde Gedankengänge zu entwickeln. Ich schämte mich wieder einmal für meine Gedanken.

Ja, Mr. Jones nahm mein Dahinter wahr, weil er die Schattenspiele längst durchschaut hatte und diese gierigen Kräfte keinen Einfluss mehr auf ihn ausüben konnten. Er sah hinter Alfred und er sah hinter Kathrin. Er sah hinter das Ehepaar und hinter alle anderen Anwesenden, genauso wie er hinter den Laden und hinter die Welt sehen konnte. Und er schien hinter allem dasselbe zu sehen: unendliche Liebe, reines Gewahrsam und ein kraftvolles Lichtfeld, welches wir uns wahrscheinlich alle nicht annähernd vorstellen konnten.

„Lasst uns noch einmal das vertiefen, was wir vorher miteinander angesehen haben. Nicht der geliebte Mensch wird uns genommen, wir geben uns lediglich einer Illusion hin und erzeugen damit Kummer. Das, was der Mensch wirklich ist, bleibt hier. Ist hier! Immer! Die Menschen glauben, die Mutter stirbt oder die Freundin geht. Das, was stirbt, ist nicht deine Mutter und das, was ewig ist und immer sein wird, kann nicht deine Mutter sein. Du hast dir ein Bild von deiner Mutter erschaffen und sie zu dieser gemacht. Durch sie wurdest du geboren und ihr Körper war bereit, dir das Leben zu schenken. Doch erweitere das Mutterbild durch eine Innenschau auf ein vollendetes Lichtbildnis und erkenne, dass hinter diesem Bild etwas Großes ist, das unvergänglich in der friedvollen Stille verweilt, so wie dein wahres Selbst das regungslos tut. Du erkennst es nicht, wenn du dich ebenfalls weiterhin auf diese eine Hülle reduzierst. Die Seele, die dir diesen Dienst erwiesen hat, war immer da, ist immer da und wird immer da sein. Sie geht nicht weg. Wo soll sie denn hingehen, wenn sie immer ein und dasselbe ist? Trauer und Schmerz um einen Verstorbenen sind deshalb aus dem Trugbild der Unwissenheit gewachsen. Wenn du durchschaust, dass du nicht der Mensch bist, für den du dich hältst, kannst und wirst du anders damit umgehen können.

Der Tod ist ein universelles, gesetzmäßiges Ereignis und doch geschieht nicht wirklich etwas … Ein Schatten verblasst. Für diese eingebildete *du-dich-ich-mich-mein*-Existenz bedeutet es jedoch Unverständnis und Leid, weil sie dieses Bild nicht hergeben will. Für sie sind das Aussehen und die Erscheinung der Mutter … eben die Mutter. Aus dieser eingeschränkten Sichtweise heraus nimmst du es so wahr, wie es nicht ist, niemals war und niemals sein wird! Wenn du einen Vogel aus dem Nest fallen siehst, hast du dann Schmerzen? Frierst du, wenn dein Nachbar mit einem T-Shirt bekleidet bei minus zwanzig Grad um das Haus läuft? Schau genau hin, um das innere Verstehen freizulegen und sieh genau hin, was du nicht bist! Ist es denn nicht nur deine Verhaftung, deine Dumpfheit und Blindheit, die schmerzvoll ist und Leid erzeugt?

Das Anhaften an das, was nicht unvergänglich sein kann, bereitet den Schmerz. Du kannst den Schatten nicht einfangen, auch wenn du dich noch so sehr bemühst. Das Bleibende, die höchste Wahrheit selbst aber ist nicht der Schattenfabrikant, sondern fungiert als solcher, ohne dabei etwas zu tun. Und niemals ist er der Schatten und auch hat er mit ihm nichts zu tun, denn so etwas wie Schatten sind ihm fremd. Warum hältst du an etwas fest, was vorübergehend ist und vergehen muss? Es wäre gerade so, als würdest du darauf bestehen, dass dein Spiegelbild im Spiegel bleiben muss, wenn du das Badezimmer verlässt. Es sind absurde Vorstellungen, die du übernommen hast, ohne sie vorher geprüft zu haben. Wann willst du damit beginnen, dem auf den Grund zu gehen?"

Mr. Jones nahm einen Schluck von seinem Wasser und sein Blick wirkte einfühlsam und er strahlte fortwährend diese unendliche Güte aus. „Alles Manifestierte, einschließlich der Erde, wird eines Tages vergehen. Alles erscheint und verblasst. *Die Umwälzung der Dualität ist Bestandteil der Illusion.* Das Einzige, was Bestand hat, ist die Quelle, die du bist. Was aus der Quelle heraus in die Dualität geflossen ist, wird eines Tages heimkehren. Was bleibt, ist die Quelle ohne jeglichen Körper, der immer nur als Bild und als Vorstellung in Erscheinung treten kann. Das Wahrhaftige und einzig Wahre, das reines Gewahrsam ist, ist, ohne sich dessen gewahr zu sein, das, was du wirklich bist. Lebewesen scheinen zu kommen und zu gehen. Das, was sich bewegt, ist nur eine falsch interpretierte Identität. Immer ist alles gleichzeitig vorhanden, körperlos oder körpergebunden. Als das ewige Dahinter ruht es verweilend in sich. Immer ist alles das ewig Eine. Alles ist Hier und Jetzt: Wo sonst soll es sein? *Hier* ist nicht der Ort, nicht die Erde und nicht das Haus. *Jetzt* ist nicht das Jahr, die Zeit und der Moment. Das höchste *Hier und Jetzt* ist jenseits vom irdischen Hier und Jetzt, das du kennst. Das kosmische Hier und Jetzt liegt tiefer. Schließt eure Augen. Wir wollen der Stille lauschen."

Alles rückte sich noch einmal kurz zurecht und richtete den Oberkörper gerade, um sich mucksmäuschenstill der Melodie zu ergeben. Vivaldi berührte als Erster mein Herz. Mendelssohn, Händel und Bach reihten sich ein! Ein wahres Vergnügen.

„Ewiges Gewahrsam, lichtvolles Reich, erhebe die verdunkelten Herzen aus ihrer Unwissenheit. Lichtvoller Gnadenstrom strahle ein und veredle den menschlichen Raum, um alle Missverständnisse zu klären." Seine Worte drangen tief und es folgte:

„Strahlende Quelle, Ursprung des Lichts, schenke allen hier Anwesenden Einsicht und Klärung. Jetzt!“

Dieses *Jetzt* hatte es in sich. Es warf meine ganze Kontrolle über Bord und ließ in mir eine Sicherung durchbrennen. Ich sank ein. Tiefer und tiefer und ich fand mich dort wieder, wo es kein Wiederfinden gab. Es war der Augenblick des ursprünglichen *Hier und Jetzt,* unverschleiert, unzensiert, jenseits des Ortes und jenseits der Zeit. Ein Raum hatte sich geöffnet. Nein, ich war in einen Raum gefallen, der sich sehr vertraut anfühlte. Eine Ursprünglichkeit, die keine Gefühle erlaubte, keine Gedanken hegte und nichts Wahrnehmendes verbuchte. Es war eine sehr deutliche, gläserne Transparenz, die wie eine Läuterung zur Einsicht stimmte. Es war stärker als das Gefühl von Glück. Ich war Glück. In diesem Moment, an dem auch die Zeit erlosch, zog meine unendliche Gegenwart ein. Die Zeit wich, um diesem Augenblick jenseits des Raumes Einzug zu gewähren. Eine erhabene Freiheit und ein ewiger Friede frohlockten diesem lieblichen Klang der Innigkeit, der die Verheißung des göttlichen Ufers vermuten ließ.

Immer wieder wurde der freie Wille angesprochen, den wir ja alle zu haben glaubten. Einer der Rucksacktouristen fragte, wozu er eigentlich hier wäre, wenn es ihn denn gar nicht gäbe. Man bemerkte, dass er mit einem Teil der Aussagen zu kämpfen hatte und sein Denken nicht dazu bereit war, das einfach so hinzunehmen. Sein Ego schien sich vehement dagegen zu sträuben, sich geschlagen zu geben und das Feld zu räumen. Mr. Jones ging noch einmal sehr liebevoll auf diese Frage ein und wiederholte noch einmal, dass es keinen Grund für unser Dasein außer unserer Anwesenheit gäbe. Der Rucksacktourist fühlte sich in seiner Existenz angegriffen, oder besser gesagt, das, was er zu sein glaubte, fühlte sich bedroht. Sein gesamtes Konzept schien ins Schwanken geraten zu sein und er versuchte hilflos und mit aller Kraft, das Gebilde vor dem Einstürzen zu bewahren. „Ja, wenn ich gar nicht wirklich existiere und ja alles keinen Sinn hat, was ist dann mit meiner persönlichen Seele?“, fragte der Tourist. „Wo siehst du denn eine persönliche Seele?“, fragte Mr. Jones und lächelte dabei. Der Tourist, fest in seinem Gedankenkonstrukt verhaftet, wanderte auf sehr dünnem Boden. Es war ihm anzusehen, dass er keine Antwort wusste. „Ja meine persönliche Seele!“, wiederholte er etwas verunsichert. „Was ist denn eine persönliche Seele, kannst du mir das erklären?“, sagte Mr. Jones entspannt. „Ja, das, was mich ausmacht. Ich habe doch eine Seele.“ „Hat die Seele nicht eher dich?“

Mit dieser Antwort verstummte der Tourist. Man sah, dass er innerlich kochte und am liebsten nach vorne gesprungen wäre, um Mr. Jones so richtig durchzuschütteln oder gar zu erwürgen. Die Wahrheit konnte schmerzen, das hatte ich auch schon bemerkt, weil alles bisher Gedachte und Gelebte in einem zusammenbrach. Und man stand da … nackt, schutzlos und erzürnt. Dem Entsetzen und der Ohnmacht entsprang der pure Schock, der Wirklichkeit zu begegnen. Rückgrat war hier gefragt. Dabei fiel mir eine deutsche Statistik ein, in der von zirka achtzig Prozent Menschen die Rede war, die unter Rückenschmerzen litten. Der Hauptgrund war sicher nicht eine verkehrte Bewegung, schiefes Sitzen oder einseitiges Gehen, welches man Humpeln nannte, es war wohl eher das fehlende Rückgrat, die mangelhafte Aufrichtigkeit und zu wenig Geradlinigkeit.

„Wie kann eine Seele etwas Persönliches haben oder etwas Persönliches sein?“, fragte Mr. Jones. „Nehmen wir einmal an, du stirbst. Wo ist dann deine Persönlichkeit?“ Der Tourist schluckte und zuckte mit den Schultern. „Wo glaubst du denn, wo deine Persönlichkeit hingeht, wenn der Körper keinen Antrieb mehr hat, weil kein Licht mehr durch ihn strahlt? Ist die Persönlichkeit dann noch anwesend?“ „Nein! Sicher nicht“, erwiderte der Tourist und fügte ein zaghaftes „Die Persönlichkeit entschwindet mit der Seele“ hinzu. „Wenn die Persönlichkeit auf der Ebene des Irdischen angesiedelt ist, die Seele nicht von dieser irdischen Welt ist und die Erde niemals berührt hat, wie kann sie etwas mit der

Persönlichkeit zu tun haben? Du entwickelst Persönlichkeit, weil du dich aufgrund deiner Sinne auf das Sichtbare zentrierst und dich damit von deinem unsichtbaren Sein trennst. Diese Begleiterscheinungen sind mit deinem Körper verknüpft und verwoben, so wie alles, was für deine menschliche Existenz notwendig ist, um dich als *das Eine* erfahren zu können. Alles dient immer nur als ein Werkzeug, damit du dich erkennen kannst."

Mr. Jones nippte an seinem Wasserglas. Ruhig und besonnen war seine Ausdrucksform. Er war sicherlich jeder Situation gewachsen und immer Herr seiner Lage. Er musste sich gewiss auch nie auf etwas vorbereiten. *Alle Antworten waren in ihm, weil er die Antwort war.* Er lebte und offenbarte das, was es ermöglichte, Antworten überhaupt erst entstehen zu lassen. Meine Gedanken waren, wie so oft, einfach nur dumm! Wie wollte ich Mr. Jones' Dimensionen nur annähernd begreifen?

„Nehmen wir einmal an, ein Lichtspot bestrahlt in einem dunklen Raum ein Bild und macht es sichtbar. Kann man sagen, dass der Lichtstrahl das Bild ist?" „Weiß nicht!", entgegnete der Tourist etwas verwirrt. Diese Antwort verwirrte auch mich. Plötzlich sagte der Tourist: „Nein, das eine hat mit dem anderen nichts zu tun." „Siehst du, und genau so ist es mit der Seele. Die Seele, die du deine Seele nennst, ist für dich eine Art Teilaspekt einer Ganzheit. Nur du als Mensch kannst sie so benennen, denn es gibt es nur ein Gewahrsam. *Das, die All-Einheit* ist kein Raum, kein Zustand und auch kein Anteil. Dort drüben steht ein Baum, da ist der Nachbar und hier ist ein Pferd. *Es ist ein und dieselbe Kraft, die sich beliebig darstellt, um sich selbst zu erfahren.* Es gibt keinen Unterschied zwischen den Anwesenden, die als *die Anderen* erscheinen. Deine begrenzte Sichtweise verwehrt dir nur die Möglichkeit, das scheinbare Gesehene inständig zu prüfen." Mr. Jones erhob seine Hand und fügte folgenden Satz ein, der in seiner Tiefgründigkeit alle Dimensionen sprengte: „Du bist kein Wesen, du bist das Wesentliche!" Und wieder erhob sich das Energiefeld im Raum. Es war, als hätte sich Mr. Jones zu uns begeben, oder hatte Mr. Jones uns zu sich geholt? „Unwesentlich ist nur der Schein. Der Glanz jedoch, der den Schein absondert, ist wesentlicher als wesentlich, auch wenn da niemand mehr ist, der das bezeugen könnte!" Stille streichelte unsere Gemüter und lud uns dazu ein, aus diesem Irrgarten der Einbildungen hinwegzutauchen, um uns in einem Raum ohne begrenzende Schwere, als dieser eine Raum wiederzuerkennen. Es war, als hätte Mr. Jones kurzzeitig den Rucksacktouristen-Gesprächspfad verlassen, um uns an eine erfrischende und erquickende Quelle zu führen. „Es ist entwertend", fuhr er glasklar fort, als hätte er das Gespräch nie unterbrochen. „Mit einer benebelten Sichtweise entwertest du deinen wahren Wert. Welch rigoroses Verhalten! Deine Laune, dein momentanes Empfinden, vergangene Erfahrungen und zukünftige Vorstellungen entscheiden also, wie etwas ist. Ist das ein gesundes Funktionieren oder ein krankes Aufblähen? Nichts und niemand, kein Tier, kein Mensch, kein Baum und kein Samen braucht deine Sichtweise über seine Wertigkeit, denn alles trägt den Wert an sich – in sich!"

Genau! Wie Recht er doch hatte. Da war es wieder, dieses leidige Urteilen. Was bilden wir uns überhaupt ein, beliebige Wesenheiten fern unserer eigentlichen Wahrnehmung einzuordnen? Gott braucht keine Menschen, die bewerten, denn er ist in allem und hat alles hervorgebracht. Also hat alles seine Richtigkeit und alles und jedes kehrt seiner Ausrichtung entsprechend das Bestmöglichste hervor, so gut es nur kann. Welch grandiose Erkenntnis streifte da durch meinen Kopf. Diese Einsicht berührte meine Seele und erweckte Traurigkeit über meine Selbstgefälligkeit, über die Mutmaßungen und den Hochmut der Menschheit. „Maßt du dir an, irgendeinem Lebewesen oder Objekt seine Vollkommenheit abzusprechen, ist das reine Arroganz, denn alles ist heilig und alles und jedes gibt seinen Möglichkeiten entsprechend das Beste!" Und wieder hatte ich das Gefühl, Mr. Jones hatte meine Gedanken gelesen. Seine Worte waren Balsam für die Seele. Wie eine Salbe, die über eine Verletzung gestrichen wurde und diese umsorgend beruhigte.

„Aber wenn wir gar nichts dafür können, dann ist es ja die Göttlichkeit, die immer genau so durch uns wirkt“, sagte der andere Rucksacktourist, der sich bis jetzt dezent im Hintergrund gehalten hatte und gar nicht aufgefallen war. Die schienen jetzt so richtig in Fahrt zu kommen, diese Ausflügler! Diese Grünen! Ich ertappte mich dabei, dass ich Mr. Jones in Schutz nehmen wollte. Meinem Mr. Jones so blöde Fragen zu stellen, setzte dem Abend doch wirklich die Krone auf! Und schon wieder schweifte ich ab und kümmerte mich um das scheinbar andere, anstatt endlich bei mir zu bleiben. Sakrament, Sakrament! Fluchen wird mir jetzt aber auch nicht besonders hilfreich sein.

„Und“, fuhr der Wanderfuzzi fort, „ich habe also keinerlei Einfluss auf das, was geschieht?“ Seine Kleidung war sehr unauffällig und die Farben sehr dunkel. Seine Brille machte ihn noch unscheinbarer. Die Brille war ein gefundenes Fressen für meinen Verstand, denn der stellte fest, dass ihm wohl auch die nötige Klarsicht fehlte. Welche Genugtuung doch ein einziger Gedanke vermitteln konnte. Hinter dieser Brille versteckten sich allerdings sehr harmonische Gesichtszüge, die Ausgeglichenheit vermittelten und eine gewisse Sympathie nach außen kehrten. Ich wollte ihn aber nicht nett finden, denn ich fand seine Aussagen echt bescheuert. Hatte der die letzten Stunden geschlafen oder was? Ein weiteres *Pssst* stoppte meine Gedankenbrut und ich sprach mir gut zu, dass Mr. Jones sehr gut auf sich selbst aufpassen könnte.

„Offenbare dich mir und ich werde mich dir offenbaren“, sagte Mr. Jones. „Wie will die Absolution durch dich absolut wirken, wie will das, was du wirklich bist, in vollem Glanz erscheinen, wenn du nur aus Widerständen bestehst? Wenn du dir einbildest, ein Vogel zu sein, kannst du auch vom Balkon springen, aber fliegen wirst du dabei nicht wirklich. Zumindest nicht nach oben.“ Ein Schmunzeln und leichtes Gelächter flanierte durch den Raum. „Ja, *Das* wirkt durch dich, aber wie will *Das* in einem kleinen Gefäß, das du dir einbildest zu sein, vollumfänglich wirken, wenn du doch die Weite des unbegrenzten Ozeans bist?! Verstandesfragen bringen dich hier nicht weiter. Versuche bitte nicht, meine Worte zu verstehen, sondern erfasse sie nur aus deinem tiefsten Herzen. Denn alles das, was erst über den Verstand gefiltert werden muss, bleibt deinem Herzen verborgen." Mr. Jones wandte den Blick auf uns alle. Ganz sicher tat er das, um diesen Touristen nicht zu verletzen. Zum Glück gab es eine Madita, die die Welt mit ihren überaus wertvollen Feststellungen beglückte. Was wäre die Welt ohne mich? Ganz sicher eine stillere Welt!

„Versteht euer illusorisches Dasein bitte nicht falsch und nehmt es nicht als Vorwand unter dem Motto: Ja, ich habe nichts angestellt, das war ja der liebe Gott." Alles lachte wieder. „Ja, ihr lacht!", sagte er und mit diesen drei Worten gab er uns einen unausgesprochenen Wink, dass wir uns wohl nur über unser eigenes Ego amüsierten. „Wenn ihr lacht, lacht am besten immer nur über euch selbst, so wie jetzt eben", fügte er noch hinzu. Alle lachten wieder auf und einige schienen es immer noch nicht bemerkt zu haben, welch wertvoller Hinweis sich hinter seinen Aussagen versteckt hielt.

Hauptsache, ich hatte es sofort bemerkt! Frau Oberaufseherin Madita schien wieder alles unter Kontrolle zu haben. Ausgezeichnet! Wie gut, dass ich für alle so gut mitdachte! Ich schämte mich wieder einmal, doch ich konnte ja nichts für das lästige Geplapper in meinem Oberstübchen! Was? Ich konnte nichts dafür? Was war das bloß für ein einfältiger Gedanke! Ich dachte immer weiter und ich kam nicht ein einziges Mal auf die Idee, hinter die Gedanken zu blicken! Weil ich sie nicht in Frage stellte! Ich nahm mein Denken ja immer noch als real wahr. Ich setzte jeden aufkommenden Gedanken bis ins Unendliche fort, ohne dabei zu bemerken, dass ich nicht meine Gedanken sein konnte. Ärgerte ich mich doch lieber über einen Gedanken und beschäftigte mich weiter und weiter mit ihm, anstatt still zu sein. Wer sollte denn für mich dahinter sehen, außer mir selbst?

Und unverhofft überkamen sie mich wieder, diese alles erlösenden Fragen. Endlich!
Wo kommen diese Gedanken her?
Ich hatte das Gefühl, dass der Gedankenfluss durch diese verinnerlichte Frage stoppte. Kurz wurde es etwas transparenter und leichter.
Wo entstehen diese Gedanken?
Diese Frage trug mich wie auf Flügeln in Richtung der Stelle, wo Gedanken entsprangen. Es war ruhig. Sehr ruhig.
Wo ist die Quelle?
Diese Frage ließ mich noch tiefer einsinken. Der Kopf suchte keine Antwort auf diese Frage. Sie sank einfach nur ein und ich beobachtete, was geschah. Ich beobachtete nicht als Madita, sondern als wahres Ich jenseits der Zeit.
Wo ist der Ursprung?
Dieser Satz beraubte mich meiner Sinne und weitete mein Herz. Ich hatte das Gefühl zu schweben. Es schwieg. Innehalten. Öffnung pur!
Wo ist die Essenz?

Endlich waren sie wieder da! Diese wunderbaren Elemente, die den ausgerollten Gedankenteppich wieder *einrollten* und bis zu seinem Ausgangspunkt zurückstuften. Und ich dachte schon, ich würde nie mehr auf meine Entdeckung stoßen, die um einiges spektakulärer gewesen war als die von Amerika. Vielleicht war es auch schlicht und ergreifend nur der Ort, wo sich die Wiege des Denkens erhob.

Lieblich erklangen all diese seltsamen Nicht-Fragen in mir und trugen mich meiner schweren Einbildung hinweg. Das Innehalten zwischen jeder Frage ergab sich von selbst, bis da nichts mehr war. Ruhe. Leichtigkeit! Ja, das Wissen um das Dahintersehen würde wirklich erst etwas nutzen, wenn man es auch anwendet oder besser gesagt, dazu bereit war, sich dem zu öffnen, damit diese Art der Hinterfragungen auch genau in diesem Moment da war, ja, da sein konnte. Nur zu wissen, dass man eine Frage stellen sollte, half hier wenig, denn die Fragen wurden nicht gestellt, sondern sie stiegen jenseits des persönlichen Aspektes empor. Es ging auch nicht um eine Antwort, denn es öffneten sich alte, verrostete und knarrende Türen, die einen langen Tiefschlaf hinter sich hatten. Es war lediglich ein Hinsehen, wobei sich der innere Fokus auf dieses Nicht-Amerika richtete, ohne dabei willentlich etwas tun zu müssen. Es musste also ein automatischer Prozess eingeleitet werden, der diese Klarheit und Transparenz sofort und umgehend geschehen lassen konnte. Wie ein wohltuender Verband legte sich diese Stille über all diese Wunden, die ich mir seit geraumer Zeit zugefügt hatte, und schenkte mir Mut für alles, was noch kommen würde.

„Übernehmt die Verantwortung für euer Tun, legt die Einbildung des persönlichen Willens zur Seite und gebt euch dem göttlichen, absichtslosen Willen hin. Ihr seid das Scheinwerkzeug und mit einem Hammer kann nun mal kein Blatt Papier geschnitten werden. Also seht hin, was ihr seid und was durch euch getan werden soll, indem ihr euch zur Verfügung stellt, ausführendes Organ zu sein. Und das Ganze, ohne etwas wissen zu müssen, ohne zu planen und ohne etwas verstehen zu wollen. Streicht die Wörter *wozu, weshalb, warum* und *wann* am besten sofort aus eurem Sprachschatz. Jetzt!“ Dabei machte er eine feierliche und würdevolle Bewegung mit seiner Hand, als hätte er diese Wörter umgehend aus unseren Gehirnen entfernt. Trotzdem sah ich mich vor, nach dem *Was*-ist-jetzt-passiert zu fragen, obwohl, das *Was* hatte er ja nicht unter seinen Aufzählungen eingereiht.

„Zur Verfügung stellen bedeutet Hingabe an alles, denn hinter allem steckt dieses *All-Es,* wie auch immer es sich im irdischen, niederen Raum präsentieren mag. Wenn es nur eine Quelle gibt, kann alles auch nur einer Quelle entspringen. Auch wenn die Mehrheit der Erscheinungen es noch nicht durchschauen kann, es ist ein unausgesprochenes Versprechen sich dem Licht hinzuwenden. Und wenn alles ursprünglich Licht ist, ist es wichtig, für die Dinge zu danken, die sich zeigen und sich nicht weiterhin

Dinge zu wünschen, die sich nicht zeigen. Dankbarkeit an das, was ist, ist Heiligung in sich."

Der Tourist mit den bescheuerten Fragen guckte fassungslos über seine Brillenfassung hinweg und schien sich seiner vorangegangenen Verstandes-Fragen bewusst geworden zu sein. Das festzustellen war aber nicht meine Aufgabe, geschweige denn wieder Oberaufsichtsrätin zu spielen. Ich denke, dass alle hier Anwesenden ähnlich funktionierten wie ich. Da diese Feststellung ja meiner Sichtweise entsprang, zeigte sie nur eine meiner weiteren Unzulänglichkeiten auf. Ich nahm mir vor, diese *Ich-denke*-Sätze zukünftig sein zu lassen.

Und schon wieder dachte ich! Warum dachte ich jetzt schon wieder, dass ich diese Sätze sein lassen wollte? Warum war ich jetzt schon wieder im Verstand gefangen, anstatt hinter das Denken zu schauen? Ich verwickelte mich ständig in diese Gedanken, anstatt umgehend dahinter zu sehen. *Psssssst,* erhallte es wieder in mir und erschrocken über die Zurechtweisung verstummte mein Verstand und hielt endlich die Klappe.

„Du verwendest dein Dasein für etwas, wozu du nicht *gedacht* bist. Du verfehlst deine *gedachte* Anwesenheit und machst daraus eine Eigenkreation namens: Ich wünsche, jetzt mach mal. Du bist aber nicht zum Wünschen hier, weil du kein Wunschpotenzial in dir trägst. Wie willst du ohne Mehl einen Kuchen backen? Anstatt deine Kraft für Wünsche zu vergeuden, lenke sie lieber hinter das Wünschen und schaue ihrem Ursprung! *Das Problem ist nicht, dass Wünsche nicht in Erfüllung gehen, sondern dass man welche hat.* Geht etwas in Erfüllung, dann soll es so sein. Geht es nicht in Erfüllung, dann halt nicht. Na und? Wo ist der Unterschied. Wer unterscheidet? Deine Person! Dein wahres Sein kennt keine Unterschiede, weil es jenseits aller Wahrnehmung ist. Das Leben lebt sich selbst, auch ohne dein willentliches *Zu*tun", erklärte Mr. Jones, wobei er die Silbe *zu* betonte. „Das Leben bedarf Durchsicht und *Offen*heit, damit du dein wahres Potenzial erfassen kannst. Dein Denken, deine Gefühle, die Situationen – ja, alles erzeugt ständig einen Widerstand. Du bist ständig am Rudern und schlägst dabei mit dem Ruder wild um dich. Du willst nach vorne, dann wieder etwas mehr nach links, dann wieder retour und anschließend geht es dir nicht schnell genug. Dann möchtest du am liebsten aussteigen und ein anderes Mal wiederum hast du Angst unterzugehen."

„Hah", rief Kathrin erfreut dazwischen, „darf ich etwas dazu sagen?" Sie rutschte wie ein kleines Kind ungeduldig auf ihrem stabilen Stuhl hin und her. Sie kam mir vor wie ein Schulkind, welches sich freute, eine richtige Antwort zu wissen oder etwas sagen zu dürfen, wofür ein Lob in Aussicht war. Parmenides schlich sich langsam davon und verließ den Raum. War er auf der Flucht? Wollten seine Katzenohren diese Worte nicht hören? Meine Gedanken belustigten mich und hatten mich wieder etwas aus der Tiefe gerückt. „Zu diesem Bild fällt mir etwas ein", sagte sie sehr ungeduldig und freudigen Mutes. „Aber bitte schön, sprich nur", entgegnete Mr. Jones. Ganz mutig sagte Kathrin: „Schließt bitte die Augen und stellt euch ein Ruderboot vor, in dem ihr sitzt. Ein altes Holzboot mit zwei Sitzstegen, wie man es von früher kennt. Nehmt euch ein lichtvolles Gegenüber, wie zum Beispiel unseren Meister im Raum, den ich hier Mr. Unbekannt nenne."

Ich öffnete kurz die Augen und sah nach Mr. Jones. Hatte sie ihn gemeint? Er sah etwas verwundert drein, wollte noch etwas sagen, aber Kathrin konnte das mit ihren bereits geschlossenen Augen nicht erkennen. Sein irritierter Blick entlockte mir ein leises Kichern. Sein Gesichtsausdruck war ein Bild für Götter. Ein Überfall der besonderen Art! Kathrin war voll in ihrem Element und ergänzte, ohne dabei Luft zu holen: „Stellt euch vor, wie ihr in diesem Boot sitzt und zwei Ruder in der Hand haltet. Ihr rudert und rudert. Unermüdlich und mit viel Kraft strengt ihr euch an, eine Richtung beizubehalten. Wenn ihr möchtet, macht diese Bewegung auch mit den Händen." Kaum ausgesprochen versetzte mir Alfred einen leichten Stoß auf das Knie, nicht ohne sich dafür leise zu entschuldigen. Der Geräuschkulisse nach konnte man schließen, dass die anderen dieser Vorstellung ohne jeglichen Körpereinsatz folgten. „Im inneren Bild rudert ihr völlig wild und beobachtet Mr. Unbekannt, der euch gegenübersitzt und, mit seinen Händen auf den Oberschenkeln ruhend, gelassen und überaus friedvoll einfach nur ist. Ihr merkt die Anstrengung dieser Bewegungen. Mit diesem Kraftakt versucht ihr die Richtung ganz nach eurem Geschmack zu bestimmen und fühlt euch dabei recht unwohl. Immer wieder schweift euer Blick zu Mr. Unbekannt, der einfach nur den Wellen lauscht. Beschwerlich und strapaziös ist eure Vorgehensweise und unnatürlich noch dazu. Das Rudern kostet euch all eure Kraft und plötzlich bemerkt ihr, dass es euer Ego ist, das euch hier rudert und dass ihr euch selbst lieber dieser Leichtigkeit hingeben möchtet, die euch Mr. Unbekannt spiegelt. Ihr werdet immer ungehaltener und bemerkt, dass die Bewegung nicht willentlich geschieht, sondern dass ihr gerudert werdet. Es ist wie ein Sog, der euch unaufhaltsam in diesen Widerstand zwängt, gegen den Strom zu paddeln und rastlos zu sein. Die Ruhe, die von Mr. Unbekannt ausgeht, macht euch immer zorniger, weil ihr euch nach dieser Stille sehnt, die er verkörpert."

Es war mucksmäuschenstill im Raum und diese Bilder hatten es in sich. Nach einer Weile sagte Kathrin: „Und jetzt werft ein Ruder einfach über Bord." Sie machte das nicht schlecht, diese Kathrin, so empfand ich das zumindest. Alfred hatte das Paddel in die Richtung meiner Schulter geworfen. Es war nicht zu überspüren. Diesmal kam keine Entschuldigung, da er scheinbar sehr vertieft in diese Vorstellung eingetaucht war. „Lasst auch das zweite Ruder einfach los und legt eure Hände auf die Oberschenkel und fühlt euch einfach nur wohl." Eine Zeit lang war es sehr still und danach erklangen die verschiedensten Feedbacks. Angefangen von „Toll" über „Das ist aber sehr still geworden" bis hin zu „Es waren keine Gedanken mehr da". Kreuz und quer ging ein vergnügliches Raunen durch den Raum.

Kathrin hatte die Leitung der Sitzung übernommen und bei mir schlich sich das belustigende Bild ein, dass sie vorerst selbst die Ruder übernehmen musste, um uns dieses Bild vermitteln zu können. Als ich die Augen wieder öffnete, musste ich feststellen, dass sich, abgesehen davon, dass ich das Ruder von Alfred abbekommen hatte, wirklich eine tiefe Entspannung eingestellt hatte und Gedanken tatsächlich ausgeblieben waren. Jeder schien sehr mit sich selbst beschäftigt zu sein. Nach einer kurzen Pause jedoch blickten alle sehr gespannt auf Mr. Jones. Was er wohl dazu sagen würde? Kathrin hatte es nicht versäumt, ihn unzählige Male mit einzubinden. Es war eine lustige Geschichte und mir kam es so vor, als hätte Kathrin dem Koch einer Fünf-Sterne-Küche ein Blech Pommes frites in den Ofen geschoben. Na mal sehen, was der Haubenkoch dazu sagt. Mr. Jones hatte mein Mitgefühl, obwohl ich seine Verblüfftheit wesentlich amüsanter fand als die Geschichte selbst. Kathrin hingegen hatte so ein bisschen den Gesichtsausdruck einer freudigen Erwartung, gepaart mit einer Befürchtung: Vielleicht habe ich doch etwas Unerwünschtes gemacht. Sie sah echt ulkig aus. Ich glaube, sie musste das machen, um etwas Selbstbestätigung und Lob zu erhaschen, welches sie von sich selbst eher fernzuhalten schien.

„Meine Lieben", sagte Mr. Jones und es kehrte wieder bedachte Ruhe ein. „Bilder führen wie alle Hilfestellungen, die es auf der Ebene der Persönlichkeit gibt, vorerst immer von der Eigentlichkeit weg." Kathrin war die Kinnlade etwas nach unten gerutscht. „Auch der Verstand erzeugt ständig Bilder. Diese Bilder können wir aber aufgrund der Geschwindigkeit nicht wahrnehmen. Diese Bilder sind das schattenhafte Erzeugnis eures illusorischen Daseins. Habt ihr euch noch nie gefragt, wieso alle eure Übungen, Anleitungen und Praktiken nicht wirklich funktionieren? Ihr habt schon sicher alle einige davon ausprobiert." Einige nickten zustimmend mit dem Kopf.

„Praktiken sind Ablenkung und geben vor, dass sich etwas verändert hat. Diese scheinbare Entspannung und Gelöstheit empfindet ihr aber nur deshalb, weil ihr die Aufmerksamkeit auf eine andere Sache richtet. Wenn ihr lange nach rechts schaut und euch dieses Bild unangenehm wird, und anschließend nach links seht, empfindet ihr es natürlich angenehmer. Doch wenn ihr länger nach links schaut, werdet ihr bemerken, dass nichts passiert ist, außer dass ihr es anders empfunden habt. Eine Übung ist also eine Art Umschichtung, jedoch niemals eine Möglichkeit, um etwas zu lösen. *Menschliche Probleme können niemals gelöst, sondern nur durchschaut werden.* Was nutzen dir tausende Anleitungen, wie du endlich diese eine Orange geschält bekommst, um deinen Hunger zu stillen, wenn da gar keine Orange ist? Nur weil du dir einbildest, Mensch zu sein, heißt das noch lange nicht, dass es für die Probleme deiner Einbildung Lösungen gibt!" Alle freuten sich über diese wiederkehrende Lockerheit, die diesem Abend noch mehr Besonderheit verlieh.

„Eine Übung bedarf eines Ausübenden!", fuhr Mr. Jones fort. „Das heißt, deine Persönlichkeit nimmt sich vor, etwas zu tun, etwas umzusetzen, etwas auszuführen. Warum machst du es? Weil du etwas ändern möchtest, das heißt, du tust es mit einer Absicht. Wie willst du mit einer Übung auf der irdischen Ebene die nichtirdische Ebene herbeiführen? Die Vorstellung des freien Willens kommt dir sehr gelegen, denn damit glaubst du einen Einfluss auf das Leben nehmen zu können. Das Leben aber bestimmt dich, nicht du das Leben. Das heißt aber nicht, dass das Leben schuld an deiner Unzufriedenheit ist! Du kannst also aufhören, nach Gründen, Ursachen und nach Schuldigen zu suchen. Die Suche, das Gesuchte und der Suchende dürfen verblassen. Jetzt!"

Ich schloss die Augen und hörte etwas so Befreiendes, das wie durch Zauberhand die Weichen meines Lebens für immer neu stellen sollte: *Wenn du etwas willst oder tust, zweifelst du keine Sekunde daran, dass du es nicht so gewollt oder getan haben könntest. Natürlich hast du es gewollt, nur deinem Willen, der immer nur der Antrieb für dein Tun sein kann, muss ein Impuls vorausgegangen sein. Und beim Handeln ist es nicht anders. Du wirst getan, denn du kannst aus dir heraus nichts Willentliches tun. Du führst als Mensch zwar etwas aus, aber es spielt keine Rolle, ob du diese Handlung zuvor gedacht oder gewollt hast.* ***Weder im Willen noch im Gedanken kann etwas entstehen.***

Es kann von dort kommen, doch wie finden Wunsch oder Idee zu dir? Würde der Mensch aus sich heraus handeln, dann müsste das auch der leblose Körper können. Er hat ja noch sein Hirn. Ohne Antrieb kannst du rein gar nichts ausrichten. ***Nichts würde geschehen, würde es nicht deine Bestimmung sein. Es geschieht nicht aus dir heraus, sondern immer nur durch dich! Der Wille ist der Antrieb für dein Tun, niemals kann er aber der Verursacher oder Auslöser sein. Der Auslöser sitzt tiefer. Finde das heraus!*** *So wie ein Blatt, das auf die Erde fällt, es zuvor nicht plant, so funktioniert dein eigentliches Sein. Eine Glühbirne leuchtet, doch kann sie das Licht aus sich selbst hervorbringen?*

Zutiefst berührt und etwas erstaunt sah ich mich um. Mr. Jones schien kurz geschwiegen zu haben und in mir hatte sich etwas Grundlegendes verändert. Das meisterliche Wesen fuhr fort und ich stellte mir die Frage, ob diese Botschaft wohl alle hatten vernehmen können. „Wenn du fühlst und durchschaust, was du bist, und nicht sein kannst, beginnt das eigentliche Leben. Auch wenn das Leben etwas Heiliges und Wunderbares, ja, ein Geschenk der besonderen Art ist, es geht nicht um das Leben, das du zu deinem erklärt hast, so wie du es bisher gesehen hast. Das Leben wird von Sinnen gesteuert und wo die Sinne beheimatet sind, wird es Leid geben. Wenn die Suche nach Sinnvollem endet, dann erlebst du den Himmel auf Erden und es wird keine einzige Frage mehr aufsteigen. Wünsche verblassen. Irdisches transzendiert."

„Der Sandkasten des Lebens ist groß. Heute nimmt dir jemand eine Schaufel weg, morgen schenkt dir jemand eine Backform. Den Tag darauf regnet es und deine Burg wird zerstört. Am nächsten Tag spielt jemand mit dir, der vorher noch nicht da war. Beobachte den, dem man sein Spielzeug weggenommen hat und tröste ihn, wenn du magst, aber dann erkenne den Spielenden als Schatten deiner selbst." Dieses *tröste ihn, wenn du magst* hatte er sicher eingefügt, um nicht zu hart zu wirken. Seine Worte waren Balsam, doch für das Ego waren sie hart wie Stahl, an dem es sichtlich zu knacken hatte. Und da wir uns ja alle über das Ego definierten, konnte man sich nur allzu leicht persönlich angegriffen fühlen.

„Die Welt ist nur so lange dein Gegenüber, bis du ihre wahre Identität durchschaut hast. Das Leben ist jeden Tag so, wie sie ist. Warum also nach einer Ursache suchen? Wozu etwas ändern wollen? Weshalb eine Erklärung verlangen? Warum, weshalb, wozu? Erinnert euch!", sagte er mit großem Nachdruck. „Es gibt keine Erklärung und keine Antwort, und solange du eine Antwort für etwas suchst, wirst du dich weiterhin im Kreis drehen und dich diesem Schwindel ausliefern, der dich krankmacht, der dich lähmt und schwächt. *Wenn du das Spiel beendest, nach Ursachen zu suchen, kannst du dich unmittelbar erfahren.* Ohne Umwege, ohne Abschweifungen, der Ablenkung fern.

Du willst etwas gewinnen, erreichen, gut sein und alles haben, doch die Wahrhaftigkeit setzt voraus, dass du als Mensch kapitulierst und deine Einbildungen aufgibst. *Du kannst also nichts finden, du kannst es lediglich realisieren.* So etwas wie ein eigenes Leben gibt es nicht. Du glaubst daran, ja … und du hältst daran fest. Gut!" Mr. Jones' Blick schweifte zu Kathrins. „Und jetzt kannst du deine Übung – sowie das Ruder – loslassen, deine Hände in den Schoß legen und dich ohne jeglichen Gegendruck und ohne Auflehnung zurücklehnen und beobachten, was geschieht. Nicht als beobachtender Mensch, der mit den Augen sieht, sondern als das beobachtende Dahinter, welches erfasst. Es ist spannend! Egal, was auch immer geschieht, es wird dich nicht berühren. Du weißt nicht, was kommt. Es ist nicht wichtig. Lebe in der Gegenwart, im Hier und im Jetzt – jenseits der Gedanken und Gefühle, und erfülle den Moment mit deiner Anwesenheit. *Dazu bist du hier, um deiner Ausdehnung Raum zu verleihen.*"

Die Worte von Mr. Jones waren wieder mit dieser Leichtigkeit gefärbt, die meinem Herzen einen farbenfrohen Ausdruck verlieh. Wie ein aus Licht kreiertes Gemälde, dessen Schönheit jede Zelle erhellte, schuf Mr. Jones diese unbeschreiblichen, zauberhaften Worte, die sich aneinanderschmiegten und uns durch ihre Vereinigung erwärmten. Jeder Pinselstrich war eine Liebkosung, so zart wie der Fall einer Feder.

„Gib dich dem hin, was ist. Danke dem, was sich zeigt. Sei achtsam. Sei dir in jedem Moment gewahr, was du wirklich bist. Gib alle Wünsche auf oder besser gesagt, bemerke *jetzt,* dass da niemand ist, der etwas wünschen könnte. Wünsche sind nichts weiter als Einbildungen einer Einbildung. Lass auch das Verlangen von dir abfallen, etwas Besonderes sein zu wollen. Du bist bereits das Höchste – mehr gibt es nicht! *Du trägst Es nicht in dir, sondern Es trägt dich in sich.* Du bist ewige Stille. Ist *Das* nicht *besonders* genug? An was lohnt es, sich festzuhalten? Leid, Schmerz oder Krankheit? Wenn du damit aufhörst, dem Leben einen Sinn zu geben und ihm nicht weiterhin deine Vorstellungen und Bestimmungen aufzwingst, wirst du das kosmische Reich betreten. Lasse alles so sein, wie es ist, und verleihe dem, was du siehst, keine Worte. Es bedarf keiner Erklärungen. Der großen Allmacht kannst du mit Einmischungen und Dagegensteuern nicht imponieren, denn du berührst sie damit nicht. Du verstrickst dich nur noch mehr in deinem Schattengeflecht. Du glaubst, das Leben im Griff zu haben? Deine Illusion hat dich im Griff! Wenn du dich in der Wüste auf die Fata Morgana verlässt, wirst du verdursten. Und genau so verhält es sich mit deinem Leben. Du baust auf ein Luftschloss, auf Vergängliches ohne Bestand. Um das zu erfassen, brauchst du nicht nachzudenken. Du musst dich auch nicht anstrengen und auch nicht suchen. Es ist da. Jetzt!“ Frau Manneder schien aus ihrer tiefen Stille erwacht zu sein und sah mich mit erfülltem Blick an. Mr. Jones’ Worte berührten mich nun noch mehr als zuvor. Ich lächelte ihr kurz zu und schloss meine Augen.

„Also ist alles das, was mich ausmacht ein begleitender Effekt meiner Anwesenheit und hat die Seele, das heißt, das, was ich wirklich bin, nie wirklich berührt.“ Dem sympathisch wirkenden Touristen mit der Brille schien ein Knopf aufgegangen zu sein. Dieser Satz hörte sich in sich sehr stimmig an. „Aber wozu das alles?“, fuhr er fort. „Warum dieses Spiel? Nur um Gott einen Gefallen zu tun? Muss ich mich zur Verfügung stellen, damit er sich als das, was er ist, erfahren kann?“

Er musste sich ja nicht zur Verfügung stellen, wenn er gar nicht Mensch war! Mann o Mann! Gott war vor ihm da und ohne ihn würde er diese Frage erst gar nicht stellen können. Dieser eigenartigen Fragerei nach zu schließen hatte er eher ein paar Knöpfe zugemacht.

Mr. Jones lächelte wieder. „Eine eigenwillige Aussage. Du bist *Es*. Gott ist nicht der, der über dich herrscht. Du bist die göttliche Quelle, aus der heraus dein Körper erscheint. Das Problem ist nicht, dass du es nicht verstehst, sondern, dass du versuchst, es verstehen zu wollen. Das vermeintliche *Problem* sind die *Wozu-, Warum- und Weshalb*-Fragen, weil es kein Wozu, Warum und Weshalb gibt. Weil es niemals wirklich etwas gegeben hat.“ Ein großes Schweigen schwängerte den Raum und hüllte ihn in Frieden. „Wer in dir will das alles wissen?“, fragte Mr. Jones. „Ja, ich!“ entgegnete der Tourist. „Wer ist dieses Ich?“ „Ja, ich, ich Hubert“, wiederholte er sich. „Und was hat dieser vermeintliche Hubert mit deiner wahren Existenz zu tun?“ „Ja, eigentlich nichts“, lachte Hubert aus sich heraus. Und uneigentlich? Scheinbar war ich nicht die Einzige, die immer wieder in diese Eigentlich-Falle tappte.

„Wir können mit dem Herzen entdecken“, sagte Mr. Jones, „dass der, der das wissen will, mit dir nichts zu tun haben kann. Und dann sagst du, du müsstest einen Dienst erledigen? Du hältst wie ein eigenwilliger Affe, der die Banane nicht mehr hergeben will, am Menschsein fest. Wenn du unendliche Einheit bist, warum reduzierst du dich freiwillig auf eine beschränkte, sichtbare Darstellung?“ „Gute Frage!“, antwortete Hubert und hatte dem nichts hinzuzufügen. „Du nanntest es Spiel, dieses Leben. Wenn du ein Spiel spielst, warum spielst du es dann?“, fragte Mr. Jones. Nach kurzem Nachdenken sagte der Tourist: „Vielleicht um zu gewinnen? Aus Langeweile? Oder weil es mir Spaß macht?“

„Dann setzt ein Spiel also eine Absicht voraus, eine Befriedigung, respektive verfolgst du damit ein Ziel“, fragte Mr. Jones.

„Das würde ich so sagen, ja! Ich spiele sicher nicht einfach nur so. Und wenn es nur wegen einem Wohlgefühl oder zum Zeitvertreib ist. Ja, ich würde sagen, ohne Absicht oder Erwartungen habe ich noch nie etwas gespielt. Ja“, korrigierte er sich, „vielleicht auch, um jemandem einen Gefallen zu tun. Aber über diese Frage habe ich auch noch nie wirklich nachgedacht“, sagte der Tourist und kratzte sich verwundert am Ohr. „Geh tiefer und bleib nicht an der Oberfläche haften“, erklärte Mr. Jones. „Das Leben kann nicht als Spiel bezeichnet werden, weil es keinen Sinn ergibt. Es gibt keinen Verlierer, keinen Gewinner, kein Ziel und keinen Grund für das, was du Leben nennst. Es ergibt sich durch Gott als vergängliche Materie – einfach nur so. Das Leben hat keinen Sinn, außer man gibt ihm einen. *Du bist nicht von dieser Welt, du kannst sie also loslassen.*“ Seine Worten drangen in so tiefe Schichten vor, dass es einem fast schwindelig wurde. Gespannt lauschte ich seinen Offenbarungen.

„Wir sind aber auch nicht die Marionetten, die nach der Pfeife Gottes tanzen, sondern Gott drückt sich durch uns aus. In aller Vielfalt. Alles, was ist, hat dieselbe Berechtigung, anwesend zu sein. So wie du. Die Täuschung wirkt echt und sie als Mensch zu durchschauen erscheint schwierig, denn der Schatten ist gierig und die Trugbilder locken uns immer wieder mit schön verpackten Bildern, die uns in die Versuchung bringen, uns die Illusion schmackhaft zu machen. Schlussendlich ist die Illusion nur dazu da, um durchschaut zu werden. Warum sonst sollte sie sich zeigen?“

Das war nun mal wieder sehr scharfsinnig kombiniert. Mr. Jones’ Worte waren in jeder Hinsicht unschlagbar und, um es etwas milder auszudrücken, sie waren reiner Segen. „Und warum ist das so?“, fragte der Mann. Er schien nicht locker zu lassen. „Warum sollte es nicht so sein?“, entgegnete Mr. Jones. „Lass das *Warum* und Glück ist da! Die Illusion möchte überzeugen und sie möchte bei dir punkten. Sie erreicht jedoch nur den Menschen, der fälschlicherweise glaubt, eine handelnde Person zu sein. Sie trifft nur den Unwissenden. Es ist die Unwissenheit um deine wahre Existenz, die Illusion erzeugt und Leid erschafft. Dem Wissenden aber kann die Illusion nichts mehr vorgaukeln, denn er schaut der wahren Essenz hinter der Illusion … Trugbilder verblassen. Das einzige Gefängnis liegt in den Köpfen der Menschen. In den Vorstellungen, Bildern und Gedanken. *Gott schaut, atmet und handelt durch uns, ständig und immerfort.* Wir aber halten uns für die Martha oder den Friedrich, die nach ihrem Ermessen sehen, denken und tun.

Du bist Gott kein guter Bekannter, du bist das, was ihn ausmacht. Du bist das, was er ist. Wenn ich *Er* sage, spreche ich nicht von einer Person. Gott ist nicht das Bild, das du dir in deiner Vorstellung von ihm zurechtgelegt hast. *Gott ist viel mehr als eine Vorstellung, denn ohne ihn gäbe es so etwas wie Vorstellungen nicht. Gott ist reines Gewahrsam ohne sich dessen gewahr zu sein.* Er kennt *deine Person* nicht und er kennt *meinen Körper* nicht, denn er drückt sich durch unser höchstes Selbst aus. Er kennt auch sich selbst nicht einmal! Wozu denn auch? *Warum sollte er sich kennen, wo er doch ist?*

Weil du aber lieber an der Martha oder dem Friedrich festhältst, wird Gott für dich zu etwas Fremdem. Ja, du glaubst sogar, dass Friedrich die Dinge sehr gut umsetzen kann und Martha etwas sehr gut gemacht hat. Wer außer der All-Einheit, die durch dich wirkt, kann etwas tun? Du bist nicht der Retter, der Denker, der Erfinder oder der Sänger, du bist das, was dich retten, denken, erfinden und singen lässt. Du als Friedrich oder Martha versuchst, der All-Einheit das Wirken abzunehmen, wobei du deinen scheinbar freien Willen dagegensetzt. Welche Farce. Welche Dummheit. Einen freien Willen hat es niemals gegeben."

„War es denn nicht mein freier Wille, dass ich heute hierher gekommen bin?", unterbrach Kathrin, Hubert nickte zustimmend ein. Alfred schaute etwas verunsichert. Frau Manneder war wieder in einer Art Trance verfallen und schien in sich gekehrt.

Alle anderen blickten erwartungsvoll auf Mr. Jones. „Du bist also der Meinung, dass du einen freien Willen hast." Mehrere nickten stimmend zu, die anderen enthielten sich wie ich elegant einem vermeintlich peinlichen Kommentar. „Wenn du einen freien Willen hast, kannst du den Krieg ja jetzt stoppen." Mr. Jones sah nach draußen. „Oder den Regen?" fügte er hinzu. Wenn man nun so in die Runde sah, zeigten sich etwas erschrockene Gesichter. „Das geht nicht? Du kannst das nicht? Warum? Du hast doch einen freien Willen, also warum kannst du das nicht tun?" Schweigen stellte sich ein und ein paar Minuten lang war eine unbehagliche Verwirrtheit zu spüren. Kathrin war irgendwie kleiner geworden. Sie war etwas zusammengesackt und schien sich in ihrer Haut nicht ganz wohl zu fühlen. Ich konnte die Kommentare im Kopf einfach nicht in den Griff bekommen. Das war richtig ärgerlich, ja, sehr ärgerlich sogar! Und anstatt dahinter zu sehen, ärgerte ich mich lieber.

„Du gehst spazieren und jemand entreißt dir deine Handtasche. Nehmen wir an, das passiert dir. Möchtest du das?" „Nein, sicher nicht!", sagte Kathrin etwas verunsichert. „Wo ist denn dein freier Wille plötzlich hin verschwunden? Müsste der nicht immer funktionieren, wenn du einen hättest, oder funktioniert dieser vielleicht nur ab und zu? Oder ist es nicht vielleicht so, dass du gar keinen freien Willen hast? Füße haben dich heute hier hergetragen", sagte Mr. Jones lächelnd. Kathrins Blick wanderte zu ihren Beinen hinab, denen sie einen fragenden Blick zuwarf. „Es sind die lichtdurchfluteten Nicht-Füße, die dich hierher lenkten." Sein Humor war klasse.

Ein leicht belustigtes Raunen ging durch den Raum und ich hätte mich schwer täuschen müssen, wenn ich die Einzige gewesen wäre, die sich dachte, wie gut es doch war, nicht solche Beine zu haben. Frau Oberstudienrätin Madita war wieder am Lästern!

„Du bist zu diesem heutigen Treffen hergeführt worden. Du bist kein eigenständiges Objekt, aber du bist in einer ausführenden Funktion vorhanden und gegenwärtig. Kannst *du* wirklich beschlossen haben, hierher zu kommen?" Die Betonung von Mr.

Jones war auf das Wort *du* ausgerichtet. „Nein, nicht ich, mein Kopf!“, sagte Katrin völlig aufgewühlt. „Und du meinst, dass deine Gedanken aus dem Kopf kommen?“, sagte Mr. Jones. Kathrin nickte verlegen. „Wie kommen denn die Gedanken in deinen Kopf? Ist dein Hirn etwas, was selbstständig denken kann?“ Kathrin schwieg und reagierte auch nicht im Geringsten auf diese sonderbaren Fragen. „Wenn du nicht mehr lebst, kann dein Hirn dann noch denken?“ Mein Gott, dachte ich bei mir. Das war genau das, was ich vorhin vernommen hatte, als Mr. Jones kurz geschwiegen hatte. Es wurde spannend.

„Natürlich nicht!“, sagte Kathrin etwas verärgert. Sie hatte wohl das Gefühl, nicht ernst genommen zu werden. „Wie kannst du dann behaupten, dass die Gedanken aus deinem Kopf kommen? Muss es da nicht etwas geben, das dein Hirn denken lässt? Ist dein Hirn eigenständig?“ Kathrin überlegte und schwieg. „Wie kann ein Hirn alleine denken? Wo ist denn der Antrieb deines Gehirns?“ „Meine Seele ermöglicht mein Denken“, sagte Kathrin. „Aha!“, sagte Mr. Jones. „Ist es also nicht dein Hirn, das aus sich selbst heraus denkt?“ „Etwas lässt mich denken!“, sagte Kathrin und war sichtlich erfreut über diese spontane Eingabe, die sich tatsächlich nicht nach einer durchdachten Antwort anhörte. Mr. Jones' Antwort ließ nicht lange auf sich warten. „Die Gedanken müssen ja irgendwo entstehen. Wenn es nichts außer der All-Einheit gibt, wo entstehen also Gedanken? Das war deine Frage, die ich dir vorhin nicht beantwortet hatte. Du hast sie dir jetzt selbst beantwortet und mit etwas mehr Hingabe und Geduld wirst du noch viel mehr erspüren. Hab Mut und durchlichte die rigorose Gedankenwelt, um dich von ihr zu befreien. Und obwohl du nie ihr Gefangener warst, entspricht dieser Ansatz deiner Sichtweise. Nicht aber deinem Sein. So sei es! Jetzt.“ Diese leichten Satzendungen oder Ausklangsfarben von Sätzen trugen mich wieder hinweg in eine helle lichte Welt. Dieses ewige Auf und Ab, dieses Gefühlschaos, von Momenten der Stille begleitet, war echt heftig und rüttelte wach, ließ Einsichten zu und offenbarte etwas, was nicht offenbart werden konnte.

Es war schon spät und Mr. Jones merkte wohl, dass wir mit unserer Auffassungsgabe so ziemlich am Ende waren und sich eine gewisse Sättigung eingestellt hatte. „Es wäre ja eine äußerst lustige Vorstellung, wenn dein Hirn aus sich selbst heraus beschließen könnte, zu mir zu kommen. Ich Hirn schicke Kathrin zu dieser Zusammenkunft. Es ist an der Zeit, diese Dinge genauer zu durchleuchten. So wie wir es heute gemacht haben. Erfasse, was nicht ist!

Wir wollen für heute langsam schließen. Den Ursprung der Gedanken noch genauer zu ergründen, ist das Thema unserer nächsten Sitzung."

Alle nickten sehr zufrieden, aber auch etwas erleichtert nun wieder irdische Luft zu schnuppern. Ich wäre am liebsten für immer hier sitzen geblieben und mit diesem Empfinden wurde ich mir wieder meiner irdischen Welt, der Absichten und des Leidens mehr bewusst, als mir lieb war. „Alles geschieht nach Gottes Plan. Da er aber keinen richtigen Plan hat, wie wir uns das vorstellen, geschieht nichts. Es sind lediglich Bewegungen in einem Erfahrungsfeld, das sich dem Lichte ausrichtet", sagte Alfred zu Kathrin und bemerkte gar nicht, dass er das ziemlich laut ausgesprochen hatte. „Wohl wahr, wohl wahr!", lächelte Mr. Jones. „Ob du eine Prüfung schaffst, ob du nun hier bist oder ob du morgen einen Job bekommst, es geschieht nicht aufgrund deines Willens, deiner Absichten oder weil du ein Glückspilz bist. Es geschieht, weil es geschieht! Absichtslos. Weil es so ist!" *Es geschieht, weil es geschieht.* Das klang in mir wie ein Echo nach und dafür konnte ich mich restlos begeistern. Die Dinge, die geschehen, werden von uns krankhaft analysiert und eingeordnet. *Warum? Wozu? Weshalb? Wozu* sich dem Schatten zuwenden, wenn man auch nach dem Licht schauen kann? Interessante Fragen, die sich da einschlichen.

„Der Wille Gottes ist also absichtslos!", stellte Kathrin fest, und zwar so laut, dass Mr. Jones wieder zum Handkuss gebeten wurde. Sie musste wahrscheinlich immer das letzte Wort haben.

Mr. Jones hatte den Abend beendet und Kathrin ging in die Verlängerung. Wie beim Fußball. Leider sah ich mich vergebens nach einem Schiedsrichter um und Mr. Jones blieb wie immer höflich. „Ich höre da immer wieder so viele Widersprüche heraus", sagte Kathrin in einem leicht verzweifelten Tonfall. „Das Leben ist ein einziger Widerspruch, denn das Leben ist die Geburtsstätte von Widersprüchen!", lenkte Mr. Jones ein. „Das Widerspruchlose ist die Essenz, der Kern jenseits des Lebens. Es ist dort, wo Leben nicht ist. Wenn du mit Alfred sprichst, ist es deine persönliche Wahrnehmung. Die persönliche Wahrnehmung hat aber nicht das Geringste mit *der letzten und einzigen Realität* zu tun. Das sollte man nicht außer Acht lassen." Alfred sah etwas verdutzt aus der Wäsche und er wurde dank Kathrin einfach in diese irdische Frage miteinbezogen. Er war in etwas hineingeschlüpft, was ihn kurz erstarren ließ. Zumindest war das wieder einmal meine Wahrnehmung. Meine Begrenztheit. Meine Vernebelung! Diese Feststellungen schmerzten ein wenig, aber ich wollte ehrlich zu mir sein, auch wenn ich das nicht unbedingt hören mochte.

„Hättest du als Kathrin jetzt nicht festgestellt, dass es Widersprüche gibt, dann gäbe es auch keine! Also erzeugst du die Widersprüche in dir, als ein denkender Körper namens Kathrin", sprach Mr. Jones und diese Antwort freute mich besonders. Wie konnte sich Kathrin nur auf so etwas einlassen? Ich hätte das niemals gefragt! Ich doch nicht. Natürlich, mein Ego hatte nicht vergessen, dass Madita immer perfekt war! Jawoll, Frau Oberaufsichtsstudienrätin war wieder am Werk und ein Blick zu Kathrin bestätigte mir eine gewisse Unruhe in ihr. In ihr? Wenn sie doch nur ein Erzeugnis meiner Wahrnehmung war?

„Ja, *diese* irdischen Augen können einen Körper sehen", fuhr Mr. Jones fort, „aber *das unpersönliche Ich* erfasst deine Unpersönlichkeit und nicht das, was du dir einbildest zu sein." Dieser Satz lockerte die mühselige Fragestellung von Kathrin etwas auf und animierte alle zum Lächeln, sich zu strecken und endlich auch etwas zu bewegen. „Ich bin deiner endlos strahlenden Lichtheit gewahr. Ich bin aber nicht der Wahrnehmende. Ich bin jenseits des Wahrnehmenden und des Wahrgenommenen. Der, der dein illusorisches Ich wahrnehmen könnte, ist für immer abwesend." Kathrin strahlte. Sie hatte das als Kompliment verstanden und war sichtlich berührt. Ihr Ego hatten diese persönlichen Worte aufgesogen, sich daran ergötzt und sofort verschluckt, um sich darin zu baden. Man konnte es ihr nicht übel nehmen, denn diese umschmeichelnden, aus Worten gebauten Lichtbrücken musste man wohl in Besitz nehmen. Persönlich oder unpersönlich spielte hier scheinbar keine so große Rolle mehr. Eigenartig!

Man musste es irgendwie aufnehmen, auch wenn das unmöglich war und auch wenn es einem gleich wieder entglitt, man hatte es zumindest probiert. Ich staunte wieder einmal über meine eigenartigen Gedanken, deren Läuterung wohl nicht für sehr lange Zeit angehalten hatte. Was auch immer mir das Ego vortäuschte oder was auch immer eine direkte Wahrnehmung war, ich konnte es nicht unterscheiden, aber ich wusste, tief in mir hatte sich etwas geöffnet, was sich nach Weitung verzehrte. Auch wenn ich das Gefühl hatte, mich etwas leichter zu fühlen, waren doch noch haufenweise faule Früchte im Korb. Das Gesprochene einfach auf sich wirken zu lassen, ohne mich ständig einzumischen, ließ das Ego nicht zu. Noch nicht! Dafür hatte es wahrscheinlich den Großteil der Menschheit zu stark in Besitz genommen. Diese Feststellung musste jetzt aber nicht sein! Ging es hier um die Menschheit oder ging es um mich? Ich kam ins Grübeln. War das nicht dasselbe? Gab es denn nicht nur eine Einheit, die nichts Getrenntes akzeptierte? Mein Kopf wusste das, ja, aber in meinem Herzen schien es noch nicht auf fruchtbaren Boden gestoßen zu sein. Wie auch immer. Die tollpatschige Art und Weise meiner Wortwahl ließ zu wünschen übrig und da flackerte er kurz auf, der Wunsch aller Wünsche: Einmal so zu sprechen, wie Mr. Jones es tat, oder sogar so zu sein, wie er? Ich war wahrscheinlich mehr als weit davon entfernt, mich schleierlos zu zeigen und unverfälscht zu empfinden. Ich hatte mich ja zum freiwilligen Gefangenen erklärt, in einer Welt, durch die die körperlose Freiheit ihr natürliches Dasein zelebrierte.

Mr. Jones hatte uns noch ein paar Minuten gelassen, um seine für uns nicht allzu leichte Kost zu verdauen, bevor er die letzten Sätze an uns richtete. Und jetzt bitte keine Fragen mehr Kathrin! „Du hast einen Schleier initiiert und bittest darum, dahinter treten zu dürfen. Der Drang nach einem außergewöhnlichen Geschehen lechzt danach, endlich ausatmen zu können und frei zu sein. Da geschieht aber nichts Spektakuläres, keine Trompeten, keine Fanfaren, kein Engelsgesang. Alles Große passiert schlicht und leise. Alle Bestrebungen nach Einweihungen und Erwachen hemmen nur deine natürliche Öffnung, die sich ganz von selbst einstellen wird. Kein Sturm und kein Orkan werden kommen, sondern ein stilles, sanftes Sausen. Wie Meister Jesus es bereits sagte: *Ihr* seid das Salz der Erde."

Ich musste an die Bergpredigt denken, die Gabi so sehr liebte. Sie erzählte mir, dass der Autor, der über sie geschrieben hatte, sagte, dass es gute Chancen für das Erwachen der Menschheit geben würde, wenn nur die Bergpredigt anstelle der Heiligen Schrift im Umlauf wäre. Die musste ich mir unbedingt von ihr ausborgen. Ich entdeckte immer wieder versteckte Botschaften in Mr. Jones' Worten und auch wenn ich vieles nicht wahrnehmen konnte, ich war überglücklich überhaupt in den Genuss von Mr. Jones' Aussagen kommen zu dürfen.

„Allumfassende Erkenntnisse und ein segensreiches Wirken für euch. Kommt gut nach Hause. Friede sei mit euch." Amen! Mr. Jones hob ein allerletztes Mal seine Hand und blickte dabei in Dimensionen, wo es so etwas wie eine Welt nicht gab. Mein Ego bewegte sich auf sehr dünnem Eis, denn es hatte ein Stück weit an Sicherheit verloren. Je wärmer es um mein Herz wurde und je öfters ich nun dahinter sehen würde, umso schneller würde das Eis schmelzen. Und die Gefahr für das Ego einzubrechen, rückte mit jedem Tag näher. Diese Gewissheit gab mir Kraft. Mit geschlossenen Augen sog ich die Dichte seiner gesprochenen

Lichtfelder in mir auf. Ein krönender Abschluss. Es klang nach und es lichtete sich. Abgestorbenes, Unbeachtetes und Abgewürgtes wurden mit Freuden erweckt und waren ihrer Auferstehung nahe.

So, nun war es aber höchste Zeit, ins Bett zu fallen. Als ich Frau Manneder kurz mitgeteilt hatte, dass ich vielleicht doch nicht in den Ashram kommen würde, wirkte sie nicht sehr überrascht. Mit einem sanften Ton sagte sie: „Du wirst es sehen, Madita. Komm einfach, wenn dein Herz es entscheidet.“ Und ich dumme Nuss überlege die ganze Zeit, wie ich es ihr beichten soll. Hatte ich ihr doch glatt eine meiner berühmten Vermutungen übergestülpt! Arme Frau Manneder! Mit so einer milden Antwort hatte ich nicht gerechnet. Mr. Jones' Weichheit schien auf sie abgefärbt zu haben. Vielleicht war sie aber auch schon vorher so gewesen. Diese blöden Kommentare, die in mir nun wieder aufflammten, interessierten mich herzlich wenig, denn ich war müde und wollte nur noch schlafen. Nun gesellte sich auch Parmenides wieder hinzu, als wollte auch er sich noch verabschieden.

Eine Katze war in diesem Moment das einzige Mittel, um meine Schläfrigkeit hinten anzustellen, denn Katzen hatten immer Vorrang. Wie höflich von ihm, sich noch einmal zu uns zu gesellen! Ich kraulte ihn etwas am Kopf. Anschließend an der Brust. Danach am Hintern. Dann noch an den Beinen und zum Schluss streichelte ich ihm seine Wimpern glatt. Das war wohl die wunderbarste und lieblichste Stelle einer Katze und ich war mir sicher, dass es Menschen gab, die zwar Katzen hatten, jedoch noch nie deren Wimpern entdeckt hatten. Man musste schon genauer hinsehen, um diesen Liebreiz zu erforschen und das war meine große Leidenschaft. Herrlich, einfach nur herrlich! Aber dieses plüschige Pelzgetier war mir nicht besonders hilfreich dabei, die Illusion zu durchschauen, wenn ich es mit all meinen Sinnen genoss. „Welch hübsche Täuschung du doch bist, Parmenides! Dein Schatten ist besonders schön geworden! Jaja, wie weich du bist. Jaja, süß, süß, süß." Dabei versäumte ich es natürlich nicht, ihm unentwegt auf sein Hinterteil zu klopfen, welches er mir freudig entgegenstreckte. „Gott beliebt es, sich durch dich als weiches Kuschelkätzchen darzustellen. Und er schnurrt durch dich! Und wie er schnurrt! Jaja, Parmenides, du bist Gott ein tolles Zuhause. Bist du aber süß! Süß, süß, süß." Das war wieder einer meiner berühmten Anfälle, wenn ich Katzen begegnete. Zum Glück hörte mir jetzt keiner zu, denn das klang wahrscheinlich schon etwas dämlich. Ich streichelte noch seine Pfoten und fragte mich, ob es sich auf diesen rosa Ballen wohl besonders weich gepolstert lief.

„Liebe Madita, ich genieße Ihren Umgang mit Katzen. Man sieht, dass Sie an ihnen einen Narren gefressen haben", sagte Alfred, der wie aus heiterem Himmel plötzlich neben mir stand und vorerst unbemerkt geblieben war. Wie sollte ich ihn auch bemerkt haben? Dass ich die Verabschiedung zu Parmenides den anderen Anwesenden vorzog, fand ich jetzt auch etwas unhöflich. Das Blut war mir in die Adern geschossen und mein Kopf musste sich wohl rötlich verfärbt haben. Wir unterhielten uns noch eine ganze Weile recht nett und dann sah ich, wie Mr. Jones Frau Manneder eine Schale reichte, in der weiße Zettelchen fein säuberlich zusammengerollt lagen, die mit einem roten Schleifchen versehen waren. Was war das? Es musste etwas Besonderes sein. So etwas wollte ich auch haben! Die Verabschiedung von Kathrin musste also warten. Ich stürmte auf Mr. Jones zu, dabei stellte er die Schale zur Seite und nickte mir verabschiedend zu. Sein freundliches „Bis morgen!" hätte ich nur allzu gerne gegen so ein Röllchen eingetauscht. Herzensentbrannt starrte ich auf die Schale und getraute mich nicht zu fragen, ob ich eines bekommen könnte. Ich muss zugeben, ich hätte auch eines gekauft!

Mr. Jones schien mich schon wieder einmal zu ignorieren. Er nahm die Schüssel in die Hand und steuerte auf das ältere Ehepaar zu und da funkte ihm Kathrin dazwischen. Sie bedankte sich für seine Ausdauer und seine Geduld. Na ja, mit ihren Fragen hatte sie sich ja nicht gerade in Zurückhaltung geübt. In dem Moment, als sie ganz unauffällig und voller Freude in die Schale hineinfassen wollte, bückte sich Mr. Jones. Er stellte die Schale ab, lächelte Kathrin zu und ging an ihr vorbei. Ihre Blicke verrieten: Soll ich oder soll ich nicht? Jetzt oder nie! Ich hielt den Atem an. Sie wird doch nicht … hinter seinem Rücken! Nein!

Nein, sie hatte nicht! Ich atmete aus. Sie getraute sich schlussendlich doch nicht, obwohl, so wie sie Mr. Jones nachgeguckt hatte, hätte man meinen können, sie wollte eines klauen. Dieser Gedanke passte wieder einmal hervorragend zu mir, denn es hätte auch mein Gedanke sein können. Und ich hätte es ihm gesteckt, das war klar. Wo kamen denn all diese bösartigen, impulsiven und groben Ausschweifungen auf einmal wieder her? Es drängte sich mir der Verdacht auf, dass ich nach diesem Abend noch kühler und barscher geworden war. Konnte das sein? „Liebe Madita, haben Sie auch eine Botschaft erhalten?“ Alfreds Blick auf die Schale verriet, dass er mich wohl beobachtet hatte. Diese Frage hätte er sich sparen können. „Nein“, sagte ich etwas enttäuscht. Er lächelte mir zu. „Habe ich nun etwas verpasst?“, fragte ich schnippisch nach, denn ich hatte das Gefühl, dass der überaus dauerharmonische Tonfall von Alfred in einer inneren Wunde herumstocherte, die gerade wieder aufgeplatzt war. Alfred ließ sich von meiner patzigen Gegenfrage nicht beirren und lächelte weiterhin ungestört vor sich hin. Dabei schüttelte er den Kopf und sagte: „Es spielt keine Rolle, ob sie eine bekommen haben oder nicht.“ Ich wollte aber eines! Und wenn es ja sowieso keine Rolle spielen würde, müssten sie erst gar nicht verteilt werden. Wie so ein kleiner weißer Zettel mich derart in Rage bringen konnte, war nahezu unglaublich. Etwas beschämte mich mein Verhalten schon, aber die Freude darüber, dass auch Kathrin kein Röllchen von Mr. Jones bekommen hatte, überdeckte elegant mein lächerliches Benehmen.

Was spielt sich hier ab? Welche Bedeutung haben diese geheimnisvollen weißen Zettelchen, die mich so aus dem Konzept bringen? Keine Chance, ich konnte es nicht erkennen. Mein Ego kam in volle Fahrt, war es doch Feuer und Flamme für deren Inhalt gewesen. Das Ehepaar bekam zwei Röllchen. Der Mann steckte seines sofort in seine Hosentasche und die Frau ließ es umgehend in ihrer Handtasche verschwinden. Dabei warf sie mir einen Blick zu, der eine tiefe Befriedigung signalisierte. Nun gut, Röllchen hin, Röllchen her. Was soll's! Nein! Was sollte jetzt dieser *Was soll's*-Gedanke! Es war mir nicht egal! Bescheuerte Röllchen! Alberne Zettel mit schwindligen Schleifen drum herum! Wer braucht schon so ein Röllchen? Brauchen? *Niemand!* Aber wollen! Ich! Madita! Bei diesen Gedanken erschrak ich selbst über mein unmögliches Verhalten. Doch was konnte ich für mein Wollen?

Als sich nun auch noch das Wort *Niemand* in mein Gedankengut einmischte, hatte ich das Gefühl, als würde mir Mr. Jones, begleitet von einem tiefen Verständnis für meine Unzulänglichkeiten, mit ermahnendem Blick zuwinken. Ich war traurig und ein wenig enttäuscht über alles, was da in mir hochkam. Wie will ich jemals in tiefere Schichten vordringen, wenn ich bereits bei einfachen Dingen scheiterte? Oder war mein Ausbruch gewollt? Sollte das so sein? Egal! Ich wollte jetzt wirklich nur noch ins Bett.

Träume und weitere Einbildungen

Mit dem Gedanken an Mr. Jones schlief ich ein und erlebte Einzigartiges. Ich saß auf einem Felsgestein und hielt nach Mr. Jones Ausschau. Ich sah die Berge, die Weite, das Firmament welches in eine leicht rosarote Färbung getaucht war. Die Sonne, die hinter den Wolken versteckt immer wieder mal hervorsah und einige Stellen der Erde ausleuchtete, war wie ein goldener Ball, zum Anfassen nah. Wie aus dem Nichts saß Mr. Jones plötzlich neben mir und betrachtete die Schönheit der Mutter Erde.

„Die Schatten dieser Welt haben einen Gott erfunden, wie er ihrem Geschmack nach sein sollte oder wie er Vorstellungen nach sein könnte. Würdest du nur annähernd erahnen, was sich hinter diesem Wort verbirgt, würdest du es nicht abwarten können, ihm in dir zu begegnen. Du würdest alles stehen und liegen lassen und rennen, rennen und abermals rennen“, schmunzelte Mr. Jones. „Hafiz sagt: *Geh denn, lauf durch die Straßen und verursache göttliches Chaos. Begeistere jeden und dich selbst für die universelle Schönheit und Klarheit. Gib Liebe, gib Liebe.* Er reichte mir ein kleines Büchlein mit Gedichten eines persischen Dichters. Er hatte sogar in meinem Traum ein passendes Buch parat, obwohl wir uns gar nicht im Buchladen aufhielten. Da war nichts! Es war, als schwebten wir schwerelos in einem Raum ohne Zeit und ohne Vergehen.

„Wenn ich dir den Ort für eine Begegnung zeigen könnte“, fügte er lachend hinzu, „du würdest keinen Moment zögern, ihn aufzusuchen. Da du aber selbst danach Ausschau halten musst, es dir an der nötigen Ausdauer und an dem dazugehörigen Durchhaltevermögen fehlt, läufst du Gefahr aufzugeben. Und wie steht es mit dir? Bist du bereit, Gott zu begegnen?

Die weltlichen Gerüche, die in deine Nase kriechen und dir Glück, Freude und Erfüllung versprechen, sind nichts weiter als Gehäuse und Fiktionen, ja, leere Spekulationen. Wie willst du ihn finden, wenn du ihn nicht einmal als deine wahre Identität vermutest?“

Obwohl er mich nicht direkt ansah, fühlte ich mich als der irdische Schatten Gottes verpflichtet, eine Antwort zu geben. Da ich aber kein Wort hervorbrachte und scheinbar nicht sprechen konnte, nickte ich lautlos und etwas beschämt. „Wo hat er sich denn versteckt?“ Ich sah ihn unwissend an und zuckte mit den Schultern. „Wieso sollte er sich vor seinem *Schatten* verstecken? Macht das Sinn? Wenn du mit deinem inneren Auge durch das, was du *ich* nennst, in die Welt hineinblickst, dann wirst du entdecken, dass Gott in allem hervorquillt und nahezu aufdringlich und im Überfluss aus sich herausfließt und ist. Unermesslich. Da ist zwar noch das Bild, das du Baum oder Stein nennen magst, doch die sichtbare Hülle entschwindet aus deinem Blickfeld, auch wenn sie noch sichtbar ist. Was hervortritt, ist die verschwenderische Schönheit, die allem innewohnt. Dieser Glanz wohnt in allem und strahlt durch alles, ohne es dabei wirklich zu sein. Obwohl er in allem ist, ist ihm die Welt fremd. Wäre es anders, so müsste er wissen, wo du bist. Er weiß es aber nicht! Er ist sich deiner gewahr, aber ein *Wo und Wie* wohnt nur im Schoße der Zeit.“

Seine Worte waren ernüchternd, bewegten mich zutiefst und ich spürte die Intensität der Richtigkeit. Doch die heilsamen Sätze zogen wie Wolkenfelder an mir vorbei und nur das Wort *Schatten* schien auf Nährboden zu stoßen. *Schatten* klang hart! War es das, was ich hören wollte? Warum reagierte ich auf das Dunkle, anstatt im Hellen zu baden? Bin ich denn nicht mehr als ein Schatten? Beklemmung und Angst machten sich breit. Welch trauriges Dasein! Ich konnte diese Sätze nur denken. So gern hätte ich gesprochen, aber es blieb mir versagt! Mr. Jones konnte meine Gedanken lesen. Er las in all meinen Zellen und durchforstete jeden Winkel meiner Seele. Doch er kannte auch meine Schatten, die mich immer wieder in die Abgründe hinabzerrten und dort ihr Spiel mit mir trieben.

„Natürlich bist du kein Schatten!“, erlöste mich Mr. Jones aus meinen dunklen Gedanken. „Es ist nur ein Wort, belanglos und leer. Doch ich nutze es, um dir etwas aufzuzeigen und näher zu bringen. Dich zu inspirieren, hinzusehen und etwas tiefer einzutauchen, wie du es gewohnt bist. Wie willst du das Beschriebene oder die Beschreibung sein? Es sind nur Wegweiser, die auf etwas deuten, was nicht umschrieben werden kann. Wenn der Schatten Probleme damit hat, ein Schatten zu sein, bleibt ihm nur die Möglichkeit, sich der Sonne auszurichten. Wenn ich sage, dass du der Schatten bist, dann betrifft das deine Person, die du zu sein glaubst, aber nicht bist. Ja, dein Körper ist der Schatten Gottes, nun erkenne, dass du nicht der Körper bist. Doch Mensch sein ist etwas Wunderbares! Ja, es ist etwas Heiliges! *Du bist nicht das Leben, Gott lebt durch dich und als du selbst!*", nickte er wohlwollend und da war wieder diese eine besondere Kraft in seinen Worten, die ihn wahrlich erstrahlen ließ. Ich empfand sie so wie im Leben. Wie konnte ich den Traum mit dem Leben in Verbindung bringen? Wie seltsam das doch alles war. Weitere lichtvolle Worte erreichten mich, und in meinem Herzen ertönte eine wunderbare Melodie. Wie der sanfte Klang einer Geige berührte Mr. Jones meinen zeitlosen Strom, der wie ein majestätischer Fluss einer Kaskade auf ungeahnte Kräfte verwies.

Kaum hatte er zu Ende gesprochen, hatte er sich in Nichts aufgelöst. Mr. Jones, wollte ich noch nach ihm rufen, aber meine Lippen blieben versiegelt. Jetzt merkte ich erst die Wohltat des Schweigens. Wahrscheinlich hätte ich ihm ja nur unsinnige Fragen gestellt. So konnte ich seine Worte ungestört auf mich wirken lassen. Warum aber konnte ich denken? Da hatte sich doch eine von diesen ungewollten Warum-Fragen eingeschlichen!

Das Beispiel mit dem Schatten war präzise, und obwohl es natürlich kein direkter Vergleich war, veranschaulichte und entlarvte es den Abklatsch als Spiegelung oder Projektion. Unter Schatten konnte ich mir etwas vorstellen. Aber sollte ich das überhaupt? War ich damit nicht wieder im Denken gefangen und war eine Vorstellung nicht auch nur eine weitere Einbildung, die ich mir elegant zurechtgelegt hatte?

Das Schattenbeispiel gefiel mir plötzlich. Es war so eindeutig und so klar. Es half mir, mich weniger wichtig zu nehmen und auf

draußen, anstatt hereinzukommen und mir zu helfen?! Als ich den Laden betrat, sah ich, dass Mr. Jones noch gar nicht dazu gekommen war, die Sessel zu verräumen. Sie waren kreuz und quer im Raum verstreut, obwohl es kaum Platz für all die Leute hatte. Einige nutzten die Stühle und meinten wohl, Mr. Jones hätte sie extra so hingestellt. Eigenartige Gesellschaft! Es war die Hölle los in dem Laden. Die Hölle im Himmel.

Würde ich es nicht mit eigenen Augen gesehen haben, ich hätte es nicht für möglich gehalten. Eine Mutter hatte ihre beiden Kinder in eine Ecke gesetzt und ihnen Spielzeug in die kleinen Händchen gedrückt, um sich voll und ganz ihrem Regaldurchforstungsdrang widmen zu können. Eine ältere Dame unterhielt sich mit Mr. Jones und redete erbarmungslos auf ihn ein. Sie plapperte irgendetwas von Seminaren und Vorlesungen. Es hatte den Anschein, als würde Mr. Jones seinen Laden für solche Zwecke zur Verfügung stellen. Zwei Männer unterhielten sich angeregt über ein Buch, dessen Titel ich aber aus der Entfernung bedauerlicherweise nicht erkennen konnte. Ich sollte doch wirklich einmal zum Augenarzt gehen. Meine Sicht in die Ferne schien sich in letzter Zeit doch um einiges verschlechtert zu haben!

„Was stehst du hier noch rum und starrst Löcher in die Luft? Räum doch bitte die Sessel in den Hinterhof, dort wo wir sie gestern geholt haben." Der Tonfall war sehr neutral, doch der Inhalt wurde von mir wieder zum Sklaventreibertum degradiert. Im Einordnen, Vermuten, Überstülpen, Bewerten und Einschätzen war ich ja sehr gut. Darauf brauchte ich mir aber nicht wirklich etwas einzubilden. Immerhin, er hatte *bitte* gesagt. Ich nickte nur verlegen und hatte das Gefühl, in eine Nebenrolle eines Films geschlüpft zu sein, obwohl ich gar nicht darum gebeten hatte, darin mitzuspielen. Ich meinte unter den Menschen sogar eine ganze Reisegruppe aufgespürt zu haben, da sehr viele von ihnen einen eigenartigen Dialekt hatten und viel zu viel schwatzten. Tat ich das nicht auch? Da fiel mir Meister Eckhart ein, von dem ich zwar einmal etwas gelesen, es aber nicht wirklich verstanden hatte. „Was schwatzest du!“ war einer der Sätze, die ich mir gut merken konnte. Vielleicht, weil er so gut zu mir passte?

Einige der sich im Raum befindenden Kunden sahen mich sehr fragend an und verwechselten mich sicher mit dem neuen Personal oder so. Kaum gedacht, eilte eine Frau mit einem Zettel in der Hand auf mich zu und fragte mich nach einem Buch. Wie konnte es anders sein, sie suchte nach Manfred Kybers *Im Land der Verheißung*.

Da ich ja wusste, wo ich das Buch gestern aus dem Regal gezogen hatte, drückte ich es der Frau blindlings in die Hand. Die staunte nicht schlecht und sagte: „Sie haben sich aber schon sehr gut eingearbeitet! Ich habe Sie hier noch nie gesehen. Sind Sie schon lange hier und wie heißen Sie denn, mein Kind?“ Ihre wachen Augen spiegelten eine überaus durchschnittliche Neugier wider und das Funkeln in den Augen verriet, sie konnte meine Antwort kaum erwarten. Weder war ich ihr Kind noch arbeitete ich hier! Notgedrungen blieb mir wohl nichts anderes übrig, als ihr eine Antwort zu geben, doch zum Glück kam eine andere Frau auf mich zu, die sich nach einer Vorlesung erkundigte. Ich sagte ihr, dass ich ihr dabei nicht helfen könne und verwies auf Mr. Jones. Das Ablenkungsmanöver hatte ausgezeichnet funktioniert, noch besser als ich vermutet hatte, denn nun hatte die neugierige Frau diese andere Frau in ein Gespräch verwickelt und unterhielt sich sehr angeregt mit ihr. Ich hingegen folgte schleunigst Mr. Jones’ Anweisungen. Nicht weil ich es wollte, sondern um mich schnellstens aus dem Schussfeld zurückzuziehen. Mit zwei Sesseln bewaffnet wollte ich mir freie Bahn verschaffen, doch mit meinem Vorsatz sollte ich nicht weit kommen.

Ein älterer Herr kam auf mich zu, der ebenfalls nach einem Buch suchte. Er musste mich beobachtet haben und dachte, ich würde seine Rettung sein, denn sein ungeduldiger Blick zu Mr. Jones, mit der noch immer quasselnden Frau im Gepäck, ließen ihn so wie mich vermuten, dass es wohl noch etwas dauern könnte. Also stellte ich die Sessel einen Meter vor der erlösenden Hintertüre wieder ab und nahm diesem Herrn einen Zettel aus der Hand. „Nein …", sagte er etwas desorientiert und während er mit der Hand in der Gegend herumfuchtelte und kein weiteres Wort über die Lippen brachte, las ich: Bananen, Salat, Schnürsenkel, Haarshampoo … Aha, jetzt verstand ich auch sein wildes Hantieren. Er war also nicht verwirrt, der gute Herr, ich war wohl wieder einmal etwas zu schnell und zu unachtsam gewesen. Mit einem äußerst leisen „Entschuldigen Sie" gab ich ihm seinen Einkaufszettel wieder zurück. Nun fragte ich ihn besonders höflich, was ich denn wohl für ihn tun könnte, obwohl es mich nicht wirklich etwas anzugehen hatte. „Ich suche ein Buch", sagte er erleichtert. „Ach was", entschlüpfte es mir. Und das in einer Buchhandlung! Mein zynisches Denken hatte alle Mühe, nicht ständig in diesen krankhaften Attacken hängen zu bleiben. Was ist nur mit mir los? Ich bemühte mich zwar, höflich zu sein, doch irgendwie wollte es mir nicht gelingen. Meine kühle Art hatte der sehr nette, ältere Herr nun wirklich nicht verdient. Ich verordnete mir, nun mehr Respekt vor diesem Mann zu haben.

„Dnyaneshwari!", sagte er mit einer Erhabenheit, die mich umgehend aus dem irdischen Denken in eine lichte Dimension entführte. Als ich dieses Wort hörte, weitete sich mein Herz und eine sanfte Brise streichelte meine Seele. Ich hatte so etwas noch nie zuvor erlebt. Dieser Buchtitel oder besser gesagt, dieses Wort, hatte Lichtschleusen geöffnet und lebhafte, turbulente und abenteuerliche Ahnungen in mir erweckt, die von einer großen, vertrauten Sanftheit begleitet wurden. Diese Regungen schienen mir wirklich sehr vertraut und doch waren sie mir bis zum Aufeinandertreffen mit Mr. Jones in meiner Welt der irdischen Dualität gänzlich verwehrt geblieben.

Dnyaneshwari! Ein seltsamer Titel. Doch dieser Name ließ die Welt sofort anders aussehen und sie erstrahlte in einem leuchtenden, glanzvollen Kleid. Neugierig fragte ich den Mann, was das denn für ein Buch sei, von wem es denn wäre und was es mit diesem Namen auf sich haben würde. „Halt, halt!", entgegnete er beschwichtigend. „Nicht so hastig, liebes Fräulein!", fuhr er fort und dabei setzte er sich auf einen der beiden Sessel. Diese Chance nutzte ich ebenfalls, gesellte mich zu ihm und erwartete ungeduldig seine Antwort. „Liebes Fräulein, bevor ich Ihnen zu diesem Buch etwas sage, möchte ich Ihnen eine kurze Geschichte erzählen." Ich war sehr verwundert, dass er nicht etwas über mich wissen wollte, und freute mich umso mehr, dass er sich umgehend meinem Anliegen widmen wollte. Erst jetzt hatte ich mich aus der oberflächlichen Wahrnehmung hinausbewegt und musterte sein äußerst friedvolles Wesen. Seine grau melierten Haare waren nach hinten gekämmt und er sah sehr gepflegt aus. Ein sehr attraktiver Mann, der in seinen jungen Jahren sicher das eine oder andere Frauenherz erobert, wenn nicht sogar gebrochen hatte. Seine warmen Augen trugen etwas Weises und Gütiges in sich. Er musste wohl schon einiges erlebt haben in seinem langen Leben. Sein zufriedener und gelassener Eindruck zeugte von einer wahren Reife. Der Stock, den er mit sich trug, ließ ihn elegant wirken und keineswegs alt erscheinen.

Ein lautes Kindergeschrei unterbrach diese wunderbare Stille und wir blickten beide aufmerksam in die Richtung, aus der wir die Schreie vernahmen. Eines der kleinen Kinder weinte bitterlich, weil ihm das Schwesterchen wohl einen Stoffbären weggenommen hatte. Parmenides schlich sich vorsichtig vorbei. Ihm war der Trubel zu viel. Jetzt hatte das andere kleine Mädchen Parmenides entdeckt und ohne zu zögern packte sie ihn am Schwanz und zog sehr unsanft daran. Parmenides drehte sich um, legte seine Ohren nach hinten, bewegte seinen Schwanz ganz schnell hin und her und hob vorerst nur die Pfote, um das kleine Kind zu warnen. Das kleine Mädchen verlagerte nun seinen ganzen Körper nach vorne und grapschte ein weiteres Mal nach ihm. Dabei schlug sie ihm zwar nicht fest, aber unsanft und völlig unkontrolliert das kleine Händchen mitten ins Gesicht. Sie schien seine Geste wohl eher für eine Einladung zum Spielen als für eine Abmahnung zu halten.

Im gleichen Augenblick bekam das Kind mit ein paar blitzschnellen Pfotenschlägen eine gewischt. Dann suchte Parmenides eiligst das Weite. Es waren zwei bis drei kurze Ohrfeigen gewesen, wie man sie von Katzen gut kannte, wenn sie mit ihrer Beute spielten. Bei diesen typischen, kurzen und schnellen Pfotenbewegungen hatte Parmenides darauf verzichtet, seine Krallen einzusetzen und war keineswegs grob gewesen. Es war eine königliche und vor allem sehr sanfte Geste, als wolle er damit sagen: So nicht, mein Fräulein! Nun schrie auch noch dieses Kind ziemlich laut. Es schien nur erschrocken zu sein, denn Schmerzen hatte Parmenides ihm bestimmt keine zugefügt. Für die Kleine aber war es doch ein großer Schreck, sie wollte doch nur spielen. Parmenides hatte dem Kind eine Lektion erteilt, die angekommen war. Die Mutter hatte alle Hände voll zu tun, nun beide Kinder zu beruhigen. Da sie kein Buch in den Händen hielt, vermutete ich, dass das richtige Buch noch nicht zu ihr gefunden hatte.

„Ja!", sagte ich sehr laut zu dem Herrn und dabei durfte ich vielleicht ein wenig fordernd geklungen haben. „Gerne will ich Ihre Geschichte hören." Ich konnte es kaum erwarten, was er mir nun zu erzählen hatte. Er war mit seinen Gedanken allerdings immer noch bei den Kindern. „Wie bitte, was?", erwiderte er und drehte mir den Kopf zu. Er sah noch einmal kurz weg, bevor er mich wieder anschaute und ein „Ach ja, die Geschichte!" von sich gab. „Ich wollte Ihnen doch eine Geschichte erzählen." Jetzt konnte ich sichergehen, seine ganze Aufmerksamkeit wieder für mich zu haben. Und die Geschichte war wohl der einzige Weg, um an weitere Informationen zu dieser *Dnyaneshwari* zu kommen. Die dunkle Neugier, die mir die Frau von vorhin gespiegelt hatte, konnte ich an mir, auch in diesem Moment, nicht erkennen.

Nun saß ich hier mit einem älteren, gutaussehenden, äußerst sympathischen Herrn in einem Buchladen namens *Büchereck*, das ich bereits wie mein Wohnzimmer lieb gewonnen hatte, und verlebte einen Urlaub der besonderen Art. Dieser Ort war wahrlich eine Wohlfühloase. Wahrscheinlich hatten die vielen Menschen gar nie vorgehabt, diesen Laden zu betreten, sondern Mr. Jones war auf eine unsichtbare Weise zu ihnen gekommen, um sie in diesen Laden führen. Welch eigenartige Feststellungen hier wieder in den Vordergrund traten!

Nachdem sich der Mann gesammelt hatte, sagte er, „Ich heiße übrigens Josef, Josef Kanaus.“ „Madita, Madita Mangold“, antwortete ich und reichte ihm dabei die Hand. „Angenehm, sehr angenehm“, entgegnete er und dabei erinnerte mich irgendetwas an ihm an Mr. Jones. Was genau konnte ich aber nicht eruieren. „Arbeiten Sie hier?“, fragte er mich. Also doch, wusste ich es doch! Bevor ich nicht Auskunft gegeben hatte, würde ich nicht an mein Ziel gelangen. „Nein, mir gehört der Laden!“, scherzte ich und mein etwas zynischer und schroffer Unterton blieb dabei nicht unbemerkt. Was hatte ich da nur von mir gegeben! Meine Ohren schienen den eigenen Worten nicht zu trauen. „Entschuldigen Sie!“, erwiderte der Mann laut lachend und klopfte sich dabei auf das Knie, wie Mr. Jones es immer tat. Er hatte meinen Galgenhumor scheinbar sehr gut verstanden. Das ist also keiner von der begriffsstutzigen Sorte. Es gab ja Menschen, die lachten entweder zum falschen Zeitpunkt oder gar nicht, weil jegliche Pointe einen großen Umweg um sie machte. „Ich wollte nicht neugierig sein, junges Fräulein, und wenn ich ehrlich sein darf, mich interessiert es auch nicht wirklich. Keine Ahnung, was mich da geritten hat, diese Frage zu stellen. Es hat sich einfach so gesprochen“, sagte er etwas verwundert und begann alsdann zu erzählen:

„Ein Mann kam in eine Buchhandlung und fragte nach einem Buch, in dem die ganze Wahrheit steht. Der Händler nahm ein Buch zur Hand und sagte: ‚Das ist ein sehr wahres Buch. Ich würde Ihnen dieses Buch empfehlen.‘ Der Mann fragte: ‚Was kostet dieses Buch?‘ ‚Dieses Buch kostet dreihundert Gulden.‘ ‚Gibt es nicht ein Buch, das noch mehr Wahrheit enthält?‘ Der Mann folgte dem Buchhändler mit großer Erwartung in eine abgelegene Ecke der Buchhandlung. ‚Dieses Buch enthält noch mehr Wahrheit. Es kostet fünfhundert Gulden‘, sprach der Händler. Der Mann nahm das Buch interessiert in die Hand und sagte: ‚Das ist ja ein Vermögen! Doch wenn ich schon so viel dafür ausgebe, dann möchte ich auch ein Buch haben, das die absolute

Wahrheit enthält!', sagte er hochmütig und seine Augen spiegelten Habgier und Stolz. ‚Der Preis spielt keine Rolle', fuhr er fort. ‚Ich suche nicht nach einem Buch, das viel Wahrheit, sondern die ganze Wahrheit enthält.' Der Händler schaute ihn einfühlsam an und sprach leise: ‚Folgen Sie mir in den Keller.'

Die beiden Männer stiegen die Treppe hinab. Der Händler öffnete eine verstaubte, geheimnisvolle Truhe und nahm ein Buch heraus, welches er dem Mann mit folgenden Worten reichte: ‚Dieses Buch enthält die ganze Wahrheit!' Ehrfürchtig, doch fordernd fragte der Interessierte: ‚Was kostet es?' Der Buchhändler antwortete mit sanfter, bedeutungsvoller Stimme: ‚Dieses Buch hat den höchsten Preis von allen!' ‚Wie viel?', fragte der Mann sichtlich erregt und nervös. ‚Es kostet Sie genau zwölf Gulden. Damit sind der Zeitaufwand und die Materialkosten und eine geringe Beratungsgebühr meinerseits abgedeckt.' Der Mann wollte dem Händler das Buch schon aus der Hand nehmen und zückte einen Beutel mit Münzen prall gefüllt. ‚Haltet ein', sagte der Buchhändler ruhig und gelassen. ‚Was ist noch?', fragte der Mann erzürnt und mit sehr lauter Stimme. ‚Es kostet Sie nicht nur den genannten Preis, sondern noch viel mehr.' Der Mann wunderte sich über diese sonderbare Antwort. Neugierig geworden, voller Hoffnung, nun endlich die ganze Wahrheit zu erfahren und doch etwas empört, sagte er: ‚Ich glaube, ich kann Ihnen nicht folgen! Was bedeutet, es kostet mich noch viel mehr?' Der Mann wurde immer ungeduldiger. Ohne eine Antwort abzuwarten, sagte er in lautem und schroffem Ton: ‚Guter Mann, sagen Sie mir nun, was ich Ihnen noch dafür geben muss. Ich gebe Ihnen natürlich mehr als diese lächerlichen zwölf Gulden, denn ich bin reich und was auch immer es kostet, ich werde es Ihnen geben.'

Der Händler lächelte milde und sprach: ‚Das, was Sie dafür bezahlen müssen, ist wohl der höchste Preis im Leben: Es kostet Sie Ihr bequemes Leben und es kostet Sie den Weg, den Sie bisher gegangen sind. Nichts wird so sein, wie es vorher war. Sie werden vieles aufgeben und hinter sich lassen müssen. Vieles, was Sie bis jetzt getan, gedacht und gefühlt haben, wird seine Wichtigkeit verlieren.‘

Enttäuscht verließ der Mann die Buchhandlung. Dieser Preis war ihm dann doch zu hoch. Es war wohl noch nicht der richtige Zeitpunkt für ihn gekommen, die ganze Wahrheit zu erfahren.“

Längere Zeit schwieg ich vor mir hin und genoss diese wunderbare Geschichte, die wirklich etwas Besonderes war. „Wo haben Sie denn diese Geschichte her? Haben Sie die selbst geschrieben?“ Er schüttelte lachend den Kopf. „Ich hatte bei Herrn Rodriges einmal ein sehr altes Buch bestellt und darin lag ein Zettel mit dieser Geschichte. Dieses Buch heißt, wie bereits erwähnt, *Dnyaneshwari*. Es ist ein göttliches Buch. Es ist die Essenz der *Gita*.“ „Die Essenz von wem?“, fragte ich erstaunt. „Sie haben sicher schon vom bekanntesten Werk der Hindus, der *Bhagavadgita*, gehört, oder?“ Ich nickte. „Natürlich ist es mir bekannt, doch ich dachte immer, das wäre nur etwas für Weise, da der Schreibstil doch sicher außergewöhnlich sein muss.“ Herr Kanaus schüttelte vehement den Kopf und vergewisserte mir, dass das nicht so sei.

Doch die *Dnyaneshwari* wäre um einiges einfacher. Ein jeder, der dazu bereit sei, sich selbst zu begegnen, könne sie lesen. Ein Geheimtipp also. Den musste ich mir merken. Aber war ich wirklich bereit? „Wissen Sie, dieses Buch liest man nicht, man studiert es. Man nimmt es täglich zur Hand, lässt sich von den göttlichen Impulsen inspirieren und sie in den Alltag einfließen, bis man diese Weisheit lebt. Auch lässt man sich nicht von den Stellen stören, die von Ritualen oder den Kasten erzählen, man filtert nur das, was für einen bestimmt ist und lässt alles andere unbeachtet und unangetastet ruhen. *Wer so liest, liest weise.*“ Herr Kanaus hielt kurz inne. Seine Worte berührten mich zutiefst. Ich wusste nur selbst allzu gut, dass man auch an Büchern ständig etwas zu kritisieren und auszusetzen hatte, anstatt einfach nur das aufzunehmen, was zu einem wollte. Ein einziger Satz eines

Buches war wertvoll, wenn er sich an der richtigen Stelle einnisten konnte.

„Wissen Sie", fuhr er fort, „normalerweise borge ich Bücher nicht aus, denn …" Dann rutschte er etwas näher an mich heran und flüsterte: „Wirklich weise Bücher gibt man nicht aus der Hand." Nun kamen seine Gutmütigkeit und ein leises Bedauern seines Handelns zum Vorschein. „Aber wissen Sie, mein Enkel interessiert sich doch so für geistige Nahrung und da konnte ich ihm seine Bitte nicht abschlagen. Da er sich im Moment aber im Ausland aufhält und ich bald mehr Zeit zum Lesen haben werde, wollte ich, dass Herr Rodriges es mir noch einmal besorgt." Jedes Mal wenn er *Wissen Sie* sagte, musste ich an Marie denken. Ihr *Weißt du* war eine Spur imposanter, aber wirklich nur eine Spur.

„Warum haben Sie bald mehr Zeit zum Lesen?", trieb mich meine Neugier voran. Eine doch etwas indiskrete Frage, deren Antwort mich nun wirklich nichts anging. Und wer bitte war Herr Rodriges? „Es ist ein besonderes Buch. Ein sehr, sehr besonderes Buch. Wer dieses Buch vollumfänglich erfasst und verinnerlicht hat, der ist in jeder Hinsicht frei. Wenn die Geistesnahrung überwiegt, besteht zwar die Gefahr, dass der Mensch ein Buch weglegt, bevor er zu sich selbst erwacht, doch ich glaube, dass du bereit dazu bist, der Wahrheit zu begegnen und ich glaube auch, dass du die Fähigkeit hast, es frei von Werten und Denken zu erfassen." Das hatte er jetzt aber schön gesagt. Frei von Denken? Wenn der wüsste! Herr Kanaus fasste mich verlegen am Arm. „Entschuldigung, jetzt ist mir dieses *du* doch einfach so herausgerutscht. Ich darf doch du sagen? Oder ist es Ihnen, ach, ich meine, dir zu aufdringlich?" „Nein, Nein!", erwiderte ich lachend. „Das ist schon okay, Herr Kanaus." „Josef. Ich heiße Josef." Dabei reichte er mir die Hand. „Lieber Josef Kanaus, ich bin Madita! Macht es Ihnen etwas aus, wenn ich Sie weiterhin mit Sie anspreche?" Verlegen sah ich ihn an. Er lächelte verständnisvoll und nickte mir zu. Da war eine sehr tiefe Vertrautheit, als würden wir uns schon seit Ewigkeiten kennen.

„Die *Dnyaneshwari* ist das Lieblingsbuch meiner Frau.“ Das hatte er aber sehr schön gesagt, doch auch dieser Satz ließ meine Frage von vorhin unbeantwortet. Vielleicht hatte er mich nicht verstanden. Mich interessierte doch, warum er bald mehr Zeit zum Lesen haben würde. „Meine Frau wird das fahle Licht der Welt bald verlassen und in das strahlende Lichtreich übergehen“, sagte er so ganz nebenbei, als würde das nichts Außergewöhnliches sein. Sein Geist war sehr rege und von ihm konnte man wohl noch so einiges lernen. Wahrscheinlich würde diese immense Ruhe erst mit dem Alter kommen, denn diese Aufgewühltheit und Unruhe, dieser sich ständig bewegende Denkzirkus, diese Egomanie und diese Arroganz, wovon ich mich beherrschen ließ, waren mir in diesem Moment bewusster denn je. In diesem Moment zeigte mir dieser Mann meine Unzulänglichkeiten auf, ohne mich dabei zu belehren oder zu tadeln. Seine Anwesenheit und das Erwähnen dieses Büchernamens hatten mich aufgefordert, mein eigennütziges und ichsüchtiges Dasein genauer zu betrachten.

„Das mit Ihrer Frau tut mir aber leid!“, sagte ich bedauernd und nahm dabei seine Hand. „Das muss dir nicht leidtun. Meine Frau hatte ein äußerst erfülltes Leben und war stets darum bemüht, sich in ihrem göttlichen Funken wiederzuentdecken. Sie hat ein Leben lang der Menschheit gedient und war stets da, um Leid zu lindern. Diese Hingabe hat sie stark gemacht und ihre persönlichen Bedürfnisse durften weichen. Sie ist eine glückliche Frau. Sie ist aus ihrem Herzen heraus sehr bescheiden und ein äußerst zufriedener Mensch.“

„Ich hätte Ihre Frau gerne kennengelernt“, sagte ich, ohne es zu wollen, und sein freudestrahlender Blick gab mir etwas von meiner Ursprünglichkeit zurück. „Komm doch morgen zum Tee!“, sagte er spontan. „Ich wohne nur eine Straße weiter.“ „Gerne!“, sagte ich, ohne zu überlegen, aber nicht ohne dabei auch ein bisschen ein mulmiges Gefühl zu verspüren. Ich hatte noch Probleme mit dem Tod und vor allem konnte ich Menschen nicht leiden sehen.

Vielleicht geht es ihr ja noch ganz gut?! Für diesen aufmunternden Gedanken war ich zur Abwechslung einmal so richtig dankbar. Er gab mir noch seine genaue Anschrift bekannt und wir vereinbarten noch einen Zeitpunkt für unser Treffen. Als dieser nette Herr gehen wollte, kam Mr. Jones auf uns zu. „Lieber Herr Kanaus, es tut mir leid, dass Sie so lange haben warten müssen. Aber Sie sehen ja …" „Das macht überhaupt nichts, Herr Rodriges, ich habe mich sehr nett mit Madita unterhalten." Er klopfte mir sachte auf die Schulter. „Herr Rodriges", stotterte ich laut, „Sie heißen also … Rodriges!" „Wusstest du das denn nicht, liebe Madita? Da habe ich wohl ein Geheimnis gelüftet", belustigte Herr Kanaus sich. „Jetzt weißt du es!", sagte Mr. Jones, der eigentlich Herr Rodriges hieß und für mich auch weiterhin Mr. Jones bleiben würde. Herr Kanaus fiel ihm ins Wort, so wie es normalerweise eine meiner Eigenarten war, Menschen nicht aussprechen zu lassen, und sagte: „Ich sehe keinen Herrn Rodriges!" Dabei lachte er meinen Mr. Jones an und zwinkerte mir zu. „Ich sehe nur einen lichtvollen Glanz und eine äußerst gut erhaltene Hülle dazu", scherzte Herr Kanaus ein weiteres Mal und nun lachten beide so herzhaft und unbeschwert, dass es eine reine Wohltat war, ihnen dabei zuzusehen. „Und meine Hülle geht jetzt einkaufen und anschließend wird sie sich noch ein Weilchen niederlegen, bevor sie sich ans Kochen wagt", ergänzte Herr Kanaus fröhlich und machte sich auf den Weg. „Ach ja!", sagte er noch. „Bestellen Sie mir noch einmal ein Exemplar der *Dnyaneshwari,* ich weiß ja … das kann dauern." „Zwei Mal bitte!", sagte ich so spontan, dass Mr. Jones mich verwundert anschaute, schmunzelte und wahrscheinlich feststellte, dass ich auch ohne Denken ganz gut funktionieren konnte.

Nachdem ich die Sessel wieder verräumt und der Ansturm sich langsam gelegt hatte, lud mich Mr. Jones zum Essen ein. Pünktlich um zwölf Uhr verließen wir das Geschäft und kehrten bei einem Inder ein, der nur zehn Minuten Fußweg von Mr. Jones' Laden entfernt ein herrliches, kleines und sehr gemütliches

Restaurant besaß. Der überaus freundliche Empfang dieses Inders gefiel mir sehr gut. Man fühlte sich wirklich willkommen. In einer Sprache, die ich nicht verstand, begrüßten sich die beiden herzlich, umarmten sich und lachten nach allen paar Worten immer wieder sehr ausgelassen und vergnügt. Als dieser Inder mit den strahlend weißen Zähnen bemerkte, dass ich wohl zu Mr. Jones gehörte, sprach er von der einen auf die andere Sekunde ein fließendes und fehlerfreies Deutsch. Sofort begrüßte er mich und es war, als würden wir uns schon seit Jahren kennen. Wir bekamen einen besonders hübschen Tisch zugewiesen, der ein großes Fenster zur Straße hin hatte und besonders viel Sonnenlicht einstrahlen ließ. „Haben Sie sich mit ihrem Freund auf Indisch unterhalten?“, fragte ich Mr. Jones, der ja eigentlich ganz anders hieß. Nachdem er fünf Minuten nichts gesagt hatte, gab er doch noch etwas von sich. Diese Ruhe und Gelassenheit waren eigen. In einer hektischen und schnelllebigen Konsumgesellschaft traf man eher andere Eigenschaften an. Bei ihm muss ich wohl einen Gang runterschalten. Oder vielleicht ganz stehen bleiben? „Soeben habe ich Hindi gesprochen. Ich bin mehrsprachig aufgewachsen und spreche neun Sprachen. Es ist immer hilfreich, mehrere Sprachen zu sprechen“, sagte er sehr bedacht. Er sprühte voller Leben und hatte eine gigantische Ausstrahlung. Doch sah man seinen Körper etwas genauer an, hatte man das Gefühl, dass darin keiner wohnte. Als würde das, was aus ihm strahlte, in einer Rückzugswelt verweilen. Sein Körper aber war anwesend und funktionierte. Und der funktionierte sehr gut, denn er sah sehr gesund aus und hatte eine babyglatte Haut, was eher sehr ungewöhnlich für einen Mann in seinem Alter war. Ich hatte zwar keine Ahnung, wie alt er war, aber ich schätzte ihn so um die fünfzig Jahre, obwohl er wesentlich jünger wirkte. „Die Sprache aber, die alle Menschen verstehen, kann man nicht lernen. Sie entwickelt sich und diese Entwirrung bedarf Geduld, Geduld und abermals Geduld.“ Er verlieh diesem Wort Geduld eine Portion Sanftmut und das Wort klang weich nach. Es war so einfach und selbstverständlich. Doch Geduld war für mich alles andere als ein selbstverständlicher Wesenszug. Dieser war mir wohl etwas abhandengekommen. „Erwachen muss reifen!“, sagte er wie aus heiterem Himmel, bevor er wieder in ein tiefes Schweigen verfiel.

Da kam mir plötzlich etwas in den Sinn. Ja, Geduld war eine göttliche Gabe und gewiss, sie fehlte mir. Aber brauchte ich wirklich Geduld? Hätte ich keine Erwartungen und Wünsche, dann wäre auch die Geduld überfällig. Geduld brauchte man also nur, weil man persönliche Absichten hegte. Ein Weiser bräuchte erst gar keine Geduld zu haben, weil er keine Ansprüche mehr stellen würde. Er war die Geduld in sich selbst! Welch rigorose Einsicht. Selten gab es geduldige Menschen. Also waren es ihre Wünsche, die das eigentliche Problem waren und nicht die Tatsache, dass sie keine Geduld aufbringen konnten. Ich brauchte also nicht die Geduld, bis etwas eintraf, was ich mir erhoffte, sondern vielmehr das Urvertrauen, dass alles seine Richtigkeit hatte. Geduldig zu sein war kein Zeitvertreib, um sich den Zeitraum von einer Erwartung bis zu ihrer Erfüllung zu verkürzen. Geduld stellte sich dann ein, wenn wir durchschaut hatten, dass es so etwas wie persönliche Ziele nur gab, weil denen ein göttlicher Impuls vorausgeeilt war. Und genau diese Stelle würde Wünsche erlassen, Begierden auslöschen, Vorhaben tilgen, Absichten ausradieren und Erwartungen beenden, und zwar dann, wenn es so sein soll. So Gott will! Und dieser Wille war absichtslos, sinnlos und zwecklos, befreit von schattenhaftem Gebären. Dieses Erlassen, Befreien und Entsühnen von unnötigen Reflexen war ein vollkommen unwillkürlicher Ablauf, den wir getrost der Allmacht des Einen überlassen konnten. Und gewiss, das konnten wir. Was blieb uns anderes übrig, wenn denn nichts anderes existiert?

Das Essen schmeckte hervorragend. Man merkte, es wurde mit Liebe gekocht und mit Respekt zur Nahrung umgegangen. Nach dem Essen stellte mir Mr. Jones eine Frage. Diese war alles andere als normal. Ich erinnere mich noch genau, denn ich verschluckte mich am Tee. Das war dann wohl zum zweiten Mal der Fall.

„Wie lange willst du diese Arbeit noch tun, die dir weder Freude bereitet noch deine Bestimmung ist?“ Er sah kurz aus dem Fenster und tat gerade so, als hätte er mir eine komplett bedeutungslose und nichtssagende Frage gestellt. „Wie meinen Sie das?“, erwiderte ich und sah ihn dabei mit großen Augen an. Mein Verkäuferinnenjob war stinklangweilig und ich quälte mich jeden Tag zur Arbeit. Immer öfters war ich die letzte Zeit krank geworden und ich wusste, dass ich etwas ändern musste. Nur was tun, wenn nicht aus dem Ärmel schütteln? „Ich gehe Anfang September für einen Monat nach Nepal, um Freunde zu besuchen. Du kannst mich in der Zwischenzeit vertreten.“ „Wie bitte?“, stammelte ich hervor. „Ich … Sie vertreten?“, wiederholte ich komplett verunsichert. „Ja, genau das habe ich dich gefragt. Ich habe bemerkt, dass du nicht sehr gut siehst, hast du auch etwas an den Ohren?“ Er scheint mich wieder einmal nicht ernst zu nehmen. Seinen Laden für einen Monat zu führen? Warum nicht? Was überlege ich da überhaupt? Das ist ja genial! Das war wie ein Wunder. Ein Geschenk des Himmels. Die Ernüchterung ließ nicht lange auf sich warten. Mein Verstand sortierte alle Inputs im Schnellverfahren und … stieg aus! Mein Herz war überglücklich und schien Luftsprünge zu machen, doch mein Sklaventreiber aus der obersten Etage erinnerte und mahnte mich umgehend, nur noch ein paar Tage Resturlaub zu haben und deshalb nicht frei zu bekommen. Du und Mr. Jones vertreten? Dass ich nicht lache! Was glaubst du, wer du bist und wie erklärst du das deinen Eltern? Und du müsstest wieder umziehen, das wäre dann zum dreizehnten Mal! Diese Gedanken und einige mehr fegten wie ein Orkan über mich hinweg und hatten in Windeseile jegliche Freude zerstört.

„Ich würde ja gerne“, sagte ich etwas traurig, „doch ich bekomme keinen Urlaub mehr.“ „Wir werden sehen“, sagte er. „Ich zähle auf dich!“ Mr. Jones erhob sich, um die Rechnung zu begleichen. Wir werden sehen? Was werden wir sehen? Gar nichts werden wir sehen! Und warum zählt er auf mich? Ich konnte ihm nicht ganz folgen. Wenn ich keinen Urlaub mehr hatte, bekam ich auch keinen mehr! Ich fühlte einen tiefen Schmerz und unendlichen Zorn. Wie gerne hätte ich zugesagt, es hörte sich nach der Chance meines Lebens an, doch das Leben ist nun mal kein Wunschkonzert.

Am Nachmittag half ich Mr. Jones noch im Laden und wollte zeitig ins Hotel zurück, wo Marie sicher schon sehnsüchtig auf mich wartete. So gegen fünfzehn Uhr, als ich mich auf den Weg ins Hotel machen wollte, betrat Alfred unverhofft den Laden. Wir unterhielten uns noch kurz zu dritt, und bevor ich endgültig ging, fragte mich Alfred, ob ich Lust hätte, mit ihm am Abend essen zu gehen. Heute wirbelt es ja nur so vor Einladungen! Er hätte noch einiges mit Mr. Jones zu erledigen und ich könnte doch so gegen neunzehn Uhr hierher kommen. Das kam spontan! Schon wieder essen gehen!? Na ja, warum nicht! Ich sagte zu und eilte Richtung Hotel.

Marie lag bereits in meinem Bett, als ich das Zimmer betrat, und malte ein schönes Bild mit vielen bunten Blumen. Sie hatte ihre Lautsprecher im Ohr und hörte sich sicher wieder eine ihrer Lieblingsgeschichten von *Hanni und Nanni* an. Genau deshalb konnte sie mich nicht gleich hören. Als sie mich erblickte, rannte sie stürmisch auf mich zu, fiel mir um den Hals und küsste mich auf die Wange. „Ich hoffe, du hast nichts dagegen, dass ich hier in deinem Zimmer auf dich gewartet habe“, sagte sie überschwänglich und voller Freude. „Warum sollte ich?“, entgegnete ich und strich ihr wie schon so oft über ihre gelockte Haarpracht. „Wie war es denn? Erzähl!“

„Marie, du wirst lachen. Alle Anwesenden des gestrigen Treffens saßen genau an dem Platz, den du ihnen zugewiesen hattest.“ „Ja weißt du, um kurz vor sieben Uhr habe ich mit ihnen allen Kontakt aufgenommen und ihnen die Sitzordnung erklärt. Mit dieser Formel, du weißt schon.“ Dabei klopfte sie mir auf die Schulter, als müsste ich wissen, wovon sie sprach. Ich aber wusste nichts von einer Formel oder ähnlichem Krimskrams. „Hast du gar nichts bemerkt?“, fragte sie sehr verwundert, wenn nicht sogar etwas entsetzt. Ihr *Ja weißt du* brachte mich zum Schmunzeln, doch die anderen Sätze verschlugen mir die Sprache. Eine Weile sah ich sie etwas irritiert an. „Was meinst du?“, fragte ich sie überrascht und war etwas hilflos, denn ich wusste nicht, wie ich auf diese eigenartigen Aussagen reagieren sollte. Erstaunt und fragend sah ich sie an. „Was für eine Formel?“ Es hörte sich nach Magie an und stimmte mich nachdenklich. Da lachte Marie laut drauflos und rief: „Dein Gesicht! Du hättest dein Gesicht eben sehen sollen. Nein, wie komisch! Wie du aber auch dreinschauen kannst!“ Sie brach in ein lautes Gelächter aus und sprang dabei auf und ab. „Hast du das wirklich geglaubt? Sie hat's mir abgenommen. Sie hat's mir abgenommen!“, wiederholte sie immer wieder und kringelte sich vor Lachen. Sie schien sich köstlich über meine Reaktion zu amüsieren.

„Du wirst es nicht glauben, aber ich hatte mich gestern wirklich schon gefragt, ob du mit deiner Sitzordnung irgendetwas ausprobieren willst“, entgegnete ich ehrlich. „Du spinnst wirklich! Meine Mutter hat Recht!“, sagte sie und prustete erneut los. Es dauerte ein bisschen, bis sie sich gefangen hatte und ich war schon etwas perplex. „Tut mir leid, sei mir nicht beleidigt, aber auf so einen Quatsch kannst auch nur du kommen.“ Was meinte sie denn bitte mit: *Meine Mutter hat Recht?*

„Du hast doch nicht allen Ernstes geglaubt, dass ich mit Energien experementieren tu?“ Sie griff sich an den Kopf und ließ sich auf das Bett fallen. „Weißt du, solche Sachen sind nicht zum Spielen da und man sollte damit auch nichts ausprobieren. Es wäre ja glatt Einmischerei!“, sagte sie entrüstet und ihre Stimme klang barsch. „Du hast Recht!“, bestätigte ich ihr. „Du hast wirklich Recht!“

Ich erzählte ihr von allen Anwesenden und ließ mich etwas über Kathrin aus. Ich beschrieb sie nicht sehr vorteilhaft und dabei sah mich Marie ernsten Blickes an. „Madita, das solltest du nicht tun!“ „Was?“, fragte ich erstaunt. „Mir solche Dinge erzählen über die anderen Menschen und so“, sagte sie etwas traurig und ich verstand nur Bahnhof. Aber ein leises Ahnen nistete sich ein und entlockte mir ein mulmiges Gefühl in der Bauchgegend. „Ich weiß, ich sollte nicht über andere urteilen“, beschwichtigte ich ganz locker. Ganz so lässig kam das aber nicht an, denn ich hatte den Hochmut wieder auf Hochglanz poliert. „Und warum tust du es dann?“, konterte Marie. Diese Feststellung war für ihr Alter nicht schlecht!

Trotz-dem trotzte ich dem und ignorierte ihren Satz. Die Schattenwelt hatte mich übermannt und nutzte die Gelegenheit, um ein weiteres Mal über mich zu triumphieren. „*Aber* interessiert es dich kein bisschen?“, wollte ich von Marie wissen. Mit diesem Satz versuchte ich Marie auf meine trübe Seite zu ziehen, was mir aber Gott sei Dank nicht gelang. „Kein aber!“, ermahnte mich nun auch noch Marie. Ich war beschämt und beugte meinen Kopf leicht nach unten. „Wenn du mir solche Dinge sagst, nimmst du mir ja die Chance weg, mir selbst ein Bild von dieser Frau zu machen. Das ist Maniplutation. Schäm dich, Madita! Lass mich die Leute doch ganz selbst in meiner Freiheit entdecken. Was du da machst, ist nicht gut, unfair und …“ Sie hielt kurz inne. „Und?“, sah ich sie neugierig an. „Und … etwas blöde“, flüsterte sie. Das war mir jetzt aber schon etwas peinlich gewesen und sie hatte Recht! „Weißt du, meine Mama sagte auch, du wärst etwas seltsam, weil du doch bei deinem Ankommen immer wieder zu ihr gesagt hättest, du würdest nie später als elf Uhr ins Bett gehen, wo es doch erst neun war.“ Aha, jetzt war mir klar, was das vorhin mit der Mutter zu bedeuten hatte! Ich ließ einem leichten Anflug von *Was soll denn das?* nicht die Chance, sich jetzt auch noch über die Mutter von Marie auszulassen. Mich packte Einsicht, denn was Marie da sagte, zeugte von der tiefen Weisheit einer alten Seele, die in einem kleinen Mädchen wohnte.

„Ich aber“, sagte sie stolz, „habe ihr nicht geglaubt und gedacht, du spinnst nicht, weil du doch so nett aussahst, als du mir zugewunken hattest.“ Köstlich! Diese Marie ist wirklich ein Original. Ihre Ausdrucksweise, die Wortwahl und diese einmalige Gestik dazu, einfach fabelhaft! Marie konnte hinter die Dinge sehen! Ich hingegen war seit jeher blind. Vielleicht hatte ich wirklich einmal mehr gesehen, aber das musste schon Ewigkeiten zurückliegen. Ich hielt mich stets vor dem Dahinter auf. Ich befand mich sozusagen in einem Dingfeld, in dem alles dingfest war und nicht gelockert und frei sein konnte. Es war eine Plage! Ein lauter Seufzer huschte mir über die Lippen und ich erschrak, genauso wie Marie.

„Mach dir nichts draus, Madita. Spazier halt nicht immer wieder in diese Gedankenwelt hinein. Ich merke doch, dass du die immer nur denkst! Lass es halt einfach. Sieh mal, du hast ja den Indianer, ähm Mr. Jones wollte ich natürlich sagen. Er hilft dir. Du wirst sehen, er zeigt dir die Sonne!“, sagte sie so überzeugend, dass der Hoffnungsschimmer in mir, irgendwann offener und lichter zu sein, nun doch nicht gänzlich erlosch. „Das, was du gestern alles gehört hast, fruchtet nicht immer sofort. Das kann dauern!“, versicherte sie mir sehr wissend. Na, das habe ich auch bemerkt! „Es wird nicht sofort im Leben umgesetzt, das wäre doch zu einfach. Gib dir einfach Zeit!“, sprach sie mir aufmunternd zu. Sie klopfte mir einfühlsam auf die Schulter und lächelte. „Das wird schon.“ Ich nahm ihre Hand und bedankte mich bei ihr. Marie machte eine eigenartige Bewegung mit der Hand und verzog nachdenkend ihr Gesicht. „Stell dir mal vor, du wärst uns nicht begegnet, mir und Mr. Jones. Wärst du unschusselig gewesen und etwas ordentlicher, dann säßest du jetzt …“ „In der Klemme? Da sitze ich jetzt ja nicht!“, stellte ich fest. „Nein, nicht in der Klemme, sondern …“ Sie stockte und ich war voller Neugier, was jetzt wohl wieder kommen würde. „Sondern?“, wiederholte ich gespannt. „Wenn mir doch dieses Wort mit dem A nicht einfällt. Dieses kirchenähnliche Ding … dieses …“ „Ashram!“, sprudelte es aus mir heraus. „Ja, sage ich doch … ähm, meine ich doch. Das ist aber auch ein seltsames Wort!“, stellte sie kopfschüttelnd fest. „Und genau dort soll es still sein?“ Wir lachten beide laut auf und kicherten vor uns hin.

Marie konnte es nicht lassen, mir noch ein paar Schilderungen des gestrigen Abends zu entlocken. Ich bemühte mich, neutral zu bleiben und meine persönlichen Empfindungen außen vor zu lassen. Mit staunenden Augen verfolgte sie jedes Wort und hing an meinen Lippen, ohne nur einen Moment abzuweichen. Sie schien wirklich sehr interessiert zu sein.

Dann kam ich zu der spannenden Stelle mit dem Röllchen. Als ich ihr das erzählte, lachte sie so laut, dass ich kurz dachte, sie wäre dabei gewesen. „Warum lachst du denn so?“ fragte ich sie neugierig. „Lachst du mich etwa aus?“, triezte ich sie und kitzelte sie dabei. „Entschuldige Madita, aber du kannst es ja nicht wissen. Ich habe schon mitbekommen, dass diese kleinen Papierrollen warm begehrt sind.“ Sie meinte wohl, heiß begehrt, doch *warm begehrt* hörte sich auch recht interessant an.

„Wir hatten letztes Jahr mehrere Personen hier im Haus, die bei Mr. Jones so einen Abend verbracht hatten. Das war ein Gesprächsthema, sage ich dir! Beim Frühstück und beim Abendessen unterhielten sie sich über nichts anderes, als über das Geheimnis der berühmten Röllchen von Mr. Jones. Das ist schon etwas länger her, weißt du? Aber das mit diesen Röllchen hat mich auch neugierig gemacht.“ Sie stockte. „Weißt du, heute würde ich das bestimmt nicht mehr machen“, sagte sie in einem entschuldigenden Tonfall und blickte beschämt zur Seite. „Doch damals war ich ja noch klein.“

„Aha!“, lächelte ich ihr verständnisvoll zu. Ich hatte keine Ahnung, welche Beichte mich jetzt wohl erwarten würde. „Ich schlich mich also in den Bücherladen und habe eines geklaut.“ Letztes Jahr also! Und schon etwas länger her! Und das war, als sie noch klein war, meine große Marie! Ihr Gewissen schien sie ganz schön zu plagen. „Und was hast du dann damit gemacht?“, fragte ich sie. „Na dieser Frau geschenkt, die ein Baby im Bauch hatte. Sie war doch so furchtbar traurig, weil sie kein Röllchen bekommen hatte und ich wollte ihr ja nur helfen. Ich dachte, es tut auch dem Baby gut, denn wenn die Frau traurig ist, ist auch das Baby traurig.“ Das war allerdings ein Argument, das sich hören lassen konnte. Da musste ich Marie vollends Recht geben. „Und dann?", fragte ich gespannt. „Als ich es ihr geben wollte, hat sie es nicht nehmen wollen. Ich sage dir, da soll sich einer noch auskennen. Zuerst war sie traurig, dass sie keines hatte, und als sie eines haben hätte können, wollte sie es nicht mehr! Da soll einer die Frauen verstehen!" „Vielleicht wusste sie, dass sie eines von Mr. Jones bekommen hätte, wenn es für sie bestimmt gewesen wäre", erklärte ich ihr. „Das weiß ich heute auch! Aber wo sie mir doch so leidtat mit dem Baby und so. Weißt du", sagte sie sehr geschäftig, „meine Mama hat einen Lieblingsspruch. Wo sie doch so auf mir hängt, meine Mama, mag sie diesen Spruch halt so gerne. Und der ist echt schön, weißt du?" Weiß ich nicht, lachte mein Herz.

„Ich habe der Frau einfach gesagt, ich hätte das Röllchen mit meinem Papa zusammen gelesen und dass dieser Spruch drinnen stand. Zuerst wollte sie es auf keinen Fall hören, doch der Mann von ihr hat gesagt: ‚Lass Sie doch … lass sie doch einfach machen!' Nur deshalb hat sie doch noch nachgegeben." „Und wie lautete dieser Satz?", wollte ich nun doch wissen. „Was ist ein Kind", antwortete sie. „Was ist ein Kind? Und das ist der Satz?", fragte ich sie etwas irritiert. „Nun warte mal ab, es geht doch noch weiter. Sei doch mal in der Geduldigkeit!" Sie schnaufte. „Also, jetzt geht es weiter, oder nein, ich fange noch mal von vorne an. Du hast mich ja ganz schön rausgebracht mit deiner Hastigkeit." Sie schloss die Augen und begann also noch einmal von vorne. „Also … was ist ein Kind?" Dann wartete sie ein bisschen und blinzelte unauffällig durch ihre geschlossenen Augen. Wohl um zu sehen, ob ich nun endlich in der Geduldigkeit war, wie sie es nannte. Als sie merkte, dass ich still blieb, fuhr sie andächtig fort: „Ein Kind ist das, was das Haus glücklicher, die Liebe stärker, die Geduld größer, die Hände geschäftiger, die Nächte kürzer, die Tage länger und die Zukunft heller macht."

Dieser Spruch berührte mich zutiefst. Marie konnte ihn auswendig und trug ihn so besonnen vor, dass ich schlucken musste. Mein Kloß im Hals war wieder da. Und Tränen? Nein, die blieben verschollen. „Ist der nicht schön!", sagte sie voller Stolz. „Irgendwie kann ich Mama verstehen“, grinste sie so nach dem Motto: Ja wie Mütter eben so sind. „Ja, das ist er, Marie! Wirklich wunderschön. So wie du!“, entgegnete ich und stupste sie dabei an der Nase, wobei sie über das ganze Gesicht strahlte. „Und von wem ist dieser Spruch?“, wollte ich wissen. „Von einer Frau Sonja Luther, aber die ist keine Bekannte oder Große wie Goethe oder so.“ „Ach so!“, erwiderte ich und schaute voller Staunen in Maries wunderschöne Augen, die wohl vom Raum hinter den Dingen der Welt zu erzählen wussten.

„Willst du mir am Abend noch etwas vorlesen, Madita? Aus unserem Regenbogenbuch vielleicht?“, fragte sie mich freudig. „Ja, gerne!“, entgegnete ich spontan. „Obwohl …“ Da fiel mir das Abendessen mit Alfred wieder ein. „Ich bin zum Abendessen verabredet.“ „Schade. Geht es vielleicht vorher?“ „Ja, Marie, ich gehe nur schnell ins Badezimmer, um mich etwas frisch zu machen.“ „Okay, und ich male zwischendurch die Blumenwiese weiter, es fehlt nämlich noch viel gelb!“ „Aha!“, sagte ich, wobei ich im Vorbeigehen einen Blick auf ihre wunderbare Zeichnung warf und erstaunlicherweise fast nur gelbe Blumen entdecken konnte. „Weißt du, Gelb ist die Harmoniefarbe.“ Ich musste an das Regenbogenbuch denken. Frau Harmonie, die auf dem gelben Pfad wanderte … „Gelb mag ich besonders! Und die Sonne ist ja auch gelb“, sagte Marie. „Da hast du wohl Recht, du kleiner Sonnenschein!“

„Hast du denn seit dem Frühstück nichts mehr gegessen?“, rief sie mir ins Badezimmer nach. Ohne eine Antwort abzuwarten, sagte sie: „Du musst ja wirklich hungrig sein!“ „Nein“, erwiderte ich, „ich war mit Mr. Jones beim Inder essen.“ „Mit Mr. Jones, soso“, sagte sie. „Und jetzt? Gehst du wieder mit Mr. Jones essen?“ Der Unterton war nicht zu überhören. Ich musste lachen. Allzu gerne hätte ich gewusst, was in ihrem kleinen Köpfchen vorging. Obwohl, sie schien in ihre Zeichnung ganz versunken zu sein und vollumfänglich darin aufzugehen. „Nein, ich gehe mit Alfred essen!“, antwortete ich ihr. „Mit Alfred. Aha! Wusst ich’s doch.

Hat doch geklappt! Erste Reihe Mitte also“, stellte sie fest. „Wie bitte?“, fragte ich sie. „Ach, denk dir nichts, ich hab nur laut gedacht. Ich habe mich auch eben in meinem Gedankensalat verirrt. So wie du halt immer“, sagte sie so nebenbei. Wie ich halt immer! Na danke! Wie die immer die Dinge benennt! Diese Ulknudel! Gedankensalat! Doch wohl eher Nudelsalat! Ich muss Alfred unbedingt fragen, woher er denn diese Worte für Kathrin genommen hatte. Marie wollte ich vorerst nichts davon erzählen.

Plötzlich kam mir in den Sinn, was sie mit *erste Reihe Mitte* gemeint haben könnte. „Sag nicht, du wolltest mich verkuppeln?“, fragte ich sie. „Nööööö, wie kommst du denn auf so was? Wenn du einen Mann willst, musst du ihn dir schon selbst nehmen“, konterte sie. „Selbst suchen meinst du, nicht selbst nehmen!“, korrigierte ich sie. „Nein, nehmen! Es ist schon so richtig, wie ich es gesagt habe. Musst mich nicht immer umbessern. Wer sucht, findet nämlich nicht! Das andere Sprichwort, du weißt schon: *Wer suchet, der findet,* ist ja völlig falsch, da es bekanntlich nichts zu finden gibt. Vielen ist das aber unbekannt. Ja, so sind sie halt die Menschen.“ Das hatte wieder einmal gesessen. Marie kannte sich offensichtlich besser aus, als ich es tat.

„Er ist schon nett, dieser Alfred. Sehr nett sogar! Zwar unmodern im Anziehen, aber sehr manierlich“, stellte sie fest. Nachdem alle wichtigen Fragen beantwortet waren, sputete ich mich, um Marie noch etwas vorlesen zu können. Während ich mein zerzaustes Äußeres auf Vordermann brachte, hörte ich Marie im Hintergrund sprechen. Sie redete pausenlos, als würde sie sich mit jemand unterhalten. Vielleicht tat sie das auch! Ich stellte auf alle Fälle fest, dass mein Aussehen für Stunden nicht im Vordergrund gestanden hatte. Immerhin. Welch ein Fortschritt!

„Wieso fangen wir denn so weit hinten an?“, fragte sie mich etwas entrüstet, als ich mich kurz vor sechs Uhr zu ihr ins Bett legte, um ihr aus *unserem* Regenbogenbuch, wie sie es nannte, vorzulesen. „Das andere habe ich schon gelesen“, lachte ich. Es war doch etwas egoistisch von mir, aber ich mochte nicht noch einmal lesen, was ich bereits vor zwei Tagen gelesen hatte. „Hast du das!“, stellte sie etwas unschlüssig fest. „Dann kenn ich mich aber nicht aus. Ich find doch nie und nimmer den Faden!“ „Den Faden, soso“, sagte ich belustigt. „Na, den, den man braucht, um alles mitzubekommen“, sagte sie oberschlau. Marie schien alles mitzubekommen. Sie schien sich alle Wörter zu merken, die ihr zu Ohren kamen, auch wenn sie oft die Buchstaben verwechselte. Zumindest verwendete sie alle Wörter, die sie kannte, auch wenn sie überhaupt nicht passten. „Okay, dann fang halt dort an, wo du meinst. Du kannst mir ja, wenn wir mit dem Buch fertig sind, noch einmal alles von ganz vorne vorlesen, so kann ich auch den Faden wieder finden“, lenkte sie ein. „Weißt du“, sagte ich jetzt einmal zur Abwechslung zu Marie, „diese Frau in diesem Buch, die übrigens auch Madita heißt, geht über alle Regenbogenfarben spazieren und jede Farbe hat ihre eigene Geschichte. Du hast also nichts versäumt.“ „Das ist gut! Aber wieso heißt die denn genauso gleich wie du?“ Nun erklärte ich ihr meine Vermutung mit diesen Fast-fertig-Büchern. Sie schüttelte nur den Kopf, was sie übrigens sehr gerne tat, und konnte das überhaupt nicht verstehen. Es schien sie auch nicht sonderlich zu interessieren. Das Objekt der Begierde war nun mal der Inhalt des Buches. „Nun fang doch mal an!“, drängelte sie. „Madame wird wohl nicht ungeduldig werden?“ „Ich will nur nicht, dass du zu spät zu deinem Alfred kommst“, neckte sie mich. Nachdem ich ihr kurz etwas aus der Einleitung erzählt hatte, begann ich mit dem blauen Pfad und zehn Minuten später war sie eingeschlafen.

Ich gab kurz ihrer Mutter Bescheid, da ich Marie auf keinen Fall wecken wollte, und bat sie, Marie doch schlafen zu lassen. Ich würde sie auf ihr Zimmer bringen, falls sie bei meiner Rückkehr aufwachen würde. Einen wirklich glücklichen Gesichtsausdruck konnte ich nicht feststellen, dennoch willigte sie ein. Aber nur weil ich ihr immer wieder erklärte, dass sie mich morgens mit Marie wecken könnte, dass ich nicht zu spät zurück sein würde und dass es doch ausdrücklich mein Wunsch gewesen war, dass

Marie mich am Nachmittag auf meinem Zimmer besuchen kommen sollte.

Das Essen mit Alfred war sehr spannend und das Restaurant sehr nobel. Beim Betreten dieser Lokalität musste ich an Frankreich denken und hatte kurz das Gefühl, nicht so passend angezogen zu sein. Alfred war sehr belesen und so sprachen wir unter anderem über Indien, dessen Kultur und über die Lebensweise der Menschen, die dem Leben entsagt hatten. Wir streiften verschiedenste Kontinente und das Gespräch war äußerst anregend und interessant. Ich hatte das Gefühl, dass er in viele Themen sehr eingeweiht war und vieles für sich behielt, was nicht für die Öffentlichkeit bestimmt war. Er war ein weit gereister Mann und hatte sehr viel an Lebenserfahrung gesammelt. In letzter Zeit aber hatte er aus einer vorübergehenden finanziellen Notsituation heraus wieder in seinen alten Beruf zurückkehren müssen und der hatte ausschließlich mit Zahlen zu tun. Man sah ihm an, dass er das beherrschte, dass es sein Herz aber ganz woanders hinzog. Die viele Arbeit hatte Spuren hinterlassen und eine Mattigkeit über seine Haut gelegt. Er schien etwas angeschlagen zu sein und diese Erschöpfung bestätigte mir, dass er seinen Körper die letzten Monate doch sehr außer Acht gelassen hatte. Als er mir sagte, dass er diese Arbeit bereits Ende März wieder abbrechen würde, um sich nur noch seinem spirituellen Leben zu widmen, huschte ihm ein Lächeln über sein Gesicht, das von tiefer und aufrichtiger Freude begleitet war. Jetzt fiel mir wieder ein, dass ich mir vorgenommen hatte, ihm von meiner Geschichte für Marie zu erzählen, aber irgendwie schien das Thema jetzt überhaupt nicht zu passen.

Als wir auf Mr. Jones zu sprechen kamen, hatte Alfred meine Neugier geweckt und ich versuchte, ein wenig Einblick in das Leben von Mr. Jones zu erhaschen. Das gelang mir aber nicht wirklich, denn Alfred schwieg sich aus, zumindest immer dann, wenn wir auf Mr. Jones' Person zu sprechen kamen. Er hatte mit ihm schon einige Reisen unternommen und das interessierte mich natürlich brennendst. Doch all seine Geschichten machten einen großen Bogen um das Opfer der Begierde. Ich erfuhr zwar einiges über seine Familie, aber nicht wer er war. Mr. Jones war für mich unfassbar, unergründlich und ungreifbar. Er hatte in mir ein längst verloschenes Feuer wieder entfacht. Seine Eltern lebten in Madras, sein Vater war ursprünglich portugiesischer Abstammung, er hatte eine indische Mutter und eine seiner Schwestern wohnte ganz in der Nähe. Mr. Jones hatte schon in mehreren Ländern gelebt und sieben Jahre seines Lebens in einem Kloster des Himalaja-Gebirges verbracht. Das war zwar alles sehr spannend, aber es war nicht das, was ich wissen wollte. Nur was erhoffte ich denn zu erfahren und was wollte ich überhaupt wissen?

Nach diesem Gespräch wurde mir wieder einmal aufgezeigt, wie absurd meine Vorstellungen und Einschätzungen doch waren. Alles, was ich bis dato über Alfred gedacht hatte, revidierte sich vollständig und es zeigte sich ganz klar, wie absurd meine Meinungen über ihn waren.

Es war kurz nach halb elf Uhr, als wir das Restaurant verließen. Wie schnell doch die Zeit vergangen war. Ich wollte schnellstens ins Hotel zurück, doch Alfred bat mich, noch auf einen Sprung mit ihm zu kommen. Ganz in der Nähe hatte ein alter Schulfreund von ihm erst vor Kurzem eine Kneipe eröffnet. Er hatte sich wohl schon des Öfteren vorgenommen, ihn zu besuchen. Leider war ihm bisher aber immer wieder etwas dazwischen gekommen. Der Einladung zur Eröffnung konnte er aus beruflichen Gründen nicht folgen. Schon über zwanzig Jahre hatten sie sich nicht mehr gesehen. Um ehrlich zu sein, graute mir davor, in einer Kneipe zu sitzen und vielleicht auch noch alkoholisierte Menschen um mich zu haben, die belangloses Zeug schwätzten. Meine Einstellung erstaunte mich selbst, denn ich war eigentlich ein sehr geselliger Mensch. Ich wollte ihm die Bitte nicht abschlagen und so ließ ich mich darauf ein, den Abend bei einem kleinen Schlummertrunk ausklingen zu lassen. So schlenderten wir ein paar Straßen weiter und die frische Abendluft tat uns beiden sehr gut. Die neue Kneipe, wie Alfred es nannte, war wohl eher eine Bar. Die roten Lampen an der Fassade des Gebäudes hatten etwas Verruchtes an sich und auch Alfred staunte nicht schlecht, als wir vor dieser Lokalität standen. Alfred warf mir einen kurzen, aber sehr intensiven und aussagekräftigen Blick zu, der verriet, dass wir es doch besser lassen sollten. Dann gab er sich einen Ruck und sagte in einem fröhlichen, aber leicht verunsicherten Ton: „Wagen wir uns in die Höhle des Löwen, uns wird schon keiner fressen." Noch fanden wir die Situation beide sehr belustigend und betraten die anrüchige Spelunke. Im ersten Moment konnte ich überhaupt gar nichts sehen, weil ich mich in einem Vorhang verfangen hatte, der wohl als Windfang diente, um vorbeigehenden Spaziergängern den neugierigen Einblick zu verwehren. Ein Mief stieg mir in die Nase, der mir einen Geruch aus einem Nikotin-Alkohol-Parfüm-Gemisch signalisierte. Sobald man sich an die vom Rauch geschwängerte Luft gewöhnt hatte, konnte man endlich eine Theke und ein paar Tische und Stühle erkennen, die eher spärlich besetzt waren. An einem Tisch saßen drei Männer mit Hüten und zogen begierig an ihren Glimmstängeln. Für einen Moment dachte ich, in Sizilien zu sein. Ihre lächerliche Fassade erinnerte mich an alte Mafiafilme, die ich sowieso noch nie leiden konnte. Für Karnevalnarren blickten sie zu griesgrämig, doch konnte man ihr Aussehen schon für eine Kostümierung halten. Das Leuchten von Spielautomaten war nur schwer zu übersehen. Diese waren auch alle belegt und hier gaben sich Männer und Frauen ihren dunklen Trieben hin, die ihnen das Geld aus den Taschen lockte. Wie ein höhnisches Grinsen empfand ich die dubiosen Geräusche dieser Spielkästen, die den Spieler in den Schein des irdischen Reichtums lockten, wo er durch seine Gier für immer verloren war.

Hinter der Theke standen zwei Männer. Alfred ging auf einen der beiden zu und nach einem kurzen Austausch begann ein großes Hallo. Alfred fragte mich, was ich denn trinken möchte und ob ich mich einem Glas Rotwein anschließen würde. Die Idee fand ich gut, es wäre auch mein Vorschlag gewesen. Doch kam ich nicht dazu, es auszusprechen. Ich konnte gar nicht so schnell schauen, schon hatte ich ein Sektglas vor mir stehen.

„Champagner für die Dame!“, lächelte mir dieser Schulfreund entgegen. Er war braungebrannt, sein Anzug war maßgeschneidert und sein Benehmen schien eine gute Schule durchlaufen zu haben, doch es wirkte künstlich und aufgesetzt. Nach Herzlichkeit brauchte man hier erst gar nicht zu suchen. Die markanten Gesichtszüge und die dumpfen Augen spiegelten ein umfangreiches Machtthema wider. Er versuchte, galant zu wirken, was ihm aber nicht wirklich gelang. Auch Alfred wurde mit einem Glas Champagner beglückt und lächelte etwas gezwungen. Wahrscheinlich wunderte auch er sich, was aus dem ehemaligen Schulfreund geworden oder auch nicht geworden war. „Wie heißt denn die hübsche Dame mit den schönen Augen?“, sagte dieser Schulfreund zu Alfred. Als könnte ich nicht für mich selbst sprechen! Ich war doch keines dieser Vorzeigepüppchen, die an der Bar saßen und sich volllaufen ließen! „Darf ich vorstellen“, sagte Alfred. „Madita, das ist mein Schulfreund Robert. Robert, das ist Madita!“, sagte Alfred etwas verlegen. Man sah diesem Robert an, dass sein Kopf rotierte. Alfred hatte mich nur als Madita vorgestellt und nichts weiter hinzugefügt. Robert suchte angestrengt nach einer Antwort auf die Frage, in welchem Verhältnis ich wohl zu Alfred stehen würde. Insgeheim hoffte er natürlich, dass ich nur eine flüchtige Bekannte von Alfred war.

„Na, du alter Haudegen, was hast du denn all die Jahre gemacht? Du siehst müde und blass aus. Hast wohl auch nichts zu lachen!“ Dabei klopfte Robert Alfred mit ein paar kräftigen Schlägen auf den Rücken. Dieses rüpelhafte, grobe und heftige Geklopfe war energetisch mit dem Gebaren einer Raubkatze zu vergleichen, die instinktiv ihr Revier verteidigte und so nebenbei ihre Macht demonstrierte. So unter dem Motto: Sieh her, wie toll ich bin! Wir Männer wissen, wo es lang geht, oder so ähnlich fühlte sich das an. In dieser Geste steckte diese männliche Kumpelenergie, die sehr schwerfällig, profan, großspurig und aufgeblasen wirkte. Der triebgesteuerte Instinkt hatte diesen Menschen in das abtrünnige Reich des Verderbens gezogen und ihn bis heute nicht freigegeben. Wenn mich dieser Robert ansah, lief es mir eiskalt über den Rücken. Es war aber nichts weiter als überspielte Unsicherheit. Diese aufgesetzte Lässigkeit hatte etwas Armseliges an sich und war ein unendlicher Hilfeschrei einer Seele, deren menschlicher Körper sich in den tiefsten Sphären aufhielt und mit der Dunkelheit einen teuflischen Pakt abgeschlossen zu haben schien.

„Eine Freundin würde dir guttun!“, sagte dieser Robert nun. Er ließ nicht locker, und solange er nicht wusste, wer ich war, würde seine Wissbegier auch keinen Frieden finden. Da Alfred nicht antwortete, war sich Robert schon seines Sieges sicher und startete die nächste Attacke. „Und ich dachte schon, wo du denn so eine hübsche Freundin hernimmst“, lachte dieser Robert überlegen und tat dies als Scherz ab. „Sie ist gar nicht deine Freundin! Hab ich es doch gewusst!“, fuhr er fort und glaubte allen Ernstes, Alfred würde sein Spiel nicht durchschauen. „Nein“, sagte Alfred, „Madita ist nicht meine Freundin!“ „Na, sag ich's doch! Prost, Alfred! Prost, Madita!“, sagte Robert und strahlte dabei eine siegessichere Überheblichkeit aus. „Madita ist meine Frau“, fügte Alfred locker hinzu und dabei hob er das Glas. Ich war wahrscheinlich noch überraschter als Robert, doch ich ließ mir nichts anmerken. Ich war perplex und wusste sofort, dass mich Alfred nur in Schutz nehmen wollte, um mir Roberts Anmache zu ersparen. „Zum Wohle, Robert, zum Wohle, Schatz!“, sagte ich lächelnd und Alfred war jetzt genauso verblüfft wie ich, als er mich zu seiner Frau erklärt hatte.

Ab diesem Moment hatte Robert das Interesse an mir nicht gänzlich verloren, doch er sah mich nicht mehr so oft an. Es entspricht wohl einem ungeschriebenen Gesetz unter Männern, dass man einem Kumpel nicht die Frau ausspannt. Wie bescheuert war das eigentlich? Ich bewegte mich in Energiefeldern, die ich schon lange hinter mir gelassen hatte. Es kam mir vor, als würde mich etwas einholen, was seit Jahren keine Notiz mehr von mir genommen hatte. Am liebsten wäre ich davon gelaufen, doch ich wusste, ich musste mich dem stellen. Was auch immer jetzt passieren würde, es musste wohl so sein, auch wenn ich es nicht verstehen würde. Ich wollte einfach geschehen lassen, was geschehen wollte.

Robert wollte alles wissen und Alfred erzählte eher belanglose Episoden, die sich die letzten Jahre in seinem Leben zugetragen hatten. All das Spannende, was er mir vorhin erzählt hatte, kam nicht darin vor. Er wusste wohl, was er erzählen konnte und was unausgesprochen bleiben sollte. Wie gerne hätte ich diese Verschwiegenheit auch zu einer meiner Eigenschaften gezählt. Doch damit konnte ich keineswegs aufwarten! Zu sehr plapperte ich den lieben langen Tag unbesonnen und unüberlegt darauf los, anstatt einfach mal still zu sein. Eine kleine Unachtsamkeit aber ließ Alfred etwas erzählen, was Robert hellhörig machte. Plötzlich entschuldigte sich Robert kurz, entfernte sich und stand ein paar Minuten später mit seinem Bruder wieder vor uns. Er hieß Gunter und sah Robert stark ähnlich. Er hatte dieselben markanten Gesichtszüge und wirkte noch gröber und kälter. Seine Augen waren erstaunlich klar und was auch immer aus ihnen hervorblitzte, es gefiel mir nicht.

So saßen wir uns nun zu viert an einen Tisch und ein junges Mädchen, das an der Bar saß und mit Reizen nicht geizte, übernahm das Kommando an der Theke. Robert sagte kein Wort, ein kurzer Wink und das Mädchen gehorchte. Dann machte er noch eine eigenartige Handbewegung, die so aussah, als ob er an einer nicht vorhandenen Zigarette ziehen würde. Das Mädchen zündete ihm umgehend eine Zigarette an, brachte sie an den Tisch und steckte sie ihm in den Mund, wobei sie ihm ergeben zulächelte. Es verschlug mir fast die Sprache und ich hatte echt Mühe, in einer urteilsfreien Zone zu bleiben. Das Mädchen war bildhübsch und ihr Innerstes schien nach Liebe zu schreien. Sie schien scheinbar zu verwechseln, dass nicht ihr Ego, sondern ihr Innerstes nach Aufmerksamkeit gierte. Durch Gefallenwollen und Gehorsamsein versuchte sie sich diese Zuwendung zu erkaufen. Wie undurchsichtig und trügerisch diese Verhaltensmuster doch waren. Wie lange sie diesem krankhaften Zwang der täuschenden Befriedigung wohl schon erlag, der vorgab, ihren Hunger zu stillen?

Und ich? Ich erlag der Täuschung an den Fassaden, an den Körpern dieser Menschen hängen zu bleiben, anstatt dahinter zu sehen. Welches von beiden wohl das größere Übel war?

Dieser Gunter hatte Alfred schnell in eigenartige Fragen verwickelt. Es ging um Schriften, okkulte Bücher und um ein scheinbares Wissen, welches dieser Gunter wohl meinte, entdeckt zu haben. Gunter wollte gar nicht mehr damit aufhören, dieses Thema gnadenlos auszuschmücken und ihm auf den Grund zu gehen. Robert wurde von einem Gast gerufen und Gunter bat uns mitzukommen. Er führte uns in einen abgesonderten Raum, der nicht einmal ein Fenster hatte. Seine Aufgeregtheit und sein überschwängliches und unnatürliches Verhalten zeigten auf, dass er wohl in dem Glauben war, Verbündete für seine dunklen Machenschaften gefunden zu haben. Er zündete eine Kerze und ein Räucherstäbchen an und versicherte uns aufgeregt, sofort wiederzukommen.

„Liebe Madita!“, sagte Alfred sanft, denn er hatte meine Anspannung wahrgenommen. „Sei nicht verwirrt. Das, was jetzt geschieht, könnte für dich eine wichtige und wertvolle Erfahrung sein. Die dunklen Mächte sind überall und ihr Spiel zu durchschauen kann sehr nützlich sein. Hab keine Angst, es wird dir nichts passieren.“ Wortlos sah ich ihn an und so unbehaglich sich diese Situation auch anfühlte, ich vertraute ihm. In meinem Kopf herrschte Totenstille. „Das, was Gunter vorhat, ist harmlos für die, die dem Licht zugewandt sind“, sagte er in einem sehr bestimmenden und durchaus sicheren Ton. War ich denn dem Licht zugewandt? Diese Frage schoss spontan aus mir hoch und ich war etwas perplex. Nun wurde mir doch etwas mulmig zumute. „Für die aber, die sich dem Schatten näher fühlen oder ihn nicht durchschauen, kann es durchaus gefährlich werden und bleibende Spuren hinterlassen.“ Meine Unsicherheit schien Alfred nicht entgangen zu sein, denn seine beruhigenden Worte und sein gelassenes Nicken kamen gerade recht und beruhigten mich.

„Beobachte einfach nur, was geschieht und gib auf die Gesichter gut Acht." Mehr konnte er nicht mehr sagen, denn schon hatte dieser Gunter wieder den Raum betreten und in seiner Hand hielt er ein großes, düsteres Buch, dessen Umschlag mit einer überdimensionalen, goldenen Schriftprägung versehen war. Es gelang diesem auffallenden Schriftzug nicht, dem Buch etwas Wertvolles oder einen gewissen Glanz zu verleihen. Sogar ich spürte, ohne den Inhalt zu kennen, dass hier dunkle Mächte am Werk waren.

Da die Menschheit aber die besondere Eigenschaft besaß, die Dinge nach ihrem äußeren Erscheinungsbild zu beurteilen, konnten durch diese aufwendige Aufmachung viele Menschen in die Irre geleitet werden. Sie wurden wortwörtlich hinter das Licht geführt. Gunter waren noch ein Mann und zwei Frauen gefolgt, die sich nun zu uns setzten. Das Gesicht des Mannes war vom Alkohol gezeichnet. Die Ringe unter seinen Augen erzählten von einer kaputten Leber, die bereits stark in Mitleidenschaft gezogen sein musste. Die zwei Frauen waren beide rot gekleidet. Das grelle Rot signalisierte ihre Lebenslust, die Leidenschaft und die starke Verhaftung irdischer Neigungen. Die Schwarzhaarige trug ein großes Amulett um ihren Hals, welches ein zackiges Sterngebilde aufzeigte. Ich wusste, dass es davon zwei verschiedene Ausführungen gab. Je nach Anzahl der Zacken, die nach oben zeigten, symbolisierten sie entweder das Gute oder das Böse. Da ich mich für okkulte Dinge aber nie wirklich interessiert hatte, konnte ich die Bedeutung des Anhängers auch nicht zuordnen. Die schwarzhaarige Frau sah aus wie eine Zigeunerin, denn ihre großen Kreolen, die sie an ihren kleinen Ohren trug, streichelten bei jeder Bewegung ihren Hals und es schien ihr zu gefallen. Der Blick des Mannes verriet, dass auch er Gefallen daran hatte. Sein lüsterner Blick haftete stets auf ihrem Ausschnitt und zeugte von einem ungestillten Hunger irdischer Gelüste.

Alle drei nickten uns wortlos an, als ob sie wüssten, um was es hier geht. Ich wusste es nicht, aber ich ließ mir nichts anmerken und war nun doch sehr gespannt, was hier geschehen würde. Ich fühlte mich in Alfreds Nähe sicher und dachte kurz an Mr. Jones.

Ich wusste, er war hier. Gunter ging noch einmal hinaus, um das Telefon zu holen, welches er gemeinsam mit dem schwarzen Buch mitten auf den Tisch legte. Als sich alle gesetzt hatten, betrat eine weitere Frau den Raum und setzte sich in die Runde. Diese Frau war eine sehr unspektakuläre Erscheinung. Sie war sehr blass und irgendetwas schien an ihren Kräften zu zehren, denn ihre Zerbrechlichkeit war nicht zu übersehen. Sie war durch und durch in schwarze Kleidung gehüllt und die ließ sie noch blasser aussehen.

„Das ist Celea. Sie ist ein Medium und mit Hilfe ihrer Helfer aus der geistigen Welt wird sie uns alle Fragen beantworten!“, sagte Gunter stolz. „Außerdem ist sie auf dem Gebiet des Exorzismus bewandert und heute ist der Tag, an dem wir diesbezüglich ein großes Geheimnis lüften werden.“ Er war außer sich vor Freude, uns diese einzigartige Attraktion anbieten zu können. Seine Erwartungen an Celea waren nicht zu übersehen. „Celea hat schon einige Teufelsaustreibungen durchgeführt!“, fügte er noch hinzu und ich staunte nicht schlecht. Der Film *Der Exorzist,* den ich mir in meiner Jugendzeit bedauerlicherweise einmal angesehen hatte, trat hier in meine Gegenwart ein. Die Erinnerungen zeigten grauenhafte Bilder einer Frau, die in der Dunkelheit gefangen wohl um das letzte Fünkchen Licht kämpfte.

„Meine Lieben“ sagte Gunter, „die Sitzung ist eröffnet! Wenn Celea bereit ist, könnt ihr eure Fragen stellen.“ Die Spannung im Raum schaukelte sich hoch. Die Anwesenden konnten es wohl kaum erwarten, ihre düsteren und berechnenden Fragen aus dem Reich der Dämonen beantwortet zu bekommen. Sie glaubten natürlich an Übersinnliches, das nur darauf wartete, ihnen mit Rat und Tat zur Seite zu stehen. Die Menschen hier im Raum hatten es wohl noch nie in Erwägung gezogen, die Dinge genauer zu betrachten und auf ihre Richtigkeit zu überprüfen. „Vorerst aber, meine spirituellen Freunde, begrüßt in unserer Runde Alfred und seine Frau Madita“, sagte er sehr selbstgefällig, als würden wir ihn durch unsere Anwesenheit in der Richtigkeit seines lichtlosen Weges auch noch bestärken.

Ein weiteres Nicken der Anwesenden bestätigte eine gewisse Akzeptanz für uns Neulinge und scheinbar erfreute man sich über die Zusammengehörigkeit im Reich der Wissenden. Hilfe, wo war ich da wohl hingeraten?! Na, wenn die Ahnung von Spiritualität haben, dann bin ich eine Straßenlaterne! Meine Unruhe verscheuchte diesen Vergleich umgehend aus meinem Kopf und ich harrte des Geschehens. Eine der Frauen blickte auf unsere Hände und schien dort vergebens nach dem Beweis unserer Liebe zu suchen. Unauffällig ließ ich meine Hände unter dem Tisch verschwinden.

„Celea, gib uns ein Zeichen, wenn du soweit bist!“, forderte er das Medium auf, welches bereits in sich gekehrt war. „Und danach werden wir das Rätsel um die geheime Formel lösen“, sagte er und blickte dabei auf das Buch. Das Telefon, welches auf dem Buch lag, hatte wohl etwas damit zu tun. Staunend hielt ich still. „Natalia wird heute beginnen“, sagte Gunter einweisend und dabei sah er die Zigeunerin an. Celea schien tief in einem tranceähnlichen Zustand versunken zu sein und gab eigenartige Sätze von sich. Alle sahen sie gespannt an. Ich meinte, das Vaterunser gehört zu haben. Natalia rutschte nervös auf dem Sessel hin und her, und bevor sie dazu kam, ihre Frage zu stellen, gab ihr Gunter deutlich zu verstehen, dass Celea noch nicht so weit wäre. Eine beschwichtigte Handbewegung erklärte unmissverständlicherweise, seine Anweisungen würden hier den Ton angeben. Alle warteten ungeduldig auf das Zeichen von Celea, die mit ihrer zerbrechlichen Stimme immer noch schnelle und teilweise unverständliche Laute von sich gab. Dann plötzlich wechselte ihre Stimme in ein dunkles, tiefes Männerorgan. Ich erschrak.

Gunter nickte der Zigeunerin zu, die ihren Blick keine Minute mehr von Gunter wegbewegt hatte, um ja ihren Einsatz nicht zu verpassen. Nun funkte ihr aber Celea dazwischen und sagte mit dieser dunklen Männerstimme: „Die Befreiung drängt! Eure Fragen müssen warten. Unser besessener Freund wartet bereits.

Wir sollten jetzt mit ihm telefonieren.“ Diese Aussage ließ Gunter ohne zu zögern zum Telefon greifen. Natalia war sichtlich enttäuscht, doch die Spannung schien ihr ins Gesicht geschrieben, das angekündigte Geheimnis schon jetzt zu erfahren.

Gunter drückte eine Taste und stellte das Telefon auf laut, damit wir alle mithören konnten. „Bei Hartwig Jobst“, sagte eine ältere Frauenstimme sehr unfreundlich und forsch. „Hier spricht Ibin Aelend“, sagte Celea, „bitte geben Sie mir Herrn Jobst.“ „Einen Moment bitte, Herr Aelend. Ich werde Herrn Jobst sofort benachrichtigen!“, sagte die Frau am anderen Ende des Telefons sehr aufgeregt. Das konnte man an ihrer hastigen Atmung erkennen. Es war eigenartig, eine Frau zu sehen, die als Herr angesprochen wurde und auch noch so sprach wie ein Mann. „Hartwig Jobst“, hörte man kurz später aus dem Hörer sagen. „Hörst du mich, Hartwig?“, sprach Celea in dieser Gänsehaut bescherenden Stimme. Es war empfindlich kühl geworden, und obwohl es kein Fenster gab und die Türe geschlossen war, zog es enorm. „Stellt euch immer wieder in den Lichttunnel. Vergesst das bitte nicht“, sagte Gunter nachdrücklich. Ein kurzer, beschwichtigender Blick von Alfred kam mir gelegen und so maß ich diesem Satz auch keine weitere Bedeutung zu.

„Ich habe schon auf dich gewartet“, sagte dieser Hartwig erleichtert und man hörte, dass er die Frau, die das Telefon abgehoben hatte, aus dem Zimmer schickte. „Ich habe die Lösung für dich gefunden. Das Buch liegt vor mir und deine Befreiung naht.“ Am anderen Ende des Telefons hörte man nur ein schwerfälliges Atmen, ansonsten blieb es still. Vorerst! Gunter reichte Celea gierig und aufgeregt das große, schwarze Buch. Bevor Celea zu lesen beginnen konnte, begann Hartwig am Telefon Lateinisch zu sprechen. Dann schrie er in unverständlicher Sprache in einer Stimme, die wahrlich der aus dem Film *Der Exorzist* um nichts nach stand. Der Mann mit dem aufgedunsenen Gesicht hatte den Mund offen und staunte. Die Frau neben der Zigeunerin hüllte sich in ihr überdimensional großes Schultertuch, als wollte sie sich darin beschützend vergraben. Die Zigeunerin saß starr und bewegungslos da, als wäre sie eine der Figuren von Madame Tussauds Wachsfigurenkabinett.

Dieser unheilsame Wirrwarr war gespickt von lateinischen Brocken, die einem wahrlich das Gruseln lehren konnten. Das Märchen *Von einem, der auszog, das Fürchten zu lernen* war reiner Kinderkram dagegen. Mir stellten sich die Nackenhaare auf. Bis dato hatte ich gar nicht bemerkt, dass ich dort Haare hatte. Wie Alfred es mir geraten hatte, beobachtete ich genau die Gesichter, die im Raum anwesend waren und was dieser Spuk mit ihnen anstellte.

Ich glaubte, meinen Ohren nicht zu trauen. Dieser Besessene, oder was auch immer er war oder auch nicht war, schrie lauthals in dieses Telefon und die quietschenden Hintergrundgeräusche deuteten darauf hin, dass dieser Hartwig tatsächlich in einem Bett lag und sein ganzer Körper bebte.

Celea, alias *Ibin Aelend,* hatte das Buch zwar immer noch in der Hand, doch ihren Blick schien sie nach innen gerichtet zu haben oder auf eine dieser undurchsichtigen Schatten-Ebenen, die sie sich hier erschaffen hatte. Sie hielt die Augen geschlossen und sprach dreimal hintereinander: „In nomine patris et filii et spiritus sancti exstinguatur in te omnis virtus diaboli, per impositionem manuum nostrarum et per invocationem gloriosae et sanctae dei genetricis virginis mariae. Imperat tibi deus."

Im Hintergrund hörte man Hartwig schreien, als würde er auf einem Spanferkelgrill seine Runden drehen oder auf Fleischhaken aufgehängt kopfunter Karussell fahren. Dieses Latein vermischte sich mit dem Wirrwarr von Hartwigs nuschelnder Aussprache zu einem gruseligen Klangteppich. Gespenstische, dämonenhafte Laute krochen aus dem Hörer und jagten mir einen Schauer durch den Körper. Dann sagte Celea: „Im Namen des Vaters und des Sohnes und des Heiligen Geistes, möge in dir die dunkle Macht des Teufels ausgelöscht werden." Ich ging der Annahme, dass das wohl die deutsche Übersetzung der lateinischen Sätze war, die sie zuvor von sich gegeben hatte. „Durch das Auflegen meiner Hände und durch die Anrufung der ruhmreichen und heiligen Gottesmutter, der Jungfrau Maria. Gott wacht über dich“, fuhr Celea fort. Mein Gott, wofür das Wort *Gott* alles herhalten muss! Diesen Missbrauch gab es also auch außerhalb von Religionsgemeinschaften. „Die Formel aus dem Buch!“, schrie Hartwig komplett erschöpft. „Die Formel! Schnell!“ „Und jetzt, folgt die erlösende Glut“, versprach Celea feierlich und wollte sich dem errettenden Teufelswerk bemächtigen, welches sich als Buch getarnt immer noch in ihren Händen befand. Kaum hatte sie den ersten Buchstaben ausgesprochen, wurde der Mann mit dem lüsternen Blick mitsamt dem Sessel gegen die Wand geschleudert. Alfred hustete laut und im selben Moment schlug Celea ihre Augen wieder auf.

„Ich hatte euch doch gesagt, vergesst den Lichttunnel nicht!“, schrie Gunter diesen Mann jetzt auch noch vollkommen aufgebracht an, obwohl dieser eher Zuspruch gebrauchen hätte können. Der Mann rappelte sich wieder auf und grinste verlegen. Das sollte uns wohl weismachen, dass alles in Ordnung sei, doch man sah dem Mann an, dass ihm ein gehöriger Schreck in den Knochen saß. Gar nichts war in Ordnung! Doch es war ihm äußerst unangenehm, sich solche Blöße zu geben. Die Telefonleitung tutete nur mehr. Es war kein Hartwig mehr zu hören. Die Verbindung wurde unterbrochen. Celea hatte Tränen in den Augen und fragte nun wieder mit ihrer eigenen Stimme, was denn passiert wäre. Sie machte den Eindruck, als hätte sie eine anstrengende Reise hinter sich gehabt und von all dem nichts mitbekommen. Ich sah die enttäuschten Gesichter. Scheinbar schien es keinen zu interessieren, ob Hartwig noch lebte. Und was war mit diesem Mann, der einen unfreiwilligen Rückwärtssalto hinter sich hatte? Er hätte ja verletzt sein können! „Kann ich etwas für Sie tun?“, fragte ich ihn. Er winkte ab und sein Blick schweifte dabei zu der Zigeunerin, der er scheinbar beweisen wollte, ein richtiger Kerl zu sein.

„Heute könnt ihr leider keine Fragen mehr stellen“, sagte Celea und war drauf und dran, mit dem Buch unter dem Arm den Raum verlassen. Gunter sprang auf und fragte sie, was denn passiert sei.

€
3,60
RESTAURANT

Sie zuckte nur mit den Achseln. „Wohin gehst du? Du kannst uns doch nicht einfach so zurücklassen!“, rief er ihr etwas verzweifelt zu. Seinen befehlshaberischen Tonfall konnte er stecken lassen. Hier hatte eindeutig Celea das Sagen, auch wenn ihm das noch so sehr gegen den Strich ging. „Unsere neuen Gäste haben dir noch keine einzige Frage stellen können!“, fügte er hastig hinzu, aber das war wohl nicht mehr bis zu ihren Ohren durchgedrungen. Er schien sich stark zurücknehmen zu müssen, denn Celea schien sein Schlüssel in das Reich der Finsternis und der Macht zu sein. „Ob es diesem Hartwig wohl gut geht?“, sagte die etwas zurückhaltende Frau zu der Zigeunerin und mich wunderte es, dass das hier überhaupt jemanden zu interessieren schien. Der Mann stand wie angewachsen an der Wand gelehnt und war dabei, seine Fassung wieder zu finden. Hinzusetzen getraute er sich wohl nicht mehr. Langsam hatte ich das Geschehnis verdaut und ich atmete tief durch. „Hartwig geht es bestimmt gut!“, lenkte Gunter ein, der damit nur seine Gleichgültigkeit verbergen wollte. Ja, dachte ich, das hatte man gehört, dass es ihm gut ging. Genauso musste sich wohl ein glücklicher und gesunder Mensch anhören. Ich musste mir ein Lachen verkneifen, denn erst jetzt wurde mir die Tragweite dieser Sitzung bewusst und ich musste über mich selbst lachen, denn so etwas konnte natürlich nur mir widerfahren.

Gunter entschuldigte sich noch einmal ausdrücklich und beteuerte mehrmals, dass wohl niemand verstehen würde, was diese Unterbrechung herbeigeführt hatte. Mein Verdacht war, dass Alfred diesem gespenstischen Theater ein Ende gesetzt hatte. Alfred tat sehr verständnisvoll, als würde er nicht bis drei zählen können und packte gleichzeitig die Gelegenheit am Schopfe, um uns dezent zu verabschieden. „Wir müssen morgen früh raus“, erklärte er, was ja auch stimmte und er bezeugte ein weiteres Mal, dass wir nicht wegen dem abrupten Abbruch oder aus Enttäuschung gehen würden. Auf die Frage hin, wann wir denn wiederkommen würden, um die Sitzung zu wiederholen, antwortete Alfred mit einem beiläufigen: „Mal sehen.“

Robert war verschwunden. Diese Nicht-Verabschiedung schenkte mir wohl der Himmel. Als kleine Entschädigung für mein unbefangenes Durchhaltevermögen.

Die frische und klare Winternachtluft war wie eine Klärung, die nach diesem unheimlichen Abend reinigend auf mich wirkte. Alfred begleitete mich noch zum Hotel und setzte mich über einiges in Kenntnis. Wie vermutet hatte er den Spuk beendet, denn diese dämonenhaften Wesen, die sich um diese verlorenen Seelen reihten, waren gut sichtbare Energiefelder, die wie Rauchschwaden diesen Raum erdrückten. Er konnte diese Schmarotzer also sehen. „Du hast ja sicher bemerkt, dass sich diese Gestalten in den Augen der Anwesenden spiegelten. Aufdringlich und fordernd flammten diese dämonenhaften Wesen auf und benutzten ihren Ätherleib, um ihr unheilsames Spiel auch körperlos fortsetzen zu können. In ihren Köpfen formten sie diese Welten, die aus Abgründen emporstiegen, wo kein Lichtstrahl je die Welten berührte. Das unerkannte Licht blieb ausgeschlossen und so tummelten sie sich in diesem Irrgarten der gefallenen Engel. Niemals kann in einem Buch eine Lösung stehen und niemals wird ein Satz diese Einbildungen verscheuchen. Nichts Irdisches kann Nichtirdischem, den verdunkelnden Sphären den Weg zur lichten Ewigkeit weisen. Wo die innere Bereitschaft zu durchschauen abwesend ist, kann sich Licht nicht zeigen."

Alfred drückte sich sehr gezielt aus und mir war von Anfang an klar, dass dieses schwarze Buch Satans Werk war. Auch wenn er ansatzmäßig nicht das war, was wir uns unter diesem Begriff vorstellen konnten. Wir formten uns ein Bild, welches aus Albträumen, dunklen Fantasien, Gruselgeschichten und Horrorbildern in uns hängen geblieben war, doch auch das Dunkle war nur unerkanntes Licht. Auch ihm konnte man seinen hellen Ursprung nicht abspenstig machen.

Als Alfred mich im Hotel abgeliefert hatte, ließ er meine Hand los. Er spürte, dass es mir nach diesem Erlebnis doch etwas mulmig zumute war und hatte mich ohne zu zögern an die Hand genommen. Wie Geschwister waren wir in der Dunkelheit die gepflasterten Gassen der Altstadt entlang spaziert. Es fühlte sich keinen Moment falsch an und diese Vertrautheit wiegte mich in Sicherheit. Als ich alleine die Stufen zum Eingang des Hotels hochging, überkam mich das starke Gefühl, Mr. Jones sehen zu wollen. „Schlafen Sie gut!", sagte Alfred und schon war er weg. Aber nicht ohne sich vorher vergewissert zu haben, dass ich alles gut verkraftet hatte. Mr. Jones schläft sicher schon! Ich könnte ja noch kurz beim Schaufenster reinsehen! Natürlich konnte ich nicht anders, als umkehren und die Stufen wieder hinunterlaufen. Ich vergewisserte mich noch einmal kurz, ob Alfred nicht mehr in Sicht war und trippelte schnell bis zum *Büchereck* vor. Nun hatte mich die Kälte doch noch gepackt und zwang mich dazu, immer kleinere und schnellere Schritte zu machen. Ein leichter Lichtschein war noch zu sehen, das konnte ich auf der einen Seite des Ladens schon mal erkennen. Das machte mir Mut. So eilte ich zur anderen Seite des Ladens, um dort reinzuschauen. Tatsächlich! Mr. Jones saß auf einem Sessel und schien eingeschlafen zu sein. So genau konnte ich das allerdings nicht sehen, denn das düstere Licht konnte einem ja schon so manchen Streich spielen. Es war im Leben ja auch nicht anders. Das unerkannte Licht gaukelte uns ja auch unentwegt Dinge vor, die keinerlei Existenz hatten.

Ich wischte an der angelaufenen Schaufensterscheibe, um mir einen genauen Einblick zu verschaffen. „Madita?", hörte ich Alfred plötzlich sagen. Erschrocken drehte ich mich um. „Alfred!", sagte ich ganz verdutzt. „Sie? Hier? Was machen Sie denn hier?", fragte ich in einem geradezu vorwurfsvollen Ton. „Das sollte ich eigentlich Sie fragen!" Er hatte mich also erwischt. Komisch, wir siezten uns automatisch wieder, seit wir aufgehört hatten, verheiratet zu sein. „Ich hatte so ein ungutes Gefühl vorhin und wollte noch mal umkehren, um zu sehen, ob mit Ihnen alles in Ordnung ist", sagte er überaus zuvorkommend und an seinem Gesichtsausdruck konnte ich erkennen, dass er es auch so meinte, wie er es sagte. Ich nickte stumm und bekam wie selten kein Wort über die Lippen. Außerdem war es bitterkalt und ich zitterte am ganzen Körper. „Sie wollen Herrn Rodriges noch sprechen“, stellte er fest. Ohne eine Antwort abzuwarten, sagte er: „Ich kann Sie gut verstehen. Na, gehen Sie schon!“, sagte er, wobei er mir einen kleinen Schubs Richtung Eingang verpasste. Er hielt kurz inne und sagte voller Überzeugung: „Er weiß, dass Sie kommen. Schlafen Sie gut und bis bald.“ Mit einer flüchtigen Handbewegung winkte er mir noch zu und weg war er. Wirklich weg? Ja, wirklich weg, bestätigten mir meine Augen, die ihn bis zum Hauseck begleitet hatten.

Soso, er weiß also, dass ich komme. Das war ja wieder einmal ein Satz. So etwas Unangenehmes auch! Lass ich mich doch glatt erwischen. Es sah fast so aus, als ob ich nichts anderes zu tun hätte, als meinem Mr. Jones nachzustellen! Hatte ich ja auch nicht. Ich kam mir vor wie ein zwölfjähriges Groupie, das seinen Lieblingssänger belagerte, so nervös wie ich vor diesem *Büchereck* herumzappelte. Ich folgte schleunigst dem Rat von Alfred und betrat das Geschäft. Tatsächlich, die Türe stand offen und ich war froh, diesen warmen Raum zu betreten. Parmenides kam auf mich zugerannt und maunzte mir freudig zu. Den Schwanz in die Höhe, die Spitze umgelegt, die Ohren aufgestellt und den Motor auf laut schnurrend eingeschaltet sprang er mir freudig entgegen. „Ja, das ist ja eine herzliche Begrüßung!“, freute ich mich und tätschelte ihm den Kopf. „Aber miau doch nicht so!“, sagte ich leise zu ihm. „Warum miaust du denn so?“, sagte ich abermals. „Pssst, nicht so laut, du weckst sonst noch Mr. Jones.“ Und kaum hatte ich das gesagt, war Parmenides auch schon wieder verschwunden. Insgeheim hatte ich natürlich gehofft, dass Mr. Jones aufwachen würde. Parmenides wollte mir scheinbar nicht als Verbündeter zur Verfügung stehen. Ich sammelte meinen ganzen Mut, denn ich wollte ihn unbedingt sprechen! Aber ich wollte ihn auch nicht stören! Das tat ich auf eine gewisse Art und Weise aber schon. Es würde nur schwierig sein, mit ihm zu sprechen, wenn ich ihn nicht wecken wollte. Ratlosigkeit stellte sich ein. Ich näherte mich ihm erstmal auf Zehenspitzen. Lauter könnte ich ja immer noch werden. Er saß in einer aufrechten

Haltung da und hatte seine Augen geschlossen. Ich mag es, wenn er schläft!

Ich sah mich im Spiegel, der hinten an der Wand hing, und ertappte mich mit einem Gesichtsausdruck, der mir fremd erschien. Der Kopf war in eine leichte Schräghaltung verfallen und dabei himmelte ich Mr. Jones an. Mein glückliches Lächeln war derart überzogen, dass es schon fast unverschämt war, wie zufrieden es wirkte. Diese Feststellung hatte es allerdings in sich. Ich hatte also tatsächlich ein Problem damit, mich glücklich zu sehen. Mein Kopf lief heiß. Für was schäme ich mich? Und was lasse ich nicht zu?

Mr. Jones konnte gar nicht schlafen, weil man so unmöglich schlafen kann. „Mr. Jones!", flüsterte ich leise. Habe ich mir allen Ernstes eine Antwort erwartet? Ich holte mir einen Sessel und setzte mich ihm gegenüber. Alleine sein Anblick wärmte mich von innen und beruhigte mein aufgebrachtes Herz. „Mr. Jones!", flüsterte ich noch einmal sehr vorsichtig und dabei tippte ich ihm ganz sachte auf das Knie. Keine Regung. Er ruhte sitzend in sich. Was er auch immer hier tat, es sah echt aus. Ein Blick auf die Uhr verriet mir, dass es jetzt auch schon egal war, ob ich nun zu Marie gehen oder hier bleiben würde. Würde mich Maries Mutter jetzt erst beim Nachhausekommen erwischen, wäre das weniger gut. Es war bereits nach zwei Uhr und so beschloss ich, noch eine Weile sitzen zu bleiben. Ich hatte unzählige Fragen und wollte unbedingt Mr. Jones' Ratschlag in Bezug auf den heutigen Abend einholen. Ibin Aelend, dieser Name ging mir nicht mehr aus dem Kopf. Ibin Aelend. Ibin Aelend. Ibin Aelend. Als ich den Namen ein paar Mal wiederholt hatte und ihn immer langsamer aussprach, musste ich so laut auflachen, dass ich für einen Moment befürchtete, Mr. Jones könnte durch mich aufgewacht sein. Ibin Aelend. I bin a Elend. Ich bin ein Elend. Dieser Name passte nahezu perfekt! Ein Elend, ja genau das war diese Kneipe auch wahrlich gewesen. Dieser Vergleich nahm dem Unheimlichen seine Kraft und wandelte es in pure Leichtigkeit.

Als Jugendliche hatte ich mich mit ein paar Freundinnen einmal in diesem so genannten *Tischerlrücken* versucht. Da es aber Gott sei Dank nicht funktioniert hatte, haben wir es wieder gelassen. Im Religionsunterricht startete unser Religionslehrer einen Versuch mit der ganzen Klasse. Wir sollten uns alle eine gewisse Zeit konzentrieren und mussten gemeinsam irgendeinen Satz zehn Minuten lang sprechen. Ich kann mich aber nicht mehr erinnern, was wir da genau sagen mussten. Eine unserer Mitschülerinnen setzte sich vor der ganzen Klasse auf einen Sessel und vier von uns, inklusive mir, hielten den Zeigefinger unter ihre Arme und Knie. Und dann trugen wir sie durch die Klasse. Wie von Geisterhand schwebte sie einher, und als einer von uns zu lachen begann, fiel sie etwas unsanft auf den Boden. Wenn ich heute daran zurückdenke, frage ich mich, was das bloß für ein Pfarrer gewesen ist. Die Kraft der Gedanken hatte er uns damit wohl demonstrieren wollen. Mit Pfarrern hatte ich es im Allgemeinen nicht so gut. Beim Beichten habe ich immer gelogen, weil ich mich nicht getraute, die Wahrheit zu sagen. Für den Pfarrer wären meine Sünden wohl nur Krimskrams gewesen, doch für mich war es ein Unding, meine intimsten Geheimnisse dem nächstbesten Pfaffen auszuplaudern. Und als ich einmal diese Hostie entgegennahm, vergaß ich meinen Text. Es stand noch ein Kind vor mir und ich wusste plötzlich nicht mehr, was ich sagen sollte. Es war schon eine Zeit lang her, dass ich so eine geweihte Oblate bekommen hatte. So stand ich nun vor diesem Pfarrer und sagte zielsicher: „Der Leib Christi." In der Annahme, wohl das Richtige gesagt zu haben, streckte ich ihm lächelnd meine Hände entgegen. Und auch hier hatte ich meine Zweifel, ob die richtige Hand nun oben lag, oder ob es andersrum gehörte. „Das muss ja ich sagen!", sagte er etwas verunsichert und schaute mich dabei komplett entsetzt an. Seitdem habe ich Kirchen gemieden.

Ich saß hier bei Mr. Jones und mit meinen Gedanken war ich wieder einmal etwas spazieren gegangen. Ganz tief saß ich im Gedankensalat fest, so wie Marie es nannte. Ich schien in Essig und Öl zu ertrinken. Wie schnell ich doch immer wieder in dieses alte Fahrwasser schlitterte. Mr. Jones' Ausstrahlung rückte mich wieder zurecht und endlich stellte sich die heiß ersehnte Stille ein. Ab und an flackerten flüchtige Gedanken auf und wollten sich zu einem gierigen, alles verschlingenden Feuer ausbreiten, doch ich ließ die Glut unberührt ruhen und begab mich hinter das Denken. Dort, wo das Licht wohnt, wollte ich zu Hause sein! Dieser Gedanke brachte mich auf eine Idee. Ich wollte die Kerze anzünden, die neben mir auf dem Tisch stand. Mr. Jones hatte meistens eine Kerze brennen, doch immer in höheren Gefilden, damit sich Parmenides nicht verletzen konnte. So stellte ich die Kerze auf einen Mauervorsprung, der sich bestens dafür eignete, und gab dem geduldig wartenden Docht behutsam Licht.

Je länger ich innehielt, umso ruhiger wurde ich. Die letzten Fragen schienen zu verblassen und die Unsicherheit war verdunstet. Die Lautlosigkeit um mich und in mir ließ mich in eine Besonnenheit einkehren. Diese Ruhe, die prinzipiell *eigentlich* etwas Nicht-Besonderes war, war für eine rastlose Madita doch etwas sehr Besonderes. Es stellte sich eine Dankbarkeit ein, die keinem Objekt und keiner Situation zuzuordnen war. Es war Dankbarkeit an sich.

Keine Ahnung, wie lange ich da gesessen hatte. Es müssen Stunden gewesen sein. Draußen war es noch dunkel, als Mr. Jones doch noch seine Augen öffnete. Er sah auf die Uhr und sagte: „Schon gleich sechs." Dann sah er mich an, ohne dabei die geringste Reaktion zu zeigen. Es war wohl das Normalste auf der Welt, dass man beim Aufwachen jemandem gegenübersitzt, der sonst nie da war. Ja, er schien das vollkommen normal zu finden. Kein „Guten Tag!", kein „Wo kommst du her?", kein „Was machst du da?" und auch kein „Wie bist du hier hereingekommen?". „Ach, der Tag ist schon wach", sagte er nur und sah dabei aus dem Fenster. „Ich könnte mich noch eine Stunde ausruhen." Unsere Blicke trafen sich und mir fielen meine Fragen wieder ein. Doch ich kam nicht dazu, sie zu stellen. „Ich weiß, du magst es, mir beim Schlafen zuzusehen. Darauf kann ich jetzt aber keine Rücksicht mehr nehmen." Mr. Jones stand er auf, rückte sich seine

Hose zurecht und sagte: „Und danke, dass du dich mir auf Zehenspitzen genähert hast, denn ich finde es höflicher, wenn man sich mir leise nähert, wenn ich bin!“

Er hatte also gar nicht geschlafen! Ich hatte es schon vermutet! Wollte er sich jetzt etwa vom Ausruhen ausruhen? Vielleicht hatte er bloß seinen Köper auf den Stuhl gesetzt, um anderes nebenbei körperlos zu erledigen. Meine Vermutungen irritierten mich. Mr. Jones sah auf die Kerze, die ich angezündet hatte. Dann murmelte er etwas vor sich hin und machte wieder ein paar seiner typischen Handbewegungen. Ein „Friede sei mit dir!“ drang noch an meine Ohren und schon hatte er den Raum verlassen. Ich blieb noch kurz sitzen, um mich etwas zu sortieren. Nach einer Weile wurde es dunkler. Es dauerte etwas, bis ich realisiert hatte, dass die Kerze ausgegangen war. Warum, konnte ich mir nicht erklären. Diesem Gedanken wollte ich aber keinen Raum geben, denn ich konnte ja nicht gut hier alleine sitzen bleiben.

Als ich in mein Zimmer schlich, war Marie nicht mehr da. Wahrscheinlich war sie doch von selbst aufgewacht und in ihr Zimmer gegangen. So hoffte ich zumindest. An der Rezeption konnte ich mich gut vorbeischleichen und mein spätes Nachhausekommen schien unbemerkt zu bleiben. Nachdem ich erst gegen zwei Uhr aufgewacht war, musste ich mich sputen, denn ich war ja mit Herrn Josef Kanaus verabredet. Da er doch eine stattliche Person war und fast mein Großvater sein hätte können, wehrte sich irgendetwas in mir, ihn einfach nur Josef zu nennen.

Ich sagte kurz Marie Bescheid, die mir noch erklärte, dass sie gegen neun Uhr aufgewacht sei und auf ihr Zimmer gegangen wäre. Ich verabredete mich mit ihr noch für später und eilte die Treppe hinab. Maries Mama lief ich natürlich mitten in die Arme.

„Ach, guten Morgen Frau Mangold!“, sagte sie sehr freundlich. „Ich wollte Ihnen nur sagen, dass ich Marie nicht aus Ihrem Zimmer geholt habe. Sie ist so gegen neun Uhr von selbst aufgewacht.“ Sie hatte wohl Angst, ich könnte meinen, dass sie sich nicht an unsere Vereinbarung gehalten hatte. Oder besser gesagt, an meinen Vorschlag! Ich nickte ihr zu und tat so, als ob das neu für mich wäre. „Alles klar!“, sagte ich lächelnd zu ihr, und bevor ich das Haus verließ, sagte sie noch: „Sie sind mir aber eine Frühaufsteherin. Ich hatte Sie ja schon früh morgens vorbeigehen sehen.“ „Ach ja“, entgegnete ich etwas verlegen. „Die Morgenluft hat es mir angetan. Es gibt doch nichts Schöneres als einen Morgenspaziergang!“ Im Trenchcoat! Mit dem Kleid vom Vorabend! Und hohen Absätzen! „Ich hatte einen riesengroßen Hunger und wollte nicht bis um sieben Uhr warten, so habe ich mir noch Brötchen geholt“, log ich sie an und das kam so schlagfertig, dass ich selbst erschrak. Ihr etwas verwunderter Blick schenkte mir Glauben. Ich konnte Geschichten erzählen, dass sich die Balken bogen. Zum Glück hatte ich vorher Marie noch gesprochen.

Komischerweise hatte ich kein schlechtes Gewissen und ich wunderte mich selbst, dass ich das nicht als Lüge empfand. Kein Verstand, der fragte, wo denn das Rückgrat geblieben war. Herrlich, wie befreiend das war. Kaum hatte ich das festgestellt, spürte ich eine eigenartige Spannung zwischen meinen Schulterblättern und auch in der Gegend der Bandscheiben zog es unangenehm. Meine Haltung schien etwas gebückter als sonst. Beim Überqueren der Straße war mir ein Taschentuch runter gefallen. Als ich es in die Hand nahm und mich wieder aufrichten wollte, merkte ich, dass es etwas eingeschränkter als sonst vonstattenging. Hatte es vielleicht mit der Situation eben zu tun? Ehrlich war ich nämlich nicht gerade gewesen. Aufrichtigkeit war anders!

Gerade wollte ich die Straße überqueren, um zu Herrn Kanaus zu gehen, da sah ich ihn mit Mr. Jones vor dem *Büchereck* stehen. Also änderte ich meine Richtung und ging auf die beiden zu. „Hallo ihr beiden!“, sagte ich fröhlich und bemerkte, dass irgendetwas an der Situation merkwürdig war. „Bin ich zu spät, Herr Kanaus?“, fragte ich etwas verunsichert. Ich sah auf meine Uhr und die bestätigte mir, dass ich das nicht war. Beide schwiegen sich aus. „Haben Sie auf mich gewartet?“ fragte ich ihn.

„Liebes Fräulein Madita. Meine Frau hat heute Morgen kurz vor sechs Uhr ihren Körper verlassen. Sie ist friedlich eingetaucht in das ewige Reich der Stille“, sagte er sehr milde. Trauer konnte ich bei ihm keine entdecken. Er machte einen ganz gefassten Eindruck und wirkte sehr gelassen. „Was soll ich sagen“, sagte ich etwas beschämt. Ein *herzliches Beileid* würde hier wohl nicht passen, das hatte auch ich in der Zwischenzeit begriffen. „Du brauchst nichts zu sagen“, lächelte er mich sehr liebevoll an und rettete mich so über meine Unbeholfenheit hinweg. „Es ist alles gesagt“, fügte er noch abschließend hinzu. „Ich hätte Frau Kanaus gerne noch kennengelernt!“ entschlüpfte es mir. Er wusste um meine Aufrichtigkeit und nickte mir wohlwollend zu. „Du kannst mir einen Gefallen tun“, sagte Herr Kanaus etwas unerwartet. „Jeden!“, entgegnete ich prompt. „Du könntest kurz Herrn Rodriges vertreten, wir hätten noch etwas zu erledigen.“ Mr. Jones, den ich um keinen Preis Rodriges nennen wollte, nickte mir kurz zu und ging mit Herrn Kanaus die Straße entlang bis zur Kreuzung, wo sie abbogen und aus meinem Blickfeld verschwanden. Sie ließen mich hier einfach zurück. So verbrachte ich meine Zeit ein weiteres Mal in diesem *Büchereck*, das langsam aber sicher zu meiner zweiten Heimat mutierte.

Ich hatte einiges zu tun, und als ich das erste Mal auf die Uhr blickte, waren bereits zwei Stunden vergangen. Was die wohl so lange zu erledigen hatten? In mir stieg die Vermutung hoch, dass Mr. Jones wohl für Frau Kanaus Seele etwas tun konnte, doch ich wollte diesem Gedanken keinen Raum geben. Nicht schon wieder wollte ich mich in die Tiefe der Gedankenströme hinabziehen lassen und mich in meiner Einbildung verlieren. Als ich für einen Moment alleine war, zündete ich die Kerze am kleinen Mauervorsprung wieder an, die heute Morgen erlosch. Als ich sie in den Händen hielt, fiel mir ein, dass Frau Kanaus um diese Uhrzeit gestorben war. Zeit, um das genauer zu betrachten, blieb mir nicht, denn es kamen immer wieder Kunden in den Laden, denen ich verwunderlicherweise weiterhelfen konnte. Ich kam erstaunlich gut zurecht. Es machte mir Spaß und im Gegensatz zu meinem Job als Verkäuferin in einem großen Warenhaus war das hier wirklich das reinste Vergnügen. Obwohl ich hier ja auch Kunden bediente, konnte man das überhaupt nicht vergleichen.

Bei Fragen über Vorträge oder sonstige Seminarangebote drückte ich den Interessenten alle vorgedruckten Zettel in die Hand, die ich finden konnte und verwies auf Herrn Rodriges. Ich musste gut aufpassen, ihn nicht Mr. Jones zu nennen. Gott sei Dank wurden mir keine fachspezifischen Fragen gestellt, denn da hätte ich passen müssen. Als ich dabei war, etwas Staub zu wischen, stieß ich auf etwas sehr Begehrenswertes. Es ließ mich kurz den Atem anhalten und zog meine gesamte Aufmerksamkeit an sich. Da stand sie, einsam und allein, die Schale mit den Röllchen. Die Verlockung war groß und meine Blicke hatten das Objekt der Begierde unter seine Obhut genommen. Ich musste an Marie denken und der Satz *Und führe mich nicht in Versuchung* tauchte plötzlich auf.

Neben der Schale lag ein Kuvert, auf dem eine Grußkarte lag. Das Bild auf der Vorderseite der Doppelkarte zeigte indische Götter und war lebendig und farbenfroh. Es war nicht meine Art, fremde Post zu lesen, doch irgendetwas ließ mich spontan diese Karte öffnen. *Alles Liebe zu deinem Geburtstag nächste Woche. Auch wenn du ihn nicht feierst, 88 Jahre ist ja doch ein beachtliches Alter …*

Ich versuche dich am 22. telefonisch zu erreichen. Am Ende der Karte las ich: *In Liebe, Dein Sohn …* Irgendwas.

Nein, so hieß er natürlich nicht, aber ich konnte die Handschrift nicht entziffern. Obwohl, der erste Buchstabe war ein A, das stand fest. Der letzte Buchstabe war entweder ein D oder ebenfalls ein A. Nein, es musste ein D sein. Wie lieb von Mr. Jones, seinem Vater diese Karte zu schreiben. Wenn sein Vater seinen Geburtstag nicht feierte, war er wohl auch sehr weise. Der Apfel fällt bekanntlich nicht weit vom Stamm. Mr. Jones musste sich beeilen, wenn die Karte noch rechtzeitig in Madras ankommen sollte. Ich kann ihn ja nicht einfach daran erinnern, dann müsste ich ja zugeben, die Karte gelesen zu haben. Ich wollte das Gelesene für mich behalten. Nur, konnte man vor Mr. Jones überhaupt etwas verbergen? Vielleicht wusste er bereits, dass ich die Karte gelesen hatte. Schnell legte ich sie zur Seite. Die Schale mit den Röllchen war nun wieder in den Mittelpunkt gerückt. Während ich mit dem Lappen über das Regal fuhr, hob ich die Schüssel kurz auf, um auch darunter zu wischen.

„Madita, wo bleibst du denn?", hörte ich Marie rufen, die soeben zur Türe herein gekommen war und nach mir suchte. Ich war etwas erschrocken über die plötzlichen Zurufe. Fast hätte ich unsere Verabredung vergessen! Nicht fast … ich hatte sie vergessen! Ich erklärte Marie kurz die Sachlage und so beschlossen wir, gemeinsam auf Mr. Jones zu warten. Da er schon eine geraume Zeit weg war, ging ich der Annahme, dass er wohl jeden Augenblick zurückkommen würde. Doch Mr. Jones ließ auf sich warten und Marie half mir eifrig beim Saubermachen. Sie erwähnte so ganz nebenbei, dass Mr. Jones Frau Kanaus wohl dabei helfen würde, sicher und behutsam zu ihrem Papa zu kommen. „Wie schön", sagte sie, „mein Papa und Frau Kanaus haben sich sehr gemocht. Sie ist sehr nett, musst du wissen, und auch sie hat die Sonne im Herzen getragen. Und Plätzchen konnte die backen, das sag ich dir! Jetzt weiß ich auch, warum sie mir dieses Mal zu Weihnachten keine vorbeigebracht hat."

Marie war auf die Schale gestoßen und hatte wohl bemerkt, dass ich ab und zu mal einen flüchtigen Blick drauf warf. „Madita!?", sagte sie vorwurfsvoll. „Du wirst doch nicht in allem Ernst überlegen, dir ein Röllchen auszuborgen! So wie ich es getan habe", ergänzte sie mit einer Unschuldsmiene. Dabei hatte sie nicht bemerkt, dass Mr. Jones zurückgekommen war und bereits hinter ihr stand. Als hätte sie es gespürt, drehte sie sich um. „Mr. Jones, du … du bist … du bist schon wieder da?", stammelte sie vor sich hin. Sie schluckte einmal und holte kurz Luft, wobei sich ihr Gesicht leicht verfärbte. „Ja, wie du siehst. Störe ich denn?", lachte er sie an und streichelte ihr über den Kopf. *Es passt jetzt nicht ganz und auch nicht sehr gut,* hörte ich Maries

überdauert. So bewusst, wie du im Leben deine Bestimmung lebst, so wird sich auch deine Zwischenstation zeigen, die du einnimmst, bis du wieder in einem neuen Körper erscheinst." Und die Betonung war auf das Wort *erscheinst* gerichtet, welche die Nicht-Existenz des Körpers noch einmal besonders hervorhob. „Es ist also nicht ein Leben nach dem Tod, sondern ein ewiges körperloses Hiersein. Es ist das, was du bist. Die Seele erfährt sich zwischendurch in einer Hülle, doch das ist nicht wesentlich. Die Seele lebt nicht im Körper und kann ihn auch nicht zurücklassen. Die Seele hat den Körper niemals berührt und doch ist sie sein unsichtbarer Verursacher. Wesentliches ist unvergänglich. Unvergänglich und frei!"

Seine Sätze trugen eine gigantische Kraft in sich und zeigten mir wieder einmal mehr, wie unfassbar das ganze Hiersein und Nicht-Hiersein war und wie unwesentlich meine Vorstellungen und Belange von einem Leben doch waren. „Je mehr du eintauchst in die formlose Welt der Totalität, je mehr du sie erahnst und je mehr du deiner Quelle schaust, umso lichter werden alle Stationen sein, die du auf deiner Reise durchläufst. Doch wer in den dunklen Dunstkreisen des irdischen Stöhnens und Gierens umherirrt und sich dieser verschreibt, wird auch in seinen vielen Zwischenstopps der peinigenden Plage dieses Drangsals erliegen. Die Seelenfolterkammer erklärt sich zum Spielleiter, der dich als Spielball benutzt und dich durch finstere Sphären und Qualen treiben wird. Es ist eine Jagd ohne Entrinnen. Es ist eine verwirrte und schmerzerfüllte Rastlosigkeit, die alles Hoffen erstickt."

Kaum hatte er zu Ende gesprochen, verspürte ich einen Stich im Rücken und in der Lunge. Mr. Jones' Worte hatten irgendetwas in mir zum Vorschein gebracht und mein Verdacht richtete sich unweigerlich auf das Erlebnis von gestern. Auch wenn Mr. Jones noch so unbefangen über diese Welt gesprochen hatte, als wäre es nichts Außergewöhnliches, ich hatte reagiert. Ein schauriges Gefühl überkam mich und durchzuckte meinen ganzen Körper. Sofort hob Mr. Jones die Hand, machte eine unauffällige und unspektakuläre Bewegung und klopfte mir danach mit flacher Hand auf die Schulter. Ich verspürte ein leichtes Ziehen und schon war der Schmerz wieder verschwunden. So schnell er aufgetaucht war, so schnell hatte er sich auch wieder im Nichts aufgelöst. Ich hatte einen bitteren Geschmack auf der Zunge und fühlte mich wesentlich frischer als vorher. Mr. Jones reichte mir ein Glas Wasser und kaum hatte ich es getrunken, fühlte ich mich wesentlich kraftvoller als zuvor.

So erzählte ich ihm vom gestrigen Abend und konnte endlich meine Äußerungen loswerden, die mir seither auf der Zunge lagen. Er blieb sehr gelassen und sprach: „Du konntest gestern sehen, wie diese Schattenwerke funktionieren und dass sie nichts anderes sind als Einbildungen, die aus der selbsterschaffenen Verwirrtheit des verstörten Geistes entspringen. Doch für diese ver-rückten Menschen bestehen sie und wer sich dem Schatten zuwendet, wird hineingezogen in diesen Bann, der über Bewusstseinswelten bestimmt und ihn immer wieder in diese Bilder drängt, die er sich selbst erschaffen hat. In diesem Verfangen ergibt sich ein von Licht abgekapseltes Aushalten, das sich im dämmrigen Reich des Todes und der Geburt wiederfindet. Diese Einbildungen, die als Geister wahrgenommen werden, sind Schmarotzer, die sich in den Ätherleib einnisten wollen, um ihr rastloses Unheil weiter zu verbreiten. Die Menschen selbst, denen du gestern begegnet bist, geben ihnen den Nährboden für ihr Dasein und versorgen sie mit der notwendigen Wegzehrung.“

In gemeinsamer Stille ließ ich seine Worte auf mich wirken und war froh, wie einfach und simpel Mr. Jones mir das alles erklärt hatte. Doch war es eine Erklärung? Konnte man denn etwas erklären, was nur bedingt seine Realität hatte?

„Wie viele Stunden schlafen Sie denn so in der Nacht?“, fragte ich Mr. Jones etwas übermütig. Er verließ den Raum und kam nach wenigen Augenblicken mit einem sehr, sehr dicken Buch unter dem Arm zurück. Er drückte es mir in die Hand und dabei sagte er *nichts!* Verwundert sah ich ihn an und hoffte ihm eine Antwort zu entlocken, doch er blieb still. „Du solltest Marie nicht länger warten lassen. Und sag ihr, so etwas wie ein schlechtes Gewissen gibt es nicht." Dann nahm er einen kleinen Zettel, schrieb etwas drauf und rollte es fein säuberlich zusammen. Er band ein rotes Schleifchen drum herum und überreichte es mir feierlich. Ich konnte es kaum glauben und nahm es ehrfürchtig entgegen. Ich war überglücklich, endlich hatte ich ein Röllchen bekommen. Zum Glück hatte ich vorhin meine Finger von dieser Schale gelassen. Auf dem Zettel würde ich sicher einen Hinweis auf meine Frage finden, dachte ich insgeheim. Welch ein Geheimnis er um seine Schlafgewohnheiten machte. Aber was sollte ich denn mit dem Buch?

„Danke!", sagte ich voller Freude und am liebsten wäre ich Mr. Jones um den Hals gefallen. Er wehrte ab und schüttelte dabei den Kopf. Es folgten zwei Wörter, die ich eigentlich nicht hören wollte: „Für Marie!" Der bittere Saft der Enttäuschung zerrte an meinem Wohlbefinden und in diesem Moment war es mir nicht möglich, dahinter zu schauen. Er hatte mich enttäuscht und zurechtgerückt, im Prinzip hätte ich dankbar sein müssen. Es wurde etwas aufgedeckt, was ich anschauen konnte, doch dazu war ich nicht bereit. Ich war traurig! Wie gerne hätte ich Maries Geschenk bekommen.

„Endlich!", sagte Marie. „Ich habe schon geglaubt, du hast mich vergessen. Aus Langeweile hab ich dir etwas gezeichnet." Sie zog mich zum Schreibtisch und deutete auf die Zeichnung, auf der ein Turm zu sehen war. „Ein Turm? Der ist aber schön geworden. Und wie viele schöne Wachsmalstifte du da hast!" Erstaunt betrachtete ich das Bild. „Und die Sonne darf natürlich auch nie fehlen", schmunzelte ich. „Was hat denn diese Zeichnung zu bedeuten?" Sie zuckte mit den Schultern und sagte nichts. Offenbar wusste sie selbst nicht so genau, warum sie die Dinge tat, wie sie sie tat. Was hast du denn noch so lange gemacht?", fragte sie mich voller Neugier, ohne meine Antwort abzuwarten. „Hat Mr. Jones noch etwas gesagt?", platzte es aus ihr heraus. Dabei schaute sie etwas verzweifelt, denn sie wusste ja, dass Mr.

Jones alles wusste. Sie ging, so wie ich auch schon mehrmals, in der Hoffnung, es könnte ihm etwas entgangen sein. Ich sah, wie sehr sie sich quälte, und hatte tiefes Mitempfinden für Marie. Dabei hatte sie wohl mein Gesicht genauestens studiert und vermutete das Schlimmste. „Du hast doch nicht ... “ Ihre ermahnende Stimme verriet ihre Befürchtung. „Aber wo denkst du denn hin, Marie! Nein, sicher nicht! Ich werde dich doch nicht an den Galgen hängen!“ Sie streckte eine Hand nach oben, als hätte sie etwas in der Hand und mit der anderen machte sie eine Würgebewegung an ihrem Hals. Dabei krächzte sie und lachte laut auf. Diese Geste sollte in diesem Moment wohl vom Thema ablenken, doch die Ablenkung schien nicht aufzugehen. „Entschuldigung!“, sagte sie dann. „Das war jetzt nicht sehr komisch! Mir ist auch nicht so lustig zumute.“ „Mein Vergleich war auch nicht besonders intelligent!“, lenkte ich ein. Nun kicherten wir beide über uns selbst und es tat gut, mit ihr zu lachen. „Du kennst ja Mr. Jones“, sagte ich aufmunternd, „kaum hattest du den Laden verlassen, war seine Frage auch schon wieder vergessen.“ Sie war sichtlich beruhigt, aber doch etwas aufgebracht. „Ach ja“, sagte ich. „Das soll ich dir von ihm geben“, und dabei reichte ich ihr das Stück Papier mit dem Schleifchen drum herum. Sie schluckte ein paar Mal und sagte mit gelöster, aber doch etwas vorwurfsvoller Stimme: „Warum hast du mir denn das nicht gleich gegeben?“ Ich zuckte mit den Schultern und wusste auch nicht, warum ich nicht gleich daran gedacht hatte.

Nun starrten wir beide auf dieses Röllchen, als gäbe es nichts Wertvolleres, nichts Interessanteres und nichts Spektakuläreres auf dieser Welt. Das gab es auch nicht, zumindest in diesem Moment. Seine Aufmerksamkeit auf eine Sache zu richten, konnte enorme Kräfte freisetzen, das stand fest. Marie sprang auf, holte eine Kerze und sagte ehrfürchtig: „Wir wollen es gemeinsam öffnen! Nur, da gibt es ein Problem! Ein sehr großes sogar!“, stöhnte sie und dabei sah sie sich suchend um. „Was ist denn?“, fragte ich etwas überrascht. „Ich habe keine Zündhölzer, die hat mir meine Mama wieder mal weggenommen.“ Dabei legte sie ihre

Arme energisch in die Hüften und schüttelte dabei verständnislos den Kopf. „Du weißt schon!“, seufzte sie. „Kleine Kinder und Feuer, das geht gar nicht!“ Ich nickte bejahend. „Da sehen Erwachsene halt rot!“, kicherte sie vor sich hin, bevor sie noch ein aufscheuchendes „Na geh schon, Feuer holen!“ hinzufügte.

Die Zeremonie geschah andächtig und würdevoll. Nachdem wir die Kerze angezündet hatten, nahm Marie das Röllchen in die Hand. Ich wollte die Feierlichkeit nicht unterbrechen, aber da fiel mir plötzlich ein, dass ich Marie nie gefragt hatte, was in dem ausgeborgten Röllchen gestanden hatte. „Weißt du, ich wollte ja reinsehen, aber ich habe es nicht geöffnet. Ich habe es wieder zurückgelegt, wie es sich gehört“, sagte sie sehr bedächtig und somit hatte sich meine Frage von selbst beantwortet. „Das ist ja wirklich vorbildlich, Marie!“ Ich strich ihr über den Kopf. Dann lachte sie leise und kicherte in sich hinein, wobei sich ihre Schultern auf und ab bewegten und sie ihre Nase rümpfte. Sie fuhr sich verlegen durchs Haar und sah dabei zu Boden. „Marie“, flüsterte ich leise, „du wirst doch nicht doch …!“ „Nein!“, antwortete sie sehr energisch und dabei kicherte sie immer noch sehr eigenartig. „Du wolltest aber!“, ermahnte ich sie. „Ja! Ich wollte! Wollte!!!“, sagte sie aufrichtig. „Ich habe es ja schon zugegeben, dass ich ganz viel an Neugier hatte!“ „Und warum kicherst du dann so?“ „Ich kann doch nicht lesen!“

Da sie damals scheinbar keinen Verbündeten hatte, konnte die Ehrlichkeit siegen. Ich wollte mir gar nicht ausmalen, was gewesen wäre, wenn sie mich zu diesem Zeitpunkt schon gekannt hätte. Wahrscheinlich hätten wir dann beide ein schlechtes Gewissen.

Marie öffnete das Röllchen, sah auf das Geschriebene und sagte: „Sieht nett aus!“ Dann gab sie mir das Röllchen in die Hand und bat mich, es ihr vorzulesen. „Bist du bereit?“, fragte ich sie etwas belustigt. Sie nickte mir zu und schloss die Augen. „Konfuzius sagt: …“, dann hielt ich ein. Sie öffnete die Augen und sagte: „Was, und das ist alles?“ Ich musste lachen. „Mir fällt da ein gewisser Spruch ein, den du einer schwangeren Frau untergejubelt hast. Als du mir die ersten Worte davon verraten hast und ich glaubte, das wäre schon alles, ermahntest du mich, dass ich zu ungeduldig sei", erinnerte ich sie schmunzelnd. „Das wollte ich nur gesagt haben, so ganz nebenbei, versteht sich", fügte ich noch hinzu. Sie ignorierte meine Alberei und sagte: „Ach ja, das kann ja noch gar nicht alles sein, das ist doch dieser Chinese, der so weise Dinge sagt. Und es beginnt immer mit *Konfuzius sagt*!" sprach sie allwissend. „Was du alles weißt!", lobte ich sie. „Da muss man gar nicht gescheit sein dafür. Weißt du, Mama schaut doch immer diese *Lindenstraße*. Diese deprimierende Sendung hat doch so einen dabei, der das immer sagt. Und die haben erst Probleme, diese Menschen dort. Das sag ich dir!" „Ach so?", entgegnete ich und amüsierte mich nicht nur über ihre Antwort, sondern auch über ihre äußerst amüsante Wortwahl. „Kennst du denn diese Sendung nicht?" „Doch!", sagte ich und nickte ihr zu. „Eben!", meinte sie zufrieden. „Hätte mich doch schon sehr gewundert, wenn sie dir unbekannt gewesen wäre. Die läuft ja schon seit hundert Jahren vor meinem Leben!" War das jetzt eine Anspielung auf mein Alter? Na, so alt war ich auch wieder nicht. Marie schloss die Augen. „Also, jetzt bin ich bereit. Madita, du kannst noch mal von vorn beginnen." Ich las vorerst still, mein Herz öffnete sich und nahm die Wörter ganz tief in sich auf. Danach schloss ich die Augen und spürte Marie. Ich nahm ihre Hand und legte sie in meinen Schoß. „Konfuzius sagt: Wer sich seiner Fehler schämt, macht sie zu Verbrechen."

Nachdem wir beide eine Weile lang geschwiegen hatten, erzählte ich Marie von der Geburtstagskarte, die Mr. Jones an seinen Vater geschrieben hatte. Ich wollte es zwar für mich behalten, aber vielleicht konnte ihn ja Marie darauf aufmerksam machen, dass er nicht vergaß, die Karte zu verschicken. „Also, da musst du dich irren. Mr. Jones schreibt keine Briefe und keine Geburtstagskarten schon gar nicht!", sagte sie lachend. Ihre Antwort verblüffte mich. Ich schilderte ihr den Inhalt, und als sie mich nach der Unterschrift fragte, sagte ich ihr, dass ich außer dem ersten und dem letzten Buchstaben nichts hätte lesen können. „Und die da waren?", fragte sie interessiert. „Der erste Buchstabe war ein A, der letzte sah wie ein D aus, könnte allerdings auch ein schlampig geschriebenes A gewesen sein."

„Anand!", sagte sie wie aus der Pistole geschossen. „Welch schöner Name!", rief ich begeistert. So hieß er also, mein Mr. Jones. „Anand Rodriges, welch wunderbarer Name!", sagte ich zu Marie. „Aber woher weißt du denn seinen Vornamen so plötzlich?", fragte ich sie verwundert. „Und woher weißt du plötzlich seinen ganz echten Nachnamen?" Wir sahen uns beide verdutzt an und verfielen in ein lautes Gelächter. Dann wollten wir beide gleichzeitig etwas sagen und wieder holte uns ein lautes Lachen ein. „Also", sagte Marie, „du zuerst … Oder nein, ich sage es dir noch vorher. Weißt du, ich weiß seinen Namen doch gar nicht!" „Ja, aber du sagtest doch …" „Anand, ja, so heißt der Sohn von Mr. Jones." Ich war baff. Konnte das sein? Mr. Jones achtundachtzig Jahre? Wie war das möglich?

„Und jetzt du!", sagte Marie und sah mich dabei neugierig an. Ich konnte meine Gedanken kaum besänftigen, denn ich schien vor einem großen Rätsel zu stehen. „Herr Kanaus hatte sich verplappert", erwähnte ich beiläufig und verfiel wieder in ein tiefes Grübeln. „Das ist aber nicht besonders spektukulär!", stellte Marie fest und sah mich mit ihren großen Augen an. Sie ertappte mich wieder dabei, wie ich in meinem Gedankensalat herumirrte.

„Ja, wie alt ist denn dieser Anand?", fragte ich Marie. „Kann ich schwer sagen, aber er sieht sehr gut aus!", sagte sie grinsend. „Er dürfte in deinem Alter sein. Ein bisschen mehr alt vielleicht, aber nur ein bisschen. Das passt!", sagte sie lachend. Und sie wollte mich doch verkuppeln! Hatte ich es doch gewusst!

„Glaubst du, oder besser gesagt, ist es möglich … oder hältst du es für möglich, dass unser Mr. Jones achtundachtzig Jahre alt sein kann?", fragte ich sie etwas verwirrt. „Nein!", sagte sie wie aus der Pistole geschossen. „Siehst du! Ich auch nicht!" „Ich glaube", sagte Marie „er ist mindestens dreihundert Jahre alt und er hat die Karte absichtlich dort liegen lassen, dass wir ihn nicht durchschauen."

Marie schubste mich. „Was denkst du schon wieder so viel. Achtundachtzig hört sich doch gut an!"

„Vergleich doch mal die Schriften!", sagte Marie. „Welche Schriften denn?", fragte ich sie und kaum hatte ich es ausgesprochen, fiel mir das Röllchen ein, das ich eben zuvor gelesen hatte. Nein, die Handschrift in diesem Röllchen war komplett anders! Sie war sehr zierlich und es war eine auffallend schöne Schrift, im Gegensatz zu der Karte, die teilweise nur schwer leserlich gewesen war. Ein erneutes Ansehen von Konfuzius' Wahrheit sollte das bestätigen.

„Alfred hatte nichts von einem Sohn erwähnt!", dachte ich laut. „Und? Warum sollte er?" Marie hatte Recht. Ich war unmöglich. „Warum kennst du denn den Namen von Mr. Jones' Sohn?", wollte ich von Marie wissen. „Ich habe ihn ja schon einmal gesehen und ich habe mir den Namen nur deshalb gemerkt, weil ich ihn gefragt habe, was das denn heißen würde. So habe ich mir das einprägen können. War gar nicht so leicht! Aber im Auswendiglernen bin ich voll gut. Im Eselsbrückenbauen auch. Du wohl weniger", antwortete sie lachend. Diese Bemerkung ignorierte ich und übersprang sie mit einem eleganten Ablenkungsmanöver: „Und was bedeutet dieser Name nun auf Deutsch?" Die Neugier hatte mich gepackt. „Ich gebe dir drei Wörter zur Auswahl und du kannst raten! Okay?", witzelte sie vor sich hin. „Okay!" Ich nickte ihr zu und Marie blickte nach unten. Das hieß, sie musste sich etwas ausdenken, denn bei spontanen Einfällen blickte sie immer nach oben. „Erstens: Regenbogen", sagte sie sehr ernst. „Nein! So heißt er sicher nicht!" Das war nicht schwer zu erraten. Sie lächelte mir zu und sagte: „Dann gibt es noch *Segen* oder *Regen* zur Auswahl." Sie steckte den Kopf unter die Bettdecke und kicherte vor sich hin. „Okay", sagte ich, um sie etwas hinzuhalten, „lass mich mal überlegen, hmmmmm. Das ist ja echt schwer!" Sie warf mir ein Polster entgegen und rief: „Du bist echt kindisch, weißt du das? Noch albenerer als ich!"

„Mr. Jones ist wahrlich ein Segen für die Welt. Er hat *sich* sozusagen durch seinen Sohn wortwörtlich verewigt", sagte ich zu

Marie. Sie stimmte mir zu. „Also wenn die Grußkarte tatsächlich für ihn bestimmt ist, dann hat Mr. Jones ja in ein paar Tagen Geburtstag!", überlegte ich laut. „Komm ja nicht auf die Idee, ihm zu gratulieren! Er feiert Geburtstag nämlich nie! Und Geschenke mag er auch keine, glaub ich. Ist doch schon etwas eigen, gell?" Dabei schubste sie mich und sah mich fragend an. „Magst du denn etwa auch keine Geschenke?" „Ich und Geschenke mögen? Sehe ich so aus?", entgegnete ich und konnte mir es nicht verkneifen, dabei ein paar lustige Grimassen zu schneiden.

„Ja, er ist in vielen Dingen lustig, unser Mr. Jones!", stellte sie ernüchtert fest. „Weißt du, einmal habe ich ihn gefragt, ob er denn keinen Fernseher hat. Weißt du, was er mir darauf geantwortet hat?" Ich schüttelte verneinend den Kopf. „Fernsehen ist eines der vielen Dinge, um seine Zeit damit zu vergeuden, anderen dabei zuzusehen, wie sie ihre Zeit vergeudet haben! Ist das nicht original?", sagte sie lachend und schien sich so wie ich prächtig über diese Aussage zu amüsieren. Mit einem „Echt originell!" konnte ich es mir nicht verkneifen, ihr *original* zu verbessern. Diesmal war es Marie, die meine Aussage überging. Plötzlich sprang sie auf und rief: „Ich weiß, was du ihm schenken kannst! Ja!" Dann fuhr sie sich so wie Wickie mit den starken Männern dreimal über die Nase, hielt den Arm in die Höhe und rief „Ich hab's!" Aha, da hatte das Fernsehen doch etwas abgefärbt. Erstaunt sah ich sie an. Sie nickte bejahend und an ihren Gesichtszügen konnte ich erkennen, dass es diesmal kein Scherz war. „Öffne ihm doch dein Herz, damit er dir die Sonne hineinlegen kann."

Marie erzählte ich nichts vom nächtlichen Schlummertrunkabstecher in diese Kneipe. Ich wollte sie nicht beunruhigen. Da sie mich Gott sei Dank auch nicht gefragt hatte, wann ich nach Hause gekommen war, blieb mein Rücken aufrecht und tatsächlich hatte sich die reduzierte Bewegungsfreiheit vom frühen Nachmittag aufgelöst. Vielleicht hatte diese körperliche Einschränkung ja auch mit meinem nächtlichen Ausflug zu tun und Mr. Jones hatte etwas dazu beigetragen, dass es mir wieder gut ging. Diese vielen Fragen! Ich erinnerte mich an Mr. Jones' Worte, in denen es hieß, sich nicht um das *Warum, Wozu* und *Weshalb* zu kümmern. Beschämt ließ ich es sein.

Als ich endlich damit beginnen wollte, Marie aus dem Regenbogenbuch vorzulesen, entdeckte sie das Buch von Yogananda, welches ich aus dem *Büchereck* mitgebracht hatte. So erzählte ich ihr kurz von der Frage, die ich Mr. Jones in Bezug auf seine Schlafgewohnheiten gestellt hatte, woraufhin er mir das Buch in die Hand gedrückt hatte. Sie fand die Angelegenheit, im Gegensatz zu mir, sehr lustig. „Nun soll ich ein Buch mit über sechshundert Seiten lesen, nur um die Antwort auf Mr. Jones' Schlafgewohnheiten herauszufinden?", sagte ich doch etwas vorwurfsvoll und uneinsichtig. „Das kommt davon, wenn man nicht damit aufhört, Mr. Jones Fragen zu stellen!", lachte Marie und entschuldigte sich umgehend für ihr Benehmen. Aber wo sie Recht hatte, hatte sie Recht.

„Du sagtest ja, dass Mr. Jones keinen Fernseher hat. Wenn das stimmt, dann wissen wir jetzt wenigstens eins ganz genau!", sagte ich zu Marie und musste mich wirklich bemühen, dabei ernst zu bleiben. „Was denn?", fragte sie voller Neugier. „Dass Mr. Jones den Spruch von Konfuzius nicht aus der Lindenstraße abgeschrieben hat", entgegnete ich und Marie konnte sich vor lauter Lachen gar nicht mehr halten.

Der blaue Pfad des Regenbogens war märchenhaft und spannend. Madita kam in eine Stadt namens „Nächstenliebe", in der sie allen bereits bekannt war. Aber das schien in diesem Regenbogenland ja nichts Besonderes zu sein. Am Abend gab es ein Fest in diesem Ort und Madita sollte der Ehrengast sein. Aus einer dunklen Stadt, jenseits des finsteren Tales, kamen verruchte Gestalten zu Besuch, die ein übles Benehmen an den Tag legten und so gut wie keine Manieren hatten. Den Dorfbewohnern schien das nichts auszumachen, sie ließen sich nicht davon beeindrucken. Lustig und fröhlich feierten sie ausgelassen weiter, doch Madita war erzürnt über diese Bösewichte, die nur Unheil stifteten.

Madita hatte ja an jedem Pfad zwei Wünsche frei und durch ihre Ablehnung diesen Gestalten gegenüber und der daraus resultierenden Unachtsamkeit hatte sie auf einen Schlag beide Wünsche verschwendet. Sie wollte verhindern, dass diese dunklen Gestalten etwas zu essen bekamen und hatte es laut ausgesprochen. Da die höchste Natur aber niemanden ausgrenzt oder hervorhebt, trug es sich zu, dass durch Maditas Zorn alle Anwesenden, die ungebetenen Gäste sowie die Dorfbewohner selbst, dazu verwunschen waren, nicht mehr ihre Hände abwinkeln zu können. Somit konnte keiner mehr von ihnen etwas von den Köstlichkeiten zu sich nehmen. Maditas Lieblosigkeit und verschleierte Wahrnehmung hatten unbewusst dafür gesorgt, dass nun alle nicht essen konnten. Man wollte ihr damit nicht nur eine Lehre erteilen, sondern ihre Intuition damit schulen.

„Das ist aber eine tolle Geschichte!", schwärmte Marie. „Ist aber doch eher was für Kinder, oder?", fragte sie mich. „Du scheinst mir doch etwas zu groß dafür zu sein! Und was ich immer noch voll komisch finde, dass die so gleich heißt wie du! Na ja, sie hat ja schon etwas mit dir gemeinsam!", sagte sie in einem sehr bestimmenden Tonfall. Das sollte also heißen, dass mir ebenfalls die Klarsicht abhandengekommen war. „Sie sucht auch die Sonne. Aber mach dir nichts draus, ihr werdet sie bestimmt beide finden!", dabei klopfte sie mir wieder beruhigend auf den Arm, wie sie es schon öfters gemacht hatte, wenn ich ihr leidtat, und fügte noch ein leises „irgendwann sicher" hinzu. Sehr beruhigend, dachte ich und konnte mir ein Schmunzeln nicht verkneifen. „Du kannst jetzt weiterlesen."

„Die Kinder begannen zu weinen und unter den Bewohnern des Nachbardorfes brach Chaos aus. Sie liefen wie vom Teufel geritten umher und fluchten und tobten. Das hätte Madita ja noch nicht so gestört. Aber dass die liebevollen Menschen, die ihr soviel Herzlichkeit entgegengebracht hatten, auch davon betroffen waren, machte sie

zornig und wütend. Die Dorfbewohner vermittelten ihr immer noch das Gefühl von Nächstenliebe und die Bewohner des anderen Dorfes beschimpften sie. Im totalen Durcheinander schrie eine der düsteren Gestalten: „Wir gehen!“ Sie stellten die Teller ab oder warfen sie achtlos auf den Boden. Teller klirrten und Gläser zerschellten auf dem Asphalt, der sein blaues Tief trotzdem bewahrte. Die Gestalten zogen von dannen und waren alsdann nicht mehr zu sehen. Madita schaute ihnen mit offenem Mund nach und verstand die Welt nicht mehr. Kaum waren diese dunklen Gestalten weg, war für sie wieder diese unsagbare Harmonie zu spüren. Madita dachte, dass sich die Aufgabe jetzt gelöst hätte und nun alle friedlich miteinander essen könnten, aber das ergab keinen Sinn.

Sie hatte diesen dunklen Gestalten ja nicht gerade ihr Herz geöffnet, aber nun könnten sie ja mit Ruhe die leckeren Speisen zu sich nehmen. Doch sie wurde eines Besseren belehrt. Sie beobachtete zwei Kinder, die verzweifelt versuchten, ihren Hunger zu stillen, aber es tat sich nichts. Sie konnten die Arme immer noch nicht beugen. So versuchten sie, mit dem Kopf den Tisch zu erreichen. Entweder waren sie zu klein oder zu groß. Wie man es auch drehte und wendete, es funktionierte einfach nicht. Maditas Zorn war kaum noch zu halten. Das änderte aber nichts an der Tatsache, dass es nicht klappte, denn als sie es nun selber probierte, gelang es auch ihr nicht. Madita war verzweifelt und sah in das traurige Gesicht des Kindes, das ihr gegenübersaß. Es hatte Tränen im Gesicht, die langsam über seine roten Backen kullerten. Die Augen dieses Kindes waren so voller Hoffnung und so voller Liebe, wie sie es noch nie zuvor gesehen hatte. Obwohl das Kind weinte, strahlte sein Gesicht Zufriedenheit aus. Wie war das möglich? Sie sah die Liebe dieses Kindes und konnte diese Liebe auch spüren.

Dann geschah etwas, womit niemand gerechnet hatte. Madita streckte, ohne zu überlegen, die Hand aus und begann, das Kind zu füttern. Das Kind öffnete den Mund und schaute sie dabei voller Dankbarkeit an. Madita lief ein Schauer über den Rücken, als sie bemerkte, was sie da gerade getan hat. Es war still geworden und alle Blicke waren auf Madita und auf das kleine Kind gerichtet. Das Kind begann zu lachen und alle anderen lachten mit. Sie begannen, sich gegenseitig zu füttern und genossen es in vollen Zügen, sich dabei in die Augen zu sehen. Eine Zeremonie der Nächstenliebe bot sich dar.

„Nächstenliebe", schoss es Madita durch den Kopf. Das Dorf der Nächstenliebe! Das ist die Lösung! „Ich hab es ja schon gewusst, als ich vor der Ortstafel stand", sprach sie sichtlich überrascht. „Nur habe ich es zu diesem Zeitpunkt noch nicht erkannt", flüsterte sie etwas leiser. Keiner bemerkte, dass ein jeder Einzelne seine Arme längst wieder abwinkeln konnte. Die Dorfbewohner hatten sichtlich Spaß an der ungewöhnlichen Situation und keiner nahm einen einzigen Bissen mit seiner eigenen Hand zu sich.

„Das ist ja wirklich toll, dieses Buch", schwärmte Marie. Diesmal war sie nicht eingeschlafen, doch etwas schläfrig geworden. Sie musste gähnen. „Madita, ich glaube, ich sollte jetzt schlafen gehen. Meine Mama kommt heute ausnahmsweise etwas später nach Hause, da sie bei irgend so einer Versammlung ist, aber ich komm sonst nicht aus den Federn." Das klang vernünftig. Fast zu vernünftig für ein fast sechsjähriges Mädchen. „Die Geschichte ist jetzt ja fast fertig!", beruhigte sie mich. Es klang fast so, als wäre sie die Erwachsene und ich das Kind, das nicht schlafen gehen wollte. „Ist ja auch ein Fast-fertig-Buch!", alberte ich zurück.

„Wer passt eigentlich auf dich auf, wenn deine Mama nicht da ist?", fragte ich sie interessiert. „Na, mein Bruder natürlich! Wer sonst?" „Aber den habe ich erst einmal gesehen, seit ich hier bin." „Ja weißt du", sagte sie etwas verständnislos, „der sitzt meistens vor seiner Spielekonsole und spielt irgendwelche so dämlichen Spiele. Lassen wir ihn! Ich werde noch etwas *Hanni und Nanni* hören und dann schlaf ich sowieso sehr schnell ein", grinste sie mich an. „Ich hoffe, ich kann auch schnell einschlafen, denn vor dem Schlafengehen arten die Gedanken immer in Massenbelagerungen aus."

„Weißt du, Madita, du denkst zu viel", sagte Marie und sah mich bemitleidend an. „Das habe ich schon einmal gehört", musste ich feststellen. „Was hast du gesagt?", fragte sie mich.

„Ach, nichts, ich habe nur laut vor mich hingedacht“, entgegnete ich. „Weißt du“, sagte ich zu ihr „dieses Denken treibt mich noch fast in den Wahnsinn. Und ich kann nichts dagegen tun! Ich kann es einfach nicht abstellen!“, seufzte ich laut und ertappte mich dabei, auch schon dieses *Weißt du* zu verwenden. Marie schien auf mich abzufärben. „Ja, wenn das so einfach wäre!“, entgegnete Marie. Sie hüpfte aus dem Bett, und bevor sie den Raum verließ, bat ich sie um etwas: „Hast du vielleicht eine Idee, wie ich weniger denken könnte?“ Marie rümpfte die Nase und überlegte kurz. Sie setzte sich wieder aufs Bett und nahm meine Hand. „Weißt du, ich glaube, ich hab da wirklich etwas für dich, dass dir dabei helfen könnte, weniger zu grübeln“, sagte sie sehr geheimnisvoll und konnte dabei ein Gähnen nicht unterdrücken. „Also dann aber schnell!“ Es war so, als ob sie die Mutter wäre und ich das Kind, das noch eine aller-aller-letzte-Gute-Nacht-Geschichte erbetteln würde. Es war schon etwas eigenartig.

Ich richtete mich gespannt auf und konnte es gar nicht erwarten, was sie mir jetzt wohl zu sagen hatte. „Weißt du, nachts, wenn ich träume, kommen da so Dinge hoch, die wirklich sehr eindrückend sind!“, sagte sie. Dabei schaukelte sie auf ihren Knien hin und her und sah mich so eigenartig an. Nun war ich aber wirklich gespannt. „Weißt du, ich träume ja nicht wirklich, denn wenn ich aufwache, fängt der größte Traum erst an. Jaja, der Tagtraum“, seufzte sie. „Muss ich das jetzt verstehen?“, fragte ich sie. „Nein, aber diese Bilder, die mir so sehr gefallen, kannst du mit mir ansehen. Schließe doch einfach mal die Augen“, sagte sie in einem sehr professionellen Ton, als wäre sie eine Therapeutin, die mich nun von meiner Gedankenlast befreien würde. Marie brachte mich immer wieder zum Staunen, aber es verwunderte mich schon lange nichts mehr. Sie war eben etwas ganz Besonderes. Gemeinsam Bilder ansehen und Augen schließen, hatte sie gesagt. Und das sollte funktionieren? „Wir sehen einen Zug“, sagte sie. „Dieser Zug ist dein Lebenszug. Der Zug ist leer, und wenn er das auch bleibt, ist er eigentlich unsichtbar. Du bemerkst ihn kaum, denn er gibt dir ja keinen Grund dazu, ihn anzusehen. Es bewegt sich ja nichts und

deshalb ist er für dich auch nicht interessant. Der Zug kommt aus dem Nichts, und wenn du nicht bewusst auf ihn schaust, ist er zwar hier, aber er ist hier, ohne wirklich *Hier* zu sein! Du verstehst", fügte sie hinzu und hielt inne. Na, das war mal wieder ein Satz, wunderte ich mich über die Erwachsenheit dieses kleinen Mädchens. Nein, ich verstand es nicht wirklich, aber ich wollte abwarten, was noch passierte.

„Jeder Gedanke aber ist ein Pascha … Paschasier … ach, ein Mitfahrender halt", korrigierte sie sich selbst, „und es steigen Tag für Tag Millionen von …" „Passagieren", unterbrach ich sie. „Ja genau, Millionen von Passagieren in diesen Zug ein, um mitzufahren. Aus welchen Gründen auch immer bist du in der Einbildung zu glauben, der Schaffner zu sein, der sich mit den Fahrgästen auseinandersetzt, sie kontrolliert, mit ihnen spricht und sich um sie kümmert. Du bist aber nicht der Schaffner. Nein, das bist du wirklich nicht!" Dann schlug sie die Augen auf und sagte: „Und?" „Was und?", entgegnete ich fragend. „Na, hast du's?", fragte sie mich erwartungsvoll und ein wenig von sich selbst begeistert. „Ja, ich glaub, es hat mich. Mich hat's ein wenig!", antwortete ich scherzhaft und wir verfielen beide wieder in lautes Gelächter. „Es grünt so grün, wenn Spaniens Blüten blühen. Ich glaub, jetzt hat sie's. Ich glaub, jetzt hat sie's. Ich glaub, jetzt hat's mich!", sang ich drauflos und es war wirklich erstaunlich, dass der grüne Pfad der Regenbogengeschichte hier wieder mit einfloss.

„Nun lass uns aber wieder ernst sein!", räusperte sie sich und gähnte ein weiteres Mal. Marie hatte ihre Augen wieder geschlossen. „Also ab heute weiß einfach, dass es unzählige Schwarzfahrer und Trittbrettfahrer gibt und dass alle mit deinem Zug mitfahren wollen. Du aber hast keinen Platz in deinem sauberen Zug für diese Gedanken, die dir alles nur schmutzig machen. Die Mitfahrenden machen nur Lärm und produzieren Müll, Leid und sonst allen Quatsch. Also denke immer an dieses Bild." Ich nickte ihr zu und fand dieses Bild und diesen Vergleich wirklich amüsant.

„Und wie sieht es nun in deinem Zug aus?“, fragte sie mich und riss dabei wieder ihren Mund ganz weit auf. „Entschuldige mich, aber es hört einfach nicht auf. Der Schlaf ruft mich jetzt wohl wirklich.“ „Im Moment scheint es aufgeräumt zu sein. Kein Fahrgast. Kein Lärm. Mal sehen, wie lange das anhält!“, entgegnete ich lachend und musste den Kopf schütteln, über dieses lustige Marie-Zug-Beispiel, in dem keiner mitfahren durfte. „Ich werde mir zukünftig bei jedem Gedanken einen Zug vorstellen, der Volldampf macht und alle einsteigenden Gedanken wieder rückwärts aussteigen lässt. Ich werde die Türen und Fenster verbarrikadieren und keine Tickets mehr hergeben. Ich werde niemanden mehr kontrollieren und mich mit keinem mehr unterhalten, bis keiner mehr mitfahren will!“, grinste ich vor mich hin. „Das ist gut!“, bestätigte Marie. „Am besten ist, ich bleibe gar nicht mehr stehen! Oder? Oder aber“, sagte ich überlegt, „ich lasse alle Bahnhöfe schließen, und wie du bemerkt hast, ist soeben wieder ein unaufgeforderter Fahrgast eingestiegen. Raus mit dir! Hinweg mit dir, du Schwarzfahrer!“ Ich ging zur Türe, öffnete sie und verbeugte mich vor Marie. Marie kicherte vor sich hin. „Ich lass Sie jetzt in Ihr Bettchen gehen, Frau Dr. Marie Schlafmütze. Also, schlafen Sie schön.“ Sie drückte mir einen feuchten Schmatz auf die Wange und weg war sie.

Vor dem Einschlafen hatte mein Denken Hochkonjunktur. Auch der Zug schien mir nicht wirklich eine Hilfe zu sein. Dieses Bild brachte mich zwar zum Lachen, aber der Zug war voll. Was auch immer ich versuchte, der Gedankenstrom ließ sich einfach nicht abschütteln und so ließ ich mich mit leichtem Unbehagen auf das Warum-Wieso-Weshalb-Spiel ein. Nach einer Weile die ernüchternde Erkenntnis: Schon wieder versuchte mein Schatten-Ich-Bildnis, seine künstlich erzeugten Schatten zu manipulieren! Warum tappte ich denn immer wieder in die Falle, Gedanken reduzieren zu wollen, wenn es sie doch gar nicht gab? Ich musste wirklich erst die innere Überzeugung spüren, dass Gedanken nichts Wirkliches waren, damit sich meine Persönlichkeit mehr und mehr lichtete, um endlich davon Abstand nehmen zu können. Immer wieder schlüpfte ich in die abgelatschten Treter und die unsichtbaren, glänzenden Schuhe sahen nicht nur ungebraucht aus, nein, sie waren auch unbenutzt.

Mit Grauen blickte ich dem Tag meiner Abreise entgegen. Ich dachte an mein mühseliges Leben und an all meine Bekannten. Ich hörte schon meine Arbeitskolleginnen fragen: „Na, wie war denn dein Urlaub?" Ich hatte zwar allen, bis auf Gabi, verschwiegen, dass ich in einen Ashram wollte, doch ich konnte ja nicht gut sagen, dass ich zwei Wochen in einer Buchhandlung verbracht habe. Und schon wieder machte ich mir Gedanken darüber, was die anderen wohl von mir denken würden. War es denn mein Wunsch, in dieses Leben zurückzugehen? Nein, war es nicht. Also warum hatte ich es dann vor? Um Geld zu verdienen! Kann das die Erfüllung sein, wenn man etwas tut, was einem überhaupt keinen Spaß macht? Nur um überleben zu können? Wenn es um Hingabe ging und es gar kein Wunschpotenzial gab, war das Leben, das ich so sehr verdammte, vielleicht gut, wie es war. Da soll sich einer noch auskennen. Und was meinte Mr. Jones mit: „Ich zähle auf dich"? Fragen über Fragen zermarterten mein Hirn und wehrten sich vehement in ihr Schattenreich zurückzufließen.

Plötzlich musste ich an Herrn Kanaus denken. Ich bewunderte seine Art, mit dem Tod umzugehen. Frau Kanaus war sicher eine sehr liebenswürdige Person gewesen. Wenn ich mir vorstellte, an seiner Stelle zu sein, brach mir das Herz. Warum stellte ich es mir überhaupt vor? Ich konnte es ja auch lassen. Einfach sein lassen! Wieder einmal wurde mir meine Verworrenheit gespiegelt und wie sehr ich doch in diesem undurchsichtigen Netz der Irrbilder gefangen war. Mr. Jones war ausnahmsweise nicht der letzte Gedanke vor dem Einschlafen, aber der vorletzte!

In meinen Träumen irrte ich ziellos durch Welten, die ich nicht kannte. Es war alles so hell und ich ruderte einen Fluss entlang, der links und rechts Wände besaß. Auf der rechten Seite waren Ausgänge, doch die Verbindung zu diesen Türen fehlte, sodass ich nicht dorthin gelangen konnte. Ich wurde von einer Kraft getrieben, auf deren Steuerung ich keinen Einfluss hatte. Mir kam ein Boot entgegen. Darin saßen ein Mann und eine Frau. Ich erschrak, als ich Herrn Kanaus erkannte. Weder die Frau noch er ruderten und doch fuhren sie gegen den Strom. Die Frau konnte ich zuerst nur von hinten sehen. Als sie an mir vorbeiglitten, sah ich Frau Kanaus' Körper von Licht erfüllt. Obwohl ich sie nicht kannte, wusste ich, dass sie es war. Ich sah sie sehr gut, doch konnte ich ihr Gesicht nicht erkennen. „Herr Kanaus! Frau Kanaus!", rief ich ihnen zu, aber sie konnten mich weder sehen noch hören. Obwohl das Boot schon längst nicht mehr zu sehen war, hörte ich nun Herrn Kanaus' Stimme sagen: „Alles wird gut." Dann erschien mir eine Lichtgestalt. Es war Frau Kanaus, nur war ihr Körper jetzt verschwunden. Ich vernahm folgende Worte: „Es gibt nichts Schlimmeres als die Geburt, auch wenn das Leben heilig ist. Der Tod aber ist das Natürlichste, was einem Menschen passieren kann, denn es ist das Tor in die Welt des unendlichen Friedens. Wahrlich aber ist es gleich, ob du einen Körper hast oder körperlos bist, der Erwachte kümmert sich nicht darum." Die Lichtgestalt war verschwunden. Als ich sah, dass sie sich frei bewegen konnte, wie sie es wollte, versuchte ich es nachzuahmen. Doch ich hatte keinen Einfluss auf das, was geschah.

Plötzlich fiel ich aus dem Boot, übersprang eine Kante und fiel in ein tiefes Loch. Komischerweise war ich auch nicht ins Wasser gefallen. Ich erschrak nicht, sondern hörte mich sagen: „Es ist nur ein Traum. Es kann dir nichts passieren!" Mein ganzer Körper brannte und die Angst vor einem Aufprall war erloschen, als ich auf das vertraute, was ich mich selbst sagen hörte.

Ich fand mich auf einer Wiese wieder. Es war sehr dunkel, sodass ich den Himmel nicht erkennen konnte. Ich spürte einen immensen Frieden, den ich mir nicht erklären konnte. Diese Dunkelheit fühlte sich nicht so an, wie die Dunkelheit, die ich kannte. Hier war es angenehm warm, sehr mild, ganz weich und alles war so anschmiegsam. Ich war integriert in ein atmendes Feld, das aus sich heraus vibrierte und mit Sanftheit und Güte über mich wachte. Dies konnte ich aber nur spüren, denn obwohl ich einen Körper hatte, nahm ich meine Empfindungen nicht über diesen wahr. Meine Sinne schienen erloschen und doch hatte ich eine ausgeprägte Feinfühligkeit wie niemals zuvor. Auf dieser Wiese standen Kühe. Sie fraßen friedvoll und gemächlich vor sich hin und hatten dieselbe Farbe wie die Wiese. Überhaupt bemerkte ich erst jetzt, dass alles dieselbe Farbe hatte. Alles war aus königlichem Dunkelblau.

Nun wunderte ich mich, warum ich die Dinge unterscheiden konnte. Da alles einheitlich war, mussten sich die Dinge also aufgrund ihrer unterschiedlichen Frequenzen unterscheiden, denn ich konnte alles völlig klar erkennen. Ich hatte zwar einen Körper, aber der schien nur ein Fingerabdruck zu sein, mit dem ich irgendwie in Verbindung stand, denn das, was wahrnahm, hatte mit meinem Körper nichts zu tun.

Noch nie zuvor hatte ich ein derart schönes Blau empfunden. Ein Lichtpunkt in der Ferne gab mir zu verstehen, dass dort jemand wohnte. Dann war ich im gleichen Moment dort, ohne mich dahin bewegt zu haben. Ich stand vor einem Gebäude. Die Türe war offen und in diesem sehr kleinen Raum waren viele hohe Regale, in denen sich ein einziges Gewand befand. Ein ganz junger Mann, der mich mit seinen sanften Lichtblicken durchdrang und meine Seele liebkoste, griff in ein Regalfach und reichte mir dieses Gewand. Er sagte nichts, aber wir unterhielten uns angeregt. Die Art und Weise dieses Austausches geschah indirekt. Es waren lediglich Einsichten, in denen einer in den anderen sah und ihn als das Ursprüngliche erkannte. Ein Informationsaustausch ohne jegliche Informationen. Die Bekleidung strahlte in hellem Licht und die Gewänder waren ockerfarbig. Es war so, als wären sie für mich bestimmt und hätten bereits auf mich gewartet. Hier trug jeder dasselbe, alles war gleich und doch war es anders. Der Kontrast zwischen dem dunklen, weichen Blau und dem vibrierenden, leuchtenden Safranton war kaum zu beschreiben.

Hier schien für jeden Menschen ein Gewand deponiert zu sein, denn wenn ich nun in das Regal sah, konnte ich wieder nur ein einziges Gewand erkennen. Kaum nahm man eines heraus, lag schon wieder ein Neues dort. Die Intelligenz des Soseins trug es in sich, wer als Nächstes bereit dazu war, das Gewand entgegenzunehmen. Dies war ein einheitlicher Prozess, der jegliches Getrenntsein verunmöglichte. Es war also kein Hingehen und Abholen, sondern ein Gerufenwerden, ohne diesem Ruf dabei willentlich folgen zu können.

Als ich diesem wunderschönen jungen Mann in die Augen sah, hatte ich das Gefühl, dem lichtesten Licht aller Lichter zu schauen. Ich wusste, dass das Licht für mich etwas reduziert worden war, denn im wahren Licht wäre ich auf der Stelle verbrannt. In mir tat sich ein Wunsch auf, ohne mich dabei erinnern zu können, das auch gewünscht zu haben: „Mit solch einem Wesen könnte ich mir ein Leben vorstellen!“ Dieser Gedanke hatte keinerlei Anzüglichkeiten. Ein körperliches Verlangen schien es hier nicht zu geben, denn alles war so transparent, feinschwingend und zart. Hier hatten irdische Begierden ihre Macht gänzlich verloren. Jeder Blick war ein Miteinanderverschmelzen, ein Sicherkennen. Man schaute sich selbst und war mit seinem scheinbaren Gegenüber eins. Auch ein etwas älter aussehender Mann mit vielen Falten im Gesicht, die von einem geprägten Leben erzählten, hatte dieselbe feine Ausstrahlung. Der Altersunterschied war da, doch dies hatte hier keinen Stellenwert. Man nahm es nicht wahr, sondern war sich dessen gewahr. Der lichtvolle Schimmer und das grenzenlose Leuchten der hier Anwesenden war von so einer gigantischen Schönheit, dass ich über Empfindungen hinweg getragen wurde, die alles löschten, was nicht ihrem Lichte standhalten konnte. Es waren unendliche Herzensergüsse, die nicht kamen und gingen, sondern anhielten. Sie schienen endlos zu sein und spiegelten wie selbstverständlich eine natürliche Beschaffenheit wider, die von meinem substanziellen Wesenskern erzählte. An diesem Ort sah ich nicht hinter die Dinge, ich war hinter den Dingen. Ich wünschte mir innig, für immer dort bleiben zu können und dann … bin ich aufgewacht!

Ich mag schon oft Glück empfunden haben, doch noch nie war ich bis zum wahren Glück vorgestoßen, das wurde mir hier deutlich gezeigt. Es war so konzentriert, dass ich wusste: Ich hatte *mich* im scheinbaren Menschtraum, im Wachzustand der Seele … als Unpersönlichkeit im Göttlichen erkannt. Als ich realisierte, dass ich in meinem Bett lag und die Illusion des Lebens schon wieder nach mir trachtete, schloss ich schnell wieder meine Augen. Es gelang mir nicht, diese Welt wiederzubeleben und blaue Kühe blieben aus. Jegliche Anstrengung blieb ohne Erfolg! Ich wollte zurück … um jeden Preis!

Versehentlich war ich wieder in die Falle getappt, etwas festhalten zu wollen. Ich war tief in mir so erfüllt, dass es mir Kraft gab, mich meinen Irrbildern zu stellen. Wozu sonst hatte ich sie erschaffen? Weshalb sonst war ich hier?

Diese Kraft und die Tiefe dieses Traumes berührten mich so sehr, dass ich von dieser lichtdurchtränkten Zartheit beflügelt zu Papier und Bleistift griff und etwas niederschrieb. Es entstand ein Gedicht mit stattlichen einunddreißig Versen und es rührte mich beinahe zu Tränen. Beinahe! Wahrlich war es das Kostbarste, was ich jemals gelesen hatte. Es war mir klar, dass es von *mir*, von *meinem* eigentlichen Kern stammen musste und Madita es nur zu Papier gebracht hatte. Wie sonst konnten sich so wunderschöne Reime formen, die gefüllt mit unendlicher Gnade und zart durchdringendem Segensreichtum durch und durch glänzten? Es war unglaublich! Es war Mr. Jones' Sprache, die sich hier auftat. Wie konnte das einfach so geschehen? Jetzt bitte kein *Wie,* kein *Warum* und kein *Wozu!* Keine Ahnung! Es war einfach da.

Das Gedicht nannte ich *Zarte Begegnung*, denn in ihm lag der Schlüssel für den Raum hinter den Dingen der Welt. Diese Eintrittskarte war außergewöhnlich, aber deshalb nichts Besonderes, weil sie nur eine von unzähligen Möglichkeiten war, sich dem Einen zu öffnen. Ohne eine absichtslose Bereitschaft war diese Eintrittskarte sowieso wertlos. Um in das Reich der wahren Werte einzudringen, wo wirklich alles seinen Wert verliert, bedarf es keiner persönlichen Voraussetzungen oder Richtlinien, denn die höchste Kraft lässt es einfach geschehen oder auch nicht. Und weil nicht wirklich etwas geschieht, hatte also keiner einen Vorteil oder einen Nachteil, man konnte es nicht erringen, es nicht kaufen, es nicht erüben, es nicht erzwingen, es sich nicht aneignen und es auch nicht erreichen. Es war so, wie es war. So Gott will!

Tränen des Glücks

Die restlichen Tage meines Aufenthalts vergingen wie im Fluge. Entweder war ich bei Mr. Jones oder ich war bei Marie. An Mr. Jones' Geburtstag beschloss ich, meine Klappe zu halten und Mr. Jones nicht zu seinem Nicht-Geburtstag zu gratulieren. Ich konnte ihm ja nicht gut ein Herz zeichnen, mit Fensterläden drauf, um ihm zu symbolisieren, dass ich jetzt bereit wäre, die Sonne zu empfangen. Also entschied ich mich kurz und bündig für das Gedicht, welches mir nach diesem wunderbaren Traum geschenkt worden war, weil ich wusste, dass Mr. Jones meine Inspiration war. Er war mein Meister.

Wortlos überreichte ich ihm meine Verse und er legte sie zur Seite. Wahrscheinlich werde ich nie erfahren, wann und ob er sie gelesen hat. Das spielte keine Rolle und war auch nicht wichtig für mich, denn als ich ihm das Gedicht überreichte, packte mich die Gewissheit, dass Mr. Jones den Inhalt bereits kannte, bevor ich es niedergeschrieben hatte. Es war mir ein Bedürfnis, dieses Geschenk umgehend an ihn weiterzugeben. Ich wollte mich nicht darin aufhalten, es war in meinem Herzen angekommen. Der Impuls, es weiterzureichen, war für mich wie die Besiegelung eines Versprechens, welches ich einst, vor Äonen von Zeiten abgegeben hatte, nämlich meine Verirrungen ruhen zu lassen und wahrhaftig hier zu sein.

Am letzten Tag meines Urlaubs besuchte ich mit Marie noch einen besonderen Kraftort. Sie erzählte mir von einer kleinen Kirche ganz in der Nähe und ich freute mich, diesen besonderen Nachmittag mit ihr verbringen zu können. Nachdem wir nur knapp fünfzehn Minuten mit dem Bus unterwegs gewesen waren, wanderten wir eine halbe Stunde auf einen Hügel, der uns, von Weinbergen umgeben, eine atemberaubende Aussicht gewährte. Ich war froh, dass der Schnee auch heute wieder ausgeblieben war, denn dies hätte uns den Ausflug unnötig erschwert. Die melancholische Stimmung war erdrückend, und obwohl Marie in meinem Herzen weiterhin *bei mir, in mir* und *mit mir* sein würde, zerrte der weltliche Schmerz an meinem menschlichen Kleid der Trauer. Ich konnte schwer loslassen und versank auch gerne in diesem Selbstmitleid. Mit diesem Trauerkostüm, welches ich mir zu diesem Ehrentag übergestülpt hatte, passte ich ja schon einmal sehr gut in die Kirche.

Dieser Gedanke war schon etwas komisch, aber zum Lachen war mir überhaupt gar nicht zumute. Als Marie meine Stimmung erkannte, nahm sie mich bei der Hand und rannte mit mir zur Kirche hoch. So standen wir dann außer Atem davor und bestaunten das außergewöhnliche Bauwerk. In seiner Größe war es zwar nichts Aufsehenerregendes, aber die prachtvollen Verzierungen und Verschnörkelungen, die es zierten, waren doch sehr beeindruckend.

Marie zog mich zur Rückseite der Kirche, wo es eine kleine Sitzgelegenheit gab. Diese war etwas versteckt. Man musste über eine niedrige Mauer klettern, an ein paar Weinbergreben vorbei ein Stück einen Felsen entlang und in einer kleinen Felseinbuchtung stand dort einsam und verlassen eine Bank. Da saßen wir dann, an diesem verwunschenen Plätzchen und staunten über den wunderbaren Ausblick in die Ferne. Obwohl, etwas mulmig war mir schon zumute, denn es ging steil die Böschung hinab und ich hatte immer schon etwas Höhenangst. Zum Glück war dort ein stabiler Zaun, der vor dem Abgrund schützte, ansonsten hätte ich mich nicht dorthin getraut.

„Hast du gar keine Angst?“, fragte ich Marie ganz verwundert. „Nöööö! Wieso denn?“, fragte sie mich etwas überrascht. „Hast du denn Angst?“, wollte sie nun wissen. Ich schwieg, denn darüber wollte ich jetzt nicht sprechen. Marie ließ ich sicherheitshalber auf der äußeren Seite sitzen, denn da konnte ich sie zwischen Fels und mir sozusagen einklemmen. Auf der Innenseite wäre sie nur noch auf die glorreiche Idee gekommen, herumzuspringen und da wollte ich auf gar keinen Fall zuschauen. Sie lehnte und kuschelte sich an mich. Wir waren beide sehr warm eingepackt und diese Einbuchtung im Felsen war ein sehr geschützter Platz, wo die

Kälte eine Zeit lang gut auszuhalten war. Marie hatte ihren Walkman dabei und steckte sich die Kopfhörer ins Ohr. Es war nicht schwer zu erraten, sie hörte *Hanni und Nanni*. Sie begann zu lachen und zu quieken. Sie lebte mit dieser Geschichte mit, als wäre sie mittendrin. Es war eine wahre Freude, ihr zuzusehen. „Nein, ist das komisch!", rief sie laut und zog den Kopfhörer aus dem Ohr, um mich mal hören zu lassen.

So steckte sie mir beide Hörer ins Ohr und spulte ein bisschen zurück. Dann zog sie mir einen Kopfhörer wieder aus dem Ohr heraus und sagte: „Weißt du, Hanni und Nanni suchen nämlich Gespenster! Nur, dass du dich auskennst. Es kommt gleich, du musst nur etwas warten." Marie machte dabei eine einhaltende Handbewegung und schon hatte sie mir die Stöpsel wieder ins Ohr gedrückt. Ich schloss die Augen und hörte gespannt auf den Text. Es war etwas laut und ich konnte nicht ganz folgen, da die Geschichte schon angefangen hatte. Ich musste lachen, denn jetzt wusste ich, wie es war laut Marie *keinen Faden zu haben*. Ihre Information zu den Gespenstern war nicht wirklich hilfreich gewesen. Es war recht unterhaltsam, aber wirklich komisch war da nichts. Wahrscheinlich hatte sie zu wenig zurückgespult und die Stelle war schon wieder vorbei, ehe ich mich einhören konnte.

Als ich die Augen öffnete, war Marie verschwunden. Ich riss die Kopfhörer aus dem Ohr und rief: „Marie? Marie!" Ich erhob mich und rief erneut: „Marie! Wo bist du?" Sie konnte nicht bei mir vorbei gegangen sein, das hätte ich gespürt. Durch die Sache mit dem Walkman war sie ein Stück zur Seite gerückt und ich hatte den Körperkontakt zu ihr verloren, kam es mir in den Sinn. Mit einem mulmigen Gefühl blickte ich die Böschung hinab und Gott sei Dank, ich konnte keine Marie entdecken. In meinen Kopf herrschte Panik und mein Gehirn schrie. Was mache ich denn jetzt nur!? Wo kann sie denn nur sein? Es wird ihr wohl nichts passiert sein!? „Marie! Marie? Bist du hier? Marieeeeee!!!"

Ich streckte mich noch einmal über den Zaun, doch dieses Mal etwas weiter. Mir blieb fast die Luft weg und es wurde mir schwindelig. Ich schloss meine Augen und erinnerte mich an meine Kindheit, als ich mit einem rasanten Tempo einen Abhang hinuntergerutscht war und eine einzelne Zirbe mitten am steilen Felshang mein Leben gerettet hatte. Als ich meine Augen wieder öffnete, um nach ihr Ausschau zu halten, konnte ich sie zum Glück wieder nicht entdecken. Mein Gefühl sagte mir, dass ihr nichts passiert war, doch meine Angst zwang mich in die Knie und spiegelte mir die grauenhaftesten Bilder, die sie in ihrem Repertoire zu bieten hatte. Von einer blutüberströmten Marie bis hin zum Sensenmann war hier alles zu finden. Mr. Jones hatte Recht. Diese Abgründe waren der reinste Fluch. Und ich schien ihnen bedingungslos ausgeliefert zu sein. Aber in diesem Moment dahinter sehen? Unmöglich! „Marieeeeee, Marieeeee!!!", hörte ich mich nun schreien. Ich hatte mich in diesem Schock ausgeklinkt und funktionierte nur noch irgendwie. Ich spürte, wie diese Angst und eine Wut, gepaart mit Hilflosigkeit und Zorn, in mir hochkrochen und sich wie frisch gegossenes Blei über meine Seele legten. Es brannte und schmerzte und nahm mir jegliche Luft zum Atmen.

„Huiiiiiiii, huuuhuuuuuuu, Hui Buh!", dröhnte es in meinen Ohren und dieser Laut lockte mich aus meinen künstlich erzeugten Bildern hervor und riss mich ziemlich unsanft in die Situation zurück. Ich drehte mich um und sah Marie aus einem kleinen Felsvorsprung hervorkommen. Sie schüttelte sich vor Lachen und wiederholte „Huiiii Buhhhhhh, ich bin das Schlossgespenst." Ich war perplex. Stocksteif wie ein Zinnsoldat stand ich da, dem eben ein riesengroßer Stein vom Herzen gefallen war.

„Tu das nie wieder!", schrie ich sie aus vollem Halse an. „Nie, nie mehr wieder, sage ich dir! Hörst du?!" Ich packte sie an den Händen und schüttelte sie etwas unsanft. Am liebsten hätte ich ihr eine gescheuert. Sie stand wortlos da. Plötzlich kullerten Tränen über ihr Gesicht. Ich packte sie ein weiteres Mal, riss sie an mich und drückte sie ganz fest an meinen Körper. „Ich hatte solche Angst um dich!", rief ich und zitterte am ganzen Körper wie Espenlaub. Ein unbeabsichtigtes „Ich werde dich so sehr vermissen!" rutschte mir

noch über die Lippen und nun war mir auch klar, wo der Hund begraben war. Ich spürte, wie in mir ein Stausee brach und dieses übervolle Tränenreich explodierte. Unzählige Tränen bahnten sich ihren Weg in die Freiheit, um sich zum Austrocknen der erlösenden Freiheit zu ergeben. Wir lagen uns in den Armen und drückten uns ganz fest. Ich spürte, wie ihre warmen Tränen über mein Gesicht liefen und sich mit meinen vermischten. „Ich war doch nur in der Höhle", schluchzte sie leise. *Erst jetzt wurde ihr bewusst, was sie angerichtet hatte.* Nein, dieser Satz hatte absolut keine Berechtigung, hier so zu stehen! Marie hatte nichts angerichtet! Kurzzeitig war der Vorwurf da, sie hätte sich nicht richtig verhalten. Hätte sie sich nicht versteckt, dann wäre die Situation anders verlaufen. Wenn … dann! So ein Schmarrn! Ich korrigierte diese begrenzte Sichtweise sofort und entlarvte diesen absolut behämmerten Gedanken als unreif und begrenzt. Erschrocken stellte ich fest: was ich *mir* eben angetan hatte – in welches Programm ich da schon wieder einmal hineingeschlittert war!

Marie hatte meine Panik wohl nicht mitbekommen und den Ernst meiner Lage hatte sie ja nicht erkennen können. Allein der Gedanke an das, was passieren hätte können und die Erinnerung an das, was mir widerfahren war, erzeugten diese unausweichlichen Zustände. Ich durchschaute den komplexen Ablauf der menschlichen Sinne, die doch zu entlarven waren, wenn man sie nur genau betrachtete. Abwechselnd erschuf ich Vergangenheit und Zukunft und presste diese zwei Vorstellungen in den Moment, wodurch sich der zeitlose Augenblick verflüchtigte. Ich realisierte wohl zum ersten Mal in meinem Leben, dass allein die Angst und der Widerstand *unsere Wahrnehmung* formten, die das erschuf, was wir als Wirklichkeit erfuhren. Ohne diese Bilder und Vorstellungen wäre überhaupt gar nichts passiert, das wurde mir in diesem Moment klar. Durch Marie wurde in mir lediglich eine Erinnerung erweckt, die durch meine Vorstellungskraft zu einer Imagination hochgeschaukelt wurde.

Es war gut, sich mal so richtig auszuweinen und den aufgestauten Emotionen ihren Lauf zu lassen. Marie fuhr mit ihrem kleinen Finger meine Tränen entlang, hielt ihn ganz hoch in die Luft und sagte: „Madita, nach Hause telefonieren." Nun quollen noch mehr Tränen aus mir hervor und es schien so, als wollte der Strom nicht mehr einhalten, jetzt wo er seine Laufbahn wiedergefunden hatte. Ja, das Tor Richtung Lichtheimat war aufgebrochen und der harte Damm in sich zusammengestürzt, um den Weg Richtung Sanftmut, Normalität und Ursprünglichkeit freizugeben. Auf der Jagd nach Taschentüchern ziepte ich sie am Arm und sagte: „Na, du kleiner E.T., du!" Sie ziepte mich zurück und lachte herzerfrischend. Ihre gelockten Haare wiegten sich mit jeder Bewegung hin und her und ihre Augen strahlten. „Du dumme Nuss, du! Na, ist ja wahr!" Fast hätte ich gesagt: Was hast du mir nur für einen Schreck eingejagt, aber das ließ ich doch lieber sein. „Ich hab doch gar nichts getan!", flüsterte sie leise. „Ich weiß, Marie … ich weiß!", erwiderte ich leise und nickte dazu. Unser Heulen wandelte sich in ein Gelächter, das man wahrscheinlich weit hinaus gehört hatte und es war Befreiung pur. Marie hatte Recht, ich war auf dem Weg nach Hause. Dort, wo es ohne ein Ankommen ein Heimkommen gibt und es hatte nicht das Geringste mit meiner Reise zu tun. „Erinnerst du dich?", flüsterte mir Marie ins Ohr. Ich deutete auf meine verweinten Augen und mit gerührter Stimme fragte ich sie: „Du meinst …" „Was sonst?", unterbrach sie mich. „Ich hatte es dir doch versprochen!" Ihre Worte entlockten mir erneut Tränen, doch es waren Tränen des Glücks.

In der Kirche zündete Marie fünf Kerzen an. „Danke dir, lieber Gott, dass du Madita endlich weinen lassen hast", sprach sie, als sie die erste Kerze angezündet hatte. Sie entzündete die anderen vier Kerzen und setzte sich bedächtig auf die Bank in die erste Reihe vor dem Altar. Meine Dankbarkeit war so groß, dass ich auch ein paar Kerzen anzündete. Um diese erfüllende Glückseligkeit auszudrücken, hätten allerdings alle Kerzen der Welt nicht ausgereicht.

Auf dem Nachhauseweg waren wir beide sehr still. Wir genossen es einfach, uns an der Hand zu halten, auch wenn wir uns wohl beide in unserer eigenen Gedankenwelt aufhielten.

Im Bus konnte Marie ihr Geheimnis um die Kerzen nicht mehr für sich behalten. „Eine Kerze habe ich für Mr. Jones angezündet, der hat ja schließlich die meiste Vorarbeit bei dir geleistet!“, sagte sie sehr überzeugt. „Eine für mich, denn ich war ja auch nicht so unbeteiligt an deinem Geflenne“, kicherte sie und stupste mich dabei an. „Eine ist für meinen Papa, der ja selbst Licht ist und eine für meine Mama, die das Licht mehr als gut gebrauchen kann.“

Den Abend verbrachte ich mit Mr. Jones. Er hüllte sich mehr denn je in Schweigen und ich genoss seine Anwesenheit. Die Verabschiedung war so wie die Begrüßung: karg an Worten und mit Warmherzigkeit erfüllt. Ein Überfluss an Glückseligkeit entschlüpfte seiner allumfassenden Mannigfaltigkeit, die von nun an in mir wohnen würde … das wusste ich. Der Beigeschmack des Abschieds aber hatte mich recht im Visier und ich musste mich beherrschen, nicht schon zu Beginn des Abends in Tränen auszubrechen. Jetzt wo ich es doch wieder so gut konnte, wollte ich aber keine Heulsuse werden. Suse! … Susanne! Ein flüchtiger Gedankenabstecher in die Bäckerei und schon war er wieder weg, der nicht existierende Spuk.

Auch Alfred und Herr Kanaus kamen noch kurz vorbei, um „Auf Wiedersehen!“ zu sagen. Das fand ich nett, obwohl ich um die Illusion wusste. Ich hoffte inständig, dass es ein Wiedersehen geben würde. Doch im Moment glaubte ich noch nicht daran. Mein Verhalten war verhalten. Wie soll ich es sonst sagen? Doch all diese Begegnungen waren ja schon anders, als man sie sonst kannte. Es waren doch keine Strandbekanntschaften, die ich nach einer Woche wieder vergessen würde! Ich war ja nicht auf Ibiza! Und auch nicht in einem Club Hotel in Santa Domingo, mit Bogenschießen oder Spielen mit Boccia-Kugeln oder Federball. Ja, ich hatte mehr als ein All-inclusive-Programm bekommen, das mehr als außergewöhnlich war und es wirklich in sich hatte! Wie wahr! Und doch war es das Gewöhnlichste, das es geben konnte. Parmenides hielt sich bedeckt. Er schien beleidigt zu sein. Er spürte wohl, dass er die nächste Zeit nicht mehr so oft gekuschelt werden würde.

Der große Moment des Abschieds war gekommen und ich brachte kein Wort über die Lippen. „Trennung ist nicht mehr als ein Wort. Nur dein Körper bewegt sich von A nach B. Wenn du den absichtslosen Willen walten lässt, wird jede Zelle deines Körper durchlichtet und dann weißt du nicht nur, sondern du bist dir gewahr, dass du immer nur hier sein kannst. Was auch immer geschieht, ich bin hier! Wo sonst, soll ich sein?“

Tränen sickerten aus meinen Augen. Ich konnte und wollte sie nicht mehr zurückhalten. Mr. Jones nahm mich bei der Hand und sprach: „Sei dir immer bewusst, dass ich *da* bin. Willst du auch *da* sein oder gehst du lieber weiterhin *dort* spazieren?“, und dabei zeigte er mit dem Finger nach draußen. Hätte Marie das zu mir gesagt, hätte ich sie einen Quatschkopf genannt. Ich zog das Schweigen aber doch besser vor und lächelte.

Er erwiderte mein Lächeln und fragte mich: „Willst du auch da sein?“ Ich nickte, und obwohl ich weinte, war ich glücklich. „Also“, sagte er, „und wann wirst du damit beginnen, anstatt es nur zu wollen?“ „Jetzt!“, floss es mir spontan über die Lippen. „Das ist gut!“

Marie hatte mir versprochen, Briefe zu schreiben. Ihre Mutter würde ihr dabei helfen. Die Verabschiedung von Marie war sehr emotional und nach dem gestrigen, ereignisreichen Tag waren wir uns noch vertrauter als zuvor. Ich schwelgte in Erinnerung und lud den Abschiedsschmerz erneut zu mir ein. Alle guten Vorsätze, die Gedanken zu erforschen, waren wie weggeblasen. Der Zug war voll! Schwarzfahrer und Trittbrettfahrer, alle waren da. Und ich unterhielt mich mit jedem! Ausführlich natürlich! Ich schnappte meine Sachen und begab mich zum Bus, der erfreulicherweise gleich am Straßenende seine Haltestelle hatte. „Madita, Madita!“, hörte ich Marie plötzlich rufen. Ich blieb stehen und war überglücklich, noch einmal ihre

Stimme zu hören. Sie kam auf mich zugerannt, drückte mir eine kleine Schachtel in die Hand und sagte: „Dein Geschenk!“ Sie war völlig aus der Puste und musste erst einmal Luft holen, um weitersprechen zu können. „Madita!“, fuhr sie fort und war immer noch ganz außer Atem. „Das Geschenk … ich hab fast vergessen, dir mein Geschenk zu geben!“, sagte sie komplett entrüstet. Erstaunt sah ich sie an und wusste im ersten Moment nicht, wovon sie da sprach. „Es ist etwas Besonderes, etwas, was du dir ganz toll wünscht!“, sagte sie aufgeregt und dabei hüpfte sie von einem Fuß auf den anderen. „Und …“, fügte sie feierlich hinzu, „etwas, das mir ganz viel und sehr am Herzen liegt!“

Gerade wollte ich die Schachtel öffnen, um zu sehen, was Marie mir wohl eingepackt hatte. Dabei schubste sie mich und rief ziemlich laut: „Nein! Nicht jetzt! Versprich mir …“ Sie zappelte aufgeregt hin und her und konnte die Worte kaum finden. „Versprich mir, dass du es erst im Zug öffnest!“, juchzte sie. Ich versprach es ihr hoch und heilig, ansonsten hätte sie mich wahrscheinlich nicht gehen lassen. Dann umklammerte sie mein Bein und drückte ihren Kopf fest an mich. Sie flüsterte mir noch ein „Ich zähle auf dich!“ zu und weg war sie.

Ich fand, dass dieser letzte Satz überhaupt nicht passte. Ich konnte keinerlei Zusammenhang finden und erstaunt musste ich feststellen, dass das der gleiche Satz war, den mir Mr. Jones bei diesem indischen Essen gesagt hatte. Schon dort war ich damit restlos überfordert gewesen. Ich verstand wieder einmal nur Bahnhof. Da musste ich jetzt ja auch hin. So machte ich mich auf den Weg, um meinen Zug nicht zu verpassen und stieg in den Bus. Er fuhr beim Laden vorbei und ich drehte mich noch einmal um und las ein letztes Mal *Büchereck*. Diesen Namen hatte ich so lieb gewonnen, wie vieles, dem ich die letzten Tage so begegnet war. Doch auch wenn ich tief in mir wusste, dass es so etwas wie Abschied nicht geben kann, weinte mein Herz und schien vor Schwermut und Einsamkeit zu zerspringen. Tschüss lichte Welt! Trügerische Realität, du hast mich wieder.

Im Zug hatte sich alles verändert. Wehmut und Niedergeschlagenheit waren wie vom Erdboden verschwunden. Vielleicht hatte sich nach dieser turbulenten Zeit ja wirklich etwas gewandelt?! Doch wie konnte sich etwas ändern, wenn es doch nichts außer Unveränderlichem gab? Auch war mir aufgefallen, dass mir mein Äußeres nicht mehr so wichtig war und jetzt bemerkte ich auch, dass ich irgendwann damit aufgehört hatte, mir ständig durch die Haare zu fahren. Mein Ausflug in den Nicht-Ashram fühlte sich an wie eine Reise in eine Anderswelt, die Jahre gedauert hatte. Ich hatte also eine halbe Unendlichkeit in einer Buchhandlung verbracht! Das Leben war schon etwas eigen. Eine bewusst herbeigeführte Erinnerung an Mr. Jones schien nicht zu klappen. Er hatte keine Spuren in meinem Kopf hinterlassen, er war ohne jegliche Anwesenheit und Erinnerungen. Doch er hatte etwas ins Rollen gebracht, das Grundlegendes an die Oberfläche beförderte und das war gut so. Sehr gut sogar! Er hatte meinen selbst erschaffenen Tantalosqualen ein Ende gesetzt, obwohl nie wirklich etwas begonnen hatte. Momentan erinnerte ich mich nur an einen Gesamteindruck, welcher sich zwar mit bestimmten Empfindungen verknüpfen ließ, doch Einzelheiten schienen sich verflüchtigt zu haben. Mir war alles irgendwie gleichgültig und ich hatte das Gefühl, dass nicht ich heimfuhr, sondern jemand anderes. Ich war mir selbst fremd geworden oder besser gesagt, ich hatte *mich* eben erst ein Stückchen näher kennengelernt! Alles, was eben noch war, schien ganz weit weg zu sein. Ich konnte das nicht nachvollziehen und griff nach Maries Geschenk. „Etwas, was mir ganz viel und sehr am Herzen liegt!“, hatte sie gesagt. Ich befürchtete das Schlimmste. Eine Kassette von *Hanni und Nanni!*

Als ich die Schachtel öffnete, entlockte mir der Inhalt ein mildes Lächeln, das etwas ganz zart Erwachendes an seine Herkunft zu erinnern vermochte. Ein weißes Röllchen mit einer lila Schleife. Marie hatte sich echt Mühe gegeben. Ein Fast-Mr.-Jones-Röllchen-Nachbau! Ich befreite den eingerollten Zettel fein säuberlich von seiner Schleife und entrollte die Botschaft von Marie. Goldene und aufwendig verzierte Buchstaben schmückten das kleine Stück Papier, auf dem stand: *Innere Stärke, Hingabe an* ***das Eine, das alles ist,*** *und den Mut, hinter die Dinge zu sehen, das wünsch ich dir!*

Ich hatte eine lange Fahrt vor mir und wollte das Regenbogenbuch zu Ende lesen. Der violette Pfad war eine Reise voller Lebensweisheiten, den Madita während eines tiefen Schlafes durchlief. Die letzte Weisheit fand ich am schönsten und sie bewegte mich zutiefst.

Madita befand sich immer noch in der Nähe dieses Klosters, das wusste sie. Doch nun saß sie direkt neben einem Flussbett und sah zwei Mönche des Weges ziehen.

Madita erblickte eine gut gekleidete, junge, hübsche Frau am Flussufer, die offensichtlich den Fluss überqueren wollte. Doch man sah an ihrem ratlosen Gesicht, dass sie ihre Kleider nicht verderben wollte.

Die jungen Mönche kamen näher und trafen auf die Frau. Ohne zu zögern bot ihr einer der Mönche an, sie über den kleinen Fluss zu tragen. Die junge Frau freute sich und kletterte auf seinen Rücken.

Der andere Mönch blickte seinen Genossen bestürzt an und schüttelte den Kopf.

Ohne sich davon beirren zu lassen, trug der Mönch die junge Frau über den Fluss. Dort angekommen, setzte er sie am trockenen Ufer ab. Die Frau bedankte sich, ging weiter und winkte ihnen noch freundlich zu.

Voller Entsetzen sprach der eine Mönch zum anderen: „Wie konntest Du nur? Es steht uns nicht zu, eine Frau zu berühren. Außerdem war das eine sehr hübsche, junge Frau. Es ist gegen unsere Vorschrift und du weißt das. Wie konntest du nur gegen unsere Regeln verstoßen!“

Der zweite Mönch erwiderte: „Die junge Frau hat offensichtlich Hilfe gebraucht und die habe ich ihr angeboten!“

Der erste Mönch wurde lauter und sagte: „Aber du weißt, es ist gegen die Vorschrift. Wir dürfen das nicht. Ich verstehe deine Haltung nicht!“

Der zweite Mönch, der die Frau über den Fluss getragen hatte, hüllte sich in Schweigen.

Da rief der erste Mönch noch lauter: „Willst du mir denn keine Antwort geben? Du hast wohl ein schlechtes Gewissen? Ich hätte dich gleich darauf aufmerksam machen müssen, dass wir das nicht dürfen!"

Da entgegnete der zweite Mönch: „Ich habe sie am Ufer abgesetzt, aber du trägst sie immer noch mit dir herum!"

Plötzlich wurde es so sonderbar still. Die Weisheiten waren verstummt. War es ein Wachen oder Träumen? Madita suchte nach Ariel und wusste, dass er sie hören konnte, auch wenn er nicht neben ihr stand. „Ariel, habe ich geträumt?", fragte sie ihren engelhaften Freund. Das Violett strahlte immer noch in seiner ganzen Schönheit. „Schade eigentlich, dass ich hier niemanden getroffen habe. Violett wäre ein hübscher Name gewesen", dachte sie. Madita wurde auf einmal ganz schwindelig. Was passiert mit mir? Madita rieb sich die Augen. So sehr sie sich auch bemühte, im Traum zu erwachen, es blieb ohne Erfolg. Am Fundament zeigte sich ein riesengroßer Bildschirm, auf dem sich wiederum hunderte von kleineren Bildern auftaten.

Die Unendlichkeit dieses Ortes glich einer großen Leinwand. Unzählige Monitore zeigten verschiedenste Situationen, wobei auf jedem Bild immer wieder ein und dieselbe Person zum Vorschein kam. Die Bilder bewegten sich so rasend schnell, dass die einzelnen Filme nicht genau erfasst werden konnten. Die Filme schienen komplett unterschiedlich zu sein. Diese eine Frau war überall, und kaum konnte man sie sehen, war sie auch schon wieder verschwunden. Sie schien in diesen Filmen die Hauptrolle zu spielen. Ihr Gesicht kam Madita irgendwie bekannt vor und ihr Anblick bereitete ihr ein mulmiges Gefühl. Aber die Bilder blieben nicht lange genug stehen, um sie genauer unter die Lupe zu nehmen. Diese Schnelligkeit der wechselnden Bilderabläufe verwirrte sie und doch konnte sie ihren Blick nicht davon abwenden.

„Ariel, was geht hier vor? Was laufen da für Bilder ab? Und warum ist überall die gleiche Frau zu sehen?", wollte sie von Ariel wissen. Er stand plötzlich neben ihr und sprach: „Madita, sieh' doch einmal etwas

BASE

genauer hin und halte deine Aufmerksamkeit auf ein Bild gerichtet!" Wenn sich Madita nur auf ein einziges Bild konzentrierte, ohne dabei abzuschweifen, trat es in überdimensionaler Form nach vorn und alle anderen Bilder verschwanden. Warum hatte sie das nicht selbst herausgefunden? Wie ärgerlich, dass sie sich nur schwer auf eine Sache zentrieren konnte! „Ja, aber", stotterte sie, „das ist ja nicht möglich!" Madita sah voller Entsetzen in dieses Frauengesicht. Ja, jetzt konnte sie es erkennen. Sie war sich sicher! Es war ihr Gesicht und sie hatte sich nicht gleich erkannt, weil sie auf jedem Monitor anders aussah und mal älter und mal jünger war. Mit starrem Blick, regungslos und völlig überrascht, fühlte sie, dass hier etwas Unglaubliches passierte. „Das bin ja …!" Madita stammelte vor sich hin. „Das bin ja ..." „Ja, Madita", unterbrach sie Ariel. „Das bist du!" „Ja aber …" Madita hüllte sich in Schweigen.

Es tauchten immer wieder neue Bilder auf, die an Größe zunahmen und dann wieder im Ursprung verschwanden, wobei sie jedes Mal aufs Neue von einem anderen Bild abgelöst wurden. Jedes Bild, das Madita länger als ein paar Sekunden betrachtete, stellte sich erneut in den Vordergrund, um nach kurzer Zeit wieder in der Unendlichkeit zu verschwinden. Ein wundersames Schauspiel von überwältigendem Ausmaß. Einmal sah sie sich Geige spielen, obwohl sie das gar nicht konnte. Wie konnte das sein? Auf einem anderen Monitor sah sie neben ihrem Bruder einen Schutzengel gehen. Er hatte die Gestalt von Jesus und die Hand auf seine Schulter gelegt. Das muss damals gewesen sein, als ihn fast ein Auto erfasst hatte, als er die Straße überqueren wollte. Aber was hatte sie damit zu tun? Wie schön, dass er noch am Leben war! Madita kullerten Tränen über das Gesicht und ihr wurde bewusst, wie egoistisch und ungerecht sie sich ihrem Bruder gegenüber verhalten hatte. Was konnte er dafür, wenn er von Mutter immer mehr Zuwendung bekommen hatte? „Ariel, was passiert denn auf diesen Monitoren? Warum sind auf jedem Bild andere Menschen zu sehen? Und viele kenne ich ja gar nicht! Und nicht nur mein Aussehen, auch das Umfeld ist jedes Mal anders!"

„Madita, wir sprachen ja schon einmal über den Lebensweg eines Menschen", erinnerte Ariel. „Ja, dass ein jeder Weg immer der richtige Weg war und er niemals falsch sein konnte. Und?" „Das sind alles Bilder,

die zeigen, wie dein Leben verlaufen könnte", entgegnete Ariel. „Madita, jeder Schritt im Leben ist ein Schritt in eine andere Richtung. Du musst oft Schritte tun, die du eigentlich gar nicht machen möchtest. Doch sie sind notwendig, um den nächsten Schritt überhaupt erst möglich zu machen. Ich gebe dir ein kurzes Beispiel: Eine Frau wollte umziehen und fuhr zum Bahnhof, um zu schauen, wann ein Zug nach Stuttgart gehen würde, wo sie die nächsten Tage ein Vorstellungsgespräch hatte. So stand sie also am Bahnhof und schaute auf den vor ihr aufgeschlagenen Zugfahrplan. Am Bahnhof traf sie den Freund einer ehemaligen Freundin. Er wollte wissen, wie es ihr denn so ging und wohin sie fahren würde. Sie erklärte kurz ihr Vorhaben. Dieser Mann fragte sie, warum sie nicht in die Schweiz gehen würde. Seine Freundin hätte dort gerade zu arbeiten aufgehört und es hätte ihr sehr gut gefallen. Sie könnte doch diese Stelle antreten und würde dort sicherlich mehr verdienen. Also ist die Frau nicht in Stuttgart gelandet, sondern war zwei Wochen später in die Fußstapfen ihrer Freundin getreten. Sie ist dort sehr glücklich geworden und hat dort wichtige Erfahrungen gemacht."

„Welch ein Glück, dass sie am Bahnhof diesem Mann begegnet ist!", sprudelte es aus Madita heraus. „Welch ein Zufall aber auch", entschlüpfte es ihr. „Das könnte man sagen. Aber es gibt ja keine Zufälle, zumindest nicht so, wie du es dir vorstellen kannst. Diese Frau musste zuerst zum Bahnhof gehen, um diesen Mann zu treffen, sonst wäre der nächste Schritt ein anderer gewesen. Obwohl sie nicht dort hingefahren ist, wie sie es vorgehabt hat. Du siehst, der Weg zum Bahnhof war ein notwendiger Schritt." „Sie hätte auch anrufen können? Und dann?", unterbrach ich ihn. „Dann wäre ihr Leben ganz anders verlaufen." Ariel schwieg. Madita sah ihn mit großen Augen an. Sie wusste, dass er ihr jetzt etwas Besonderes verraten würde. „Diese Bilder, die du hier siehst, Madita, zeigen dir all die Möglichkeiten auf, die sich ergeben hätten, wenn du einen Schritt versäumt oder ihn in eine andere Richtung getan hättest. Jeder Film spielt eine Möglichkeit ab, die sich hätte ergeben können. Abertausende von Möglichkeiten und trotzdem ist keine Situation falsch. Auch ist keine besser oder schlechter, alle sind in sich stimmig und perfekt! Wie auch immer eine Entscheidung ausfallen mag, jede Richtung führt dich zu deinem Ursprung zurück."

Madita war sprachlos und beobachtete jedes der Bilder gespannt. Sie war erstaunt, wie unterschiedlich die Situationen doch waren, tauchte in alle Situationen ein und konnte spüren, dass die verschiedenen Umstände nichts an ihrer wahren Identität ändern konnten. „Aber warum bin ich denn nicht immer gleich alt?“, fragte Madita erstaunt. „Weil so etwas wie Zeit nicht wirklich existiert, kannst du hier alle Ebenen gleichzeitig sehen. Tausende von Möglichkeiten wären zu wenig, um heimzukehren. Es gibt so viele Wege zu Gott, wie es Seelen gibt auf Erden“, entgegnete Ariel und lächelte ihr zu.

Nun sah Madita einen Film, wo sie auf einen großen Lichtstrahl zuging. Ihre Stunden schienen gezählt. Es machte ihr keine Angst. Ganz im Gegenteil, das Licht wärmte sie und schenkte ihr Frieden. Madita genoss diese Vorführung und fand es richtig spannend, einmal, ja unzählige Male Hauptdarstellerin zu sein. „Wie im Kino“, lachte sie. „Wenn ich eines Tages sterbe, Ariel, dann wünsche ich mir, dass meine letzten Gedanken nur Gott alleine gelten sollen. Dann würde der Abschied leicht sein und es wäre für das Danach gesorgt. Es gab weder ein Danach noch so etwas wie Abschied.“ Madita spürte das tief in sich drinnen und war glücklich, am Leben zu sein. Sie war froh, den Weg genauso gehen zu können, wie er für sie auserwählt worden war.

Als Madita wieder erwachte, war sie am roten Pfad angelangt, der die Rückkehr in ihr Leben aufzeigen und vorbereiten sollte. Dort sah sie in einen großen Spiegel, in dem sie ihre menschliche Gestalt aber nicht sehen konnte. Madita war wieder einmal sprachlos. Der Spiegel glich einer Kommode, auf der eine weiße Kerze stand. Ein wunderbares Leuchten entsprang dem Glanzpunkt des Inneren des Spiegels und verbreitete Demut, Dankbarkeit und Frieden. Er ließ sie erkennen, was sie wahrhaftig war. Der Spiegel erzählte ihr, was es mit ihm auf sich hatte und warum sie sich in ihm und durch ihn erkennen konnte:

*„**S** steht für **S**elbstliebe und **S**elbstvertrauen. Der Beginn ist die **S**uche, die bei mir endet. **P** bedeutet **P**olaritäten zu überwinden. Dahinter zu sehen war der Schlüssel dazu. Das **I** steht für die **I**nnenschau, die **I**ntuition und das **I**nnehalten. **E** ist **E**rkenntnis, **E**ntwirrung, **E**rfahrung, **E**rlösung, **E**inzugehen in das All-**E**ine und die **E**inheit **E**rleben. Das **G***

steht für die ***G****elassenheit und für die* ***G****üte, für die* ***G****öttliche* ***G****nade und für* ***G****ott. Ein weiteres* ***E*** *setzt die* ***E****rhöhung der* ***E****nergie voraus, ein* ***E****inschwingen in die* ***E****wigkeit, als* ***ES****. Und zuallerletzt steht der Beginn der Dinge, das* ***L****, das vom immer bestehenden* ***L****icht erzählt, das bedingungslose und allumfassende* ***L****iebe offenbart und das* ***L****eben ermöglicht, um* ***L****eid zu beenden.“*

Madita staunte über die wunderbaren Worte. All diese Wörter waren ihr in Form von Situationen und Erkenntnissen auf ihrer Reise begegnet. Sie erblickte die Kerze und ließ sich von ihrem lichten Schein verzaubern. „Und diese Kerze? Warum ist sie weiß?“

Ariel war zwar hier, aber sie konnte ihn nicht sehen. Kaum ausgesprochen, entzündete sich diese Kerze und diese Flamme war reines weißes Licht, das hell erstrahlte und all das Rot verblassen ließ. „Weiß vereint alle Farben und deutet auf eine Erhöhung vorhandener Energien hin, unterlegt mit Violett verweist es auf ein waches Sein“, hörte sie Ariels Stimme sagen. Die Flamme wurde immer größer und heller und sie formte sich zu einem Torbogen. „Madita, geh jetzt durch dieses Tor hindurch. Um der Ausdehnung Raum zu geben, dazu bist du hier! Auf dich wartet etwas Wunderbares, das gelebt werden will. Gelebt von ganzem Herzen. Dein Leben, Madita!“ Sie ging durch das Tor und nur ein einziger Gedanke war da. Dieser galt dem geflügelten Freund, der sie so treu begleitet, beschützt und umsorgt hatte. Ariel, er, den sie nicht zurückließ, sondern in ihrem Herzen mit in ihr Leben trug, lächelte ihr zu und sie wusste: Alles ist gut!

Ein tiefer Seufzer überkam mich. Es war ja fast so berührend wie die Gefühle, die ich für Mr. Jones hegte. Aber nur fast. War ja auch ein Fast-fertig-Buch. Aber vielleicht auch etwas … kitschig? Vehement machte mein Kopf eine verneinende Bewegung. Wenn man es selbst erlebte, empfand man es anders.

Madita hatte die ganze Reise also nur gemacht, um zu erkennen, dass es ihr Leben war, wonach sie suchte. Sie suchte nach Glück und Erfüllung und sie fand … was? Wie schön das doch war! *Sie fand ihr Leben* als das Gesuchte wieder und es war genau dieses Leben, das ihr den Weg zur Quelle weisen würde. Das war des Rätsels Lösung und die Antwort, nach der sich die ganze Menschheit bewusst oder unbewusst verzehrte. Ein ganz normales Leben mit allen Höhen und Tiefen zu führen und sich ohne jeglichen Widerstand und ohne Absichten dem zu ergeben, was gerade geschah. Erst dann ergab sich ein Abstand zu persönlichen Empfindungen und zu dem, was man nicht sein konnte. Und diese Distanz ermöglichte den Durchblick, sich als die eigentliche Identität, als das Allerhöchste zu erfahren, um zu realisieren, was sich hinter den Dingen verbarg. Eine wunderbare Wandlung, die sich da vollzog. Aber nur scheinbar.

Diese Madita hatte auf ihrer Reise vieles entdeckt. Auch wenn ihre Reise in diesem Buch jetzt enden würde, es war der Beginn einer Expedition. Es war ein Ausflug in den Raum hinter den Dingen der Welt. Ein Höhenflug vielleicht? Und wie war es bei mir? Ich wusste nicht so recht, ob ich die wirkliche Reise bereits angetreten hatte oder ob ich immer noch mitten in den Vorbereitungen steckte.

Ich ließ die letzten Sätze des Nachworts auf mich wirken: *Und dieses Etwas ist das Einzige, was Bestand hat und nach dem es sich lohnt, Ausschau zu halten. Dieses Etwas ist das, was jedes Leben am Leben erhält und uns unser Hier-Sein gewährt, bis es zu einem wahrhaftigen Dasein transzendiert, das unsere Schönheit über den ganzen Kosmos hinaus erstrahlen lässt.*

In diesem Moment war mir doch etwas unklar, ob dieser letzte Absatz des Buches nun von der Madita im Regenbogenbuch oder von mir erzählte.

Ich musste an die Stelle mit dem Spiegel denken. Wie dieser *Spiegel* sich beschrieben hatte, erinnerte mich an das *Amen* des *Gesegnete Reise*-Büchleins. Als ich das erste Mal hineingelesen hatte, sah ich die einzelnen Buchstaben *des Amens* ebenfalls aufgesplittert. Immer wieder ergaben sich diese Übereinstimmungen und Wiederholungen.

Leben ist da, um das Leid zu beenden! Leid endet, wenn du das Leben durchschaust! Diese Sätze wiederholten sich im Stillen, sickerten tief in mich ein und ließen meine Seele tanzen. Der Klang der Allmacht hatte mich wieder erfasst und hinweggetragen über Empfindungen, die der Glorie im nichtweltlichen Himmelsgesang glich. Und da fiel mir meine über alles geliebte *Gloria in excelsis deo* wieder ein. Für mich war Vivaldi ein Komponist des Lichts und jedes meisterliche Werk erzählte vom höchsten Licht aller Lichter und war die Schöpfung selbst. Wie begnadet muss man doch sein, um diese Klänge zu Papier zu bringen?

Und da verspürte ich einen leichten Stich in der Brustgegend. Ich hatte es versäumt, Gloria Hundefutter zu besorgen! Wie sehr ich doch mit mir selbst beschäftigt gewesen war! Eine leichte Traurigkeit gesellte sich zu mir, die sich aber sofort wieder verflüchtigte. Ich ließ diese Geschichten und Bilder los, um endlich einmal still zu sein.

Als ein älterer Herr das Abteil betrat, sammelte ich schnell meine Sachen zusammen. Ich hatte gar nicht bemerkt, wie sehr ich mich doch ausgebreitet hatte. Jetzt wurde mir auch das Wort Rücksicht bewusst. Rück-Sicht war ein Zurückfließen, Zurücksehen, ein sich Zurücknehmen. Gott selbst musste Rücksicht sein, denn er war hinter der Sicht und konnte sich nie in den Vordergrund stellen. *Rücksicht auf jemanden zu nehmen, hieß Gott Platz zu machen.* Dem *All-Einen*, was sich hinter allem verbarg, Raum zu geben und seine Persönlichkeit zu unterbinden. Diese Erkenntnis sank tief in mich ein und ich war ein wenig erstaunt. Warum hatte ich die Wörter und Begrifflichkeiten der deutschen Sprache noch nie zuvor genauer betrachtet? Es war wohl auch Teil gelebter Achtsamkeit, die ich von nun an auch in mein Leben einfließen lassen wollte. Bisher hatte ich mich stets den irdischen Vergnügen und Gegebenheiten gewidmet. Es war schon interessant, denn der Mensch versuchte sein Leben stets nach seinem Geschmack auszurichten und zu formen, um *danach* glücklich zu sein. Aber geschah Glück nicht immer *jetzt*? Es funktionierte auf alle Fälle umgekehrt. Wenn ich stets nach der höchsten Quelle Ausschau halten würde, um eines Tages aus meiner Unbewusstheit in das allumfassende Bewusst-Sein einzutauchen, würde mein Leben im höchsten Glanz erstrahlen. Ich konnte also wirklich damit aufhören, mein Leben verändern zu wollen. Es würde sich alles ganz von selbst ergeben! Ich musste nichts ändern oder wollen. Es ging nur darum, das, was sich ergab, bewusst zu erleben. Die Menschen können vieles nicht ertragen. Sie jammern, weil es oft nicht auszuhalten ist. Und genau darin liegt die Lösung. Wenn wir stehen bleiben, uns dem Leben stellen und es *Er*-tragen, geschieht etwas Wunderbares. Widerstände, Wünsche und das Wollen weichen und wir geben die Situation ab. Wer es *Er*-trägt, trägt die Last nicht mehr alleine, denn sonst müsste es ja *Ich*-tragen heißen. Ich kann es nicht ertragen bedeutet so viel wie, ich will es Gott nicht tragen lassen. *Er* trägt es für uns, wenn wir ihn nur lassen!

Durch Hingabe an das Leben selbst, an das, was das Leben hervorbringt und zeigt, und mit dem inneren Wissen, dass alles dieser einen Quelle entspringt, hatte ich also wie jedes andere Leben auch eine ganz gute Chance, dass der Gnadenstrom eines Tages auch in mich ganz einströmen würde. Man nennt es wohl Gotteserfahrung. Erwachen in Gott.

Wenn Lügen enden: Erwachen in Gott

Erwachen muss reifen

Ein paar Wochen später stellte ich fest, dass mein Urlaub schon wieder weit in die Ferne gerückt war, vermehrt kamen Ängste hoch und manch andere unliebsame Emotionsgeschwüre, die sich ungezwungen dazugesellten. Alle diese Verwirrtheiten versuchten mich immer wieder an die Illusion zu ketten. Und es gelang ihnen ganz gut. Leider! Ein jeder noch so zaghafte Versuch, einfach nur zu sein, wurde bereits in den ersten Schritten erbarmungslos in die Knie gezwungen, bis auf seine Grundmauern erschüttert und regelrecht brutal zurückgewiesen. Weil ich es eben versuchte!

Dass es ohne mein Zutun geschehen könnte, hörte sich zwar toll an, solange ich mich aber immer noch in der Sichtweise meines begrenzten Körpers wiederfand, würde die Täuschung mit großer Sicherheit bestehen bleiben. Wie kann ich einfach so tun, als wäre ich nicht das, was ich mir einbildete zu sein? Obwohl ich vom Kopf her wusste, dass es keine Lösung gab, schien ich mich unbewusst dagegen zu wehren. Ich versuchte immer wieder über zahlreiche Hintertürchen nach einem Ausweg Ausschau zu halten, doch ich war ja nicht mal gefangen. Und die Hintertürchen? Die gab es nicht wirklich, sie waren nur ein weiteres Produkt meiner Fantasie. Nur *der Weg* der unmittelbaren Erfahrung meiner selbst konnte mir zeigen, dass das Tor zu meinem Gefängnis immer schon offen stand. Nichts als Einbildungen und Hirngespinsten war ich erlegen, doch das zu wissen war ebenfalls wertlos.

Es war bereits Mitte August und ich war geistig erwachsen geworden. Doch ich war eher den Einbildungen entwachsen und hatte dadurch an Größe gewonnen. Diese Größe war ein gesunder Mix an Vertrauen, Mut und mehr Achtsamkeit. Wie oft spürte ich die wundersame Anwesenheit von Mr. Jones und die Zeit verging wie im Fluge. Mr. Jones würde bereits in zwei Wochen nach Indien reisen. Ich bedauerte es schon ein wenig, dass ich nicht zu ihm fahren konnte, um auch endlich Marie wieder zu sehen. Brief habe ich nie einen erhalten und ich versuchte des Öfteren im Hotel anzurufen, doch irgendetwas schien mit der Nummer nicht zu stimmen.

Es war eigenartig, denn auch die Auskunft hatte ihre Probleme mit dieser Anschrift und versicherte mir immer wieder, dass die Nummer wohl nicht eingetragen wäre. Das konnte ich überhaupt nicht nachvollziehen. Mr. Jones konnte ich ja nicht anrufen, da er kein Telefon hatte. Bei ihm konnte ich es ja noch verstehen, aber ein Hotel, das seine Nummer nicht veröffentlichte? Von Alfred wusste ich nur den Vornamen und auch Herr Kanaus hatte es versäumt, seine Telefonnummer eintragen zu lassen. Wie seltsam das doch alles war!

In den letzten Monaten hatte sich viel getan. An meinen Lebensumständen hatte sich so gut wie nichts verändert. In mir aber … geschah unbeschreiblich viel! „Wer nicht durchhält und dranbleibt, wird das Dahinter nie erfahren." Dieser Satz war zu meinem Leitspruch geworden und vermittelte mir Stärke. Er trieb mich voran, mich nicht gehen oder hängen zu lassen, sondern stets nach dem Licht Ausschau zu halten, nicht willentliche Stärke auszubrüten, sondern die Kraft beizubehalten, dem irdischen Verlangen nicht immer wieder nachzugeben. Es heißt nicht umsonst: „Der Geist ist stark, aber der Wille ist schwach." Oder heißt es anders? Da ich nie die Bibel gelesen habe und auch kein Freund der Kirche bin, bitte ich hier an dieser Stelle, mir diese Wissenslücke zu verzeihen. Heißt es vielleicht doch: „Der Wille ist stark, doch das Fleisch ist schwach?" Keine Ahnung. Der erste Satz gefällt mir auf alle Fälle besser und vom Willen selbst möchte ich doch eher Abstand nehmen.

Oft las ich das Kärtchen von Marie, welches mich immer wieder aufs Neue bewegte. Jedes Mal, wenn ich es in den Händen hielt, fragte ich mich, wo sie das bloß herhatte. Dass es nicht von Hand geschrieben war, machte das Ganze noch spannender, denn so wusste ich: Es kam nicht von Marie. Es würde mich nicht wundern, wenn auch hier Mr. Jones seine Finger im Spiel hatte.

Ich lebte mein Leben, ging zur Arbeit, aber ohne mich weiterhin darüber aufzuregen, dass ich keinen Spaß daran hatte. Ich war tatsächlich achtsamer geworden und beobachtete immer wieder meine Gedanken, sah hinter die Dinge und verbrachte so viele Momente wie möglich damit, in mich zu gehen, mich zu erforschen und zu erkennen, was es denn war, was mich lebte! Immer öfters überkamen mich Momente, in denen sich ein stiller Friede über mich legte und ich hatte eine derartige Gelassenheit und Ruhe in mir, dass es sogar meinem ganzen Umfeld aufgefallen war. Mein Umfeld freute sich aber nicht sonderlich über meine wundersame Verwandlung, sondern der eine oder andere machte sich eher Sorgen um mich. Einige dachten wohl, ich sei einer Sekte beigetreten oder ich hätte den Verstand verloren. Ja, wenn das nur möglich wäre! Was hätte ich dafür gegeben!

Am Ausgehen hatte ich auch jegliches Interesse verloren. Früher lebte ich nur für das Wochenende. Dann war ich ausgelassen und fröhlich, zumindest glaubte ich das. Ich brauchte immer ein Ziel vor Augen, etwas, auf das ich mich freuen konnte. Wie krank das doch war! Gesellschaftliche Anlässe raubten mir nun nur wertvolle Zeit, die ich lieber mit mir verbringen wollte. Immer mehr hatte ich das Bedürfnis, für mich zu sein. Dieses Erahnen, nicht der Körper zu sein, verwandelte vieles. Ich war ja nicht auf Erden gekommen, um etwas Sinnloses mit meinem Körper anzustellen, sondern um als meine Seele wieder etwas herzustellen. Mein Körper war das Werkzeug und mein Geist die Kraft, die den Körper in Bewegung setzte. Ich hatte jede Menge Bücher gelesen, aber es war nicht so wie früher, als ich aus der Absicht heraus, endlich eine Linderung meines Lebensschmerzes zu erfahren, Bücher nahezu verschlungen hatte. Madita wollte aus dem Alltag nicht mehr ausbrechen und suchte auch keinen Ausweg mehr, weil sie den Zustand der Verzweiflung durchschaut hatte. Wenn es sich dennoch einmal so zutrug, dass *ich* mich, aus welchen persönlichen Gründen auch immer, nicht mehr gut fühlte, dann gestattete ich diesem Madita-

Ich zu sein, wie es war, und schaute dem großen geheimnislosen Geheimnis hinter den Dingen der Welt.

Besonders die indische Philosophie hatte es mir angetan. Ich las querbeet ein und mit jedem Stück Gottes-Wissen wurden Ur-Erinnerungen erweckt. Während dem Lesen gab es immer wieder diese Aha-Erlebnisse und unzählige Déjà-vus, die ich aber nicht einordnen konnte. Ich versuchte es auch erst gar nicht, denn mir war klar, dass hier etwas erfasst wurde, das nicht für den Verstand bestimmt war. Was da genau passierte, konnte ich kein einziges Mal erläutern oder nachvollziehen. Es zeigte sich etwas und mein Herz antwortete durch eine Öffnung in sich.

Durch meine wieder entdeckte Lichtsprache hatte eine automatische Zuordnung und Verschmelzung begonnen. Einige der Bücher hatte mir Mr. Jones empfohlen. Zu den anderen wurde ich nach dem Motto *Erwachen muss reifen* nach und nach herangeführt. Mein Herz war als Vermittler zweier Welten dazu auserkoren, die Verbindung zu knüpfen, um verschlüsselte Botschaften zu orten und sie direkt mit meiner Quelle zu vernetzen. Ich hatte das Gefühl, dass mein Herz die irdische Antenne war, um in eine Welt einzutauchen, die nur dank seiner Hilfe ausfindig gemacht werden konnte. Die *Ashtavakra-gita* hatte es mir besonders angetan und ich musste sie während des Lesens immer wieder beiseitelegen, damit diese wertvollen Samen auch gedeihen konnten. Oft waren es einzelne Sätze, die mich auffingen und hinwegtrugen, in ein Gefilde voller Glanz und Adel. Das Buch namens *Dnyaneshwari* konnte ich nirgends auftreiben. Ich hoffte inständig, dass Mr. Jones es mir zusenden würde, sobald er es geliefert bekam. Als ich Herrn Kanaus vor meiner Abreise noch gesehen hatte, hatte ich nicht an das Buch gedacht. Wie hatte ich das vergessen können?

Auch wenn ich den Inhalt aller Bücher, die einer erwachten Dimension entsprangen, niemals begreifen konnte, konnte ich sie auf eine unerklärliche Art und Weise, spielerisch und ganz leicht, in ihrer universellen Tragweite erfassen. Mein Herz nahm die Lichtimpulse so tief auf, wie es nur konnte, und war die erste Anlaufstelle, die feinen Schwingungen und Botschaften behutsam aufzufangen. Ich las nicht zwischen den Zeilen, sondern es stellte sich ein, dass innerhalb der Wörter automatisch Impulse selektiert, observiert und konserviert wurden, die in direkter Verbindung mit meiner emotionalen Datenbank standen. Es waren keine Lehrbücher an menschlichen Informationen, sondern Leerbücher von höchster Stelle, die entleerend und befreiend auf mich wirkten. Ihr Inhalt hatte die Welt nie berührt und dem Verstand waren deren Inhalte fremd. So verlangsamten sich auch meine Gedankenströme und es wurde wesentlich stiller in mir. Die Worte des Lichts transportierten etwas, das mein irdisches Kleid mehr und mehr aus seinem Tiefschlaf erweckte. Jeder Buchstabe, der sich nach und nach dazugesellte, formte sich zu einem kristallenen Gebirgssee, der mit güldenem Scheine geziert, das Fundament bildete, um mich von meinen Verschmutzungen frei zu waschen.

Wenn mein Verstand mal so richtig rebellierte, hatte er auch allen Grund dazu. Die Tage seiner Vorherrschaft waren gezählt, denn ihm wurde nach und nach die Lizenz zum Nachdenken entzogen. Sein Geltungsdrang bildete sich zurück und die erste Geige spielte er schon lange nicht mehr. Wie denn auch? Sein Instrument wurde als Attrappe entlarvt.

Manchmal, wenn ich in mein Herz spürte, kam wieder diese Traurigkeit zum Vorschein. Sehr oft hingegen spürte ich eine Erweiterung in der Brust. Mein Herz schien zu zerplatzen und schmerzte sehr oft, wenn es sich in einer Ausdehnung wiederfand. Es war wie hundert kleine Nadelstiche, wie ein Herzinfarkt, oder wie ein Laserstrahl, der mein Herz punktierte, um meine Narben zu beseitigen, die sich brennend tief in meinem unsichtbaren Leib eingraviert hatten. War das eine Art Vorbereitung, mich der Liebe zu öffnen? Immer wieder tauchten solche Fragen auf. Ich wusste, ich sollte mich lieber meiner *Ich-losigkeit* zuwenden, als mir andauernd solche Fragen zu stellen. Doch diese Überlegungen schienen mir ab und zu doch irgendwie wichtig zu sein.

Mir war klar, dass bedingungslose Liebe nicht körpergebunden sein konnte, und obwohl ich die Emotionen, die ich innerhalb der Begrenzung meines Körpers verspürte, mit meinem Herzen erfasste, konnten diese tiefen Gefühle erst die Vorstufe von etwas viel Größerem sein. Denn die Liebe, die über das Leben hinausragte, müsste zwar vom Herzen erfasst werden, sich aber anschließend auf einen Raum ausdehnen und erweitern, der mich als Körper mit einschloss. Diese Ausdehnungen, die mir ohnmachtsnahe Höhepunkte bescherten, konnten somit nicht allumfassende Liebe sein, denn hier war ich als Empfindender noch zu sehr präsent und zu stark in der Illusion involviert. Ich musste Geduld haben, da der Körper einen gewissen Zeitraum in Anspruch nahm, um auf etwas vorbereitet zu werden. Und dieses *Lichter-Werden* war kein Werden, sondern die unpersönliche Entdeckung des Seins. Es brauchte Geduld, Geduld und nochmals Geduld. Die Geduld war mir in der Zwischenzeit zwar etwas bekannter geworden, doch schlug ich ihr ab und zu schon noch die Türe vor der Nase zu, da ich mich lieber dem Ego zum Trotze vor sein hungriges Maul warf.

Ich war mir gewahr, dass alles seine Richtigkeit hatte und das wunderbare Gefühl der Dankbarkeit war erwacht. Jeden Tag begann ich sehr bewusst, und dieser Wandel, der sich vollzog, war auch für mich sehr, sehr eigen. Ich stand, im Gegensatz zu früher, verhältnismäßig leicht auf. Ich brauchte schon seit Kindheit an immer alle Ewigkeit, um aus dem Bett zu kommen. Kaum aufgewacht, forderte das Denken seine Attribute und versuchte, mich in seinen fordernden Bann zu ziehen. So versuchte ich zumindest, die Welt nicht schon in aller Herrgottsfrühe mit meinen Gedanken zu verschmutzen, da ich das Diesseits in seiner morgendlichen Sanftheit und Verletzlichkeit nicht stören wollte. Es wurde mir immer bewusster, dass Friede in mir selbst beginnen würde und es wirklich nur ein Gedanke war, der mich von Gott trennte.

In einem der Bücher von Yogananda (welches mir Mr. Jones in die Hand gedrückt hatte, als ich ihn nach seinen Schlafgewohnheiten gefragt hatte), las ich ziemlich am Ende des Buches diese eine Frage, die mich ziemlich überraschte. Ein Suchender hatte sie Yogananda gestellt: „Wie lange schläfst du?“ Die Frage hätte nicht nur von mir sein können, sie war von mir. Einer von unzähligen Suchenden hieß eben auch Madita Mangold! Der Fragende in diesem Buch war scheinbar genauso intelligent wie ich. Er dachte nämlich auch, wenn er um die Schlafgewohnheiten eines Erwachten wüsste, könnte er ihm nacheifern und wäre somit der Göttlichkeit ein Stück näher. Äußerst schlau! War das auch mein unbewusstes Verlangen? Dieser Schachzug ist alles andere als königlich, denn es ist die Persönlichkeit, die nach Entschlüsselungen giert, um sich endlich befreien zu können. Doch es befreit sich nichts! Das Ego spielt seinem Anwender vielleicht vor, dass er nach einer speziellen Übung nun endlich *erwacht* sei. Doch die Mauern der Begrenzung bleiben unversehrt und das Spiel bleibt weiterhin innerhalb des vermoderten Gewölbes gefangen. Man unterschätze die Macht des Egos nicht!

Yoganandas Antwort allerdings kam anders als erwartet. Aber das ist bei weisen Seelen immer so. Entweder es kommt keine Antwort oder eine, mit der man nichts anfangen kann. Yogananda sprach: „Warum sollte ich meinen Körper schlafen legen? Ich habe jeden Abend ein Rendezvous mit dem lieben Gott und was kann man sich Schöneres vorstellen, als die ganze Nacht mit dem lieben Gott zu verbringen?“

Was hätte Mr. Jones denn Besseres tun können, als mir bei dieser Frage dieses Buch in die Hand zu drücken?! Obwohl ich wegen dieser Antwort das Buch durchforsten musste, berührte mich die Sprache von Yogananda nicht so, wie es die von Mr. Jones getan hatte. Das Buch war sehr bewegend, aber mein Herz schlug an anderen Stellen noch fester. Meine absolute Seelenheimat waren alte Schriften der Theosophie und des Advaita Vedanta. Autoren wie Mario Mantese und Meister Eckhart sprachen die Sprache meines Herzens und waren in jeder Hinsicht meisterlich. Das *Gesegnete Reise*-Büchlein hatte natürlich einen besonderen Platz in meinem Herzen, denn es waren Mr. Jones’ Worte par excellence. Immer wieder las ich darin und labte mich an der erquickenden Quelle des Allerheiligsten.

Was war nun aber die beste Antwort, die ein Erwachter geben konnte? Keine! Keine Antwort zu geben entsprach einem natürlichen Verhalten und war sicher die beste Methode (ohne eine Methode zu sein), um den Menschen auf sich selbst zurückzuwerfen und dadurch in kürzester Zeit ein Erwachen einzuleiten. Erwachen, das war das Stichwort!

Zum Frühlingserwachen zog es mich in die Tier- und Pflanzenwelt. Wald und Wiese lockten mit ihren prunkvollen Kleidern und besänftigten, wie so oft, mein aufgebrachtes Gemüt. Wann immer es ging, fuhr ich hinaus in die Natur oder ging in unserem Stadtpark spazieren. Es zog mich in die Berge und in den Schoß von Mutter Erde. Die grenzenlose Bewunderung zur Natur war vollends erblüht und in ihr fand ich die begehrenswerte Stille. Jeder Vogel, ja, jeder Grashalm pulsierte in seiner eigenen Empfindung und versprühte seine spezifische Sprache. Wo auch immer ich hinsah, das Staunen über die Fülle wuchs ins Unermessliche und ich spürte das Leben in allem. Jeder noch so kleine Stein oder jedes noch so winzige Insekt hatte seinen eigenen Rhythmus und war in diese Einheit eingewoben. Ja, unsere Körper und Erscheinungen waren so verschieden, wie sie unterschiedlicher nicht sein konnten, doch alles war in diesem Gefüge ein Universum für sich. Teil einer Kette. Ein unverzichtbares Glied einer Ganzheit, wie es Manfred Kyber so schön beschrieb.

Als ich eines Tages im Wald spazieren ging, kam ich bei einem Häuschen vorbei, welches ein großes Fenster hatte, das fast die ganze Hauswand ausfüllte. Es schien unbewohnt zu sein oder nur selten benutzt zu werden, denn die Pflanzen, die sich rund ums Haus reihten, wucherten vor sich hin und es sah etwas verwildert aus. Das Haus schien schon etwas älter zu sein und hatte etwas Märchenhaftes an sich. Das große Fenster war eher unüblich für die wohl ältere Bauweise. Vor diesem Fenster stand eine Bank, die zum Sitzen einlud. Als hätte dieser Platz auf mich gewartet. Die Sonnenstrahlen schienen genau auf diese Stelle und so setzte ich mich auf diese Bank, lehnte mich gegen die Fensterscheibe und ruhte im Schoße des Friedens. Im Hintergrund hörte ich das leise Plätschern eines Bächleins. Die Sprache des Wassers schmeichelte mir und versetzte mich in eine tiefe Entspannung. Ich weiß nicht, wie lange ich dort saß und mich von den milden Sonnenstrahlen wärmen ließ. Ein dumpfes Geräusch, wie ein Schlag, ja, ein Aufklatschen eines Gegenstandes, holte mich auf den Boden der Täuschung zurück. Irgendetwas schien auf dem Fenster aufgeschlagen zu sein. Ein Blick nach unten verriet die Misere. Ach du grüne Neune! Das Haus war wohl einem kleinen Vogel in die Quere gekommen, der nun regungslos am Boden lag. Die Fensterscheibe hatte seinem Flug ein unglückliches Ende gesetzt. Und jetzt?

Da lag er nun, dieser Vogel und wollte sich einfach nicht bewegen. Was muss dieser Vogel aber auch genau jetzt gegen diese Fensterscheibe fliegen! Ich war ratlos und hilflos zugleich. Dieser Gedanke würde mir jetzt aber auch nichts bringen und eine Analyse würde dem Vogel sicher auch nicht helfen. Also ging ich schweren Herzens auf ihn zu. Am liebsten wäre ich davongelaufen, aber ich konnte ihn ja nicht einfach liegen lassen und so tun, als ob nichts passiert wäre. So sehr ich die Tiere in mein Herz geschlossen hatte, sobald eines verletzt war, reagierte ich eigen. Dies war natürlich auch bei Menschen so. Ich ließ einfach alles stehen und liegen und ging einfach davon. Ich war ständig am Wegsehen und auf der Flucht, als könnte ich es damit ungeschehen machen. Da war wohl noch ein altes Programm in mir vorhanden, das sofort auf Wegrennen umschaltete. Auch wenn ich das nicht wollte, mir wurde übel, mir zitterten die Knie und ich war hilflos. Einfach nur hilflos! Etwas in mir wollte sich dem Schmerz und dem Leid nicht stellen. Das, was ich ablehnte, wurde mir hier zum x-ten Mal auf einem Silbertablett präsentiert.

Ich sah den Vogel etwas verunsichert an und stellte fest, dass er tatsächlich regungslos war. Ich befürchtete, dass er nur tot sein konnte. Diese Überlegung war aber keine von den spontanen Impulsen! Ich wollte nur meinem schlechten Gewissen entgegenwirken, da ich wie versteinert dastand und nicht in der Lage war, mich dem Tier endlich anzunehmen. Den Ort des Geschehens so schnell wie möglich wieder zu verlassen, wäre mir am liebsten gewesen. Beim genaueren Hinsehen aber sah ich, wie sich seine kleine Brust anhob und sein kleines Herzchen wie wild pochte … er war also noch am Leben. Ich zitterte am ganzen Körper und in meiner Verzweiflung begann ich zu weinen. Das hatte wenigstens mir geholfen. Schweren Herzens und mit gemischten Gefühlen hob ich den kleinen Spatz behutsam auf und bettete ihn auf meine Jacke in meinem Schoß.

Zwischengedanken wie *Ach du Schreck* und *Hilfe* waren noch die mildesten Gedanken, die mich hinterhältig überfielen und hier sah ich wieder, wie leicht ich doch aus dem Konzept zu bringen war. In diese Bilder der Täuschung mit eingewoben zu sein, war keine wirklich aufheiternde Erkenntnis!

Und plötzlich erinnerte ich mich an den Unfall meiner Mutter. Ich musste so zirka zehn Jahre alt gewesen sein und beim Radfahren ist es dann passiert. Ein Auto hatte meine Mama niedergefahren. Ich wollte und konnte in diesem Moment nicht daran denken, denn die Angst saß mir immer noch tief in den Knochen. In allen Zellen hatte sich diese schmerzvolle Hilflosigkeit eingeätzt und jetzt hatte ich auch so eine leise Ahnung, dass dieses grauenhafte Gefühl dieses Unfalls auch etwas mit diesem Ferienlager zu tun haben musste. Irgendwie bestätigte sich die vage Vermutung, dass hier eine Verknüpfung, ja, ein enger Zusammenhang bestehen musste.

Schnell wischte ich diese Gedanken wieder beiseite und hielt dem Vogel eine Hand fürsorglich über seinen kleinen Körper. Ich sagte ein paar Mal hintereinander: „Segen dem Vogel in mir. Gnade dem Vogel in mir.“ Dieser Satz kam natürlich nicht spontan. Er entsprang meiner verzweifelten Überlegung, was ich wohl für den Vogel tun könnte und da war mir Mr. Jones eingefallen. Mein Ego hingegen überlegte wohl eher, wie es so schnell wie möglich dieser misslichen Lage entkommen konnte, um sich elegant aus dem Staub zu machen. Doch der Satz drang tief in mich ein und war wie ein Schlüssel, der mich aus einem düsteren Kellerloch befreite und mich in lichtere Dimensionen emporhob. Plötzlich hörte ich eine

Stimme in mir, die sprach: „Geliebter Gottvater in mir, gib mir die Kraft, die Situation zu ertragen. Schenk dem Vogel Gesundheit und Frieden. Jetzt! Sofern es dein Wille sei.“ Dabei erfüllte sich mein Herz mit Licht und Wärme und es dehnte sich bis ins Unendliche aus. Der Vogel und ich waren *eins* und mein Herz sank in eine tiefe Ruhe. Ich spürte das Licht des gefiederten Freundes und konnte vom Bild eines bewegungslosen Körpers Abstand nehmen, denn das war das, was er nicht war. Ein „Segen dem Vogel in mir. Gnade dem Vogel in mir“ war nun wieder da. Diesmal aber nicht, weil ich es sagen wollte, sondern weil es sich schlichtweg ergab.

Jede Anspannung war verflogen. Ich blickte etwas skeptisch auf den kleinen Körper und sah, dass sich nichts getan hatte. Er schien noch zu leben, aber er bewegte sich nicht. So hielt ich weiterhin meine Hand über ihn und schloss meine Augen – neunundneunzig Prozent im Vertrauen und ein Prozent, um nicht hinsehen zu müssen, muss ich ehrlich zugeben. Da tauchte ein Bild in mir auf und ich sah den Vogel fliegen. Er lag aber immer noch in meinem Schoß, dies verriet mir ein leichtes Blinzeln mit meinen Augen. Nach zirka fünf Minuten regte sich etwas unter meiner Hand, die ich immer noch starr und steif über dem Vogel hielt. Und kaum hatte ich meine Augen geöffnet, war der Vogel gen Himmel verschwunden.

Die tiefen Narben, die sich in meiner Seele eingebrannt hatten, hinterließen Spuren und konnten durch die absolute Wertschätzung, die allen Universen des Lebensraums galt, Heilung erfahren. Dieser Gleichklang und diese naturbezogene Hingabe zogen mich wie ein Sog in ihre Selbstverständlichkeit hinein und betteten mich auf zarten Empfindungen. Jede Narbe hat neben ihrer geistigen natürlich auch ihre weltliche Geschichte, nur um das wollte ich mich nicht weiter kümmern. Ich hatte jegliches Interesse an absurden Fragetechniken, skurrilen Channelings oder nutzlosen Rückführungen verloren. Ließ ich die Dinge also sein? Nein! *Ich ließ die Dinge nicht, wie sie waren, denn so waren sie ja nicht!* Ich ließ sie so sein, wie sie zu sein schienen – wie sie erschienen. Ich forschte nur in mir und fühlte immer mehr, dass die Welt ausnahmslos nur *in mir* sein konnte. Dass ich ein unendlicher Raum war, in dem sich alles offenbarte, was sichtbar und unsichtbar war. Manipulative Erkundigungen im Gedankennetz und Neugier befriedigende Spielchen waren größtenteils verblasst und in ihre Schattenwelten zurückgekehrt.

Und alles das hatte ich Mr. Jones zu verdanken. Mr. Jones lieferte den Ansatz, die höchste Wahrheit aufzudecken, die hinter einer Bleischürze versteckt der Entschlüsselung harrte. Oft sah ich ihn so klar vor mir und ich wusste, dass er seine Hand hob und in mir Welten bewegte. Es waren ausheilende Bewegungen, die transzendierende Kräfte in sich trugen. Ich durfte hin und wieder in seinen Gnadenstrom eintauchen und mich der heilenden Klärung öffnen. Es war wohl das höchste und wertvollste Geschenk, das man jemandem machen kann: ihn an sich selbst erinnern! Erinnern! Genau!

Ich erinnere mich an den Juni. Dieser Monat war besonders schlimm gewesen. Alle egozentrischen Züge schienen gleichzeitig ausvibrieren zu wollen und bereiteten mir nicht nur schlaflose Nächte, sondern auch Tage voller Aggressionen, Wutanfälle und Zornausbrüche. Sie schienen stärker, mächtiger und hartnäckiger zu sein als je zuvor. Diese Attacken und Anfeindungen unterschiedlichster, fahler Egoanteile waren alles andere als angenehm. Auch wenn sie nur eine Täuschung sein konnten, sie fühlten sich verblüffend echt an und reizten meine Grenzen bis zum Anschlag aus. Meine Arbeitskolleginnen hätte ich am liebsten erwürgt und meine Mutter in ein Kellerverlies gesperrt, weil sie mir alle meine Unzulänglichkeiten im vollen Umfang aufzeigten und auf dem Silbertablett präsentierten. Natürlich wusste ich, dass mein Umfeld nicht nur eine Spiegelung war, sondern sich nur mir entsprechend zeigen und verhalten konnte. Und dieses Wissen war wertlos, denn das Verhalten folgte stets alten Gewohnheiten und Reaktionen, die sich nur schleichend veränderten. Trotz aller Erkenntnisse und Einsichten, immer wieder regierte der Trotz die Welt, in der ich mich erlebte. Diese düsteren und matten Empfindungen drängten sich rastlos und wie von Pein getrieben bis zu meiner Geduldsgrenze vor und knackten sie mühelos. Damit wurde mir einmal mehr bewusst, wie sehr diese finsteren Dämonen des Egos über mich wachten. Sie waren wie stille Herrscher des Jenseits und ließen mich wahrlich durch eine Hölle gehen. Auch wenn ich wusste, dass dort, wo Licht ist, der Schatten weichen musste, diese jämmerlichen Ausbrüche an depressiven Empfindungen und Gefühlen von Hilflosigkeit, Trauer und Weltenschmerz ließen sich nicht einfach wegreden. Wenn es mir gelang, nicht auf Abwehr zu gehen, sondern tief in mich zu hören, stellte sich eine angenehme Distanz dazu ein, die mir in manchen Momenten sogar erlaubte, diese Ausbrüche als Außenstehender und stiller Beobachter komplett neutral zu betrachten. Sobald all diese Bilder endgültig verblassten, tauchte ich in die Stille jenseits der Stille ein, wo nichts weiter geschah. Wo nichts war! Rein gar nichts! Ich ließ mich als diese wunderbare Hülle in diesem Unwohlsein zurückfallen und widmete mich voll und ganz den Mut transportierenden, lichtvollen Kräften, die mich dazu einluden, diesem Spuk, diesem Unfug und Poltern mit Geduld zu begegnen. Es war nur heiße Luft, denn da war kein Kessel, der brodelte. Ja vielleicht war er in einer gewissen Art und Weise doch da, aber er hatte mit mir nichts zu tun! Es waren nur Bilder und Einbildungen und warum sollten mir diese Scheinbilder denn Angst und Furcht entlocken? Es war skurril, lachhaft und absurd zugleich. Je mehr ich sie gewähren ließ, umso bedeutungsloser wurden sie und verloren so nach und nach ein Stück Autorität. Erst als ich diese dunklen Gesellen der Welt der Täuschung zuordnen konnte, stellte sich automatisch eine Distanz, *ein anderes damit Umgehen* ein. Denn der, der vorhin damit umgegangen war, lichtete sich Stück für Stück. Wenn ich mich nicht mehr damit identifizierte, hineinsteigerte, mich betrogen fühlte, darüber nachdachte oder es loswerden wollte, geschah überhaupt gar nichts. Früher sah ich immer weg, versuchte alles zu vertuschen und zu untergraben, zu verstecken und zu überschminken. Da fällt mir ein, sogar mein Make-up war dezenter geworden.

Vor einem Monat hatte ich einen kleinen Unfall. Eine Frau war mir schnurstracks seitlich ins Auto gedonnert. Sie ignorierte das Stoppschild, wobei sie sich elegant mit meinem Auto vereinte. Damit möchte ich sagen, dass Öffnung nicht gleichzeitig bedeutet, dass das Leben nur noch nach einem menschlichen Friede-Freude-Eierkuchen-Prinzip abläuft. Ganz im Gegenteil, mir passierten die letzten Monate sehr viele Dinge, die mich nur noch staunen ließen. Der liebe Gott war und ist halt sehr bemüht darum, mich zum Staunen zu bringen und sein Einfallsreichtum ist unermesslich. Dass ich viele Dinge nicht sofort in tiefer Dankbarkeit erleben konnte, ist schließlich und endlich ja nicht sein Problem. Wunschkonzert wird das Leben nie eines sein. Man geht mit Situationen, Menschen, Gedanken und Gefühlen anders um und Reaktionen ändern oder bleiben zum Teil aus.

Vorerst sah ich solche Ereignisse immer als einen Test an, denn das ganze Wissen, was ich in mir wieder entdeckt hatte, musste ja auch angewendet werden. So stellte ich mir oft vor, dass *das höchste Eine* immer wieder kontrollieren würde, inwieweit ich das Licht auch lebte. Irgendwann ließ ich auch diese absurden Vorstellungen beiseite und beobachtete gespannt, wie ich mich in bestimmten Situationen verhielt.

Diese Frau rammte also mein Auto, als würde sie an einer Rallye teilnehmen. Das meine ich nicht wegen der Schnelligkeit, sondern wegen der Missachtung des Stoppschildes. Sie musste so um die siebzig Jahre alt gewesen sein und schien etwas neben der Spur zu sein, wie es ja auch ihre Fahrweise bestätigte. Ich spürte nur einen dumpfen Schlag auf der Vorderseite meines rechten Kotflügels, der von einem lauten Knall begleitet wurde. Meine Reaktion war nicht schlecht, denn ich versuchte ihr noch auszuweichen, aber ihrem Schwung konnte auch ich nicht entkommen. Als ich ausstieg, war ich weder zornig noch war ich dieser Frau böse. Nach der Reaktion des Ausweichenwollens folgte also keine weitere menschliche Reaktion mehr, was mich im Nachhinein auch etwas verblüffte. Ich stand einfach nur da und sah, was passiert war, ohne es als Madita zu bewerten. Es war wieder einmal der berühmte falsche Film, in dem man mitspielte und diesmal fragte ich nicht nach dem Warum! Der Situation blieb meine Analyse erspart. Die Frau war außer sich und entschuldigte sich tausende Male. Wir vergewisserten uns gegenseitig, ob uns auch nichts passiert war und sie stellte erleichtert fest, dass auch bei mir alles in Ordnung war. Ich musste sie beruhigen und fuhr mit ihr nach Hause, um gemeinsam den Papierkram für die Versicherung zu erledigen, denn ich sah, dass sie sehr verwirrt war und am ganzen Körper zitterte.

Immer wieder beschwichtigte ich und wiederholte unzählige Male, dass es ja nur Blech sei, dass es keine Rolle spielen würde und dass es nun mal so ist, wie es ist. Sie solle froh sein, dass ihr nichts passiert sei. Sie war sehr erstaunt über meine Haltung und wirkte ziemlich nervös und aufgeregt. Ich fragte sie, wohin sie denn unterwegs war. Ich dachte, dass sie vielleicht etwas erledigen müsste und so wollte ich sie fahren, damit sie ihren Einkäufen oder Terminen nachkommen konnte. Sie verneinte und sagte, dass sie in die Kirche wollte. Na, das passte ja wieder! Da war sie bei mir ja an der richtigen Adresse. Innerlich musste ich lachen, doch ich war vollauf beschäftigt, die gute Frau zu beruhigen. Sie hatte wohl einen leichten Schock erlitten und ein schlechtes Gewissen noch dazu. „Wissen Sie", sagte sie, „mein Mann liegt im Krankenhaus und wird heute operiert." Jetzt war mir auch klar, was sie in der Kirche wollte. Sie sorgte sich um ihren Mann und man sah ihr an, dass sie mit ihrem Lebensgefährten wohl eng verwurzelt war und dass sie vieles gemeinsam erlebt hatten. Sie zeigte mir Fotos ihrer sechs Kinder und so konnte ich sie ein wenig ablenken.

Ich schlug ihr vor, eine Kerze für ihren Mann anzuzünden und ihn in mein Gebet mit einzuschließen. Oh, welche Freude diese Frau doch hatte. Sie beschwerte sich, dass in ihrem Umfeld wohl keiner mit ihr beten würde und war wirklich dankbar für die Geste. Durch ihren kleinen Groll über die ungläubige Menschheit lieferte sie mir den Beweis, dass es ihr nun doch schon wieder etwas besser gehen musste. Auch sagte sie, dass die

Menschen so oberflächlich wären und dass sie den Glauben an das Wesentliche verloren hätten. Sie redete zwar von einem kirchlichen Gottesbild, doch durch ihre Hingabe und tiefe Auffassungsgabe hatte sie ihre Lebenshürden doch sanfter überwinden können als mancher Atheist. Ihre Augen waren sanft, sehr gütig, strahlten eine menschliche Wärme aus und zeugten von hohem Erfahrungswert, der in ihrem Gesicht Spuren hinterlassen hatte. Nachdem ich den Docht entzündet hatte, sprach sie ein kurzes Gebet. Ich fragte sie, ob es sie stören würde, wenn ich auch laut beten würde. Sie schüttelte hocherfreut den Kopf und lauschte gespannt meinen Worten.

Geliebte Gottheit … Einheit des Lichts,
ich spreche zu Dir,
… der Du mich bist.
Wirke durch mich,
handle durch mich,
denn ich bin Dein Leben.
Denke mich,
… atme mich,
mein Werkzeug sei Dein.
Ich offenbare mich Dir, so wie Du Dich mir offenbarst,
… warum sonst bin ich hier?

Der facettenreiche Glanz Deiner Vollkommenheit
entsendet mir Deine Entsprechung.
Wie auch immer Du Dich zeigst,
wie auch immer Du erscheinst,
ich erfreue Deinen Segen.
In Hingabe und Demut empfange ich
jetzt
die Gnade der unendlichen Vielfalt.
Gewahrsam und Einsicht ersehne ich mir,
heimkehren, … erinnern,
… erwachen.

Und so schaut mein Herz dem erlösenden Licht,
das durch die Kraft der geheiligten Gnade erkennt,
dass Du ohne Anfang und ohne Ende
der Ursprung, die einzige Wahrheit *bist.*
Deine unsagbare Tiefe offenbart mir den lieblichen Klang,
der Deine von Licht geflutete Vollendung erahnen lässt.
Du bist Stille.
Du bist *Eins.*
Du bist viele.

Dein Wille geschehe,
… in uns,
durch uns,
in allem.
Jetzt.

Ich erkundigte mich nach dem Namen ihres Mannes und hüllte ihn noch liebevoll in mein lichterfülltes Herz. „Geliebte Gottheit in uns, gib Josef die Kraft, nach deinem Willen zu wollen. Segen dem Josef in mir. Ich empfange die heilenden Impulse deiner segensreichen Wirklichkeit, die sich einfügen. Jetzt!" Ich ließ sie daran teilhaben und fühlte den unendlichen Frieden, der sich ausbreitete und uns beide in ein tiefes Schweigen versetzte.

Um dieses wunderbare Erlebnis zu Ende zu erzählen: Die Frau bot mir sofort das Du an und bat mich, doch wieder zu kommen. Ich stimmte zu und verabschiedete mich mit dem guten Gefühl, sie jetzt alleine lassen zu können. Sicherheitshalber ließ ich mir das noch von ihr bestätigen und danach brachte sie mich zur Türe. „Wissen Sie", sagte sie etwas verunsichert, „ich bete jeden Tag zu meinem Schutzengel. Er möge alle Menschen, all mein Tun, die Welt und mich beschützen. Und ob Sie es glauben oder nicht, heute habe ich es vergessen!", sagte sie sehr bewegt und bedauerte ihr Versäumnis zutiefst. Dabei zitterte sie wieder etwas und es war, als würde ihr ein kalter Schauer über den Rücken laufen, der sie ermahnte in Zukunft nicht mehr so nachlässig zu sein. Sie erschrak etwas darüber, mir das so offen erzählt zu haben und beschwichtigte umgehend, dass ich mir nichts dabei denken sollte. Sie hatte wohl Angst, ich könnte mir ein falsches Bild von ihr machen. *Wie sollte ich mir ein Bild von einem Bild machen?*

Hier sah man ihre Zerbrechlichkeit und dass sie sich ein ganzes Leben wohl darum gesorgt hatte, was andere über sie denken könnten. Ich lächelte ihr zu und sagte: „Ich kann Sie sehr gut verstehen.“ Diesem Satz gelang es doch noch, ihr ein sanftes Lächeln zu entlocken. „Und machen Sie sich keine Sorgen um Ihren Mann. Es geht ihm gut!“ Sie wusste nicht, was sie von sich gab und ich hatte auch keine Ahnung, was meine Lippen verließ. Dann nickten wir uns zu und schon war sie in ihrem alten Bauernhaus verschwunden.

Obwohl ich weiß, physisch nie am jeweiligen Ort zu verweilen, habe ich auch jetzt das Gefühl, dieser Frau ganz nah zu sein. *Es gibt keinen Ort, wo nicht hier und jetzt ist, es gibt nur Menschen, die glauben, woanders zu sein.* Also war ich nie von ihr gegangen, aber auch nie bei ihr angelangt, denn immer war ich hier. Und dieses Hier ist überall. Es ist ortsunabhängig und tief, ewig und da.

Kurz nach diesem Unfall wurde ich von einem grippeähnlichen Zustand heimgesucht und lag eine ganze Woche lang im Bett. Das Eigenartige aber daran war, dass das Fieber ausblieb. Ich hatte diese typisch grippalen Gelenksschmerzen und das Gefühl, von einem Lastwagen überfahren worden zu sein. Und trotzdem fühlte ich mich wohl wie noch nie. Ich getraute mich das niemandem zu erzählen, denn mein Körper glühte innerlich und fühlte sich sehr heiß an, nur eine erhöhte Temperatur konnte nicht gemessen werden. Das Fieberthermometer weigerte sich, nach oben zu gehen. Es zog es vor, auf seinen gewöhnlichen sechsunddreißig Grad auszuharren. Eingehüllt wie in einem Kokon lag ich da und wünschte, dass dieser Zustand nie mehr vorbeigehen würde. Eine wärmende Hülle hatte mich in die Knie gezwungen und ich genoss es, mich ihr bedingungslos zu ergeben.

Ich nutzte die Gelegenheit, um auch im Außen eine Woche Stille zu erfahren und schwieg. Das Telefon hatte ich auf lautlos geschaltet und alle anderen Ablenkungen ebenfalls gemieden. Diese Stille hatte eine heilsame Wirkung auf mich und ich merkte, wie sensibel ich auf Geräusche und Klänge reagierte. So legte ich immer wieder einmal einen Schweigetag ein. Ich hatte Spaß daran, denn vorerst blieb ich zu Hause und ein Mit-mir-Schweigen zeugte ja nicht von allzu großer Kunst. Doch nun ging ich auch Einkaufen und erledigte Dinge, die der Alltag so verlangte. Beim Einkaufen schrieb ich einen Zettel, den ich dem Verkäufer unter die Nase hielt und bei der Kasse deutete ich einfach auf meinen Hals und beobachtete gespannt die unterschiedlichsten Reaktionen. Zuerst hatte ich mir nichts dabei gedacht, doch schnell merkte ich, dass man Mitleid mit mir hatte. Ich konnte die Gedanken der Menschen fühlen und ihr Bedauern stand ihnen ins Gesicht geschrieben. Hier konnte ich wieder gut erkennen, in welchen Gedankenstrukturen und Mustern sie festhingen, nur weil ich an diesem Tag nicht sprach. Dies half mir auch dabei, aufmerksamer und wacher zu sein. Einfach nichts zu sagen, kann die schönste Sache sein auf der Welt. Gemeinsames Schweigen hingegen ist die wahre Erfüllung. Ach, Mr. Jones!

Die letzten Monate bemerkte ich auch bei meinem Einkaufsverhalten eigenartige Veränderungen zugunsten meines knapp bemessenen Einkommens. Der Drang, alles haben zu müssen und kaufen zu wollen, war vollkommen erloschen. Ich hatte doch früher immer so gerne in Katalogen geblättert und mich über jeden Werbeprospekt gefreut, wahrscheinlich als einziger Mensch auf der Welt! Meine Kaufwut war schier unbegrenzt gewesen. Es war jedes Mal eine große Befriedigung gewesen, wenn ich zu Hause prall gefüllte Einkaufstüten auspackt hatte. Ich kaufte mir jetzt so gut wie nichts mehr, außer Lebensmittel und die nötigen Utensilien, die man halt zum Leben so brauchte und ich beschränkte mich auf das Wesentliche. Diese Einfachheit gab mir das Gefühl von unendlichem Reichtum. Wie arm die doch sind, die sich darüber Gedanken machen mussten, wie sie ihr Geld ausgeben konnten. Und die, die aufpassen mussten, dass ihr Auto keinen Kratzer abbekam oder gar gestohlen wurde, waren irgendwie bedauernswert. Wie mühselig und schwer doch Materie ist und wie sehr sich der triebgesteuerte Mensch doch von ihr lenken lässt.

Ich sehnte mich nach einem dürftigen und spärlichen Leben. Und das müsste allerdings heißen: „Ich sehnte mich nach einem dürftigen und spärlichen Leben *zurück!*" Oft hatte ich ein Bild vor Augen, in dem ich in einer Hütte lebte, in der es einen Raum mit einem Sessel, einem Tisch, einer kleinen Waschgelegenheit und einer Kochnische gab, eine Toilette und eine Schlafkoje, die man hinter einem Vorhang verstecken konnte. Wenn ich nur an diesen einfachen Raum in dieser kleinen Hütte im Wald dachte oder an dieses kleine Gästezimmer im Keller meines Elternhauses, weitete sich mein Herz. Diese Bilder ließen meinen ganzen Körper zitternd erbeben und machten mich unglaublich reich. Es war ein natürliches Bedürfnis nach Ursprünglichkeit.

Diese Bescheidenheit beschenkte mich mit so großen Gefühlen, dass ich es in Worten gar nicht ausdrücken kann. Es vollzog sich Kolossales und diese immense Lichtkraft, die mich immer mehr in den Bann zog, bescherte mir wahre Herzensergüsse, die mir immer mehr erlaubten das Leben so zu nehmen, wie es war. Sie animierten mich immer wieder aufs Neue, dahinter zu sehen. Mr. Jones hatte mich wohl mit dem Gottesfunken infiziert und mein brennendes Verzehren nach mehr und mehr Licht würde nicht ruhen, solange ich nicht in ihm aufgehen würde.

In vielen Situationen war mir klar geworden, dass es immer nur das pulsierende Zusammenspiel von Erscheinungen und Bildern in mir war und dass das Außen sich nach mir formte. Das heißt, mir war es bewusst, dass sich die Menschen gar nicht anders verhalten konnten, weil sich ihre Bewegung meiner Bewegung anpassen musste. Ich konnte ja auch kein Schwertabziehbild auf meiner Hand anbringen und dann erwarten, dass sich eine Rose auf der Haut zeigen würde. Die Gewissheit um die Präzision des kosmischen Ablaufs und der Zusammenhänge der universellen Kraft versetzten mich immer wieder in mit Demut durchtränkte Momente. Eine gewisse Güte schlüpfte empor, hielt sich aber dennoch bedeckt. Hier brauchte es sicher noch mehr Tiefgang, Einsichten und Erfahrungen, um die Gunst der Güte zu erwerben und sie aus ihrem Verstecke zu locken. Und in Wahrheit bildete ich mir ja das auch nur ein, denn Güte war das, was ich war. Diese Gedankengänge waren nicht lustig, sondern verwiesen auf das unerkannte Grauen, in dem wir uns wie Spielbälle hin und her jagen lassen, rastlos von der Geburt bis zum Tode hetzen, von einem Feld ins nächste katapultiert werden und nur hilflos zusehen können, was uns geschieht.

Meine Kleider und Gewänder, in die ich ständig schlüpfte, sind enger geworden und aus vielen bin ich herausgewachsen. Das Kleid der Eifersucht hängt nicht mehr in meinem Schrank. Das trug ich in jungen Jahren sehr gern. Oft schlief ich damit. Ja, es war sehr abgenutzt und abgetragen. Auch das Hass-Gewand hängt irgendwo ganz hinten und wurde schon seit Kindertagen nicht mehr angezogen. Obwohl, dieses Hass-Kostüm würde ich eher als Zweiteiler sehen. Das Oberteil als Zorn und den Unterteil als Wut, denn ein Hass-Kleid in seiner vollumfänglichen Form war mir fremd. Dieses Kleid wurde mir bei meiner Geburt also nur als Zweiteiler untergejubelt, den ich aber niemals zusammen trug. Gott sei Dank, hatte es wenigstens hier eine Nachsicht gegeben.

Da fällt mir auf, dass ich nie ein Kleid des Neids besessen hatte. Das war noch nie Bestandteil meiner Garderobe gewesen. Das Ungedulds-Kleid hingegen trage ich zu meinem Schrecken noch immer sehr gern. Es passt mir nicht mehr wirklich, denn die Nähte spannen und drohen jeden Moment aufzuplatzen. Zumindest ist es nicht mehr ganz so schwarz, denn vom vielen Tragen ist es ausgewaschen, der Stoff vergilbt und auch der Schnitt hat die Fasson verloren. Doch etwas scheint mir an diesem Kleid zu gefallen, sonst würde ich es ja nicht so oft tragen. Irgendwie schaffe ich es doch immer wieder, mich in dieses Kleid zu zwängen. Wie gerne würde ich es unbenutzt im Schrank hängen lassen, denn zur Altkleidersammlung konnte ich es ja nicht geben.

Das Trotz-Kleid, ja, das sieht auch etwas mitgenommen aus, ist aber trotzdem noch relativ gut in Schuss. Das scheint kein gutes Zeichen zu sein. Das heißt wohl, ich werde es noch einige Male überstülpen müssen, bis es aus meinem Kasten verschwindet. Hoffentlich bedeutet das nicht, dass ich alle Kleider so lange tragen muss, bis sich der Stoff von selbst auflöst, denn das würde ja bedeuten, dass auch die alten und dunklen Kleider von ganz hinten noch mehrmals angezogen werden müssen. Ach du liebe Zeit, was ist das nur für ein Kreuz mit dieser gut getarnten Welt. Das Wort Tarnanzüge passt hier wirklich sehr gut. Am besten ziehe ich alle Kleider gleichzeitig über und behalte sie für ein Jahr lang an, dann würden sie anschließend vielleicht in ewigen Staub zerfallen und zurückkehren an ihren unerkannten Ursprung des Lichts. Mein Umfeld jedoch hätte keine Freude an mir, wenn ich allen Emotionen gleichzeitig nachgeben müsste, es wäre ja das reinste Donnerwetter.

In den letzten Monaten war wirklich viel passiert. Wenn ich so zurückdenke, ist es schon etwas seltsam, wie sich der Bezug zu Dingen verändern kann. Man wartet ein Leben lang nur darauf, dass sich endlich etwas verändert und erkennt eines Tages, dass es nur die Wahrnehmung ist, die gelassener und distanzierter werden kann. Gabi war eine der wenigen, die diese Wandlung sehr intensiv miterlebte. Ach ja, ich wollte ihr doch eines meiner Bücher borgen. Sie hatte sich die letzten Wochen irgendwie verändert, nachdem ihre schwerkranke Mutter eine plötzliche Heilung erlebt hatte. Vom Film *Der Wunderapostel* hatte ich bis zu diesem Zeitpunkt noch nichts gehört. Doch durch diese einmalige körperliche Genesung ihrer Mutter hatte sich Gabi diesen Film ebenfalls angesehen und dabei eine *Gotteserfahrung* erlebt, die ihr Wesen weicher und lieblicher gestaltete. Für einen Moment wurde ihr gewahr, wer es denn war, der ihr Leben bestimmte und dadurch konnte sie kurzfristig eine wertvolle Distanz zu ihrem Körper einnehmen und diesem entrückt werden.

Vielleicht muss man wirklich erst eine dieser inneren *Gottes-erfahrungen*, eine direkte Begegnung mit der Quelle in sich gemacht haben, um sich den Nichtigkeiten des Lebens gewahr zu werden und sich ihnen entziehen zu können. Wie sollte man sonst das Leben wieder nach seiner Natürlichkeit ausrichten, wenn man doch gar nicht wusste, was Natürlichkeit war? Nun, vielleicht wusste man es, wenn man es aber noch nicht für sich entdecken konnte?

Erst durch diese Entdeckung ist es möglich, das Leben dieser einen Kraft zu übergeben. Warum? Weil man es mit Hilfe des *eigenen Körpers* erfahren und spüren konnte, was diese eine gigantische Kraft, die jeder in sich trägt, bewegen kann. So kann man ihm, *dem Einen*, Platz machen, weil *das vermittelnde Objekt* stets darauf verweist. Auch wenn es vorerst nur in der Erinnerung geschieht, sie wird nach und nach verblassen. Was bleibt, ist die Essenz. Auch wenn kein Gedanke, kein Objekt, also nichts Vermittelndes, zwischen dem Menschen und seiner Wirklichkeit stehen sollte, ist es notwendig, um Öffnung zu erfahren. Wie wunderbar ist doch das Leben, wenn der Mensch sich öffnet und sich bereit dafür fühlt, zu empfangen.

Gabi und ich inspirierten uns wohl gegenseitig und ich spürte, dass sie langsam und gemächlich erblühte. Ganz langsam ging es vonstatten und diese Gemächlichkeit war wohl notwendig, damit diese Entwirrung ein natürlicher und gesunder Vorgang bleiben konnte. Der Vergleich mit einer Schnecke lag nahe. Aber ich sah diesen Vergleich nicht als Verspottung an … im Gegenteil: Die Schnecke war ja für ihre Langsamkeit verpönt, doch ich fand Schnecken toll. Wie gemächlich sie dahin zogen und sich gewahr waren, dass es nicht um die Schnelligkeit, sondern um die Anwesenheit selbst ging. Um das Hiersein! Nein, es ging wirklich nicht um ein schnelles Vorankommen, sondern einzig und alleine um die Bewegung, die einfach geschieht, weil ihr ein natürlicher

Rhythmus innewohnt. Es war ein Hiersein, ohne Ziel und Wollen. Wohin auch immer sich eine Schnecke bewegt, es ist ein zweckloses Ziel, das nicht ihres ist! Wie wäre das Leben einfach, wenn wir es auch so erfahren könnten! Ich liebte diese Tiere und beobachtete sie oft stundenlang. Die Gefahr des Autos mussten sie nicht fürchten, weil sie nicht wussten, dass es Autos gab.

Gabi wollte nun immer mehr von diesem Raum hinter den Dingen wissen und ich schenkte ihr mäßig dosierte Einblicke, die ihre Sehnsucht erweckten. Das Regenbogenbuch wollte sie eigenartigerweise nie lesen. Aber *dieses eine* spezielle Buch, das ich ihr versprochen hatte, konnte wohl ihre ganze Aufmerksamkeit wecken. Ich konnte es nur zu gut verstehen. Viele Bücher hatten mich bewegt, doch nur eines schaffte es so wie Mr. Jones, *in mir* Welten zu bewegen. Dieses Buch war anders. Es war die erlösende Kraft. Vor ein paar Wochen, als ich zu Bett ging, legte ich mir dieses lichterfüllte Werk *Im Land der Stille, von Mario Mantese* neben meine Tasche in den Flur. Auf dem Weg ins Wohnzimmer kehrte ich noch einmal um und steckte das Buch direkt in meine Handtasche. Wie von Geisterhand hatte ich meine Handlung korrigiert. Dabei hatte ich ein Déjà-vu. Als ich meine Jacke sah, sah ich mich mit einem Blumenstock aus dem Zimmer laufen. Es war der Tag, an dem ich *eigentlich* die Reise in den Ashram antreten wollte. Mich überkam etwas Wehmut, gepaart mit dem Gedanken, den ich vor Stunden schon gehabt hatte, dass Mr. Jones in zwei Wochen wohl nach Indien fahren würde. Warum ging mir das jetzt schon wieder durch den Kopf? Ich wollte nicht daran denken, doch diese Bilder holten mich ein und nahmen mich völlig in Besitz. Ohne dem Ganzen weitere Aufmerksamkeit zu schenken, legte ich mich ins Bett und fiel in einen wunderbaren, erholsamen Schlaf.

Voller Elan erledigte ich in der Früh mein Morgengebet. Es war kein herkömmliches Gebet, wie man es aus der Kirche kannte. Ich nannte es nur so, weil ich nicht wusste, wie ich es sonst nennen sollte. Es war das Gebet, welches ich auch bei dieser Frau gesprochen hatte, die unverhofft in mein Auto gelenkt worden war.

Dieser Tag begann wie jeder andere. Es hatte die ganze Nacht lang gegossen und langsam hatte sich der Regen beruhigt. Die reinigenden Auswaschungen ließen den Menschen murren, die Natur hingegen dankte dem willkommenen Nass, das ihr Lebenselixier war und sie von der Sommerhitze endlich aufatmen ließ. Auch der Vormittag hatte keine Auffälligkeit zu bieten. An diesem Tag besuchten mich wieder viele Kunden und manche von ihnen kauften anstandshalber auch etwas, obwohl die Sommerflaute deutlich zu spüren war. In erster Linie kamen sie aber, um ihr Herz auszuschütten und mir ihr körperliches sowie seelisches Leid zu klagen. Meine Veränderung zog viele neue Kunden in das Geschäft, die instinktiv meine Nähe suchten. Die sanfte Vermählung mit der zarten Natur hatte mich sensibilisiert und ließ die Menschen, die zu mir kamen, daran teilhaben.

Wenn sie das Geschäft verließen, wirkten sie zufriedener, ihre Gesichter sahen entspannter aus und sogar körperliche Verbesserungen schienen sich bemerkbar zu machen. Es war wie eine Entfaltung, mit der Entspannung und Entkrampfung einher zogen. So empfand ich es zumindest. Das wertvolle Gut, das Mr. Jones in mir wiederbelebte, war nutzlos, wenn ich es nur für mich behalten würde. Ich hatte das Gefühl, als ob ich hunderte kleine Lichtpunkte versprühte, die erweckend und erlösend auf das dunkle Menschenherz einstrahlten. Wie Glühwürmchen flogen sie instinktiv Richtung Herz und schwirrten dort so lange umher, bis sich ein kleiner Eingang auftat. Und das geschah ganz von selbst. Es kann Jahre dauern, bis sich ein Menschenherz dazu bereit erklärt, seinem Urklang zu lauschen und seinem Urgedanken entsprechen zu wollen. *Sich selbst zu lieben heißt wohl, sich so zu sehen, wie Gott einen gedacht hat.*

Um die Mittagszeit rief mich meine Chefin zu sich. Nach einem langen Gespräch ging ich wieder in den Verkaufsraum, wo meine Arbeitskolleginnen schon gespannt auf mich warteten. Sie ahnten wohl, dass sich eine Veränderung anbahnte. Ich verzog keine Miene. Ich lief schnurstracks an ihnen vorbei. Hastig und überstürzt eilte ich auf den Haupteingang zu, wo ich fast eine Kundin über den Haufen rannte. Frau Kilgus lächelte verständnisvoll und sagte: „Fräulein Madita, ich wollte Sie kurz sprechen!" Frau Kilgus war eine sehr nette Dame, aber sie lief mir nicht weg. „Bin gleich wieder da!", versprach ich ihr zwischen Tür und Angel und lief ein paar Straßen weiter zu einem Hinterhof, zu meinem Hinterhof, wo ich mich auf eine Bank setzte, die unter einer wunderhübschen alten Linde stand. Oft saß ich in der Mittagspause hier und genoss das spärliche Fleckchen Natur, welches sich mitten in der Stadt wie eine kleine Wohlfühloase auftat. Ich schloss meine Augen und holte ein paar Mal ganz tief Luft. Zum Glück hatte es zu regnen aufgehört. Das war mir jetzt aber auch egal, denn mein Hinterteil saß bereits im feuchten Nass. Mit einem Satz sprang ich auf und schrie: „Juhuuuh, juhuuuh!" Ich sprang so hoch ich nur konnte und rief immer wieder: „Endlich! Ja! Ja! Ja! Endlich! Jaaaa! Mr. Jones, ich komme!"

Ich hüpfte zum Baum, umarmte ihn und drückte ihn so fest ich nur konnte. Seine Kraft entriss mich kurz dem Strom der Zeit und entführte mich in ein tiefes Empfinden. Ach, wie sehr ich ihn liebte! Sein Geschenk waren neben seiner Gutheißung für das, was kommen würde und einer rechten Portion Erdung eine Ameise, die mir nun am Ohr herumkrabbelte, sowie ein Harzfleck auf meiner weißen Bluse. „Danke, geliebte Linde. Danke!"

Ein älterer Herr, der kopfschüttelnd an mir vorbeiging, beschleunigte sein Tempo um ein Vielfaches. Sein Blick verriet eine leichte Ängstlichkeit, die ihn dazu brachte, dieser Irren besser aus dem Weg zu gehen. Es könnte ja ansteckend sein! Eine Mutter nahm ihre Kinder an die Hand, als müsste auch sie ihre Brut vor mir schützen. Die Kleinen drängelten zu mir, denn sie wollten den Baum und die Bank auskosten, doch ihre Mutter verwehrte es ihnen. Das eine Kind zeigte mit dem Finger auf mich und sagte ganz laut: „Guck mal! Was hat sie denn?" Das andere Kind rief: „Mama, das sieht aber lustig aus. Ich mag auch umarmen!" Die Mutter zog das Kind mit einem strengen Ruck an sich und sagte: „Ein anderes Mal vielleicht." „Ich auch", rief das kleinere Kind dazwischen, „ich auch!“ Beide stemmten sich mit aller Kraft gegen ihre Mutter und versuchten auszubüchsen, doch ohne Erfolg. Gegen ihren Willen zerrte die Frau ihre Kinder eiligst weiter. Sie weinten herzzerreißend und sperrten sich weiterhin gegen den Willen ihrer Mutter, gegen den sie aber nichts ausrichten konnten. „Was ich habe, wollt ihr wissen?“, rief ich ihnen nach. „Liebe, ganz viel Liebe!“ *Mr. Jones’ Worte über den Dichter Hafiz flammten in mir auf: Renn durch die Straßen und verursache göttliches Chaos. Gib Liebe, gib Liebe!* Beide Kinder winkten mir zu und aus der Ferne konnte ich sehen, dass die Frau ihre Kinder immer noch zurechtrüttelte. Diese Situation konnte mir keinen dunklen, abtrünnigen Gedanken entlocken. *Die Bilder zeigten sich so, wie sie sich im Netz der Zeit bewegten.* „Und Limonade habe ich vielleicht auch! So wie bei Pippi Langstrumpf in einem Loch im Baum versteckt!“, schrie ich den Kindern laut nach, obwohl die mich schon längst nicht mehr hören konnten. Über meine Spontaneität war ich selbst etwas überrascht. In diesem Moment war ich die Madita, die so war, wie sie *sein wollte*. Irdisch! Menschlich und verrückt! Mich kümmerte es kein bisschen, wer was sagte, wer was dachte und wer was tat! Ich werde Marie wieder sehen!

Im Laden zurück wurde ich umgehend von ein paar Arbeitskolleginnen umringt und einige waren sichtlich beleidigt, dass ich ihre Neugier vorhin ignoriert hatte. Wie konnte ich nur?! Ihre Haltung war mir natürlich nicht entgangen. Ich strahlte über das ganze Gesicht. Es war nicht zu übersehen, dass mein Herz vor Glück und Freude überquoll. Auch Frau Kilgus hatte mich wieder entdeckt und eilte auf mich zu. „Ach du Glückliche, du hast wohl eine Gehaltserhöhung bekommen!“, sagte Gabi herzerfreut. Ich schüttelte nur den Kopf. Nun hatten sich alle meine Arbeitskolleginnen, inklusive Frau Kilgus, um mich versammelt, um mir das Geheimnis zu entlocken. Wie ein Bienenschwarm kreisten sie um mich herum und ja, ich fühlte mich in diesem Moment wie eine Königin.

„Nun sagen Sie schon!“, flüsterte Frau Wenk, die die Älteste im Team war und somit auch die Neugierigste. Auch Gabi, für die ich das Buch mitgebracht hatte, wollte nicht lockerlassen. „Du hast Urlaub bekommen!“, rief sie und schien sich wirklich sehr für mich zu freuen, obwohl sie den Grund meiner Glückseligkeit immer noch nicht herausgefunden hatte. Da sie in das Erlebnis meines letzten Urlaubs ein Stück weit eingeweiht war, lag die Vermutung nahe. „Nein!“, schüttelte ich den Kopf. „Noch viel, viel besser!“ „Sie wurden … befördert?“ flüsterte Frau Wenk vorsichtig, obwohl sie ihre Vermutung selbst nicht ganz glauben konnte. „Nein, noch viel besser! Ich wurde gekündigt!“, teilte ich ausgelassen mit. Dabei sprang ich hin und her, schnappte mir Gabi und tanzte mit ihr im Kreis. „Danke, danke, danke, danke, dass du … ach was, einfach nur danke!“ Dabei küsste ich sie auf die Wange und drückte sie anschließend so fest ich nur konnte. „Ist nicht wahr!“, ertönte Frau Kilgus bedrückte Stimme aus dem Hintergrund. Ihr erstarrtes Gesicht war sehr blass geworden und sie sah dem endgültigen Aus ihrer Seelsorgenstelle fassungslos entgegen. „Ich kann es nicht glauben!“, stammelte Frau Kilgus und musste sich erst einmal setzen. Der aufmerksame Lehrling brachte ihr schnell ein Glas Wasser. Nachdem sie einen Schluck genommen hatte, seufzte sie laut und murmelte ein wiederholendes „Ich kann es einfach nicht glauben“ vor sich hin.

„Was?!“, rief jetzt die pummelige, korrekte Hermine in einem Tonfall, der meiner Reaktion Verachtung zusprach. „Und da freust du dich auch noch? Bei dieser schlechten Wirtschaftslage?“ Sie konnte nicht verstehen, warum ich so aus dem Häuschen war. Wie denn auch, sie kannte Mr. Jones und Marie nicht. Ich fand die unterschiedlichen Reaktionen spannend und lustig anzusehen. Wie sehr waren doch alle in ihren Mustern und Gedankenströmen gefangen. *Wie tote Puppen an Seilen hängend, ließen sie sich von ihren schattenhaften Überlagerungen steuern und dirigieren. Eine jede Bewegung wirkte künstlich und war ihrer Natürlichkeit entrückt.*

Hermine hatte ihr Urteil über mich gefällt. Gnadenlos hatte sie mich mit ihrem Schwert zum unüberlegten, einfältigen und dummen Menschen geschlagen. Sie wirkte entsetzt und in ihren Augen blitzten die ersten dumpfen Schatten der Berechnung auf.

Man sah ihr an, dass sie überlegte und ein geheimes Grinsen zeigte mir, dass sie sich jetzt schon mögliche Vorteile für ihren Arbeitsplatz ausrechnete. So stand ich doch noch in ihrer Gunst und sie konnte von meiner vermeintlichen Dummheit auch noch profitieren.

„Aber", stammelte Gabi nun doch etwas erschrocken, „du bist doch die beste Verkäuferin im Team!" Dieser Satz gefiel wohl nicht allen, doch der Tatsache mussten sie sich fügen. „Ja", sagte ich ziemlich aufgedreht, „das mag gut sein, aber …", und dann schoss es aus mir heraus: „ich stehe nicht knapp vor der Pension, ich bin nicht in der Lehre, bin die, die als Letzte zum Team gestoßen ist, und …" Ich stoppte kurz und sah Gabi an. Ihr Blick gab mir freie Bahn. „Und?", wiederholte der Lehrling und wartete mit offenem Mund gespannt auf eine Antwort. „Ich bin nicht schwanger!" Alle schauten etwas verdutzt und ein Raunen schwängerte den Raum. „Schwanger?", sagte Frau Wenk. „Wer ist … schwanger?", fragte nun auch noch Miriam, die bis jetzt nicht zu Wort gekommen war. Das aufgeregte Getuschel wurde von einer knisternden Totenstille abgelöst. Mein Blick wanderte zu Gabi und nun hatten sich alle Blicke bei ihr versammelt. „Gabi?!", rief Miriam und fiel ihr als Erste um den Hals, um ihr zu gratulieren. Einige spielten wieder beleidigte Leberwurst, weil Gabi mir das Geheimnis bereits anvertraut hatte. „Ist nicht wahr!", sagte Frau Kilgus und erhob sich, um auch ihre Gratulation auszusprechen. Sie kam aus dem Staunen nicht mehr heraus und es war wohl etwas zu viel an Neuigkeiten für die gebrechliche Dame. „Wie ich mich für Sie freue! Nein, ist das wunderbar! Wann ist es denn soweit?", brach es nun aus ihr heraus. Diese Nachricht war wohl eine willkommene Ablenkung und schaffte es, meine Kündigung für einen kurzen Moment beiseite zu drängen. Ich hielt mich dezent im Hintergrund und meine Gedanken waren bereits vorgereist, zu Mr. Jones und zu Marie.

Henriette schien deprimiert zu sein. Sie wollte ja immer schon einmal ihr Heimatland Australien besuchen. Dass sie dem Drang, nach ihren Wurzeln zu forschen, nachgeben wollte, konnte ich gut verstehen. Sie hatte vor, um die Weihnachtszeit nun endlich für zwei Monate dorthin zu reisen. Dies wäre auch nur mit einem unbezahlten Urlaub möglich gewesen und unsere Chefin wusste noch nichts davon. Diese Reise konnte sie sich jetzt wohl abschminken. Dieser Gedanke und die Enttäuschung darüber standen ihr ins Gesicht geschrieben. Unter diesen neuen Gegebenheiten würde sie gerade zur Weihnachtszeit unabkömmlich sein. Henriette war eine sehr stille und ruhige Person, unaufdringlich und unscheinbar. „Madita", sagte sie zu mir. „Wenn du keinen neuen Job findest, würdest du mich dann vertreten, wenn ich nach Australien reise? Du weißt ja …", seufzte sie leise und hatte Tränen in den Augen. Wie leicht es doch für manche Menschen war, diesen Strom der Befreiung laufen zu lassen. Darüber wunderte ich mich immer wieder. Ich musste an Marie und an die Kirche denken, wo sich meine Tränen nach sehr, sehr langer Zeit ihren Weg in die Freiheit gebahnt hatten. „Mal sehen", erwiderte ich. Ich wollte und konnte jetzt nicht nein sagen, doch ein Versprechen konnte ich ihr nicht geben. „Wenn es so sein soll, werde ich da sein!", fuhr ich fort und griff in meine Handtasche, um ihr ein Taschentuch zu reichen. Gabi gab ich dabei das heiß ersehnte Buch von *Mario Mantese* in die Hand. Als Gabis Blick darauf fiel, hatte sie dieses Leuchten in den Augen. Es war dieses Leuchten, wenn man der Göttlichkeit schaute.

Henriette bedankte sich bei mir und nahm mich in den Arm. „Weißt du …", sagte ich zu Henriette, dabei hatte ich schon wieder Marie vor Augen, denn dieses *Weißt du* verband ich ohne Umschweife mit ihr. „Ich denke, es wird sich ergeben und du wünschst dir das schon so lange, also wird es auch irgendwie klappen." Sie verstand die Worte so, wie sie sie verstehen wollte. Nicht als neutralen Zuspruch, sondern eher als eine Zusage meinerseits. Sie formte sich meine Worte ihren Wünschen zurecht und ich ließ sie in ihrem Glauben. Jetzt sah sie auch wieder glücklich aus. „Danke Madita, du wirst mir fehlen!", entgegnete sie. Dann erhob ich mich, um meine Sachen zu holen. Für mich gab es kein Zurück mehr und was mir schon eher klar hätte sein sollen: Wenn du dein Leben retten willst … dann spring!

„Frau Kilgus, möchten Sie mich in die Mittagspause begleiten?“, fragte ich die ältere Dame, um ein wenig für sie da zu sein. „Wir könnten doch zum Italiener gehen.“ „Ach“, strahlte sie über das ganze Gesicht, „gerne! Sehr gerne sogar! Das ist aber nett von Ihnen. Wissen Sie …“, sagte sie. Jetzt fängt Frau Kilgus auch schon mit diesem *Wissen Sie* an! Ich hatte das Gefühl, dass jetzt immer mehr Dinge passierten, die mich an Mr. Jones und Marie erinnerten. Vielleicht lag es aber auch nur an meiner Achtsamkeit, die momentan nur an einem Ereignis interessiert war. „Ich wollte heute sowieso nichts kaufen“, fuhr Frau Kilgus fort. „Ich wollte mit Ihnen reden, da mein Enkel schon wieder Asthma hat und Sie hatten ihm doch schon einmal so geholfen. Und mein Rücken …“ Sie seufzte ein weiteres Mal und nippte an ihrem Wasser. „Sie wissen ja … das alte Leiden.“ „Ja, ich weiß!“, entgegnete ich und versuchte sie mit meinem Lächeln etwas aufzumuntern. Wie eigen die Menschen doch waren. Sie klagten über den Schmerz, bewegten sich aber ausschließlich im Dingfeld des Schattens, ohne darüber hinauszusehen. Wie soll es ein schmerzfreies Leben geben, wenn man seinen Blick nicht stets nach innen ausgerichtet hielt? „Es ist mir unerklärlich. Ich brauche nur zu Ihnen kommen und schon fühle ich mich besser“, stellte sie verwundert fest und schüttelte dabei immer wieder den Kopf. Ich nahm Frau Kilgus bei der Hand und gerade als wir das Geschäft verlassen wollten, rief Henriette: „Madita!“ „Ja?“, entgegnete ich, während ich mich kurz umdrehte und nach ihr sah. „Madita, ich zähle auf dich!“ Schlagartig ließ ich Frau Kilgus stehen, rannte zurück und umarmte Henriette noch einmal. Sie war etwas überrascht und konnte meine Reaktion auf diesen Satz natürlich nicht verstehen. „Danke!“, sagte ich zu ihr und sie fragte nur verwundert nach dem Warum. Diese Frage ließ ich offen. Auf diese vier Wörter habe ich gewartet. Mr. Jones scheint wirklich in allem zu sein!

Ich umarmte auch noch den Lehrling, der neben Henriette stand, und lief zu Frau Kilgus zurück, die immer noch etwas verunsichert wie angewurzelt vor dem Eingang stand. Und weil es so schön war, umarmte ich sie auch noch, bevor wir das Geschäft verließen. „Also sagen Sie … Frau Madita … nicht so stürmisch“, kicherte sie etwas beschämt, so nach dem Motto: Man kann doch nicht auf offener Straße seine Gefühle zeigen! Also wirklich! Ist ja echt schlimm! Wie furchtbar! Genau diese ulkigen Züge machten Frau Kilgus zu etwas Besonderem. Sie war so unverfälscht und ein Verlangen und eine Sehnsucht in ihr versuchten wohl vergeblich, sich einen Weg in die Freiheit zu bahnen. Ein natürlicher Trieb, der sich durch sie ausdrücken wollte, wurde angekurbelt. Doch sie stoppte ihn unbewusst und ohne ein willentliches Zutun noch jedes Mal rechtzeitig, bevor er ihr Herz erreichen konnte. Mit anderen Worten: Sie konnte nicht anders. An meiner Überrumpelung hatte sie aber Gefallen gefunden, das sah ich an ihren Augen, die nun doch ein kleines Leuchten zum Vorschein brachten. Ich erklärte den 17. August zum offiziellen Tag der Umarmung.

Wiedersehen mit Untrennbarem

Eine Woche später saß ich im Zug. Es war wie ein Wunder! Doch wenn Mr. Jones ja *auf mich zählte*, dann muss das wohl auch so sein. Die Reise verlief ohne besondere Zwischenfälle. Keine Besoffenen, keine Explosionen und auch keine anderen Besonderheiten.

Nun war ich nur noch eine Straße von Mr. Jones entfernt und mein Herz schlug immer schneller. Bevor ich zum Laden ging, spähte ich noch die Straße entlang. Insgeheim hoffte ich, aus der Ferne Marie zu entdecken. Ich sah weder Marie noch das Hinweisschild des Hotels. Ich rieb mir die Augen und verstand nicht, warum ich dieses Schild nicht sehen konnte. Als ich dem nachgehen wollte, zog mich eine unbekannte Kraft Richtung Bücherladen, und als ich davor stand und auf das Schaufenster blickte, zeigte sich mir dieser schlichte, innig geliebte Name. „*Büchereck!*“, flüsterte ich leise und etwas berührte mich dabei ganz stark. Es war erst sieben Uhr morgens, hoffentlich hatte Mr. Jones die Ladentüre nicht verschlossen!

Ich hatte extra den Nachtzug genommen, um Mr. Jones tagsüber Gesellschaft zu leisten. Aufgeregt betrat ich die vertrauten Räumlichkeiten. Ich war gespannt auf Mr. Jones' Gesicht und was er wohl sagen würde. Das Glöckchen begrüßte mich freudig. Meine Freude war auch kaum auszuhalten, nur kann ich nicht sagen, ob man das Freude nennen konnte. Mir zitterten die Knie und mein Herz schlug mir bis zum Hals. Madita kehrt zum Tatort der Liebe zurück. Das war wohl ein äußerst merkwürdiger Satz, der sich da eingeschlichen hatte. Obwohl ich Mr. Jones nicht sehen konnte, war er anwesend. Seine Präsenz war unabsprechbar. Immer! Er erfüllte den ganzen Raum, auch ohne seine körperliche Anwesenheit. *Mr. Jones,* erhallte es in meinem Herzen. Es war kein Ruf, es war eher ein Sichwiedererkennen. *Immer schon sind wir das All-Eine. Einst formten wir uns zu dem, was wir zu sein glauben und die Identifikation mit dem Körper, den Sinnen, den Gedanken, Gefühlen und Objekten verwehrt uns die*

notwendige Klarheit. Diese Sätze entlockten mir herzerwärmende Schauer und ich tauchte in eine alles absorbierende Stille ein. Ich musste mich kurz setzen, denn eine tiefe Berührtheit, die von einer unendlichen Klarheit begleitet wurde, bescherte mir ein Gefühl von Abwesenheit. Sollte Mr. Jones jetzt kommen, war ich also nicht hier.

Aber war ich jemals gegangen? Hatte ich diesen Laden jemals verlassen? Es war, als ob ich immer schon hier gewesen war und immer hier sein würde. Es war schon komisch, denn kaum hatte ich diesen Laden betreten, beschlich mich wieder diese spezielle Ahnung, die ich nicht zuordnen konnte. Es war nicht greifbar! Hier war es so … Mir fehlten die Worte. Und die Gedanken! Ich schien aus meinem Leben in eine völlig andere Welt zu gelangen, sobald ich diesen Laden betrat. Das musste wohl an Mr. Jones liegen, der diesen Räumlichkeiten eine gewisse Transparenz verlieh. Ich kam einfach nicht darauf. Hier war es so … So?

„Anders?" Erschrocken sah ich hoch. Mr. Jones stand wie aus dem *Nichts* vor mir. „Wolltest du *anders* sagen? Du suchst also nach einem Wort? Willst du deine Zeit weiterhin mit Suchen verbringen?", sagte er mit einem sehr strengen Ton, der aber mit menschlicher Strenge nichts zu tun hatte. „Sei einfach hier!" Diese drei Worte waren so voller Liebe, dass ich nahezu das Gefühl hatte, mich aufzulösen. Ich brachte kein Wort über die Lippen, denn diese erhabene und feine Ausstrahlung hatte mich übermannt.

„Da bist du ja endlich!", fuhr er dann fort. Die Selbstverständlichkeit in seiner Aussprache verriet mir, dass er wohl gewusst hatte, dass ich kommen würde. Das hörte sich ja nicht schlecht an. Er hatte mich also erwartet! „Hat aber lange gedauert", sagte er in seiner berühmten, neutralen Gleichklangstonlage, die ich zugegebenermaßen etwas vermisst hatte. „Ach nein", erklärte ich. „Die Zugfahrt ging ja nur ein paar Stunden!", entgegnete ich freudig und strahlte über das ganze Gesicht. „Ich meinte nicht die Zugfahrt", sagte er dann, „sondern deinen Arbeitsplatz endlich hinter dir zu lassen."

Mr. Jones bereitete uns einen wundervollen, wohlschmeckenden Tee zu und zu meiner Freude war er auch etwas gesprächiger als gewohnt. Er beantwortete mir geduldig meine Fragen, die ich ihm zu Alfred, Parmenides und natürlich über Marie stellte. Umso mehr freute ich mich zu hören, dass es ihnen allen sehr gut ging, allen voran Marie, mein Sonnenschein, von der ich unerwarteterweise so einige Schabernacke und kindliche Anekdoten zu hören bekam. Als ich auf Herrn Kanaus zu sprechen kam, wurde es mir ganz warm ums Herz. Ich sah ihn mit mir im Laden sitzen und erinnerte mich nur zu gut an unsere erste Begegnung. Ich fand mich plötzlich in einer eigenartigen Weite wieder und sofort war mir bewusst, was der Auslöser war. *Die Dnyaneshwari!* Anstatt in diesem erhabenen Gefühl zu verweilen, plapperte ich gleich drauflos und erkundigte mich aufgeregt nach dem Buch. Mr. Jones gab mir zu verstehen, dass ihm nur eines geliefert worden war, dass das zweite aber die nächsten Tage hier eintreffen müsste. Das beruhigte mich, trotzdem ärgerte ich mich meiner Ungestümtheit, die die zarte Stille durchbrach.

„Wenn ich nur einmal in dieser Energie verweilen könnte!“, dachte ich missmutig. Diesmal aber hatte ich laut gedacht. Ich erschrak selbst, dass mir dieser Satz ungewollt herausgerutscht war und Mr. Jones sah mich wieder einmal mit einem dieser eindrücklichen Blicke an. Bevor er allerdings etwas sagen konnte, redete ich schon wieder darauf los. Es war wie verhext. Ein Trieb, der mich nicht zur Ruhe kommen ließ. Ich hatte die starke Vermutung, dass mein Ego immer im Mittelpunkt stehen musste, um immer und immer wieder auf sich aufmerksam zu machen. Ein Zwang! Ich sah es fast als eine Art Manipulation, doch innerlich wusste ich, dass ich den unsichtbaren Schlüssel dazu hatte, es zu ändern. Auch wenn ich das nicht bewusst tun konnte, es war wohl eine gesunde Mischung aus Reife, einem gereinigten Geist und Gnade, die etwas geschehen ließ, um Essenzielles wieder aufleuchten zu lassen. Diese Gedanken waren wieder ganz anders. Die, die aber umgehend folgten, entsprachen dem üblichen Schrott, der nur der Müllhalde Kopf entspringen konnte. Es redete unaufhörlich in mir. Als würde ich von etwas geredet werden, was nicht zu stoppen war. „Es tut mir leid, aber es ist wie verhext. Warum kann ich meinen Mund denn nicht halten?“

Nach einer kurzen Pause sprach Mr. Jones: „Ich gebe dir ein einfaches Beispiel. Nehmen wir einmal an, dich belastet etwas. Du fühlst dich von jemandem schlecht behandelt und erzählst es weiter. Deinem Partner, deiner Mutter, deiner Freundin, deinem Arbeitskollegen, deinem Nachbarn ... Bevor es dir das nächste Mal über die Lippen kommt, halt einfach kurz inne. *Es nicht auszusprechen und dich dabei selbst zu entdecken, wenn du etwas nicht nach außen trägst, um zu erfahren, was in dir geschieht, erzeugt Frieden.* Benenne es nicht, ordne es nicht ein, sondern schaue hinter die emotionalen und rationalen Traumkulissen. Es ist reinigend und heilsam, etwas, was dich beschäftigt, dabei zu belassen, um es nicht weiterhin künstlich am Leben zu erhalten. Es immer wieder zu beleben und die Vergangenheit unzählige Male wieder zu erzeugen, bindet!“

„Aber warum tue ich es dann?“, unterbrach ich Mr. Jones. Ich fand seine Worte genial, aber missachtete den Inhalt. Und es war unhöflich, ihm ins Wort zu fallen! Warum konnte ich nicht einfach nichts sagen?! Was war denn bloß so schwer daran? Es klang doch so einfach! Und ich? Ich war ein eingebildetes Vielfach, welches die Einfachheit suchte, anstatt mich in sie zurückfallen zu lassen. Mein aufgerüttelter, krankhafter und rastloser Denkapparat herrschte gnadenlos über mein etwas unbeholfen wirkendes Wesen.

„Eingebildet?“, wiederholte Mr. Jones, der sich dieses Wort so beiläufig aus meinen Gedanken gespickt hatte. Er lachte laut und bemerkte, dass ich wahrlich *eingebildet* sei und dass das eine große Erkenntnis wäre, wenn man es nicht persönlich nehmen würde. Ich staunte nicht schlecht über diese Aussage und musste selbst lachen. War es nicht das größte Geschenk, wenn man jemandem sagte, dass er eingebildet sei? Man sagte ihm ja die Essenz der puren Wahrheit. Klipp und klar. Unmissverständlich. Man teilte ihm mit, dass er sich einbilde, etwas zu sein, was er nicht war und niemals sein konnte und erinnerte ihn lediglich daran, nicht echt, real oder wahr zu sein. Was man herkömmlich unter dem Wort verstand, hatte damit natürlich nichts zu tun. So wie fast alle Wörter einem persönlichen Missbrauch zum Opfer fielen, war dies auch hier der Fall.

„Aber nun zu deiner Frage, warum es dir so schwer fällt, still zu sein. Natürlich ist es vorerst eine Ablenkung, weil du nicht bereit bist, dich mit dir selbst auseinanderzusetzen … weil deine Person belebt werden möchte. Gewohnheit. Ein Mechanismus, der immer schon so funktioniert und reagiert hat, kann nicht einfach durchbrochen werden. Es gibt viele Gründe, die wie die Glieder einer endlos langen Kette sind. Die Kette selbst aber ist das eingebildete Ego, auf die es zurückzuführen ist. Es ist die Unwissenheit deiner selbst und die Anhaftung an den trügerischen Schein, der diese Missstände nach sich zieht. Im Immer-wieder-Erzählen von Dingen, die du ablehnst oder gegen die du dich sträubst, suchst du nach Verbündeten, die dir bestätigen, dass nur du Recht haben kannst. Umso amüsanter, wenn du bemerkst, dass es so etwas wie Recht und Unrecht nicht gibt.“ Dabei lächelte er so zufrieden, dass ich die Hoffnung schürte, dass diese Eintracht doch etwas auf mich abfärben könnte. Mit Pauspapier oder einem Kopierer vielleicht? Scheinbar fehlte es mir auch am notwendigen Ernst!

„Dieses ewige Wiedererzählen ist eine Ablenkung von dir selbst, ein sich entfernen, um in der Illusion weiterhin deine Spielchen zu treiben. Aber auch dein ewiges Gerede ist nur ein Vorwand, um dich vor deinem wahren *Ich* zu verstecken. Still zu sein bedarf eines geläuterten Geistes und Nicht-Denken geschieht nicht von selbst und kann auch nicht erlernt werden.“ Ich hatte dieses Nicht-Denken und dieses Schweigen in einer gewissen Art und Weise ja schon in mein Leben mit einfließen lassen oder besser gesagt, es war in meinem Leben bereits vorhanden gewesen. Gewesen, ja! Und wo war es jetzt?

„Du kannst dieses Nicht-aussprechen-von-Dingen aber auch anwenden, wenn dich etwas persönlich freut“, sagte Mr. Jones. „Welches Empfinden auch immer hinter einer Aussage steht, die du gerne weitergeben möchtest … lass es einfach sein! Lass es auf dich wirken und sage einmal oder mehrmals, für einen Tag oder für eine längere Zeit einfach nichts. Höre damit auf, diese Geschichten zu erzählen und erlebe einfach, natürlich, pur und unmittelbar, was dabei geschieht. Es ist spannend. Es ist ein Experiment und es ist direkt. Es ist ein spontanes Sich-selbst-Erfahren, welches ohne Umwege und einfach geschieht. Nun gut, natürlich kann ich dir sagen, was hinter diesen Dingen ist. Aber was nutzen dir Wörter wie Totalität, Gewahrsam und Friede, um die du sowieso schon weißt. Nichts! Du musst es für dich selbst entdecken!

Wenn dir dein Ego einreden möchte, dass du diesen Quell bereits fühlst, stellt sich die Frage, wie weit bist du in der Lage zu durchschauen, dass auch dieses Gefühl, wie jedes weitere Gefühl, nur ein Konzept sein kann? Erst wenn du es wirklich für dich entdeckst, indem du still bist, innehältst und bist, offenbart sich das Dahinter. Und du fällst in einen Hauch von *Nichts* und bemerkst, dass gar nichts anderes existiert, als etwas Unbeschreibliches, das sich nicht einmal gut anfühlt, weil du Gefühle hinter dir gelassen hast.“

Mr. Jones’ Antworten waren reine Gnade. Gewiss haben alle Menschen ihre Fragen. Wie man einem Menschen wirklich helfen konnte, zeigte mir Mr. Jones. Es waren nicht die Taten und es waren nicht die Gaben. Es war das Unmittelbare, dem Menschen von sich selbst zu erzählen! Ihm von Gott zu berichten! Ihm zu sagen, warum er hier ist und warum er denn lebte, auf dieser Welt! Ich nahm mir vor, das, was über meine Lippen nach außen drängte, so oft wie möglich in mich zurückfließen zu lassen und mich dieser heilsamen Erfahrung zu stellen. Es war doch wunderbar, ein Stück inneres Heilwerden in sich wahrzunehmen. Scheinbar flüchtete man aber nicht nur vor unangenehmen Erfahrungen, sondern auch vor denen, die einen wachrüttelten. Vor was hatte der Mensch eigentlich keine Angst?

Und da war es endlich, dieses anschmiegsame Wollknäuel: Parmenides, in seiner vollen Pracht. Die nächste Ablenkung, die mir in die Quere kam. Ich musste lachen, denn da ich ja *die Totalität* war, konnte mir gar nichts in die Quere kommen. Diese Verwechslung schien hartnäckig zu sein … weil angeboren! Doch wie es Mr. Jones eben gesagt hatte, das Wissen darum war wertlos. Absolut unnütz! Parmenides rettete mich aus meinem Gedankensalat, begrüßte mich freundlich und holte sich umgehend seine Streicheleinheiten ab. Es gab ja einiges nachzuholen, was wir zwischenzeitlich an Körperkontakt versäumt hatten. „Was geschieht eigentlich mit Parmenides, wenn Sie nicht hier sind?“, fragte ich sehr unüberlegt. Oft hatte ich das Gefühl, ich sprach aus Langeweile oder einfach nur so. Die Luft wurde stets mit meinen Sätzen verunreinigt und der Kosmos litt unter meinen sinnlosen und unnützen Gedanken. Von einer Million Gedanken am Tag, zweifellos eine Million zu viel! Welch unüberlegte und hastige Frage, die ich da an Mr. Jones gerichtet hatte. Er wird ihn ja nicht gut mitnehmen können auf seine Reise. Mr. Jones' Blick sprach für sich. Er schwieg. „Ich werde gut auf ihn aufpassen!“, lenkte ich rasch ein und schien dem einfältigen Fragen-Hinrichtungs-Schafott noch einmal ganz knapp entkommen zu sein.

Aber was war das? Plötzlich kam eine sehr geschmeidige, leicht getigerte Katze angelaufen. Sie hatte besonders lange Ohren und wunderschöne Augen. Vorne war sie weiß und sie hatte etwas sehr Graziöses an sich. Ihr Fell war etwas länger und außerordentlich gepflegt. Wie hübsch sie doch anzusehen war. Ein richtiges Mädchen halt. Sie begrüßte neben Mr. Jones und Parmenides auch mich sehr freudig. Auch einige Bücher, an die sie sich liebevoll kuschelte, blieben nicht davor verschont, liebkost zu werden. Oft schon hatte ich das Gefühl gehabt, dass sich Katzen selbst streichelten, wenn sie sich so an Gegenständen und allerlei Dinge schmiegten. Natürlich war ich hin und weg und hatte nun beide

APPEL
L'AVENTURE
la pêche en mer
L'EQUIPIER
CAPITAINE CAP HORNIER
JEAN VILLEMEUR
BOREAL
le DESTROYER SUICIDE
ADIEU AUX NAVIRES
la mer
LE PERIPLE DE LA CLE DE SOL
JEAN-MARIE DES BRUMES

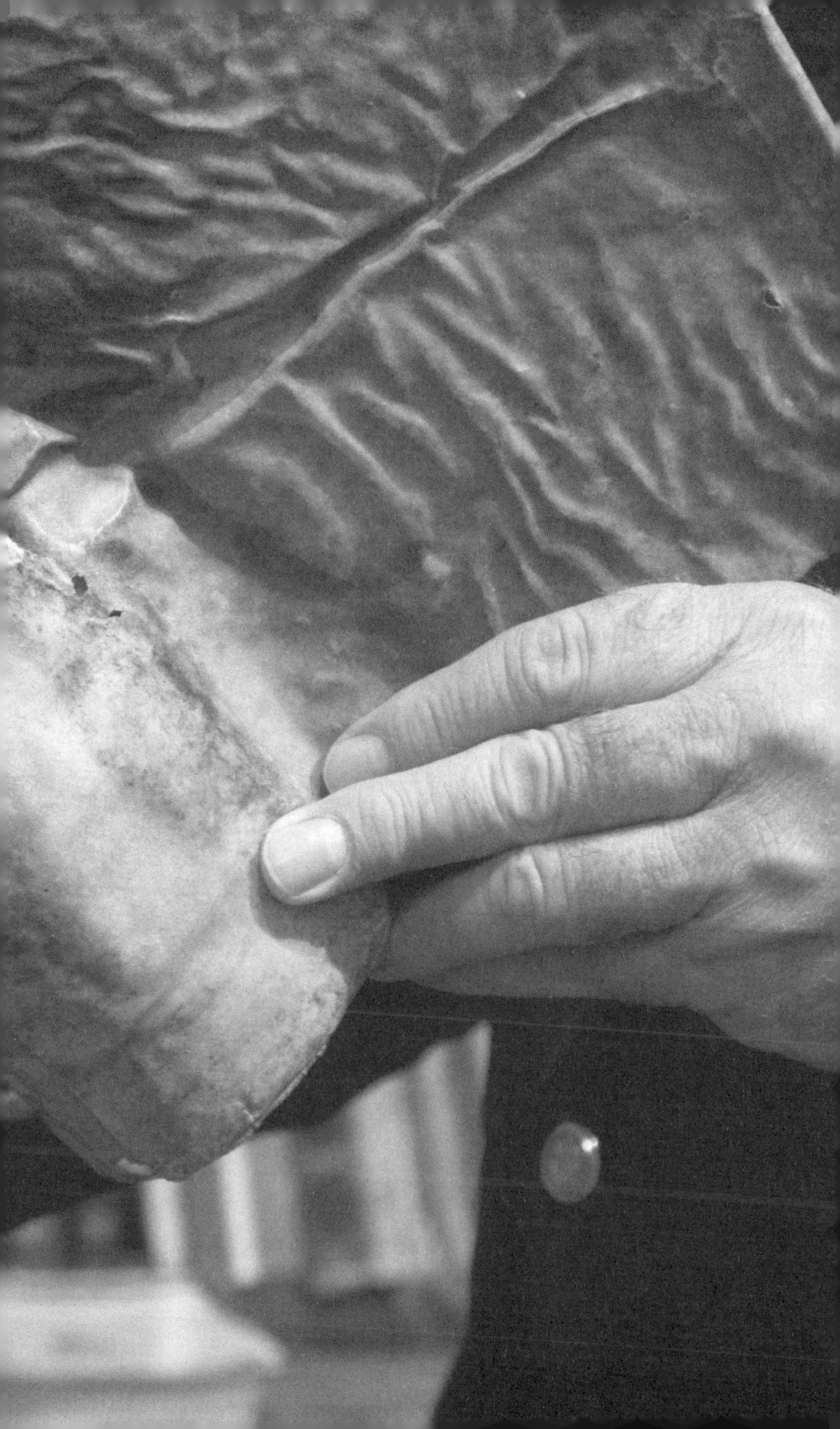

Hände voll zu tun, um ein Doppelpack ausgiebig zu verwöhnen. „Wie heißt du denn, meine Süße? Du bist wohl die Freundin von Parmenides? Da hast du dir aber einen tollen Kater geangelt. Und du bist ja auch so süß. Süß. Süß. Süß." Dabei versäumte ich es natürlich nicht, der Katze abwechselnd den Kopf und das Hinterteil zu streicheln. Mr. Jones war einer der Menschen, der wenigstens nicht mit den Augen rollte, wenn ich in meinem, na sagen wir einmal, *etwas* übertriebenen Katzenelement war. „Ich habe sie Kassandra genannt, weil ich wusste, dass du nach ihrem Namen fragen würdest." Und dabei zeigte er mit der Hand Richtung Nebenraum. „Dort hinten hat es noch mehr von dieser Sorte", fuhr er fort und nickte mir dabei zu. Ich verstand das als Aufforderung, dieser Aussage sofort auf den Grund zu gehen. Neugierig ging ich auf die Türe zu und hörte ein leises Gemaunze. Und da lagen sie, sieben an der Zahl. Das darf doch nicht wahr sein! Ich schlug die Hände vor das Gesicht und der Anblick entlockte mir eine Träne. Ich war zutiefst berührt von der makellosen Schönheit dieser Kätzchen und empfand einen großen Respekt vor Mutter Natur. Na, wenn das kein Willkommensgeschenk war! Jetzt wusste ich auch, warum Mr. Jones so viel von Marie zu erzählen hatte. Die Kätzchen lockten sie sicher noch öfter zu ihm in den Laden. Klitzekleine Kätzchen, die alle nach ihrer Mama riefen. Schnell legte sich Kassandra wieder zu ihnen, um ihren Hunger zu stillen. Ich war sprachlos. Am liebsten hätte ich sie alle geknuddelt, doch ich wollte sie jetzt nicht stören. So herzig sie auch waren, was tat ich bitte schön mit neun Katzen, wenn Mr. Jones nicht hier war? „Sie haben alle schon einen Platz gefunden und werden in unmittelbarer Nähe bleiben", versicherte mir Mr. Jones. Ich atmete durch.

Als ich das Geschäft verließ und Richtung Hotel wollte, sah ich aus der Ferne das Aushängeschild, auf dem *Hotel* geschrieben stand. Es war schon eigen, dass ich es vorhin nicht gesehen hatte. Da fiel mir ein, dass ich immer noch nicht beim Augenarzt gewesen war. Doch konnte man so ein Schild denn wirklich übersehen? Als ich vor dem Hotel stand, sah ich an der Türe einen großen Zettel kleben, auf dem stand: *Wegen Urlaub geschlossen.* Ich rechnete die Zeitspanne aus und stellte fest, dass ich Marie wahrscheinlich erst in gut zwei Wochen wiedersehen würde. Ich seufzte, atmete tief ein und war doch etwas enttäuscht. War die Freude doch zu groß gewesen, sie noch heute in meine Arme zu schließen. Und wo bitte schlafe ich jetzt?

Und schon wieder stand ich im Laden. „Wussten Sie, dass das Hotel geschlossen hat?", fragte ich Mr. Jones etwas neugierig. Ich vermutete, dass er es fast wissen musste. „Ja", sagte er. Und dann kam nichts mehr. „Warum haben Sie es mir denn nicht gesagt?", hakte ich nach. „Du hast mich nicht gefragt!", antwortete er wie immer sehr gelassen und ruhig. Er schien wirklich nur zu sprechen, wenn es notwendig war und bei mir kamen ja viele seiner wunderbaren Sätze zum Einsatz. Vielleicht etwas zu viel für seinen Geschmack? Er lebte mir etwas vor, was ich nicht war. Nämlich Stille!

Mr. Jones bot mir an, dass ich vorübergehend bei ihm schlafen könnte. Über dieses Angebot freute ich mich riesig und selbstverständlich nahm ich sofort dankend an. Nachdem er mir das Zimmer gezeigt hatte, half ich ihm im Laden. Zwischendurch beobachtete ich ihn immer wieder und bemerkte, wie still ich wurde, wenn ich ihn beim Büchersortieren betrachtete.

In der Mittagspause hielt ich kurz nach Gloria Ausschau. Weder der Bettler noch sie waren an diesem Platz, wo ich sie das erste und letzte Mal gesehen hatte. Ich wollte doch Futter für sie kaufen und ich schämte mich wieder für meinen Stolz, der mir dies das letzte Mal verwehrt hatte. Als ich Mr. Jones nach Gloria fragte, sagte er mir, dass sie beide den Frühling und Sommer über immer in eine andere Stadt fuhren, aber Anfang Herbst hierher zurückkehren würden. Nun gut, obwohl es mich etwas trübe stimmte, ließ ich die Gedanken Gedanken sein und widmete mich voll und ganz meinem geliebten *Büchereck.* Im Gegensatz zum Vormittag waren am Nachmittag wieder sehr viele Kunden im Geschäft und mir schwante, was da auf mich zukommen würde, wenn Mr. Jones in den Ferien war. Mr. Jones versicherte mir, mich etwas einzuarbeiten, aber wirklich beruhigen konnte mich das nicht. Da bis zu seiner Abreise noch eine Woche Zeit wäre, würde das schon klappen. Meinte er! Na, er hatte gut reden! Und ich stehe ein paar Wochen mutterseelenallein oder besser gesagt, Mr.-Jones-seelenalleine hier und niemand kann mir die hunderttausend Fragen beantworten, die ich nicht weiß und die mir Kopfzerbrechen bereiten werden. Na klasse! Ich hielt kurz inne und ließ den Satz noch einmal Revue passieren: und *Niemand* kann mir helfen! Ich musste lachen. Ja, wie wahr! Niemand à la Mr. Jones würde mir ja immer helfen! Wenn ich doch nur in der Lage wäre, ihn unverfälscht und unmittelbar wahrzunehmen! Aber wenigstens hatte ich Maries Beistand. Nur in diesem Falle würde sie mir auch nicht wirklich weiterhelfen können. Ich wollte alles genau aufschreiben, doch Mr. Jones versicherte mir, dass das nicht notwendig sein würde.

Ich wurde das Gefühl nicht los, dass Mr. Jones nur höflichkeitshalber mit mir aß. Da fiel mir Hope ein, der sich auf dem grünen Pfad des Regenbogens ähnlich verhielt. Wie seltsam sich diese ganzen Aneinanderreihungen und aneinandergewobenen Verflechtungen des Lebens doch zeigen konnten. Mr. Jones schien die vegane Küche zu beherrschen. Er zauberte ein Gericht auf den Tisch, welches nicht nur gut, sondern echt hervorragend, ja wirklich ausgezeichnet schmeckte. Diese frischen Kräuter hatten es in sich. Dass Mr. Jones so gut kochen konnte, wunderte mich allerdings nicht weiter. Ich hatte das Gefühl, es gab wohl nichts, was er nicht konnte.

Nach dem Essen beichtete ich ihm, dass ich schon etwas Bedenken hätte und sehr hoffen würde, dass alles rund läuft, während er weg war. Er bemerkte natürlich sofort, dass mir etwas mulmig zumute war. Er wusste ja immer alles schon vorher, da er in allem und alles zu sein schien. Und dann erzählte ich ihm auch noch von meiner Befürchtung, für seine Kunden vielleicht nicht immer das passende Buch zu finden. „Lass das Buch doch selbst die Seelen finden“, sagte er mit eindrücklicher Stimme. Ach ja, das hatte ich schon wieder fast vergessen. Es war ja immer umgekehrt als gedacht. Das Denken und Grübeln sorgten dafür, alle inneren Impulse wieder zu begraben oder erst gar nicht aufkommen zu lassen. Ich wollte achtsamer sein! Aber ich wollte in Mr. Jones' Laden nichts verkehrt machen. Ich sorgte mich zu viel. Wir hatten ja noch genug Zeit und ich wollte mir trotz Mr. Jones' Versicherung, es nicht zu brauchen, eine Liste mit all meinen Fragen machen, die ich täglich ergänzen und ihm vor seiner Abreise stellen konnte. Ja, das wollte ich tun und es gab mir ein richtig gutes Gefühl. Es gab mir die Sicherheit, die es nicht gab! Wie hilfreich das doch war.

Mein Blick schweifte wie eine Kamera über den ganzen Laden hinweg. Mein Gott, so viele Bücher, stellte ich erschrocken fest. Mr. Jones hatte meinen Gedanken umgehend aufgeschnappt. „Aufgrund der Vielfalt der Bücher, die angeboten werden, kann man sich in diesem Bücherdschungel sehr leicht verirren. Verschiedenste erfolgsversprechende und Mut machende Inhalte, die du in dich aufsaugst, sind nichts anderes als weitere Verwicklungen im dunklen schattenhaften Trugbild der Illusion. Es kommt der Tag, an dem *dich* das Buch findet, das deine Suche endgültig beendet.“ Ich hatte das Leben noch nicht gänzlich durchschaut und mein Denken war immer noch sehr präsent, doch dank Mr. Jones und dem Buch, das vom Land der Stille zu erzählen wusste, durfte zumindest meine persönliche Suche enden. Alles, was jetzt noch folgte, war sicher kein Spaziergang und auch kein Kindergeburtstag, aber der Prozess des Entleerens lief ja von selbst. Wenn die Suche erlischt, dann wird alles gut. Dessen war ich mir gewahr.

„Viele Bücher sind Gedanken anderer Menschen, einige wenige entspringen einem ruhenden Geist, der unbewegt etwas über die Zusammenhänge des Kosmos und den hellen Weiten des Seins erzählt. Frage dich, wie weit du in der Gedankenwelt anderer herumirren möchtest! Hast du denn nicht selbst genug Gedankenmüll mit dir herumzutragen? Wahre Botschaften sind geprüfte und erlebte Erfahrungen, nicht angelesenes Wissen. Kein

Ratschlag wird deinem Schattendasein helfen, deshalb bedarf es Bücher, die dir die Sonne zeigen." Mr. Jones' Worte machten Sinn. Drei Schritte, ein Griff in das Regal und schon hatte ich ein Buch in meinen Händen, auf dessen Rückseite ich las: „Lasst uns *echte* Bücher verwenden, die uns dazu inspirieren, *Schüler der Menschheit zu sein:* das große Selbst zu studieren, das sich in jedem Menschen widerspiegelt. Wenn diese innere Verwandtschaft unsere wahre Weisheitsquelle wird, werden diese Lehren in unseren täglichen Beziehungen lebendig und wir erfahren die wahre Magie des Lebens. Jim Belderis."

„Mach dir keine Sorgen um die Zukunft", sagte Mr. Jones sehr liebevoll. „So etwas wie Zukunft gibt es nicht. Gib den Gedanken oder die Befürchtung an die mögliche Entwicklung der Zukunft auf und du wirst der Wahrheit begegnen. Jetzt und hier!" Dann hielt er kurz inne und bewegte seine Hand andächtig, behutsam und leicht. Diese Bewegung streichelte meine Innenwelt und diese von Liebe durchtränkten Worte hoben mich aus meiner Schwere empor. Was auch immer er sagte, ich wusste, es ging gar nicht um die Worte, die natürlich einzigartig waren. Er vermittelte eine Klarheit und Tiefe, die alles ausradierten und einen ohne Gepäck dastehen ließen. Einfach so. Und es passierte umgehend und spontan. Er benutzte die Worte sehr geschickt, um Einsicht zu gewähren. Und es geschah so selbstverständlich und unauffällig!

„Wenn ich nicht da bin, denke nicht nach, sondern sei in diesem Moment einfach hier. Hiersein geschieht, wenn das Denken verblasst und du dich in der Quelle des Denkens wiederfindest. Gib alles auf, was vergänglich ist und was sich zeigt. *Kümmere dich nicht um die Dinge, die sich wandeln, sondern nur um das, was unveränderlich bleibt.* Und wenn du dich nicht mehr um die der Quelle entspringenden Bewegungen und Schatten kümmerst, dann zeigt sich das, was unveränderlich ist! Wenn du also etwas Gleichbleibendes und Unveränderliches bist, erledigt sich auch die Frage nach einer Schöpfung."

Diese Sätze ließen mich in ein farbenfrohes Feld eintauchen, in welchem ich mich aufgehoben fühlte. Es war wahre Gnade, diesen Worten lauschen zu dürfen. Mr. Jones, Mr. Jones, was haben Sie bloß mit mir gemacht? Seine Verzauberungen nahmen ihren Lauf und ich wusste, es gab kein Zurück mehr. Seine Worte klangen so simpel, doch war es wirklich so einfach, wie er es an mich weitergab?

„Ich weiß“, fuhr Mr. Jones einfühlsam fort, „es hört sich für dich fast zu einfach an, doch es ist in Wirklichkeit noch einfacher als es klingt. Nur du selbst glaubst, es muss etwas Einzigartiges passieren, um dieser Einzigartigkeit zu begegnen. Doch wie willst du dem begegnen, das sich erst dann zeigt, wenn du nicht mehr die Absicht hegst, ihm zu begegnen? *Höre einfach damit auf, der Aktivität des Denkens zu folgen.*“ Ich nickte zustimmend, und es überkam mich eine sehr, sehr irdische Frage. Gott möge sie mir verzeihen.

„Ich weiß, dass meine Frage komplett daneben ist!“, sagte ich zu Mr. Jones, aber ich musste ihn das jetzt einfach fragen. „Wie können Sie so schnell auf dieses allumfassende Wissen zurückgreifen? Wie machen Sie das? Wissen Sie wirklich alles? Und kann man überhaupt alles wissen?“ Ich wunderte mich selbst, wo all diese dämlichen Fragen herkamen. Kaum hier angekommen, begann das Spiel wieder von Neuem! Hatte ich vergessen, all meine Entwicklung der letzten Monate einzupacken oder hatte sich am Ende gar nichts entwickelt? Wie will sich etwas entwickeln, was immer gleichbleibend ist? Was ist das, was sich entwickeln möchte? Herzlich willkommen zurück! Wenigstens waren die Seltsam-Fragen nicht auch noch verstummt. Ich lebte in diesen Einbildungen, wollte mich jetzt nicht auch noch fragen, wann diese denn endlich aufhören würden oder besser gesagt, endlich von mir durchschaut werden können.

Nun sind aus einer Frage doch mehrere geworden, musste ich feststellen. Und es war keine Spontaneität des Herzens, sondern persönliche Neugier, die mich da packte und mich nicht mehr loslassen wollte. Mr. Jones hatte zwischenzeitlich die Augen geschlossen und ließ die Fragen tief in sich einwirken. Ich ging in der Annahme, dass keine Antwort mehr folgen würde und befürchtete auch noch, dass er mir einschlafen könnte. Am liebsten hätte ich ihn geschüttelt, aber das ließ ich dann doch lieber sein. Als ich nicht mehr damit gerechnet hatte, eine Antwort zu bekommen, öffnete er gemächlich und in aller Ruhe seine Augen. „Ich weiß, dass ich nichts weiß! Antworten oder Handlungen erfolgen entweder spontan, aus einem Selbst heraus, oder verzögert aus denkender Stelle. Verzögerungen ziehen Leid nach sich, Spontaneität hingegen ist offen und heilt." Seine Antwort klang spontan, kam aber komplett unspontan. Wo da wohl wieder der Unterschied war? Ich glaube, es muss nicht sofort geschehen, es kann auch etwas Zeit dazwischen liegen, solange es ohne Denken geschah. Wie kann man nur solche Nicht-von-dieser-Welt-Antworten geben? Doch auch dieser Gedanke war, wie all die vorhergehenden, plötzlich weggewischt und alle Zweifel und jegliches Zögern mit dazu.

„Ich weiß, dass ich nichts weiß, von wem war das schnell noch mal?", fragte ich Mr. Jones. Er zuckte nur mit den Schultern und antwortete gelassen: „Die Menschheit diskutiert heute noch darüber, ob es nun Platon oder Sokrates zuzuschreiben ist." Dann lachte er und sagte: „Sie werden es wohl nie herausfinden! Wie töricht es ist, sich um solche Geschichten zu kümmern." Und wieder wurde mir bewusst, wie töricht meine Frage war, für was war sie gut? Was brachte es mir, und auch wenn ich es jetzt wüsste, was sollte ich mit der Antwort anfangen? Es war ganz schön erschütternd, dass man den ganzen lieben langen Tag belanglose Fragen stellte.

„Ich lade dich ein! Ja, ich habe vor dich einzuladen", sagte Mr. Jones sehr geheimnisvoll. Juhuuuuh, eine Einladung! In mir brodelte es und nur zu gern wollte ich umgehend wissen, wohin ich mit ihm gehen würde. Vielleicht stellt er mir jemanden von seiner Familie vor? Seine Schwester vielleicht? „Also!", sagte Mr. Jones und schloss dabei die Augen. Eigentlich hatte ich ja damit gerechnet, dass er jetzt aufstehen würde, dem war aber nicht so. Also diese Einladung musste ja etwas Prickelndes sein, wenn sie im Sitzen stattfand. Wie einfallsreich er doch war! Vielleicht musste er aber vorher einfach noch eine halbe Stunde über seine Einladung meditieren? „Denk nicht so viel, sondern schließ deine Augen!“, fuhr er fort. Also schloss ich folgsam die Augen und wartete ab, was nun wohl passieren würde. „Ich lade dich ein, damit aufzuhören, nachzudenken. Und ich lade dich ein, deine Suche zu beenden und deine Wünsche aufzugeben. Jetzt!“

Hatte ich meine Suche also doch noch nicht aufgegeben? Und ich dachte …! Plötzlich war der Gedanke wie weggewischt. Es wurde mir unendlich warm ums Herz und ich verharrte in dieser gespannten Empfänglichkeit, die doch ein Fünkchen Hoffnung auf ein großes Ereignis in sich barg. Mr. Jones hingegen schien in sich zu verweilen und frei von jeglicher Regung die erweckende Kraft selbst zu sein, die unveränderlich als das Allerheiligste selbst in sich ruhte. Meine Augen hatten sich wieder geöffnet und mit weitem und offenem Blick sah ich ihn an. Gerade hatte ich das Gefühl, komplett leer zu sein, da entpuppte sich ein hinterhältiges Gedankennest, das sich wohl im hintersten Kämmerchen meiner Gehirnwindungen versteckt hatte. *Ich liebe Sie. Ja, ich liebe Sie.* Diese Gedanken waren nahezu rabiat und überfielen einen unbescholtenen Bürger wie mich in der unpassendsten Situation überhaupt. Er sah mir ja direkt in die Augen. Was aber spielte das für eine Rolle, wo er gerade hinsah, meine Gedanken konnte er ja immer und überall wahrnehmen.

Wie ich Sie mag! Wie schön Sie doch sind! Na, jetzt langt’s aber! Diese Sätze, die meinem Hirn da entschlüpften, wollte ich überhaupt gar nicht denken! Und jetzt? Dieses Nest muss untergehen! Sofort verschwinden! Schnell unterdrückte ich diese Gedanken, die mir zugegebenermaßen schon etwas peinlich waren. „Sieh nicht meinen Körper an! Schließe deine Augen und schau nach mir!“, sagte er eindringlich und klar. Nach längerem Schweigen fuhr er fort: „Wenn du deine Wünsche aufgibst und lediglich wahrnimmst, was hervortritt, *während* sich der Wunsch zurückzieht, bist du *Das*, was immer ist. Dein Wollen verzögert dein Erwachen nur unnötig. Wie willst du Gedanken beenden, wenn sie doch gar nicht real sind? Finde heraus, was Gedanken nicht sind. Erst dann wird das von dir abfallen, was du gar nicht bist.“ Und obwohl ich am Rande noch wahrnahm, dass sich dieser Kommentar auch auf meine Befürchtung in Bezug auf das alleine Zurechtkommen im Laden bezog, war jeglicher Gedanke wie weggewischt.

Seiner Einladung konnte ich nicht ganz folgen … vielleicht teilweise? Dafür fragte er mich aber auch, ob ich mit ihm morgen zum Sonnenaufgang auf den Hügel zur Kirche kommen würde. Obwohl ich diese Einladung nicht so spektakulär und tiefgehend empfand, wie die Einladung mein Denken, Wollen und Suchen aufzugeben, erschien sie mir doch wesentlich einfacher und es war nahezu unkompliziert, ihr nachzukommen. Schien doch mein Körper um einiges leichter in Fahrt zu kommen, als mein Geist es konnte.

Ich hätte ausgezeichnet geschlafen, wären da nur nicht diese nächtlichen Ruhestörungen gewesen. Das Bett war sehr gemütlich, doch es hatte einen Nachteil. Es war ein sehr altes Einzelbett und hatte seitlich ein Regal, so wie man es von früher kannte. Darin standen in zwei Reihen, wie konnte man es auch anders erwarten, Bücher. Oberhalb aber war ein gut zwanzig Zentimeter breites Brett, welches den Abschluss des Regals bildete. Und dass dort nicht auch noch Bücher standen, wurde mir zum Verhängnis. Mitten in der Nacht hopste mir aus heiterem Himmel Parmenides auf meinen Brustkorb. Ich hatte einen großen Schreck bekommen. Er kreiste ein paar Minuten auf meinem Brustkorb umher, bis er endlich die passende Liegeposition gefunden hatte. Die schien allerdings nur für ihn optimal zu sein. Er streckte mir den Hintern mitten ins Gesicht und verweilte auf mir wie eine Sphinx. Mit dem Schwanz fuhr er mir immer wieder im Gesicht umher. Es hätte mich nicht weiter gestört, wenn es nicht so gekitzelt hätte. So kratzte ich mich etliche Male und diese Bewegungen waren nicht unbedingt einschlaffördernd. Als Parmenides dieses Bettregal, welches einen guten halben

Meter seitlich über mir endete, zum fünften Mal als Sprungschanze benutzt hatte, war endlich Ruhe. Kurz bevor ich einen Wecker klingeln hörte, sprang mir Parmenides wieder auf die Brust. Diesmal kam er aber über den Teppichboden dahergelaufen, hechtete mit einem Satz hoch und pratzelte mir ein paar Mal ziemlich unsanft auf die Stirn. Vier bis fünf kurze und schnelle Hiebe waren am frühen Morgen auch für mich etwas Besonderes. Ich staunte nicht schlecht, als ich in den Genuss dieser Eigenart kam, und musste lachen. Ein selbstpersönlicher Katzenwecker also. Es konnte noch nicht viel später als fünf Uhr sein, und obwohl ich mit dem Aufstehen nicht mehr solche Mühe hatte, war diese Zeit auch für mich eine echte Herausforderung. Nun gut. Parmenides war wahrscheinlich einem Impuls gefolgt und das sollte wahrscheinlich so viel wie *Aufstehen* heißen. Nun hatte er sein Werk vollbracht und ließ sich freilich nicht mehr streicheln. Als er sah, dass ich wach war, legte er sich auf einen Sessel, um zu schlafen. Seinen nächtlichen Turnübungen nach musste er ziemlich müde sein. Er hatte also Nachholbedarf!

Mr. Jones blickte kurz in mein Zimmer, und als er sah, dass ich schon munter war, lächelte er sanftmütig. Aber auch etwas verschmitzt. „Ich hatte dir vergessen zu sagen, dass du wegen Parmenides besser die Türe schließen solltest." Aha! Das hatte ich mir inzwischen auch schon gedacht. Dieser Hinweis wäre gestern allerdings ein wirklich sehr guter Tipp gewesen.

Wir hätten auch mit dem Bus fahren können, denn bis zu diesem Hügel war es doch ein rechtes Stück. Taten wir aber nicht. Mr. Jones zog es vor, zu Fuß zu gehen. So gingen wir wortlos den Hügel hinauf. Wir erlebten wortlos einen gigantischen Sonnenaufgang und wortlos liefen wir den Weg wieder zurück. Mit einem Wort: nicht viel los. Nein, so war es natürlich nicht. Welch lächerliche Wortspielerei!

Der Platz war toll. Als wir bei der Kirche vorbeikamen, musste ich wieder an Marie denken. Mr. Jones' Platz war noch ein Stück weit den Berg hoch und fiel nicht aus dem Rahmen, hatte aber etwas sehr Außergewöhnliches an sich. Man konnte es nicht sehen und auf den ersten Blick war da auch nichts Besonderes, aber man spürte, dass Mr. Jones hier des Öfteren auch körperlich anwesend war. Dieses wohlbehütete Fleckchen Erde war kraftgeladen, voller Milde und Weichheit. Es erinnerte mich an ein Gemälde und sofort musste ich an einen meiner Lieblingsfilme denken. *Hinter dem Horizont* passte nur zu gut für diesen Ort der Stille. Man musste aber erst innehalten, um sich diesen feinen Frequenzen öffnen zu können. Es offenbarte sich eine wunderbare Aussicht und Mutter Natur schenkte uns eine zarte Liebeserklärung, die mein Herz liebkoste und weit werden ließ. Als wir den Sonnenaufgang beobachteten, fiel mir wieder dieser Traum ein, in dem ich mit Mr. Jones auf einem Felsvorsprung saß und in die Weite blickte. In diesem Traum konnte ich nicht sprechen und jetzt wollte ich einmal versuchen, es nicht zu tun, obwohl ich es konnte. Es war so ähnlich, so gleich, als hätte ich die Situation schon mehrmals erlebt. So probierte ich den Hinweis von Mr. Jones aus und unterbrach den Drang des Redenwollens jedes Mal, bevor ich etwas sagte. Ich hielt inne und stoppte den Fluss, ohne ihm weiterhin meine Aufmerksamkeit zu geben. Und ich erfuhr etwas sehr Heilsames. Zwanzig- bis dreißigmal hatte ich ja schnell beieinander. Es war, als ob die Worte in mich zurückflossen, in etwas zurückflossen, was ich war. Als kleine Unterstützung erinnerte ich mich nun an Mr. Jones' Worte, um mich diesem Experiment vollkommen widmen zu können. Auch wenn es kein Richtig und Falsch gab, ich wollte alles gut machen. Und da war es wieder, das Ego, das glaubte, sich bemühen zu müssen. Ich ließ es einfach sein und auch ihm entzog ich mein Interesse.

Obwohl ich den Sonnenaufgang dann nicht mehr sehen konnte, entschloss ich mich dennoch dazu, die Augen zu schließen. Die Welt, ja alles, was war, war ja in mir. Nicht in der Madita, sondern in mir als Quelle, die unter anderem Madita als eine Art Projektion im Bewusstseinsfeld Erde erscheinen ließ. Und da waren sie, die fruchtbaren Impulse von Mr. Jones, die liebevoll in mir aufflammten und in mir einen sehr dankbaren und freudigen Abnehmer fanden. Ich lauschte diesem liebevollen Seelengeflüster und gab mich dem hin, was einfach und unverfälscht war: *Die Geburt des wahren Lebens ist es, zu wissen, dass diese Stille, dieser Raum hinter den Dingen als Einziges immer ist. Dieses Wissen ist ein Erfassen und geschieht ganz tief in dir. Es entspringt dir! Du bist der Raum, der raumlos ist. Hier hat es Gedanken, Fragen und Gefühlsregungen niemals gegeben. Vergiss alles, was war, denke nicht an das, was ist oder sein könnte. Lass die momentane äußerliche Situation hinter dir und beende deine Geschichten. Sieh hin! Was bleibt? Was ist das, was hier ist? Unmittelbar?*

Lange Zeit saß ich still da und ließ diese Worte auf mich wirken. Diese Hinweise hatten den Schleier zur Seite gezogen und mir meine Heimat danieder gelegt. Ich konnte weder denken noch wahrnehmen, denn die Wahrnehmung selbst atmete mich. Sie erstreckte sich in vollen Zügen und ließ alle Verfälschungen außen vor. Ein Hier und Jetzt verschwand und zeigte sich ohne sich dabei zu bewegen. *Tausende Bewegungen, Millionen scheinbare Ereignisse und Situationen. Ja, das mag aus der Sichtweise der Begrenzung so sein, aber lenke deine Aufmerksamkeit auf das Ewige und nicht auf das Vergängliche. Realisiere, was immer ist. Realisiere, was konstant anwesend ist. Es gibt nur eine Konsistenz und diese fordert deine Hinwendung, ohne dabei etwas einzufordern. Warum also sich für Gedanken, Gefühle und andere Dinge interessieren, wenn sie doch in jedem Moment wandeln? Wenn sie aus sich heraus nicht bestehen können und nur eine Fata Morgana sind, warum darum kümmern?*

Heilende Wahrheiten erfüllten mich, während mein Körperbewusstsein wieder in den Vordergrund trat. Leider! Plötzlich kam wieder so ein Gedanke, viel mehr eine Vermutung meines Egos, die mir sagte: Du bist erwacht!

Als ich die Augen öffnete, lächelte mich Mr. Jones sehr verständnisvoll an. Er spürte offensichtlich, dass sich in mir einiges lichtete. Mein Ego war nicht so dreist, auch noch Lob einzufordern, aber mit folgender Aussage hätte ich bestimmt nicht gerechnet. „Die so genannte Erleuchtung bringt dir nichts.

Sie ist wertlos. Erwacht zu sein, ist nutzlos!“, sprach Mr. Jones so unberührt und doch voll von Licht.

Jetzt verstand ich wirklich gar nichts mehr. Also sehnte ich mich nach etwas, was komplett überflüssig war, fasste mein Verstand im Schnelldurchlauf zusammen. Warum sehnte ich mich dann danach? Es fühlte sich doch gut an! In dieser scheinbaren Widersprüchlichkeit geschah etwas Seltsames. Ich durchschaute für einen Moment, dass ich in meinem bisherigen Leben alles nur aus Profit heraus getan hatte. Ich tat nichts einfach so. Menschen taten ja grundsätzlich so gut wie nie etwas, ohne dabei einen Vorteil in Erwägung zu ziehen. Dieser Gedanke stimmte mich noch nachdenklicher und ich war über meine persönlichen Züge zutiefst erschüttert. Und die waren so erbärmlich, dass ich mir sicher war, dass sie mit meinem wahren Wesen nichts zu tun haben konnten. Grund genug, umso intensiver nach dem Licht Ausschau zu halten.

Wenn es aber der einzige Grund für unsere Anwesenheit war, sich als *das Eine* zu erkennen, warum war dann doch alles umsonst? Es konnte aber auch nichts umsonst sein, weil es nichts gab und auch Mühe war nichts als Illusion. Das stimmte mich nachdenklich. Meine Gedanken ließen mich zweifeln, denn wie kann dieses scheinbare Ziel nutzlos sein, wenn wir uns als dieses Eine erkannt und alle irdischen Unannehmlichkeiten hinter uns gelassen haben? Wie war das möglich? Welch absurder Gedankengang. Welch dreiste Aussage von Mr. Jones. Welch verrückte Welt!

Kommt nun endlich einmal jemand und rückt alles gerade, damit wieder alles im Einklang ist? Diese Verwirrtheit ist ja nicht auszuhalten! Wer will denn diesen Irrgarten schon freiwillig so haben? Mein Kopf lief Amok und in mir zogen dunkle Gewitterwolken auf. Das Gefühlschaosspiel mit diesem ewigen Auf und Ab hatte mich wieder.

„Das Erwachen trägt keinen Nutzen in sich, weil es kein Vorgang ist. Alles, was dir etwas nutzt, kann ja immer nur deine Person betreffen. In Wirklichkeit gibt es kein Erwachen und keinen Ort des Erwachens, weder existiert das Erwachen als

Prozess noch ein Erwachender als Objekt. Was soll denn erwachen? Das, was sich einbildet, *du* zu sein?

Du kannst dich nie als *das Eine* erkennen! Du kannst dich nur *als dieses Eine* erfahren und dabei schwindet der Erfahrende. Du kannst dein wahres Sein nur entdecken und das wird dir als Madita niemals gelingen. Die Entdeckung ist etwas Unpersönliches und kann niemals im Feld der Sinne geschehen. Deshalb auch diese Widersprüche. Das sogenannte Erwachen geschieht dort, wo nichts geschieht und nichts wahrgenommen werden kann. *Es geschieht nicht, sondern es vollzieht sich.* Im Stillen. Und dann? Dann hast du erkannt, dass dir nichts etwas bringen kann und dass du das bist, wo kein Nutzen mehr existiert. Es ist doch armselig, nach Dingen zu suchen, die dir etwas bringen, wo es so etwas wie ein *Dich* gar nicht gibt. Gib den Nutzen auf, sei still, entdecke dich und lass dich in dich zurückfallen. Dort bist du alles und trägst alles in dir, obwohl du unberührt von allem bleibst. Was nutzt es der Sonne zu strahlen? Was hat sie davon? Wenn du erwachst, schwindet alles und doch bleibt es sichtbar. Du identifizierst dich nur nicht mehr mit der Hülle, obwohl sie noch da ist. *Und wenn du alles verlierst, dann bist du immer noch alles,* denn das Unveränderliche ist immer die ein und dieselbe gigantische Kraft: unwandelbar und das, was du bist! Es ist immer hier! Es ist jetzt! Es kann aber nur sein, wenn da nichts anderes mehr ist. Nichts, was dich kümmert, dich bewegt, dich erzürnt, dich freut, dich interessiert … alles das muss als nichtig erklärt und als solches durchschaut werden. Alle persönlichen Belange und irdischen Empfindungen, Begierden, Hoffnungen, Konstrukte, Konditionierungen und Wünsche entfernen dich von der Quelle. In dem Moment, wo du die Quelle bist, ist da kein Platz mehr für Schatten und deren Geschichten. Die Suche endet. Hier! Wann? Jetzt!“

In mir war ein starkes bis mittelstarkes Sturmtief ausgebrochen, welches zerstörerisch und gleichzeitig erneuernd in mir wütete und alles komplett über den Haufen warf. Dieses Toben machte alle Vorhaben zunichte und zerstörte jegliche Idee. Vorstellungen schwanden dahin, als hätte es sie niemals gegeben. Alle Konstrukte des Denkens und alle Egopartikel, die sich zeigten, waren nutzlos und überflüssig, lieferten mir kein brauchbares Ergebnis und waren einfach nicht existent. Irgendwie hatte ich mir diese Rückkehr anders vorgestellt.

Intensiver? Vielleicht spektakulärer? Was hatte ich erwartet? In welche Falle war ich da wieder getappt? War ich in etwas zurückgefallen oder war ich, ohne es zu bemerken, ständig vor diesem Raum, der Phänomene und Erscheinungen hervorbrachte und meine wahre Nichtpräsenz als sich selbst in sich trug?

Wie konnte ich so unachtsam sein, mich so gehen zu lassen und in eine noch starrere Unbeweglichkeit zurückfallen, als ich sie schon vor Jahren erlebt hatte? Ich wollte doch in eine Leichtigkeit fallen und nicht weiterhin in diesen Trugbildern ausharren! Ja, ich wollte! Eben! Wen interessierte schon, was ich wollte? Ich wusste, dass ich mich nach der Ursprünglichkeit ausrichten *sollte.* Doch ich war diesem Wissen immer von meinem Standpunkt aus auf der Spur. Meine Person suchte nach etwas! Aus meinem Denken heraus sollte etwas geschehen! Ich ließ eine Wahrnehmung in Abwesenheit meines Egos … ohne Perspektive, aus einer unendlichen unbegrenzten Weite heraus, komplett außer Acht. Ich konnte es nur *Ich-los* erkennen und stand mir dabei nur selbst im Weg. Ja, ich konnte mir diese Weite, dieses Selbst, diese Liebe als etwas vorstellen, doch ich musste die, die sich das vorstellte sowie die Vorstellung selbst als Farce erkennen, damit sie transzendieren konnte. Dieser sumpfige Morast, der alle irdischen Erscheinungen und Empfindungen beherbergte, war nichts mehr als eine leere Vorstellung. *Ich unterlag der Idee, mich davon befreien zu müssen, doch Befreiung und befreit zu sein existierte beides nur in meinen Vorstellungen.* Ich glaubte ein Licht zu erahnen, zwar ein sehr schwaches, aber immerhin, es war irgendwie hell.

Seit ich wieder auf Mr. Jones getroffen war, war irgendetwas anders. Nun, dass Marie nicht da war, hatte mich schon etwas unruhig gemacht und ich wusste nicht warum. Ich hegte den Verdacht, sie nie wieder zu sehen. Woher diese Ahnung kam, wusste ich nicht und ich kam diesem Verdacht nicht auf die Schliche. Und ehrlich gesagt, ich wollte es auch nicht. Irgendwie wusste ich, dass bald vieles von mir abfallen würde und dass ich alles, was ich in meinem Leben bisher so gemocht und lieb gewonnen hatte, keine Bedeutung mehr für mich haben würde. Es war mir klar, dass ich nicht wirklich etwas verlieren konnte, aber dem allen ohne jegliche Empfindung zu begegnen und es komplett anders und neutral zu erleben, das machte mir Angst. Große Angst sogar! Obwohl ich nicht annähernd wissen konnte, was eine radikale Rückerinnerung alles in sich barg, ich hielt nach wie vor an meinen Ideen und Vorstellungen fest. Wofür gab ich mein bisheriges Leben überhaupt auf? Wozu? Und warum?

Ich war voller Erwartungen und Hoffnungen, die mir zunichtegemacht worden waren, als wäre mir der Teppich unter den Füßen weggezogen worden. Das Ursprüngliche, das mir abhandengekommen war, hatte ich wohl für eine lange Zeit nicht vermisst, sonst hätte ich bereits danach Ausschau gehalten. Kann man etwas, das man schon war, überhaupt vermissen? *Wie ist es möglich, sich selbst zu vergessen?* Woher kamen all diese Fragen, Zweifel und Trübsinnigkeiten? Ich war hier und hatte allen Grund, glücklich zu sein, doch ich war es nicht. Was hatte ich gerade gedacht? Ich war hier und … Was meinte ich mit diesem *Hier*? Den Ort? Mr. Jones? War dieses Hier nicht überall und nirgends, gegenstandslos und immer gleich bleibend?

Mein Knödel im Hals wucherte vor sich hin und alles Runtergeschluckte, was sich hier versammelte, machte sich mehr und mehr bemerkbar. Es fühlte sich so an, als wollte das Angestaute aus dieser abgekapselten und verzwickten Lage ausbrechen. Als würde es darauf warten, dass sich dieses Sammelbecken endlich auflöste! Nur wie? Ich war den Tränen nahe und wusste um die Erleichterung, die sie mir bringen würden. Aber diesmal wollte ich es nicht zulassen, weil ich Mr. Jones nicht miteinbeziehen wollte. Welch blöder Gedanke! Welch blödes Verhalten!

Der Gedankensalat hatte sich wieder einmal durchgesetzt und Mr. Jones überließ mich meinem Dilemma. Er hatte dem nichts hinzuzufügen. Wo war denn der gute Vorsatz hin verschwunden, endlich einmal innezuhalten? Ich sprach es zwar nicht aus, aber dafür dachte ich umso intensiver. Es war das gleiche Elend! Elend? Jetzt kam mir auch noch dieser Ibin Aelend in den Sinn. Welch ein Graus! Ich hoffte inständig, dass mir nicht wieder etwas einschießen würde. Meine Hand wanderte Richtung Rücken. Bitte nicht! Das hatten wir ja schon einmal.

Als Mr. Jones dann doch noch etwas sagte, war ich richtig froh drum. Nicht nur, weil seine Worte mich immer wieder aus meinen Tiefs herauszogen, in die ich mir einbildete, hineingefallen zu sein, sondern weil sie in jeder Hinsicht eine Wohltat waren. Es tat einfach gut, seine Stimme zu hören, denn dabei verstummten sogar die hartnäckigsten Gedanken und sie verschwanden vorbehaltlos, in welcher Versenkung auch immer. Zumindest vorübergehend! „Profit, Vorteil, Berechnung, Absicht … das hast du gut erkannt“, sagte Mr. Jones. „Deine bisherigen Handlungen erfolgten aufgrund eines Motivs. Erst wenn du ohne dieses handelst, handelst du als ein Werkzeug Gottes. Erwarte nichts von deinen Handlungen. Dein Tun ist nicht dazu da, um etwas zu erreichen. Handle einfach so, wie es der Moment von dir erbittet oder erfordert. Stelle dich dem Augenblick. *Der Moment soll dich in Anspruch nehmen, nicht du ihn.* Lasse dich von ihm verzaubern und erledige, was getan werden möchte, fernab einer Triebfeder, die sich eine Belohnung ausrechnet. Spekulationen sind hier also überflüssig, da das Leben diesen niederen Absichten keine Beachtung schenken wird. Soviel zu deiner Erkenntnis, die dir sicher noch dienlich sein wird.“

Ich war Mr. Jones dankbar, dass er meinen kurzen Einbruch nicht angesprochen und dass er meine schattenhaften Abschweifungen ignoriert hatte. So konnte ich sehen, dass sich diese Gewitterwolken rasch wieder von selbst verzogen, warum also unnötig darin aufhalten? Es war nahezu unglaublich, welche Kraft mich da wieder aufrichtete, die es vermochte, alles Vergängliche abzuziehen. Es war wie eine Bootsfahrt in unbekanntem Gewässer. Ich bewegte mich voran, ließ mich treiben und beobachtete die stille See. Es war eine Bootsfahrt ohne Kathrin und da war auch kein Paddel, das mir an die Schulter geworfen wurde. Keine Gedanken. Keine Gefühle und auch kein Mr. Jones. Da war etwas, das man nicht einmal als Nichts bezeichnen konnte, denn dann wäre es ja schon wieder benannt worden. Wie kann etwas so Großes und Einzigartiges überhaupt als etwas bezeichnet werden, wenn es doch gar *kein Etwas* war. Es konnte auch durch eine Benennung nicht dingfest gemacht oder untergeordnet werden. Es war das ewiglich Unaussprechbare, ohne dabei nur irgendetwas zu sein. Großartig! Über das Phänomenale hinausragend, über allem stehend und wachend und doch unsichtbar.

Der morgendliche Spaziergang hatte mir gut getan, und nachdem ich ein wunderbares Frühstück à la Mr. Jones hatte genießen dürfen, kümmerte ich mich umgehend um die Katzenbabys samt Eltern. Es war eine Wonne, ihnen zuzusehen, wie sie herumsprangen und tollten. Man musste immer die Türe schließen, bevor Kunden ins Geschäft kamen, denn diese übermütigen Miezen hatten nur Flausen im Kopf. Und wenn sie zwischen den Regalen herumtobten, hatten sie auch Flausen *auf* dem Kopf. Ich nannte es so, weil sich dann größere Staubflusen zwischen ihren Ohren niederließen. Die Kätzchen waren kaum zu bändigen und so geschah es, dass zwei Kundinnen das Geschäft betraten, obwohl ich noch gar nicht damit gerechnet hatte. Mr. Jones hatte die Türe wieder einmal offen gelassen. Ich nahm mir vor, immer gut abzuschließen. Sicher ist sicher! Dafür hatte ich die Türe, die ins Katzenzimmer führte, offen gelassen und so nahm das Treiben seinen Lauf.

Eines der kleinen Kätzchen rannte auf eine der Frauen zu, sprang ihr von hinten an die Waden, krallte sich fest und kletterte wie an einem Baumstamm an ihrem Hosenbein hoch. Da es noch ein wenig wackelig auf den Beinen war, hing es ab und zu frei schwebend in der Luft, nur die Krallen der Vorderpfoten konnten einen Absturz verhindern. Es sah urkomisch aus, wie die Hinterpfoten hin und her baumelten, allerdings fühlte sich das sicherlich nicht angenehm an. Mit anderen Worten: Es musste höllisch wehtun! Die andere Frau lachte und sagte immer wieder: „Ach, wie niedlich die ist!“, wobei die andere Frau verzweifelt versuchte, das Kätzchen abzuschütteln und ihre Freundin in barschem Ton aufforderte, dieses Ding, wie sie es nannte, umgehend zu entfernen.

„Nun hilf mir doch! Tu doch endlich etwas!“, ermahnte sie ihr lachendes Gegenüber. In der Zwischenzeit kam ein weiteres Kätzchen angerannt und wollte mit dem bereits abgeschüttelten Kätzchen spielen. Es sprang zur Seite, verschwand unter dem langen Rock der anderen Frau, hangelte sich innen am Rock hoch und schaukelte wie wild hin und her. Als sich das Chaos einigermaßen beruhigt hatte, dauerte es ein wenig, bis ich die Situation wieder unter Kontrolle und alle sieben Ausreißer ins Zimmer verfrachtet hatte. Die Kätzchen meinten natürlich, ich wolle mit ihnen spielen und liefen nicht auf mich zu, sondern übermütig davon. Ich entschuldigte mich mehrmals bei den Kundinnen, die beachteten mich aber nicht weiter, denn sie hatten sich in der Zwischenzeit bereits über die Regale hergemacht. In diesem Laden schienen Bücher geradezu eine magische Anziehungskraft auf Menschen zu haben. Lag es an Mr. Jones, an den Büchern oder an diesem Laden, der von einer anderen Welt erzählte?

Die Tage vergingen wie im Flug und ich hatte viel zu tun. Mit dem Laden, mit mir selbst und vor allem damit, nichts mit *Madita* zu tun zu haben. Der Tag der Abreise rückte immer näher und ich bemühte mich wirklich, nicht daran zu denken. Umso mehr freute ich mich, dass Frau Manneder kurz vor Mr. Jones’ Abreise noch vorbei kam. Es fühlte sich gut an, sie wieder zu sehen. Wir lachten viel und sie war sehr erstaunt, mich hier anzutreffen. Sofort berichtigte ich, dass ich nicht noch immer, sondern schon wieder hier war. Sie fragte uns, ob wir morgen mit auf eine Wanderung kommen würden. Ich wollte schon absagen, da Mr. Jones sicher noch einiges zu erledigen hatte und die Abreise stand ja unmittelbar bevor. „Was für eine gute Idee. Wir kommen gerne mit!“, sagte er spontan. Ich nickte überrascht und lächelte etwas gezwungen. Mein Ego hätte Mr. Jones gerne für sich gehabt, aber es war nun einmal so, wie es war.

Einbruch aus der Schattenwelt

Nachdem Mr. Jones eine Nachbarin gebeten hatte, nach den Kätzchen zu sehen und er sie gut versorgt wusste, packte er noch einiges für unsere geplante Wanderung zusammen. Schlafsack, Wolldecke und Proviantdosen richtete er zurecht. Karten, Socken, Reiswaffeln und vieles mehr wanderten in seinen Rucksack und ich staunte nicht schlecht, was darin alles seinen Platz fand. Sah es doch eher so aus, als würde er sich für eine vierzehntägige Trekkingtour vorbereiten. Ich fand es lustig und ließ ihn in seinem Element. Es fehlte nur noch das Buschmesser und Mr. Jones hätte auch quer durch den Regenwald laufen können. Beim Zubettgehen schloss ich sicherheitshalber die Türe zu meinem Zimmer. Das war eine weise Entscheidung. Ich hörte Parmenides zwar ab und zu an der Türe kratzen, schlief aber schnell wieder ein. Gut ausgeruht war ich gewappnet für den Spaziergang mit den Ashram-Bewohnern und freute mich nun doch sehr darauf. Es konnte los gehen.

Mr. Jones war schon wieder oder immer noch mit seinem Rucksack beschäftigt und traf die letzten Vorbereitungen, von denen ich glaubte, dass er sie gestern schon getroffen hatte. Ich sah keinen Pickel und kein Seil. Gott sei Dank! War ich doch froh, einen so gut ausgerüsteten Laufkumpan dabei zu haben. Als mein Wandergeselle endlich alles beieinander hatte, frühstückten wir noch gemeinsam. Ich zog mir meine Turnschuhe an und holte meine Regenjacke aus dem Koffer, steckte mir noch zwei Schokoriegel, ein paar Taschentücher und Pflaster in die Taschen und war mir gewiss, dass dies reichen würde. Ein paar Stunden zu laufen war doch kein Dschungeltrip. Trotzdem entschied ich mich doch noch dazu, ein paar Kleinigkeiten in meine Rucksacktasche zu tun, die sich für diesen Ausflug wunderbar eigneten.

Als wir pünktlich um sieben Uhr Richtung Ausgangspunkt Ashram starten wollten, sah ich, dass Mr. Jones seinen Rucksack gar nicht dabei hatte. Wie konnte er nur so vergesslich sein! Als ich ihn darauf aufmerksam machte, lachte er amüsiert. „Nein, ich habe nichts vergessen. Wie soll ich etwas vergessen können, wo doch nichts existiert. Vergiss du nicht, dich selbst wieder zu entdecken.“ Langsam schwante mir, dass er das Gepäck für seinen Urlaub vorbereitet hatte. Wie Mr. Jones meine gestrigen Mich-über-ihn-amüsierenden-Gedankengänge wohl aufgenommen hatte? Aber was dachte ich schon wieder! Mr. Jones war das gewiss nicht nur egal, er widmete sich sicher keine Sekunde solchen unwichtigen und unbedachten Luftikusgeschichten. *Die Dinge sind nicht so, wie sie scheinen.* Diesem Satz sollte ich doch endlich mehr Aufmerksamkeit schenken.

Mr. Jones machte in seinem Freizeitdress eine richtig gute Figur. Ich musste selbst über mich lachen, nur einen Moment lang geglaubt zu haben, dass er diesen riesigen Rucksack für die Wanderung herrichten könnte. Vor dem Ashram wurden wir mit einem großen Hallo empfangen. Mit Frau Manneder waren es drei Frauen und zwei Männer an der Zahl, die an diesem Ausflug teilnehmen wollten. So starteten wir sieben auf einen Streich nach kurzem Austausch und Lagebesprechung Richtung Wald. Und wieder ging es den Hügel zur Kirche hinauf, zügig an Mr. Jones' Platz vorbei, immer den Berg hoch. Wie gerne hätte ich an diesem Platz eine Rast eingelegt, doch Mr. Jones zeigte keinerlei Reaktionen, als wir den Weg dort passierten. Ich hatte ihn genau beobachtet und für ihn schien es wirklich nur den Augenblick zu geben, den er mit seiner ganzen Anwesenheit erfüllte. Ein Davor und ein Danach, ein Wo, Warum und Wer schienen ihn als das, was er war, nicht mehr zu berühren. Er atmete dort, wo er als Licht nicht verweilte. Ich wurde poetisch und fühlte mich inspiriert ihn in Worte zu kleiden. Vielleicht mochte er von mir gar nicht in eine Verkleidung gesteckt werden. Ich nahm mir vor, ihn zu fragen, ob er mich als aufdringlich empfand.

Frau Manneder, Mr. Jones und ein Herr der Truppe unterhielten sich angeregt. Ich sah Mr. Jones reden, gehen und reden und war erstaunt über seine Gesprächigkeit. Auch diese Leichtigkeit, die er beim Gehen an den Tag legte, war bemerkenswert. Ich hatte ja noch immer das Bücher sortierende Bild in mir abgespeichert, auf das ich auch jetzt wieder zurückgegriffen hatte.

Da ich mir Namen immer schon so schlecht merken konnte, beschloss ich alle Mitwanderer nach Farben einzuordnen. Sie hatten sich zwar alle vorgestellt, doch ich fand es bequemer, sie nach meinem Geschmack einzuteilen. Ich konnte ja noch immer „Hallo Sie!“ sagen, wenn ich eine Frage hatte. Die Gelbe hatte eine gelbe Jacke an und hielt sich an mich. Sie begann, ein sehr interessantes Gespräch mit mir zu führen und erzählte mir auch einiges über den Ashram. Es ging um Stille, um Weisheit und natürlich auch um die Trugbilder des Daseins. Plötzlich sagte ich wie aus heiterem Himmel zu ihr: „Weisheit ist das, was du bist. Der harte Kern, die Schale ist nur dein Werkzeug, dein Körper, deine vorübergehende Erscheinung, das, was auf Erden geboren wurde. Wahrlich bist du aber das Ungeborene. Du bist und bleibst ungeboren und frei. Stell dich in Frage. Stell das in Frage, was du mit deinen Sinnen wahrnimmst. Akzeptiere dich nicht als Bild. Gib dich nicht mit der Hülle zufrieden. Sieh, dass du nichts Vergängliches sein kannst. Du bist die Stille der endlosen Ewigkeit.“ Schweigend und erstaunt sah sie mich an und sagte kein Wort. Ich sagte auch nichts mehr, denn mir hatte es die Sprache verschlagen. Ich bemerkte, dass sie mich so eigenartig ansah. *So von der Seite und mit ganz großen Augen,* hätte Marie wohl gesagt. Es dürfte dem Blick ähneln, den ich nur zu gut kannte. Es war genau der Blick, den ich schon unzählige Male Mr. Jones zugeworfen hatte. Ich hatte das Gefühl, mich mit fremden Federn zu schmücken, denn ich sah mich nicht als Urheber dieser Worte. Mr. Jones, Mr. Jones, was haben Sie bloß wieder ausgeheckt?

Frau Manneder, Mr. Jones und der Grüne, der eine grüne Hose trug, hatten sich schon einen leichten Vorsprung verschafft. Dicht gefolgt von einem Roten und einer Orangen. Beide farblich ihren Jacken zugeordnet, fand ich es sehr praktisch, sie nun alle so gut unterscheiden zu können. Wir blieben ihnen dicht auf den Fersen und mussten einen Gang zulegen, um nicht abgeschüttelt zu werden.

Immer noch hatte ich vor, Mr. Jones unbedingt diese Frage zu stellen. Nach eineinhalb Stunden Fußmarsch waren wir so ziemlich aufeinandergerückt und jeder unterhielt sich mit jedem, es wandelte stets und wir waren eine ganz passable Gruppe. Mr. Jones schlug vor, etwas zu singen und Frau Manneder stimmte ein: „Im Frühtau zu Berge, wir ziehn, vallera ...“ Mit dem Gesang ging es noch leichter voran und ich war froh, dass es ein Stück lang gerade aus und zwischendurch sogar leicht bergab ging, ansonsten wäre mir schon bald die Puste ausgegangen. Ich hatte zwar eine gute Kondition, aber Singen und Gehen? Wohl keine so glückliche Kombination!

Ich hielt Ausschau nach dem Objekt meiner Begierde. Die Frage brannte wie Feuer in mir und ich konnte nicht anders, als sie endlich loszuwerden. So sehr ich mich bemühte innezuhalten, der Drang überwog und es gelang ihm, sich immer wieder an die Front zu begeben. Welch hartnäckige Schwaden da aufzogen, gegen die ich machtlos zu sein schien. Es war wie verhext, an Mr. Jones heranzukommen. Ging ich vorne, ging er hinten. War ich hinten, war er vorne. Suchte ich ihn in der Mitte, suchte er das Weite. Als ich es endlich geschafft hatte, mich neben ihm zu halten, funkte mir die Orange, anschließend der Grüne und dann auch noch der Rote dazwischen. Ich sah rot.

Endlich ergab sich die Gelegenheit, und bevor ich meine Frage aussprechen konnte, schlug Mr. Jones vor, eine kurze Rast einzulegen und sie im Schweigen zu erleben. Das hatte mir noch gefehlt. Marie würde sagen: *Das passt nicht ganz genau und auch nicht sehr gut.* Ich fügte mich und konnte natürlich keine Stille genießen, weil keine da war. Weil ich nicht in ihr war oder weil sie mich nicht fand. Wie auch immer. Mein Kopf war beschäftigt und der Drang, diese eine Frage auszusprechen, hatte nicht vor nachzulassen.

Nach der großen, stillen Pause zogen dunkle Wolken auf und es wurde überlegt, in welche Richtung wir nun weitergehen sollten. Mr. Jones zeigte spontan in eine Richtung und wir gingen in die entgegengesetzte. Warum, konnte ich mir allerdings nicht erklären. Mir wäre es behaglicher dabei gewesen, wenn wir Mr. Jones' Vorschlag gefolgt wären. Er sagte aber nichts weiter, beharrte auch nicht darauf. Ohne nur ein Wort ausgesprochen zu haben, schloss er sich einfach der Mehrheit an. Wie er das bloß schaffte? Er wollte rechts gehen und die anderen links. Also ging er links. Für ihn schien es wirklich keine Rolle zu spielen, was um ihn herum geschah. Es machte zwar den Anschein, als wäre er ein ganz normaler Mensch. War er aber nicht! Er war keiner von den Grünen oder Roten. Plötzlich musste ich an Ampeln denken und mir ein Lachen verkneifen. Mr. Jones war anders. Durch ihn wirkte eine gigantische Kraft, die es zwar so aussehen ließ, als wäre er auch einer von diesen Bunten. Auf Anhieb war das natürlich auch nicht zu bemerken, aber beim genaueren Hinspüren erahnte man etwas in sich Ruhendes, das sich seinen äußerlichen Bewegungen ergab. Und das war's. Ich wollte ihn damit nicht zu etwas Besserem machen, nein. Ich stellte nur wieder einmal fest, wie einzigartig es war, so einem Menschen begegnen zu dürfen. Er war bunter und heller, als alles Irdische zu bieten hatte, denn er trug alles in sich.

Frau Manneder war sehr aufgebracht darüber, dass das Wetter umgeschlagen hatte, da der Wetterbericht von Sonnenstrahlen bis leicht bewölkt berichtet hatte. Leicht bewölkt war wirklich stark untertrieben, denn diese Wolken verhießen nichts Gutes. Ich wollte nichts Bedrohliches darin sehen, tat es aber doch. Meine Frage war irgendwie nicht mehr so wichtig, Gott sei Dank war sie etwas in den Hintergrund gerutscht. Ich empfand sie stupide und ließ sie bleiben. Dafür hatte ich aber schon eine andere auf Lager, die sich nur zu gerne aus meinem Kopf befreite. „Wollten Sie nicht rechts gehen? Warum sind Sie denn den anderen Meinungen gefolgt?“, wollte ich nun von ihm wissen. Ein „Wie können Sie nur immer so friedlich sein?“ rutschte mir auch noch heraus, als hätte eine Frage nicht gereicht. „Du wunderst dich, warum ich so ruhig bleiben kann?", antwortete er und ich nickte zustimmend. „Das *Ich* ist Ruhe. *Ich* ist still, still in sich. Wenn das wahre *Ich* zu seiner ursprünglichen Ruhe zurückgefunden hat, ist auch der Körper gelassen", erwiderte er und ich bemerkte, warum immer wieder Missverständnisse entstehen konnten. Ich sprach zu seiner Person, obwohl er diese schon längst hinter sich gelassen hatte. „Ich sehe kein *Ich,* das du meinst. Du sprichst von einer Ich-Einbildung, welche du fälschlicherweise als *Ich* bezeichnest. Kein *Ich* kann unruhig sein, nur sein Schatten kann sich einbilden, so zu wirken. Lass *Es* einfach durch dich sprechen, anstatt aus einem begrenzten, unwirklichen Denken immer und immer wieder diese Luftschlösser neu zu beleben und am Leben zu erhalten!" Ich dachte nichts und ich sagte nichts. Ich war still. Ich?

Frau Manneder war zu uns dazu gestoßen. Mr. Jones legte seine Arme um uns beide und sprach: „In deinem Leben können Meinungen auftauchen, Situationen geschehen, Schmerzen und Empfindungen auftauchen, Dinge zeigen sich und Gedanken drängen sich auf. Aber all das gehört dir nicht. Was sich in deinem Leben auch immer bewegt, es ändert sich nichts an deinem Selbst, denn es ist das, was unveränderlich und ewig gleich bleibend ist. *Die Gewissheit, dass die Herrlichkeit des ganzen Daseins deine eigene ist und der ganze Kosmos in deinem Selbst erscheint, nennt sich Friede.* Was dein Körper auch immer anstellen mag, du kannst dich nie und nimmer von deiner Ursprünglichkeit entfernen."

Der Himmel wurde immer dunkler und in mir war es heller geworden. Ein starker Wind kam auf und in mir war es ruhig. Es war schon eigenartig, das erste Mal in meinem Leben erlebte ich bewusst einen Moment, der komplett gegensätzlich zu meinen Empfindungen war. Man sagte ja immer, dass sich das Empfinden den Gegebenheiten anpassen würde. Oder der bekannte Spruch: Es geschieht nach deiner Entsprechung. Mr. Jones' Worte stellten alles auf den Kopf und bei ihm gab es keine Regeln und Richtlinien, denn dort, wo seine Worte entsprangen, hob sich alles auf.

Auch spontane Fragen wollte ich sein lassen, doch schon wieder war mir so ein faules Ei entschlüpft: „Wie aber kann ich mich körperlos und egofrei fühlen, wenn mir doch die Sinne das Gegenteil vermitteln? Wie identifiziere ich mich nicht mit meinem Körper und ist es überhaupt möglich, das zu steuern oder zu beeinflussen? Wie machen Sie das?“

Mr. Jones horchte wie gewohnt in sich, bevor er etwas sagte. Er antwortete niemals unüberlegt. Seine Worte stiegen auf und kamen aus den tiefen Quellen des Seins. Meine Worte hingegen stiegen aus den Gefilden des Kopfes herab. „Je nach Reife geschieht es, durch dich. Solange du aber noch die Absicht hegst, es zu wollen, geschieht nichts. Ich habe einen Körper und ich kann die Welt genauso sehen, wie ich dich sehen kann. Natürlich kann ich diesen Körper fühlen, jedoch begrenze ich mich nicht auf ihn. Mein Körper kann Sonne mögen, aber das, was ich bin, fühlt sich nicht anders, nur weil sein Körper in der Sonne sitzt. Das wäre sehr unnatürlich!

Unveränderliches Sein ist reines Gewahrsam, frei von Anhaftungen jeglicher Art. Gewahrsein hingegen bedarf noch jemanden, der sich dessen gewahr ist. Gewahrsam aber ist in sich ruhende reine Kraft. Mein Körper kann Schokolade mögen, aber er verlangt nicht nach ihr.“ Ein Griff in meine Jackentasche und Mr. Jones verputzte im Nu meinen Schokoriegel. Das war spontan! Und da Gott keine Schokolade auf Lager hat, durfte ich ihm aushelfen und für ihn diese Handlung erledigen.

Schokolade also! Hatte ich endlich einen klitzekleinen Schwachpunkt gefunden und da dieser irdischer Natur war, hatte sich an Mr. Jones’ Vollkommenheit wieder einmal nichts geändert. „Mein Körper kann sich bei einer Massage wohlfühlen, doch er fordert es nicht ein und wünscht es sich nicht, weil sich der Wunsch jenseits seiner Anwesenheit erhebt. Oder Bücher sortieren oder Kopfwäsche …“ „Sie meinten Haarwäsche!“, rief ich dazwischen und lachte laut auf. Nun lachte auch Mr. Jones herzerfrischend und Frau Manneder japste nach Luft. Auch bei ihr war meine Assoziation sofort angekommen. Kopfwäsche passte wirklich gut, denn seine aussagekräftigen Wahrheiten waren so etwas in dieser Art. Obwohl das Wort seine zugeteilte negative Prägung verlor und sich in Leichtigkeit neutralisierte, hatte es noch einen bitteren Beigeschmack, der Teil eines festgefahrenen, zähen Programms war. „Was auch immer", ergänzte Mr. Jones abschließend, „im Hiersein spielt es keine Rolle, was der Körper tut, oder was mit ihm geschieht ... nur der Narr lässt sich davon berühren, beeindrucken und steuern. Es geht also nicht darum, was du tust, sondern als was du dich wahrnimmst, *während* du etwas tust. Handlungen sind immer nur Nebensache und es geht einzig und allein um ein bewusstes Anwesendsein. *Sei dir in jedem Moment bewusst, was du nicht bist und alles ist gut!*"

Der Himmel wurde so schwarz, wie ich es noch nie zuvor gesehen hatte, doch für dieses außergewöhnliche und spektakuläre Naturschauspiel konnte ich mich in diesem Moment nicht wirklich begeistern. Es wurde ungemütlich und wir hielten nach einem Unterstand Ausschau. Es hatte zu regnen begonnen und der Wind trug das kühle Nass aus allen Richtungen herbei. Von oben, von unten und von der Seite wirbelte er um sich und der erste Donner ließ mich zusammenzucken. Gewitter hatten mir schon als Kind Angst gemacht. Auch wenn ich es nicht mehr so schlimm fand wie früher, ganz gelassen konnte ich damit immer noch nicht umgehen. Zu Hause war es schon ein paar Mal an mir vorbeigegangen, ohne mich wirklich zu berühren, doch seit ich wieder hier bei Mr. Jones war, schien sich so manches verstärkt zu haben und wieder hochzukommen. Ich war mir sicher, es war genau so, wie es war, hilfreich für meinen Prozess der Erkenntnis, auch wenn man es gar nicht als Prozess bezeichnen konnte.

Eine kleine, leere Hütte gab uns Schutz, und nachdem jeder seinen Platz gefunden hatte, ergab sich ein anregendes Gespräch. Die Gelbe, die übrigens Jasmin hieß, unterhielt sich mit der Orangenen. Es fügte sich so, dass alle daran teilnehmen mussten, denn in diesem kleinen Unterstand gab es ja nicht wirklich eine Möglichkeit, wegzuhören. Jasmin erzählte also von ihrem Partner,

Ex-Partner wohlgemerkt, der sich vor ein paar Wochen von ihr getrennt hatte. Es fiel immer wieder der Begriff der *bedingungslosen Liebe.* Da alle außer Mr. Jones und ich etwas dazu zu sagen hatten, fragte Jasmin Mr. Jones nach einer Weile völlig unverhofft, was er wohl dazu sagen würde. Ich war gespannt, in welche Wörter er seine messerscharfen Impulse wohl kleiden würde. Nachdem er eine Zeit lang innegehalten hatte und sie schon etwas ungeduldig wurde, sagte er, wie immer mit großer Gelassenheit: „Sie haben ihn also bedingungslos geliebt. Soso …", und nickte dabei mit dem Kopf. Dass sie ihn herausfordern wollte und ihn nicht ernst zu nehmen schien, störte ihn keineswegs. Alle Schatten im Universum schienen für ihn nur Bewegungen zu sein. *Die Zeit schluckt sie alle,* hätte Mr. Jones wohl gesagt. „Warum wissen Sie denn, dass Sie ihn bedingungslos geliebt haben?", fragte er sie. „Er war mein Ein und Alles. Ich hätte alles für ihn getan!", schwärmte sie in vollen Zügen. „Aha, deshalb!", unterbrach er sie. „Wir waren Seelenverwandte, wahrscheinlich Dualseelen", sagte sie sehr überzeugt.

„Hat er ihnen denn gesagt, dass er ihre Dualseele ist?", fragte er sie. „Nein!", sagte sie etwas empört. Sie schien nicht gerade erfreut über diese Frage zu sein. „Wer hat es Ihnen denn sonst gesagt?", fragte er sie weiter. „Das spürt man einfach!", antwortete sie schnippisch. Sie dachte wohl, dass der alte Mann keine Ahnung davon hatte. Ihn zu unterschätzen war wohl ein sehr großer Irrtum, wie sich noch herausstellen würde.

„Wann haben Sie ihn denn kennengelernt?", fragte er Jasmin. „Genau vor vier Jahren und sechzehn Tagen", antwortete sie. „Dann haben Sie also, als Sie vor vier Jahren und sechzehn Tagen auf ihn getroffen sind, sofort gesehen, dass es sich bei ihm um Ihren so genannten Dualseelenpartner handelt!", sagte er interessiert. „Nein", sagte sie mit leicht zitternder Stimme, „das habe ich erst etwas später bemerkt." „Aber wenn er ihr Dualseelenpartner ist, ist er es ja nicht erst seit vier Jahren und sechzehn Tagen, er müsste es ja immer schon gewesen sein. Oder hat ihre Dualseelenpartnerschaft erst vor vier Jahren und sechzehn Tagen begonnen?", fragte er sie. Sie wurde wütend und sagte in einem etwas lauteren, bestimmenden Tonfall: „Nein, ich habe vor zirka zwei Jahren ein Buch über Dualseelpartnerschaften gelesen und seitdem weiß ich es. Aber was rede ich. Sie kennen das Buch ja nicht, also können Sie auch nicht mitreden. Vielleicht sind Sie noch nicht wach und spirituell genug, um so etwas zu lesen!" Na, jetzt konnte es spannend werden! Ich genoss seine Antworten, sie waren so herrlich ernüchternd.

„Also hat Ihre Dualseelenpartnerschaft erst vor zwei Jahren begonnen", entgegnete er in einem derart milden Ton, der den Zorn von Jasmin reflektierte und sich gnadenlos über sie ergoss, denn bei Mr. Jones konnte er auf keinen Nährboden stoßen. „Sie haben also ein Buch gelesen, in dem stand, dass es so etwas gibt und deshalb haben Sie einfach beschlossen, eine Dualseelenpartnerschaft zu haben", antwortete er. „Sie haben es ja nicht gelesen, was wissen Sie schon davon!", sagte sie spitz. Sie hielt an diesem Buch fest, obwohl sie unbewusst sicher erahnte, damit sang- und klanglos unterzugehen. „Muss man also ein Buch lesen, um das zu wissen. Interessant, interessant", sagte er. „Sie sagen, Sie haben dieses Buch gelesen?", fragte er sie abermals. „Ja, hab' ich!", entgegnete sie kurz und bündig. „Und wer ist das, der dieses Buch gelesen hat?", fragte Mr. Jones. „Den passenden Dualpartner finden, heißt es", antwortete sie etwas verlegen. „Ich habe nicht gefragt, wie das Buch heißt, sondern wer es denn gelesen hat", wiederholte er nun. „Na, ich natürlich!", entgegnete sie. „Wer ist denn dieses Ich, von dem Sie da sprechen?", fragte er sie.

Es herrschte ein langes Schweigen und die Frau war richtig perplex. „Ja ich!", wiederholte sie noch einmal. „Ich, Jasmin natürlich, wer sonst?" „Aha, und woher wissen Sie, dass Sie Jasmin sind?" Sie zuckte mit den Schultern. „Haben Sie das auch in einem Buch gelesen oder haben es Ihnen Ihre Eltern gesagt? Oder wissen Sie es einfach, weil es auf Ihrem Geburtsschein steht oder weil man Sie so ruft?" Jasmin schwieg und die unsagbare Tiefe seiner Wörter hob uns alle unbemerkt in ein lichtvolles Feld empor. „Haben Sie sich schon einmal gefragt, ob Sie diese Jasmin wirklich sein können?" Jasmin schwieg. „Übernehmen Sie alles, was Sie hören, sehen oder lesen? Wie wäre es, wenn Sie das einmal auf seine Richtigkeit untersuchen würden?" Jasmin schwieg weiter und alle anderen waren still. Bei einigen schien der Verstand endlich ausgestiegen zu sein.

„Wer hat denn dieses Buch nun gelesen?", half er ihr auf die Sprünge. „Ihre Augen, Ihr Körper oder Ihr Verstand vielleicht? Wer hat denn nun festgestellt, dass Sie einen Dualseelenpartner haben?", fragte er sehr geduldig. „Ja, meine Augen haben es gelesen und ich wusste sofort, dass es so ist", antwortete sie mit ziemlicher Überzeugung. Sie wusste nicht, worauf er hinaus wollte und wirkte etwas angespannt. „Wenn Ihr Körper jetzt nicht mehr atmen würde und ich würde Ihnen ein Buch zu lesen geben, was würden Sie mit dem Buch machen?", fragte er sie. „Wenn ich tot bin? Dann kann ich logischerweise nicht mehr lesen!", antwortete sie ihm trotzig. „Ja, aber Sie haben ja noch Augen. Die können ja nicht weggelaufen sein! Sie sagten vorhin, dass Ihre Augen es gelesen haben, also müssten Ihre Augen demnach etwas eigenständig Existierendes sein. Und wenn Ihr Verstand erkannt hat, was Ihre Augen gesehen haben, warum funktioniert er denn nun auch nicht mehr?", fragte er sie. „Wenn ich sterbe, fällt er ja weg", sagte sie nun spontan. „Aha, ist er also vergänglich! Dieses Vergängliche kann Wissen transportieren, aber wieweit kann Wissen daraus entstehen? Haben Sie noch nie an der Echtheit des Denkens gezweifelt?"

Jasmin sah ihn mit großen Augen an. „Vielleicht glauben Sie, dass Sie etwas gelesen haben, doch was ist das, was es Ihnen ermöglicht, dass Ihre Augen und ihr Hirn funktionieren?", fuhr er eindringlich fort. Wiederum sagte sie nichts. „Ist es möglich, dass Augen und Hirn aus sich selbst heraus etwas wahrnehmen können?" „Nein, so gesehen nicht", sagte sie, „sie können ja ohne mich nicht funktionieren!" „Aha, wer ist denn dieses *Mich*, von dem Sie da jetzt sprechen?", entgegnete er. „Ja meine Seele", antwortete sie. „Sagten Sie nicht vorhin, dass Sie Jasmin sind?" „Ja!" „Und jetzt sind Sie auf einmal eine Seele?" Ein großes

Schweigen stellte sich ein und legte sich heilend auf die verletzten Seelenlichter. „Wollen Sie nicht zuerst herausfinden, was Sie sind, bevor Sie weitere Vermutungen zu Ihrer Realität erklären?“, sagte er behutsam.

Immer noch war es sehr still im Raum. Diese Stille war in jedem Einzelnen eingekehrt und Mr. Jones hatte wieder ein Energiefeld von seinen Verästelungen gesäubert und befreit, dass es alles durchdringend einfach nur war. Auch wenn es sich etwas schroff anhören könnte, er wertete nicht, er war klar und aufrichtig. Diese Sanftheit mochte beim ersten Hinsehen nicht immer sofort entdeckt werden, aber sie war vollumfänglich da. Ich musste daran denken, wie ich das allererste Mal den Laden betreten und Mr. Jones mit mir gesprochen hatte. Es ließ mich innerlich lachen und ich erinnerte mich nur zu gut daran, dass ich es damals nicht besonders komisch gefunden hatte. „Ist deine bedingungslose Liebe zu diesem Mann jetzt auch immer noch bedingungslos oder hat das Bedingungslose vielleicht etwas nachgelassen, als er sich für eine andere Erfahrung entschieden hatte?“ fragte Mr. Jones. Er sprach sie plötzlich mit *du* an und nicht nur deshalb klangen seine Worte so weich und so liebevoll.

Jasmin begann zu weinen und ich war überwältigt von der Art und Weise, wie sich Mr. Jones ausdrückte. Er hatte nicht gesagt: … als er dich verlassen hat. Er hatte den Ausdruck von bedingungsloser Liebe durch sein Licht und der wirklich bedingungslosen Liebe auf den Punkt gebracht, denn nur wenn sie selbst sprach, konnte sie auch nach außen reflektiert werden. „Wenn deine Liebe wirklich bedingungslos wäre, könnte sie sich nicht nur auf eine Person beziehen. Bedingungslose Liebe ist da, unabhängig von dem, was dir begegnet oder nicht begegnet. Sie müsste also schon lange vor dem Partner da gewesen sein, lange bevor du diesem Menschen begegnet bist. Es kann also nicht einfach ein Mensch in dein Leben treten, den du plötzlich bedingungslos liebst. Du musst erst in die bedingungslose Liebe hineinfallen, um jedes Wesen bedingungslos wahrnehmen zu können. Dann liebst du nicht Eigenschaften, Aussehen, Verhalten oder Gesten, sondern du liebst das Wesentliche, das sich jenseits der Hüllen erhebt … weil du dich als solches erkennst. *Du bist kein Wesen. Du bist das Wesentliche*“, sagte er. „Du bezeichnest ein Gefühl, das dir gut tut, als Liebe, doch bedingungslose Liebe ist etwas ganz anderes. Es ist das, was du bist. Du kannst bedingungslose Liebe nicht fühlen, aber du *kannst* sie sein. Warum? Weil du sie bereits bist! *Du bist sie bereits,* erkenne!“

Mr. Jones hob die Hand und bewegte wieder Welten in Welten, Dimensionen in Dimensionen und alles war immer noch still. „Dualseele ist nur ein Wort! Nicht mehr und nicht weniger. Sagt dir die Blume denn, dass sie eine Blume ist? Musst du das wissen, um dich an ihr zu erfreuen? Muss sie das wissen, um eine Blume sein zu können? *Warum bist du nicht einfach, ohne zu wissen?* Warum hängst du dich an Begrifflichkeiten auf und verlierst dich in Hüllen? Beginne doch einfach zu sein. Entdecke den Kern und alle Irrtümer weichen! Jetzt!“

Einigen der Wanderer war der Mund offen geblieben. Ich las in ihren Gesichtern und vermutete, dass sie einen Urlaub bei Mr. Jones der Auszeit im Ashram sicherlich vorgezogen hätten. Frau Manneder nickte Jasmin zu und die Botschaft schien angekommen zu sein. Frau Manneder umarmte Jasmin und dann hörte ich Jasmin ein leises „Danke“ sagen. Ich beobachtete, dass sich ein Leuchten in ihren Augen auftat und sie sich nach Mr. Jones umsah. Eine getrübte Sicht hatte sich gelichtet, die Sprachlosigkeit und tiefe Berührtheit mit sich zog. „Ja, es liest jemand, aber das, was liest, bist nicht du. Und es hört jemand. Und es spricht jemand. Und es geht jemand. Und es atmet jemand. Doch dieser Jemand hat mit dir nichts zu tun! Dein Licht, das du bist, stellt sich so dar! Du bist nicht deine Darstellung und kein Darsteller. Du bist das, was eine Darstellung überhaupt erst ermöglicht. Du bist das gigantische Licht der unendlichen Ewigkeit“, sagte Mr. Jones und erhob sich. Während er nach draußen ging, murmelte er: „Es wäre ja lachhaft, wenn ich dieser Mund, diese Augen oder dieser Körper sein müsste.“ Er schüttelte den Kopf und in diesem

Moment realisierten wir, dass es aufgehört hatte zu regnen. Ich folgte Mr. Jones und stand schweigend neben ihm. Die anderen waren noch in dieser Hütte.

Jasmin kam als Letzte aus dem Unterschlupf, faltete die Hände und verbeugte sich vor Mr. Jones, als wollte sie ihm ihren besonders tiefen Dank erweisen. Es hatte etwas Heiliges an sich. Jasmin hatte in ihm ihr Licht erkannt. Es war schon sehr bewegend, doch sie stellte sich nun auch vor mich hin und wiederholte das Ritual. Mit erschrockenem, weitem Blick sagte ich ganz leise: „Nein! … Aber wieso? … Nein, nicht!“ Doch kaum ausgesprochen, war die Prozedur auch schon wieder vorüber. Ich nickte anstandshalber mit gefalteten Händen zurück und mir fiel ein, dass ich als Einzige keine Stellung zu diesem Thema bezogen hatte. Entweder glaubte sie, ich gehörte zu Mr. Jones, oder sie verwechselte meine Zurückhaltung mit einer über den Dingen stehenden Wachheit. Vielleicht hielt sie mich sogar schon für erleuchtet? Es scheint Menschen zu geben, die an Erleuchtung glauben und irgendwie fand ich die Situation sehr lustig und kicherte insgeheim vor mich hin. Die Worte, die ich mit ihr am frühen Morgen gewechselt hatte, schienen Eindruck auf sie gemacht zu haben. Ich hoffe aber, dass sie keine Spuren hinterlassen haben, denn Erinnerungen sind das, was uns daran hindert, frei zu sein.

Am frühen Nachmittag erreichten wir eine Berghütte, in der wir einkehren konnten und ein tolles Essen zu uns nahmen. Eine gemütliche Pausenstation, die zur Rast und auch zum Innehalten einlud. Die Zeit verging wie im Fluge und erst gegen sechzehn Uhr, kurz bevor wir weiterziehen wollten, kam Frau Manneder aus der Hütte und erzählte uns, dass es hier heute Abend ein Feuerlaufen geben würde. Sie hätte eine Bekannte getroffen und entschuldigte sich für ihre lange Abwesenheit. Der Ausflug war ja nun mehr zu einer Sitzwanderung geworden und ich hatte mich schon ein paar Mal gefragt, wie das wohl mit dem Nachhauseweg aussehen würde. Dunkelheit war ja nicht die beste Voraussetzung, um durch den Wald zu laufen. Frau Manneders Vorschlag kam gut an und alle waren sofort begeistert und da es auch die Möglichkeit gab, in der Hütte zu übernachten, entschieden sich alle spontan dort zu bleiben. Mr. Jones' Abreise stand kurz bevor und es kam mir sehr gelegen, dass er nicht hier bleiben konnte. Wir verabschiedeten uns von der Gruppe und traten den Heimweg an. Mr. Jones entschied sich für einen wunderbaren Weg. Das Gewitter hatte die Atmosphäre gereinigt, die Sonne schien wieder und ich war restlos glücklich, mit mir und der Welt, die es beide nicht gab.

Wir waren schon einige Zeit gewandert, da unterbrach Mr. Jones sein heilsames Schweigen und sagte wie aus dem Nichts: „Wenn das Verwickeltsein in allen beliebigen Geschehnissen endet, ist auch die Suche vorbei. Dann beobachtest du die Dinge ohne Reaktion. Nimm das Meer: Du schaust den Bewegungen des Wassers, fühlst dich aber nicht mehr als Welle, die ruhelos hin und her schwappt, auf und ab gepeitscht wird und wie wild um sich schlägt. Du identifizierst dich nicht mehr mit den Objekten, Bildern und Erscheinungen, denn du bist frei von jeglichen Bindungen und Anhaftungen. Frei! Einfach frei!" Er sah mich an und ich sah etwas verblüfft zurück. „Ja. Jetzt. Ja!", sagte er mit einer geballten, geladenen Gotteskraft und *ich* sah dem, was war. Ich sah mich des Weges wandern, hörte mich atmen, sah Mr. Jones, den Wald, die Wiese und den Himmel. Nein, *ich* hörte nichts und *ich* sah nichts … denn *ich* konnte das ja nicht. Mein Schatten schien kurz von mir gewichen zu sein. Ich nahm bloß wahr, was mein Nicht-Ich und alle anderen Nicht-Ichs, was alle Schatten dieser Welt so anstellten, taten oder auch nicht taten. Es war erhaben, dennoch sehr unspektakulär. Ich war in den natürlichen Strom der Nicht-Zeit eingetaucht und war … nichts.

Mr. Jones lächelte mir zu und sagte noch einmal: „Jetzt! Jetzt ist immer und immer ist jetzt! Jetzt, eben!", wiederholte er und lachte laut auf. Ich fand ihn lustig, komisch, einzigartig und hinreißend und amüsierte mich. „Ein *ich habe verstanden, aber was muss ich tun,* kann hier nicht mehr entstehen", fuhr er fort, „weil sich dieses innere Verstehen auf einer Ebene abspielt, wo dieses plötzlich in ein passendes und angebrachtes Tun kippt. Jetzt!", sagte er noch einmal und lachte wieder laut auf. Ich lachte mit ihm und nickte ihm wortlos zu. „Siehst du!“, sagte er und erhob seine Hand, als würde er Berge versetzen, Welten bewegen und Dimensionen verändern.

Ja. Jetzt. Ja!, klang es in mir nach und es fühlte sich so an, als würde sich das ganze Universum zu einem Königreich erheben, in seine Lichtheimat zurückfließen und als unsichtbarer Kern in sich selbst verschmelzen. „Jetzt, jetzt und jetzt ist wieder jetzt!“, erwiderte ich. „Genau jetzt!“, sagte Mr. Jones. „Und jetzt!“, antwortete ich übermütig und rannte drauflos und juchzte: „Jetzt! Es ist endlich jetzt. Juhuuuuuh!“ Ein paar Luftsprünge überkamen mich und brachten mich dem Himmel etwas näher. „Und es war schon immer jetzt gewesen!“, sagte ich so vor mich hin. Es erstaunte mich doch sehr. „Wieso fällt mir das erst jetzt auf, wo doch jeder Moment jetzt war und ist? Dieses *Jetzt* hatte mich schon so oft berührt, doch erst jetzt schien ich es durchschaut zu haben. Jetzt ist überall und nirgends. Es ist jetzt! Jetzt eben. Einfach jetzt!“ Lachend sprang ich wieder zu Mr. Jones zurück und mein überschwänglicher Ausbruch war mir kein bisschen peinlich. Es passte, denn der Moment war so, wie er war.

Mr. Jones nickte mir wohlwollend zu und sprach: „Dieser automatische Prozess der unverschleierten Wahrnehmung zeigt die Reife eines Menschen, zeigt, wie weit er Tiefe erfassen kann. Das ganze Universum ist eine Erscheinung im Bewusstsein. Wozu einen Bezug zum Vergänglichen haben, wenn es nur eine vorübergehende Bewegung ist? *Dinge erscheinen, während du* ***bist.*** ***Du*** *kannst also nicht auch noch erscheinen … du bist ja bereits!* Ja, die Sinne nehmen eine Erscheinung wahr. Nimm *du* … und mit *du* meine ich nicht deine Identifikation »Madita«, sondern dein wahres Sein“, sagte er eindrücklich „nimm das Leben als Erscheinung wahr, durchschaue das Hirngespinst und löse dich von der fatalen Fehldiagnose, es Realität zu nennen. Wozu nachdenken, wenn du nicht der Denkende bist? Was kann es dir bringen? *Mit jedem unbedachten Gedanken oder Worten nimmst du Gott Raum und verwehrst Ihm sich in dir auszudehnen.* Sei einfach still!“

Seine Worte entflammten erneut meine innere Glut und erweckten sie zum lodernden Feuer. Keine Gedanken. Keine Fragen. Stille.

„Wenn dir deine Hose zu lang ist, bringst du dann auch deinen Rock zum Kürzen?“, fragte mich Mr. Jones. Ich musste lachen. „Ja, du lachst“, sagte er und verzog dabei keine Miene, „aber so verhält sich der Mensch.“ Wahrscheinlich hatte ich über mich selbst gelacht, denn nur zu gut konnte ich verinnerlichen, was diesem Endlosraum entsprang. „Wenn alles *in sich* die eine Kraft ist, die sich immer wieder anders zeigt, kann diese eine Kraft *niemals* über die Sinne erkannt werden, weil sie innerhalb des Raum-Zeit-Kontinuums nicht existiert. *Entdecke sie* über dein Herz! Das Sichtbare kommt und geht, ist aber nur ein Blendwerk. Das Unsichtbare ist außerhalb unserer Sinne und kann deshalb niemals entschlüsselt werden. Wie will man etwas erkennen, was es nicht gibt! Und doch kann es entdeckt, verinnerlicht und erfahren werden, wo Sinne abwesend sind.“ Er hob seine Hand und hielt inne.

„Wie?“, sagte er sehr ruhig und doch impulsiv. Er vereinte Emotionen, die nichts gemeinsam hatten. Er konnte aufgebrachte Stille sein sowie eine äußerst milde Kraft. Er ließ Pole aufeinandertreffen und vereinigte das, was scheinbar nur getrennt existierte. Er erklärte die Dualität zur Einheit, machte die Nacht zum Tag und erhellte den dunkelsten Raum. Es war Magie ohne Zauber. Es war Gott.

Mr. Jones sah mich wieder mit diesem speziellen Blick an, der meine Persönlichkeit auslöschte. „Lass die Fragen weg. Lass die Gedanken weg und sei still. Und was bleibt? *Das!* Jetzt!“ Ich atmete tief durch und verfolgte seine Bewegungen mit großem Interesse, denn seine Hand brauchte nur den Finger zu heben und in mir loderten die Flammen des Friedens. „Wenn der Mensch davon ausgeht, dass er Realität ist und nach scheinbaren Phänomenen forscht, ist das Irrwitz. Es verhält sich wie mit der Änderungsschneiderei. Entdecke, dass es nichts außer Phänomene gibt und es nur einen Ausgangspunkt geben kann. Ein Bewusstseinsfeld, das Einheit ist. Der ewig sprudelnde Quell! An der Wiege der Gedanken und der Dinge endet das Leid. Dort, wo alles entsteht, wo die ungeborene Materie geboren wird, erhebt sich der Einklang. Es ist Einheit. Es ist Licht. Jetzt!"

Geborgenheit stellte sich ein und in meiner Seele ging die Sonne auf. Mr. Jones' Worte klangen so klar und einfach. Ich nahm sie dankend an und saugte sie in mir auf, um meine ausgetrockneten Seelengefilde wiederzubeleben. Es war ein ruheloses Immer-wieder-Entdecken, jedoch noch lange kein beharrliches und unbewegtes In-sich-Verweilen. Immer wieder war ich damit beschäftigt, aufsteigende Gedanken vorbeizuwinken. Die Gefahr war groß, dass sie sich einnisteten und es sich in mir gemütlich machten. Dennoch gelang es mir ganz gut, oder vielleicht geschah es auch von selbst, denn mir war klar, dass der freie Wille, wie alles andere, nur ein leeres Konstrukt sein konnte. In Mr. Jones' Anwesenheit wurde entweder alles erhellt oder es spitzte sich zu einer absoluten Katastrophe zu. Er hatte das Zepter in der Hand und die Allmacht erlangt, die alles Vergängliche an die Oberfläche beförderte, um es zu verbrennen. Einziger Beigeschmack: Man musste es vorher ansehen und sich nicht mehr darin verwickeln, bevor es in der Versenkung verschwinden konnte. Und das hieß unter anderem: Mut aufbringen, Geduld haben, Vertrauen gewinnen, angstlos und kontrollfrei sein und sich widerstandslos hingeben zu können. Keine persönliche Hingabe, nein. Hingabe nicht an das, was man sieht, sondern Hingabe an das *All-Eine.* Hingabe an das, was sich hinter den Dingen verbarg und das einzige Wirkliche war. Das bedeutet also, in allem das Wahrhaftige zu erkennen und sich nicht von den täuschenden Hüllen beirren zu lassen. Ich gebe mich also nicht der Pleite, dem Zorn, der Angst, einer Geste oder einer Tat hin. Nein! Ich gebe mich Gott, dieser einen Kraft hin, weil es nichts außer dieser einen Kraft geben kann. Es ist das, was sich dahinter verbirgt. *Leben ist ein fortwährender Gottesdienst, denn es ist unsere freiwillige Pflicht ... vollkommen anwesend zu sein.* Das Dahinter war das einzige

Wahre, und das Sichtbare, was es hervorbrachte, der Schatten, sein Schein. Wir hielten uns in einem Schein auf, der uns derart in den Bann zog und uns die Sinne raubte, dass wir es keine Sekunde in Betracht zogen, es in Frage stellten. Das, was wir sahen, das gab es nicht und das, was wir nicht sehen konnten, war das Einzige, was wirklich existierte.

„Dieses Nichtwissen, die Dinge für das zu halten, was sie nicht sind, ist eines der Grundübel. Und es wird daran festgehalten, dass der Baum der Baum und das Brot das Brot ist. Die Dinge sind nicht das, wofür sie gehalten werden, sie sind schlicht und einfach *das Abbild der einen Kraft.* Dieses Nichtwissen um die Anhaftungen des Egos, der Einbildungen und der Fehlsichten ist wie Gift, das dich benebelt und dich daran hindert, dein Leben zu durchschauen. *Deshalb gib das Leben auf, um alles zu sein*! Dazu musst du nicht sterben, nur …“, sagte er sehr bedacht, „dein Ego muss durchlichten. Alles, was ich dir sage, kann niemals die Wahrheit sein, denn sie lässt sich nicht erklären. Es ist immer nur *ein Hinweis* auf die Realität.“

Lange kam nichts. Diese prägnanten und aussagekräftigen Sätze hatten es wirklich in sich. Bei ihnen hatte man beinahe das Gefühl, den Ursprung zu berühren. „Anweisungen sind mir fremd. Ratschläge ebenso. Dem Schatten zu verraten, wie er breiter, schmäler, kürzer oder länger wird? Irrsinn!“, fügte er noch hinzu und streckte seinen Finger Richtung Sonne. „Dazu fällt mir etwas ein“, sagte er und fuhr fort: „Jahrelang hatte der Lebensberater mit seinem Kunden nach Lösungen gesucht. Unermüdlich hatte er auf die traurige, schattenhafte Menschengestalt eingeredet und wollte ihr dabei helfen, ihr Leben zu verändern. Bis der Lebensberater eines Tages wie von selbst einfach so auf die Sonne zeigte. Die schattenhafte Gestalt richtete ihren Blick zur Sonne hin, erkannte das Licht und beide verfielen in ein lautes Lachen.“

Er verfiel wieder in ein tiefes Schweigen und tat so, als hätte nie ein Wort seine Lippen verlassen. Das Beispiel war grandios und glättete ein weiteres Mal die Wogen meiner Seele. „Es ist deine

Urpflicht, dem anderen das Licht zu sein. In seinem Schatten herumirren, das kann der Mensch selbst ganz gut. Dazu braucht er keine Unterstützung, denn darin ist er bestens geübt. Erzähle dem Menschen von seinem Licht, weise ihn auf das hin, wozu er hier ist. Es für dich zu behalten, ist unterlassene Hilfeleistung im kosmischen Sinn. Ein Schatten kann für den anderen Schatten keine Lösung finden, da diese nicht auf der Ebene des Schattenreiches angesiedelt ist. Einzig und allein das Licht hinter dem Schatten zu erkennen, erlöst Leiden und Furcht."

Seine Ausdrucksweise faszinierte mich immer wieder aufs Neue. Seine Leichtigkeit hatte etwas Ansteckendes an sich. Da kam mir der Laden in den Sinn. Plötzlich hatte ich das Vertrauen, Mr. Jones gut vertreten zu können. Eine tiefe Freude stieg in mir empor und schon war mir ein unüberlegtes „Ich werde mich gut um ihren Laden kümmern" entwischt. „Der Druck der Verantwortung für dein Handeln und Tun, der auf dir ruht, ist eines der weiteren Grundübel", sagte Mr. Jones friedvoll und leicht. „Aber heißt es nicht, man sollte Verantwortung für seine Handlungen übernehmen?", fragte ich überrascht. „Ja, so sagt man", erwiderte Mr. Jones. „Und das heißt?", fragte ich gespannt.

„Verantwortung für dein Tun zu übernehmen, heißt, dir deiner Handlungen bewusst zu sein und keine Handlungen mit Absicht auszuführen, sondern spontan, unpersönlich und unmittelbar. Du wirst gehandelt, wenn du dich handeln lässt! Verantwortung für deine Handlungen zu übernehmen, heißt nicht, dich dafür schuldig fühlen zu müssen, oder dein Menschsein dafür verantwortlich zu machen, wenn deinen Empfindungen nach etwas schief gelaufen ist. Der Mensch ist weder für den Erfolg noch für dein Versagen zuständig. Du siehst also, es ist immer die Art und Weise der individuellen Sicht, wie etwas aufgefasst oder verstanden wird. Die Verantwortung für dein Tun zu übernehmen, heißt, aus deinem Bewusstsein heraus zu handeln und zu wirken. Deine Persönlichkeit hat mit dieser Verantwortung, die ich meine, nichts, *absolut nichts* zu tun! So etwas wie eine persönliche Verantwortung gibt es nicht! Diese persönliche Verantwortung ist nichts weiter als ein künstliches Gebilde, eine Vorstellung. Es gibt nichts Gebundenes, da du ungebunden bist. *Da du aber als Person die Verantwortung für die Tätigkeiten deines physischen Körpers übernimmst, stehst du auf dem Standpunkt gebunden zu sein und willst dich davon befreien.* Welch eigenartige und fragwürdige Verhaltensweisen das sind. Doch notwendig, um zu erkennen", fügte er noch leise hinzu. „Realisiere dies genau, aus tiefster, tiefster Stelle heraus, denn in diesen paar Sätzen verbirgt sich die Essenz des Friedens. Auch wenn die Essenz in allem ist, ist sie in diesem Beispiel transparent und leicht zu durchschauen, wenn die nötige Reife vorhanden ist. Wenn ein gestochen scharfes, inneres Verstehen gegeben ist, wirst du dich als Friede wieder entdecken. Dies zu erkennen, ist der direkte Weg, der dich auf Anhieb und unverzüglich emporhebt und an diese Stelle führt, die du seit Ewigkeiten suchst. Und wenn Friede hervortritt, stellst du fest, dass da nichts ist, was du einordnen kannst. Keine Stelle. Kein Ort. Nichts Greifbares. Nichts, was man umschreiben könnte. Sinnlos. Nutzlos und frei. Frei von allem. Segen pur!"

Nach einem intensiven In-mich-Aufsaugen und allumfassenden Einsickern seiner Wortklänge erhob sich in mir eine Frage. Diese Frage, die bereits in den Startlöchern stand, um wieder einmal über Mr. Jones herzufallen, sprach ich diesmal nicht aus. Tatsächlich war es ein erhebendes Gefühl, etwas nicht auszusprechen. Es für sich zu behalten, ohne es dabei festzuhalten. Es nicht einzuordnen … es freizugeben, ohne es benennen zu wollen. Es offenzulegen, ohne es in Schranken zu weisen, einfach dahinter zu sehen und zu entdecken, *was hier war.* Die Frage, die sich im Nichts transzendierte, hatte nie wirklich eine Existenz und verlor so jegliche Bedeutung. Mein wahres *Ich* war in eine Ursprünglichkeit eingetaucht und dieses gemeinsame Schweigen war das Wunderbarste, das ich jemals hatte erfahren dürfen. Mit Mr. Jones war alles einzigartig, revolutionär und einfach zugleich. Das Mit-ihm-Schweigen wandelte sich in ein Mich-in-seinem-Schweigen-Entdecken. Sich als Stille zu erfahren, war geradezu grandios. Ich hatte einen Durchbruch.

Nein, es war kein Durchbruch. Es war ein Rückbruch, wahrlich ein Einbruch. Welch wunderbare Wortspielerei. Ein Einbruch in die Wirklichkeit. *Wenn das persönliche Ich verdunstet, wird die Welt unwesentlich.*

Wir waren schon lange unterwegs und ich war mir nicht sicher, ob Mr. Jones überhaupt wusste, wo er hinlief. Da er scheinbar der göttliche Plan selbst war, störte es mich auch kein bisschen, dass er bei unserem Spaziergang so gut wie keinen Plan hatte. Ich trottete neben ihm her und kostete es aus, mit ihm zu sein. „Vertraue nicht auf mich!“, sagte er plötzlich. „Vertraue in dich, in das, was du bist.“ Dieser Halunke! Hatte er schon wieder meinen Gedanken gelauscht. Seine Worte wirbelten wieder eine neue Unruhe in mir auf. Wenn jeder Gedanken lesen könnte, wäre ein Chaos vorprogrammiert. Wie gut, dass es nur Menschen gegeben ist, die über die irdischen Begrenzungen hinausgewachsen sind, es nicht für sich benutzen und es auch nicht bewerten. Ich glaube, dass es einem gegeben ist, wenn man von Meinungen und Worten unberührt bleibt. Mr. Jones' Fähigkeiten waren genial, doch es war kein persönliches oder angelerntes Können, es war der natürliche irdische Ausdruck eines Erwachten.

Immer wieder ertappte ich mich bei meinen überschwänglichen Anwandlungen und Euphorieausbrüchen, die Mr. Jones betrafen. Und dann fiel mir blöderweise wieder diese Frage von heute Morgen ein. Nein! Ich ließ es sein. Ich würde ihn nicht fragen, ob er sich von mir belästigt fühlte. Wie töricht! Doch kaum war die Frage einmal präsent, war sie auch nicht mehr so leicht abzuschütteln, musste ich wieder einmal feststellen. Ich sollte sie ja auch nicht abschütteln, sondern beobachten. Sich von ihr zu distanzieren, klang einfach, war es aber nicht. So dachte zumindest Madita! Madita wollte diese endlosen Gedanken, Fragereien und Kopfgeschichten endlich hinter sich lassen und plötzlich waren sie weg. Wohlgemerkt hatte sie nicht das Geringste dazu beigetragen. Wie denn auch, wenn es sie doch gar nicht gibt!

Diese segensreiche Stille war nur von kurzer Dauer, wie konnte es auch anders sein? Diesmal kamen etwas eigenartige Überlegungen hoch, die versuchten, Mr. Jones einzuordnen. Natürlich gelang es ihm nicht! Wie denn auch? Die Frage, die sich stellte, war die, ob Mr. Jones einen Meister hatte, wusste ich doch von Alfred, dass er ein paar Jahre in einem Kloster verbracht hatte. Er war selbst ein stattliches, meisterliches Wesen und meine Gedanken waren doch schon etwas gewagt. Da Mr. Jones nichts sagte und ich mir sicher war, dass er meine umweltverschmutzenden Impulse bereits vernommen hatte, begann ich zu singen: „Hurra, hurra, der Kobold mit dem roten Haar …", trällerte ich vor mich hin und fragte ihn so nebenbei, ob er denn den Meister Eder kennen würde. Da fiel mir Susanne vom Brotladen ein und ich fand es eigenartig, dass sich diese altbekannten Beispiele immer wieder einschlichen. Warum sind es immer die gleichen? Und ich erinnerte mich nur zu gut, dass ich ihren *Mann-Eder* Vergleich absolut lächerlich fand. Und meine Alberei? War die rühmlicher?

„Du bist dein wahrer Meister, so wie das Leben dein Meister ist. So wie sich dein Leben jetzt darstellt, bemeistert es dich, und wenn du endlich den Glauben aufgibst, einen Einfluss auf dein Leben zu haben und dich deinen Aufgaben hingibst, tritt Frieden hervor. Da es dir aber an Reife fehlt, gehst du zuvor nach außen und so soll es sein! Wem oder was du auch immer dort begegnest, es begegnet dir nur, damit du zu dir zurückkehren kannst. Gott hat *es* nach außen getragen, damit du dich erkennst. Damit du im Schein das Wesentliche aufspüren kannst. Entdecke die Öffnung, die dich durch die Dinge hindurch blicken lässt!"

Das Weihnachtslied *Es hat sich halt eröffnet, das himmlische Tor* schlich sich ein und ich summte die Melodie. Es war wunderbar, der Kraft zu begegnen, die Mr. Jones' Worten innewohnte. „Es tut sich auf … *in allem und durch alles,* wenn dein Herz von Demut begleitet, von Gnade geziert und von Dankbarkeit erfüllt, die Reife erlangt hat, hinzusehen. Alle Begebenheiten und Begegnungen sind also nur weitere Schatten deines Schattens, die dich dazu einladen, hinzusehen. Es, *Mensch oder Situation, Ding oder Tier*, zeigt dir etwas auf, denn es hat keinen anderen Grund dafür, sich dir zu zeigen. Deine Aufmerksamkeit wird also stets auf das gelenkt, was du dir, *in dir* anschauen sollst. Wenn du dich über etwas beschwerst, beschwerst du dich über das, was du in dein Bewusstseinsfeld gezogen hast. Wenn du dich also fragst, warum dich jemand so nervt, gehst du davon aus, dass es diesen jemand gibt. *Dies ist ein folgenschwerer Irrtum.* Er ist nur eine in Materie verpackte Möglichkeit, die bisweilen unerkannt blieb."

Das war wirklich sehr eindrücklich, denn ich suchte ja stets nach einem Grund. Immer wollte ich verstehen, was mir der andere sagen will. Obwohl ich in der Zwischenzeit wusste, dass es keinen anderen und nichts Getrenntes gab, hing ich immer noch in dieser begrenzten Perspektive fest und schien darin gefangen, Objekte oder Dinge als solche zu sehen. Ich überlege zum Beispiel, wie ich mich dem anderen gegenüber verhalten soll. Wie töricht und einfältig! Doppelköpfig eben! Nur das sofortige Dahintersehen und der automatische Durchbruch in den Ursprung war die einzige Möglichkeit, es transparenter zu machen. Und obwohl es in mir eingesickert war, hegte ich die Vermutung, dass es wohl noch etwas an irdischer Zeit in Anspruch nehmen würde, bis ich mich aus der Identifikation lösen konnte. Das beantwortete aber meine Frage nach dem Meister nicht.

„Ob als Meister benannt oder als Bettler bezeichnet, alles obliegt dem einzigen absichtslosen Zweck, dich selbst zu erkennen. Die Erscheinung des Meisters reflektiert dich, wie alles, das dich reflektiert. Weil er nicht auf dein Verhalten reagiert, ist er das perfekte Gegenüber, ohne ein Gegenüber zu sein. *Du kannst zwar in allem dein Licht erkennen, weil alles eine schattenhafte Absonderung deines wahren Wesens ist.* Doch es ist die *Gnade,* die nur einem Meister gegeben ist … denn er ist die Gnade Gottes, die dich aus deinen Verwirrungen befreit und dich von deinen Schatten erlöst. Es ist wie mit den Büchern, sie treffen auf dich. Ein Meister findet dich, nicht du ihn." Und wann? Jetzt endlich wurde es so richtig spannend! Für Madita wohlgemerkt! „Ein Meister bezeichnet sich nicht als Lehrer, weil er keinen Schüler sieht. Mag sich das Ego an dieser Aussage stören, weiß das erwachte Herz, dass der Meister sich nicht auf der Oberfläche aufhält. Er erkennt dich als das, was du bist und nicht als deine Erscheinung.

Jeder Mensch hat einen Meister, er muss ihm aber nicht unbedingt begegnen. Ich spreche hier aber nicht von einem irdischen Körper, denn das Leben selbst ist deine Meisterschaft. Mit allem, was darin vorkommt, kann es dich heilen, sofern du es durchschaust. Menschen, die einen Meister haben wollen, werden ihm ohnehin nicht begegnen und Menschen, die glauben keinen Meister oder Guru zu brauchen, denen würde er ganz gut tun. Ein Meister wird dich nichts lehren. Er entleert dich! Wenn du ihm nah bist, bist du in seiner Gnade, die Dinge offenbart, transzendiert und löscht, wie es nur durch die eine höchste Kraft geschehen kann.“ Es war, als hätte sich mir mit Mr. Jones' Worten ein unsichtbares Löschblatt über meine Brust gelegt, um all die schwarzen Flecken aufzusaugen, die mir eine klare Sicht erschwerten. Erstaunt sah ich ihn an. Er sagte: „Wer verstehen möchte, nach Lösungen und Antworten sucht oder glaubt durch einen Meister weiterzukommen, ist hier fehl am Platz. Wer keine Erwartungen hegt und nur dem Ruf seines Herzens folgt, der schenkt dem Meister seine ganze Aufmerksamkeit. Die vorübergehende *Beziehung* zu einem Meister ist wie ein ganz spezielles Liebeslied. Nachdem alles Irdische erloschen ist, ist dieser Bezug der letzte, der eines Tages erlöschen muss, damit alle Anhaftungen verblassen.“ Mit so einer ausführlichen Antwort hatte ich gar nicht gerechnet. Da kam Freude auf und mein Ego strahlte.

„Und wie weiß ich, wer mein Meister ist?“, fragte ich ihn direkt. „Es ist eine reine Herzensangelegenheit und kann mit deinem Verstand nicht erfasst oder erklärt werden. Du spürst unendliche Liebe, es durchfließt dich ein gnadenvoller Lichtstrom, der in dir ein Gefühl von zu Hause vermittelt. Vorerst werden alle deine Ängste und alle anderen hartnäckigen Emotionen aufflammen, dein Ego wird in einen Kampf treten und versuchen, sich vor diesem Meister zu schützen, weil er dein ganzes Weltbild mit einem Schlag zunichtemacht. Dann richtest du deine ganzen Emotionen, wie Wut und Zorn, die hochkommen, gegen ihn und du stellst alles in Frage. Das ist gut, denn der Meister legt das frei, was du elegant verdeckt und wohlbehütet unter den Tisch gekehrt hast. Es erwachen zarte Gefühle, die dich wissen lassen, dass du in ihm nur dir selbst begegnet bist und seine lichtvollen Züge geben dir die Gewissheit, das nötige Vertrauen und die Geduld. Sie entzünden deine Hingabe, schenken dir Demut und ermöglichen dir, in eine unsagbare Dankbarkeit zu fallen. Und das alles, ohne dich dabei zu verletzen. Dein Ego mag sich vielleicht angegriffen fühlen, doch in seinen Händen bist du gut aufgehoben. Du begegnest deinem Meister, wenn du überhaupt nicht damit rechnest. Der Meister ist eher bereit, für den Schüler da zu sein, als der Schüler bereit ist, unterrichtet zu werden. Der Meister hat sich seine Aufgabe nicht ausgesucht. Er ist ein Gottmensch, ein Gesandter … er ist Gottes Sohn, der einen Auftrag erfüllt, der stets unausgesprochen bleibt. Er ist der Vermittler zwischen der Erde und dem nichts, das alles ist. Er ist wahrlich ein Segen."

Wie schön er doch über sich gesprochen hatte. Und er war so bescheiden. Er sprach mit großer Selbstverständlichkeit über Gottes Sohn und gab mir das Gefühl, von mir nicht verschieden zu sein. Jeder Meister hatte einen Meister, aber seinen Meister hatte er nicht erwähnt.

Der Spätnachmittag war herrlich und der sonnige blaue Himmel ließ vom Gewitter nichts mehr erahnen. Nachdem wir ein Waldstück durchquert hatten, kamen wir an einen Weg, hinter dem sich ein großer Acker erstreckte. Zu meiner Linken entdeckte ich ein interessantes Gebäude. Sah es doch eher wie ein altmodischer Turm oder ein überdimensionaler Fabrikschornstein aus. Welch eigenartiges Gebilde das doch war und das mitten in der Wildnis! In unmittelbarer Ferne waren einige Häuser zu erkennen, also doch nicht ganz so entlegen. Plötzlich hielt ich inne. Mir war so, als wollte mir dieser Turm etwas sagen. Ja genau. Ich wüsste zwar nicht was, aber ich musste an das Bild von Marie denken. Sie hatte mir doch damals einen Turm gezeichnet und jetzt sah ich ihn vor mir. Bildete ich mir etwa ein, dass es hier einen Zusammenhang gab? War es ein Hirngespinst oder hatte Marie wieder einmal etwas aufgespürt, was niemand wissen konnte? *Niemand.* Ich musste lachen, denn er weiß sicher, was es mit dem Turm auf sich hat. Aber fragen wollte ich ihn nicht, ich würde es schon noch selbst entdecken. Mit großem Interesse betrachtete ich den Turm. Der Anblick bereitete mir ein mulmiges Gefühl, doch dann fiel mir die Sonne ein, die Marie auf das Bild gezeichnet hatte und ich war mir sicher, dass das alles seine Richtigkeit hatte. Doch irgendetwas war eigenartig und irgendetwas würde es mit dem Turm noch auf sich haben. Was das wohl war?

Ich bat Mr. Jones um eine kurze Pause und so setzten wir uns ins Gras und genossen diesen herrlichen Blick ins Tal. Wäre da nur nicht dieses Monstrum an Gebäude gewesen. Dieser Turm schien mich nicht loszulassen und es gelang ihm, meine Gedanken zu hundert Prozent zu vereinnahmen. Er war schon recht eindrücklich anzusehen und das kaputte Holzdach, das stellenweise in sich zusammengebrochen war, löste eine Empfindung in mir aus, der ich doch lieber aus dem Weg gegangen wäre. Respektvoll sah ich ihn an. Es stand einfach so da.

„Wäre es dir lieber, wenn er hin und her laufen würde?", fragte Mr. Jones. Na, er war ja wieder echt komisch! Ich schwieg. „Nur der Narr kümmert sich um die Hüllen, der Weise erkennt das, was ist und hält sich nicht in Oberflächlichkeiten auf." Ich fühlte mich brüskiert und bemerkte, dass meine lässige Lockerheit doch keine so tiefe Lockerheit war, denn nun schien sie mir, mit einem Schlag, abhandengekommen zu sein. Mein Blick wanderte wieder zu diesem Turm und damit konnte ich mich gut ablenken. Ich wollte Mr. Jones' Weisheiten plötzlich nicht mehr hören. Ich ließ mich doch nicht provozieren! Welchen Nutzen dieser Turm wohl hatte? Meine Gedanken hatten sich bereitwillig auf das Objekt der Begierde gestürzt und sich darin bereits unausweichlich verheddert.

Die Geräusche der Natur waren sehr intensiv und das Summen der Insekten war wie eine Huldigung für dieses Stückchen Erde. Meine Feststellungen wurden von einem herzzerreißenden Hundegewinsel unterbrochen. Ich sah mich um und sah nichts.

Mr. Jones reagierte nicht und schien in einer anderen Dimension zu sein. Ich sah nach links und konnte nichts sehen. Auch als ich mit meinen Augen die andere Richtung absuchte, konnte ich nichts entdecken. Doch dieses Gewinsel mochte einfach nicht aufhören. Da sich Mr. Jones nicht vom Fleck rührte und keinerlei Anteilnahme am Klangschatten des Bewusstseins zeigte, stand ich auf, um nach dem dazugehörigen Hund zu suchen. Er konnte ja nicht weit sein. Nach einiger Zeit entdeckte ich endlich die Misere. Ganz oben auf diesem Turm saß ein Hundebaby und winselte vor sich hin. Wie der wohl dort hinauf gekommen war? Sein Jaulen tat mir in der Seele weh. Jetzt war es an der Zeit, Mr. Jones aus der Stille zu holen. Ich konnte nun keine Rücksicht mehr auf seine Abwesenheit nehmen. Ich tat einfach so, als ob Mr. Jones da wäre, und bat ihn um Hilfe.

„Hören Sie doch!", sagte ich ganz ungeniert und etwas aufgebracht und schubste ihn dabei. „Ja, es hört sich nach einem Hund an." Na, das war aber keine Meisterleistung, das festzustellen. „Aber sehen Sie doch, der Hund sitzt *ganz alleine* dort oben auf dem Turm!" Ich zeigte auf dieses dunkle und äußerst unsympathische und schmutzige Gebäude. „Wenn jemand bei ihm sein würde, müsstest du ja nicht so einen Lärm machen!", entgegnete er. „Ja, es sieht wirklich so aus, als würde er da sitzen. Es sieht aber nur so aus", fügte er noch hinzu und wieder geschah nichts. Obwohl er gar nicht in die Richtung des Turmes sah, schien er bestens Bescheid zu wissen. Wahrscheinlich hatte er ihn schon vor einer Stunde dort sitzen sehen. Durch seine Augen schien ja Gott zu schauen und der sieht bekanntlich alles. Er sieht nicht nur alles, er … er kann auch alles!

„Na, machen Sie doch etwas!“, ermunterte ich ihn stürmisch und hoffte auf eine seiner Taten, die nicht von dieser Welt waren. Wenn er alles sah und alles konnte, konnte er sicher auch diesen Hund retten. Doch Wunder blieben aus. „Sehen Sie doch! Der Hund hat doch Angst. Was ist denn, wenn er runter fällt?“, sagte ich voller Mitgefühl und ließ einfach nicht locker. Nach fünf Minuten sagte er: „Also gut.“ Dann erhob er sich, ging auf diesen Turm zu und verschwand hinter Bäumen und verwildertem Gestrüpp, um an einer Eisenleiter hochzuklettern. Ich konnte nicht hinsehen, denn meine Höhenangst hauchte alten Erinnerungen wieder Leben ein und erklärte diese zur Gegenwart. „Halt durch!“ schrie ich Richtung Turm. Mr. Jones drehte sich kurz nach mir um und warf mir einen fragenden Blick zu. Er hatte sich wohl nicht betroffen gefühlt?!

Ich musste laut auflachen. Die Situation war doch zu komisch. Es war doch wohl klar, dass ich den Hund meinte. Doch dieses Lachen hielt nicht lange an, denn mir schwante nichts Gutes. Mr. Jones kletterte wirklich sehr flink diesen Turm hoch und erst jetzt erkannte ich, dass dieser mindestens hundert Meter hoch sein musste. Na ja, vielleicht etwas übertrieben, aber dreißig bestimmt. Mr. Jones hielt den Hund auch schon in der Hand. Er zeigte ihn in meine Richtung, was so viel bedeuten sollte wie: Keine Gefahr mehr in Verzug. So verstand ich es zumindest. Für Mr. Jones war ja nichts weiter passiert, außer dass sein Schatten an einem Turm hochgeklettert war. Ich winkte ihnen noch beiden zu und plötzlich waren sie verschwunden. Sie waren doch nicht in diesen Turm gefallen? Nein, ich hatte keine Schreie gehört und auch kein Bellen. Mr. Jones würde schon wissen, was er tat. Ich rief ihn mehrmals, erhielt aber keine Antwort und so entschloss ich mich, mich hinzusetzen und zu warten. Der Turm hatte innen sicher eine Treppe, versuchte ich mir einzureden. Wenn er aber innen hohl war? Es dämmerte bereits und es war weit und breit kein Mr. Jones in Sicht. So stand ich also mitten in der Fast-Wildnis, die wohlgemerkt eine Nicht-fast-Wildnis war. Ich war sehr in die Situation verstrickt und sorgte mich um die beiden. Wie schon oft erklärte ich diese Bilder zur Realität und nahm dem Geschehen jede Möglichkeit, sich als *das Eine* zu entlarven. Die Schatten hatten mich fest im Griff und verwehrten mir die Durchsicht. Zögernd näherte ich mich dem Turm und rief immer wieder nach Mr. Jones. Keine Antwort. Kein Bellen. Kein Mr. Jones. Kein Hund. Nichts! Rein gar nichts!

Ich wollte mir diesen grauenhaften achteckigen Ziegelbau etwas genauer ansehen und zog es in Betracht, um ihn herum zu laufen. Auf der Rückseite waren keine Bäume und Sträucher, die einem die Haut zerkratzen konnten und es war auch kein Gerümpel zu sehen. Ein mit Gittern versehenes Fenster und eine Eingangstüre, die keine Türklinke hatte, konnten ja nicht gerade als außerordentliche Entdeckung gefeiert werden. Mein Blick nach oben offenbarte mir ein weiteres Fenster, über dem ein Holzvorbau thronte. Instinktiv duckte ich mich aus Angst, mich könnte eines dieser waghalsig hervorstehenden Holzbretter am Kopf treffen. Obwohl ich kein Freund von Dornen oder Schlangen war, ging ich wieder zu dem Gestrüpp und Gerümpel zurück.

Die Äste waren ziemlich steif und starr und ich hatte Mühe, sie beiseite zu drücken, ohne mich darin zu verheddern. Ich packte allen Mut zusammen, um am Turm hoch zu klettern. Was blieb mir anderes übrig als nach dem Rechten zu sehen! Die ersten paar Sprossen gingen ja noch. Ich sagte mir bei jedem Schritt immer wieder: Jetzt … jetzt … jetzt … Ich muss zugeben, es klang nicht so göttlich wie das *Jetzt* von Mr. Jones. Und es trug auch keinen Mut in sich. Auch wenn mein *Jetzt* seine Wirkung nicht nur meilenweit, sondern um Dimensionen verfehlte, hörte ich nicht damit auf, es vor mir herzusagen. Ab Sprosse sechsundzwanzig aber schien es nicht mehr so gut zu funktionieren. Hatte es jemals funktioniert? Jetzt kam ein Bloß-nicht-nach-unten-Sehen zum Einsatz. Das Bloß-nicht-nach-unten-Sehen fühlte sich nicht besonders gut an und nach weiteren zwanzig Sprossen wurde mir sehr mulmig zumute. Bei Sprosse sechsundsechzig fing ich an zu singen, das half immer. Doch meine Stimme hatte nichts Erfrischendes oder Fröhliches an sich, sie zitterte und klang sehr karg. So schloss ich die Augen und tastete mich die letzten Sprossen langsam nach oben. Mit geschlossenen Augen war es noch grauenhafter und ich hatte die Befürchtung, dass mir das Herz stehen bleiben könnte. Als ich endlich oben war, wurde mir erst bewusst, wie hoch dieser Turm doch war. Fünfzig Meter schätzte ich jetzt. Ich hatte mich mit der Hälfte von hundert arrangiert. Ich war froh, dass dort oben neben dem stark beschädigten Holzdach auch eine Plattform war und kein Loch, wie vermutet, so konnte ich mich erstmal vom Aufstieg erholen. Es war eher eine emotionale Angespanntheit, als eine körperliche Anstrengung, die mich da heimsuchte.

Nachdem ich ein paarmal nach Mr. Jones gerufen hatte, sah ich mich etwas genauer um, entdeckte neben unzähligen Holzteilen und Brettern jede Menge Eisenteile und auch eine Falltüre, die aber scheinbar verschlossen war. Ich brachte sie auf alle Fälle nicht auf, denn sie schien eingerostet zu sein. Vorsichtig sah ich hinunter und beugte meinen Kopf so weit nach vorne, wie ich nur konnte, doch hielt ich immer einen Sicherheitsabstand zum Rande des Turms. Es überkam mich ein grauenhaftes Bild, das mich in die Knie zwang. Ich sah Mr. Jones am Boden liegen und neben dran den Hund. Beide waren blutüberströmt und bewegten sich kein bisschen. Woher diese bescheuerten Bilder bloß wieder herkamen. Ich musste an das Erlebnis mit Marie denken. Es war ähnlich. Aber obwohl es jetzt anders war, war es nicht unbedingt besser, musste ich zu meiner Verzweiflung feststellen. Wenigstens blieb ich von den Erinnerungen an meinen Fast-Absturz im Gebirge verschont. Die herannahende Dunkelheit trug ihren Teil dazu bei, dass in mir eine unüberwindbare Angst hochstieg, die an diesen Blutbadbildern haftete, sie immer wieder aufs Neue erzeugte und nicht davor zurück schreckte, sie in grauenhafte, detaillierte Einzelheiten aufzusplittern.

Als ich aufstand, um mich noch einmal umzusehen, stieß ich mich an einem Eisengerüst und blieb an einem rostigen Nagel hängen. Ein höllischer Schmerz durchfuhr mich und ich konnte zuerst gar nicht hinsehen. „Ach du Sch…", schrie ich instinktiv. „Auch das noch!" Ich blutete und musste ein richtiges Loch in der Wade haben. Da fiel mir der Unfall mit meiner Mama wieder ein. An einem düsteren Septembertag wollte sie mit mir eine Freundin von ihr besuchen. Wir fuhren mit dem Fahrrad dorthin und beim Rückweg geschah es. Ich hätte meinem Alter nach noch hinter meiner Mama bleiben müssen. Ich fragte sie aber kurz vor dem Unfall, ob ich nicht vor ihr fahren dürfte. Sie hatte es mir noch nie erlaubt, aber in diesem Moment ließ sie mich vorfahren. *Der Mutterinstinkt kommt der Göttlichkeit wohl sehr nahe.* Unbewusst hatte sie mich einfach nur beschützen wollen. Ein paar Minuten später, als sie bereits hinter mir fuhr, hörte ich Reifen quietschen, ein Klirren und einen dumpfen Aufprall. Wie in einem Dämmerzustand sah ich, was ich jetzt sah und erfasste alles nur am Rande. Da lag sie nun am Boden hinter mir, mit dem Kopf am Gehsteig aufgeschlagen, mitten in einer großen Blutlache. Ich war wie gelähmt und ich weinte nicht. Ich weiß nur noch, dass ich mich vom Fahrer des Autos nicht trösten lassen wollte. Ich hatte ihm die Schuld an dem Unfall gegeben. Ich hatte dieses Erlebnis wohl nie verarbeitet.

Eine alte, etwas verwirrte Frau, die vorbei kam, hatte beiläufig „Ach, lasst die doch liegen, die ist sicher schon tot" von sich gegeben. Auch wenn ich mich nicht mehr wortwörtlich daran erinnern konnte, diese Situation hatte sich tief in mich eingeätzt und eine riesengroße Kluft in mein kleines und verletzliches Kinderherz gerissen. Ich saß nun auf einem Dach eines Turmes, mitten im Wald, mutterseelenallein und Tränen quollen aus mir hervor. In diesem Moment war ich wieder so tief im Leid verhaftet, wie schon etliche Male zuvor. Diese sich dazu ergänzende Gruselkulisse war mir bis dato jedoch vorenthalten worden. Jetzt stimmte wirklich alles. Gab es noch eine Steigerung dieses

Desasters? Nein! Da war nichts, was mich aufmuntern hätte können. Kein Lichtblick! Einfach nichts!

Die Bilder von diesem Unfall hatten es in sich und auch in meiner Erinnerung tiefe Spuren hinterlassen. Narben konnten nur heilen, wenn all die Angst und all der Schmerz endlich emporkamen, um sich Schritt für Schritt als Licht zu erkennen. Bis jetzt hatte ich es immer verdrängt und abgewürgt, und war wohl zu feige gewesen, mich dem zu stellen. Es war wohl ein typisch menschlicher Zug, allem Unangenehmen auszuweichen. Mr. Jones hatte Recht. Ich hatte jahrelang alles unter den Tisch gekehrt. Mr. Jones und den Hund hatte ich für einen Moment lang vergessen. Ich machte mir Sorgen um mein eingebildetes Dilemma, denn in mir rumorten die Schattengeschöpfe mit ächzenden Schreien, und der Morast des Egos mit all seinem Schlamm gärte vor sich hin und ließ einen üblen Geruch aufsteigen. So saß ich in meinem Elend, wog mich plötzlich wieder im Selbstmitleid und mein Bein tat entsetzlich weh. Es schmerzte! Es war wie ein Kampf zwischen dem Licht und dem unerkannten Licht, das sich noch als Angst zeigte, weil ich noch nicht reif dazu war, sie freizugeben.

Natürlich lieferte mir mein Verstand noch zusätzliches Futter, welches ich auch noch schlucken sollte. Mein Denken zog eine Blutvergiftung in Erwägung. Ich hatte mich ja schon lange *gegen* Impfungen entschieden und der Gedanke an das Schlimmste zog mich ein Stück ins Abseits. Die Arroganz des Egos zog wirklich alle Register und mit dem Denken gekoppelt waren sie ein fast unschlagbares Team.

Doch nun waren Stärke und Vertrauen gefragt. Ich war an meine scheinbaren Grenzen gestoßen, denn eine einleitende Klärung, die in eine Läuterung übergehen würde, war sicher kein Spaziergang. Neben dieser Angst zogen grauenhafte Gefühlsschübe wie Wut und Hilflosigkeit einher und krochen schleichend und zerstörerisch an mir hoch. Schattenhafte, undurchsichtige Gebilde, die wie Eiterherde in mir pulsierten und ihr Gift verspritzten, dehnten sich aus. Der Tränenfluss war nicht mehr zu stoppen und meine Unbeholfenheit machte mich aggressiv. Wo war denn Mr. Jones nur geblieben?

Die übliche Reaktion, vom Thema abzulenken, hatte sich durchgesetzt. „Mr. Jones!“, schrie ich komplett außer mir und ich schrie so laut ich nur konnte. Warum auch musste ich Vollidiot diese bescheuerte Rast vorschlagen? Ich trotzte und in mir brodelte es wie in einer Hexenküche. Diese heftigen Programme würden immer wieder in mir aufflammen, wenn ich mich dem jetzt nicht endlich stellte. Den ersten Schritt, um diese Mauer zu zerbrechen, könnte ich jetzt wagen. Ich musste diesen Trugbildern und Scheinemotionen standhalten, bevor ich sie durchschauen konnte. Oder musste ich sie zuvor durchschauen, um ihnen standhalten zu können? Wie war ich doch verwirrt. Ich schien alles zu wissen, aber irgendwie wusste ich gar nichts mehr. Mein ganzes Wissen nutzte mir rein gar nichts!

Ich *musste* Ruhe bewahren und ich *musste* vor allem aus meinem Programm herausfinden. Ich *musste* dahinter sehen, denn ich *musste* den menschlichen Raum irgendwie verlassen! Ich *musste* raus aus der spaltenden Welt und in die Tiefen vordringen, wenn ich mich dem wirklich stellen wollte. Und ich *musste* augenblicklich damit aufhören, diese Geschichten zu erzeugen und diese Gedanken zu denken. Und ich *musste* endlich damit aufhören, das Wort „*musste*“ zu verwenden. In diesem Moment ließ ich alles sein. Mir war es egal. Ich gab mich dem hin. Wie von selbst wich der Druck, etwas tun zu *müssen*, der Einsicht, es einfach geschehen zu lassen.

Wie übel miefende Geschwülste brachen Emotionen und Gedanken in mir auf und versuchten mich in ihrem Netz zu verstricken. Wäre ich weiterhin in meinem begrenzten Denken geblieben, wäre die Gefahr jetzt groß, dass sie sich als Abszesse abkapselten, um frisch und fröhlich weiter vor sich hin zu wuchern. Es waren schemenhafte, zynische Fratzen und Gebilde, die nach Luft schnappten, doch die Dunkelheit ließ sie in ihrer Finsternis schmoren. Um die liebliche, bisher verwehrte Freiheit zu schnuppern, wagte ich nun den ersten Schritt und der war der Rückzug in das Selbst, in den Raum hinter den Dingen der Welt. Und es geschah ganz von selbst! Doch bevor es begann, lichter zu sein, gesellte sich mein Ego wieder dazu. Es brüstete sich und war voller Freude, denn es wollte mir vorgaukeln, dass ich nun etwas schaffen könnte. So fiel ich wieder in dieses Loch, in diese Schattenwelt zurück.

Mein bisheriges Davonlaufen, welches ich ein Leben lang praktiziert hatte, hatte die Angst vorübergehend immer wieder überdeckt, doch sie musste irgendwann umso intensiver nach außen geschleudert werden. Mein unbeeindrucktes Beobachten würde sie entkräften, und wenn ich bereit war, wirklich bereit war, unbeirrt und ohne Bezug hinzusehen, würde die Ursprünglichkeit, der wahre Kern der Angst in den Vordergrund treten. Ich ließ diese Geschichten in meinem Kopf nun endgültig sein und so konnte sich kurzzeitig eine gewisse Unbeteiligtheit einstellen. Die plötzliche Stille, Ruhe und Einsicht wandelten das Vergängliche um und transzendierten es in die heilige Substanz dessen, was ist. Ich konnte jetzt entdecken, was dahinter war und ich konnte jetzt aufdecken, was zugedeckt war und ich musste nichts dabei tun, außer mich dafür zu öffnen, damit die Ablenkungen und Ideen meines Hirns gestoppt werden konnten.

Doch mein hartnäckiger Verstand rückte abermals an die Front und unterbrach die stille Gelassenheit. Er suchte ruhelos nach Vergleichen, bis er auf eine Gruselgeschichte stieß, die meiner Kindheit entsprang. Ein rastloser Flaschengeist mit grauenhaftem Gelächter wartete nur darauf, aus der Flasche zu entweichen, um sein Opfer anschließend genüsslich zu verschlingen. *Der Geist im Glas!* Dieses höhnische Gelächter klang nach und mich fröstelte es. Es war einfach nicht still! Dieses Gelächter vermischte sich mit dem Gefühl, dass dieser Geist mit einer Axt hinter mir stehen könnte und mir damit umgehend meinen Schädel spalten würde. Ich drehte mich erschrocken um, und als ich in diese Richtung sah, spürte ich nun auf der anderen Seite diese Angst im Genick, dass dem Zeitlichen jetzt ein Ende setzen würde. Erschrocken zuckte ich zusammen und bewegte mich ruckartig in alle Richtungen, um die Illusion der Kontrolle zu bewahren. Und da erkannte ich, es war nicht der Tod, der mir Angst machte und auch die Angst selbst war nicht das Problem.

Vor der Angst schien die Kontrolle zu sitzen und dies war genau der Punkt, der über mich die größte Macht auszuüben vermochte. Es war die Angst, die Kontrolle abzugeben, die ich nie wirklich besessen hatte. Was wollte man kontrollieren, wenn man doch nicht der Handelnde war? Ich sank in mir zusammen und beendete das Spiel, mich dagegen zu stellen. Der Widerstand war gebrochen und genau das war der einzige Weg. Nein, es war keine Taktik, um den Weg für eine Veränderung freizugeben, sondern ein natürlicher Instinkt, sich dem Lauf der Dinge zu ergeben.

Ein brennendes Stechen am Bein veranlasste meinen Verstand dazu, mir weismachen zu wollen, *dass die natürliche Nicht-Reaktion, die den Kampf beendete und widerstandslos war,* eine körperliche Schwäche wäre, die bereits die ersten Anzeichen einer Blutvergiftung signalisierte. Nun wurde ich durch dieses leere Gedankengerüst wieder dazu animiert, gegen diese lähmende Angst anzukämpfen und versuchte alle bedrohlichen Gedanken zu eliminieren. Ich *versuchte* also ein weiteres Mal gegen etwas anzukämpfen, was keine Substanz hatte. Ja, es existierte nicht und doch verfiel ich wieder und wieder der Täuschung, es loswerden zu wollen. Die Identifikation als ein existierender Abklatsch wirklich zu sein und damit all meinen Sinnen Aufmerksamkeit zu schenken, hatte mich fest im Griff. Ich war scheinbar weit davon entfernt, meine Persönlichkeit zu durchschauen und *versuchte* also weiterhin, mich über sie zu erheben. Ich *versuchte* alles in mir Aufsteigende abzuwürgen und *versuchte* dem zu entkommen. Ja, ich *versuchte* und wollte, weil ich allen Ernstes glaubte, etwas ändern zu können. Das war zwar lächerlich, aber präsent. Die lähmende Angst hielt mich davon ab, nur irgendeinen Schritt zu tun. Mein Hirn rebellierte und ich entschloss mich nun doch für einen Rückzug, um den düsteren Gesellen an Emotionen zu entgehen. Ich wollte mich nicht mehr dagegen stellen und ich wollte mich auch nicht mehr hingeben! Warum sah ich es schon wieder aus meiner Nicht-ich-Perspektive? Über diese absurde Verstandes-Frage war ich entrüstet. Ich hatte doch keine Wahl! Ich konnte keine Einbildung löschen! Ich konnte aber endlich hinsehen, was hinter der Einbildung war! Für meinen Verstand aber war Ablenkung jetzt das Bequemste, Praktischste und Naheliegendste, auch wenn es keine Perspektiven gab. Nun ging es erst so richtig los.

Alle grauenhaften Bilder und Gefühle, alles, was hochkam, war ein emotionales Ausbluten der scheinbaren Verhaftungen, Verwurzelungen und Verstrickungen. Diese ungeklärten Emotionsgebilde hatten es geschafft, mich von einer Täuschung in die nächste zu stürzen und mich immer wieder in den Strom der Phänomene hineinzuziehen. Meine Uneinsichtigkeit hatte jedes Mal wieder einen künstlichen Raum geschaffen, in dem sie mir begegnen konnten. *Und es war nicht der Raum, der sich hinter den Dingen der Welt verbarg*, denn dieser Raum war gefaked. Jetzt war es an der Zeit, hinzusehen und es mit Klarheit zu erfassen, die Angst im Raum stehen zu lassen, um die *Verabschiedung* dieser dunklen Gestalten einzuleiten. Verabschiedung!? Von was? Ich ertappte mich ein weiteres Mal dabei, immer noch etwas zu wollen und in dem Irrglauben verstrickt zu sein, als Mensch hier und jetzt tatsächlich etwas verändern zu können.

Dieser Impuls rüttelte mich wach und ich spürte einen brennenden Stich in meiner rechten Brust. Ich konnte kaum Luft holen, es stach ununterbrochen und es war etwas noch nie da Gewesenes. Würde sich das Herz auf der rechten Seite befinden, wäre ich sicher der Angst erlegen, jetzt und hier einen Herzinfarkt zu bekommen. Der Kampf musste enden! Jetzt! Nein! Herrschaftszeiten noch einmal! *Der Kampf darf jetzt enden! Ich bin bereit mich hinzugeben, an das All-Eine. Jetzt!* Es war da ja niemand, der die Angst, alle weiteren Emotionen und Gedanken loswerden wollen könnte. Wozu also sie noch benennen? Doch war das nicht wieder ein weiteres Wissen meiner Person? Mag sein, doch diese Nicht-

Involvierung gab mir Kraft und ich beobachtete endlich, was war. Gerade als ich die erlösende Erleichterung vernahm, wurde ich urplötzlich dem Strom der Leichtigkeit entrissen und neue Gebilde zeigten sich mir. „Ach nein!", rief ich laut. „Nicht schon wieder!" Eine weitere Träne bahnte sich den Weg in die Freiheit und ich schaute längst vergessenen Geschehnissen, die aus meiner Unwissenheit heraus tiefe Verletzungen in mein Herz gerissen hatten.

Ich hatte dieses grauenhafte Bild vor Augen, als ich am Bahnhof dem Betrunkenen begegnet bin. Der Besoffene, der mich niederriss, dieser Zusammensturz des Baugerüstes und mittendrin: Madita Mangold. Dort hatte ich dieses Bild von einer Frau vor Augen gehabt, welche in ihrem Blut am Boden lag, das ich aber nicht zuordnen konnte. Jetzt aber konnte ich es ganz klar erkennen. Es war während des Ferienlagers und diese Frau hatte einen Unfall, den ich beobachtet hatte. Diese Erinnerungen hatten sich ausgeblendet und waren aus meiner emotionalen und rationalen Datenbank scheinbar gelöscht worden. Aber nur scheinbar! Plötzlich war meine Erinnerung wieder da. Vollumfänglich und klar. Weniger klar wäre mir wahrscheinlich lieber gewesen und vor allem hätte es sich dann sicher besser angefühlt.

Ich ging in einem Maisfeld spazieren, um Maiskolben zu sammeln, die wir am Abend grillen wollten. Und ich hörte diesen dumpfen Aufprall und ich erinnerte mich an den Unfall meiner Mutter. Wie besessen lief ich zur Straße und schrie immer wieder: „Mama, nein! Nein, Mama! Nicht!" Ich sah das Fahrrad mit dieser Frau dort liegen. „Nein, nicht schon wieder!", kam es ständig in mir hoch und von tiefer Angst gezeichnet konnte ich auch hier keine einzige Träne vergießen. Scheinbar hatte ich bereits beim Unfall meiner Mutter das Weinen eliminiert, da ich es derart unterdrückte, dass es nicht wieder hochkommen konnte.

Und jetzt wurde mir auch meine Härte bewusst und dieser ständige Knoten im Hals. Das ewige Runterschlucken musste endlich ein Ende haben. Ich musste schlucken und jede Träne ergoss sich stolz und erhaben über ihr neu errungenes Reich. Als

Frau meinen Mann zu stehen und mich immer und überall durchzusetzen war fast zu einem Dogma geworden, dem ich mir gar nicht bewusst war. Da fiel mir wieder der Vergleich mit dem Bambus ein: Was sich biegt und weich ist, bleibt bestehen und was hart ist wie Stahl, wird daran zerbrechen. Leben ist Hingabe. Weiblichkeit und Femininität ebnen den Weg zum Herzen, der aber, der sich verwehrt, der kämpft, der trickst und der selbst zurechtbiegen will, wird den Pfad niemals beschreiten. Der Einzug ins Licht wird also nur dem gewährt, der sein Herz öffnet und das kann man nicht wollen, lernen oder üben. Es geschieht, so wie eben. Es passiert einfach. Es stellt sich ein!

Ich atmete tief durch und es befreite sich etwas in mir, nichtsdestotrotz kam das Bild wieder zum Vorschein, wie ich schreiend durch das Maisfeld rannte und diesem klirrenden Geräusch ausgeliefert war. Damals hatte ich das Gefühl, den Unfall mit meiner Mutter noch einmal zu erleben. Keine Ahnung, wie oft ich *Mama* gerufen hatte. Dieses Wort verließ unzählige Male meine Lippen. Ich sah das Auto noch wegfahren. Und diese Frau lag bewegungslos da. Und überall war dieses Blut. Dieses Rot, das Gefahr signalisierte. *Warum bleibt er nicht stehen?!,* ging es mir unzählige Male durch den Kopf. „Warum fahren Sie weiter? Bleiben Sie doch stehen! Kommen Sie zurück!", rief ich immer wieder laut. Wie ein Echo hallten diese Sätze in mir nach und die Vergangenheit entließ mich für einen Moment aus ihrer jahrelangen Knechtschaft.

Tränenüberströmt saß ich da. „Warum hat der Fahrer nicht angehalten!", schluchzte ich und schlug die Hände vor mein Gesicht. Ich verstand nicht, warum ich nicht Hilfe holte! Ich lief einfach weg und ließ die Frau dort liegen. Wie konnte ich das nur tun? Was ist, wenn sie gestorben war? Tiefes Entsetzen machte sich in mir breit. Jahrelang hatte sich dieses Erlebnis tief in mir versteckt und jetzt tat es sich auf.

Auf einmal spürte ich eine warme Zunge, die mir über das Gesicht leckte und eine Stimme, die sagte: „Die Frau lebt. Es ist die Mutter von Marie!" Mr. Jones war wieder aufgetaucht und setzte sich neben mich. Maries Mutter? War das möglich? „Gott sei Dank, sie lebt!“, entwich es mir. Wahrscheinlich hatte Mr. Jones mich hierher gelotst, um mich endlich wachzurütteln. Weitere Tränen der Erleichterung liefen über meine Wangen und der Hund spielte wohl unbewusst Taschentuch mit mir. Er schleckte mir das ganze Gesicht ab und dabei entlockte er mir ein Lächeln.

„Kann ich mir das jemals verzeihen, dass ich damals davongelaufen bin?“, sagte ich leise. Nun kamen auch noch Selbstvorwürfe hoch. „Ein Verzeihen setzt voraus, dass du etwas falsch gemacht hast. Es gibt keine Schuld. Schuld ist etwas Künstliches. Du obliegst dieser Täuschung, weil du immer noch glaubst, über einen freien Willen zu verfügen. Wenn du dir bewusst bist, dass es so etwas wie einen persönlichen freien Willen nicht gibt, wozu sich also schuldig fühlen? *Der scheinbar Schuldige ist das Opfer einer Täuschung!*“, sagte Mr. Jones und er bestätigte mir das, was ich bereits wusste, jedoch noch nicht verinnerlicht hatte. „In der *Bhagavad-gita* unterhält sich Krishna mit Arjuna auf dem Schlachtfeld. Arjuna hatte Bogen und Pfeil zu Boden geworfen und sich geweigert, gegen seine Verwandten zu kämpfen. Krishna fragte ihn, ob er allen Ernstes glaubte, dass es seine Entscheidung wäre, über Leben und Tod zu entscheiden. Krishna erklärte Arjuna, dass jede Tat bereits entschieden ist, *bevor* sie geschieht und dass man seinem Schicksal nicht entkommen kann. Dies ist übrigens Teil der *Dnyaneshwari. In diesem Werk spricht Gott zu dir und schildert dir in allen Einzelheiten, wie du Befreiung erlangst.* Es ist die Königin unter den Büchern der Weisheit. Wenn du sie mit dem Herzen liest, gibt es nichts mehr zu tun.“ Mr. Jones’ Worte klangen nach und die *Dnyaneshwari* erhellte mein Herz.

Dankend nickte ich ihm zu und sah ihn etwas benommen an. Der unwillentliche Mut, meinen inneren Blick absichtslos so lange auf das scheinbar Ungewollte zu richten, ließ mich mich selbst darin erkennen. Nun trat das höchste und wahre *Ich* hervor, um meinen Plan zu erfüllen. Alle Irrtümer und Scheinheiligkeiten fielen ab und in mir war Friede. Ich trank vom göttlichen Nektar, weil der Nährboden der Angst entwichen war.

„Du hast dich verletzt?“, fragte mich Mr. Jones mit sanfter Stimme, während er sich mein Bein etwas genauer ansah. „Aua. Autsch!“, zuckte ich zurück, denn es tat echt weh, auch wenn es nur mein Körper war, der ein Loch in der Wade hatte. Mr. Jones wickelte mir ein Stofftuch drum herum und setzte sich neben mich. „Ich werde dir zu Hause einen Wickel machen und morgen ist das schon wieder vergessen“, sagte er aufmunternd und dieser Satz hatte etwas sehr Mütterliches an sich. Es passte so gar nicht zu ihm. Erstaunt sah ich ihn an und hatte ihn wieder einmal völlig neu erlebt. Ich mochte es, wie er *zu Hause* sagte. Nicht nur, dass ich bei ihm wohnen durfte, ich fühlte mich bei ihm wirklich zu Hause. Und wieder musste ich an Marie denken, als wir neben der Kirche standen, sie meine Hand zum Himmel erhob, mich mit Steven Spielbergs *E.T.* zutiefst berührte und zum Lachen bewegte.

„Wo waren Sie überhaupt?!“, fragte ich ihn in einem doch etwas vorwurfsvollen Tonfall. Er ließ mich hier in meinem Elend einfach alleine. Nein, nicht schon wieder dieses Wort. Ibin Aelend hatte mir jetzt gerade noch gefehlt! „Ich hatte zu tun!“, sagte er sehr bestimmt. „Das Ego ist wie eine Krankheit, wie eine Warze. Es bläht sich auf und nur ein stetes Durchlichten wird dich von dieser Scheinkrankheit erlösen.“ Mir fiel dieses Gemälde ein, das ich immer *Den eingebildeten Kranken* nannte, obwohl es eigentlich *Der arme Poet* war. Voller Glück dachte ich an den *Bücherwurm*, der ebenfalls von Spitzweg war, und mich schon immer fasziniert hatte. Eine Bibliothek, ein Mann und eine Leiter. Ein sagenhaftes Bild. Und jetzt hatte diese Faszination auch einen Namen: Mr. Jones.

„Der erste Schritt ist getan“, ließ mich Mr. Jones wissen. Na, wenn das erst der erste Schritt war, dann Prost Mahlzeit. Ich vermutete zwar, schon etliche Schritte gegangen zu sein, doch scheinbar begann ich erst jetzt, selbstständig und aufrecht zu laufen. Das war jetzt bestimmt nicht der richtige Zeitpunkt, um darüber nachzudenken. Es würde wohl nie einen richtigen

Zeitpunkt dafür geben, dem Denken überhaupt meine Achtsamkeit schenken *zu sollen.*

„Wie gern würde ich jetzt Marie bei mir haben!", seufzte ich leise. Mr. Jones entging natürlich nichts. Wider Erwarten kam keine Bemerkung, dass es so etwas wie Trennung nicht gibt. „Wünsch es dir doch!", sagte er spontan. Ich traute seinen Worten nicht. „Ich? Ich darf mir etwas wünschen? Wirklich?" Dann sah ich nach Mr. Jones, der mir wohlwollend zunickte. Aufgeregt schloss ich die Augen und wünschte mir innigst, Marie zu sehen. Ein überraschendes Leuchten tat sich auf und vor mir entstand ein strahlender Punkt, der sich immer heller und weiter ausdehnte, bis er sich zu einer wunderbaren Lichtgestalt geformt hatte. Ich rieb mir die Augen und konnte kaum glauben, was ich da sah. Mir war klar, dass es nur ein Bild war, doch es war so anmutig und echt. Da stand sie nun vor mir, meine Marie! Sie lächelte mir zu und setzte sich inmitten einer Wiese ins saftige Gras. Wie groß sie doch geworden war. Ich hatte sie viel kindlicher in Erinnerung gehabt. Mit einem Buch in der Hand war sie ganz Kind und ihre seitlich nach hinten gebundenen Haare verliehen ihr etwas Erwachsenes. Sie war zum Anfassen nahe, als ob sie tatsächlich mit Haut und Haaren vor mir sitzen würde, und obwohl es sehr dunkel war, Marie strahlte. Schließlich stand sie auf und drehte sich im Kreis. Dabei bewegten sich ihre Locken im Wind. Ihre roten Bäckchen glänzten und sie kicherte ausgelassen vor sich hin. Ich streckte die Hand nach vorne. „Marie!" Fassungslos sah ich nach Mr. Jones. „Was geschieht hier?", stammelte ich vor mich hin und wieder liefen mir Tränen über meine Wangen. Maries Anblick war einzigartig und durchflutete mein ganzes Wesen. „Marie!", rief ich noch einmal „Wie schön, dich zu sehen."

„Madita!", erwiderte sie und ich war hin und weg, dass sie auch noch sprechen konnte. „*Weißt du*, bedingungslose Liebe und Hingabe an die Allmacht heben außergewöhnliche Erfahrungen empor, die sehr schönen und wunderbaren Begebenheiten gleichen. Übersinnliches und Übermenschliches nennt es nur der Mensch, der die Sonne noch nicht im Herzen hat. Vielmehr ist

das hier nur ein klitzekleiner Vorgeschmack auf deine wahre Natur. Deswegen öffne dich ernsthaft und verwehre dir Dinge nicht ständig, lehn sie nicht ab und bewerte nicht andauernd. Wenn du deine Arbeit nicht magst, lehnst du Gott ab. Wenn du auf einen Menschen zornig bist, haderst du mit Gott und richtest diesen Zorn gegen ihn. Wenn du jemanden beschimpfst, beschimpfst du Gott, und wenn du jemanden hintergehen tust, hintergehst du ihn, den allmächtigen Sonnenfürst. Sein Wirken, seine Hände und seine Augen sind überall. Wenn du dir etwas wünschst, kann es aber niemals Gott selbst sein, weil er bereits in allem ist, bevor du es sehen kannst. In allem! Unzuwiderruflich."

Sie lachte vor sich hin und wiegte sich in ihrem Schein. „Wenn aber ein Wunsch aus deinem Herzen kommt und es dein brennendstes Verlangen ist, nach dem du dich verzehrst, können Wünsche schon mal Wirklichkeit werden. Du hast es gesehen. Ich bin da!"

„Marie … ich …", weiter kam ich nicht, denn das Bild verblasste und verschwand wie im Nichts. Wie im Leben selbst hatte sie es nicht versäumt, mir noch einmal zuzuwinken. Noch lange starrte ich an diese Stelle, wo Marie mir erschienen war und selbst die Dunkelheit hatte in diesem Moment eine komplett andere Bedeutung bekommen. Sie brachte das hervor, was strahlender nicht sein konnte. Warum also lehnte ich Dunkelheit ab? Warum hatte ich Angst vor ihr?

Mr. Jones sah mich sehr liebevoll an und mit milden Worten sagte er: „Wenn du das Licht einschaltest, verschwindet die Dunkelheit ganz von selbst. Auch das Dunkle in dir, das Schattenhafte wird eines natürlichen Todes sterben und aus deinem Blickwinkel gerückt, wenn du dich dem Licht öffnest und ihm stets deine ganze und vollumfängliche Aufmerksamkeit schenkst." Ich trocknete meine Tränen, streichelte dem kleinen Hund über sein flauschiges Fell und flüsterte Mr. Jones zaghaft zu: „Wann werde ich denn endlich frei sein?" Die Antwort ließ nicht lange auf sich warten. Und diese war wirklich etwas Besonderes, an

Natürlichkeit und Einfachheit wohl kaum zu übertreffen: „So Gott will!"

Ich kletterte zuerst hinunter, und als ich unten angekommen war, bemerkte ich, dass ich gar keine Angst mehr hatte. Ein Lächeln huschte über mein Gesicht und ein Blick nach oben verriet mir, Mr. Jones war nicht da. Nicht schon wieder! Ich rief ihn und rief ihn, jedoch ohne Erfolg. Da ich sowieso nicht mehr viel sehen konnte, setzte ich mich ins Gras und lehnte mich gegen die Stahlleiter. Plötzlich stand Mr. Jones neben mir. „Wie haben Sie denn das jetzt gemacht?", fragte ich ihn erstaunt. Er hatte die Leiter nicht benutzt, das stand fest. Ich wusste es! Er konnte sich in Raum und Zeit bewegen, ohne auf seinen Körper angewiesen zu sein.

„Wie haben Sie das gemacht?", fragte ich ihn erneut, in der Hoffnung ihm ein großes Geheimnis zu entlocken. „Was gemacht?", entgegnete er. „Na, wie sind Sie denn hier herunter gekommen?" „Über die Treppe natürlich!", sagte er ganz unbeteiligt. „Was? Wie bitte? Es gibt eine Treppe in diesem Turm? Und das sagen Sie mir erst jetzt?", sagte ich entrüstet. „Der Eingang befindet sich auf der Rückseite des Turms. Wie sonst soll ich bitte mit einem Hund in der Hand die Leiter hinunterklettern?", fragte er mich erstaunt. Ja, den Eingang hatte ich gesehen, doch der hatte ja keine Klinke dran. Zumindest schien es auf der Innenseite der Türe eine zu geben. Wie beruhigend. Verwundert sah ich ihn an. Er tat gerade so, als ob er ein ganz normaler Mensch wäre. War er aber nicht! Seine Bescheidenheit war schon fast frevelhaft. Das Blitzen in seinen Augen verriet mir, dass er zwar die Wahrheit sagte, dass er aber weder Treppe noch Leiter, weder Füße noch ein Fortbewegungsmittel benötigte, um sich fortzubewegen. Seine Lippen blieben versiegelt. Das goldene Band der Licht-Bruderschaft wusste wohl um das höchste Gesetz der Verschwiegenheit.

Mr. Jones hielt mir eine Taschenlampe entgegen und ich wunderte mich, wo er die nun wieder hergezaubert hatte. Er ignorierte meine Verwunderung und ich sah endlich das Licht, auch wenn es nur das einer Taschenlampe war. „Du hättest den Hund ja auch in deine Rucksacktasche stecken können!“, stellte er dann belustigt fest. „Meine Tasche!“, schoss es mir durch den Kopf. Wo war sie denn? Ach du Schande! Die hatte ich ja völlig vergessen. Sie lag noch auf dem Dach des Turms, und als ich nach oben sah, stand fest, da würde ich nicht noch einmal raufklettern! Auch nicht gehen! Weder Leiter noch Treppe konnten mich ansatzweise dazu bewegen, dieses Experiment zu wiederholen! Ich band meine Schnürsenkel neu und überlegte, wie ich es Mr. Jones am besten beibringen würde, mir die Tasche zu holen. Als ich mich erhob, streckte er mir die Tasche entgegen. Ich sagte kein Wort. Es war auch nicht notwendig zu sprechen, denn Mr. Jones wusste alles immer einen Tick früher. Eines stand fest, er hatte die Tasche vorhin nicht dabei gehabt und Flügel hatte sie ganz sicher nicht.

So humpelte ich nun vor mich hin und beim Gehen war der Schmerz nur sehr gering spürbar. Was auch immer Mr. Jones gemacht hatte, es half. Ich nutzte die Chance, von Mr. Jones hin und wieder gestützt zu werden und das ließ ich Madita bis ins Detail auskosten. Der kleine Hund lief uns hinterher, bis er plötzlich Vollgas gab und uns vorneweg lief. Ein lautes Gemeckere ging unerwartet los und eine Herde Ziegen kam uns entgegen. Es war stockdunkel. Hätte ich es nicht mit eigenen Augen gesehen, ich hätte dem keinen Glauben geschenkt. Allem voran ein junger Mann, der vergnügt ein Lied in die Welt pfiff. Als er den Hund entdeckte, gab es eine freudige Begrüßung.

Wir beobachteten die Wiedersehensfreude des kleinen Ausreißers und sagten uns kurz *Hallo*. „Na, du kleiner Racker, wo warst du denn schon wieder?“, sagte der Mann sehr liebevoll zu dem kleinen Hund. „Warst wohl wieder auf dem Turm, was? Hast du dich wieder retten lassen?“ Er streichelte ihn, und die Ziegen, vor sich hin meckernd, schoben sich ungeduldig voran. Wir unterhielten uns noch eine Weile und erfuhren, dass der Hund Manu hieß und sich ein paarmal am Tag retten ließ. Er liebte es, herumtragen zu werden und wusste scheinbar um seine Vorzüge, wie zum Beispiel sein niedliches Aussehen. Der Mann bestätigte uns, dass wir nicht die Ersten wären, die auf seine Masche reingefallen sind. Er verabschiedete sich, nahm den Hund auf den Arm und eilte seinen Ziegen hinterher. Ich rümpfte die Nase und atmete aus. Dann atmete ich tief und fest ein. Ich hatte so gut es ging die Luft angehalten, denn dieser Duft war so penetrant, dass er mich fast umgehauen hätte. „Wie die stinken!“, sagte ich etwas lauter als gewollt. „Das ist ja nicht auszuhalten!“ „Na, wenn es sonst nichts ist“, sagte Mr. Jones und trällerte vergnügt vor sich hin.

Die Dunkelheit spielte mir so manchen Streich. Hie und da huschten Schatten vorüber. Erschrocken zuckte ich zusammen. Mr. Jones, dem dieses Schauspiel keine Regungen entlockte, sah mich fragend an. Ich wollte tapfer sein und dem keine Beachtung schenken. Was sollte Mr. Jones nur von mir denken? „Madita, hast du etwa Angst vor der Dunkelheit?“, fragte er mich, obwohl die Antwort in mein Gesicht geschrieben stand. Ich zuckte mit den Schultern. Mut sah irgendwie anders aus. „Was würdest du denn tun, wenn du jetzt alleine wärst?“ Gespannt sah ich ihn an und wusste nicht, worauf er hinaus wollte. „Ich würde versuchen, noch schneller zu humpeln, um so rasch wie möglich nach Hause zu kommen“, entschlüpfte mir die wohl selbstverständlichste Antwort der Welt, ohne groß darüber nachdenken zu müssen. „Würdest du stehen bleiben?“ Hatte ich mich nicht deutlich genug ausgedrückt? „Stehen bleiben?“, wiederholte ich überrascht. „Nein, ganz sicher nicht!“

„Wie willst du der Dunkelheit entkommen? Wo ist denn Dunkelheit? Ist sie hinter dir? Kann Dunkelheit überhaupt irgendwo sein? Wenn du dein Tempo beschleunigst, woher weißt du denn, ob du nicht in die falsche Richtung gehst? Vielleicht läufst oder humpelst du der Rettung ja davon und der Furcht in die Arme?“ Das waren sehr gute Fragen. Und die Bezeichnung Humpeln konnte er sich auch nicht verkneifen. „Sieh, Madita, der

Mensch sucht immer den Weg des geringsten Widerstandes. Er versucht der Angst, dem Kummer und dem Leid auszuweichen und zu entkommen. Aber das alles findet immer nur in dir statt und das, was du erlebst, ist nur das Echo deiner Unbewusstheit. Tappt der Mensch in seinem Dasein im Dunklen, weil er sich noch nicht als *das Eine* erfahren hat, wird er im Finstern Angst haben müssen. Er sieht es als Bedrohung, obwohl es lediglich seine Unwissenheit ist, die ihn so empfinden lässt. Der Weise sieht auch in der Dunkelheit nichts außer Licht, weil er durch die irdischen Erscheinungsformen und Zustände hindurch sieht. Jeder sieht, fühlt, denkt und fürchtet immer nur das, was er selbst ist. Wie soll es anders sein?

So schaut Gott Gott, der durch die irdischen Augen hindurch blickt und über diese Sinne zwar eine Madita sehen kann, aber sich nicht darin aufhält und im Gesehenen auch nicht stecken bleibt. Der Ängstliche, der vor der Dunkelheit flieht, glaubt durch schnellere Schritte, pfeifen oder singen der Angst zu entkommen. Die wahre Kunst ist es, sich der Angst zu ergeben und den Schritt gemächlich fortzusetzen oder vielleicht sogar stehen zu bleiben. Das hört sich vorerst unmöglich an, weil man die Furcht ablehnt und somit umgehen will. *Wer im Dunkeln Angst hat, der sollte stehen bleiben*." Ich oder besser gesagt, das, was ich zu sein glaubte, fühlte sich ertappt. Beim Turmaufstieg hatte ich vorhin gesungen und wollte mich damit beruhigen. Sprosse sechsundsechzig, wohlgemerkt! Wie könnte ich es vergessen? Weglaufen konnte ich ja nicht. Hätte es die Möglichkeit gegeben, ich hätte keine Sekunde gezögert und das Weite gesucht.

Verdutzt sah ich Mr. Jones an. Ich war gespannt, was für eine Begründung seiner absurden Idee *stehen zu bleiben* folgen würde. „Gott geht in der Dunkelheit am liebsten spazieren, besonders nachts, denn er wohnt ihr inne. Willst du ihm begegnen, dann sei weise und lauf nicht weg. Nur so wirst du ihm begegnen." Wow, mir fehlten die Worte, um etwas dazu zu sagen. Diese Anschauung war nicht nur weise, sie war genial. Ja, genau! Wie sollten wir das Höchste finden, wenn wir alle Schwierigkeiten ablehnten und vor allen Problemen immer nur weglaufen wollten? In seiner Aussage steckte die Lösung, doch diese Lösung konnte man nicht gezielt anwenden und planen. Ich hatte das Gefühl, dass einem die unsichtbare, göttliche Hand namens Gnade schon selbst anhalten musste, damit es in einem brenzligen Moment überhaupt möglich war, den Mut und die Gelassenheit zu erfahren, um dahinter zu sehen und das Höchste zu erahnen.

Zum Glück waren wir nicht mehr weit vom Laden entfernt. Das letzte Stück fuhren wir mit dem Bus, da Humpelstilzchen nicht mehr so gut laufen konnte. Meine Wade schmerzte und deshalb wusste ich die kurze Fahrt besonders zu schätzen. Während der Busfahrt ließ ich unseren Ausflug auf mich wirken, ohne nur einen einzigen Gedanken darüber zu vergeuden. Die wunderbare Erscheinung von Marie war ein krönender Abschluss für einen Tag, der nicht ereignisreicher hätte sein können. Erleichtert atmete ich auf und bemerkte, dass sich in meinem Hals etwas gelöst hatte. Das Staubecken war aufgebrochen und hatte sich entleert. Ein ganz normaler Augenblick oder ein monumentaler Moment? Ich war Gott sei Dank zu müde, um noch irgendetwas einordnen zu können und war mir ziemlich sicher, dass die Welt auf meine Meinungen und Feststellungen sehr gut verzichten konnte.

Der versprochene Wadenwickel war eine Wohltat und die frische Luft, diese intensiven Erfahrungen und Entdeckungen, ja, dieser ganz spezielle Tag forderte einen tiefen Schlaf zur Erholung ein. Ich schwebte außerhalb von Raum und Zeit und besaß keine Gestalt. Wachte oder träumte ich? Es fühlte sich so echt, so ursprünglich und so vertraut an. Formlos pulsierten Energiefelder, die sich als ständig wiederholender Ablauf eines ungetrennten Ganzen, als ein aus sich selbst heraus existierendes, pochendes, atmendes Gefilde offenbarten, wogen sich in sich. Dann sah ich meinen Körper vor mir, der zwar etwas anders aussah, aber ich konnte spüren, dass ich es war. Er lief über eine Wiese und bestaunte die Natur. Mir widerfuhr eine tiefe Erkenntnis. Alles, was ich sah, waren Erscheinungen und Hüllen, genauso wie ich eine war. Da war nichts stärker oder größer, niemand war dem andern überlegen. *Alles war eins.* Es war die All-Einheit, die keine Trennung in sich barg. Durch Gott wurden Planeten, Tiere, Pflanzen und Menschen geformt, die sich nur durch ihr Aussehen unterschieden. Die Gleichwertigkeit, ein Einklang, das Einssein erhob sich und mit ihm auch mein vermeintliches Menschenbild, das von diesen Bergen, die ich sehen konnte, in nichts zu unterscheiden war. Alles war aus ein und demselben Stoff kreiert. Diese unterschiedlichen Erscheinungsformen veranlassten meine Sinne bisher immer dazu, jedem dieser Bilder einen Namen zu geben und bestimmten Eigenschaften zuzuteilen. In dieser Welt, in die ich da eingetaucht war, gab es nur diese All-Einheit als die geballte Gotteskraft, aus der Bilder hervorgingen und Schatten aufstiegen, deren Zusammenhänge absolut durchschaubar waren. Da gab es keinen kleinsten Teil und kein schwächstes Glied, welchem weniger Aufmerksamkeit oder Liebe zuteilwurde. Alles war in seiner vollendeten Form nahezu Perfektion in sich selbst. In einem Riesenfeld voller Licht und Liebe zeigte sich all das Sichtbare. Alles materiell Erscheinende war eine Überlebenskolonie, ein Lebenszellherd, der sich Strukturen hingab und unterwarf. Die edle Schönheit der unteilbaren Totalität schilderte eine absolute Gleichheit und die große Ehrfurcht, die in mir einzog, roch die klare, kristallene Reinheit dieser kolossalen und mächtigen Kraft. So etwas wie Macht und Missbrauch waren ihr fremd.

Mir widerfuhr die tiefe Einsicht, dass alles um mich herum nur Bewegungen und bildhafte Fiktionen waren und ich lediglich ein Bild von vielen war! Scham und tiefe Demut überkamen mich, denn da war plötzlich kein *mein* Leben mehr. Da waren nur Billionen von Bildern und eines davon war ich. Dieses entsprang meiner individuellen Wahrnehmung, denn hinter diesen unendlich vielen Bildern gab es nichts. Unendliche Stille gebar sich. Ich sah Berge und Menschen, Ameisen und Maulwürfe, den Himmel und die Erde und Planetensysteme und Sterne, in denen ich nicht nur eine Einheit vernahm, sondern bis in die tiefe Substanz vordrang, die sich mir enthüllte. Diese unendliche Weite und Liebe hinter den Dingen und das tiefe Einsehen, dass alles nur Spiegelungen unseres Bewusstseins waren. Bilder, Bilder und nochmals Bilder, die auftauchten und wieder verblassten.

Als ich erwachte, nahm ich dieses Wechselspiel der Bilder mit in den Tag und ich musste sofort an das Regenbogenbuch denken. Waren es dort nicht auch unzählige Bilder, die Ähnliches vermuten ließen? Sofort schüttelte ich diese Erinnerungen ab und lenkte meine Aufmerksamkeit auf die Sonne, die nicht umsonst in mein Zimmer strahlen sollte. In diesem Moment fand in mir *eindeutig* eine Umkehr statt. Vielleicht war ich der *Zweideutigkeit* entschlüpft? Keine Ahnung! Es geschah einfach und sehr unspektakulär!

An diesem Morgen hatte ich ganz eigenartige und lichtvolle Gedankengänge aufgeschnappt. Ich wollte vom Leben nichts mehr verlangen. Hatte ich nicht schon genug von ihm verlangt? Und was hatte es mir gebracht? Ich lebte immer nur *vom* Leben und erwartete, forderte, wünschte und hoffte immer noch. Warum sollte ich das Leben weiterhin ausbeuterisch für meine persönlichen Bedürfnisse missbrauchen? Wann endlich wollte ich *für* das Leben leben, etwas hineingeben und dort wirken, wo ich gebraucht wurde? Nur so konnte es sich zu einem wirklich lebenswerten Leben fügen! Ich spürte auch, dass ich keine Angst vor Veränderung haben musste, denn meine Alltagssituation konnte nur besser werden. Was hatte ich zu verlieren? Und würde sie schlechter werden, dann wär sie eben so, aber zumindest wäre sie anders!

Die Sonne streichelte meine Seele, so wie es Maries Sonne einst tat. Folgende spontane und unverfälschte Erkenntnis streifte sanft über den Augenblick hinweg: Aufgrund meiner starken Ego-Natur fand ich mich immer wieder in Ausnahmesituationen wieder und wurde mit Momenten und Situationen konfrontiert, in denen ich die Decke hochging, mit meinem Umfeld haderte, etwas ändern, nicht einsehen und verstehen wollte, dem trotze, mich ärgerte oder missverstanden fühlte. Es war aber nicht Gottes Aufgabe, sich mir gegenüber durch einen Menschen oder durch eine Situation in Rücksicht zu üben. Es war auch nicht seine Aufgabe, Verständnis zu haben, mit meinen Ansichten konform zu gehen und mir all meine Arbeiten und Lasten abzunehmen. Er konnte es ja bereits! Vielmehr war es mein Part, Gott Platz einzuräumen und ihn endlich *in allem, als alles* zu erkennen, anstatt mich ständig in diesen Scheinbildern zu bewegen, dort aufzuhalten und anschließend darin hängen zu bleiben, die genau diesen über alles ersehnten Schritt verhinderten, nämlich tiefer zu gehen, um endlich zu ihm, zum wahren Wesenskern aller Dinge vorzudringen.

Ich hatte mich oft gefragt, wie es wohl wäre, Gott zu begegnen? Was wäre, wenn er denn plötzlich in lichter Gestalt vor mir stehen würde? Ich wäre wohl überfordert damit gewesen, und deshalb zog es Gott vor, sich mir anzupassen, so wie ich es kannte und gewohnt war. Er zeigte sich mir vorerst, langsam und behutsam, Stück für Stück und vor allem sehr irdisch, indem er sich in der Gestalt von Tieren und Menschen annäherte, die mich tagtäglich umgaben … *bevor* er sich anders zeigte, ja, bevor er sich unverschleiert zu erkennen geben konnte. Erst wenn ich diese ersten Hürden genommen und durchschaut hatte, dass *er* hinter allem verweilt und *er* sich hinter allem versteckt, dann, ja dann, wenn ich *das* endlich für mich erkannt und realisiert hatte, war alles getan. Ich nannte es die erste Hürde, Mr. Jones sprach vom ersten Schritt – hatte ich bis jetzt geschlafen? Zählten all diese Erfahrungen, die ich bis jetzt erlebte, als kein einziger Schritt? Ich denke, ich schlafe immer noch, denn ein Erwachen gibt es erst, wenn man Gott um seiner selbst willen liebt und sich von Bildern, Farben, Formen, Gedanken und Gerüchen weder ablenken noch beeindrucken lässt.

Auf dem Weg ins Badezimmer wurde mir einiges klar. Wie Mr. Jones es bereits gesagt hatte: Es ging nicht darum, was ich in meinem Leben tat. Es ging einzig und allein darum, wie ich die Dinge wahrnahm und sah. Welche Arbeit ich verrichtete, wie ich meinen Alltag ausfüllte oder wie ich funktionierte, waren nur weitere menschliche Bewegungen, die einem schattenhaften Dasein entsprangen. Ob ich nun dies oder das ausübte, das praktizierte oder dies tat, nur wenn ich mir in jedem Moment meiner gewahr war, würde sich der All-Tag von selbst erfüllen. Nur ein Sich-gewahr-sein konnte in Gewahrsam transzendieren! Diese heilige Stätte bot Wörtern wie Hingabe, Achtsamkeit, Demut und All-Einheit keinen Nährboden mehr. Bei der Morgentoilette kam jede Menge Schleim hoch und mein Kropf hatte sich zwar nicht ganz verflüchtigt, fühlte sich aber lockerer an. Er schien kleiner geworden zu sein und dieses beengende Gefühl im Hals war gewichen. Es hatte sich etwas vollzogen.

Das Frühstück schmeckte wieder einmal hervorragend. Parmenides saß in einem seiner Körbchen und gab sich seiner morgendlichen Katzenwäsche hin. Er ignorierte uns vollständig. Mr. Jones sah mir vergnügt dabei zu, wie sehr ich mich am Essen erfreute. „Sagen Sie“, fragte ich Mr. Jones, „warum sperren Sie denn den Laden nie ab?“ „Das ist ganz einfach!“, sagte er. „Gott steht nicht gerne vor verschlossenen Türen.“ Da wurde mir bewusst, dass Mr. Jones in jedem Menschen Gott erkannte, und wieder einmal hatte er es geschafft, mit nur einem Satz mein Herz zu erwärmen.

Mr. Jones und ich verbrachten den Tag im Bücherladen. Ein Blick auf meine geplante Liste, auf der ich mir die Fragen in Bezug auf das Geschäft notieren wollte, ließ mich erblassen. Die Seite des Notizblockes war fast leer. Ich hatte mir doch vorgenommen, Notizen zu machen! Eine einzige Frage zierte die Seite und das sah echt mickrig aus. Hatte ich es vergessen, all meine Fragen zu notieren oder gab es wirklich nichts, was beantwortet werden musste? Hoffentlich machte ich nur alles richtig! „Ob dich meine Kunden mögen oder wie du im Laden etwas bewerkstelligst, spielt keine Rolle. Jemand der beliebt ist, wird auch unbeliebt sein. Ich ziehe es vor, zu sein, ohne charakterisiert zu werden.“ „Und wenn es doch jemand tut?“, fragte ich ihn. Er lächelte milde und sprach: „Der verwehrt sich der Chance, die Essenz dessen zu entdecken, was er bewertet hat." Diese Aussage berührte mich wieder zutiefst, so wie vieles oder fast alles, was aus Mr. Jones' Munde kam. „Wenn du in allem Hingabe lebst, ist es *gleichwertig*, was du tust und was andere über dich denken. Du bist ja nicht der, der handelt! Also! Jeder Moment ist Erfüllung, wenn Gedanken, Gefühle, Wünsche, Bedürfnisse und Absichten abwesend sind. Ob du also dies tust oder das, wen kümmert's?" Es war eine Wohltat, noch einmal zu hören, dass alles gleichwertig war und dass unsere Handlungen Nebensache waren.

Ich beobachtete Mr. Jones. Nur gut, dass er in einem Monat schon wieder da sein würde. Und schon hatte sich erneut ein aufdringlicher Gedanke eingeschlichen. „Ich gehe nirgendwo hin, weil ich immer nur hier sein kann. Dass du meinen Körper zu einem Mr. Jones erklärt hast, der übrigens Rodriges genannt wird", unterbrach er schmunzelnd, „ist wahrlich ein irdisches Problem, das du erzeugt hast und deshalb zu haben glaubst. Schließe einfach deine Augen, öffne dich und stoppe deine nach außen gerichteten Verwicklungen, wie Gedanken und Empfindungen, und du wirst sehen …" Ich hielt kurz inne. Mit geschlossenen Augen gab ich mich dem lieblichen Strom der Lichtkraft hin, der mich sanft zur Ruhe setzte. „Immer bin ich hier, ohne dabei körperlich anwesend zu sein. Sieh genau hin und die daraus resultierende Erkenntnis gibt dich frei."

Eine Weile war es wieder so still und sich ständig einmischende Gedanken versuchten mir die Hingabe madigzumachen. Dann sprach Mr. Jones: „Das Geheimnis ist die Hingabe an das, was ist. Hingabe an das Leben ist nicht gleich Hingabe an die Wirklichkeit!" Und schon wieder setzten Gedanken ein und frohlockten mit dem matten Glanz der farblosen Welt, die sie mir immer wieder als reale und farbenprächtige Realität verkaufen wollten. Umgehend hatte Mr. Jones meine Schwere erfasst und er sprach: „Ein Gedanke ist eine Illusion, dem ein unsichtbarer Impuls vorausgeht. Er wird erst zum Gedanken, indem man ihn auffängt und sich damit auseinandersetzt. Es ist dein Ego, das die

Gedanken in Besitz nimmt und zu dem erklärt, was sie nicht sind. Alles, was du einordnen, festhalten, begreifen, erlangen, begehren, sehen, fühlen, erkennen, verhindern, erleben, erreichen und dingfest machen willst, verwehrt dir die direkte Begegnung mit seinem eigentlichen Kern. Nimm all deinen Taten die Nahrung, die nichts weiter als Denken und Wollen ist! Gedanken sind hart und produzieren die Härte im Leben."

Am liebsten wäre es mir gewesen, wenn keiner mehr in den Laden gekommen wäre, damit Mr. Jones' wunderbares Lichtbringen fortwährend auf mich einströmen konnte. Doch immer wieder traten neue Kunden ein und ich fragte mich, wo die bloß alle herkamen. Es hatte ja auch sein Gutes, denn so hatte ich Mr. Jones im Rücken, der mir bei etwaigen Fragen zur Verfügung stehen konnte. Am Abend, nachdem Mr. Jones bereits hoch gegangen war, um das Abendessen zu richten, war es plötzlich wieder so kalt. Ich vergewisserte mich, ob die Fenster und Türen alle verschlossen waren. Alles war zu und ich spürte einen totalen Durchzug. Das war jetzt das dritte Mal. Ich erinnerte mich an meinen ersten Aufenthalt hier. Zweimal hatte ich das Gefühl gehabt, hier im Laden einen starken Luftzug und danach eine Eiseskälte zu spüren. Und jetzt empfand ich das schon wieder. Verwundert sah ich mich um. Das war wirklich sehr, sehr eigen! Es erinnerte mich an meine Mama, die stets zwei Mal am Tag für zehn Minuten die Fenster aufriss, um durchzulüften. Ich wollte Mr. Jones fragen, was es damit wohl auf sich haben könnte.

Mr. Jones reagierte nicht auf meine Frage und sah mich einfach nur an. So ging ich der Annahme, dass er meine Frage entweder nebensächlich fand oder es selbst nicht wusste. Mit gemischten Gefühlen und schweigend nahm ich das Essen zu mir und mir wurde jetzt erst so richtig bewusst, dass ich morgen um diese Zeit alleine hier sitzen würde.

Es war an der Zeit Nicht-Abschied zu nehmen. Gerne hätte ich Mr. Jones noch hinunterbegleitet, um ihn zu verabschieden, doch er bestand darauf, dass ich in der Wohnung bleiben sollte.

Mr. Jones betonte noch, dass ich vor einundzwanzig Uhr nicht das Haus verlassen sollte. Ich hielt mich an seine Anweisungen und vermutete eine Lieferung oder einen Anruf zu bekommen. In der neuen Rolle als *Büchereck*-Vertretung kam ich mir doch etwas verloren vor.

„Äonen an Zeiten, Billionen an Erfahrungen und unzähligen Möglichkeiten warst du einst von dir entfernt. Das, was dich bedrückt, was dir Kummer und Sorgen bereitet, was dich Schmerzen und Leid erfahren lässt, sind die mannigfaltigen Werke Gottes, welche er dir fortwährend in dein Leben stellt, um dir das Geschenk der Gotteserfahrung näher zu bringen. *Friede sei mit dir.*"

Das waren Mr. Jones' letzte Worte, die direkt und ohne Umschweife meine Seele ganz tief berührten. In diesem *Frieden sei mit dir* spürte ich vollkommen klar: Es kann gar nichts anderes als Frieden geben. Ich bin das ewige, formfreie Leben. Wie auch immer es sich zeigt, es ist nur ein unrealer Abdruck meiner selbst. Und es taten sich weitere Erkenntnisse auf. *Dieses Dasein, das nicht an einen Körper gebunden ist, ist die höchste und reinste Form der Anwesenheit, die Gott aus sich selbst heraus präsentiert.* Diese tiefen Worte entsprangen einer erquickenden, sprudelnden Quelle in mir, die sich wie eine Fontäne auftat und den Anschein hatte, nie mehr zu versiegen. Die rechte Brustseite meines energetischen Herzens brannte lichterloh und es weitete sich das einengende Begrenzte.

Nun wurde mir die Kraft der natürlichen Stille bewusst. Ich fühlte diese bewegungslosen Lücken, die sich zwischen all den schattenhaften Bewegungen auftaten und Harmonie und Segen versprühten. Kurz hatte ich die Berge vor meinen Augen, die ich doch so sehr liebte. Diese Berge waren die kolossale und monumentale Schönheit, die ich bin, die sich *in mir* als All-Einheit in diesem Nicht-Ding-Raum erhob und als wunderbares Bild zeigte. Es bedarf also keiner Madita, die glaubt, einen Berg zu sehen, oder einen Berg zu einem Berg erklären muss, denn jegliche persönliche Wahrnehmung war ein sofortiges Sich-in-der-

Trennung-Verhaften. Welch eine Erkenntnis! Und wieder wurde mir der Segen der Stille gezeigt. In dem Moment, wo Gedanken aufsteigen, in dem Moment, wo Ideen oder Meinungen nach außen drängen, geschah dieser Rückzug, natürlich und ganz von selbst. Das Schattenhafte, das niemals meine Lippen verlassen hatte, würde für immer in den ewigen Ozean des Lichts zurückfließen können. Immer wieder hatte ich Informationen anderer einfach so angenommen und versucht sie zu verstehen. Dies verwehrte mir den Eintritt in das heilige Reich. Wenn ich kein individuelles Ego bin, das somit über keinen persönlichen freien Willen verfügt, brauche ich mein Leben weder planen noch etwas erwarten, denken, hoffen oder wollen. Wozu? Warum? Weshalb? Wenn ich in den Raum der Nicht-Dinge hineinfalle und alles umgehend als Gott erkenne, ist der Verknüpfungspunkt zum Menschsein gelöscht. Ja, da ist *jemand,* der den Bewegungen und den Abläufen des vermeintlichen Lebens schaut, doch dieser *Jemand* ist lediglich eine weitere Bewegung, zu der es keinen Bezug mehr gibt.

Solange ich mich ausschließlich auf dieses persönliche Ich begrenzte, würde ich die selbst errichtete Fassade nicht durchbrechen können. Ich würde weiterhin unweigerlich an der Oberfläche verweilen und mich als Welle wieder erleben, die dem dualen Strom der Zeit und den Gesetzmäßigkeiten der Polarität unterworfen ist. Da mein Kopf nicht erkennen kann, dass eine Trennung von Gegensätzen nicht wirklich existiert, entsteht dieses menschliche und notwendige Drama, welches die Wurzel allen Übels ist. Doch erforscht man diese Trennung näher, sieht man, dass dahinter nur eine Einbildung steckt, die diesen Irrtum verursacht. Erst aus diesem Irrtum der Trennung heraus konnten alle meine Verlangen entstehen, welche mich unaufhörlich vorantrieben. Diese Jagd nach Erfüllung obliegt der Täuschung, der Unwissenheit meiner wahren Existenz.

Eine wundersame Einsicht streichelte mich. *Wahres Verstehen ist, zu verinnerlichen, dass Geschöpfe wie du und ich nichts Wahrhaf-*

tiges sind, sondern als ein Instrument gelebt werden, durch das Bewusstsein in Bewegung kommt. Diese substanzielle Verinnerlichung der Funktionsprinzipien des Seins beendet jede Suche und alles Strukturelle entzieht sich dem Strom der Materie. Es ist. *Es gibt also nichts zu begehren und auch nichts zurückzuweisen, weil Gott sich nur in seiner Form der Darstellung unterscheidet.* Glück war also nicht etwas, was ich erlebte, Glück war das verinnerlichte Wissen um die Einheit von allem, dass alle miteinander verbundenen Gegensätze und scheinbares Getrenntsein lediglich ein Ausdruck der eigentlichen Basis sind. Langsam durchschaute ich die kosmischen Zusammenhänge, die Abläufe in einem zeitleeren Raum, die in eine große Kraft eingewoben waren, die wir Gott nannten. Mein Körper ist also nur ein kleiner Einblick in Abläufe, die sich ergeben. Nichts weiter. Durch die Bewegung einer gigantischen Kraft war ich erschienen und alleine durch diese Bewegung, die nur außerhalb der Quelle stattfinden konnte, war ich meiner Natürlichkeit entrückt. *In der Kette der Dinge ist der kleinste Wandel ein Ereignis und doch geschieht nichts.* Die absolute Vergeistigung der Sinne kann also nur geschehen, wenn alle Vorstellungen, Bilder und Einbildungen für nichtig erklärt worden sind.

Anders als gedacht

Kurz vor einundzwanzig Uhr ging ich in den Laden hinunter, um nach dem Rechten zu sehen. Zum Glück wurden die aufgeweckten Kätzchen die letzten zwei Tage abgeholt, ansonsten wäre ich im Chaos versunken. Parmenides schien verschwunden zu sein und auch von Kassandra war weit und breit keine Spur. Irgendetwas war komisch. Im Laden hatte sich etwas verändert. Aber was? Ich sah mich um und konnte nichts Auffälliges entdecken. Vielleicht hatte Mr. Jones auch nur sein Licht mitgenommen. Wie albern ich doch sein konnte! Ich musste lachen. So blöd mir dieser Gedanke auch vorkam, irgendetwas war geschehen. Um Punkt einundzwanzig Uhr betrat eine Frau den Laden und war völlig aufgelöst. Sie hatte ein Paket in der Hand und wirkte offensichtlich gereizt und nervös. Ach, ich Tölpel! Ich wollte doch zusperren!

„Was tun Sie denn hier in meinem Geschäft?", fragte mich die Frau sehr barsch und forsch. „Ihr Geschäft?", erwiderte ich erschrocken. „Ja, mein Geschäft!", wiederholte sie schroff. „Es hat meinem Vater gehört, der es bis zu seinem Tode vor acht Monaten geführt hatte. Es war sein Ein und Alles. Möge er in Friede ruhen." Ich schaute sie etwas ungläubig an und brachte kein Wort über die Lippen. „Ich kann es immer noch nicht glauben, dass er nicht mehr hier ist!", erzählte sie drauflos. „Ich habe vorerst nichts verändert und alles so gelassen, wie es war! Auf keinen Fall wollte ich an seinem Heiligtum etwas umgestalten, doch langsam ist es an der Zeit, loszulassen", seufzte sie und hatte Mühe, ihre Tränen zurückzuhalten. Ich konnte der Frau nicht folgen. War ich im falschen Film oder was war das? Ein schlechter Scherz von Marie? Na warte, wenn die mir begegnet …

„Und wie sind Sie überhaupt hier hereingekommen?", fragte sie mich und stellte dabei ein Paket auf den Tisch. Wenigstens hatte sich ihre unfreundliche Tonlage etwas gelegt. „Na, durch die Türe! Wie denn sonst?", antwortete ich spontan und unüberlegt. „Werden Sie nicht frech, junges Fräulein! Ich weiß genau, dass ich die Türe abgesperrt habe, bevor ich weggefahren bin, da bin ich mir ganz, ganz sicher. Aber … aber … vielleicht … ja, das könnte sein …!", sagte sie nachdenklich und legte dabei den linken Zeigefinger auf ihren Mund. „Wie meinen Sie?", entschlüpfte mir wie von selbst. „Es war bestimmt Frau Helges. Diese schusselige Person! Frau Helges war die Haushälterin meines Vaters und ich bat sie darum, ab und zu nach dem Rechten zu sehen und etwas Luft hereinzulassen. Sie hat wohl nach dem Durchlüften vergessen die Türe abzusperren. Ich hatte sie doch gebeten, nur vorne im Geschäft die Fenster zu öffnen und stets durch die Hintertüre hereinzukommen. Wie konnte sie nur so unachtsam sein!?" Dabei schüttelte sie den Kopf und atmete tief durch. „Aber wie ich sehe, ist nichts weg gekommen", sagte sie etwas erleichtert und sah sich dabei eifrig um. „Ich bin zwei Wochen nach dem Tod meines Vaters Hals über Kopf abgereist und war bis gestern bei meiner Schwester in der Schweiz. Ich bin eben erst zurückgekommen und … Aber warum erzähle ich Ihnen das überhaupt?"

Dann begann sie zu weinen und setzte sich nieder. Sie schien ziemlich zerstreut zu sein, die Gute. „Liebe Frau …" „Ginster heiße ich, Ginster", unterbrach sie kurzatmig und völlig außer sich. „Liebe Frau Ginster. Da muss ein Missverständnis vorliegen. Dieses Geschäft gehört einem Mr. Jones", sagte ich in einem sehr sanften Ton, um sie etwas zu beruhigen. „Jones? Einen Mr. Jones kenne ich nicht!" Sie schüttelte energisch den Kopf. „Wer soll das sein?", fragte sie etwas ungeduldig. „Ja, der Inhaber dieses Bücherladens, des *Bücherecks* natürlich!", antwortete ich etwas beirrt und versuchte Ruhe zu bewahren. Sie schaute mich komplett entgeistert an und es machte den Anschein, als ob sie selbst nicht recht wusste, ob sie weiterhin weinen oder lieber einen Tobsuchtsanfall bekommen sollte. „*Büchereck*, das ist das Geschäft, in dem Sie sich gerade befinden. Vielleicht haben Sie sich im Eingang verirrt?", fügte ich noch hinzu und legte ihr meine Hand auf die Schulter. „*Büchereck*? Was für ein *Büchereck*?", stotterte sie total aufgebracht. „Mir fehlen die Worte. Glauben Sie, ich kenne das Geschäft nicht, in dem ich aufgewachsen bin? Dieses Geschäft heißt Bücherwurm.“ Ja, wusste ich’s doch! Irgendwo ist hier der Wurm drin! Ich musste wieder einmal an das Gemälde von Spitzweg denken.

„Aber gute Frau … liebe Frau Ginster, verwechseln Sie vielleicht nicht doch etwas?“, antwortete ich gelassen und ruhig und hatte langsam den Verdacht, dass diese Frau nicht alle Tassen im Schrank hatte. „Also, hören Sie!“, sagte sie sehr energisch. „Ich weiß doch noch, wie das Geschäft meines Vaters heißt. Ich werde das Gefühl nicht los, dass mit Ihnen was nicht stimmt“, grübelte sie. Mit mir? Na, die war gut! „Gehen Sie doch nach draußen und überzeugen Sie sich selbst davon.“ Na gut, dachte ich mir. Wenn ihr dann wohler ist. Ich werde hinausgehen und danach wieder hereinkommen, um ihr anschließend zu sagen, dass über dem Laden *Büchereck* steht. Es stand ja auch auf dem Schaufenster. Und das riesengroß! War sie blind? Irrenhaus oder Neutralitätsübung? Eines der zwei Dinge musste fast zutreffen.

Also ging ich vor den Laden und sah ihn mir von außen an. Mit großen Augen stand ich davor und sah, dass sich plötzlich alles verändert hatte. Es war unglaublich! War ich eingeschlafen und träumte ich das alles nur? Wer spielte mir hier einen Streich? Wenn nicht Marie, dann vielleicht Mr. Jones? Na, vielleicht war es ja auch die Dunkelheit, die mir einen Streich spielte. Doch der Blick nach oben ließ mich erstarren. Über dem Geschäft stand dick und fett: *Bücherwurm.* Mit offenem Mund versuchte ich die Situation einzuordnen, was mir aber nicht ansatzweise gelang. Wo war denn mein geliebter Schriftzug hinverschwunden? Wo … wo … war er denn nur? Verzweifelt sah ich mich um. Ich war fassungslos und irritiert. Wie soll ich das bloß Mr. Jones erklären? Im Schaufenster hing ein Schild. Auf dem stand eine Telefonnummer und unübersehbar groß geschrieben: *Ab September zu vermieten.* Und der Schriftzug auf der Scheibe war weg. Einfach nicht mehr da! Ich rieb mir die Augen, und die Vermutung, hier einem schlechten Scherz erlegen zu sein, schwand von Minute zu Minute. Der Blick nach drinnen bestätigte mir, dass eine völlig fassungslose Frau auf einem Sessel saß und die Welt nicht mehr verstand. Und was war mit mir?

Und jetzt? Während ich sie beobachtete, wollte mir kein rettender Gedanke zu Hilfe kommen. Jetzt, wo ich Hilfe gut gebrauchen konnte, war der Kopf plötzlich leer. Die Frau sah angestrengt in meine Richtung, ohne dabei wirklich aufstehen zu wollen. Sie sah erschöpft aus und müde. Der Tod ihres Vaters schien sie sehr mitgenommen zu haben. Der Irrglaube über den Tod trieb ein grausames Spiel mit ihr, den sie nicht zu durchschauen vermochte. Nun gut, sagte ich mir. Nerven bewahren. Augen auf und durch!

Wortlos kehrte ich zurück. „Wo ist denn jetzt Ihr *Büchereck*?!“, fragte sie etwas zynisch und sehr siegessicher. Doch es klang nicht boshaft, ich meinte auch einen schlichtenden Impuls in ihrer Aussage gespürt zu haben. Wahrscheinlich tat ich ihr leid und sie dachte dasselbe von mir, was ich vorhin von ihr gedacht hatte. „Wo kommen Sie her und wo wohnen Sie denn überhaupt?“, fragte sie nun etwas einlenkend. „Gleich ums Eck, im Hotel habe ich ein Zimmer“, antwortete ich. Ich konnte ja nicht gut sagen, dass ich hier im Haus wohnen würde. „Welches Hotel?“, fragte sie etwas verdattert. „Ein Hotel, gleich hier in der Nähe?“ Sie schüttelte verständnislos den Kopf.

Marie!!!

Ein stechender Schmerz in meiner Brust nahm mir die Luft und erstreckte sich über all meine Glieder. Es war, als wäre ich in einen Lavastrom gefallen, der mich gnadenlos mit sich riss. Ein brennender Schmerz, ein innerliches Verbrennen, das von Angst und Kontrolle gezeichnet war. Ich ließ die Frau wortlos im Laden zurück und rannte auf die Straße hinaus, den Gehsteig entlang Richtung Hotel und kam außer Atem dort an, wo das Hotel nicht mehr war. In meinem Kopf schrie es immer wieder: Marie, Marie! Und so stand ich vor verschlossenen Türen einer Glaserei und konnte es nicht fassen. Das Hotel war verschwunden. Marie hatte sich in Luft aufgelöst und ich … hielt inne. Ich wusste weder was ich denken noch was ich tun sollte. Das Denken funktionierte im Moment sowieso nicht. Ich stand wie angewurzelt da und war wie gelähmt, unbeweglich und erstarrt. Wie in Trance bewegte sich mein Körper, die vorbeifahrenden Autos rückten in den Hintergrund und alles, was ich sah, wirkte weit weg, unecht und fremd.

Also hatte ich mich in der vagen Vorahnung, Marie nie wieder zu sehen, doch nicht getäuscht! Ich schluckte. Und jetzt? Diese Hilflosigkeit versteinerte mich und verkrampfte mein Herz. Tränen nahmen ihren freien Lauf und besänftigten mich in ihrer erlösenden Kraft. Ich bemerkte gar nicht, dass ich weinte. Ich ließ es einfach zu und gab mich dem Moment hin. Nun wurde mir einiges klar. Diese eigenartige Ausdrucksform von Alfred und diesem Herrn Josef Kanaus ... Diese eigenartige Bar … Die besondere Art von Parmenides ... Es kam das Bild in mir hoch, in dem Parmenides diesem kleinen, schreienden Mädchen ein paar gewischt hatte ... Ein kurzes Lächeln schlich sich ein. Dieser Moment war doch sehr irdisch gewesen! Aber alles andere? Der Aufenthalt meines letzten Urlaubs lief wie ein Film an mir vorbei und vieles passte nicht in die Welt, wie ich sie kannte. Zuerst hatte meine Uhr den Geist aufgegeben. Ja, das ist normalerweise nichts Besonderes, aber es geschah genau in dem Moment, als ich den Laden betrat. Genau um halb acht waren die Zeiger stehen geblieben. Ich erinnerte mich an diesen eigenartigen Kunden, der am ersten Tag den Laden betrat, als ich Mr. Jones kennenlernte. Auch dieser Inder und dieser Schulfreund von Alfred hoben sich von der irdischen Welt etwas ab. Warum hatte ich das nicht schon vorher hinterfragt? Hatte ich nicht von Mr. Jones die Ansätze geliefert bekommen, hinter alles zu sehen? Alles zu überprüfen, mit viel Herz und, vor allem, ohne Hirn? Mr. Jones war sowieso nicht von dieser Welt, aber das war nichts Neues, das hatte von Anfang an festgestanden. Und da fiel mir ein, dass alle diese Menschen hier immer diese *Wissen Sie*- und *Weißt du*-Sätze sprachen. Und Marie? Marie sowieso. Marie war die Nummer eins, wenn es darum ging, „Weißt du“ zu sagen. Das konnte doch alles kein Zufall sein. Zufall! Welch unliebsames Wort. Alfred,

Herr Kanaus und viele andere sprachen diese eigene, altertümliche Sprache ...

Eine Glaserei also, in deren Auslage fast nur Spiegel hingen! Ich schüttelte den Kopf und musste lachen. Obwohl ich keinen Grund dazu hatte, brach ich in lautes Gelächter aus. Ich sah mein Spiegelbild und wusste, dass es kein Getrenntsein gibt, dass alles in mir ist, immer schon war und unveränderlich sein wird. Ein Spiegelgeschäft! Wie köstlich! Als ich mich gefangen hatte, drückte ich meine Nase auf die Schaufensterscheibe und betrachtete mich in einem der Spiegel. Meine Augen schlossen sich wie von selbst. Plötzlich hörte ich Mr. Jones' Stimme, die sprach: „Ein Davor und Danach hat es nie wirklich gegeben. Diese zeitlich begrenzten Erinnerungen erzeugen Gegenwart, Vergangenheit und Zukunft. An ihnen zerrt das Trugbild des Todes und der Vergänglichkeit. Einzig und allein das Dahinter jenseits des irdischen Geschehens ist erstrebenswert, weil es die Quelle ist. Was ist *Das*, was war, ist und immer sein wird? Was ist *Das*, wo Gottheiten sind oder nicht sind? Was ist *Das*, das Universen gebärt und sie niemals betrat? Was ist *Das*, was ewiglich ruhend und unbewegt Bewegungen entstehen lassen kann, ohne sich selbst dabei zu bewegen? Ich sage es dir! Es ist der Raum hinter den Dingen der Welt, aus dem heraus alles entsteht. Dort, wo niemand mehr denkt, ist und bleibt es ein raumloser Raum, grenzenlos und ewiglich! Ein Raum eben." Mr. Jones' Lachen war so laut und ansteckend, dass ich es ihm gleichtat. Ihm saßen die Götter im Genick, warum also sollten wir nicht lachen?

Als das Lachen verstummte, war ich ganz hier. Ich lauschte dem, was in mir hochkam und fühlte mich umsorgt und geborgen. *So etwas wie Vergangenheit und Zukunft gibt es nicht! Lasse die Gedanken sein und sei dir gewahr, dass es nur Segen gibt. Gnade ist hier. Frieden ist da. Allgegenwärtige, glanzvolle Fülle offenbart sich immer nur jetzt. Und wenn du nun die Geschichten in deinem Kopf beendest, um einfach nur zu sehen, was ist … was siehst du? Was ist hier? Was bleibt?* Ich versank in einem lichtvollen, gigantischen

Strom der Erhabenheit, die mich in reine Glückseligkeit eintauchen ließ. Die Antenne meines Herzens hatte sich weit über den Raum hinter den Dingen der Welt hinausbewegt und legte mich still, friedvoll und regungslos in die Wiege des Bewusstseins hinein. Die Quelle, die niemals versiegt und ungetrübte Feinheit und vollendete Eleganz in sich trug, ließ mich ihre Allmacht entdecken. Ich setzte mich auf den Boden und war unbegründetes Glück.

Als ich die Augen wieder öffnete, fühlte ich nicht nur, Mr. Jones begegnet zu sein, nein, ich entdeckte das allererste Mal sein Dahinter *als mich selbst.* Sein Dahinter war das Dahinter von allem und wenn ich das auch schon lange wusste, endlich durfte ich mich dem nähern, von dem ich mich nie wirklich entfernt hatte. Eine tiefe Dankbarkeit durchfuhr mich und setzte sich sanft und leicht in mir nieder.

Als ich das *Büchereck* zum ersten Mal betreten hatte, schien ich in eine Parallelwelt eingetaucht zu sein. Und auch vor einer Woche musste es so gewesen sein. Ja, ich erinnerte mich, dass ich das Hotel nicht gesehen hatte, bevor ich in das Geschäft gegangen war. Und als ich kurze Zeit später noch einmal nachgesehen hatte, war das Schild des Hotels plötzlich wieder da gewesen. *Mr. Jones hatte mich zu sich gerufen, um die Stille nicht im Ashram zu suchen, sondern in mir selbst.* Er hatte mir gezeigt, dass mein Dasein etwas Unpersönliches ist und dass es nichts auf der Welt gibt, was getan werden müsste. Weil der Handelnde immer nur der Schatten seines Ursprungs ist und aus sich selbst heraus nicht existent sein kann. Die Gewissheit, dass ich keinen Einfluss auf mein Leben habe, weil es so etwas wie ein *Ich* nicht gibt, gab mir Kraft, Zuversicht und Stärke.

Ich wusste, dass mein persönliches Ich immer wieder denken, reagieren und empfinden würde und es ein tagtägliches, achtsames Erleben der Dinge voraussetzte, um dieser raumlose Raum auch zu sein. Doch ich hatte die notwendige Reife, das Werkzeug eines geschärften irrationalen Erfassens und die Stärke, die nicht Härte bedeutete, sondern meine natürliche Wesenheit ist. Und diese

Wirklichkeit gab mir die Kraft, mich nicht immer wieder ablenken zu lassen, sondern mich hingeben zu können.

Es war ein Fallenlassen, Loslassen und Seinlassen und genau das ermöglichte es, hinter die Dinge des Lebens zu schauen und den allmächtigen raumlosen Raum der Ewigkeit immer wieder aufs Neue zu entdecken. Nur durch kostbare Ent-Täuschungen konnte ich aus der Ver-Rücktheit in die Ein-Heit sinken. Wenn sich jeder Bezug zu Vergänglichem verflüchtigt, tritt die letzte Stille ein. Doch das wertvollste Geschenk war, dass alles Leid und aller Druck von mir wichen und die Einbildung revidiert wurde, etwas finden oder lösen zu müssen. Denn wenn die Suche endet, bildet sich die Basis für Frieden. Das Einzige, was noch Gültigkeit hatte, war, in meinem natürlichen Zustand zu verweilen. Und diese Ursprünglichkeit geschah ganz von selbst, wenn ich anhielt und meine Sinne in das Dahinter der Welt zurückfließen ließ. Ich wusste in diesem Augenblick absolut und eindeutig, dass ich zwar in dieser Welt erschien, aber nicht von dieser Welt sein konnte, weil meine und aller Leben Heimat tiefer angesiedelt war.

Diese Natürlichkeit tritt in Erscheinung, wenn man im Kopf und in der Sprache still wird, sich über das Gefühl hinauslehnt und sich öffnet, für das Wundersame, das kein Wunder ist, sondern unser aller formlose Form.

Die irdische Begebenheit ließ mich wissen, dass es da eine Frau gab, die in einem Bücherladen auf mich wartete. Als ich in den Laden zurückkam, sagte die Frau etwas gefasster: „Sie haben mir jetzt aber noch nicht alle meine Fragen beantwortet. War die Türe wirklich offen? Nach Ihrem Dialekt zu schließen scheinen Sie ja nicht aus der Gegend zu sein mein Fräulein. Was hat Sie denn hierher geführt?“ Das waren viele Fragen auf einmal. Sie erinnerte mich an meine unüberlegte, impulsive und schusselige Art, die mich in das *Büchereck* geführt hatte. „Ja“, entgegnete ich etwas zögerlich, „das ist eine lange Geschichte.“

Ich reagierte schnell und erinnerte mich an das Schild, auf dem geschrieben stand, dass der Laden zu vermieten war. „Ja“, sagte ich, „ich sah das Schild *Ab September zu vermieten* und wollte mir die Räumlichkeiten etwas genauer ansehen. Als ich bemerkte, dass die Türe nicht verschlossen war, trat ich ein und sah mich etwas um. Und ein paar Minuten später kamen Sie schon zur Tür herein.“ „Da bin ich aber froh!“, sagte sie total erleichtert. „Stellen Sie sich vor, es würde sich jemand an den Büchern vergreifen. Mein Vater würde sich im Grabe umdrehen, ist es doch eine recht stattliche Sammlung seines Antiquariats. Sehen Sie hier …“, sagte sie, „Die Enneaden von Plotin.“ Dabei schnappte sie sich ein Exemplar einer Bücherreihe und hielt es mir unter die Nase. „Er hat sie geliebt!“, sagte sie traurig und war knapp davor, wieder in Tränen auszubrechen. „So wie ich“, sagte ich schnell darauf, „ich liebe Bücher über alles“, und ich hörte Mr. Jones mitschwingen. Vielleicht bildete ich mir das auch nur ein, aber es war so, als würde er mir zulächeln.

„Ihr Vater ist nirgendwo hingegangen. Sein Licht ist immer hier!“, sagte ich spontan. Dabei wurde es hell und das Licht im Laden ging an. „Ein Wunder!“, sagte sie sichtlich gerührt. Die vermeintliche Erleuchtung entpuppte sich als Frau Helges, die wohl nur nach dem Rechten sehen wollte. Bevor Frau Helges eine Rüge erteilt bekommen konnte, erzählte sie Frau Ginster, dass sie kurz nach acht Uhr noch nach dem Rechten gesehen hatte und das Gefühl nicht los wurde, die Eingangstüre vielleicht nicht verschlossen zu haben. „Wissen Sie“, sagte sie zu Frau Ginster, „ich gehe ja normalerweise immer zur Hintertüre rein, aber heute stand ein Paket am Vordereingang und das wollte ich ins Geschäft legen. Ich sah, dass es nicht an Sie adressiert war und so ließ ich es dort stehen. Dabei vergaß ich wohl, die Türe zuzusperren. Es tut mir wirklich sehr leid!“, sagte sie entschuldigend und etwas aufgebracht. „Gut, dass ich es sofort bemerkt habe!“, fügte sie noch einlenkend hinzu. Während sich die beiden aussprachen, wunderte ich mich etwas über dieses *Wissen Sie.* Dieser eigene, aber wunderbare Ausdruck machte wohl vor nichts Halt. Es war mir bis ins Nicht-Jetzt gefolgt und ermunterte mich dazu, in Erinnerungen einzutauchen. Da ich aber die Vergangenheit nicht beleben wollte, lenkte ich meine Aufmerksamkeit auf Frau Ginster und Frau Helges und beobachtete gespannt das Geschehen.

„Ach ja, dieses Paket“, sagte Frau Ginster. Suchend schaute sie sich um. Sie hatte es beim Betreten des Ladens ja in den Händen gehalten und nun nahm sie es wieder an sich. „Ja“, sagte Frau Helges, „das ist es. Ich erkenne es wieder. Es ist doch etwas eigen verpackt und von so einer schönen Handschrift geziert“, schwärmte sie. „Adressiert an einen Herrn Mihir Rodriges“, sagte Frau Ginster zaghaft. Mir stockte der Atem. Mihir hieß mein Mr. Jones also mit Vornamen. Wenn man nichts mehr wissen will, erfährt man plötzlich so manches. „Aber ich kenne keinen Herrn Rodriges, der unter dieser Adresse wohnt. Es sind zwar noch Wohnungen vermietet, aber einen Herrn Rodriges?“ Sie überlegte kurz und auch Frau Helges bestätigte ihr, dass sie einen Herrn dieses Namens nicht kennen würde. Zum Glück hatte ich vorhin, als ich vom *Büchereck* gesprochen hatte, von einem Mr. Jones gesprochen, sonst säße ich jetzt schön in der Klemme. „Mihir, Mihir …“, sagte Frau Helges unerwarteterweise. „Kennen Sie ihn doch?“, sagte Frau Ginster erwartungsvoll zu Frau Helges. „Nein, aber Mihir habe ich schon einmal irgendwo gehört.“

„Entschuldigen Sie“, sagte ich ungeniert, „ich war wohl in Gedanken. Das Paket habe ich draußen liegen lassen, als ich mich vor dem Laden etwas umsah. Ich wollte es Herrn Rodriges persönlich vorbeibringen. Er wohnt hier in der Nähe.“ Beide sahen mich mit großen Augen an und hatten wohl das Gefühl, einem Ammenmärchen zum Opfer zu fallen. „Sehen Sie, Frau Ginster“, und dabei nahm ich ihr das Paket aus der Hand, „dieses Paket hat mich zu Ihnen geführt. Es ist wohl eine Fügung, dass ich hier gelandet bin. Ja, das muss es wohl sein“, sagte ich ziemlich überzeugt, „denn ich hätte großes Interesse daran, diesen Laden zu mieten. Das Schicksal hat mich zu Ihnen geführt.“ Als Frau Ginster das hörte, schien bei ihr jeglicher Zweifel an meine Glaubwürdigkeit erloschen zu sein und mit einem freudigen

Lächeln strahlte sie mich an. „Ja, meinen Sie?“, strahlte sie über das ganze Gesicht, „Ja, Sie haben Recht und es scheint es mit uns beiden gut zu meinen! Sehen Sie, Frau Helges“, sagte Frau Ginster sehr überzeugt, „es gibt doch noch Wunder auf Erden!“ Dabei räusperte sie sich ein wenig. Hatte sie nicht noch eben zuvor Frau Helges versehentlich als solches deklariert?

„Warum haben Sie das nicht gleich gesagt, dass Sie den Laden mieten wollen!“ Das war eine gute Äußerung! Innerlich musste ich lachen. Hatte ich es doch selbst bis dato nicht gewusst. Es war eine etwas merkwürdige Situation, in der ich mich da befand. Frau Helges wollte noch kurz in die Wohnung hochgehen, um etwas nachzusehen. Mir wurde ganz warm und ein eisiger Schauer lief mir über den Rücken. Ich wusste ja nicht, ob meine Sachen noch da waren. Meine Sachen! Ach du Schreck! Was war, wenn die auch verschwunden waren? „Dürfte ich vorher kurz die Toilette benutzen?“, fiel ich ihr umgehend ins Wort und zappelte dabei etwas unruhig hin und her. „Ja, wenn es denn so dringend ist“, sagte sie. „Gehen Sie die Treppe hoch und die zweite Türe links.“ Ein *Ich weiß* konnte ich mir Gott sei Dank verkneifen.

Alles lag noch an seinem Platz, obwohl der Raum schon etwas verändert aussah. Schnell suchte ich meine Sachen zusammen und es war wirklich das erste Mal in meinem Leben, dass ich über meine Bequemlichkeit sehr froh gewesen war, denn viel hatte ich nicht ausgepackt. Ich versteckte mein Gepäck im Schrank und war erfreut, das noch erledigt zu haben. Und noch viel mehr freute ich mich darüber, dass meine Sachen sich nicht mit allen anderen Begebenheiten und Dingen aufgelöst hatten.

„Wissen Sie“, sagte Frau Ginster zu Frau Helges, „ich mache mir doch Vorwürfe. Ich hätte es doch anders machen können.“ Ich war mitten in das Gespräch geplatzt und kam mir etwas deplatziert vor. „Ach“, sagte Frau Helges und fasste Frau Ginster dabei am Arm, „was reden Sie da! Das dürfen Sie keinen Augenblick denken! Was für ein Unsinn! Mein Mann sagt immer, es ist Gottes Wille, was geschieht, auch wenn wir glauben, wir hätten etwas falsch gemacht. Es ist gewiss nicht Ihre Schuld. Wozu etwas bedauern, was nicht zu ändern ist!“ Ein Blick nach oben zeigte, dass sie wohl an einen Gott glaubte. „Wissen Sie“, fuhr sie fort, „wir sollten dem Herrgott viel dankbarer sein. Wenn es das Leben nicht gut mit uns meint, ist es niemands Schuld. Er schenkt uns die Ereignisse, um zu reifen!“ Der Ausdruck *Niemands Schuld* gefiel mir sehr gut. „Danke“, sagte Frau Ginster, nahm dabei Frau Helges bei der Hand und nickte beschämt. Ich hatte zwar keine Ahnung, über was die beiden hier genau sprachen, aber die Antwort von Frau Helges war schon sehr von Licht erfüllt.

„Was, schon so spät?“, sagte Frau Helges, als sie einen Blick auf ihre Uhr geworfen hatte. „Ich muss meinen Mann fragen“, sagte Frau Helges. „Was?“, entgegnete Frau Ginster. „Ach, das mit diesem Mihir geht mir nicht mehr aus dem Kopf! Ich komm einfach nicht drauf, was es mit diesem Namen auf sich hat. So etwas Blödes aber auch! Ja, wenn man einmal etwas im Kopf hat ...“, seufzte sie. Mit den Gedanken schienen wohl alle so ihre Probleme zu haben. Was sie wohl mit diesem Mihir meinte? Nachdem Frau Helges gegangen war, sagte Frau Ginster: „Ich kann das auch morgen erledigen, das mit der Wohnung, meine ich.“ Ich atmete durch und war froh, dass sie nicht doch noch hoch gegangen war. Sie hätte ja was finden können.

„Liebe Frau … ach, ich weiß ja noch gar nicht, wie Sie heißen“, stellte Frau Ginster überrascht fest. „Entschuldigen Sie, wie unaufmerksam von mir. Ich heiße Madita Mangold.“ Und dabei reichte ich ihr die Hand. Meine Ausdrucksweise erinnerte mich an Alfred. Nur schien diese heilige Welt, in die ich hatte abtauchen dürfen, für immer verschwunden zu sein.

„Liebe Frau Mangold, bevor wir zum Geschäft kommen. Wie meinten Sie das vorhin mit meinem Vater?“, sagte sie interessiert. Da schien ich scheinbar auf sehr fruchtbaren Boden gestoßen zu sein. „Haben Sie sich denn mit diesem Thema schon einmal näher auseinandergesetzt?“, fragte sie mich, und bevor ich dazu kam, ihr eine Antwort zu geben, hatte sie schon den nächsten Satz parat. „Glauben Sie denn an ein Leben nach dem Tod?“ „Ich stelle mir eher die Frage, ob es ein Leben vor dem Tod gibt!“, entgegnete ich umgehend und war über diese automatische und gelassene Antwort selbst etwas erstaunt. Obwohl Mr. Jones diese Frage auch gestellt hatte, war es nichts Nachgeplappertes. Es entsprang einem natürlichen Brunnen in mir. „Interessant, interessant!“, sagte sie kopfnickend und ich war verwundert über ihre sehr offene Reaktion. „Wissen Sie, mein Vater hat sich viel mit den Seinsfragen des Lebens auseinandergesetzt und ich fand das auch immer schon sehr faszinierend. Bis an dem Tag …“ Sie stockte und beendete den Satz abrupt. Sie hatte sich erneut hingesetzt und wieder liefen ihr Tränen über das Gesicht. „Ich will Sie nicht mit meinem Leben belasten, aber als vor sechs Jahren meine Tochter starb, wollte ich von diesen Dingen nichts mehr hören. Vielleicht hätte es mir Kraft gegeben, wenn ich mich davon nicht abgewandt hätte. Doch die Wut, der Zorn und der Schmerz waren zu stark, um sich dem zu widersetzen.“ „Das ist sicher eine sehr schmerzvolle Erfahrung“, sagte ich zu ihr, um sie etwas zu beruhigen. „Bis heute konnte ich nicht über meinen Schatten springen. Aber vielleicht haben Sie Recht. Man kann es nicht ungeschehen machen und vielleicht sollte ich es nun endlich wagen, über meinen Schatten zu springen.“ Ich hörte dem scheinbar hohlen, irdischen Wortgerüst ihrer Äußerung zu und sah hinter das Wort. Dort verbarg sich eine große Weisheit, die mich faszinierte. Ich war berührt. Sie hatte sich, ohne es zu bemerken, gerade selbst die Antwort gegeben. Sie hatte die Allgegenwart angedeutet, ohne sich dessen bewusst zu sein. *Wahrlich ist es das Beste, über seinen Schatten zu springen!* Noch nie hatte ich dieses Sprichwort genauer betrachtet, aber jetzt ergab es plötzlich einen ganz tiefen Sinn.

Als wir auf den geschäftlichen Teil zu sprechen kamen, merkte ich, dass sie das Geld scheinbar gut gebrauchen konnte. „Die Wohnung oberhalb müssten Sie aber schon dazu nehmen“, sagte sie etwas vorsichtig, aber dennoch sehr bestimmend. Sie befürchtete, dass ich ihr unter diesen neuen Bedingungen doch noch abspringen könnte. „Das trifft sich gut!“, entgegnete ich. „Ich bin gerade auf Wohnungssuche“, sagte ich und ihr Leuchten in den

Augen verriet, dass sie die Situation wohlwollend begrüßte. „Wo sagten Sie, wohnen Sie im Moment?“ Sie schien etwas vergesslich zu sein und das kam mir gelegen, denn ein Hotel gab es ja nicht. *Nicht mehr.* „Ich habe noch keine Unterkunft. Aber vielleicht wissen Sie ein kleines Zimmer als Übergangslösung für mich?“ „Mal sehen …“ Nach kurzem Überlegen bot sie mir das ehemalige Gästezimmer von Mr. Jones an und ich zog wieder ins gleiche Zimmer ein, wo ich soeben überstürzt ausgezogen war. „Die Wohnung wurde komplett ausgeräumt und gereinigt. Es stehen nur noch ein paar alte Möbel drin, die ich noch abholen lasse. Aber der Laden …“, seufzte sie schweren Herzens. „Sie können die Möbel gerne drinnen lassen und den Laden können wir ja gemeinsam angehen. Eins nach dem anderen“, antwortete ich ihr aus dem Augenblick heraus.

„Das ist eine gute Idee!“, sagte sie erfreut und reichte mir dabei die Hand. Mit einem Handschlag besiegelten wir unsere Vereinbarung. Ich fühlte mich wie neu geboren. „Aber Sie sind doch noch so jung! Was wollen Sie denn mit all den alten Möbeln? Wollen Sie denn Ihre Wohnung nicht etwas moderner haben?“, fragte sie etwas erstaunt. „Ich lebe lieber einfach und reduziert. Ich weiß, es wird mir gefallen“, antwortete ich sehr überzeugt. „Na, Sie können es ja immer noch ändern, wenn Sie wollen. Aber sagen Sie, wo nehmen Sie denn diese Gelassenheit und diese unendliche Ruhe her? Sie scheinen mir so … Irgendwie … Na?! So … Bring ich doch das Wort nicht raus“, sagte sie mit ärgerlicher Stimme. „Anders vielleicht? Meinten Sie *anders?!*“ Die gute Frau nickte und lächelte mir verlegen zu. Nur zu gut erinnerte ich mich daran, genau dasselbe zu Mr. Jones gesagt zu haben. Wo er jetzt wohl ist? „*Hier*“, sagte Frau Ginster und drückte mir ein Buch in die Hand, auf dem groß *Jetzt* zu lesen war. „Als kleines Dankeschön für Ihre aufbauenden Worte.“ Sie hatte mir ohne ihr Wissen auf meine Frage eine Antwort gegeben. Ja, sogar zwei, denn Mr. Jones war *jetzt hier.* Aber ist es nicht Gott, der durch alles spricht?

„Wo haben Sie denn Ihr Gepäck?“, entriss mich Frau Ginster meiner Erinnerung. „Mein Gepäck? Ach ja“, konterte ich schnell, „das ist noch am Bahnhof.“ Und wieder konnte ich nicht aufrichtig sein. Ich konnte ja nicht gut sagen: *Liebe Frau Ginster, mein Gepäck steht bereits in der ehemaligen Wohnung Ihres Vaters. Es ist auch die Wohnung von Mr. Jones, der sie in einer Parallelwelt für sich beansprucht und sich Tag und Nacht um die Bücher ihres Vaters gekümmert hat. Ach ja, und wenn Sie es genau wissen wollen, da komme ich gerade her. Was, Sie glauben mir nicht? Sie wissen nicht, was eine Parallelwelt ist? Da geht man doch jeden Tag hin!*

„Ich werde das Gepäck jetzt gleich holen!“, fügte ich noch kurz hinzu. „Soll ich Sie hinfahren?“, fragte sie mich sehr zuvorkommend und hätte ich wirklich dorthin gemusst, hätte ich ihr Angebot natürlich nicht ausgeschlagen. „Nein danke, das ist nicht notwendig!“, bedankte ich mich. „Ich gehe lieber zu Fuß. Die frische Luft wird mir gut tun.“ Und da flammte kurz das Bild von Maries Mutter in mir auf, der ich fast dieselbe Münchhausen-Geschichte erzählt hatte. „Das ist ja einmal ein Wort. Wie Sie wollen! Also hier …“ Sie griff in ihre Tasche und löste einen Schlüssel von einem großen Bund und drückte ihn mir in die Hand. „Hier haben Sie den Schlüssel! Kommen Sie kurz mit nach oben, damit ich Ihnen das Zimmer zeigen kann?“ Ich nickte und folgte ihr in die obere Etage. „Sie können den Laden und die Wohnung komplett trennen“, fuhr sie fort. „Das Gästezimmer erreichen Sie auch über den Flur vom Hintereingang des Hauses, welches auch der Haupteingang für die anderen Bewohner des Hauses ist. Und wenn Sie die Wohnung abschließen, können Sie das Zimmer komplett getrennt benutzen. So sind Gästebereich, Wohnung und Geschäft abgeschlossene Räumlichkeiten, mit jeweils separatem Eingang. Mein Vater hatte es so gewollt, da meine Tochter eine Zeit lang in diesem Zimmer gewohnt hat. Wenn er Lust hatte, ließ er seine Türe einfach offen. Meistens aber machte er sie zu, damit sich seine Enkeltochter nicht von ihm gestört fühlte. Entschuldigen Sie! Ich war wohl schon wieder meiner Erinnerung erlegen." Dabei schüttelte sie den Kopf und man merkte, wie sehr der Kummer an ihr nagte. Die Mächte des Egos und des Denkens zerrten sie immer wieder in ihr Reich, doch der Zeitpunkt, um dies zu erkennen, schien noch nicht herangereift zu sein.

„Es hat eine kleine Waschgelegenheit und eine Toilette. Wenn Sie also einmal Besuch bekommen oder einen Überraschungsgast haben … der ist hier bestens aufgehoben. Wir hatten das Zimmer früher sogar einmal vermietet. Aber darüber können wir gerne ein anderes Mal reden. Treffen wir uns doch morgen Mittag im Laden, um alles zu besprechen, wenn Ihnen das passt."

„Das passt mir ganz gut!", sagte ich und dachte mir noch ein amüsiertes „und sehr genau" hinzu. Dann legte ich das Paket ins Zimmer und verließ mit Frau Ginster den Laden. Warum ging ich jetzt eigentlich mit ihr wieder hinaus, wenn ich doch das Paket öffnen wollte? Ach ja, ich musste ja zum Bahnhof, das hatte ich beinahe vergessen.

„Sie sind ihr sehr ähnlich." „Wem?", fragte ich sie überrascht. „Meiner Tochter. Irgendwie erinnern Sie mich an Marie Sophie. Sie wurde aber von allen immer nur Marie genannt." Ich war perplex. Der Name! „Es ist nicht das Aussehen", fuhr sie fort, „nein, vielmehr ist es Ihre Ausstrahlung und Ihr Wesen." Maries Wärme, Beherztheit und Natürlichkeit dehnten sich in mir aus und streichelten meine Seele. „Sie war sicher ein wunderbares Mädchen!", entgegnete ich und strich Frau Ginster dabei eine Haarsträhne aus dem Gesicht. Ich war selbst etwas erstaunt über meine Geste, aber es geschah einfach so. Automatisch und ohne zu denken, absichtslos eben.

„Frau Mangold, darf ich Madita sagen?", sagte sie etwas aufgeregt. „Aber bitte doch gerne", gab ich ihr zur Antwort. „Diese Bewegung eben …", stammelte sie. „Meine Tochter hat mir immer die Strähne aus dem Gesicht gestrichen." Eine Weile sahen wir uns wortlos an. „Vielleicht hat mir der liebe Gott eine neue Tochter geschickt", schwärmte sie begeistert. „Oh, entschuldigen Sie! Nein, wie aufdringlich von mir! Ich wollte Ihnen, ähm, dir damit nicht zu nahe treten. Verstehen Sie mich nicht falsch … Ich will mich nicht in dein Leben drängen!“, sagte sie komplett aufgebracht und senkte dabei den Kopf. „Im Gegenteil Frau Ginster“, entgegnete ich. „Ich freue mich über Ihre Worte und Sie sind wohlgemerkt an der richtigen Stelle angekommen!“, vergewisserte ich ihr und nickte ihr dabei lächelnd zu.

Frau Ginster versicherte mir, noch frische Bettwäsche und Handtücher vorbei zu bringen. Wie nett von ihr. Fand ich ihr Vertrauen in mich anfangs doch mehr als außergewöhnlich. Doch jetzt, wo ich um Marie wusste, bedurfte es keiner weiteren Gedanken mehr. Frau Ginster war wirklich sehr nett und wahrscheinlich konnte sie es selbst nicht verstehen, warum sie sich mir gegenüber so verhielt. Ich ging einmal um das Haus herum, ein wenig auf und ab und kehrte schnell wieder zurück. Ach, was war ich doch neugierig auf dieses Paket gewesen! Hier trat doch wieder einer meiner persönlichen Züge hervor.

Wie kam ein Paket an Herrn Rodriges, alias Mr. Jones, in diese Welt? Ich war schon etwas überrascht und die schöne Handschrift verriet, es war die von Mr. Jones. Ich setzte mich auf das Bett, welches kein Sprungschanzen-Allüren-aufweisendes Kommodenbett mehr war, und verfiel in eine leichte Melancholie. Mein Blick schweifte durch das Zimmer, obwohl ich zugeben muss, dass ich mich nur schwer vom Anblick des Paketes lösen konnte.

In einem Regal vor mir lag nur ein einziges Buch. „Aufbruch in die Ewigkeit“, las ich andächtig und sehr bewegt, als ich es in meinen Händen hielt. *Aufbruch in die Ewigkeit,* wiederholte es sich einige Male in mir und wahrlich hatte sich genau das in meinem Leben eingestellt. Auch ohne das Buch zu lesen, wusste ich, meine Suche würde jetzt ein Ende haben. Es wunderte mich kein bisschen, dass es mein Lieblingsautor zu Papier gebracht hatte. Ich legte es liebevoll auf das Kopfpolster, streichelte noch einmal kurz darüber und sah mich noch einmal im Raum um.

Einige Dinge erinnerten mich an die wunderschöne Zeit hier vor Ort. Es war alles ganz anders, so befremdend und neu, doch dies nur zum Schein. Es war das Äußere, das sich ein neues Kleid angezogen, ja, eine neue Verpackung angenommen hatte, denn es war nicht wirklich anders. Es fühlte sich gut an und ich spürte Mr. Jones, Parmenides, Marie und … Eine Träne bahnte sich den Weg über mein Gesicht und einen Augenblick später waren die Bilder und Erinnerungen wieder verschwunden. Ich wusste, es war nur mein Ego, das kurz aufflammte und am liebsten wieder alles zum Leben erwecken wollte. Doch ich wusste auch, dass alles immer hier war und dass diese Trennung, ja, dieser Trennungsgedanke nur in meinem Kopf lebte.

Ich erschrak etwas, als es an der Türe klopfte. „Sie sind … Entschuldigung, du bist schon wieder zurück?“, sagte Frau Ginster, die in der Türe stand und mich völlig entgeistert ansah. „Also diese Frau Helges …“, lachte sie kopfschüttelnd. „Ich habe sie mit ihrem Mann auf der Straße getroffen. Sie hat ihn ganz verrückt gemacht mit diesem Wort. Wie sollte sie es auch wissen, sie kann schließlich kein Indisch.“ „Indisch?“, fragte ich sie interessiert. „Ja, Mihir ist ein indischer Name und heißt so viel wie Sonne. Doch in Indien gibt es mehr als hundert Sprachen, ich glaube, man kann diese Sprache gar nicht so nennen.“ Sie überlegte kurz und war sich etwas unsicher. Frau Ginster schüttelte den Kopf. Ich konnte und wollte dieser uninteressanten Überlegung nicht folgen, denn in mir klang das Wort *Sonne* nach. Ein milder Gefühlsschauder durchströmte mich und sofort musste ich an Maries Zeichnung denken. Hatte ich die nicht in meine Tasche getan? Die müsste noch im Seitenfach sein, obwohl … Vielleicht war sie ja auch verschwunden? Sonne! Wie oft hatte Marie Mr. Jones so genannt. Welcher Name könnte also besser zu ihm passen? Marie hatte es tief in sich immer gewusst!

Diese Frau Helges … Plötzlich fiel es mir wie Schuppen von den Augen. Hatte Frau Ginster nicht erwähnt, dass Frau Helges doch immer zum Lüften vorbeikam? Ich erinnerte mich an den ersten Tag bei Mr. Jones, kurz bevor ich zum Hotel gegangen war und ans Ende der Pause von Mr. Jones’ Zusammenkunft, da war doch dieser Durchzug im Raum gewesen. Und neulich Abend war es auch plötzlich wieder so empfindlich kühl geworden. Hatte ich mir das doch nicht eingebildet! Frau Helges war also dafür verantwortlich! Aber wie konnte das sein? Wie konnten zwei verschiedene Bewusstseinsebenen aufeinandertreffen? Ich stand vor einem Rätsel.

„Du warst aber schneller als der Wirbelwind!“, sagte Frau Ginster und holte mich mit diesem Satz doch etwas unsanft aus meinen kurzen Ausschweifungen zurück. „Ich habe mich extra beeilt und wollte dir die Sachen auf das Zimmer legen, bevor du zurück bist, um dich nicht stören zu müssen. Du willst dich sicher ausruhen. Und jetzt ist es doch passiert und ich stehe hier und rede und rede und rede!“, sagte sie sehr höflich und zurückhaltend. „Aber Sie stören doch nicht!“, bestätigte ich ihr und war sehr gerührt von einer Rücksichtnahme, die eigentlich gar keine war. Ich musste schmunzeln. Frau Ginster war sichtlich erleichtert und erfreut über meine Offenheit. „Ich habe Ihnen, ähm dir nur die Wäsche vorbeigebracht. Ach ja, das hatte ich ja schon gesagt. Ihre, ach, deine Wäsche“, wiederholte sie und ich sprang auf, um sie ihr endlich abzunehmen. In ihrer Verlegenheit lachte sie herzlich und schien wie ausgewechselt zu sein. Ich fand es lustig, wie sie sich ständig verplapperte. Es schien ihr noch nicht ganz zu gelingen, bei einer Ansprache zu bleiben.

Die Erinnerung an ihre Tochter musste etwas ausgelöst haben und ließ sie noch konfuser erscheinen. „Ich muss mich erst an das *Du* gewöhnen. Übrigens, ich bin Lisbeth.“ Als sie ein paar Schritte auf mich zuging, um mir noch einmal die Hand zu geben, wäre sie fast hingefallen. „Plotin! Also …! Kannst du nicht aufpassen!“ Mir fiel es ein weiteres Mal wie Schuppen von den Augen und ich glaubte, nicht richtig zu sehen. Mein Herz hüpfte und ich musste mich mäßigen, um nicht in einen unkontrollierbaren Jubelschrei auszubrechen. „Musst du aber auch immer zwischen meinen Beinen herumlaufen! Darf ich vorstellen: Das ist Plotin, die Katze von meinem Vater. Plotin, das ist Madita!“ Er rannte auf mich zu und strich um meine Beine herum. „Ich bin erstaunt, dass er auf dich zugeht, er ist Fremden gegenüber absolut scheu!“, sagte sie verwundert und kratzte sich dabei nachdenklich am Kinn. „Nun gut. Jetzt ist es meine Katze und vielleicht auch ein bisschen deine, denn Plotin treibt sich immer dort herum, wo er willkommen ist.“ „Parmenides!“, rutschte es mir nun doch noch heraus, als er mir seinen Kopf entgegenstreckte. Ich bückte mich, streichelte ihn am Kopf und tätschelte ihm den Hintern. Ja, ich war mir sicher, es war Parmenides. Auweia, hatte ich das auch laut gesagt? Ich tat so, als ob ich nichts von mir gegeben hätte und streichelte meinen Liebling. „Hast du eben Parmenides gesagt? Welch ausgefallener Name? Na“, lachte sie, „nenne ihn, wie du willst. Aber der Name erstaunt mich doch etwas!“, grübelte sie. „Du bist also auch im Bereich der Vorsokratiker bewandert, sonst würdest du Parmenides nicht kennen.“ „Ja“, entgegnete ich, „er hatte mich irgendwie an diesen Namen erinnert. Keine Ahnung, warum!“, sagte ich etwas verlegen, zuckte dabei mit den Schultern und war froh, mich mit einer schlichten Erklärung wieder aus der Affäre zu ziehen. „Das war übrigens auch eines der Lieblingsbücher meines Vaters: *Parmenides Lehrgedicht*.“ „Und Manfed Kybers *Die Kette der Dinge* auch?“, unterbrach ich sie mit Worten, die plötzlich über mich kamen. Ich konnte diesen Satz nicht zurückhalten, weil ich ihn zuvor gar nicht gedacht hatte. Meine Spontaneität beeindruckte mich selbst. Es war auch an der Zeit, dass Sätze zu mir fanden, die nicht dem Verstand entsprangen!

Frau Ginster, ich meine Lisbeth, fiel mir plötzlich um den Hals und drückte mich fest. Rasch löste sie sich wieder aus der Umarmung und ihrem Gesichtsausdruck nach zu schließen, schien sie sich dabei etwas unwohl zu fühlen. Sie richtete ihre Kleidung zurecht und ihr verschämter Blick versuchte sich für ihre spontane Überschwänglichkeit zu entschuldigen. Unversehens musste ich an Frau Kilgus denken. „Entschuldige meinen Gefühlsausbruch“, sagte sie etwas verloren. „Ich konnte nicht anders“, stammelte sie vor sich hin, „aber das Buch heißt *Im Land der Verheißung* und handelt von der Kette der Dinge, und ja, mein Vater mochte es. Es war aber das Lieblingsbuch meiner Tochter.“

Sie schüttelte den Kopf und konnte die Welt nicht mehr verstehen. Wie denn auch, wenn es die gar nicht gab?!

Als Frau Ginster wieder gegangen war, setzte ich mich erfüllt und voller Bedürfnislosigkeit auf das Bett. Kurzzeitig hatte ich sogar das Paket vergessen. Aber nur kurz! Ich öffnete es vorsichtig und sehr geduldig. Ich dachte an den Moment mit Marie, als wir uns Mr. Jones' Röllchen gewidmet hatten. Und nein, ich dachte diesmal nicht an meine Mutter, die die Geschenkpapier-Ansammlungs-Angewohnheit hatte.

Sorgfältig ausgepackt, kam eine alte Kassette zum Vorschein. Es war eine besondere Kassette, die aus sehr stabilem Material gefertigt war. Was das genau war, konnte ich nicht einordnen, sie wirkte auf alle Fälle sehr antik und hatte allem Anschein nach viel zu erzählen. Sie sah geheimnisvoll aus und dieser Moment erinnerte mich irgendwie an die Geschichte von dem Buchhändler, die mir Herr Josef Kanaus erzählt hatte. Fein säuberlich faltete ich das Papier zusammen, bevor ich, ohne einen einzigen Gedanken zu verschwenden, die Kassette öffnete. In mir war Ruhe eingekehrt, kein Teil des Gedankenstroms erhob sich, es blieb still und leer.

Die Kassette barg ein braunes Buch in sich, auf dem eine anmutige Inderin mit gefalteten Händen abgebildet war. Lichtstrahlen zierten den Einband und auf diesem stand groß und deutlich, nicht zu übersehen, prunkvoll und erhaben: *Dnyaneshwari – Ein göttlicher Kommentar der Bhagavad-gita, von Shri Jnaneshwar.* Ich sah Mr. Jones vor mir und hörte ihn diesen Satz sagen, den ich schon einmal gehört hatte: „Es kommt der Tag, an dem *dich* das Buch findet, das deine Suche endgültig beendet." Tränen liefen mir über das Gesicht und mit Freude gepaart offenbarte sich eine bruchteilhafte Rückschau, die mein ganzes Leben wie einen Film Revue passieren ließen. Jetzt wusste ich auch, warum ich an Herrn Kanaus denken musste. Ich erinnerte mich an die Geschichte, die er mir so liebevoll erzählt hatte, als wäre es gestern gewesen. Es war, als würde Wort für Wort an mir vorüberziehen. Nur das Ende der Geschichte war anders, denn jetzt galt die Geschichte mir. Ja, ich war bereit, mich dieser Wahrheit zu öffnen, um beharrlich immer wieder das zu entdecken, was ich immer schon gewesen war. Kein Preis war mir zu hoch! Wie denn auch, ich hatte erkannt, dass der Schatz nicht die Dinge waren, die uns so wichtig waren und denen wir so viel Wert beimaßen. Der wahre Wert war der Raum, der sich hinter allem erhob.

Als ich das Buch aus seiner Verpackung nahm, fiel ein Zettel heraus. Als ich ihn aufhob und las, war es allerdings nicht die Geschichte des Buchhändlers. Das Papier war etwas vergilbt. Es war ein Ausschnitt aus einer alten Zeitung oder aus einem alten Buch, auf dem stand: *Die Prozesse der Vorbereitung gehen in der Stille weiter, bis das Individuum, ganz unbewusst, den Augenblick erreicht, wenn die eine benötigte Kraft es berührt, und dann fällt jeder vorbereitete Bestandteil augenblicklich an die richtige Stelle, und das Wesen ist sozusagen auf einmal neu gebildet. William Quan Judge* (*Das Licht, das vom Jenseits kam, Hirthammer Verlag, Das Meer der Theosophie, Theosophischer Verlag GmbH)*

Als ich die Schachtel zur Seite legen wollte, um für das Buch Platz zu machen, blieb mir fast das Herz stehen. Es pochte voller Freude, denn es sah ein Stück Papier, welches dort zusammengerollt lag, mit einem hübschen roten Schleifchen drum herum. Neben meiner tiefen Berührtheit musste ich lachen und an diesen Abend zurückdenken, als ich unbedingt so ein Röllchen haben wollte. An das Ehepaar, an Kathrin und Frau Manneder …

Eine Erinnerung zu beleben und somit Vergangenheit zu erzeugen, sollte in diesem Augenblick jegliche Bedeutung verlieren. Die Bilder verblassten umgehend, als ich meine Aufmerksamkeit wieder ungeteilt dem Röllchen widmete. Bevor ich dazu kam, es zu öffnen, vernahm ich folgende Worte:

„Du hast so lange darauf gewartet, Madita“, hörte ich Mr. Jones’ Stimme in mir erhallen. Ich schloss meine Augen und gab mich seinen Worten hin. „Nun bekommst du endlich diese spezielle Botschaft, die dein ganzes Leben zu einem wunderbaren

Lichterreigen formen wird. Alle Nebelschwaden, die dein wunderbares Leuchten verhüllten, haben sich gelichtet und werden sich vollkommen zurückziehen. Dieses Ausvibrieren geschieht von selbst. Lebe dein Leben, denn Leben ist Glanz. Nur durch das Leben kannst du dich diesem Glanz öffnen und vollumfänglich sein. Das Zusammenspiel vom kleinsten Elementarteilchen bis hin zu den höchsten Göttern ist ein riesiger Organismus, ein grenzenloses Prinzip, welches die Menschen Universum nennen. Alles, was sich innerhalb dieses Organismus in einer natürlichen und unpersönlichen Zurückhaltung übt, kommt voran. Alles, was nach vorwärts drängelt, stagniert. So lautet das ungeschriebene Gesetz. Du bist die Allgegenwart und Gott wirkt durch dich, wobei sich deine Ursprünglichkeit der irdischen Zeit bedient, um zu wachsen und zu reifen. Und auch wenn du bereits alles bist, immer schon warst und immer sein wirst, muss nun dein irdisches Kleid durchlichtet werden, damit du dein Ego zu Grabe tragen kannst und dich befreist von den Irrbildern der Vergänglichkeit.

Das Leben ist da, um dich zu stärken, denn es ist die Vorbereitung auf Gott. Dein Leben ist eine Reise vom bedrückenden und schwer wirkenden menschlichen Dasein in eine leichte und helle Nicht-Welt, die, sobald du sie erst entdeckt hast, in die profane Gegenwart mit einfließen wird und diese dadurch geschmeidiger und weicher erscheinen lässt. Dein Leben wird sich dadurch nicht ändern, aber was sich ändert, ist, dass du es nicht mehr als *dein Leben* siehst und erkennst und deshalb Abstand zu dem einnimmst, was du jetzt noch zu sein glaubst. Ein langer Weg, der viel Ausdauer und Geduld bedarf, damit sich die Vernebelungen immer mehr lichten und der zähe Dunst eines Tages vollumfänglich schwinden kann. Ausdauer und Hingabe stellen sich ein. Dankbarkeit zieht einher und Achtsamkeit wird zu deinem steten Begleiter. Dir in jedem Moment gewahr zu sein, was ist und was nicht ist, ohne die Eindrücke und Empfindungen über die Persönlichkeit zu filtern, ist ein Merkmal für die Öffnung deines vollumfänglichen Bewusstseins. Und ein Leben im glanzvollen Adel des

Lichts, frei von Bedürfnissen und Absichten, möge sich offenbaren. Alles ist gut! Gnade der Madita in mir. Segen für dich, du göttlicher Funke. Du, der du meiner Quelle entspringst: Friede sei mit dir.“

Ruhe in Frieden hätte ich lieber gehört. War mein Ego also immer noch nicht gestorben! Nach dieser Feststellung schien die Stimme endgültig verschwunden zu sein. Ich musste mir immer wieder Tränen aus dem Gesicht wischen, da ich so bitterlich weinte wie noch nie in meinem Leben zuvor. Die Erinnerungen an Momente, wo Tränen versiegten und ich mich danach sehnte, mich dem Weinen hingeben zu können, waren nicht mehr präsent. Ich gab mich ungeniert dieser Befreiung hin, ohne dabei etwas zurückhalten zu wollen. Es war kein Schmerz, nein, es waren wahrlich *Tränen des Glücks,* die über mich kamen und von Gnade erzählten. Und da musste ich an den Tee denken, den mir Mr. Jones am Tag unserer Begegnung gereicht hatte. Mr. Jones hatte schon dort um meine Schwächen gewusst. Was sich jahrzehntelang in mir aufgestaut hatte, ergab sich nun endlich der befreienden Sicht. Das sich öffnende Herz verschloss Wunden, große Vernarbungen durften heilen, verzweifelte Schluchzer verstummten und Nöte und Sorgen fielen ab. Endlich!

Mit gemischten Gefühlen öffnete ich den kleinen gefalteten Zettel, das einstige Objekt der Begierde, und auf dem stand: *nichts.* Nein, da stand nicht *nichts,* sondern ich konnte keine Botschaft entdecken. Ich drehte ihn um, doch wie ich ihn auch drehte und wendete, der Zettel blieb leer.

Mein Lachen erhellte den Raum, hauchte ihm neues Leben ein und ich lachte von ganzem Herzen, innig und frei. Ich musste an Maries Lichtbildnis am Turm denken, das mir versicherte, dass Wunder nicht wahr werden können, sondern Wirklichkeit sind. Es war mir klar, dass man Vergängliches nicht festhalten konnte, doch ein automatischer Griff in meine Handtasche bezeugte etwas Einzigartiges.

Manchmal fügen sich Dinge und die universelle, endlose Kraft repräsentiert sich nicht nur als unsichtbarer Lichtmantel, der die Welt umhüllt, sondern zeigt sich ganz einfach auf einem gefalteten Stück Papier. Ich nahm das Blatt in meine Hand, welches im Seitenfach meiner Handtasche ausgeharrt hatte und einer anderen Welt entsprang. Welch wunderbarer Anblick: Maries Sonne strahlte mir entgegen. Meine Augen konnten sich kaum sattsehen und so erging es auch dem Herz. Voller Sanftmut, Wärme und Zuversicht fand es sich wieder in einem einfachen Bild, das einst ein Kind gezeichnet hat. Wie wenig es doch braucht, um glücklich zu sein.

*

THE END

Jeder Gedanke gibt dir die Möglichkeit,
ihn nicht weiterzudenken.
Jedes Gefühl gibt dir die Chance, nicht zu reagieren.
Jeder Augenblick bietet dir die Alternative,
innezuhalten und deine Geschichten zu beenden.

Was würde dann sein?
Was geschieht?
Was bleibt?

Finde es heraus!

In deinem Körper wohnt Gott.
Er spricht auf vielfältige Weise zu dir.

Du kannst dich vor ihm nicht verstecken,
denn er zählt auch auf dich!

the beginning
(**the end** has never been)

Zarte Begegnung

(einunddreißig Verse zu Mr. Jones' Nicht-Geburtstag)

Deine Worte erfüllen, erheitern die Zellen,
es regt sich in mir, behutsam, wie Wellen,
ein zartes Berühren, Liebkosen, Vibrieren,
es schwindet, das Denken, die Schwere … Sinnieren.

Wir wanderten einst über Hügel und Täler,
der Wandel uns führte, der Weg ist nun schmäler.
Zentrierter enthüllt er das wirkliche Sein,
verzaubert, verschmelzend ergießt sich der Schein.

Die Liebe des Lichtes, das jenseits der Hüllen,
die Einheit erahnend, die Sehnsucht erfüllen.
Wünsche verblassen, Verlangen vergeht,
der Wind der Verheißung ist da, er weht.

Gewahrsam, der Dichte und Täuschung beraubt,
berühren von tiefen Gemächern erlaubt,
die Zweiheit … die trübe – sich auflöst und weicht,
die Einheit sie setzt sich, ganz sanft und ganz leicht.

So schwelgen wir schwebend wie Blüten einher,
die sanfte Schönheit des Lichtes Mähr,
Leere ist Stille und Frieden kehrt ein,
behutsam entfaltend, bedächtig und rein.

So schauen wir uns, die Herzen erwachen
und sehen kein Anders, es erhallt dein Lachen.
Das Dunkle, oder: das Helle ganz rein,
Spürsinn des Einen, die Täuschung lädt ein.

Durchschauen erscheint schwierig,
der Schatten ist gierig.
Das Licht ruft uns heim,
erstickt Schmerzen im Keim.

Verdammte Mühlen, sie mahlen einher,
das Leben als Rad, immer wieder hierher,
ein Kommen, ein Gehen, ständig das Leid,
ein Ende dem Zwang, durch Achtsamkeit.

Du klärst mich und zeigst mir den lichtvollen Weg,
die Hand ich dankend an dich leg,
ich weiß um den Turm, der mich einsperren mag,
doch du bist mir Licht und die Nacht wird zum Tag.

Der Vollendung verkündende, rettende Schwall,
überrollt Schattengemächer wie ein goldener Ball.
Sichtbares verkümmert, ich seh es an dir,
heimkehren, ein Rückfluss, ich spür es in mir.

Kein Anders, nicht spaltend, erstrahlt nun das Licht,
mich dürstet es nach der befreienden Sicht,
zu fühlen, das Einssein, Materie weicht,
die Hände berühren sich, schüchtern, ganz leicht.

Der Ginster, er beugt sich des Windes Wehen.
Alles ist eins, jetzt kann ich es „sehen“.
Nichts trennt mehr, wir schwelgen, tanzen und singen,
durchlichtetes Ego beendet das Ringen.

Eine Fata Morgana, Einbildung wie Rauch,
Störfelder weichen, wir schwingen uns auch.
Der Berg, die Steine, die Tiere und Pflanzen,
Ganzheit gebärt sich, sieh doch, wir tanzen.

Der göttliche Strom entreißt mich dem Leid,
und setzt sich durch Demut in Heiterkeit,
befreit das Universum von meiner Schwere:
„Fühlst du, was bleibt?“ Was bleibt ist Leere!

Vorstellungen sterben, es ist wahre Geburt,
eine Reise nach Innen, nicht die nach Lourdes,
Gedanken verblassen, Konstrukte vergeh’n,
verdunsten, versickern, wir können es seh’n.

Die momentane Ruhe ist noch die ohne Worte,
die letzte Stille aber, die göttliche Pforte
ist jenseits der Stille des irdischen Sehens,
ist fernab der Zeit und des Vergehens.

Wo die Wiege des Denkens herkommt und steht,
wo die Geburt der Gedanken sich immer erhebt,
den Ursprung verfolgend, das Nichts, es tritt ein,
du bist reine Stille, die Essenz, das Sein.

Du zeigst mir den Raum, der du immer schon bist,
mit Erforschen und Neugier, durchschau ich die List.
Endlich können Friede und Freiheit sich zeigen:
„Fühle, das Licht wird sich vor dir verneigen.“

Gewahrsam der Lohn, die wärmende Glut,
es fügt sich und klärt sich, erhebende Flut,
das Weise, das einst sich versteckte am Hain,
es zeigt sich, schwebend, bekömmlich und rein.

Diese Reise soll leicht sein,
von Bildern befreit sein,
so einfach und heiter
und die Reise geht weiter.

Wenn das *Ich,* das *Mich* und das *Uns* verblasst,
dann setzt sich das *ICH BIN* zur letzten Rast.
Einkehr, Insicht und Einheit in sich,
wie seltsam, ich frag dich: „Wo ist denn das *Mich*?“

Da ist niemand, der feststellt, kein Zeuge, kein Narr,
so anders, so fremd und doch offenbar.
Kein Werten, Vergleiche sind auch plötzlich weg,
Anwesenheit erfüllt ihren einzigen Zweck.

Ich lass die Suche, das Streben, das Wollen,
es bringt mir nichts, außer Mühe und Grollen,
und plötzlich wendet sich in dieser Not,
das Empfinden, die Qual: alles im Lot.

So freudig und fröhlich erkenne ich dich,
als das, was du bist, denn ich bin kein *Mich,*
abseits von Urteil und Einordnenwollen,
schwindet Beklemmung, kein Druck und kein Sollen.

Ich weiß nicht warum, plötzlich ist alles ganz sachte,
es war doch ganz anders, als ich noch dachte.
Und obwohl nichts geschehen ist, ist es vollbracht,
es gibt nichts mehr zu tun, und mein Herz, es lacht.

Aha, denk ich, so ist das Leben,
es zeigt sich, wie auch immer, es wird sich ergeben.
Es ist, wie es ist, alles erdacht,
und wir sind die Gottes-Pracht.

Den freien Willen hat es niemals gegeben,
wozu etwas wollen: Uns lebt doch das Leben!
Mit Hingabe und Demut empfange ich nun,
ohne nur das Geringste zu tun.

Und obwohl ich handle, ist es nicht mein Wirken:
Schau mal, so sind auch die Gräser und Birken,
die Blumen, sie wachsen ohne jeglichen Grund,
ich gebe mich hin, diesem vollendeten Bund.

Ewigkeiten muss ich wohl geschlafen haben,
und erfand Gräuel, Qualen, Unrecht und Narben.
Jetzt bin ich munter und der Täuschung satt
und bemerke, dass es nie einen gab, der geschlafen hat.

Und so löst sich Duales, wie Schall und wie Rauch,
transfiguriert durch sich selbst, im verspielten Hauch,
erkenne ich nun, die Farce, die nie war,
als das einzig Wahre … immerdar.

Und so verweilen wir als *Das,* was wir wahrhaftig sind,
unbeschwert und leicht, so wie ein Kind.
Hier ist alles und nichts: *ALL-ES* zugleich,
„Willkommen in Gott", dem himmlischen Reich.

Nachwort

Es gibt keine Religion, die erhabener sein kann, als die universelle Wahrheit selbst. Das offene und einsehbare Geheimnis um diese eine höchste Wahrheit, der „Gottesweisheit"* (**griechisch* Theosophie) *des Seins und des Nichtseins* liegt jenseits von herkömmlichem Wissen und Religionen und kann nur entschleiert werden, wenn all unsere Sinne abwesend sind. Kein irdisches Sehen und Verstehen wird uns je ein Erahnen dieses Urwissens ermöglichen können. Änigmata entspringt der lateinischen Sprache und bedeutet soviel wie *Rätsel, Andeutung.* Die ursprüngliche menschliche Sehnsucht jenseits des Wollens treibt uns auf unserem Erkundungspfad unaufhaltsam voran, nach dem Sinn und Zweck des Hier-Seins Ausschau zu halten. Wenn das Leben nicht mehr nach Gesinnung ausgerichtet ist, wird ganz schnell klar, dass es kein *Rätsel* gibt, das entschleiert werden muss. Es ist ein Aufspüren und Aufhellen, ohne dabei etwas entlarven zu müssen, denn die Einfachheit und Ganzheit kann nur demaskiert, aber niemals gefunden werden. Der Buchtitel Änigmata hat keinen tieferen Grund und verfolgt auch kein Ziel, genauso wie das Buch selbst keinerlei Absicht in sich trägt.

Du hast dir nun sicher auch schon die Frage gestellt, ob Gedanken, Gefühle, Situationen und alles Sichtbare wirklich real sein können. Es ist an der Zeit, hinter die Dinge zu schauen, sich diesem Raum zu öffnen, den Mut zu haben, den bleiernen und verstaubten Vorhang beiseitezuschieben und nach unserem wahren Wesen Ausschau zu halten. Der Quelle, die im Feld der Sinneswahrnehmungen Dinge erscheinen lässt, auf den Grund zu gehen, um die Neugier auf Ursprünglichkeit wieder zu erwecken. Und das am besten fortwährend und ständig.

Was ist mein Naturell? Wo entstehen meine Gedanken? Wer bin ich und vor allem, was bin ich nicht?

Es bedarf egofreier Skepsis sowie des Drangs, die Dinge genauer zu betrachten und nicht alles, was uns widerfährt, was wir sehen, fühlen und denken, als Wahrheit zu akzeptieren. Ständig werden wir getäuscht und bilden uns Dinge ein, weil wir uns mit der scheinbaren Realität der Gegebenheiten, allem, was uns bewegt und in unser Leben tritt, arrangiert haben. Die Identifikation mit den Dingen der Welt lässt uns Echtheit empfinden und beraubt uns somit der absichtslosen Initiative, die Objekte und Vorkommnisse zu überprüfen, genauer und tiefer hinzusehen, sie zu betrachten und ihnen auf den Grund zu gehen. Sich mit dem Gesehenen einfach zu begnügen, weil man es als echt und real einstuft, grenzt an Trägheit und blinder Phlegmatie. Weil wir zu engstirnig sind, alles, was uns umgibt und bewegt auf seine Wurzeln hin zu untersuchen, hat sich die Fehlsicht, das Leben *als einzige Realität* zu betrachten, wie ein Blindgänger als folgenschwerer Missstand in unser Leben eingenistet, der uns dieses als einen leidvollen und mühseligen Umstand erfahren lässt. Das künstlich erzeugte Getrennt-Sein der Dualität ist notwendig, damit wir uns als ungetrenntes Ganzes, als reiner Segen, als Ursprung allen Seins, als Geoffenbartes und nicht materialisierte Allgegenwärtigkeit erfahren können.

Das Leben ist Leid, weil wir es zu unserer Wirklichkeit erklärt haben und weil Leid ein Aspekt der Vielfalt ist. Leben ist Vielfalt! Die Liebe hingegen ist Einheit. Sie ist die Mutter der Vielfalt, die aus einem illusionären Aufspaltungsprozess heraus unterschiedlichste Kreationen ihrer Mannigfaltigkeit belebt. Wenn wir die Sinnestäuschungen durchschauen und unsere wahre Herkunft erkannt haben, ist da niemand mehr, dem Leid widerfahren kann.

Du siehst die Sonne und weißt, dass dieser gelbe Ball am Himmel Sonne heißt, weil du es so gelernt hast. Aber was steckt hinter diesem Stern und kann die Sonne aus sich selbst heraus bestehen? Bedarf es nicht für alles einen Antrieb, und wenn ja, was ist es, was die Sonne zum Strahlen bringt?

Die Ignoranz und Unwissenheit beizubehalten, bedeutet, dass dem verkrüppelten Geist nur wenig Gelegenheit geboten wird, sich der befreienden Sicht zu öffnen. Die faule Brut wuchert vor sich hin. Die Quelle aber wartet nur darauf, dass wir uns nicht weiterhin mit der Zweideutigkeit abfinden und begnügen, indem wir alles so hinnehmen, wie es gar nicht ist und niemals sein kann. Ja, sie lädt uns sogar Freude ringend dazu ein, den eindeutigen göttlichen Funken unermüdlich aufzuspüren, um keine kostbare Zeit mehr zu vergeuden.

Der Aufbruch in die absolute Realität hat mit unserer persönlichen Wahrnehmung überhaupt nichts zu tun.

Es ist sehr aufregend zu wissen, dass du in diesem Buch Impulse für dich entdeckt hast, deren ich mir nicht bewusst bin. Das heißt, dass du über deine kosmische Intelligenz Informationen filtern konntest, die anderen verborgen bleiben werden. Jeder entnimmt seiner Entsprechung nach individuelle Eindrücke, die der Ausdruck seiner Seele sind. *Man kann es jedoch keine Offenbarung nennen, denn da ist nichts, was sich offenbaren könnte.* Hier stößt die irdische Sprache, wie so oft, an ihre Grenzen, denn eine Offenbarung geschieht nicht, sondern sie ist da. Ständig.

Alles, was du persönlich wahrnimmst, trennt, spaltet auf und grenzt ein und kann deshalb nichts weiter als eine Vorstellung sein, die lediglich auf konzeptuellem Wissen und Konditionierungen des Verstandes beruht. Die Gottesweisheit aber ist die fundamentale Einheit, der alles entspringt, somit sind alle weltlichen Verstrickungen, Bilder und Dinge nichts weiter als Einbildungen und Halluzinationen, die auftauchen, wenn man unachtsam ist, und verblassen werden, wenn man den Schwindel durchschaut.

Ein ungewöhnliches Buch? Nicht ungewöhnlicher als der, der es liest. Änigmata trägt das Leben mit all seinem Humor, das makellose Lichtfeld des Raumes hinter den Dingen der Welt, die göttliche Gnade, tiefe Weisheiten, menschliche Züge und sehr viel Natürlichkeit in sich. Somit schließt es nichts aus, beinhaltet alles und zeigt sich als erfrischende Ganzheit. Genauso ist auch deine Reise auf Erden. Genauso zeigt sich dein Leben! Vielleicht erscheint es anders. Vielleicht ist es nur etwas anders verpackt. Andere Menschen, andere Begebenheiten, andere Emotionen. Aber wie auch immer sich dein Leben zeigt, der Ursprung ist und bleibt derselbe. Änigmata ist so bunt wie das Leben selbst. Änigmata ist das, was du bist.

Mehr gibt es an dieser Stelle nicht zu sagen. Nicht aus Dummheit oder Unwissenheit, nein, jeder kann die Weisheit nur selbst erfahren und in sich realisieren.

Bilder: ©fotolia.com. Titelseite: the24studio, Buchrücken: Vàvlav Mach, Rückseite: Bitoubi, S 11: victoria p, S 12/13: Alessandro Piccoli, S 14: loutocky, S 19: gandolf, S 20/21: mrfens, S 22: jeancliclak, S 61: Martina Berg, S 62/63: phototom, S 64: Light Impression, S 79: Clemens Haselböck, S 80/81: xavier guichard, S 82: Mr. Doomits. S 91/ 94: Christohe Foiquin. S 157: MM, S 158/159: Thierry blanche, S 160: albaba, S 165: selene24, S 166/167: Paylessimages, S 168: Bitoubi, S 199/102: Bitoubi, S 413: Jacques PALUT, S 414/415: iofoto, S 416: paul Prescott, S 435: Bitoubi, S 436/437: Bogdan Wankowicz, S 438: Bitoubi, S 449/452: Bitoubi, S 467: nata rass S 468/470: Bitoubi, S 483: James Steidl, S 484: IKO, S 485: merve yaygingöl, S 486: Benjamin Haas, S 529: jeancliclac, S 530/531: Thaut Images, S 532: Forgiss, S 539: richard villalon, S 540/541: Christohe Foiquin, S 542: Friday, S 573: jeancliclac, S 574/575: Giuseppe Porzani, S 576: Madrider, S 615: Petr Gnuskin, S 616/618: Bitoubi, S 663: Feng Yu, S 664/665: Winfried Stricker, S 666: Bitoubi

marion
musenbichler
autorin
wortdesign
grafik & layout
advaita-vedanta
die leere als lehre
entdeckungsreisen
+423/262 01 51
+423/262 01 52 FAX
mm@anamcara.li
www.feder-leicht.net
www.anamcara.li